二十四史精华

二十四史是我国古代二十四部正史的总称

姜忠喆/主编

辽海出版社

叁

目　录

南　史

《南史》概论 ⋯⋯⋯⋯⋯⋯⋯⋯⋯⋯⋯⋯⋯⋯⋯⋯⋯⋯⋯⋯⋯⋯ 2

政　略 ⋯⋯⋯⋯⋯⋯⋯⋯⋯⋯⋯⋯⋯⋯⋯⋯⋯⋯⋯⋯⋯⋯⋯⋯ 6
　衡阳王受训 ⋯⋯⋯⋯⋯⋯⋯⋯⋯⋯⋯⋯⋯⋯⋯⋯⋯⋯⋯⋯ 6
　殷氏刑前遗言 ⋯⋯⋯⋯⋯⋯⋯⋯⋯⋯⋯⋯⋯⋯⋯⋯⋯⋯⋯ 7

御　人 ⋯⋯⋯⋯⋯⋯⋯⋯⋯⋯⋯⋯⋯⋯⋯⋯⋯⋯⋯⋯⋯⋯⋯⋯ 8
　何、颜辩图官 ⋯⋯⋯⋯⋯⋯⋯⋯⋯⋯⋯⋯⋯⋯⋯⋯⋯⋯⋯ 8
　宋季雅买邻而居 ⋯⋯⋯⋯⋯⋯⋯⋯⋯⋯⋯⋯⋯⋯⋯⋯⋯⋯ 8

法　制 ⋯⋯⋯⋯⋯⋯⋯⋯⋯⋯⋯⋯⋯⋯⋯⋯⋯⋯⋯⋯⋯⋯⋯⋯ 10
　吕僧珍公私分明 ⋯⋯⋯⋯⋯⋯⋯⋯⋯⋯⋯⋯⋯⋯⋯⋯⋯⋯ 10
　皇上动情谅死罪 ⋯⋯⋯⋯⋯⋯⋯⋯⋯⋯⋯⋯⋯⋯⋯⋯⋯⋯ 11

军　事 ⋯⋯⋯⋯⋯⋯⋯⋯⋯⋯⋯⋯⋯⋯⋯⋯⋯⋯⋯⋯⋯⋯⋯⋯ 12
　薛安都勇刺"万人敌" ⋯⋯⋯⋯⋯⋯⋯⋯⋯⋯⋯⋯⋯⋯⋯⋯ 12
　王僧辩驭下无法 ⋯⋯⋯⋯⋯⋯⋯⋯⋯⋯⋯⋯⋯⋯⋯⋯⋯⋯ 12

理　财 ⋯⋯⋯⋯⋯⋯⋯⋯⋯⋯⋯⋯⋯⋯⋯⋯⋯⋯⋯⋯⋯⋯⋯⋯ 14
　废帝败家 ⋯⋯⋯⋯⋯⋯⋯⋯⋯⋯⋯⋯⋯⋯⋯⋯⋯⋯⋯⋯⋯ 14
　慰祖卖宅 ⋯⋯⋯⋯⋯⋯⋯⋯⋯⋯⋯⋯⋯⋯⋯⋯⋯⋯⋯⋯⋯ 14

德　操 ⋯⋯⋯⋯⋯⋯⋯⋯⋯⋯⋯⋯⋯⋯⋯⋯⋯⋯⋯⋯⋯⋯⋯⋯ 16
　善理家业 ⋯⋯⋯⋯⋯⋯⋯⋯⋯⋯⋯⋯⋯⋯⋯⋯⋯⋯⋯⋯⋯ 16
　刘苞思父 ⋯⋯⋯⋯⋯⋯⋯⋯⋯⋯⋯⋯⋯⋯⋯⋯⋯⋯⋯⋯⋯ 17

传世故事 ⋯⋯⋯⋯⋯⋯⋯⋯⋯⋯⋯⋯⋯⋯⋯⋯⋯⋯⋯⋯⋯⋯⋯ 18
　王敬则受疑忌起兵反齐 ⋯⋯⋯⋯⋯⋯⋯⋯⋯⋯⋯⋯⋯⋯⋯ 18
　梁武帝慎用降将 ⋯⋯⋯⋯⋯⋯⋯⋯⋯⋯⋯⋯⋯⋯⋯⋯⋯⋯ 19
　宋武帝不忘本 ⋯⋯⋯⋯⋯⋯⋯⋯⋯⋯⋯⋯⋯⋯⋯⋯⋯⋯⋯ 20
　不与寒门为伍 ⋯⋯⋯⋯⋯⋯⋯⋯⋯⋯⋯⋯⋯⋯⋯⋯⋯⋯⋯ 20

士庶天隔 …………………………………………………… 21
　人物春秋 ……………………………………………………… 22
　　凶险残暴　人神结怨——废帝刘子业 …………………… 22
　　昏庸无道　帝业衰落——宋明帝 ………………………… 24

北　史

《北史》概论 …………………………………………………… 26
　政　略 ………………………………………………………… 34
　　太武帝拓跋焘 ……………………………………………… 34
　　北魏孝文帝 ………………………………………………… 35
　御　人 ………………………………………………………… 38
　　孝文帝观尚立嗣 …………………………………………… 38
　法　制 ………………………………………………………… 39
　　于仲文断案神明 …………………………………………… 39
　　宋世景整肃吏治 …………………………………………… 40
　理　财 ………………………………………………………… 41
　　长孙毁宅 …………………………………………………… 41
　德　操 ………………………………………………………… 42
　　生女实胜生男 ……………………………………………… 42
　传世故事 ……………………………………………………… 43
　　高欢豢臣有术 ……………………………………………… 43
　　尔朱氏专权终受诛 ………………………………………… 44
　　奇才苏绰 …………………………………………………… 45
　　刺舌为训 …………………………………………………… 46
　人物春秋 ……………………………………………………… 48
　　开功建业　两朝受忌——杨素 …………………………… 48
　　乱世枭雄——李密 ………………………………………… 53

隋　书

《隋书》概论 …………………………………………………… 58
　政　略 ………………………………………………………… 63
　　苏威直陈君过 ……………………………………………… 63

长孙平谏君 ································ 63
　　刘行本固于职守 ···························· 64
御　人 ·· 66
　　文帝不记旧怨 ······························ 66
法　制 ·· 67
　　柳述怙宠终遭殃 ···························· 67
　　李安卖亲不求荣 ···························· 68
　　伊娄谦不计前嫌 ···························· 69
　　薛胄锐眼识伪官 ···························· 70
　　赵绰执法公正 ······························ 71
　　荣毗执法刚严 ······························ 72
　　兄弟争罪受宽恕 ···························· 73
军　事 ·· 75
　　贺若弼论大将 ······························ 75
　　贺若弼灭陈 ································ 76
　　裴矩安兵 ·································· 77
理　财 ·· 79
　　杨素富极 ·································· 79
　　梁毗以身止争 ······························ 80
德　操 ·· 81
　　少杨昭聪慧仁慈 ···························· 81
　　张须陁开仓赈民 ···························· 82
　　寡母教子为清廉 ···························· 83
传世故事 ······································ 85
　　隋文帝赈灾 ································ 85
　　隋炀帝利用越国公 ·························· 86
　　兄弟之争　假手他人 ························ 87
　　王世充坐收渔利 ···························· 88
　　李密策划大海寺伏击战 ······················ 89
　　建筑奇才宇文恺 ···························· 90
　　杨素平步青云　受赏无数 ···················· 92
　　富贱轮回 ·································· 94
　　厍狄士文刑民责子 ·························· 96
人物春秋 ······································ 98
　　自幼不凡　成就帝业——杨坚 ················ 98
　　天下第一荒淫皇帝——杨广 ·················· 106

旧唐书

《旧唐书》概论	126
政　略	133
太宗评隋文帝	133
魏徵谏止封禅	134
魏徵谏正国法	135
御　人	137
太宗得敬德	137
文成公主与松赞干布	138
汉蕃歃盟	139
太宗还高丽女	140
法　制	142
狄仁杰苦谏高宗	142
军　事	144
李渊起兵	144
李世民哭谏高祖	145
苏定方兵踏百济	146
理　财	148
杨门凌天下	148
李义琰不建府宅	150
德　操	151
颜师古考定五经	151
沥血认父	152
传世故事	153
李世民迎战窦建德	153
李世民临事用人	154
唐太宗以臣为镜	156
唐太宗悔责诤臣	157
武则天任酷吏以固其位	158
唐灭东突厥碛口之战	159
徐有功宽仁审案	161
韦陟用人察人之术	162

杨炎立两税法为国聚财 …………………… 162
　　开元盛世 ………………………………… 164
　　偏用宦官　以致动乱 …………………… 166
　　大小欧阳书法 …………………………… 167
人物春秋 …………………………………… 169
　　开国元勋　辅帝之才——房玄龄 ……… 169
　　唐代高僧——玄奘 ……………………… 174

新唐书

《新唐书》概论 ……………………………… 176
政　略 ……………………………………… 184
　　王琚进言诛太平 ………………………… 184
御　人 ……………………………………… 186
　　太宗割须疗臣疾 ………………………… 186
法　制 ……………………………………… 187
　　段秀实除恶 ……………………………… 187
军　事 ……………………………………… 189
　　哥舒翰不恤士卒 ………………………… 189
　　郭子仪收复两京 ………………………… 189
理　财 ……………………………………… 192
　　卢怀慎清俭不营产 ……………………… 192
德　操 ……………………………………… 194
　　宣宗训女 ………………………………… 194
　　唐太宗诏修谱牒 ………………………… 195
传世故事 …………………………………… 197
　　李世民教子 ……………………………… 197
　　太平公主权钱震天下 …………………… 198
　　玄宗猎场拜相 …………………………… 200
　　潘好礼其人其事 ………………………… 201
　　王叔文改革受挫 ………………………… 201
　　教子亦需重德 …………………………… 203
　　杨国忠夺取要职　权钱无尽 …………… 204

人物春秋	207
一代女皇——武则天	207

旧五代史

《旧五代史》概论	216
政　略	221
国之存亡　不专在行赏①	221
御　人	222
梁太祖求贤哲	222
法　制	223
石敬瑭巧断军马食民粟案	223
五代军士黥面	223
军　事	225
朱温谋杀李克用①	225
李存勖攻灭后梁	226
理　财	227
唐明宗开铁禁	227
石敬瑭查灾减税	227
晋少帝下诏赈灾	228
德　操	229
妇人之盛	229
唐庄宗不计前嫌	229
传世故事	231
后唐庄宗宠宦杀贤	231
李存勖大败唐怀贞	232
人物春秋	234
挥师荡群寇——朱晃	234
历仕四朝　晚节不保——冯道	241

新五代史

《新五代史》概论	246
政　略	251
朝廷兴亡　宰相为难	251
御　人	254
钱唐断交	254
军　事	255
郭崇韬定唐	255
理　财	258
庄宗夫妇　既吝且贪	258
明宗谋潞王	260
德　操	263
仁厚的李重美	263
传世故事	265
五代之士与儒	265
杨行密计诛叛臣	265
后唐庄宗猜忌良将	265
方镇割据　百姓遭殃	266
宰相李愚清贫廉洁	266
人物春秋	267
乱世明君——唐明宗	267
亡国之憾——李后主	269

宋　史

《宋史》概论	272
政　略	279
杯酒释兵权	279
太祖微访	280
半部《论语》治天下	281
赵普荐贤	281

吕蒙正劝主荐人 …………………………………… 282
御　人 ……………………………………………………… 285
　　澶渊之盟 …………………………………………… 285
　　绍兴议和 …………………………………………… 286
　　吕端大事不糊涂 …………………………………… 287
　　寇准选贤 …………………………………………… 288
法　制 ……………………………………………………… 289
　　吕蒙正不受朝士所献古镜 ………………………… 289
　　吕蒙正受诬不辩 …………………………………… 289
　　包拯不持一砚归 …………………………………… 290
军　事 ……………………………………………………… 291
　　岳飞脱颖而出 ……………………………………… 291
　　韩世忠抗金第一功 ………………………………… 293
理　财 ……………………………………………………… 296
　　宋太祖以俭治国 …………………………………… 296
　　泉州官员多私交 …………………………………… 296
　　文臣不爱钱　武臣不惜死 ………………………… 297
德　操 ……………………………………………………… 298
　　王旦不短寇准 ……………………………………… 298
　　刘居正严于教子 …………………………………… 299
传世故事 …………………………………………………… 300
　　宋太祖赏罚分明 …………………………………… 300
　　王安石用人不当 …………………………………… 301
　　欧阳修论朋党 ……………………………………… 302
　　苏轼为民造福 ……………………………………… 303
人物春秋 …………………………………………………… 305
　　澶渊之盟　功不可没——寇准 …………………… 305

南史

《南史》概论

《南史》，唐初史学家李延寿撰，共80卷，包括本纪10卷，列传70卷。起宋武帝永初元年（420年），迄陈后主祯明二年（589年），记南朝宋、齐、梁、陈四代170年的史事。

一

《南史》是李大师、李延寿父子两代，用了10多年的工夫，参阅了大量资料，进行严格增删修正而成的；编成后，又经著名史学家令狐德棻亲自修改，质量是相当高的，是一部有价值的史书。

《南史》的篇幅比起南朝四部正史来要少得多。将《南史》与"四书"相对照，我们发现他删去了《宋书》中大量的夹叙文字，同时也删去了本纪中的诏册、让表等官样文章，每篇只留下一至二篇，对其他诏书、令制，也多作删削。在列传中，多删去词章作品、奏议文章，但意义较大的名篇，又全文照录。如《南史·陈伯之传》全文录载丘迟《与陈伯之书》，而《任昉传》也全文录载刘孝标《广绝交论》，等等。

李延寿将一大堆史料删烦去冗，编辑连缀，文字颇有条理，突出了纪、传的叙事部分，读起来更为清楚醒目。范文澜在《正史考略》中说，《南史》《北史》虽删节很大，但并未削弱其史料价值；卷数虽少于八书，但读起来反觉充实，应该说这种评价是中肯。但李延寿并不仅仅只有删削，增加史事、人物的地方也不少，尤其对齐、梁两代的史料有一些增加。

李延寿修《南史》时，正史中除依据沈约等人的四书外，还参见了谢吴的《梁书》、许亨的《梁史》以及徐爱、孙严各自的《宋书》，陆琼、顾野王、傅绛各自的《陈书》，等等。这些当然是李延寿增补史料的来源之一。来源之二，乃是杂史一类的著述，这是李延寿最为重视的一部分。如无名氏《宋中兴伐逆事》、姚最《梁昭后略》、萧韶《梁太清纪》、萧世怡《淮海乱离志》、刘仲威《梁承圣中兴略》等等。这类著述，多为作者耳闻目见之事，有较高的史料价值。但这些珍贵的著述，因其短小，极易散失。李延寿有鉴于此，遂参阅了这方面的著述1000余卷，将其珍贵的资料网罗到《南史》中去。在《南史》中，李延寿补充了张彪传及庾子舆、王鉴之、王玄象、谢澹、王斌、王僧昤等附传；在《循吏》《文学》《隐逸》《恩幸》等类传中，也补充了若干人的传或附传。如《循吏传》中增补了甄法崇、王洪范、郭祖琛等传，《文学传》中增补了纪少瑜传及吴迈远、孔逭、虞通之、虞絜、司马宪、袁仲明、孙诜、王子云、费昶、范怀约、谢善勋、韦仲等附传。《隐逸传》中增补了渔父传及孔抉、孔总、赵僧岩、蔡荟、释宝志等附传。《恩幸传》中，由于梁、陈二书无此类传，增补就更多。增立传的有茹法珍、周石珍、陆验、孔范等，增为附传的有綦母珍之、杜文谦、徐龙驹、曹道刚、梅虫儿、徐世标、王抃之、徐龆、王仪、沈脩等。《南史》除补充一些纪、传外，在四书已有的纪、传中，也补充了不少史料。其中又以对《梁书》的增补最有价值。譬如，南史补写了《郭祖琛传》及郭祖琛揭露梁武帝残民佞佛的弊政；于《范缜传》增写了这位著名思想家恪守信念、不肯"卖论取官"的坚定立场和崇高精神；于《元帝纪》增写了梁元帝对臣下的种种猜忌；于《后妃传》增写了徐妃的淫秽；于《临川王宏传》增写了萧宏的懦弱、聚敛、奢侈等；在《刘怀珍传附刘峻传》中，增补了刘峻与母出家为僧尼、梁武帝策锦被事等事迹。这些都是关系到"人之善恶，事之成败"的重要史实。正是如此，《南史》在叙事上也有一些地方比"四书"来得详细。如《南史·齐高帝诸子传》比《南齐书·高祖十二王传》就详细得多，其中《始兴王鉴传》从60余字增至900余字；《江夏王锋传》从170余字增至700字。清赵翼在《廿二史札记》和《陔余丛考》中列举了不少《南史》增补四书的事例，可供参考。

《南史》根据旧史改编而成，但它对旧史的错误或曲笔多有更正。南北朝以来的史学著作不同程度地存在着曲意为某朝统治者或为当朝统治者回护的弊病，特别是《宋书》《齐书》《梁书》《陈书》等，淹没和歪曲了一些历史事实，李延寿都据事直书，加以订正。

二

南朝时期，南方士族已开始没落。门阀制度在曹魏后期最终形成，经过西晋一代的巩固，到东晋充分发展，至南朝，已经历了100多年。在这漫长的岁月中，高门士族凭借特权坐致高官厚禄，在长期养尊处优的生活中自行腐朽，在他们争权夺利的内部斗争中互相削弱，在农民起义的不断打击下被消灭。尤其是东晋末年的孙恩起义，将北府兵最后一个士族将领、谢安的儿子卫将军谢琰杀死。此后，北府兵就落入寒门手中。到了南朝，士族已不再执掌兵权。因此，南方士族在南朝时开始没落，已成无法挽回的趋势。但越是日暮途穷，越要拼命维护他们的特权地位，尤其要保住世代相传的族望，士庶之间的界线也更加不可逾越。这种时代特色在《南史》中得到充分反映。《南史》的一个显著特点，和《北史》一样，在列传中大多采用家传形式，按一个族的世系而不依某一历史人物的时代立传。凡是一个族的子孙都附在一个先祖名下，往往一个传附上一大串人，有些人根本没有什么事迹可记，只两三行字一篇的都有。只有专传例外，如《儒林》《文学》《孝义》《恩弦》等，是按人物的特点类型集中在一起。

《南史》删掉了宋、齐、梁、陈书中"索虏"一类民族间互相鄙视的字眼，因为编书时国家早已统一，经过300年的发展，这一时期的民族大融合已经完成，民族的界限和隔阂已基本消失。李延寿将南、北两个政权看成平列的历史整体，没有因为南方是汉族就视为正统，这不仅是社会的客观存在对他的影响，这也说明他在编写史书问题上，对多民族国家的正确态度。

《南史》文笔简练，行文流畅，并强劲有力，这是历代史学家所公认的。但是，《南史》也存在一些弊病。

首先是删削不当。例如《南史》删去《宋书·孔灵符传》中的"山阴湖田议"、羊玄保的"吏民亡叛罪同伍议"，等等。在这些作品中，有的涉及当时的社会、经济状况和政治事件，《南史》全部删去或节录太少，是不妥的。梁范缜关于神灭的辩论是研究当时意识形态的宝贵材料，也被《南史》删去，十分可惜。

第二是增补不当。李延寿在增补史料时，把不应增补的史料增补进《南史》，形同蛇足。如《宋武帝纪》《齐高帝纪》《梁武帝纪》《陈武帝纪》中，记符瑞、载鬼神竟各多达几千字。《南史·张彪传》记张彪和妻杨氏以及所养之犬黄苍的事，无不怪诞离奇，几乎写成一篇传奇小说。这是由于作者撰述过程中，吸收了不少"小说短书"一类文字的缘故。

第三《南史》纪、传之间还间有盭牾之处，于官名的去留，删削不当等等，阅读时应予留意。

三

《南史》有本纪10卷，分为《宋本纪》《齐本纪》《梁本纪》《陈本纪》。宋自永初元年（420年）刘裕称帝建国至升明三年（479年）宋顺帝被废黜，齐代宋为止，历八代皇帝，共59年，史称刘宋。齐，历史上又称南齐，自建元元年（479年）萧道成废宋建国至中兴二年（502年）齐和帝被废，梁取代齐为止，历七代皇帝，共23年。梁自天监元年（502年）萧衍代齐至太平二年（557年）梁敬帝被废，陈代梁为止，历三代皇帝，56年。陈自永定元年（557年）陈霸先称帝建国至祯明三年（589年）隋大军南渡长江，攻下建康，陈后主被俘，陈朝灭亡为止，历五代皇帝，共32年。《宋本纪》《齐本纪》《梁本纪》《陈本纪》分别以各朝的每代皇帝为中心，概括地叙述了每朝代各个时期的大事。

通过这些本纪的阅读，我们可以大致了解南朝时期的政治演变的大致梗概。

齐（479—502年）的开国皇帝是萧道成，梁（502—557年）的建立者是武帝萧衍，他们统治的后期，政治极端腐败，最终导致了侯景之乱，北强南弱的形势已不可逆转。

陈的创立者是灭掉侯景的陈霸先。他于557年废掉萧方智，自立为帝。陈国力远不如刘宋，即比齐梁也不如，国土缩小，经济衰落，为隋所灭是大势所趋。

从上述本纪反映的南朝政权的演变情况，我们可以看到南朝时的政治极不稳定，政权更迭频繁。就军事国力而言，是北方强于南方，所以最终由隋统一了全国。

政 略

衡阳王受训

（义季①）尝大蒐②于郢③，有野老④带苫⑤而耕，命左右斥之。老人拥耒⑥对曰："昔楚子⑦盘游，受讥令尹⑧，今阳和扇气，播厥⑨之始。一日不作，人失其时。大王驰骋为乐，驱斥老夫，非劝农之意。"义季止马曰："此贤者也。"命赐之食。老人曰："吁！愿大王均其赐也。苟不夺人时，则一时皆享王赐，老人不偏其私矣。斯饭也弗敢当。"问其名，不言而退。

（《南史》卷十三，宋衡阳王刘义季传）

【注释】

①义季：刘义季，南朝宋武帝刘裕子，封衡阳王，宋文帝时病死。②大蒐：围猎。③郢：古地名，在今湖北荆沙。④野老：老农。⑤苫（shān）：用茅草编成的覆盖物。⑥耒（lěi）：原始的翻土农具，类似木叉。⑦楚子：楚王。周代封国中，楚原封子爵，故对楚君称楚子，但很早就自称楚王。⑧令尹：春秋、战国时期楚国最高官职。拥耒老人在这里所说的"楚子"大概是指楚庄王，楚庄即位之初"不出号令，日夜为乐"，谏劝过他的有多人。⑨播厥，播种。语出《诗·周颂·载芟》。

【译文】

刘义季曾大规模围猎于郢，见有老农披着蓑衣在田野间耕作，便命左右过去呵斥。老人手拿着耒回答说："从前楚子沉湎游乐，受到令尹的讥笑，如今阳光和煦，春意盎然，正是播种之始。农夫一日不耕作，就是失去了宝贵的时机。大王随意驰骋为乐，驱斥老夫，不是鼓励农作的表示啊！"义季勒住马缰，说："这是贤者啊。"命令赏赐给他吃的东西。老人说："唉！愿大王让人们都能受赐。如果不妨碍农时，那么将来的收成就是我们享受的大王的恩赐。老汉我不想单独受赐，这饭食也就不敢当了。"刘义季问他的名字，他没有告诉就避开了。

殷氏刑前遗言

劭①妻殷氏赐死于廷尉,临刑谓狱丞江恪曰:"汝家骨肉相残②,何以枉杀天下无罪人?"恪曰:"受拜皇后③,非罪而何?"殷氏曰:"此权时④耳,当以鹦鹉⑤为后也。"

(《南史》卷十四,刘劭传)

【注释】

①劭:刘劭,南朝宋文帝长子,拜为太子,却发动宫廷政变,杀死文帝,自立为帝,旋即遭到其弟刘骏等的声讨,不久即兵败被杀。《宋史》称之为"元凶",与其同伙刘浚一起列为"二凶"。②汝家骨肉相残:殷氏所谓"汝家"是指刘家。③受拜皇后:刘劭拜殷氏为后。④权时:临时,暂时。⑤鹦鹉:姓王,原为刘劭姊东阳公主家婢女,后与刘劭狼狈为奸。刘劭败后,亦被杀。

【译文】

刘劭的妻子殷氏被赐死于廷尉,临刑前,她对狱官江恪说:"你们刘家骨肉相残,为什么要冤杀天下无罪之人?"江恪回答说:"你受拜当了皇后,怎么还说无罪呢?"殷氏说:"这只不过是暂时的,以后是要让鹦鹉当皇后的。"

御 人

何、颜辩图官

有人尝求为吏部郎,尚之①叹曰:"此败风俗也。官当图②人,人安得图官。"延之③大笑曰:"我闻古者官人以才,今官人以势,彼势之所求,子何疑焉?"所与延之论议往反,并传于世。

(《南史》卷三十,何尚之传)

【注释】

①尚之:何尚之,南朝宋大臣。②图:谋取。③延之:颜延之,南朝宋人,文章冠绝当时,与谢灵运齐名。又和何尚之有深交。

【译文】

有人曾提出要当吏部郎的官,何尚之叹息道:"这真是败坏风俗。应该是官职取人,人又怎么能去谋官职。"颜延之大笑说:"我听说古时凭才能任人为官,而今却是论势力授人官职,他凭势力求官,你又有什么令人不解呢?"他和颜延之在一起议论和互相答往的,都传播开去了。

宋季雅买邻而居

初,宋季雅罢①南康郡,市宅居僧珍②宅侧,僧珍问宅价,曰:"一千一百万"。怪其贵,季雅曰:"一百万买宅,千万买邻。"及僧珍生子,季雅往贺,署函③曰"钱一千"。阍人④少之,弗为通,强之乃进。僧珍疑其故,亲自发,乃金钱也。遂言于帝,陈其才能,以为壮武将军、衡州刺史。将行,谓所亲曰:"不可以负吕公。"在州大有政绩。

(《南史》卷五十六,吕僧珍传)

【注释】

①罢：被免去。②僧珍：吕僧珍，南朝齐、梁间人，得梁武帝信用。③署函：函，盒子或封套。署，书写。④阍人：守门人。

【译文】

起先，宋季雅被免去南康郡的职务，在吕僧珍家的旁边买了住宅，吕僧珍问他价格，回答是"1100万"。僧珍对这么昂贵的价格感到奇怪，季雅说："我花100万买房，1000万买邻居。"待到僧珍生子，季雅前往祝贺，送了一个盒子，上面写着："钱一千。"守门人觉得这份礼太轻，不给他通报，他硬要进去，才放他进。僧珍怀疑这里有什么名堂，亲自打开，原来是金子铸的钱。于是，吕僧珍向皇帝推荐宋季雅，说他很有才干，宋被起用为壮武将军、衡州刺史。在启程赴任时，宋对他所亲信的人说："不可以辜负了吕公啊。"到了衡州后，他大有政绩。

法 制

吕僧珍公私分明

僧珍①去②家久，表求拜墓，武帝③欲荣以本州，乃拜南兖州④刺史。僧珍在任，见士大夫迎送过礼，平心率下，不私亲戚。兄弟皆在外堂，并不得坐。指客位谓曰："此兖州刺史坐，非吕僧珍床。"及别室促膝如故。从父⑤兄子先以贩葱为业，僧珍至，乃弃业求州官。僧珍曰："吾荷⑥国重恩，无以报效，汝等自以常分，岂可妄求叨越⑦。当速反葱肆⑧耳。"僧珍旧宅在市北，前有督邮廨⑨，乡人咸劝徙廨以益其宅。僧珍怒曰："岂可徙官廨以益吾私宅乎？"姊适于氏⑩，住市西小屋临路，与列肆杂。僧珍常导从卤簿⑪到其它，不以为耻。

（《南史》卷五十六，吕僧珍传）

【注释】

①僧珍：吕僧珍，南朝齐、梁间人，得梁武帝信重。②去：离。③武帝：南朝梁武帝萧衍。④南兖州：治所在广陵（今江苏扬州）。吕僧珍家"世居广陵"。⑤从（zòng）父：伯父、叔父。⑥荷：承受。⑦叨越：非分占有。⑧肆：经商之店铺或摊位。⑨督邮廨：督邮，官名，负责郡内监察。廨，官舍。⑩姊适于氏：姊（zǐ），姐姐。适，嫁。⑪卤簿：官员出行随从的仪仗。

【译文】

吕僧珍离家日久，上表请求拜祭祖墓，梁武帝有意让他荣耀于本州，于是就任命他为南兖州刺史。吕僧珍在任职期间，对于士大夫的接待有过于礼，以公平之心对待下属，不特别照顾亲戚。兄弟都在外堂站着，不给坐，指着留给客人的座位说："这是兖州刺史支配的座位，不是吕僧珍的床。"等到了内室，则又促膝交谈，亲密如故。他伯叔父兄弟的儿子原先以卖葱为生，僧珍到任后，就不干卖葱的活了，要当官。僧珍说："我承受国家重恩，没法报答，你们各有本分，怎么可以有非分的要求，你还是赶快回到卖葱的地方去吧。"僧珍家的老屋在市场之北，前有督邮官署，家乡人都劝他把官署挪走，扩展住房。僧珍闻说发怒道："怎么可以移走官署来拓展我的私宅呢？"他的姐姐嫁给姓于的人家，住在市场西靠路边的小屋，和店铺混杂。而他常指引随从的仪仗和官员到姐姐家去，不以为这有什么丢面子。

皇上动情谅死罪

又有建康①人张悌，家贫无以供养，以情告邻富人，富人不与，不胜忿，遂结四人作劫，所得衣物，三劫持去，实无一钱入己。县抵悌死罪。悌兄松诉称："与弟景是前母子，后母唯生悌，松长不能教诲，乞代悌死。"景又曰："松是嫡长，后母唯生悌，若从法，母亦不全。"亦请代死。母又云："悌应死，岂以弟罪枉及诸兄。悌亦引分②，乞全两兄供养。"县以上谳③，帝以为孝义，特降死，后不得为例。

(《南史》卷七十四，张悌传)

【注释】

①建康：东晋南朝都城，在今江苏南京。②引分：此指承担罪责。③谳(yàn)：议罪，讨论疑难案件。

【译文】

又有一个建康人张悌，家中贫困，无以度日，向邻家富人告诉实情，寻求施助。富人不给任何帮助，张悌气愤不已，于是就拉了3个人，一起抢劫，所得的衣服和其他物品，都被那3人拿走，张悌实在什么也没得到。县里判他死罪。张悌之兄张松向官府上诉说："我和弟弟张景都是前母所生，后母只生了张悌一个儿子，我是兄长，不能教诲，请求允许我代替他去死。"而老二景说："松是家中老大，后母只生了弟弟张悌，假如处他死刑，母亲势必也难以活下去了。"他也请求代张悌死。母亲又出来说："悌儿罪而当死，怎能因为弟弟的罪过害了无辜的兄长。张悌已承认罪责，请求保全他的两个兄长，供养我的生活。"此案送到县以上复议，皇帝认为这是孝义，特地下令不判死刑，但以后不得以此为例。

军 事

薛安都勇刺"万人敌"

孝建元年①,除左军将军②。及鲁爽③反叛,遣安都④及沈庆之⑤济江⑥。安都望见爽,便跃马大呼,直往刺之,应手倒。左右范双斩爽首。爽世枭猛,咸云万人敌,安都单骑直入,斩之而反,时人皆云关羽斩颜良不是过也。

(《南史》卷四十,薛安都传)

【注释】

①孝建元年:454年。孝建,南朝宋孝武帝年号。②除左军将军:指薛安都被任命为左军将军。除,拜授官职。③鲁爽:晋宋间人,追随宋武帝刘裕,历任要职,是宋初重要将领,后谋反,被杀。④安都:薛安都,南朝宋重要将领,后投北魏。⑤沈庆之:南朝宋将领,后被前废帝所杀。⑥江:此指长江。

【译文】

孝建元年,薛安都被任命为左军将军。后来鲁爽反叛,派遣安都及沈庆之渡江。薛安都望见鲁爽,就跃马大呼,直刺鲁爽,鲁爽应声而倒了,身边的范双把鲁爽的头砍了下来。鲁爽是当世有名的猛将,都把他称为"万人敌",薛安都单骑直入而把他杀了,当时人们都认为关羽斩颜良也不比这精彩。

王僧辨驭下无法

景①自出战于石头城北,僧辩②等大破之。卢晖略③闻景战败,以石头城降。僧辩引军入据之。景走朱方④,僧辩命众将入据台城。其夜军人失火烧太极殿及东西堂。僧辩虽有灭贼之功,而驭下无法,军人卤掠⑤,驱逼居人⑥。都下百姓父子兄弟相哭,自石头至于东城⑦,被执缚者,男女裸露,袒衣⑧不免。缘淮号叫,翻思景焉。

(《南史》卷六十三，王僧辩传)

【注释】

①景：侯景，原为东魏大将，后降梁，不久发动叛乱，给江南地区造成巨大破坏，552年，兵败被杀。②僧辩：王僧辩，梁大将，与陈霸先合力击败侯景，收复建康。后为陈霸先所杀。③卢晖略：侯景手下重要将领。④朱方：古地名，在今江苏丹徒境内。⑤卤掠：同"掳掠"，抢夺人和财物。⑥居人：居民。⑦东城：疑为建康的东府城。⑧衵（nì）衣：贴身内衣。

【译文】

侯景亲自战于石头城北，王僧辩等大破之。卢晖略听说侯景战败，交出石头城投降。王僧辩带领军队入城，占据了石头城。侯景逃向朱方，僧辩命令众将领入据台城。当夜，军人失火烧太极殿和东西堂。王僧辩虽然有灭贼之功，但没有控驭部下，军人抢掠人财，驱逼居民，首都地区的百姓父子兄弟相哭，自石头城到东府城，被抓被缚的，男女都没有衣穿，连贴身衣服都被剥夺。沿着秦淮河，一片号叫声，百姓反而开始思念侯景。

理 财

废帝败家

帝①既失道，朝事大小，皆决之西昌侯鸾②，鸾有谏，多不见从。极意赏赐左右，动至百数十万。每见钱曰："我昔思汝一个不得，今日得用汝未？"武帝聚钱上库五亿万，斋库③亦出三亿万，金银布帛不可称计。即位未朞岁④，所用已过半，皆赐与诸不逞群小。取诸宝器以相击剖破碎之，以为笑乐。及至废黜，府库悉空。

（《南史》卷五，齐废帝郁林王本纪）

【注释】

①帝：此指南朝齐废帝萧昭业。②西昌侯鸾：萧鸾，齐宗室，后即帝位，即齐明帝。③斋库：用于祭祀等事务的专门金库。④朞（jī）岁：周年。

【译文】

废帝不走正道，朝中事无论大小，都由西昌侯萧鸾做主，但萧鸾对他的一些规谏，他又听不进去。随心所欲地赏赐左右，一动就是百万、数十万。每回见到钱，总是说："从前我想你却一个都没有，今天我该痛快地用你吗？"齐武帝积聚了不少钱财，上库5亿万，斋库也有3亿万，金银布帛之类不计其数。但废帝即位不足一年，把这些钱财的一半以上都用掉了，主要是赏赐给那些正道走不通的群小。他常拿了各种宝器敲打破碎，以此为乐。到他被废黜的那个时候，府库已经都空了。

慰祖卖宅

慰祖①卖宅须四十五万，买者云："宁有减不？"答曰："诚异韩伯休②，何容二价。"买者又曰："君但卖四十六万，一万见与。"慰祖曰："岂是我心乎？"

（《南史》卷七十二，崔慰祖传）

【注释】

①慰祖：崔慰祖，南朝齐人，《南齐书》《南史》均入《文学列传》。②韩伯休：东汉人韩康，字伯休，常进名山采药，在长安售卖，口不二价，30余年，妇孺皆知。

【译文】

崔慰祖出卖宅屋，标价45万钱，购买者说："难道不能减少些吗？"答道："虽然不是韩伯休，但怎么能有两个价。"买者又说："您就要46万，还有一万，算是让给我的。"慰祖说："这怎么会是我的心思呢？"

德 操

善理家业

义熙八年①,混②以刘毅③党见诛,混妻晋陵公主改适④琅邪王练⑤。公主虽执意不行,而诏⑥与谢氏离绝。公主以混家事委之弘微⑦。混仍世⑧宰相,一门两封,田业十余处,僮役千人,唯有二女,年并数岁。弘微经纪生业,事若在公,一钱尺帛⑨出入,皆有文簿。宋武受命⑩,晋陵公主降封东乡君。以混得罪前代,东乡君节义可嘉,听还谢氏。自混亡至是九年,而室宇修整,仓廪充盈,门徒⑪不异平日。田畴垦辟,有加于旧。东乡君叹曰:"仆射⑫生平重此子,可谓知人,仆射为不亡矣。"中外姻亲、道俗义旧⑬见东乡之归者,入门莫不叹息,或为流涕,感弘微之义也。

(《南史》卷二十,谢弘微传)

【注释】

①义熙八年:412 年。义熙,东晋安帝司马德宗的年号。②混:谢混,东晋人。③刘毅:东晋人,初与刘裕共事,后不能相容,后被刘裕打败,自杀身死。谢混是刘毅党羽,亦被赐死。④改适:改嫁。⑤王练:东晋宰相王导的曾孙,仕宋,官至侍中。⑥诏:皇帝的命令。⑦弘微:谢密,字弘微,10 岁时过继给从叔谢峻。⑧仍世:累代。⑨帛:丝织品的通称。⑩宋武受命:宋武,南朝宋武帝刘裕。受命,受"天命"而当上皇帝。⑪门徒:指世家大族的依附人口。⑫仆射:尚书省副长官。谢混曾任尚书左仆射。⑬道俗义旧:各方面的老关系。

【译文】

义熙八年,谢混由于是刘毅的党羽而被杀,他的妻子晋陵公主改嫁王练。公主尽管极不愿意,但皇帝下了诏书让她和谢氏离绝。公主把谢混的家事委托给谢弘微。谢混所在的谢家累世宰相,一门之中有两个封号,田业 10 余处,家中被驱使的僮仆有千余人,可他只有两个女儿,都只有几岁。弘微经纪这份产业,管事如同处理公事,一文钱一尺帛的进出,都有记载。宋武帝当了皇帝,晋陵公主的封号降为东乡君。由于谢混犯罪是在东晋,而东乡君的节义可嘉,就允许她重归谢氏。自谢混死至此已经9年了,而房屋都很完好,仓库也极充实,依附人口还是那些,垦田也比过去增加了。东乡君叹息道:"仆射活着时看重这个侄儿,真可谓是了解人,仆射也可以说没有死啊。"中外亲戚,各方面的老相识,见到东乡君又回来了,到谢家来无不叹息,有的还感慨得流泪,都称道弘微之义。

刘苞思父

苞①三岁而孤②,至六七岁,见诸父常泣。时伯叔父悛、绘等并显贵,其母谓其畏惮③,怒之。苞曰:"早孤不及有识,闻诸父④多相似,故心中悲耳。"因而歔欷,母亦悲恸。初,苞父母及两兄相继亡殁,悉假瘗⑤焉。苞年十六,始移墓所,经营改葬,不资⑥诸父。奉君母朱夫人及所生陈氏并扇席温枕⑦,叔父绘常叹伏之。

(《南史》卷三十九,刘苞传)

【注释】

①苞:刘苞,南朝齐、梁间人。②孤:幼年失父。③惮:怕。④诸父:伯父、叔父。⑤瘗(yì):埋葬。⑥资:依靠。⑦"奉君母"句:"君母",不易解,《通志》作"嫡母"。刘苞的生母是陈氏,但朱氏是其父正妻,所以是他嫡母。扇席温枕,是为年老亲人所做的孝顺事。

【译文】

刘苞3岁就失去了父亲,到了六七岁时,见到伯伯、叔叔经常哭泣,其时他的伯、叔父刘悛、刘绘都极显贵,他母亲认为他哭泣是由于害怕,十分生气。刘苞说:"我早失父亲,不知道父亲是什么模样,听说各位伯父、叔父大多和他相似,因此见了他们心中悲伤。"说着,又歔欷泪下,他的母亲也悲痛不已。当初,刘苞父母及两兄相继亡故,都是临时埋葬。刘苞到了16岁,移了墓址,改葬亲人,而不依靠伯、叔的帮助。他侍奉嫡母朱夫人和生母陈氏十分周到,夏扇席,冬温枕,是常事,叔父刘绘赞叹不已。

传世故事

王敬则受疑忌起兵反齐

南朝宋代的王敬则曾经刺杀过前宋废帝，萧道成拥兵自重时，又利用他勾结后宋废帝的内侍杨玉夫等人，刺杀了后宋废帝，拥立萧道成建立南齐政权，是为齐高帝。

萧道成统治时期，王敬则仍被重用，几次获罪而不被追问。齐高帝去世时，遗诏王敬则以本官侍中，抚军兼领丹阳尹，后又迁任会稽太守，加都督。但是齐朝内部倾轧严重，经过短命的齐武帝和郁林王、海陵王（均只在位一年）三朝，到齐明帝萧鸾时，他大开杀戒，性多猜忌。王敬则因为是高帝、武帝的旧臣，心中常怀恐惧不安。

齐明帝虽然表面厚待王敬，内心则极度疑忌防备，曾多次派人查访窥探他的饮食和身体情况。听说他年迈体衰，而且在所住的地方买地，才稍微心安。后来又派萧坦之带领斋仗500人到晋陵（今江苏武进一带），王敬则的几个儿子在京都极度恐惧。齐明帝知道后，向萧衍问计，萧衍说："王敬则是个文盲匹夫，容易被打动。只需多多地赏给他美女玉帛，让他的亲信待遇丰厚，就可以了。"齐明帝依计而行。

吴中人张思祖，是王敬则的主要军师谋臣，当时做府司马，经常为王敬则出计办事。明帝就假意厚待他，提升他为游击将军。又派遣王敬则的长子王仲雄到东部以分化王敬则。王仲雄善于弹琴，当时江东有汉代蔡邕遗留下来的焦尾琴放在府库中，明帝敕令王仲雄五天去弹一次。仲雄在明帝御座前鼓琴，作《懊侬曲》，歌中唱："常叹负情侬，郎今果行许"。又唱道："君行不净心，那得恶人题。"明帝听后愈发猜忌了。

永泰元年（498年），明帝几次病重，生命垂危，他调张环为平东将军兼吴郡太守，在王敬则周围布兵秘密防备。内外传言朝廷要处置王敬则。王敬则听到消息后私下里说："东边现在有谁，只不过是要平定我罢了。东方岂能如此容易平定"。金罂就是毒酒。他的儿子们都大为恐惧。王敬则的第五个儿子王幼隆派遣正员将军徐岳把形势飞驰告诉了徐州行事谢𪟝，商议共图大事，如果谢𪟝同意就请他往报王敬则，没想到谢𪟝把徐岳抓起来报了官。后来王敬则的故旧亲戚把这消息传了回来，王敬则当晚召集文武佐僚饮酒赌钱，对众人说："卿等看我应当怎么办？"没人敢回答，只有防阁丁兴怀说："大人只管做该做的。"3天后王敬则起兵反齐。

梁武帝慎用降将

南朝梁武帝萧衍起兵反齐，陈伯之奉命镇压。萧衍派人游说，陈伯之便倒戈，归附了萧衍，帮助反攻建康城（今南京市）。

建康城还没攻下来时，每当城内有人投降，陈伯之就把他唤到一旁耳语，萧衍便怀疑他又怀有反复之心。恰逢东昏侯之将郑伯伦来降，萧衍便让他转告陈伯之说："城里旧廷特别恨卿，要派遣信使劝卿再反水投降旧朝廷，如果卿回去了，就生割卿的手足以惩罚；如果卿不肯再反水，再派刺客来刺杀卿。"陈伯之大为恐惧，从此之后不再有二心。攻下建康后，梁武帝派他镇守一方。

但是陈伯之因为不是萧衍旧部，梁武帝对他仍然心存疑忌。伯之不识字，他还镇江州（今江西九江）后，一切事情都由梁武帝派来的典签做主，他只是被传与口信，其他文牒辞讼只能唯诺称是。当时，出身寒门的褚绚因为遭到门第优越的范云等排斥，求仕不得，褚绚私下说："武帝以来，门第低下出身草泽之间的人都成了贵人，为什么唯独我遭到厌弃。现在天下草创，丧乱还未成定局。陈伯之拥有强兵驻在江州，也不是武帝的旧臣，而遭到嫌疑。且去游说他与朝廷抗礼分庭，难道不是天赐良机吗？万一不成，再投奔北魏，也可以做个河南郡守。"

陈伯之十分宠信褚绚，在他和朱龙符等人的劝说下，举兵反梁，自称讨逆将军，并称奉齐建安王萧宝縯（yín）之教。后梁武帝派临川（今江西南城）内史王观、豫章（今江西南昌）太守郑伯伦据郡而守，又派王茂率军西上攻击。陈伯之背腹受敌，战败，与儿子陈武牙以及褚绚等人北逃入魏。魏任用陈伯之为使持节散骑常侍、都督淮南诸军事，做平南将军、光禄大夫，封曲江县侯。此时为天监元年（502年）。

天监四年（505年），梁武帝诏命同父异母弟临川王萧宏统兵北伐魏。萧宏让文书幕僚丘迟私下里写了一封信给陈伯之，劝他归降梁朝："陈将军足下，无恙，幸甚。将军勇冠三军，有鸿鹄之志，过去曾因时而变，立功立事，开国受勋，拥有千军万马，何其壮也！但为什么又奔亡投虏，对穹庐北狄屈膝称臣，何其劣也！当年君北去时，并没有大的缘故，只是将军内不能自审，外不能拒排流言，才沉迷仓猝，一时糊涂。现在圣朝赦罪责功，弃瑕录用，公心无人不知，无须我说将军您是知道的。历史上汉魏天子对待功臣都是既往不咎，何况将军您功高于当代而无古人那样的罪过呢。如将军迷途知返，不远而回，那真是胜过往哲昔贤了。当今主上宽宏大量，胸中连船都可以容得下。将军旧居的松柏还在，亲戚平安，妻妾翘盼，都等着将军归来。原来的那些功臣名将，都封赏有序，乘车秉节，驰骋疆场，世袭封爵，传予子孙，唯独将军您寄人篱下，效命夷人，岂不哀哉！现在北方魏国四面受敌，且作恶多端，大祸将至，将军现在就好比鱼游在沸水之锅里一样，却还迷惑不知。江南暮春三月，景色宜人，就像古代廉颇思念回赵国带兵一样，将军岂不思念故乡吗？当今皇帝圣明，天下安乐，边夷纷纷臣服，只有北方还在苟延残喘。现在临川王领兵正要讨伐中原，克魏指日可待。请将军对我的这番布怀之词，三思而后行。"

陈伯之得到这封信后，颇为感动，于是在寿阳（今安徽寿县）带领8000兵众归降了梁朝临川王，他儿子被魏人杀害。陈伯之归降后，被任命为平北将军、西豫州刺史、永新县侯。还未到任，又改任骁骑将军，又任太中大夫，即为掌议论的散官，实际夺了他全部兵权。后来陈伯之死于家中。

宋武帝不忘本

宋武帝年轻时亲自在丹徒（今江苏镇江市东南丹徒镇）种田，即位之后，使用的农具有的还在，便让人珍藏起来，以便留于后世。后来宋文帝去旧宫，见到这些农具，问身边的人是怎么回事，左右乃以实告之，文帝面露羞愧之色。有一位近侍进言："大舜也曾亲耕于历山，大禹曾搞过建筑，陛下不亲眼看看圣人的遗物，怎么能知道农民收种的艰难，又怎么能了解先帝至高无上的美德呢？！"等到宋孝武帝大明年间，拆毁宋武帝以前住的私室，在旧址建玉烛殿。宋孝武帝与群臣前往私室观看，见床头是土障，壁上挂着葛灯笼、麻绳拂。侍中袁顗极力称赞宋武帝勤俭朴素的美德，宋孝武帝也不回答，自言自语地说："一个庄稼佬能有这些，也算过分了。"由于宋武帝一生勤俭，故能拥有天下，终成帝业，了不起啊。

不与寒门为伍

中书舍人秋当、周赳都掌管要务，认为与张敷是同僚，张敷又是名门，便想去拜访他。周赳说："他如果不接待我们，就不如不去，怎可轻易就拜访他呢。"秋当说："我们也都是员外郎了，还怕不能共坐吗？"张敷先在旁边放了两个坐床，离墙壁三四尺。两人刚坐下，张敷便喊两边的人："把我的座位搬开，离客人远点。"周赳和秋当两人羞愧得脸色都变了，赶忙告辞而去。

士庶天隔

　　黄门郎路琼之，是宋孝武帝母亲路太后的哥哥路庆之之孙，住宅与王僧达挨着。路琼之曾穿戴整齐地驾着车去拜访他，恰巧王僧达要出去打猎，衣服已换好。路琼之坐下后，王僧达一句话也不说，后来又讽刺他："我以前门下有个驺人叫路庆之，是你什么人？"于是把琼之坐过的床烧掉。路太后大怒，哭着对孝武帝说："我还活着，别人就欺负琼之，我死后他就得要饭去了。"孝武帝说："琼之年轻，没事到王僧达家去，被羞辱很正常。僧达是士族，难道能因为这治罪吗？"

人物春秋

凶险残暴　人神结怨——废帝刘子业

前废帝刘子业，小字法师，是孝武帝的长子。当初孝武帝镇守寻阳，前废帝留在都城。元嘉三十年，孝武帝入京讨伐逆臣元凶劭，元凶把前废帝囚禁在侍中下省，孝武帝登上皇位后，立他为皇太子。起初他并未住在东宫，大明二年（458年），迁居东宫。大明七年，举行了加冠之礼。

大明八年（464年），孝武帝逝世。当天，太子继承了皇位，实行大赦。任命大将军柳元景兼尚书令。设置了录尚书的官职，任命江夏王刘义恭担任录尚书，加封骠骑大将军柳元景开府仪同三司。

秋季，婆皇国派遣使者前来朝贡。尊称皇太后为太皇太后，皇后为皇太后。冬季的十二月二十一日，任命尚书左仆射颜师伯为尚书仆射。二十八日，命名京城近郊的数郡为扬州，命名扬州为东扬州。二十九日，加封车骑将军、扬州刺史、豫章王刘子尚位至司徒。两年内，东部各郡大旱，严重的时候一斗米卖钱数百，京城中也达到100多，十分之六七的人饿死。设立了钱署进行铸钱，百姓便借此机会盗铸，钱变成假币，而且很小，商业贸易陷于委顿。

景和元年（465年）春季的正月初一，实行大赦，改年号为永光。十一日，派人视察各州驿站。二月二日，下令削减各州郡县采田俸禄的一半。二十七日，铸造二铢钱。

秋季八月十日，任命尚书仆射颜师伯为左仆射，吏部尚书王景文为右仆射。十三日，皇帝亲自率领宫中的卫兵杀死了太宰江夏王刘义恭、尚书令柳元景、左仆射颜师伯、廷尉刘德愿。改年号为景和。十四日，任命司徒、扬州刺史豫章王刘子尚担任尚书令。十五日，皇帝脱去丧服，穿上了锦绣皇袍。任命始兴公沈庆之为太尉。二十日，以石头城作为长乐宫，东府城作为未央宫。二十四日，以北府作为建章宫，南府做为长杨宫。二十九日，重新设立南、北两条驰道。

九月初三日，来到湖熟，演奏军乐。初八日，返回宫中。皇帝自以为过去在宫中，不被孝武帝所喜爱，等到即位以后，将要掘毁景宁陵，太史说这样做对皇帝不利，才停止了。于是便在皇陵上大肆扔粪，大骂孝武帝，又派人挖开了殷贵嫔的墓，因为恨她曾被孝武帝所宠爱。当初，贵嫔去世时，武帝曾为她建造了一座新安寺，皇帝也派人将它毁坏。还想杀掉寺院远近的僧人和尼姑。十一日，罢黜南徐州刺史新安王刘子鸾，赐他自杀。十七日，加封卫将军湘东王刘彧开府仪同三司。十九日，率军征讨徐州刺史义阳王刘昶，内外戒严，刘昶逃奔魏国。二十八日，解除戒严。允许百姓铸钱。

冬季十月初四日，在徐州实行赦免。初八日，东阳太守王藻下狱而死。把文帝的第十个女儿新蔡公主封为贵嫔夫人，改姓谢氏。增加守卫武士和短矛长戟，乘王车挂龙旗，出则警戒，入则清道。同时谎称公主已死，空办了一通丧事。二十六日，封豫州刺史山阳王刘休佑为镇军大将军、开府仪同三司。

十一月初三日，宁朔将军何迈被捕入狱而亡。初四日，杀死新任命的太尉沈庆之。十三日，下诏立皇后路氏，大会奏乐。十八日，皇子降生，就是少府刘矇的儿子。实行大赦，贪污、受贿、淫秽、盗窃，全部免罪，赐给做父亲较晚的人爵位一级。二十三日，封护军将军建安王刘休仁为骠骑大将军、开府仪同三司。二十九日，南平王王敬猷、庐陵王王敬先、安南侯刘敬深一同被赐死。

此时废帝日益凶狂悖谬，接连杀人，朝内外的百官，都不敢保障自己的脑袋。此前谣传湘中出天子，皇帝将南巡荆、湘以加镇压，定下日期杀掉四叔，然后发丧。当天夜里湘东王刘彧与身边的亲信阮佃夫、王道隆、李道儿秘密联结皇帝的左右亲信寿寂之、姜产之等11人，密谋废除废帝。在此之前，皇帝喜欢游览华林园的竹林堂，让妇女在里面光着身子互相追逐，一个妇女不听，便把她杀掉。不久，他夜里梦游后堂，有一个女子骂道："皇帝悖谬，暴虐不道，明年挨不到禾稼长熟的。"皇帝大怒，就在宫中找到了一个与梦中所见相似的人杀掉。当天夜里又梦见所杀死的女子骂他道："你冤枉地把我杀死，我已经告到了上帝那儿。"至此，男巫女巫们都说："厅堂中有鬼。"皇帝与山阴公主以及六宫中的宫女数百人，便随着众巫捕鬼，赶走了侍卫人员，皇帝亲自射鬼。事情结束后，将要演奏靡靡之音，寿寂之怀中带刀直闯进来，姜产之为副，众宫女四散奔逃，废帝也仓皇逃跑。二人在后面追上了他，他大叫："寂！寂！"这样一连喊了三次，手已不能举起，随后便死在华光殿上，时年17岁。太皇太后命令拥戴湘东王刘彧继承皇位。于是就把废帝埋葬在丹阳秣陵县南郊祭坛的西面。

废帝眼睛像胡蜂，嘴像鸟，脖颈长而下部尖，年幼时性情急躁，在东宫的时候常常受到孝武帝的责备。孝武帝西行视察，废帝上书请求随行侍候日常生活，字迹不公正，孝武帝斥责他说："写字总不长进，这是严重的一条，近闻你各种正业都很懈怠，越来越急躁乖张，为什么如此顽固！"废帝继位之初，继承了玉玺，傲慢而无哀容。蔡兴宗退朝后慨叹说："从前鲁昭公居丧不哀，叔孙氏自己请死，国祸，恐怕就在这里呀！"皇帝起初故意刁难各位大臣和戴法兴等，杀死戴法兴以后，各位大臣无不震恐。此后又连续杀死多位大臣，元、凯等人以下，全曾被殴打惩罚，朝内朝外人人恐惧，宫殿台阁一片惊慌。太后病重，派人去叫皇帝，皇帝说："病人房中多鬼，很可怕，怎么能去！"太后非常恼怒，对侍者说道："去拿刀来破开我的肚子，怎么生了这么一个孩子！"太后逝世几天之后，皇帝梦见太后对他说："你不仁不孝，本来就没有君王之相，你还这么愚蠢荒谬，也不会交上好运。孝武帝凶险残暴，和人神普遍结下怨仇，儿子虽然很多，但是并没有天命；皇位的归宿，应该还是文帝的儿子。"所以废帝便把各位叔叔都聚集到都城，生怕他们在外边成为祸患。

山阴公主淫荡过度，曾对废帝说："我和陛下虽然男女有别，但均来自先帝，陛下后宫美女数百，我却只有驸马一人，事情不平等，为何这么厉害！"废帝于是为她选立了面首30人侍奉左右，晋升爵位为会稽郡长公主，品级等同于郡王，配给乐队一部，班剑20人。皇帝每次出游，公主常常和朝臣一道陪驾。

废帝幼时喜欢读书，知道许多古事，粗略有些文才，自己撰写了《孝武帝诔》以及其他篇章，往往有些文采。因为以前魏武帝曾有发丘中郎将、摸金校尉，他也设置了这两个官职，由建安王刘休仁、山阳王刘休佑兼任。其他事迹不再多述。

昏庸无道　帝业衰落——宋明帝

明帝喜读书，好文章，做藩王时曾撰写《江左以来文章志》，还曾续写卫瓘注的《论语》两卷。在即皇位以后，旧臣中的有学之士多被提拔任用。晚年信奉鬼神，言语文书中有祸败凶丧或疑似之言应当回避的地方，谁若违反就加以杀害。他让把"骗"字改为"马"边加"瓜"，原因是"骗"和"祸"字相近。他曾把"南苑"称为"张永"，说："暂且借用三百年，到期后再作更换。""宣阳门"又称作"白门"，皇上认为"白门"不吉利，所以很忌讳。尚书右丞江谧曾经误犯了一次，皇上脸色一变说："白门！"路太后死后停尸的黑漆棺材移出东宫，皇上去东宫时正好碰上，大怒，下令免去长官中庶子之职，因此而处死的有几十人。朝内外的人经常担心会犯忌讳，人人感到不能自保。移床修壁，先祭土神，让文士给撰写祝祷之辞，如同进行重大祭祀。

阮佃夫、杨运长、王道隆都专权，他们的话就是圣旨，郡县长官缺一补十，朝廷内外一片混乱，依据贿赂任命官员，王、阮家里比侯王还富。中书舍人胡母颢专权，奏章尽皆获准。当时民间流传说："禾绢闭眼全答应，胡母张大口袋盛。""禾绢"就是指的皇上。到后来身边的人如果不合自己的心意，往往被剖斩断截，宫人十分恐惧，如踩刀剑。一天夜里皇帝梦见豫章太守刘愔谋反，便派人到豫章郡去把他杀死。军事不息，府库空虚，朝廷内外的各级官员薪水断发。在朝中能当上官的人都是些市井商贩的儿子。他又让小黄门在宫殿里埋钱币作为私藏。他用蜂蜜浸泡鱼肠酱，一次能吃好几升，吃腊肉常常多到200片。奢侈浪费过度，常常是制造一种东西，一定要正品30，副品、次副品又各30。需要一种物品，就要造90枚。天下骚乱，百姓负担沉重，痛苦不堪。宋氏的帝业，也就自此衰落。

北史

《北史》概论

《北史》，唐初史学家李延寿撰，共100卷，包括本纪12卷，列传88卷，起北魏道武帝登国元年（386年），迄隋恭帝义宁二年（618年），记北朝魏、齐（包括东魏）、周（包括西魏）、隋四代233年史事，主要删节《魏书》《北齐书》《周书》《隋书》而成，但也有新增史料，且有校勘、补正北朝史书的价值。

一

李延寿是唐初一位很有作为的史学家。有关李延寿的生平事迹，见于《北史·序传》和新、旧《唐书·令狐德棻传》所附《李延寿传》。李延寿生长在一个富有藏书的家庭，父亲又是一个熟悉历史、了解当世人物的学者，这使他从小受到很好的家学熏陶，史学修养较高，成年后，便有志于史学著述。

唐贞观初年，李延寿踏入仕途，担任太子典膳丞，负责替太子进膳尝食的事情。后来，到崇贤馆任学士，负责保管经籍图书和教授诸王，以其修撰功绩转御史台主簿，管理行政杂务，同时任"兼直国史"，这是一种自身官位不高而有史才、参加史馆修史工作的职务，也称为"直国史""直史馆"。《南史》《北史》毕功后，又撰《太宗政典》30卷，进呈高宗皇帝，升为符玺郎，同时任"兼修国史"，这是一种以他官兼任修史工作的职务，地位高于"兼直国史"。

在这30多年的政治生涯中，李延寿主要是在从事历史撰述中度过的。这期间，正是唐初历史撰述工作开展得有声有色并取得突出成就的时期。其间，不少历史撰述都凝聚着李延寿的一份辛苦和才学。

贞观三年（629年），唐太宗指示朝廷大臣组织修撰梁、陈、齐、周、隋五代史。魏徵担任《隋书》的主编，李延寿参加了修撰工作。修撰五代史是当时一件大事，参加撰写的人皆极一时之选。李延寿作为一个青年史学家能参加这项工作，说明了朝廷对他的重视。而他有机会在著名政治家魏徵的领导下，和著名学者颜师古、孔颖达等人一齐从事撰述工作，也确是一个很好的锻炼。遗憾的是，李延寿没有能够自始至终地参加这项工作。因为贞观五年（631年），他母亲去世，他便辞去了职务，在家守孝。此后，他被派往蜀中。

贞观十年（636年），梁、陈、齐、周、隋"五代史"同时撰成，但这五部史书只有纪、传，而无书、志。因此，贞观十七年（643年）唐太宗命褚遂良等人修撰梁、陈、齐、周、隋五朝典章制度的《五代史志》。李延寿也参加了这一修撰工作。经过十二三年的功夫，《五代史志》于唐高宗显庆元年（656年）成书。

贞观二十年（646年）唐太宗下诏重修《晋书》。唐以前，历朝史学家所修晋史多达20种左右，但唐初统治者对这些晋史都不满意，认为所记史事往往失实。参加重修《晋书》工作的共有22人，李延寿是撰者之一。

李延寿除前后3次参与修撰前朝史外，还参与了修撰当朝国史的工作。唐高宗显庆元年（656年），长孙无忌、于志宁、令狐德棻、李延寿等10人撰成国史80卷。这部国史，以纪传体记述了自李渊起兵至贞观末年的史事。

这些，都是有许多人同时参加的历史撰述工作。此外，李延寿还独立撰成了3部历史著作。除《南史》《北史》外，还有一部是他在唐高宗时期撰成的《太宗政典》30卷，读书记述了唐太宗时期的礼仪制度和史事，这是李延寿撰写的最后一部著作，他在把此书献给唐高宗后不久就去世了。唐高宗在调露年间读了《太宗政典》，称赞李延寿能够秉笔直书，感叹不已，于是给了李延寿的后人许多奖赏；同时又命人抄写两部，一部藏于皇家图书馆，一部赐给皇太子。

李延寿所参与的或独立完成的这些历史撰述，不论在唐初史学史上，还是在整个中国古代史学史上，都具有重要的意义。其中如《隋书》《五代史志》（后附于《隋书》之后，久之，它便被称作《隋书志》）《晋书》等，一直流传至今，是我国史学遗产中极可宝贵的一部分。这些事实说明，从李延寿自己的认识来看，他说他是生逢其时，十分幸运地赶上了一个好的政治环境，又能屡次参加皇家史馆工作，因而得以施展自己在史学上的抱负。从《旧唐书》作者的认识来看，他们认为，自唐高祖武德年间以后，"有邓世隆、顾胤、李延寿、李仁实前后修撰国史，颇为当世所称"。根据这个认识，他们把这4个人的传记附在《令狐德棻传》之后，是有道理的。

李延寿用力最勤、对后世影响最大的则莫过于《南史》和《北史》了。

二

李延寿编修《南史》《北史》的过程相当艰苦。他的父亲李大师在世时，父子间时常讲论，使他增加了不少知识。贞观三年进史馆，受命至秘书内省佐颜师古、孔颖达二人撰修。唐朝内省图籍，经武德初年令狐德棻建议以重金购求天下遗书，并"置吏补写，不数年，图典略备"。李延寿正欲继承完成其父未终之业，而苦于图书资料缺乏，现遇内省丰富的图籍，正可弥补其不足，于是利用编辑之暇，昼夜抄录北齐、梁、陈、周、隋五代昔所未见之书。贞观五年（631年），他母亲去世，李延寿归家服丧。服丧期满后，入蜀为官，准备将已搜集到的资料开始编著，但提起笔来，又深感材料缺乏，不能编写下去。直到贞观十五年（641年）回京任东宫典膳丞时，史馆总监令狐德棻启奏太宗，命李延寿预修《晋书》，李延寿又进史馆，始见到宋、北齐、北魏三代史料。贞观十七年（643年），褚遂良又荐延寿预修《五代史志》，延寿又得以在内省遍览群籍，最后搜集到南北八朝正史资料，李延寿家境贫困，不能雇人抄写，只得亲自动手，昼夜集录，自此正式开始编修《南北史》。李延寿对诏命新修的姚思廉《梁书》《陈书》，李百药《北齐书》，令狐德棻《周书》不太满意，对早已流行的魏收《魏书》、沈约《宋书》、萧子显《齐书》，更认为有改修的必要，遂以八书（另有《隋书》）为基础，充分利用父亲遗留下来的编年体草稿，又参考杂史1000余卷，删繁就简，补充订正，改其父原筹划之编年史体例，以纪传体体裁，撰写南北朝二史。《北史》起于北魏道武皇帝登国元年（386年），终于隋恭帝义宁二年（618年），记述魏、东魏与齐、西魏与周、隋六朝223年史事。经过16年的努力，终于完成了撰写工作。其《南史》先成，共80卷，先呈请监国史、国子祭酒令狐德棻过目勘正，德棻"许令奏闻"。至唐高宗显庆四年（659年），李延寿以十分激动的心情，最后把《北史》100卷誊清，亦呈请令狐德棻过目详正，并遍咨宰相，遂表上朝廷。唐高宗善其书，亲自为他作序布行。

在具体撰述《北史》时，李延寿是将正史中的《魏书》《北齐书》《周书》《隋书》，加以连缀改订，除其冗长，撷其菁华，对这四史以外的资料，则聚其遗逸，以广异闻，对四史中谬误之处，则加以订正。简言之，《北史》是对上述四史作删繁、增补、订正的基础上成撰的。在编纂上有如下的特点：

首先，在著述思想上，《北史》倾向统一的思想非常突出。倾向统一的历史思想是李大师、李延寿父子撰述南北朝史的指导思想，他们一反南北朝时的旧有传统，于北魏、北齐、北周历史立"本纪"，于宋、齐、梁各朝历史亦立"本纪"，而一概取消了《岛夷传》和《索虏传》的篇目，这种在历史撰述上不再强调南、北对立和华夷界限的认识和做法，反映了全国统一、天下一家的政治局面，反映了民族融合的伟大成果。

第二，通史的体例。李延寿说他撰写《南史》《北史》是"以拟司马迁《史记》"。这不仅是指采用了纪传体而言，同时也是指采用《史记》作为通史的体例来说的。《南史》《北史》和一般断代史不同，它接近于通史。这可以从它对史书断限的处理和类传的处理上看出。

在断限的处理上，李延寿突破了原先许多史家多以某一个皇朝兴亡作为史书断限的依据的格局，而把若干个皇朝的历史视为一个整体，即《南史》《北史》分别把南朝和北朝看作是一个相对完整的历史阶段，其中又分别可以划分为若干个段落，因而《南史》有《宋本纪》《齐本纪》《梁本纪》《陈本纪》，《北史》有《魏本纪》《齐本纪》《周本纪》《隋本纪》，并以此作为《南史》《北史》断限的依据。

在类传的编次上，本传按皇朝先后，在宗室传之后，继之以诸臣传，在文苑、儒林等类传中，把南方四朝的人物综合为一篇，而不是以类传系于某个朝代之下（如某朝某类传），即不是以类传服从于朝代顺序，而是以朝代顺序服从于类传。在各个传目之下分别贯串了南、北各朝的同一类人物，在采用通史的体例方面显得格外分明。

第三，以家族为中心立传。《宋书》等原八书列传，均以皇朝断限。《南史》《北史》则打乱南北朝皇朝的界限，以家族为中心立传。《南史》《北史》主要根据八书并参以他史，进行删补移易的工作，移易主要是以家系为线索，不按朝代，因此，《南史》《北史》的列传部分出现大量附传。这种附传同一般史书的附传所记人物的不同之处在于他们主要不是因为史事的联系而是由于家族的联系而入传的，不仅父子、兄弟可以入附传，而且凡是同姓同族之人都可入传。

李延寿的这种写法，受后世学者批评较多。《四库全书总目提要·北史》条以及王鸣盛、赵翼等人都有指责，其中又以王鸣盛的斥责最凶。四库馆臣和王鸣盛的指责，没有弄清南北史之体例，及南北朝的具体历史条件。从史学和历史的关系来看，这种家谱式的列传，恰是魏晋以来士族政治的需要。早在东晋时，何法盛《晋中兴书》以列传为录，如范阳祖录、陈郡谢录、琅邪王录等，即以氏族名篇。在门阀地主统治时期，以家谱为轴心撰写历史，正体现了时代的重要特点。《南史》《北史》列传承袭了魏晋以来谱学发展的遗风，在记述人物的活动时，往往把人物活动跟家族兴替和传统联系起来，进而又把这种家族的兴替跟封建皇朝的命运联系起来，反映了当时的历史特点和社会风貌。清代钱大昕、孙志祖及李慈铭、近代人余嘉锡充分认识到了这一点。

第四，互见的方法。互见的方法是纪传体史书在撰述上常用的一种方法，它在于交代事物之间的联系，正因为采用了互见的方法，以记载人物活动为主的纪传体史书才可能具有内部结构上的完整性。《南史》《北史》的互见的方法，除了表现在一般纪传体史书的所共同的，即它们各自内部的互见外，李延寿还有自己的创造——《南史》与《北史》的互见。

三

通观《南史》《北史》有关纪、传，全面了解这些传主及传主两代人或三代人的事迹,由此可窥见南、北之间在政治、思想、文化上不可分割的联系。

《南史》《北史》之成书,以李延寿进入史馆后广泛地参考官方资料为重要条件。书成后,更经过统治者的审阅批准,方得公开流传,所以,其书虽名为私撰,实质上与官修者相去无几,所以终于取得"正史"的地位。

在唐高宗时,皇帝亲为《南史》《北史》作序布行,至唐穆宗时,《南史》《北史》已成为政府规定的入仕科目之一。

自《南史》《北史》问世以来,1000多年来受到历代史学家和其他学者的重视,以及对它们进行研究和评论之多,在《史记》《汉书》以外,于"正史"中是很突出的,而绝大多数研究者和评论者虽然差不多都指出《南史》《北史》存在着这样、那样的缺点和不足之处,但是,他们也都充分肯定《南史》《北史》的成功之处,充分肯定它们对于研究南北朝时期的历史、研究中国史学史的重要价值。

从我们今天的眼光来看,在历史思想上,应当肯定《南史》《北史》注重南北统一的著述宗旨。南北朝产生的《宋书》《南齐书》《魏书》是分裂时代产生的历史著作,由于传统观念的影响和一家一姓的皇朝史格局的束缚,即使唐初修撰的梁、陈、齐、周、隋"五代史",除《隋书》而外,其他各史都或多或少地带有消极的历史影响。在新的统一的历史条件下,用"天下一家"的思想重新撰述分裂时期的历史,这不仅是当时政治上的需要,而且对整个国家和民族在精神财富的建设与积累方面具有重要意义。

第二,应当肯定其较旧史"叙事简径,无烦冗、芜秽之词"。《宋书》等"八书"共537卷,而《南史》《北史》仅180卷,占原书的三分之一。这是李延寿"删落酿辞""叙事简径"的功劳。李延寿删削"八书",在很大程度上进行了再制作,《南史》《北史》比之于原作,不仅在篇幅上大为压缩,在史事上更加连贯,叙述部分就显得集中突出了,文字上也简洁易读,而且在史料上也有所增益。《南史》《北史》以简洁有条理,为后世学者所公认。就《南史》《北史》而言,《北史》详赡而《南史》疏略。

第三,从历史编纂上看,《南史》《北史》继承了《史记》所开创的中国史学史上的通史家风，也效法班固、范晔和陈寿，他把南朝宋、齐、梁、陈及北朝之魏、齐、周、隋八国的历史发展，从头到尾作纵的叙述，成为通史一段，深得司马迁《史记》的遗规，又把分立的南北各国分别叙述，但又互相照应，极纵横离合之妙，符合陈寿《三国志》的体裁，合国别史和通史为一门。

第四，《南史》《北史》流传广，影响大，对传播南北朝时期的历史知识起了积极的作用，对后人研究南北朝史、中国史学史做出了贡献。从唐至宋，南北"八书"除《隋书》附有《五代史志》，为人们重视外，其余七书则流传不广，读者甚少。在唐宋时期，"八书"流传和影响远远不及"二史"。所以，世人了解南北朝史主要靠着读《南史》《北史》，对后人研究历史所发挥的作用，可从司马光《资治通鉴考异》和胡三省《资治通鉴音注》中不少地方采用南北史说法为证。

我们肯定《南史》《北史》的历史地位，也不是说可以用"二史"代替"八书"。"二史"和"八书"在反映南北朝时期历史面貌和传播这一时期的历史知识方面，各自都有贡献，都有受到重视的理由和根据，只能互相补充，而不能偏废其一。当然，《南史》《北史》也存在着一些明显的缺点。

首先，《南史》《北史》被后世学者批评最多的，是对南北"八书"的删削、改编不当。"二史"对"八书"的删削大多是诏诰、册文、事表、疏、议、书、赋等，这无疑使史书的文字更加精炼，增强了可读性。但一些重要的议论、奏章和好的作品不应删节而删节，则使重要史实阙书。如北魏李安世关于均田的奏疏，是研究当时阶级关系的宝贵资料，《北史·李孝伯传》附《李安世传》删去了，《北史》还将《北齐书》中不少有关北魏、东魏以及北齐时期人民起来反抗的史事一一删去，这些都是极为不妥的。

第二，《南史》《北史》对"八书"中某些改编安排不当。南北朝原为一个历史时期，李延寿分写成二书，各自成一体系，于南朝和北朝之间互相关联的事、关联的人，往往各据原史书机械地编录，因而割裂、错置以及矛盾、重复之处，仍所在多有。如谯国夫人洗氏，世为南越（今广东境内）首领，历梁、陈二代，卒于隋文帝时，是南方的重要人物之一，应在《南史》中为之立专传，而因原传在《隋书·列女传》中，便收于《北史·列女传》中。而林邑、蠕蠕、宕昌、高丽、刘昶、薛安都、萧宝寅、萧综、萧大圜、萧祇、萧泰，南北史均各立传。虽然上述诸人在南北朝的主要事迹，都分别载于《南史》《北史》中，并不重复，但如将一人的事迹集中于一传中叙述，则更为清晰简明。

第三，还有因不应增补而增补形同蛇足。李延寿不仅增写了一些"琐言碎事"，而且还增写了些荒诞不经之事，有损于历史著作的严肃性和真实性。

此外，在《南史》《北史》之间，纪传之间，还间有抵牾的地方，特别是《南史》《北史》抹杀了隋王朝统一南北的事实，把隋王朝和其他七朝并列，置隋于《北史》，没有给它以应有的历史地位。

政　略

太武帝拓跋焘

（拓跋焘①）性情俭率素，服御饮善，取给而已，不好珍丽，食不二味，所幸昭仪、贵人，衣无兼彩。群臣白帝，更峻京邑城隍以从《周易》设险之义，又陈萧何壮丽之说。帝曰："古人有言，在德不在险。屈丐蒸土筑城，而朕灭之，岂在城也？今天下未平，方须人力，土功之事，朕所未为。萧何之封，非雅言也。"每以财者军国之本，无所轻费。至于赏赐，皆是勋绩之家，亲戚爱宠，未尝横②有所及。

临敌，常与士卒同在矢石间，左右死伤者相继，而帝神色自若，是以人思效命，所向无前。命将出师，指授节度，从命者无不制胜，违爽③者率多财失。性又知人，拔士于卒伍之中，唯其才效所长，不论本末。兼甚严断，明于刑赏，功者赏不遗贱，罪者刑不避亲，虽宠爱之，终不亏法。常曰："法者，朕与天下共之，何敢轻也。"故大臣犯法，无所宽假。

（《北史》卷二，太武帝纪）

【注释】

①拓跋焘：北魏太武帝。②横：不由正道，不循正理。③违爽：违反，违背。爽，违背或过失。

【译文】

拓跋焘禀性清静，率直朴素，衣食住行，只要够用就行了，不喜欢珍奇丽品，吃的食物花样不多，他所宠幸的昭仪、贵人穿的衣服都没有任何的色彩。群臣禀告他，请他按《周易》设险之义来重新修筑京师城墙，又陈说了萧何当年有关大修宫室的言论。太武帝说："古人说，在于道德而不在于险固。屈丐用土高筑城墙，而我却消灭了他，难道这是城的原因吗？现在天下未定，正是需要人力的时候，大兴土木的事情，我不去做。萧何的建议，不是好话。"常常认为财钱是军国的根本，而不轻易加以浪费。至于赏赐，都是些有卓越贡献的勋臣，他的亲戚和所宠爱的人，没有一个不循正理而受到奖赏的。

和敌人作战时，他常和战士们一起在箭镞中，左右死伤的人不断，而太武帝神色自若，所以人人都愿为他效力，所向披靡。命令将领率军出征，指挥调度。听从他的命令的，没有一个取得不了胜利，违背命令的多以失败告终。拓跋焘的天性又了解人，从卒伍中选拔士人，只要有专长，不论他出身何种家庭。他执法严明而又果断，明于刑赏，有功的人尽管出身低微，他都要予以奖赏；有过失的人尽管是贵戚，他也要加以惩罚，即使是他所宠爱的人，他也决不会姑息。拓跋焘常说："法律，是我和天下人的法律，怎么敢轻视它。"所以大臣们犯法，也决不会受到宽恕。

北魏孝文帝

帝①幼有至性。年四岁时，献文患痈②，帝亲自吮脓。五岁受禅，悲泣不自胜。献文问其故，对曰："代亲之感，内切于心。"献文甚叹异之。文明太后以帝聪圣，后或不利冯氏，将谋废帝，乃于寒月，单衣闭室，绝食三朝，召咸阳王禧将立之。元丕、穆泰、李冲固谏乃止。帝初不有憾，唯深德丕等。抚念诸弟，始终曾无纤介。悖③睦九族，礼敬俱深。虽于大臣，持法不纵。然性宽慈，进食者曾以热羹覆帝手，又曾于食中得虫秽物，并笑而恕之。宦者先有谮帝于太后，太后杖帝数十，帝默受，不自申明。太后崩后，亦不以介意。

听览政事，从善如流。哀矜百姓，恒思所以济益。天地、五郊、宗庙、二分之礼，常必躬亲，不以寒暑为倦。尚书奏案，多自寻省；百官大小，无不留心。务于周洽，每言凡为人君，患于不均，不能推诚遇物。苟能均诚，胡越之人，亦可亲如兄弟。常从容谓史官曰："直书时事，无讳国恶。人君威福自己，史复不书，将何所惧！"南北征巡，有司奏请修道。帝曰："粗修桥梁，通舆马便止，不须去草划令平也。"凡所修造，不得已而为之，不为不急之事，重损人力。巡幸淮南，如在内地。军事须伐人树者，必留绢以酬其直。人苗稼无所伤践。诸有禁忌禳厌④之方非典籍所载者，一皆除罢。

雅好读书，手不释卷。《五经》之义，览之便讲。学不师受，探其精奥，史传百家，无不该涉。善谈庄、老，尤精释义⑤。才藻富赡，好为文章，诗赋铭颂⑥，在兴而作。有大文笔，马上口授，及其成也，不改一字。自太和十年已后，诏册皆帝文也。自余文章，百有余篇。

爱奇好士，情如饥渴。待纳朝贤，随才轻重。常寄以布素⑦之意，悠然玄迈，不以世务婴心。又少善射，有膂力，年十余，能以指弹碎羊髆骨⑧，射禽兽，莫不随行所至而毙之。至十五，便不复杀生，射猎之事悉止。性俭素，常服浣濯之衣，鞍勒铁木而已。帝之雅志，皆此类也。

（《北史》卷三，孝文帝纪）

【注释】

①帝：即北魏孝文帝拓跋宏（元宏），生于467年，卒于499年。471—499年在位。即位时年仅5岁，由太皇太后（即文明太后）冯氏当国。490年，冯氏死，他才亲政。493年，从平城（今山西大同）迁都于洛阳。然后实行一系列汉化改革措施，加强了民族大融合。②"献文"句：献文，北魏帝拓跋弘的年号（466—471年在位），孝文帝元宏之父。痈（yōng），毒疮名。③惇（dūn）：敦厚。④禳（ráng）厌：消除。禳，祭祷清除灾殃。⑤释义：佛教经籍的意义。释，人们对佛祖释迦牟尼的简称，后指佛教。⑥诗赋铭颂：均为文学之体裁。⑦布素：形容衣着俭朴。布指质地，素指颜色。⑧髆（bó）骨：肩胛骨。髆，同"膊"。

【译文】

孝文帝自幼就有至好的天性。4岁时，其父献文帝长毒疮，他亲自用嘴吸脓。5岁受禅即帝位，悲痛哭泣而不能自制。献文帝问他原因，他回答说："代替亲人的位置，内心感到特别难受。"献文帝大为感叹而认为他与众不同。文明太后认为孝文帝聪明、圣达，以后恐怕对冯氏不利，就预谋废黜孝文帝。于是，就在冬天里身穿单衣，闭门不出，绝食3天，召回咸阳王拓跋禧并准备立他为帝。由于元丕、穆泰、李冲等人竭力谏止才罢休。孝文帝当初对此一点也不感到仇恨，只是在内心里感激元丕等人。对诸兄弟的抚爱，始终没有什么区别。对九族之亲，敦厚和睦，礼貌更深。即使对大臣，执法一点也不放纵任为。他天性宽厚仁慈，进奉御食的人曾将热汤泼在孝文帝的手上，又曾在饭食中发现了虫子等秽物，孝文帝都宽恕了他们。以前有宦官在太后面前诬陷了孝文帝，冯太后打了他数十棒，孝文帝默然承受而不加以申辩。太后死后，他也不介意此事。

听览政事，从善如流。同情和哀怜百姓，常想对他们加以赈济。对天地、五郊、宗庙、二分等祭祀礼节，常是亲自参加，并不因为寒暑而感到厌倦。尚书所奏的案牍，他多数能亲自看审；对大小百官，无不留心注意。对于一些事情，力求周到完备，他常说，凡是作为君主的，担忧的是不均和不能够平心接人待物。如果能做到均平和真诚，胡、越等少数民族都可亲如兄弟。常常从容地对史官们说："直写史事，不要忌讳国家的隐恶。人君作威作福，史书不加记录，他们还有什么可以害怕的！"南北方征讨和巡防，有司奏请修建道路。孝文帝说："简单地修建桥梁，能通车马就可以了，不需要去割草平地去修路。"凡是所加以修建的工程，都是在万不得已的情况下去从事的，不干不急需的事情，以节省人力。巡视到淮河以南的地区，如同在内地一样，军事上需砍伐百姓的树木时，一定要留下丝绢来作为树木的酬金。对百姓的庄稼没有丝毫的损害。对那些有关禁忌和消灾的方术，凡是史书典籍没有记载的，命令全部加以罢除。

孝文帝平素喜欢读书，常是手不释卷。《五经》的含义，一看便能讲解。学习不需求师，就能探求其精深和玄奥，对史传百家的典籍，无不广泛涉及。喜欢谈论老子和庄子之学，尤其是精通佛教。富有文才和章藻，好写文章，诗赋铭颂，即兴而作。如有好的感想，立即口授，等到文章作成时，不改一个字。太和十年以后的诏书简册，都是孝文帝亲自书写而成。其他的文章，还有100多篇。

孝文帝喜欢奇人异士，其情如饥似渴。以才能的大小来接待和招纳朝廷中的贤人。常寄托自己朴素的愿望，悠然自得，不因事务众多而缠心。在小的时候，孝文帝长于射箭，有体力，10多岁时，就能用手指弹碎羊的肩胛骨，射猎禽兽，无不箭到而死。到15岁的时候，就不再杀生，射猎之事也就停止了。孝文帝生性喜欢俭朴，常穿洗濯的衣服，马鞍只是用普通的铁木制成而已。孝文帝的闲情雅致，都是这类的事情。

御 人

孝文帝观尚立嗣

（宣武）帝幼有大度，喜怒不形于色，雅性俭素。初，孝文①欲观诸子志尚，大陈宝物，任其所取。京兆王愉等皆竞取珍玩，帝唯取骨如意②而已。孝文大奇之。及庶人恂③失德，孝文谓彭城王勰曰："吾固疑此儿有非常志相，今果然矣。"乃见立为储贰④。

（《北史》卷四，宣武帝纪）

【注释】

①孝文：即北魏皇帝拓跋宏（元宏）的庙号，471—499年在位。在位间曾进行了政治、经济、文化和风化等方面一系列的改革，加速了鲜卑汉化和中原与北方少数民族融合的过程。②骨如意：器物名。用骨（或玉、竹）制成，头作灵芝或云叶状，柄微曲。供指划或赏玩之用。③恂：即拓跋恂，为孝文贞皇后林氏生。林氏因容貌美丽，得幸于孝文帝，恂因此被立为太子，后来皇后死，太子恂因罪赐死，林氏由贞皇后被废为庶人，故文中言"庶人恂"。④储贰：太子。

【译文】

宣武帝自幼就有大的度量，喜怒哀乐不形之于色，向来是性情雅致俭朴。当初，孝文帝元宏想观察诸子的志向和爱好，陈列许多宝物任他们拿取。京兆王元愉等人都竞相抢取珍宝玩物，而宣武帝只拿骨如意而已。孝文帝对此非常惊奇。等到庶人拓跋恂丧失德义，孝文帝对彭城王元勰说："我本来就认为这个孩子有志向不同一般，今天看确实是这样啊！"于是元恪被立为皇太子。

法　制

于仲文断案神明

（于）仲文字次强，少聪敏……后就博士李详受《周礼》《三礼》①，略通大义。及长，倜傥有大志，气调英拔。

起家为……安固太守。有任、杜两家各失牛，后得一牛，两家俱认，州郡久不决。益州②长史韩伯俊曰："于安固少年聪察，可令决之。"仲文曰："此易解耳。"乃令二家各驱牛群至，乃放所认者，牛遂向任氏群中。又使人微伤其牛，任氏嗟惋，杜氏自若。仲文遂诃诘杜氏，服罪而去。始州刺史屈突尚，宇文护③之党也，先坐事下狱，无敢绳者。仲文至郡，穷之，遂竟其狱。蜀中语曰："明断无双有于公，不避强御有次武。"

（《北史》卷二十三，于仲文传）

【注释】

①"后就"句：《周易》，本称《易》，儒家称之为《易经》。是古代用蓍草卜卦以断吉凶的书，含有一定的哲学思想。《三礼》，即《周礼》《仪礼》《礼记》。②益州：州名，治所在今四川成都。③宇文护：北周权臣，生年不详，卒于572年。鲜卑族。执北周大权期间，专断国政，后被人杀。

【译文】

于仲文，字次武，自幼聪明、敏捷……后来跟随博士李详学习《周易》《三礼》，基本上通晓大义。成人后，卓越豪迈，胸存大志，气质和调，英雄盖世。

离开家开始为……安固太守。有任、杜两家各丢失一头牛，后来找到一头，两家都认领，州郡很长时间也没能解决。益州长史韩伯峻说："于仲文少年时就聪于判察，可以让他来解决这个问题。"于仲文说："这个问题容易解决。"于是，就命二家各赶驱自家的牛群来，把两家都认领的那头牛放出去，那头牛便向任氏的牛群中走去。又让人对牛造成微小的伤害，任氏看到后嗟叹而惋惜，可杜氏如同没发生什么事似的。于仲文就训斥了杜氏,将他治罪后放他回去。始州刺史屈突尚是宇文护的党羽,已经犯罪被判入狱,却没有人敢将他绳之以法。于仲文到达始州后,就追究了这一案件,于是就将屈突尚逮进监狱。当时,蜀中有俗语说:"明断无双有于公,不避强御有次武。"

宋世景整肃吏治

（宋世景）后为伏波将军,行①荥阳太守。郑氏豪横,号为难制。济州②刺史郑尚弟远庆,先为苑陵令,多所受纳,百姓患之。而世景下车,召而诫之。远庆行意自若,世景绳之以法。远庆惧,弃官亡走。于是属县畏威,莫不改肃。终日坐于厅事③,未尝休息。人间之事,巨细必知,发奸摘伏④,有若神明。尝有一吏,休满还郡,食人鸡豚。又有一干⑤,受人一帽,又食二鸡。世景叱而告之,吏、干叩头伏罪。于是上下震悚,莫敢犯禁。

（《北史》卷二十六,宋世景传）

【注释】

①行：兼代官职。大官兼管小官的事,称行。②济州：州名,治所在茌珆城（今山东茌平西南）。③厅事：即"听事",厅堂。④摘（tì）伏：揭发隐私的事。⑤干：办事人员。

【译文】

宋世景后来任伏波将军,兼代荥阳太守。郑氏强横,自号"难制"。济州刺史郑尚的弟弟郑远庆,以前任苑陵令时,收受的贿赂很多,老百姓们都厌恶他。宋世景下车,召见并告诫他。郑远庆仍然是自以为是,行动自若,宋世景依法律来惩罚他。郑远庆害怕,于是弃官逃走。从此,他所属的县官吏们都敬畏他的威望,从事都很严肃。宋世景整天坐在厅堂里,从未休息过。凡是发生的事情,不论大小,他都肯定知道,揭发奸人隐秘的事,好像神仙似的明了。曾经有一个小吏,任职期满后返回荥阳郡,吃了人的鸡肉。又有一个办事人员,收了别人的一顶帽子和吃了两只鸡。宋世景斥责了两人并宣布罪状,这两人连连磕头服罪。从此,郡内的大小官吏都为之震惊,不敢违反禁令。

理 财

长孙毁宅

（长孙）道生廉约，身为三司①，而衣不华饰，食不兼味，一熊皮郭泥②，数十年不易，时人比之晏婴③。第宅卑陋，出镇后，其子弟颇更修缮，起堂庑④。道生还，叹曰："昔霍去病以匈奴未灭，无用家为。今强寇尚游魂漠北，吾岂可安坐华美也！"乃切责子第，令毁其宅。

（《北史》卷二十二，长孙道生传）

【注释】

①三司：一般指司徒、司马、司空，同宰相之职。文中的长孙氏身兼司空。②郭泥：亦作"障泥"，因垫在马鞍下，垂于马背两旁以挡泥土，故有此名。③晏婴：春秋时齐国大夫，生年不详，卒于公元前500年。字仲平，夷维（今山东高密）人，历齐灵公、庄公、景公三世卿，崇尚兼爱、非乐、节用、非厚葬久丧等，类多出墨子。④堂庑：堂下四周之屋。

【译文】

长孙道生廉洁而俭约，虽是三司显职，而所穿的衣服不饰以华美，食不二味，所用的一副熊皮马鞯，数十年不换，当时的人们把他比为晏婴。所住的房屋，低矮而简陋。有一次出征后，家里的人把房屋全部修缮了一番，并建起了堂庑。长孙道生回来后，感叹道："昔日霍去病认为匈奴没灭，无以为家。今天强大的敌人在北方边境游荡未平，我怎么能安心住这样华美的房子。"于是，就把子弟们狠狠地训斥了一顿，并命令他们把所建的房屋毁掉。

德 操

生女实胜生男

（西魏）文帝①文皇后乙弗氏，河南洛阳人也。……父瑗，仪同三司、兖州②刺史。母淮阳③长公主，孝文之第四女也。后美容仪，少言笑，年数岁，父母异之，指示诸亲曰："生女何妨也。若此者，实胜男。"年十六，文帝纳为妃。及帝即位，以大统元年④册为皇后。后性好节俭，蔬食故衣，珠玉罗绮绝于服玩，又仁恕不为嫉妒之心，帝益重之。

（《北史》卷十三，文帝文皇后乙弗氏传）

【注释】

①文帝：西魏帝元宝炬庙号。②兖州：地名，今山东兖州。③淮阳：郡名，今河南淮阳。④大统元年：即535年。大统，西魏文帝元宝炬的年号。

【译文】

西魏文帝文皇后乙弗氏，河南洛阳人。……她的父亲乙弗瑗，官至仪同三司、兖州刺史。她的母亲淮阳长公主，是北魏孝文帝的第四个女儿。文皇后容貌美丽，举止悠雅，极少言语和露出笑容，几岁时，父母都认为她非同寻常，指着她对亲戚们说："生女孩有什么不好，像这样的女孩，实在胜过男孩。"16岁时，被文帝纳为妃子。至文帝即帝位，在大统元年被册封为皇后。文皇后生性崇尚节俭，吃粗食、穿旧衣，衣服和玩器中没有饰加任何的珠、玉与罗绮之类的珍宝，又仁慈而宽厚，没有嫉妒之心，文帝于是更加敬重她。

传世故事

高欢豢臣有术

　　北朝东魏时期，高欢、高澄父子一直操纵着实际军政大权，孝静帝实为傀儡。武定四年（546年），高欢西征不能取胜，身患重病。十一月，他派自己的儿子太原公高洋镇守邺城，又命长子高澄至晋阳镇守。接着，他自称战功不胜，上表请求解除自己所督管的中外军事，东魏孝静皇帝优诏准许了他的请求。这时，与之为敌的西魏传说高欢被弩箭射中，高欢于是勉强起坐接见当时的各路贵胄，他在会上让斛律金唱敕勒民歌，他自己则以歌应和，哀恸感伤地满面流泪。

　　高欢的大将侯景平时就轻视高欢长子高澄，曾经对司马子如说："大王（高欢）还在，所以我不敢有什么异心；如果大王去世了，我断不能与鲜卑小儿们共事。"司马子如忙用手掩住他的嘴巴。高欢生病之后，高澄代替高欢写信，召侯景前来。侯景以前曾与高欢有约，得到他的书信如背面有微点，就来；如书信的背面没有微点，侯景就不必来，侯景此时又听说高欢病重，便拥重兵围护自己而不肯前来。高欢就对高澄说："我虽然病重，但看得出来你面色忧虑，原因何在？"高澄没有回答，高欢又问道："难道是担心侯景叛乱吗？"高澄说："是的。"高欢便说："侯景在黄河之南专断统治了14年，平时就想飞扬跋扈，怀有异志，全仗着我豢养有术，你怎么驾驭得住他呢！现在天下未定，我死后你不要立即发表。鲜卑老公库狄干、敕勒老公斛律金这两个人都性情秉直，绝不会背叛你。然而朱浑道元、刘丰生这两个人都是从远地来投靠我的，必定不会有贰心。贺拔焉过儿朴实而无罪过；潘相乐原本是道人出身，心地和厚。你们兄弟应当借助他们的实力。韩轨年少憨直，应当对他加以宽容款曲。彭乐此人城府很深，难以猜度，应当慎加提防。稍微能够与侯景匹敌对峙的，只有慕容绍宗，我故意不重用他，留下来让给你，你应当对他用特殊待遇加以深信重用，委以经略大任。"

　　武定五年（547年）正月初一，天空日蚀，高欢说："日蚀是因为我而出现的吧？我死也无憾了。"几天后去世于晋阳。后来高澄果然遵其父之嘱，重用慕容绍宗，命他为东南道行台，加开府之衔，改封燕国公。慕容绍宗与大都督高岳在寒山擒获了南朝梁政权的贞阳侯萧明，然后回军到南北交争的涡阳（今安徽蒙城）讨伐侯景。那时侯景军势最盛，开始听说高澄派韩轨领军前来，轻蔑地说：

"只不过是个吮猪肠的小子罢了。"又听说高岳领军而来,说:"兵马精良而将帅凡庸而已。"东魏的各路将帅他都没放在心里。后听说慕容绍宗来了,他连连叩着马鞍说:"谁教鲜卑小儿派绍宗来的?这样的话,莫非高王(高欢)没死吗?"后在与侯景交战时,各路将军都频频败退,没有人敢为先锋,而慕容绍宗则挥兵直驱而进,诸将才跟随其后,终获大捷。侯景军溃败,只带800人马南渡淮河,投奔南朝梁政权,后来又在南方发动兵变,攻下都城建康(今南京),史称"侯景之乱"。

尔朱氏专权终受诛

尔朱荣字天宝,北魏秀容(山西忻定西北)人,他的祖先多为部落酋长。他祖父尔朱羽健曾率领私兵,帮助孝文帝拓跋元宏,拥有广大的草原牧场和奴隶。打过仗,功勋较多,因此受封北秀容方圆300里的土地。到他父亲尔朱新时,更加豪富,所养牛羊驼马用颜色来区分,朝廷每有征讨战事,就捐献私马,供应粮草,因此很受孝文帝赏识重用,封为西河郡公。

尔朱荣面容洁白秀美,继承了祖上的财产功业,有部曲奴隶8000多户,骏马万匹。他干练果断,长大后,擅长骑射,常和部属演习战阵之法,号令严肃。尔朱荣心怀大志,暗中资财散众,招募兵勇,结纳豪杰,像高欢等人都归附他。当时北魏局势很不稳定,边界上的少数民族不断侵扰,杀人掠地,国内的暴动起义不断,令当时的皇帝烦恼。他多次自告奋勇,自带兵马粮草帮助朝廷剿灭叛乱,安定四夷,他成功地击败了少数民族柔然的进攻,平息了胡人的反叛。他被升官为镇北将军,封博陵郡公,威震四方。他向皇帝报告,他的堂弟尔朱世隆、侄子尔朱天光均立功,他们均被授予高官厚禄。

孝昌三年(527年),孝明帝之母胡太后的幸臣郑俨等毒死孝明帝,尔朱荣与亲信大将元天穆、堂弟尔朱世隆、侄儿尔朱天光乘机举兵入洛,把胡太后和她的3岁的小儿子元钊沉入黄河,杀胡太后党羽时又杀了百官3000多人。拥立元子攸为帝,即孝庄帝。孝庄帝很器重尔朱荣,封他为大将军、太原王,都督中外军事,北魏大权全落入尔朱荣的手中。尔朱荣权势显赫,朝中无人能比。

尔朱荣独揽大权,他的子弟们纷纷受到提拔重用。尔朱荣的女儿先是孝明帝的贵嫔,她骄横专权,淫乱无比。孝庄帝即位后,她让父亲在朝廷中提议立她为皇后,孝庄帝犹豫不决,大臣祖莹想讨好尔朱氏,就极力赞美尔朱荣的女儿贤良,劝说皇上,皇上无奈就只好同意,尔朱荣高兴万分。从此内有尔朱皇后,外有尔朱荣,二人相勾结,同党布满朝野。

尔朱荣的儿子菩提才14岁,就位居太常卿,开府仪同三司,他的弟弟义罗是武卫将军、梁郡王，义罗的弟弟文殊9岁就被封平昌郡王，文殊的弟弟文畅开始封昌乐郡公。当时尔朱荣率军东征西讨，大破破六韩拔陵、葛荣、邢杲等人领导的农民起义，他被封为柱国大将军、天柱大将军，文畅随之晋爵为王，文畅弟弟文略在义罗死后，封梁郡王爵位，都是仅次于皇室的爵位、封地、饷禄。这班子弟不学无术，平时倚权仗势，祸乱朝纲，欺压百姓，尤其是尔朱荣堂弟仲远奸诈无比，他擅刻印信，常按尔朱荣的旨意伪造公文，发号施令，或者请人为官，收取礼物，在孝庄帝时居然升任尚书左仆射、徐州刺史。尔朱家族另外4个子弟尔朱世隆、尔朱度律、尔朱天光、尔朱兆等平时跟着尔朱荣行军打仗，屡立战功，所封官职更大，几乎都拥有兵权。

尔朱荣内外专权，宠用子弟，又不把皇帝群臣放在眼中，引起了皇帝的极度不满，大臣纷纷建议诛杀尔朱荣。皇帝担心尔朱荣耳目众多，犹豫不决。但是诛杀计划已泄漏，尔朱世隆当时任仆射，他怀疑要出意外，就写了一封匿名信，声称"天子想杀天柱将军"，可是尔朱荣丝毫不在意。

北魏永安三年（530年），孝庄帝设谋在宫廷诱杀了尔朱荣、亲信元天穆，尔朱荣的儿子菩提也未能幸免。朝廷内外为之欣然欢呼。

奇才苏绰

苏绰字令绰，武功（今陕西武功）人，出身世家大族。幼时聪明好学，博览群书。常与人争辩时政得失，颇得要旨，又擅长算术，能解复杂的算术题。人们很赏识他的才能。他哥哥苏让当汾州（山西汾阳）刺史，亦颇有政绩。西魏宇文泰很信任他。有一次，宇文泰问苏让："你们家中的子弟，谁有才干，可资任用？"苏让毫不犹豫地举荐了弟弟苏绰。宇文泰就任命苏绰为行台郎中。

苏绰为官几年，宇文泰不知道他有什么政绩。可是苏绰的同行们都称赞他有本事，遇到什么疑难棘手的事情都去找他商议，苏绰总能帮他们处理得很好，甚至颁发的公文的体例都是苏绰一手制订。一次宇文泰和仆射周慧达商议事情，慧达不能解决，于是请求出去找人商讨。周慧达把事情告诉了苏绰，苏绰马上拿主意，并分别处置。周慧达回去告诉了宇文泰。宇文泰以为处理的公允适当，称羡不已。便问："谁给你出的主意？"周慧达回答说是苏绰，并称赞他有辅助君王的才能。宇文泰这才想起说："我很早就听说他了。"不久就任用苏绰为著作郎。

有一次，宇文泰与百官一起去昆明池观鱼，路过城西汉代的仓库遗址。他问左右侍臣有关这仓库的历史。大家面面相觑，宇文泰愠怒。有人说："苏绰博学多才，问问他，他肯定知道。"宇文泰召来苏绰询问，苏绰果然对答如流，宇文泰这才高兴起来。他又问苏绰万物演变的开始，历代兴盛衰亡的事迹，苏绰引经据典，回答得详略得当，有条有理，宇文泰愈加欣赏他。回宫后，把他留在府中，以便垂询国家的政事。宇文泰躺在床上，意态慵散。苏绰正襟危坐，向他详细陈述治国之要略。宇文泰惊其才能，连忙站起来，整理衣服，端正坐定，听得津津有味，直到公鸡报晓仍没有倦意。上朝后，宇文泰对周慧达说："苏绰真是当世奇才，我准备提拔任用他。"于是任命苏绰为行台左丞，参与决策国家机密大事。从此以后，宇文泰对他的宠信与日俱增。苏绰管理财税颇有成效，他制订统一的计划规则，甚至用红笔记支出、用墨笔写收入的做法亦被历代续用，账目非常清楚。宇文泰又升他大行台度支尚书兼司农职，总管国家财税收支及农业。

当时，宇文泰正准备改革时政，实行富国强民的政策，苏绰很称赞，并充分发挥了自己的才干。他裁减冗员，实行屯田制，用来供应军费开支。在他的主持下，颁布六条革新诏书：君主要清心寡欲、敦睦教化、充分开发地利、提拔贤良、谨慎用法、轻徭薄赋。宇文泰非常重视这六条诏书，常常把它放在身边，命令百官学习体味。又下诏不通晓这六条诏书的人不许做官。所以西魏当时国家强盛，人民富足，兵强马壮，屡次打败周边国家的入侵。这都是苏绰历年勤奋工作的结果。

苏绰朴素节俭，不刻意经营自己的产业，家里没什么财产，常常把动乱未能平息当做自己的责任。又广泛搜求贤良之士到京做官。宇文泰总是推心置腹地信任他。有时他远出巡视州县，常事先把签有自己名字的制书交给苏绰，授意他有什么需要处理的事，可以随机相宜处理，不必禀告。苏绰常常对宇文泰说："治理国家，应当像慈父那样怜爱别人，像严师那样教诲别人。"他每次与公卿商讨政务，总是通宵达旦，事情无论大小，他都亲自过问，力求尽善尽美。

西魏大统十二年（546年），苏绰积劳成疾，溘然长逝，年仅49岁。宇文泰甚为悲痛，对百官说："苏尚书平生清廉谦让，一心为国，是我们为人臣的榜样啊！"

刺舌为训

贺若敦，河南洛阳人。父亲贺若统是西魏著名将领，官至散骑常侍。贺若敦从小就跟从父亲，17岁时，便显示出非凡的军事才能，时常为父亲出谋划策。他又冲锋陷阵，亲手杀敌七八人。年纪再长，更英勇善战，能手挽3石弓，箭不虚发。北周时，官至骠骑大将军，封爵为公。贺若敦不仅有军事才能，而且很有智谋。后来，因为多次立功却未得封赏，贺若敦便口出怨言，愤愤不平。晋王宇文护得知此情后，大为恼怒，逼令他自杀。临死之前，贺若敦十分懊悔，便把自己的儿子贺若弼叫到跟前，对他说："我一直想要平定江南，看来这个愿望是无法实现了。你应当继承我的事业，完成我的遗愿。如今，我因为这舌头多事，所以招来杀身之祸，希望你千万要吸取这血的教训。"说完，他叫贺若弼伸出舌头，突然用尖利的锥子刺之，直至出血。贺若敦以此告诫儿子慎言，以免惹来灾祸。

贺若弼跟他父亲一样，从小就胸有大志，并且弓马娴熟，骁勇无比。他又知书通文，因而很有名气。贺若弼任寿州刺史时，辅佐韦孝宽攻打南陈，连拔数十城，他献计献策，立有很大功劳。杨坚任北周的丞相，贺若弼向杨坚献夺取陈朝的十策，深得杨坚赞赏，杨坚还特意赐给他一把宝刀。开皇九年（589年），隋兵大举伐陈，贺若弼任行军总管，在南京蒋山（即紫金山）大败陈军主力，使陈朝从此失去了抵抗能力。贺若弼因灭陈朝时建有奇勋，被封为上柱国，晋爵宋国公，官至右武侯大将军。

不幸的是，这样一位开国功臣，最后却遇上了荒淫无道的隋炀帝。隋大业三年（607年），贺若弼跟从隋炀帝北巡。走到陕西榆林时，隋炀帝命令制做可容数千人的大帐，以会见和招待突厥可汗。贺若弼认为隋炀帝这样做过于奢侈了，与高颎等私下里议论此事。不想为人所告发，隋炀帝大怒，加以诽谤朝政的罪名，处死了贺若弼。

贺若敦因舌头惹祸，临死以锥刺其子贺若弼的舌头，希望儿子能够从中吸取深刻教训。未料到多年以后，贺若弼全然忘记了这血的教训，仍因为舌头而惹了祸，以至杀身，父子两人居然是同样的下场。隋炀帝远比当年的宇文护残酷，仅仅为了几句议论，他不仅杀了贺若弼，还将其妻子卖为官奴。其儿子贺怀亮此时已经出仕，也一起被诛杀，而且贺若弼的弟弟贺若谊也被株连罢了官。甚至连贺若弼的奴仆之类，隋炀帝也没有放过，将他们全都发配到边地充军。但是，贺若弼的口舌之祸并非为私，这一点与他的父亲有本质的不同。尽管如此，贺若弼仍然被诛身死，这不能不归罪于封建时代的专制制度和隋炀帝本人的独裁昏庸，贺若弼倒确实是并没有什么不对。

人物春秋

开功建业　两朝受忌——杨素

杨素字处道，自幼胸怀磊落，志向远大，不拘小节。不为多数人所了解，唯有从祖杨宽惊异他的才能，常常对子孙们说："处道出类拔萃，是特殊人才。"杨素后来与安定的牛弘志同道合，两人酷爱学习，研讨经典精义，不断有所贯通和发挥。他善写文章，工于草书和隶书，十分留意于占侯之术。

北周大冢宰宇文护请他做中外记室，又转礼曹，加大都督衔。周武帝即位，亲理朝政，杨素因为他的父亲杨敷坚守节操，被齐军俘获，因而不被朝廷使用。他多次上表申请。周武帝十分恼怒，命令侍卫将他斩首。杨素又进言说："我侍奉无道的昏君，死是应该的。"武帝明白了他话中的含义，便赠杨敷为使持节、大将军和谯、广、复三州刺史，谥号忠壮。拜杨素为车骑大将军、仪同三司，他逐渐被重用。武帝常命他起草诏书，常常落笔一挥而就，文辞和内容都很精彩，武帝十分赞赏，对他说："好好地自相勉励，不要发愁得不到富贵。"杨素应接道："只恐怕富贵逼我，我却无心追求富贵呀！"

平定北齐的战役时，杨素请求率领部下作为先锋，武帝答应并赐给手杖一根，说："我正想大张旗鼓地驱赶齐军，所以把这件东西赐给你。"杨素跟随齐王宇文宪与齐军在河阴大战，因建立军功被封为清河县子，授予司城大夫，又与宇文宪一起攻克晋州，率军队驻扎在鸡楼原。北齐君主率大军迎战，宇文宪害怕，夜跑，被齐兵追赶，他的部下四散奔走。杨素与骁勇将领 10 余人奋力苦战，宇文宪仅幸免于难。北齐平定后，杨素被加授开府职衔，改封为成安县公。

不久，又跟随王轨打败南陈将领吴明彻于吕梁一带，奉命管理东楚州的政务。他的弟弟杨慎被封为义安侯。南陈将领樊毅在泗口修筑城池，杨素将陈兵赶走，摧毁了樊毅修筑的城堡。宣帝即位，杨素继承父亲杨敷的爵位为临贞县公，他的弟弟杨约为安城县公。

隋文帝杨坚任北周的丞相时，杨素与他交情很深，文帝很器重他，命他做汴州刺史。到了洛阳，恰逢尉迟迥叛乱，道路受阻，杨素无法东进。文帝拜杨素为大将军，率军进攻宇文胄。杨素将他击败，被调迁为徐州总管，位至柱国，被封为清河郡公，他的弟弟杨岳被封为临贞公。到了隋文帝即位，他被封为上柱国，官至御史大夫。他的妻子郑氏性情偏狭凶悍，杨素对她十分愤怒，说："我如果做了皇帝，你一定没资格做皇后。"郑氏将他的话报告给文帝，杨素被免职。

　　隋文帝正谋图取得江南。先是杨素多次进呈攻取南陈的建议，不久，文帝就授他为信州总管，派他讨陈。杨素驻扎在永安，建造大型战舰，取名叫"五牙"。船上建起5层楼，高100多尺，左右前后竖起6根桅杆，加起来高150尺，可容纳战士800人，舰上遍扎旗帜。小一点的战舰叫"黄龙"，可乘士兵100多人。其余"平乘""舴艋"等战船大小各有差别。等到大举讨伐南陈，朝廷命他为行军元帅，率领船队直趋三硖。隋军来到流头滩，南陈将领戚欣率青龙舰100余艘屯兵守卫在狼尾滩，以阻止隋军的道路。这里地势险要，隋将十分忧虑。杨素说："胜负就在此一举。如果白天开船进攻，对方则能看清我们的行动。加之水流迅急，水手无法控制，我们就会失掉有利条件。"于是，隋军夜间发动了进攻。杨素亲自率领黄龙舰10艘，悄悄顺流而下；派开府王长袭从南岸袭击戚欣的别处营寨的栅栏；命大将军刘仁恩直趋白沙的北岸。天明到达，进攻陈军，戚欣失败。俘虏了许多陈军，安抚后全部释放。隋军秋毫不犯，深受陈人欢迎。杨素率领水军顺江东下，战舰船只覆盖了江面，军旗盔甲耀日蔽天。

　　南陈的南康内史吕仲肃领军驻扎在岐亭，把守着江峡，在江北岸的山崖上固定三条铁锁链，拦江横截在上游，用来阻挡敌军的战船。杨素与刘仁恩登上江岸一起进发，先进攻陈军的栅栏，吕仲肃的军队夜间溃败，杨素除掉铁锁链。吕仲肃又据守荆州辖下的延洲，杨素派遣巴蜒兵卒数千人，乘坐五牙舰4艘，依靠舰上的檑竿捣碎敌军的10多艘战舰，将陈军打得大败，吕仲肃仅保全性命。南陈后主派信州刺史顾觉镇守安蜀城，荆州刺史陈纪镇守公安，都因惧怕隋军而逃之夭夭。巴陵以东再没有人敢于坚守。湘州刺史、岳阳王陈叔慎请求投降。杨素来到汉口，与秦孝王会合后才返师。被授予荆州总管，晋爵为郢国公，杨素对隋文帝说："有地名叫胜母，曾子都不进入。叛逆王谊过去封在郢地，我不愿与他封在同一个地方。"于是，改封为越国公。不久，又授予纳言，转为内史令职。

　　时隔不久，江南人李棱叛乱，朝廷命杨素为行军总管去讨伐。文帝命平定叛乱以后，将男子全部杀掉，妇女都赏给士兵，在战场上侥幸活下来的罚做苦役。叛逆朱莫问自称为南徐州刺史，用重兵把守京口。杨素率水师从扬子津进击，击败朱莫问。晋陵顾世兴自称为太守，与他的都督鲍迁等人前来抗拒，杨素将他们打败，抓住了鲍迁，俘虏贼兵3000多人。他进击无锡的贼帅叶皓，又将他们平定。吴郡的沈玄侩、沈杰等率兵围困苏州，刺史皇甫绩屡战失利。杨素率军救援。沈玄侩见形势窘迫，逃走去投奔南沙的贼帅陆孟孙。杨素在松江向陆孟孙的部队发动进攻，将他打得大败，擒获了陆孟孙、沈玄侩。黝、歙一带的贼帅沈雪、沈能据守栅栏以自我保固，也被攻下。

　　江浙的高智慧自号为东扬州刺史，吴州总管、五原公元契镇守会稽，因为惧怕高智慧的兵力强盛而向他投降。高智慧将元契的部下全部杀死，元契自杀。高智慧有1000多艘舰船占据要害，军队十分强劲。杨素领军向他进攻，从清晨到下午申时，经过艰苦战斗，打败了贼兵。高智慧逃往海上。杨素追赶他，从余姚渡海直趋永嘉。高智慧抵抗，杨素又将他击败逃走。贼帅汪文进自称为天子，占据东阳，任命他的同党蔡道人为司空，驻守乐安。杨素领兵予以平定。又攻破永嘉贼首沈孝彻，隋军从这里步行向天台进发，直指临海郡，逐一捕获漏网的贼兵，前后打了100多仗，高智慧逃往闽越坚守。文帝因杨素长时间在外征战，所以下诏派人骑快马传令命他还朝，给他的儿子玄感加上开府衔，赐给绸缎8000段。杨素因余寇没有扫除，恐怕成为后患，又请求出发。朝廷下诏命他为元帅，他又率军来到会稽。

开初，泉州人王国庆是南安一带的豪门大族，杀死了刺史刘弘，占据州城发动叛乱。他认为海上艰难险阻，北方人不能习惯，所以不设任何防备。杨素率军渡海，突然前来，王国庆忙弃城逃走。杨素分别派遣各路将领，从水上和陆地分头追击。此时，南海原有五六百户人家，居住在水上成为亡命之徒，号称为游艇子，高智慧、王国庆想去投靠他们。杨素便秘密派人劝说王国庆，让他杀死高智慧以立功，王国庆在泉州杀死高智慧，其他余党全部投降，江南于是平定。文帝派左领军将军独孤陀到浚仪迎接慰劳杨素。他回到京城，慰问者天天不断。

杨素代替苏威为尚书右仆射，与高颎一起掌管朝政。杨素性情疏懒而又好计较，朝臣之间，他只推崇高颎，敬重牛弘，厚待薛道衡；看苏威好像不存在一样。其他朝臣，大多受他轻慢排斥。他的才情风度超过高颎；至于诚心休国，待人接物的公平恰当，宰相应具有的识见气度，与高颎相去甚远。

不久，文帝令杨素监造仁寿宫，杨素便平山填谷，督责工役严厉苛刻，工役们死了很多，等到仁寿宫建成，文帝命高颎前去视察，高颎奏称宫殿过于绮丽豪华，损伤人丁太多，文帝不悦。杨素害怕，便在皇宫北门启奏独孤皇后说："帝王按法规定应该有离宫别馆，现在天下太平，建造一座宫殿怎么能算浪费？"皇后将这个道理告诉文帝，文帝的情绪才缓和下来。

开皇十八年（599年），突厥达头可汗进犯边塞，文帝命杨素为灵州道行军总管，率兵讨伐，原来的边疆守将与突厥打仗，因为担心他们的骑兵来回冲突，因而将战车、步兵、骑兵互相交错配合，用鹿角布置成方阵，骑兵屯扎在其中。杨素说："这是自我束缚。"于是，他将旧的战法全部抛弃，命令全军变为骑兵的阵势。达头听后十分高兴，认为是天赐的良机，下马对天祝拜，然后率领数十万精锐骑兵杀来。杨素挥军奋击，达头受重伤逃跑，敌人四散而去。

杨素精于权谋韬略，利用机会进攻敌人，战术变幻不断，然而，总体上，治军严肃整齐，有违犯军令的，立即斩首，毫不宽待。每次将要与敌人开战，往往寻找将士过失将他们处死，多的处死100余人，少的也不下数十人，他面前流满了鲜血，却谈笑自若。等到与敌人开战，先命一二百人进攻敌人，如能攻破敌阵就算了；如不能攻破而失败回来，不管剩下多少人，全部斩首；再命200人进攻，方法同前面一样。将士们个个心惊肉跳，下定了必死的决心，所以战无不胜。杨素受到文帝的宠爱，他说的话文帝没有不听从的，与他一起作战的将士，就是立有很小的功劳也会被记录奖赏。杨素虽然严酷残忍，将士们也愿意跟从他。

开皇二十年（601年），晋王杨广为灵、朔道的行军元帅，杨素为长史，晋王屈尊与他交往。

仁寿初年，他代替高颎为尚书左仆射，这年，又命杨素为行军元帅，进击突厥，连续击败敌军。突厥逃走，他追到夜里赶上了他们，恐怕他们逃跑，便令其他骑兵走在后面，自己亲率两名骑兵和两名投降的突厥人，悄悄地与敌兵一起行走，对方没有丝毫知觉。等到他们驻扎时还没稳定下来，他指挥后面的骑兵突然掩杀过来，将敌人打得大败。从此，突厥人远遁而去，沙漠以南再也没有他们的踪迹。因立战功将他的儿子杨玄感进位为柱国，玄纵为淮南郡公，赏赐物品两万件。

献皇后驾崩，丧葬制度多出于杨素之手。文帝很是赞赏他，下诏说："君主如脑，大臣好比股与肱。共同治理百姓，职责一体。上柱国、尚书左仆射、仁寿宫大监、越国公杨素，志向气度，恢宏宽阔，对事物变化的洞鉴透彻远大，胸怀辅助时事的韬略，包涵治理国家的才干。我朝王业初开，称霸天下的宏图刚刚奠基，他一出仕就被委以重任。受命出师，擒获和消灭凶恶的贼首，平定了虢和郑。多次秉承朝廷制定的谋略，指挥大军纵横江南；常常接受朝廷颁布的军令，率军长驱于北疆要塞。大军向南，吴越之地便被肃清；王师北临，匈奴族的军队就被摧垮折服。位居尚书省长官，参与军国大事的计谋筹划，在朝廷端正严肃，不谄不骄；说话直抒胸臆，不带隐瞒。谈文学则词气纵横，论武功则谋深虑远，既能文，又能武，对朕唯命是从。凡委以职责，从早到晚都不懈怠。献皇后气息奄绝，驾离六宫，远别日月，融入白云。坟茔的选择，灵柩的厝置，都委托杨素来料理。杨素对朝廷义重，为国家情深，想使生者和死者都安康泰然，永远无穷。他认为阐释阴阳的书虽然都是圣人所作，但体察其中祸福的道理，尤其须慎。便踏遍山川原野，亲自占卜选择，为了寻求大吉，孜孜不倦，奔波不停。终于在京城附近找到一块福地，用以营建陵墓。论起杨素的这种心情，对朝廷实在至诚至孝。他平定贼寇，建立丰功伟业，如不给予奖赏，怎么能伸张劝勉奖励功臣的风气！可再封他的一个儿子为义康郡公，食邑一万户，子子孙孙继承不断，其余赏赐仍按旧章。"

此时，杨素受文帝宠爱越来越重，他的兄弟杨约、从父杨文思、兄弟杨纪以及族父杨异都被封为尚书、列卿。所有的儿子没有任何汗马功劳，都位至柱国、刺史。家里僮仆数千人，后宅的妻妾歌妓，穿着华丽的绸衣的数以千计。府第豪华奢侈，形制有如皇宫。有个叫鲍亨的善于写文章，一个叫殷胄的工于草书和隶书，都是江南的读书人，因为受高智慧牵连沦为奴仆。杨素的亲友故旧，都地位显要。他权势的兴盛，近古以来从未听闻，炀帝杨广初为太子时，猜忌蜀王杨秀，便与杨素密谋，构陷他的罪状，后来竟被废黜。朝臣有违逆他的，杨素暗中中伤他们。如果有人趋附他和他的亲友，虽然没有才干，也给以提拔。人们无不因畏惧而依附他。只有兵部尚书柳述，凭借他是文帝女婿的特殊地位，多次在文帝面前抨击杨素；大理卿梁毗上表说杨素作威作福。文帝渐渐疏远并忌讳杨素，后来诏谕说："仆射，是国家的辅政大臣，不可以亲自处理细小的事务。只需三五天到尚书省议论一下大事就行了。"表面表示优崇，实际是在削弱他的权力。到仁寿末年，不再让他全面负责尚书省的事。文帝赐王公以下的大臣射箭，杨素的射术为第一，文帝亲手将外国贡献的价值数万的金精盘赏赐给他。

文帝身体不好，杨素与兵部尚书柳述、黄门侍郎元岩等入宫侍奉他的疾病。此时，皇太子杨广入宫居住在大宝殿，担心文帝不测，必须早做防备，便亲手写信，封上送给杨素。杨素便将文帝的情况记录下来，报与太子，宫人将他的信悄悄送给文帝，文帝看后恼怒，文帝宠爱的陈贵人也说太子对他轻狂无礼。文帝发怒，想要召回被废为庶人的长子杨勇。太子与杨素谋划，杨素假借文帝的诏命，让东宫的兵士来宫中守卫，宫门禁止出入，让宇文述、郭衍来指挥。文帝当天驾崩，因此颇引起不同的议论。

恰逢汉王杨谅反叛，派茹茹天保向东进至蒲州，烧断黄河上的桥；又派王聃子率军与天保合力坚守。杨素率轻骑5000人袭击，埋伏于渭水渡口，乘夜渡过，天明发动进攻，天保兵败，王聃子惧怕，献城投降。炀帝下诏将他征还。杨素起初将要出发时，计划着破贼的日子，实际发展都和他估计的一样，炀帝于是命杨素为并州道行军总管、河北道安抚大使，去讨伐杨谅。当时，晋、绛、吕三州州城都被杨谅把守，杨素每地各用2000人吸引他们。杨谅派赵子开率军10余万，修筑险绝的道路，屯据在高壁，布下50里大阵。杨素命诸将领兵逼近敌营，自己用奇兵，急速前进，直捣杨谅的大营，一举将其攻破。杨谅任命的介州刺史梁修罗驻扎在介休，他一听说杨素率军到来，就弃城逃走。杨素领兵进至清源，离并州30里，杨谅率他的将领王世宗、赵子开、萧摩诃等迎战，又被打破，俘获了萧摩诃，杨谅退守并州，杨素进兵将并州包围，杨谅投降，他的余党全被平息。炀帝派杨素的兄弟修武公杨约拿着他亲手写的诏书慰劳杨素，杨素上表感谢。

大业元年（605年），他升为尚书令，朝廷赏赐给东京的住宅一处、布帛2000段。不久，又被授予太子太师，其他官职如同以往。朝廷前后给他的赏赐无法计算。第二年，又被授予司徒，改封为楚公，这一年因病去世，谥号景武，赠为光禄大夫、太尉公和弘农、河东、绛郡、临汾、文城、河内、汲郡、长平、上党、西河十郡太守；送给辒辌丧车一部、手执木刻班剑的仪仗30人、前后手执羽葆的仪杖和吹鼓手、谷和麦 5000 石、布帛 5000 段，鸿胪寺负责料理丧事。炀帝又下诏为他立碑，以表彰他的丰功伟业。杨素曾将一首长达 700 字的五言诗赠给番州刺史薛道衡，词意新颖警拔，风格秀雅超群，成为一时难得的佳作。诗写成不久，就去世了。薛道衡叹息说："人之将死，其言也善，果然是这样啊！"

杨素虽有扶立炀帝的谋略和平定杨谅叛乱的功劳，然而却特别被炀帝所猜忌。炀帝对他表面礼遇优隆，实际上情义甚薄。太史说楚地将有大丧，炀帝因而将他改封到楚。他卧病在床的时候，炀帝每次都令名医去诊治，赐给上等好药，然而却私下唯恐杨素不死。杨素也知道自己的名位已达到巅峰，所以不肯用药，也不慎重调养。常常对兄弟杨约说："我难道还须再活下去吗？"

杨素贪图财货，大肆营求产业，东西两京的住宅宏丽奢华，往往早晨建好，晚上又拆掉重造，营建修理没有停止的时候。四方都会繁盛之地，都有他家的旅店、磨坊、田园、住宅，其数量以千百计。当时舆论都因此而鄙视他。

乱世枭雄——李密

李密字法主，文武兼备，志向高远，李密收养宾客，接纳贤士，毫不吝惜钱财，与杨玄感结有生死之交。后来，又强自克制，沉湎于学习之中，尤好读兵书，口中不停朗诵。大业初年，他被朝廷授予亲卫大都督，因为身体有病，回家休养。

杨玄感密谋叛乱时，曾请李密，召请他与自己的弟弟杨玄挺同去黎阳，共同计议。李密提出三种计策，说："现在天子远在辽东领兵攻打高丽，您率兵长驱直入，攻下蓟州，直扼隋军咽喉。前面有高丽，后面的退路被断绝，不战就可擒获炀帝，这是上计。关中四面高山阻隔，驻守在那里的卫文升不值介意。现在率领人马早日西进入关，可保万无一失，这是中计。如果先就近攻打东都洛阳，因而又延误了时间，这是下策。"杨玄感却说："您的下计实则是上计呀。现在满朝官员的家属都住在东都，如果不早日攻取，怎么能动摇他们呢？况且经过的城池而不攻下，怎么能显示我们的威力？"李密的意见未被采纳。杨玄感率军攻打东都，认为很快就可成功。他获取的韦福嗣，出的主意往往模棱两可。杨玄感让韦福嗣写讨伐隋炀帝的檄文，他不肯起草。李密了解到情况，请求将他斩首，杨玄感又不答应。李密回来对所亲近的人说："杨玄感造反而又不想取胜，我们将要成为俘虏了。"后来，杨玄感准备西入关中，韦福嗣却逃归东都。当时，李雄劝杨玄感赶快立号称帝，杨玄感征求李密的意见，李密认为不能这样。杨玄感未采纳称帝的建议。宇文述、来护等率隋军将要赶到，杨玄感问李密下一步的计策，李密说："元弘嗣统领强大的军队驻扎在陕西陇山之右，现在可以制造舆论，说他要谋反，派使者来迎接您，借此入关，可以笼络将士。"杨玄感便根据李密的计谋号令全军。向西进入陕县，久攻弘农不下，又西入阌乡，隋军追来，杨玄感失败。

　　李密偷入关中，与杨玄感的叔父杨询一起，藏在杨询妻子的娘家。不久被告发，与他的同伙一起被送到隋炀帝那里。押送途中，李密与其他人密谋逃跑。他们这些人身上带着许多金钱，李密让拿出来给押送的人看，并说："我们都在等着死日的到来，这些金钱送给你，希望用来埋葬我们，剩余的作为报答。"押送的人贪图金钱，便满口答应。等到出了潼关，李密每夜都设宴饮酒。走到邯郸，晚上住在一个村庄中，李密等7人翻墙逃跑，他与王仲伯一起逃到平原盗贼首领郝孝德那里，但不受欢迎。他们备受饥饿，只好剥树皮充饥。王仲伯潜逃到天水。李密来到淮阳，住在乡村中，改变姓名叫刘智远，收几个学生教他们读书。经过数月，郁郁不得志，写下一首五言诗，诗写好后，热泪数行。有人感到奇怪，报告给太守，太守下令让县里去逮捕他。李密赶忙逃到他的妹夫雍丘县令丘君明那里，丘君明的侄子丘怀义后来又告发了他，他逃跑了，丘君明却坐罪被处死。

　　李密接着投奔东郡义军领袖翟让，通过王伯当向翟让出谋划策。派人游说小股义军，被劝说的人都归顺了翟让，翟让于是对他开始看重，同自己一起讨论重大问题。李密看到人马众多而缺少粮草，便劝翟让攻打荥阳，让军队休息，积蓄粮秣，然后与隋军争夺天下。翟让听从建议，便攻下荥阳。太守郇王庆和通守张须陀带兵讨伐翟让，翟让几次被张须陀打败，准备向别处逃跑。李密劝翟让摆开阵势等待敌兵，他亲率一支队伍袭击隋军，把敌人打得大败，在阵前斩杀了张须陀。翟让于是命李密树起军旗，另外统帅一支部队。李密又劝说翟让把夺取天下当成第一要事，攻取兴洛仓，发放粮食以救济贫苦百姓。于是，他同翟让于义宁元年（617年）春从阳城出发，向北越过方山，从罗口进攻兴洛仓，一举拿下，打开粮仓，赈济百姓。越王杨侗派武贲郎将刘长恭进讨李密。李密一举将其击败，刘长恭侥幸逃脱。翟让于是推举李密为义军领袖。李密在洛口建立了一座周长40里的城堡以便驻守。翟让为李密送上魏公的称号，并建立坛场请他即位，称为元年。李密命房彦藻为左长史，邴元真为右长史，杨德方为左司马，郑德韬为右司马。拜翟让为司徒，封为东郡公。长白山义军孟让攻打东都，焚烧丰都市归来。李密又攻下巩县，俘获县令柴孝和，授给他护军的官职。隋将武贲郎将裴仁基献出武牢关归顺李密，李密便派裴仁基与孟让打破了回洛仓，并占据了它。不久，郑德韬、杨德方战死，李密又命郑颋为左司马，郑虔象为右司马。

　　柴孝和劝说李密：让裴仁基守护回洛仓，翟让占据洛口仓，您亲自率领精锐部队，向西攻打长安。否则，别人会抢在我们前面。李密说："这确实是上等的计策，只是我的部属都是山东人，看见未攻下洛阳，恐怕不肯西进。"柴孝和请求让他到西面了解情况，李密让他带领10个骑兵到陕县，竟收到一万多归附之人。李密的军队当时锋芒正锐，经常在东都洛阳附近与官军作战。正好李密被流箭射中，躺在军营中休息，东都的官兵出来袭击，他的部队溃乱，放弃回洛仓回到洛口。柴孝和的部队听说李密兵败，各自离去，柴孝和骑马归来。隋炀帝派王世充率江淮劲旅5万人讨伐李密，李密兵败，柴孝和在洛口淹死。

王世充驻扎在洛口西，与李密的军队相持100多天。武阳郡丞元宝藏、黎阳起事首领李文相、洹水起事首领张升、清河起事首领赵君德、平原起事首领郝孝德相继投奔李密，一起攻破黎阳仓。隋将周法明将长江与这黄河之间的土地献给李密表示归顺。齐郡的反隋首领徐圆朗、任城的豪杰徐师仁、淮阳太守赵他等人也都先后归附，人数加起来上万。

翟让的部将王儒信劝翟让统领所有的事务以夺回李密的权力。翟让的哥哥翟宽也对翟让说："天子只可以自己去做，怎么能让给别人？你如果不愿意，我可以当皇帝。"李密知道后，十分厌恶。恰巧翟让与王世充对阵，军队后退了几百步，李密与单雄信等率兵增援，王世充败退。翟让想乘胜攻破隋军大营，李密看天色已晚便阻止了他。第二天，翟让带数百人到李密的住所，李密想为他设宴庆贺。他带领的将士都被分散到各处吃饭，所有的门口也都派人警备，翟让没有觉察。李密领翟让入座，让翟让射箭，翟让拉满弓将要引发，李密派壮士蔡建从后面将他斩杀。又杀害了他的哥哥翟宽和王儒信等人，跟随他来的人尽被杀害。翟让的部将徐世勣被乱兵砍伤，李密阻止，才免于一死。单雄信等人都叩头哀求，李密都予以释放并慰问他们。于是他来到翟让的大营，解释为什么要杀翟让，派徐世勣、单雄信、王伯当分别统领翟让的军队。

王世充利用晚上攻打仓城，李密坚守，将敌人打败。王世充又在洛北建立营垒，在洛水上架设浮桥，率全部人马攻打李密。李密与隋军抗拒，因失利退却。王世充因而得以进至义军的城下，李密率军袭击，隋军溃败，争渡浮桥，桥塌陷，落水者极多。武贲郎将杨威、王辨、霍世举、刘长恭、梁德重、董智通等人阵亡。王世充幸免于一死，逃向河阳。是夜天降大雪，剩余的士卒死亡殆尽。李密便整修金墉的故城驻守，率众10余万，攻打东都洛阳的上春门。东都留守韦津带兵出战，被抓获。部将劝李密称帝，李密不同意。李世民、李建成率领的义师围攻东都洛阳时，李密派军队与义师争夺，又互相安抚，然后撤退。

不久，宇文化及杀死隋炀帝，自江都向北攻打黎阳，李密率军抵御。这时，越王杨侗称帝，派使者授予李密太尉、尚书令、东南道大行台、行军元帅、魏国公，命他先平定宇文化及，然后到朝廷辅政。宇文化及率军到黎阳，徐世勣坚守仓城，宇文化及久攻不下。李密与宇文化及隔着河水对话，李密数落他说："你本是匈奴族的奴隶中破野头这一支的人，父亲与兄弟都受隋朝的恩德，怎么能恣意杀戮？现在如果速来归顺，还可保全你的后代。"宇文化及默然不语，思忖许久，便瞪着眼睛大声说："我和你讨论攻战杀伐的事，何必说些书本上文绉绉的话！"李密对随从的人说："宇文化及如此庸俗浅薄，忽然想谋取帝王的宝座，我当拿根棍子将他赶跑。"李密知道他的粮食将要吃完，便假装跟他讲和。宇文化及十分高兴，让士兵放开量大吃，希望李密能送给他粮食。而李密部下有人犯罪，逃到宇文化及那里，将李密的真实意图说出。宇文化及大怒，但粮食已完，便与李密在童山下展开大战。从早晨直打到天黑，李密被流矢射中，驻在汲县。宇文化及攻掠汲郡，向北直趋魏县。宇文化及原家将辎重放在东郡，派他的刑部尚书王轨守卫。王轨献出东郡，向李密投降，李密命王轨为滑州的总管。

李密率兵向西挺进，派记室参军李俭到东都朝拜越王杨侗，献上杀死隋炀帝的凶手于弘达。杨侗任李俭为司农少卿，并派李俭召李密入朝。李密行至温县，听说王世充已杀死元文都、卢楚等人，便回到金墉城。

王世充专权以后，重赏将士。此时，李密的军队缺衣，而王世充的部队没有粮食吃，就请求同李密交易。李密的部下邴元真等人贪求私利，劝李密同意。李密答应了。原先东都绝粮，向李密投降的人每天有几百人。这时有了粮食吃，投降的人越来越少。李密后悔。李密虽然占有粮食，却没有府库，将士多次战斗而得不到赏赐。对于新投降来的人，待遇却特别优厚。因而，大家心生怨怼。当时，邴元真把守洛口仓，性情贪婪卑鄙。宇文温常对李密说："不杀邴元真，您的祸害会很大。"李密听后并不答话。邴元真听说后，阴谋叛变。李密知道后才开始怀疑邴元真。

王世充率全队前来寻战，李密留王伯当守护金墉城，自己率军抵达偃师，向北凭借邙山扎下营寨，等待王世充的军队。王世充命数百名骑兵渡过御河，李密派裴行俨等人迎战。适逢天黑，裴行俨、孙长乐等骁将10多人都受了重伤，李密心情恶劣。王世充乘夜偷渡，天明已摆好阵势，李密才发觉。他匆忙接仗，被打败，逃向洛口。王世充又连夜包围偃师，偃师守将郑颋被他的部下说动，献城投降了王世充。李密即将进入洛口仓城，邴元真已派人与王世充勾结。李密暗中知道后，故意密而不发，想等王世充的军队一半渡过洛水，然后乘其立脚未稳再发起进攻。李密派去探马却没有弄清情况。等到将要出战时，王世充的军队已全部渡过洛水。李密骑马逃跑，邴元真献城投降。

李密的军队渐渐离散，他将要到达黎阳，有人说："杀翟让的时候，徐世勣也几乎被杀。现在他的刀伤还未痊愈，他的心难道可以保证不反叛吗？"李密便不再去黎阳。这时，王伯当放弃金墉城，退保河阳，李密便去投奔他。李密对众人说："长时间劳苦大家，我今天自尽以向诸位谢罪。"大家都俯首哭泣，不能仰视。李密又说："幸得各位不嫌弃我，我们应一起投奔关中唐军，我虽然没有为唐军建立功勋，但各位一定能得到富贵。"他的魏公府属员柳燮说："您与长安的皇室李氏宗族，过去有着相同的经历。虽然没有和他们一道起义，然而，阻隔东都洛阳的隋军不能西顾，断绝了隋朝的退路，使唐国不怎么费力作战就夺取了隋朝的京师，这便是您的功劳啊！"众人都说："是这样！"李密便归顺唐朝，被封为邢国公，授给光禄卿的官职。不久，叛唐逃跑，被杀害。

隋书

《隋书》概论

《隋书》85卷，其中本纪5卷，唐初魏徵主修，众多史臣参加修撰，记隋代38年的史事。《隋书》是唐初所修八史中最杰出的一部，它最能体现和反映以唐太宗为首的贞观君臣的史学观点和这一时代的史学特色，历来受到学者的重视。

一

魏徵，字玄成，巨鹿下曲阳人，是贞观时期一位有作为的地主阶级政治家，对于贞观时期的一些稳定地主阶级统治和繁荣经济的措施，多所建树，他以"谏诤"的方式，前后共提出200多项建议，大部分被唐太宗所接受。谏诤的内容涉及政治、经济、文化、法制和礼仪等各个方面，这些大体上构成了贞观时期的主要施政蓝图。魏徵刚直不阿，敢于向皇帝进谏的政治品质，已成为封建时代谏臣的一个典型形象。贞观之治局面的形成，与魏徵的谏诤有很大的关系，唐太宗不止一次地这样对他的大臣说：魏徵精晓仁、义、礼、智，辅佐我处理政务，治理国家，其政绩即使是文武双全的诸葛亮也无法与他相抗衡。

作为一个政治家，魏徵对唐初社会历史的发展，起过进步作用，作为一代杰出的史官，对我国史学的发展，同样做出了重要贡献。

贞观二年（628年），魏徵任秘书监时认为，经过隋末丧乱，国家图书丢失甚多，又很杂乱，于是在奏报唐太宗之后，引进一批学者校定"经史子集"等四部书籍。几年之间，使国家藏书基本齐备，粲然可观。这为修撰前代史书准备了资料，提供了极大的方便。唐初之所以能修成八史，魏徵主持秘书省组织校定图书，是有一定贡献的。

贞观三年（629年），魏徵被委任为《隋书》的主编。他在从事国家政务处理的同时，仍勤于著作。他作为政治家、政论家，有《十渐不克终疏》等两百篇左右的政治文献，作为史学家，他又有大量的学术和史学著作问世，如《次礼记》20卷、《自古诸侯王善恶录》2卷、《列女传略》7卷、《群书治要》50卷、《大唐礼仪》100卷、《时务策》5卷等。在他的史学生涯中，影响最大、流传广泛的是由他监修的五代史，尤其是贯穿了他史学思想的《隋书》。

在迭经魏、蜀、吴三分天下、两晋南北朝大冲突、大交融的历史风云之后，中华民族再度归于一统，继秦汉之后，又一次出现两个蝉联的封建统一政权——隋唐王朝。唐初统治者从维护统一和巩固统治的需要出发，着手修撰前朝历史。贞观三年（629年）唐太宗下诏修撰周、隋、梁、齐、陈等五史，魏徵除撰写《隋史》外，还和房玄龄一起"总监诸代史"，负总的责任。《五代史》的撰修工作，魏徵都参加了。梁、陈、齐史的总论，是他执笔撰写的，而最能代表其史学成就的，是由他主修的《隋书》。

二

《隋书》是唐初修成于众史官之手的第二部史书。贞观三年（629）开设史馆，由魏徵主修，颜师古、孔颖达等协助之，书中的序论多出于魏徵之手。他们依据的史料有隋朝旧有的史书，如王劭撰、以编录诏敕等文为主的《隋书》80卷，隋史官修撰的《开皇起居注》60卷等。再，唐初去隋世最近，直接史料保存尚多，魏徵等屡访之。至贞观十年，撰成《隋书》55卷，其中帝纪5卷，列传50卷，上起隋文帝开皇元年（581年），下至隋恭帝义宁二年（618年），记载了隋朝38年的历史。当时此书与《梁书》《陈书》《北齐书》《周书》并行于世，合称为《五代史》。这五部史书都是只有本纪和列传，没有表和志。原来的修撰计划是编写10篇共同的志，而不作表。当时，众史官只完成了他们分别负责的纪、传，没有完成共同负责的志。贞观十五年（641年），唐太宗因命左仆射于志宁、太史令李淳风、著作郎韦安仁、符玺郎李延寿等共同修撰志书，以记述梁、陈、北齐、北周和隋朝的典章制度，先后由令狐德棻、长孙无忌监修，历时15年，至唐高宗时方始成书，共有 10 志，计 30 卷，高宗显庆元年（650 年），由监修人长孙无忌领衔奏上，其篇目和卷数如下：

《礼仪》7 卷，《音乐》3 卷，《律历》3 卷，《天文》3 卷，《五行》2 卷，《食货》1 卷，《刑法》1 卷，《百官》3 卷，《地理》3 卷，《经籍》4 卷。

这 10 篇志编成时，五部史书流行已久，所以志书也单行，称为《五代史志》，在与五部史书合编时，附在《隋书》之后，故亦称《隋志》，而《隋书》也因之成为 85 卷。

三

颜师古与封德彝一起，是最早修撰《隋书》的。以后，在魏徵主持下，他参加了第二次修撰《隋书》的工作。他撰成的《隋书·地理志》收入《五代史志》。唐继隋而起，唐初统治者对隋朝的统一大业是极为推崇的，对于隋朝初年的政治，也是异常钦慕，而一个"甲兵强盛"、"风行万里"的隋王朝为何在极短的时间内分崩离析，"子孙殄灭"，又不能不引起唐初统治者的深思，可见，撰述隋朝历史对于唐朝统治者来说，有着切身的利害关系，有许多引为鉴戒的历史经验教训。所以魏徵主修的《隋书》中，"以隋为鉴"是其主要的特点之一。

关于取鉴的问题，魏徵显示出的可贵之处，很突出的一点就是从"人事"上"取鉴于亡国"。即把"人事"作为"以隋为鉴"的主要内容。

首先，在涉及的历史重大问题时，魏徵很重视民心的向背问题。他在《隋书》中着力考察了高祖开基、炀帝丧国的原因，通过对两代帝王主客观方面的详尽比较、分析，魏徵强调说，尽管炀帝之世的土地、人口、甲兵、仓廪都盛于高祖之时，地险、人谋也都据于有利地位，他们的所作所为表面看起来虽然"迹同"，很相似，但由于"心异"，即主观的出发点不一样；高祖对民的"动"是为了最终使民"安"，对民的"劳"是为了达到民"逸"，结果是天下大治，而炀帝则相反，因而"其亡也忽"。从这里可以看出，他已经在某种程度上看到了人民的力量，因此在《隋书》中，比较注意隋末农民大起义的作用，保留了不少这方面的史料。55卷的纪传中,有20多卷都记有农民起义或反抗斗争,《食货志》和《天文志》《五行志》也从不同角度多次提到这方面的内容。

第二,魏徵能够从经济的角度来考察民众的生产活动同政权兴衰的关系。魏徵在谈到封建政治的兴衰与经济的关系时,曾概括性地指出:"百姓欲静而徭役不休,百姓凋残而侈务不息,国之衰敝,恒由此起。"他的这种思想,在《隋书》中有突出表现。如详细地将隋末每次大规模的征用徭役的情况、死伤的数字以及因而造成的经济破坏,都如实地做了说明和分析,指出正因为隋炀帝大规模的征役,破坏了农民的生产,因而才造成了隋末的农民大起义,使隋王朝很快瓦解了。这比用某些帝王将相个人行为的不检和好恶,来说明一个封建王朝的兴衰,在历史观上是一个很大的进步。

《隋书》的另一个特点,是将修史与求治紧密地结合起来,总结历史经验是为了找到现实的治国方法。魏徵通过封建社会前期史学的总结,围绕着"务乎政术""求治要"的宗旨,把史学的赞治作用,通过"取鉴于亡国"的形式,加以充分地发挥,并集中在总结施政致治的统治之道上。他不仅在奏议和《隋书》的编写中全面地总结了隋亡的原因、历史教训和以隋为鉴的重要性,而且第一次明确、具体地指出如何从亡国取鉴,用以赞治的问题。从前一个朝代危、乱、亡的教训中,求得本朝的安、治、存,这一概括把修史、取鉴和赞治三者完全融为一体了,巩固地确立了鉴戒史学的地位。史学作为政治的一个不可分割的有机组成部分,真正成为一种重要的统治工具,应当说开端于斯。

《隋书》体例组织严整,继承了《史记》《汉书》的传统而有所创新。将反隋人物李密等放入《诸臣列传》而不放入叛臣之列,颇具史家风度。《隋书》的列传材料珍贵,《隋书》修撰时,引用的史书、资料许多现在我们已见不到或者残缺了,它们保存在《隋书》中。如李德林、牛弘、杜台卿、许善心、王劭等人的传,有隋代官私修史的资料,并可知道当时史学发展的情况。《万宝常传》可以了解到隋代有中国古代史上罕见的音乐天才及其《乐谱》64卷。耿询、张胄玄、临孝恭、宇文恺、杨素等人的传,记述了隋代中国众多处于世界领先地位的科学技术和创造发明。至于有关政治、经济、军事、民族、外交的史料就更多了。如《隋书》的东夷、南蛮、西域诸列传提供了许多新的材料，可以和《隋书》卷67所载裴矩传参照来读，借此明了隋代对外交通的情况。而《隋书》十志尤为后人所重视。历代史家对《隋志》的评价较高。自魏、晋以来，典章制度变化较繁，而史书或无志，或有之而断限过短，致使流变不明。《隋志》叙述的范围包括梁、陈、齐、周、隋5个朝代，修撰者多有学术专长，因而其成就较高。《经籍志》为东汉至唐初古籍流传的总结性著作，在古代学术史和图书分类著录方面，其地位可与《汉书·艺文志》相比。《地理志》以隋炀帝大业五年（609）的地理状况为准，记载了全国郡县户口山川形势、建置沿革及风俗物产，对隋以前的地理情况，该志只是略有附注，顺便涉及。《食货志》《刑法志》大体相近。《音乐志》很详细，特别是关于外国音乐传入中国的经过这部分，可供研究中外文化交流史的参考。《天文志》和《律历志》到今天还算是研究天文气象学的有价值的参考资料。

但凡文笔简练，难免要遗漏重大史事。杜宝撰《大业杂记》10卷、刘仁轨撰《行在河洛记》10卷就是为了弥补《隋书》记隋末事迹遗缺而作。另外，书中为隋统治者回护和为唐初当权者夸张的曲笔，与其他各史书无异。例如炀帝派张衡杀害其父，其事不见于二帝本纪和《张衡传》（卷五十六），而隐约地附叙于《陈宣华夫人传》（卷三十六）中。又如房彦谦本无重大事迹可纪，因其子房玄龄为唐初丞相，《隋书》中便有他的专传（卷六十六），这都是明显的例证。

政　略

苏威直陈君过

威①见宫中以银为幔钩，因盛陈节俭之美以谕上②。上为之改容，雕饰旧物，悉命除毁。上尝怒一人，将杀之，威入阁进谏，不纳。上怒甚，将自出斩之，威当③上前不去。上避之而出，威又遮止，上拂衣而入。良久，乃召威谢④曰："公能若是，吾无忧矣。"

（《隋书》卷四十一，苏威传）

【注释】

①威：苏威，字无畏，隋朝京兆人。②上：指隋文帝杨坚。③当：通"挡"。④谢：道歉。

【译文】

苏威看到皇宫中用银器作蚊帐钩链，就陈说节俭的美德来讽喻皇上隋文帝。文帝感悟，脸色改容，雕镂装饰的旧物，全部命令废除。文帝曾怨恨一个人，要把他杀掉，苏威进门去劝谏，文帝不听从。文帝更加愤怒，要亲自出来杀死那人，苏威挡在文帝前面不离开。文帝绕开他出来，苏威又迎上去阻止，文帝气得拂衣进房去了。过了好一段时间，文帝才召见苏威，而且道歉说："你能像这样做，我就没有什么忧虑了。"

长孙平谏君

时有人告大都督邴绍非毁朝廷为愤愤者，上①怒，将斩之。平②进谏曰："川泽纳污，所以成其深，山岳藏疾，所以就其大。臣不胜至愿，愿陛下弘山海之量，茂宽裕之德。鄙谚曰：'不痴不聋，未堪作大家翁。'此言虽小，可以喻大。邴绍之言，不应闻奏，陛下又复诛之，臣恐百代之后，有亏圣德。"上于是赦绍。因敕群臣，诽谤之罪，勿复以闻。

（《隋书》卷四十六，长孙平传）

【注释】

①上：指隋文帝杨坚。②平：即长孙平，字处均，隋朝大臣，曾为工部尚书、吏部尚书、大将军等职。有才干。

【译文】

有人告大都督邴绍诽谤朝政昏乱，隋文帝杨坚听后愤怒，要处死他。长孙平进谏说："河流川泽能接纳污脏之物，所以成就了它的深；山岳丘陵能藏纳瘴气毒疾，所以成就了它的大。我殷切希望陛下实现最好的愿望，愿陛下能够弘扬河海山岳般的宏量，发扬胸怀宽广的美德。俗谚说：'不疾愚不耳聋，不能做大家庭的长者。'虽说事小，却可以寄寓大的意义。邴绍的话，不应当听从奏劾，陛下却要诛杀他，我担心百代之后，对圣上您的美德有所污损。"隋文帝于是赦免邴绍。文帝还因此令告群臣，对朝政的议论和非议，不应再上奏朝廷。

刘行本固于职守

周代故事，天子临轩①，掌朝典笔砚②，持至御坐③。则承御大夫取以进之。及行本④为掌朝，将进笔于帝⑤，承御复欲取之。行本抗声谓承御曰："笔不可得。"帝惊视问之，行本言于帝曰："臣闻设官分职，各有司存。臣既不得佩承御刀，承御亦焉得取臣笔。"帝曰："然"。因令二司各行所职。

（《隋书》卷六十二，刘行本传）

【注释】

①临轩：古时皇帝不坐正殿而在殿前平台上接见臣属，称为临轩。②"掌朝"句：掌朝，官名。典，掌管，管理。③御坐：皇帝的座位。坐，通"座"。④行本：指刘行本，隋朝沛县人，为官正直，不阿权贵，此时任后周掌朝之职。⑤帝：指后周武帝宇文邕。

【译文】

根据后周的典章制度，天子在殿前平台上接见臣僚，由掌朝官掌管笔墨和砚台，掌朝官把笔砚拿到皇帝的座位前，然后承御大夫从掌朝手里接过笔砚进献给皇帝。到刘行本担任掌朝官时，一次正要把笔拿到周武帝的御座前，可承御大夫却先要取笔过去。刘行本高声对承御大夫说："你不能拿笔。"周武帝听了惊奇地望着他，刘行本对周武帝说："我听说设置官员，各分职事，各管职内的事情。我既然不能佩带皇上的御刀，承御大夫怎么能拿我的笔呢！"周武帝说："你说得对。"于是命令两人各行其职。

御　人

文帝不记旧怨

建绪与高祖有旧，及为丞相，加位开府，拜息州刺史①。将之官，时高祖阴有禅代之计，因谓建绪曰："且踌躇，当共取富贵。"建绪自以周②之大夫，因义形于色曰："明公此旨，非仆所闻。"高祖不悦。建绪遂行。开皇③初来朝，上④谓之曰："卿亦悔不？"建绪稽首曰："臣位非徐广，情类杨彪⑤。"上笑曰："朕虽不解书语，亦知卿此言不逊也。"历始⑥、洪⑦二州刺史，俱有能名。

（《隋书》卷六十六，荣建绪传）

【注释】

①"建绪"句：建绪，即荣建绪，隋大臣，初仕北周，后仕隋文帝，为刺史等职。高祖，隋文帝杨坚。开府，官名，即隋散官仪同三司。息州，今河南息县。②周：指南北朝时后周。③开皇：隋文帝杨坚年号（581—600年）。④上：隋文帝杨坚。⑤"臣位"句：徐广，晋朝大臣，家世好学，博通经史，为秘书监。后刘裕篡晋建宋为帝，徐广哀痛哭泣，不愿仕刘裕，乞请归家。杨彪，后汉人，为汉献帝的太尉重臣。当时董卓专权，欲迁都避诸侯兵，他力争，被董卓免官。董卓死后，又为太尉。郭汜、李傕之乱时，他尽力侍卫王室，曹操忌之，几以免职。后魏文帝立，想拜他为太尉，他力辞。魏文帝赐以几杖，待以上宾之礼。⑥始：今四川剑阁一带。⑦洪：今江西南昌。

【译文】

荣建绪与隋文帝杨坚有旧交，杨坚当丞相时，给荣建绪进位开府之职，并任他为息州刺史。荣建绪准备任职，这时杨坚暗有代周自立的意图，于是对荣建绪说："将来得志，我与你共享富贵。"荣建绪觉得自己是后周的大夫，就正气形于脸色，说："我不愿听到你这种打算。"杨坚不高兴。荣建绪于是赴任去了。隋开皇初年，荣建绪来到朝廷，杨坚对他说："你后悔不？"荣建绪顿首跪地说："我职位不比徐广，情义却与杨彪相同。"杨坚笑着说："我虽然不懂你引的书中言语，却知道这话并不谦逊。"荣建绪相继任始州、洪州刺史，都以有才能著称。

法 制

柳述怙宠终遭殃

述①虽职务修理，为当时所称，然不达大体，暴于驭下，又怙宠骄豪，无所降屈。杨素②时称贵幸，朝臣莫不詟③惮，述每陵侮之，数于上前面折素短。判事有不合素意，素或令述改之，辄谓将命者曰："语仆射④，道尚书不肯。"素由是衔⑤之。……

上于仁寿宫寝疾，述与杨素、黄门侍郎元岩⑥等侍疾宫中，时皇太子无礼于陈贵人⑦，上知而大怒，因令述召房陵王⑧。述与元岩出外作敕书，杨素闻之，与皇太子设谋，便矫诏执述、岩二人，持以属吏。

（《隋书》卷四十七，柳述传）

【注释】

①述：即柳述，字业隆，隋大臣，此时为吏部尚书，性格孤傲不屈。②杨素：隋大臣，封越国公、左仆射，掌朝政，贵幸无比，为人多智诈。③詟（zhé）：惧怕。④仆射：指杨素。⑤衔：衔恨，衔怨。⑥元岩：隋洛阳人，刚耿有器局，以法令明肃为时所称。此时任官黄门侍郎，出入禁中，为隋文帝所亲近。⑦陈贵人：隋文帝杨坚宠爱的嫔妃，后被隋炀帝杨广奸淫，郁闷而死。⑧房陵王：指隋文帝杨坚长子杨勇。杨勇太子位废后，为房陵王。

【译文】

柳述虽然为官修明，治政有方，被世人称许，但是为人处事不明大体，对属下暴虐不逊，且依靠自己得宠之势骄横傲达，从不屈服于人。杨素此时贵幸无比，朝中大臣没有谁不畏服惧怕，柳述却常凌辱他们，多次在皇上面前指责杨素的短处过失。判定事情有不合杨素意图的，杨素有时叫柳述改动，柳述就对传命的人说："告诉杨仆射，说尚书柳述不肯改动。"杨素因此怨恨他。……

隋文帝杨坚生病卧躺在仁寿宫休养，柳述与杨素、黄门侍郎元岩等在宫中服侍照料。这时皇太子杨广对文帝宠爱的陈贵人无礼，文帝知道后非常愤怒，于是命令柳述去召来房陵王杨勇。柳述与元岩到外面去写敕书，杨素听说后，与皇太子杨广设计预谋，便假造文帝诏书将柳述、元岩二人抓起来，交付执法官处置。

李安卖亲不求荣

安①叔父梁州②刺史璋时在京师，与周赵王③谋害高祖④，诱悊⑤为内应。悊谓安曰："寝⑥之则不忠，言之则不义，失忠与义，何以立身？"安曰："丞相父也，其可背乎？"遂阴白之。及赵王等伏诛，将加官赏，安顿首而言曰："兄弟无汗马之劳，过蒙奖擢，合门竭节，无以酬谢。不意叔父无状，为凶党之所蛊惑，覆宗绝嗣，其甘若荠⑦。蒙全首领，为幸实多，岂可将叔父之命以求官赏？"于是俯伏流涕，悲不自胜。高祖为之改容曰："我为汝特存璋子。"乃命有司罪止璋身，高祖亦为安隐其事而不言。

（《隋书》卷五十，李安传）

【注释】

①安：李安，字玄德，隋朝陇西人，先仕周，后仕隋文帝杨坚，因向杨坚阴告叔父李璋想图谋害之事而受宠，封为赵郡公、柱国等职。②梁州：今陕西南郑县一带。③赵王：后周赵王宇文招，曾设计谋害杨坚，不成而被杀。④高祖：隋文帝杨坚。⑤悊（zhé）：李悊，李安的弟弟。⑥寝：隐瞒。⑦荠：荠菜，味极苦。

【译文】

李安的叔父梁州刺史李璋与后周赵王宇文招，设计谋害当时担任后周丞相的隋文帝杨坚，引诱李安的弟弟李悊做内应。李悊对李安说："把这事隐瞒不说是不忠，说出来又是不义，失去了忠与义，怎么能立身处世呢？"李安说："丞相称相父，与父亲一般，怎么可以背叛呢？"于是向杨坚说明此事。到赵王宇文招伏法被诛时，杨坚要给李安升官加赏，李安用头叩地请求说："我兄弟二人无汗马功劳，承蒙奖掖提拔，我合族当尽忠守节，没有别的方法能用来酬谢了。没想到叔父李璋没有善行，被凶党所蛊惑，做出灭宗绝嗣之事，真是苦不堪言。蒙丞相保全我们的脑袋，已是庆幸之极了，怎么敢将叔父的生命用来换取官职赏赐呢？"于是伏在地上痛苦流泪，悲痛不已。杨坚为他改变脸色说："我为你保全李璋儿子的性命。"于是命执法官吏罚罪只限李璋本人，杨坚也为李安隐瞒这事不说。

伊娄谦不计前嫌

武帝①将伐齐，引入内殿，从容谓曰："朕将有事戎马，何者为先？"谦②对曰："愚臣诚不足以知大事，但伪齐僭擅，跋扈不恭，沈溺倡优，耽昏曲糵③。其折冲之将斛律明月已毙④，逸人之口，上下离心，道路仄⑤目。若命六师，臣之愿也。"帝大笑，因使谦与小司寇拓拔伟聘齐观衅⑥。帝寻发兵。齐主⑦知之，命其仆射阳休之责谦曰："贵朝盛夏征兵，马首何向？"谦答曰："仆凭式之始，未闻兴师。设复西增白帝⑧之城，东益巴丘⑨之戍，人情恒理，岂足怪哉！"谦参军高遵以情输于齐⑩，遂拘留谦不遣。帝克并州⑪，召谦劳之曰："朕之举兵，本俟卿还；不图高遵中为叛逆，乖朕宿心，遵之罪也。"乃执遵付谦，任命报复。谦顿首请赦之，帝曰："卿可聚众唾面，令知愧也。"谦跪曰："以遵之罪，又非唾面之责。"帝善其言而止。谦竟待遵如初。其宽厚仁恕，皆此类也。

(《隋书》卷五十四，伊娄谦传)

【注释】

①武帝：后周武帝宇文邕（561—578年在位）。②谦：即伊娄谦，字彦恭。性忠直，善辞令，为泽州刺史等职，清约自处，甚得人和。③曲糵（niè）：酒母。这里代指酒。④"其折冲"句：折冲，本意指使敌人的战车后撤，引申为勇敢善战。斛律明月，人名，北齐将军。⑤仄：通"侧"。⑥"因使"句：小司寇，官名，即隋朝的兵部侍郎之职。拓拔伟，人名，北周大臣。齐，北朝时的北齐。观衅（cuàn），观罪、寻找罪状。⑦齐主：齐后主高纬（565—577年在位）。⑧白帝：城名，今重庆市奉节县城东瞿塘峡口。⑨巴丘：山名，在湖南岳阳县湘水右岸。⑩"谦参军"句：谦，伊娄谦。参军，官名，军府属官。高遵，人名，北周大臣。⑪并州：今山西汾水中游一带地区。

【译文】

后周武帝将要讨伐齐国，把伊娄谦叫到内殿，从容地对他说："我要有军事行动，应最先进攻哪个国家呢？"伊娄谦回答说："我愚笨不知国家大事，不过北齐僭越擅权，骄横不逊，沉溺于歌伎戏子，耽溺于酒色饮宴。它的勇武善战的将领斛律明月已经死了,谗佞之人鼓动口舌,君臣上下离心不一,百姓畏惧,在路上看人目光不敢正视。如果出动六军攻打,这正是我的愿望。"武帝大笑起来,因此派遣伊娄谦和小司寇拓拔伟出使齐国去观察它的罪状。武帝不久就发动军队进攻了。齐后主知道此事,叫他的仆射阳休之责让伊娄谦说:"你们周朝盛夏季节发动武攻,马首指向谁呢?"伊娄谦回答说:"我出使之时,没听说过兴兵之事。假如又向西增兵白帝城,向东加强戍守防御,这是人情常理,哪里有什么可奇怪的呢?"伊娄谦的参军高遵把实情泄露给齐国,齐国于是拘留伊娄谦,不放他回国。周武帝攻克了并州,召来伊娄谦并慰劳他说:"我发动武攻,本该等你回来;没料到高遵中途叛变泄密,违背我平素的心愿,都是高遵的罪过呀。"于是把高遵抓起来交给伊娄谦,由他随便报复。伊娄谦用头叩地再拜,请求赦免高遵,周武帝说:"你可集来众人用口水吐他的脸,让他知道什么是羞愧。"伊娄谦跪在地上说:"凭高遵的罪过,又不是用口水吐面来责备就能解决的。"周武帝认为他的话说得对,因而停止了对高遵的唾面之罚。伊娄谦后来还是像原来那样对待高遵。他的宽厚仁慈和忠恕,都是这一类情况。

薛胄锐眼识伪官

有陈州①人向道力者,伪作高平②郡守,将之官,胄③遇诸途,察其有异,将留诘之。司马王君馥固谏,乃听诣郡。既而悔之,即遣主簿追禁道力。有部人徐俱罗者,尝任海陵④郡守,先是已为道力伪代之。比至秩满⑤,公私不悟。俱罗遂语君馥曰:"向道力以经代俱罗为郡,使君岂容疑之?"君馥从俱罗所陈,又固请胄。胄呵君馥曰:"吾已察知此人诈也。司马容奸,当连其坐!"君馥乃止。遂往收之,道力惧而引⑥伪。其发奸摘伏,皆此类也,时人谓为神明。

(《隋书》卷五十六,薛胄传)

【注释】

①陈州:今河南周口地区。②高平:今山西高平市。③胄:即薛胄,字绍玄,隋大臣。少聪明,好读书,为政明肃严察。④海陵:今江苏泰州。⑤秩满:指为官任期已满。⑥引:承认。

【译文】

有个叫向道力的陈州人,假扮高平郡太守,将要赴官任职,薛胄在路上遇见他，察看到他神色有异，要把他留下来质问。司马王君馥劝阻，薛胄才听从着来到郡府。过后不久又生后悔，立即派主簿追捕向道力。有部属叫徐俱罗，曾任海陵郡守，在这以前被向道力假扮代换过。等到官满卸任，他还是不了解伪情。徐俱罗于是对王君馥说："向道力已经代我做郡守了，使君你还有什么值得怀疑的呢？"王君馥把徐俱罗说的话，又来劝阻薛胄不要去追问向道力的情况。薛胄呵斥王君馥说："我已经看出了这人是假装的。司马容许奸情，应当连坐受惩罚。"王君馥这才停止劝阻。薛胄于是派人把向道力捉来，向道力恐惧起来，自己承认了伪情，薛胄发觉奸伪挖掘暗情之事，都是这样的，时人称他办事神明。

赵绰执法公正

故陈将萧摩诃，其子世略在江南作乱，摩诃当从坐。上曰："世略年未二十，亦何能为！以其名将之子，为人所逼耳。"因赦摩诃。绰①固谏不可，上不能夺，欲绰去而赦之，固命绰退食。绰曰："臣奏狱未决，不敢退朝。"上曰："大理②其为朕特赦摩诃也。"因命左右释之。刑部侍郎辛亶，尝衣绯裈，俗云利于官，上以为厌蛊，将斩之。绰曰："据法不当死，臣不敢奉诏。"上怒甚，谓绰曰："卿惜辛亶而不自惜也？"命左仆射高颎将绰斩之③，绰曰："陛下宁可杀臣，不得杀辛亶。"至朝堂，解衣当斩，上使人问绰曰："竟何如？"对曰："执法一心，不敢惜死。"上拂衣而入，良久乃释之。明日，谢④绰，劳勉之，赐物三百段。时上禁行恶钱，有二人在市，以恶钱以好者，武侯⑤执以闻，上令悉斩之。绰进谏曰："此人坐当杖，杀之非法。"上曰："不关卿事。"绰曰："陛下不以臣愚暗，置在法司，欲妄杀人，岂得不关臣事！"上曰："撼大木不动者，当退。"对曰："臣望感天心，何论动木！"上复曰："啜羹者，热则置之。天子之威，欲相挫耶？"绰拜而益前，诃之不肯退。上遂入。治书侍御史柳彧⑥复上奏切谏，上乃止。

（《隋书》卷六十二，赵绰传）

【注释】

①绰：即赵绰，隋河东人，为官正直，执法不阿，治政有能名，时为刑部侍郎，掌刑法。②大理：官名，执掌审讯狱事。③"命左仆射"句：左仆射，官名，即左丞相。高颎，隋大臣，文武兼通，多立建功，为上柱国、丞相，朝野推服，

论者以为能相。④谢：道歉。⑤武侯：官名，掌车驾出行、前驱后殿、昼夜巡察等事。⑥"治书"句：治书侍御史，官名，纠察百官之事。柳彧，隋大臣，为官正直不阿，为百僚所惮。

【译文】

  陈国旧将萧摩诃，他的儿子萧世略在长江以南地区发动叛乱，萧摩诃当连坐受处罚。隋文帝杨坚说："萧世略年纪不满20，能有什么用？因为他是名将的儿子，被人所逼迫而不得已而已。"因此赦免萧摩诃。赵绰执意进谏不能赦免，隋文帝说服不了他，想让赵绰离开后再赦免萧摩诃，于是命令赵绰退朝进食。赵绰说："我奏请狱事还没有定下来，不敢退朝。"隋文帝说："大理官为我特地赦免萧摩诃呀。"于是命令身边官吏把萧摩诃释放了。刑部侍郎辛亶，曾经穿了一条红色的裤子，俗话说这是有利于升官，隋文帝认为可恶，要斩掉他。赵绰说："辛亶的罪过按法律来定不应当被处死，我不敢接受诏命。"隋文帝愤怒地对赵绰说："你怜惜辛亶的性命而不怜惜自己的性命吗？"命令左仆射高颎把赵绰斩杀，赵绰："陛下可以杀掉我，但不能杀死辛亶。"赵绰来到审刑的厅堂里，脱下衣服要受斩了，隋文帝派人问赵绰说："你究竟怎么办？"赵绰回答说："我执行法律专心执一，不敢怜惜生命。"隋文帝拂着衣袖进入内室去了，好久才放了赵绰。第二天，隋文帝向赵绰道歉，并慰劳和勉励他，赐给他各种财物有300段之多。当时，隋文帝下令禁止坏钱流通，有两个人在集市上，用坏钱交换好钱，武侯官把他们抓住并上报给朝廷，隋文帝命令把两人都杀了。赵绰进谏说："这两人按法应当受棍棒杖责之刑，杀他们是不合法。"隋文帝说："这不关你的事。"赵绰说："陛下不觉得我愚蠢昏暗，把我安置在御史执法部门任职，你想胡乱地妄杀人命，怎么不关我的事呢？"隋文帝说："摇撼大木摇不动的人，应该量力而退。"赵绰回答说："我希望能感动上天的心，更不用说撼动大树木！"隋文帝又说："喝菜汤的人，太热了就放过一边。天子的威势，你还想挫折吗？"赵绰不说话，跪拜在地上，越加向前，隋文帝呵斥他，他也不肯退下。隋文帝于是进内室去了。这时治书侍御史柳彧又上奏章急切劝谏，隋文帝才没有妄杀那两个人。

荣毗执法刚严

  时以华阴①多盗贼，妙送长吏②，杨素③荐毗④为华州长史，世号为能。素之田宅，多在华阴，左右放纵，毗以法绳之，无所宽贷。毗因朝集，素谓之曰："素之举卿，适以自罚也。"毗答曰："奉法一心者，但恐累公所举。"素笑曰："前者戏耳。卿之奉法，素之望也。"时晋王⑤在扬州，每令人密觇京师消息。遣张衡⑥于路次往往置马坊，以畜牧为辞，实给私人也。州县莫敢违，毗独遏绝其事。

（《隋书》卷六十六，荣毗传）

【注释】

①华阴：在今陕西华阴一带。②长吏：指县吏之尊者，如县令、县丞之类。③杨素：隋丞相，掌朝政，贵幸无比。然奸猾，以智诈自立。④毗：即荣毗，字子堪，少刚耿，有器局，为隋长史、侍御史等职，世称其能。⑤晋王：指隋炀帝杨广，为太子前曾封为晋王。⑥张衡：字建平，隋河内人，为隋炀帝亲重。隋炀帝夺宗篡帝位，张衡多为计出力，官至御史大夫。后被隋炀帝忌恨赐死。

【译文】

当时华阴地方出现许多盗贼，朝廷准备选拔有才能的人担任华阴长吏之职，丞相杨素推荐荣毗当华州长史，人们都称赞荣毗有能力。杨素的田地住宅，多在华阴地方，他的手下人放纵恣肆，荣毗依法严惩他们，毫不宽免。荣毗参加朝廷集会时，杨素对他说："我举荐你，正好用来惩罚我自己呀。"荣毗回答说："我之所以执法一心，是怕辜负了您的举荐。"杨素笑着说："我刚才说的话是跟你开玩笑。你奉公执法，正是我所期望的。"此时晋王杨广镇守扬州，每每叫人窥探京城朝廷的消息。杨广派亲信张衡在去京城的道路上，设置放马场坊，以养马为借口，实际上是杨广的侦探。沿途州县没有敢违背杨广旨意而进行干预的，只有荣毗大胆地对这种事情予以杜绝。

兄弟争罪受宽恕

开皇①中，方贵②尝因出行遇雨，淮水泛长，于津所③寄渡，船人怒之，挝④方贵臂折。至家，其弟双贵惊问所由，方贵具言之。双贵恚恨，遂向津殴击船人致死。守津者执送之县官，案问其状，以方贵为首，当死，双贵从坐，当流。兄弟二人争为首坐，县司不能断，送诣州。兄弟各引咎，州不能定，二人争欲赴水而死。州状以闻，上⑤闻而异之，特原其罪，表其门闾，赐物百段。后为州主簿。

（《隋书》卷七十二，郎方贵传）

【注释】

①开皇：隋文帝杨坚年号（581—600年）。②方贵：即郎方贵，隋朝人。③津所：有渡口的地方。④挝（zhuā）：打，击。⑤上：隋文帝杨坚。

【译文】

隋文帝开皇年间，郎方贵曾有事出门，在途中遇上天气下雨，淮河上洪水暴涨，就到渡口船人的房子里等待渡河，撑船人发怒，殴打郎方贵，把他的手臂给折断了。郎方贵回到家里，他弟弟郎双贵问他什么原因，郎方贵详细地把事情给说了。郎双贵非常愤怒，于是跑到渡口，把撑船人打死了。守渡口的人把郎双贵扭送给县官处理，县官问清案由，以郎方贵为首犯，应当处死，郎双贵连罪，该流放边地，兄弟二人争着做首犯，县司决断不下来，于是把二人送到州里，兄弟二人又各自承认自己的罪过，州里也不能决断，二人竟争着要投河。州里把案情上奏朝廷，隋文帝听了感到惊异，特意下令恕免二人罪过，并在他乡里立碑褒扬，赏赐财物上百段，郎方贵后来当上了州里的主簿。

军 事

贺若弼论大将

炀帝之在东宫，尝谓弼①曰："杨素②、韩擒③、史万岁④三人，俱称良将，优劣如何？"弼曰："杨素是猛将，非谋将；韩擒是斗将，非领将；史万岁是骑将，非大将。"太子曰："然则大将谁也？"弼拜曰："唯殿下所择。"弼意自许为大将。

（《隋书》卷五十二，贺若弼传）

【注释】

①弼：贺若弼，字辅伯，隋洛阳人。少慷慨有志，骁武英勇，又善属文。隋文帝以他有文武才，在伐陈之际用为行军总管，颇有战功。封为上柱国、宋国公。然性耿介，敢直言，后被隋炀帝杨广忌杀。②杨素：字处道，隋华阴人，兼文武，有奇略，先仕后周，后从隋文帝杨坚定天下，功名最著，为丞相，执掌朝政，贵幸无比。然性奸诈，品行陋劣。③韩擒：即韩擒虎，字子通。慷慨有胆略，有文武才，隋文帝杨坚伐陈，以他为先锋，直取陈都城金陵，执陈后主，功劳最高。④史万岁：隋大将，少英武，善骑射，又好读兵书，曾从窦荣定等出击突厥，勇敢善战，名震敌胆。善治兵，权变有方，当时号为良将。后被杨素谮死。

【译文】

隋炀帝在东宫做太子时，曾对贺若弼说："杨素、韩擒虎、史万岁3人，都称为良将，他们的优劣究竟怎样？"贺若弼说："杨素是猛将，不是谋略之将；韩擒虎是格斗之将，不是善于领兵的将军；史万岁史是擅长弓马的骑射之将，称不上大将。"杨广说："然而可称为大将的是谁呢？"贺若弼说："只凭陛下您选择罢了。"贺若弼的意思是认为自己为大将。

贺若弼灭陈

先是，弼①请缘江防人每交代之际，必集历阳②。于是大列旗帜，营幕被野。陈③人以为大兵至，悉发国中士马。既知防人交代，其众复散。后以为常，不复设备。及此，弼以大军济江，陈人弗之觉也。袭陈南徐州，拔之，执其刺史黄恪。军令严肃，秋毫不犯，有军士于民间沽酒者，弼立斩之。进屯蒋山之白土岗④，陈将鲁达、周智安、任蛮奴、田瑞、樊毅、孔范、萧摩诃等以劲兵拒战。田瑞先犯弼军，弼击走之。鲁达等相继递进，弼军屡却。弼揣知其矫，士卒且惰，于是督厉将士，殊死战，遂击走之。麾下开府员明擒摩诃至，弼命左右牵斩之。摩诃颜色自若，弼释而礼之。从北掖门⑤而入。时韩擒虎⑥已执陈叔宝⑦，弼至，呼叔宝视之。叔宝惶惧流汗，股栗再拜。弼谓之曰："小国之君，当大国卿，拜，礼也。入朝不失作归命侯⑧，无劳恐惧。"既而弼恚恨不能获叔宝，功在韩擒之后，于是与擒相诟，挺刃而出。上闻弼有功，大悦，下诏褒扬，语在韩擒传。晋王⑨以弼先期决战，违军命，于是以弼属吏⑩。上驿召之，及见，迎劳曰："克定三吴⑪，公之功也。"命登御坐，赐物八千段，加位上柱国，进爵宋国公，真食襄邑⑫三千户，加以宝剑、宝带、金瓮、金盘各一，并雉尾扇、曲盖、杂采二千段⑬，女乐⑭两部，又赐陈叔宝妹为妾。拜右领军大将军，寻转右武侯大将军。

（《隋书》卷五十二，贺若弼传）

【注释】

①弼：指贺若弼，隋文帝器重的大臣，慷慨骁勇，兼通文武，隋文帝杨坚大举伐陈，以他为行军总管，以功封大将军等职，后被隋炀帝忌杀。②历阳：地名，在今江苏境内。③陈：南朝最后一个朝代陈朝。④"进屯"句：屯，驻军。蒋山，即今南京市紫金山。白土岗，当是紫金山附近的一个小地名。⑤北掖门：陈皇宫宫门。⑥韩擒虎：隋大将，此次伐陈时为先锋，功劳最著。⑦陈叔宝：陈朝末代皇帝，史称陈后主（583—589年在位）。⑧归命侯：归顺的诸侯。归命，归顺。⑨晋王：指隋炀帝杨广，为太子前被封为晋王。⑩"于是"句：意谓把贺若弼交付执法的官吏。⑪三吴：地名，指江浙吴兴一带。⑫襄邑：今河南睢县。⑬

"并雉尾"句：曲盖，仪仗队用的曲柄伞。杂采，有彩色之丝帛等。⑭女乐：歌舞伎乐。

【译文】

　　此前，贺若弼令沿长江防守的军队在替代换班之际，都到历阳集中。于是大摆旌旗，军营帷幕遍布原野。陈国人以为是大部队来了，几乎出动国内所有人马以防备。后来知道是防卫人马换班，聚集的军队又散开了。后来陈人对此习以为常，不再做防守准备。到这次大举伐陈的时候，贺若弼率大军渡过长江，陈国人竟没有发觉。隋军突然袭取南徐州，抓着了刺史黄恪。隋军号令严明整肃，秋毫无犯，士兵在百姓中间私自买酒喝的，贺若弼立即斩首示众。隋军进而驻扎到南京钟山的白土岗，陈国将领鲁达、周智安、任蛮奴、田瑞、樊毅、孔范、萧摩诃等人以强劲之兵加以拒守抗击。田瑞军队先行攻击隋军，贺若弼部队打败并驱走他们。鲁达等人部队相继进击，贺若弼的军队节节败退。贺若弼猜到陈军此时骄横，士兵懈怠，于是勉励督促将士，率领士兵奋力死战，于是击走了陈军。贺若弼部下开府员明捉到陈将萧摩诃，贺若弼命令左右军士立即处斩。摩诃脸色不改，镇定自若，贺若弼于是解开捆缚他的绳索养释放他，还对他以礼相待。贺军从北掖门进入陈朝宫廷。此时隋将韩擒虎已抓获了陈后主陈叔宝，贺若弼赶到，叫陈叔宝过来并仔细地审视他。陈叔宝惶恐流汗，两腿发抖，跪在地上再三拜谢。贺若弼对他说："小国君主，相当大国的公卿，跪拜，这是礼节。入隋朝后还可以做归顺的诸侯，不必如此恐惧。"然后，贺若弼很是恼恨没有抓着陈叔宝，功劳落在韩擒虎之后，于是与韩擒虎相互诟骂，挺拔着刀剑而走出来。隋文帝杨坚听说贺若弼有大功劳，很高兴，下令进行褒扬，晋王杨广认为贺若弼在约定的时间前进行决战，违犯军令，因此把贺若弼抓起来交付执法官吏处置。隋文帝派传递公文的驿使把贺若弼召来，到相见时，文帝欢迎和慰劳他说："平定三吴之地，是你的功劳呀。"叫贺若弼坐上皇上的御座，赐给他财物8000段，进位为上柱国，加爵为宋国公，以襄邑3000户为食邑，加上宝剑、宝带、金瓮各一件，雉尾扇、曲柄伞、彩色布帛之物2000段，歌舞乐伎两部，又把陈叔宝妹妹赐给他做妾。拜他为右领军大将军，不久转为右武侯大将军。

裴矩安兵

　　时从驾骁果数有逃散①，帝忧之，以问矩②。矩答曰："方今车驾留此，已经二年。骁果之徒，尽无家口，人无匹合，则不能久安。臣请听兵士于此纳室。"帝大喜曰："公定多智，此奇计也。"因令矩检校为将士等娶妻。矩召江都③境内寡妇及未嫁女，皆集宫监，又召将帅及兵等恣其所取。因听自首，先有奸通妇女及尼、女冠④等，并即配之。由是骁果等悦，咸相谓曰："裴公之惠也。"

（《隋书》卷六十七，裴矩传）

【注释】

①"时从"句：隋炀帝末年，天下义兵并起，隋炀帝巡幸江都（今江苏扬州）时，随从官兵侍卫多有逃散。骁（xiāo）果，勇猛敢死之兵士。②矩：即裴矩，字弘大，有智数，为光禄大夫等职，受隋炀帝器宠。③江都：今江苏扬州市。④女冠：女道士。

【译文】

当时随从隋炀帝巡幸江都的兵士多有逃亡，炀帝忧虑，向大臣裴矩问计。裴矩回答说："如今皇上车驾留在此地，已经两年之久。这些兵士，都没有家室在此。人没有配偶家室，就不能久留下去。我想请求让兵士们在此地娶妇成家。"隋炀帝非常高兴地说："你富于智慧，这一定是条奇计。"于是叫裴矩负责检查为将士娶妻等事。裴矩召集江都境内的寡妇和没有出嫁的女子，都集中在宫廷，又召集领帅和兵士放肆地掠夺各自需要的女人。并听从他们自己的选择，原先有与妇女及尼姑、女道士通奸的兵士，立即让他们配合为夫妇。因此兵士们都很高兴，互相说道："这是裴公给我们的恩惠呀。"

理 财

杨素富极

时素①贵宠日隆，其弟约，从父文思、弟文纪，及族父异，并尚书列卿。诸子无汗马之劳，位至柱国、刺史。家僮数千，后庭妓妾曳绮罗者以千数。第宅华侈，制拟宫禁。有鲍亨者，善属文，殷胄者，工草隶，并江南士人，因高智慧②没为家奴。亲戚故吏，布列清显，素之贵盛，近古未闻。……上③赐王公以下射，素箭为第一，上手以外国所献金精盘，价值钜万，以赐之。……素负冒财货，营求产业，东、西二京④，居宅侈丽，朝毁夕复，营缮无已，爰及诸方都会处，邸店、水硙并利田宅以千百数⑤，时议以此鄙之。

（《隋书》卷四十八，杨素传）

【注释】

①素：即杨素，隋大臣，封越国公，左仆射，掌朝政，贵幸无比。然无品行，以奸诈自立。②高智慧：隋朝人，曾起兵反隋，兵败被杀。③上：指隋文帝杨坚。④"东、西"句：东京，指洛阳。西京，指长安。⑤"邸店"句：邸店，古代兼具堆栈、商店、客舍性质的市肆。水硙（wèi），水磨石。田宅，田庄。

【译文】

当时杨素很贵幸，皇上对他非常宠爱，他弟弟杨约、叔父杨文思、弟弟杨文纪，以及同宗父辈杨异，都是尚书公卿等显官贵人。他的儿子没有汗马功劳，却都位至柱国、刺史。家里有奴仆几千人，有歌妓妻妾穿绮美丽服者上千人。住宅豪华，造作规模精致比得上皇帝宫殿。鲍亨，善写文章，殷胄，工于草书隶书等书法，以及江南地区众多文才士人，因高智慧叛乱失败后都被杨素收为家奴。亲戚家族，都位列清贵显职，杨素的贵幸之极，近古都不曾听说过。……隋文帝杨坚赏赐王公以下的人较射，杨素射箭为第一，文帝亲手将外国进献的金精盘，价值数以万计，赐给他。……杨素强为贪取财货，营求田产地业，长安和洛阳东、西二京，住宅很是奢丽豪华，早上造成，晚上又拆毁，修缮不已。各城市要道会合之地，邸店、水磨石建筑以及田庄数以千计，当时舆论因此而鄙薄他。

梁毗以身止争

先是，蛮夷酋长皆服金冠，以金多者为豪俊，由此递相陵夺，每寻干戈，边境略无宁岁。毗①患之。后因诸酋长相率以金遗毗，于是置金坐②侧，对之恸哭而谓之曰："此物饥不可食，寒不可衣。汝等以此相灭，不可胜数。今将此来，欲杀我邪？"一无所纳，悉以还之。于是蛮夷感悟，遂不相攻击。

（《隋书》卷六十二，梁毗传）

【注释】

①毗：即梁毗，字景和，隋安定人，曾为太守，刑部尚书等职，耿介正直，不畏权贵。②坐：通"座"，座位。

【译文】

在此之前，蛮夷各族的酋长都戴金制的帽子，金子多的人被认为是豪俊，因此互相欺凌掠夺，常常发生争斗，边境因此没有安宁的岁月。梁毗对此感到忧虑。后来各酋长相继送金子给他，他把这些金子全放在座位旁边，对着金子大声痛哭，说："这东西人饿了不能当食物吃，寒了不能当衣服穿。你们都因这东西相互攻杀，死伤的人不能用数字来计算了。现在拿这东西来，想杀害我吗？"分毫不接受，把金子全还给主人。于是蛮夷人感动醒悟，不再相互攻击了。

德 操

少杨昭聪慧仁慈

元德太子昭，炀帝长子也，生而高祖①命养宫中。三岁时，于玄武门弄石狮子，高祖与文献后②至其所。高祖适患腰痛，举手凭后，昭因避去，如此者再三。高祖叹曰："天生长者，谁复教乎！"由是大奇之。高祖尝谓曰："当为尔娶妇。"昭应声而泣。高祖问其故，对曰："汉王③未婚时，恒在至尊所，一朝娶妇，便则出外。惧将违离，是以啼耳。"上叹其有至性，特钟爱焉。

炀帝即位，便幸洛阳宫，昭留守京师。大业④元年，帝遣使者立为皇太子。昭有武功，能引强弩。性谦冲，言色恂恂，未尝忿怒。有深嫌可责者，但云："大不是。"所膳不许多品，帷席极于俭素。臣吏有老父母者，必亲问其安否，岁时皆有惠赐。其仁爱如此。明年，朝于洛阳。后数月，将还京师，愿得少留，帝不许。拜请无数，体素肥，因致劳疾。帝令巫者视之，云："房陵王⑤为祟。"未几而薨。

（《隋书》卷五十九，杨昭传）

【注释】

①高祖：隋文帝杨坚。②文献后：隋文帝宠幸的文献独孤皇后。③汉王：隋文帝第五子杨谅。④大业：隋炀帝年号（605—618年）。⑤房陵王：隋文帝长子杨勇，曾为太子，后废为房陵王。

【译文】

隋炀帝杨广的长子元德太子杨昭，出生后隋文帝杨坚命令把他在宫中养育。杨昭3岁时，在玄武门玩弄石狮子，隋文帝和文献独孤皇后来到他的住所。隋文帝此时正患腰痛疾病，举着手扶在皇后身上，杨昭看见了就回避起来，这样来回回避有两三次。隋文帝感叹说："上天生下一忠善厚道之人，还要谁来教育呢！"从此便觉得杨昭奇特，不是凡庸之人。隋文帝曾对他说："我给你娶媳妇。"杨昭马上哭起来。隋文帝问他什么原因，他回答说："叔父汉王杨谅没结婚时，总是留在皇上您的身边；一到娶了媳妇，就要离开您到外面任职去。我担心离开您，有违孝顺之道，因此哭泣。"隋文帝感叹他有至好的德性，十分钟爱他。

隋炀帝继位后，便巡幸洛阳宫，杨昭就留守在京师长安。炀帝大业元年，隋炀帝派使者把杨昭立为皇太子。杨昭有武功，可以拉开强劲弓箭。性情谦逊冲和，言语脸色总是小心慎重的样子，从没发过怒火。有嫌疑可责斥的人，只说："很不应该这样做。"所用膳食不准用太多品类，帷帐床席等日用品极其俭省朴素。大臣官吏有年老父母在的，一定亲自去询问安泰，年节岁时都给以恩惠赏赐。他的仁慈厚爱正是这样。第二年，他到洛阳朝见隋炀帝。几个月后，将回到京师长安，他希望能多在洛阳炀帝身边留一段日子，炀帝不允许。他于是跪拜请求了好多次，由于他身体一贯肥胖，由此得了疾病。隋炀帝叫巫医看他的病，巫医说："这是房陵王的鬼魄作祟。"不久，杨昭便去世了。

张须陁开仓赈民

大业^①中，为齐郡^②丞。会兴辽东^③之役，百姓失业，又属岁饥，谷米踊贵，须陁^④将开仓赈给，官属咸曰："须待诏敕，不可擅与。"须陁曰："今帝在远，遣使往来，必淹岁序。百姓有倒悬之急，如待报至，当委沟壑矣。吾若以此获罪，死无所恨。"先开仓而后上状，帝知之而不责也。

（《隋书》卷七十一，张须陁传）

【注释】

①大业：隋炀帝年号。②齐郡：今山东淄博一带。③辽东：今辽宁辽河以东地区，当时为高丽所辖。④须陁：即张须陁，性刚烈，有勇略，为隋朝仪同、开府等职，后与李密的农民义军作战而死。

【译文】

张须陁任齐郡郡丞之职之时。遇上隋炀帝发动攻打高丽的辽东战役，老百姓失去产业，又遇上蜀地闹饥荒，谷米粮食价格飞涨，张须陁计划打开粮仓救济百姓，属僚官吏都说："要等皇上下了诏令再说，不能自作主张开仓供粮。"张须陁说："如今君王远在辽东，派使者来往报送，一定会耽搁太久的时间。老百姓有倒身悬挂一般的危急，倘若等待皇上诏令送来，他们已填在沟壑里了。我如果由于这件事获罪，死了也没有什么遗憾。"因此张须陁先打开粮仓供给百姓粮食。然后才把情况上奏朝廷，隋炀帝知道事情原委，并没有责备他。

寡母教子为清廉

郑善果①母者，清河崔氏之女也。年十三，出适郑诚，生善果。而诚讨尉迥，力战死于阵。母年二十而寡……

母性贤明，有节操，博涉书史，通晓治方。每善果出听事，母恒坐胡床②，于鄣后察之。闻其剖断合理，归则大悦，即赐之坐，相对谈笑。若行事不允，或妄瞋怒，母乃还堂，蒙被而泣，终日不食。善果伏于床前，亦不敢起。母方起谓之曰："吾非怒汝，乃愧汝家耳。吾为汝家妇，获奉洒扫，如汝先君，忠勤之士也，在官清恪，未尝顾私，以身徇国，继之以死，吾亦望汝副其此心。汝既年小而孤，吾寡妇耳，有慈无威，使汝不知礼训，何可负荷忠臣之业乎？汝自童子承袭茅土③，位至方伯④，岂汝身致之邪？安可不思此事而妄加瞋怒，心缘骄乐，堕于公政！内则坠尔家风，或亡失官爵，外则亏天子之法，以取罪戾。吾死之日，亦何面目见汝先人于地下乎？"

母恒自纺绩，夜分而寐。善果曰："儿封侯开国⑤，位居三品，秩俸幸足，母何自勤如是邪？"答曰："呜呼！汝年已长，吾谓汝知天下之理，今闻此言，故犹未也。至于公事，何由济乎？今此秩俸，乃是天子报尔先人之徇命也。当须散赠六姻，为先君之惠，妻子奈何独擅其利，以为富贵哉！又丝枲⑥纺织，妇人之务，上自王后，下至大夫士妻，各有所制。若堕业者，是为骄逸。吾虽不知礼，其可自败名乎？"

善果历任州郡，唯内自出馔，于鄣中食之，公廨所供，皆不许受，悉用修治廨宇及分给僚佐。善果亦由此克己，号为清吏。

(《隋书》卷八十，郑善果母传)

【注释】

①郑善果：隋朝人，为沂州刺史等职，有治绩。②胡床：一种可以折叠的轻便坐具。③茅土：受封王侯。④方伯：本指一方诸侯之长。后泛指地方长官。⑤开国：本指建立邦国。后五等封爵皆有开国之称。⑥枲(xǐ)：麻。

【译文】

　　郑善果母亲，是清河县崔氏的女儿。13岁时嫁给郑诚，生下儿子郑善果。郑诚随军讨伐尉迥的叛乱阵亡。此时郑善果母亲才20岁，就成了寡妇。……

　　郑善果母亲性情贤淑而聪明，有节操，广泛地阅读了经史书籍，还极清楚治政的方法。每当郑善果出来明断事情时，母亲便坐在胡床上，在屏障后面观察他的言行。听到郑善果决断事情公正合理，回家便极高兴，赏赐他坐下来，相对着有说有笑。倘若郑善果办事不公允，或者乱生怒气，母亲就回到后堂，蒙着被子躺在床上哭泣，整天不吃饭。郑善果跪在母亲床前，不敢站起来。这时母亲才从床上起来对他说："我不是生你的气，而是为你家而感到羞愧。我是你郑家的妇人，就得奉守妇道，做好洒水扫地的家庭事务，像你死去的父亲，是一个忠诚勤恳的士人，为官清正严肃，从不顾及私利，把自己的身体奉献给国家，牺牲了生命，我也期望你能符合我这番心意。你年纪幼小就成了孤儿，我成了寡妇呀。我平时对你慈爱，可缺乏威仪，使你不懂得礼节教诲，你如何能担负起忠臣的功名事业呢？你从童子之年起就继承父亲爵位，位至方伯，这难道是你自己得到的吗？你怎么能不想想这些事情而妄生怒气，心里便骄傲荒乐起来，以致怠懈了公家的政事！从内来讲败坏你的家风，或者丢失自己的官职爵位，对外而言，损害天子的法律，以致获取罪孽。我死之日，有什么面目见你死于九泉之下的先辈呢？"

　　郑善果母亲平素纺纱织麻，到午夜时分才睡觉休息。善果说："儿子封为开国侯爵，职位高居三品，所得官秩俸禄十分充裕，母亲怎么自己还这样勤劳辛苦呢？"母亲回答说："哎呀！你年纪长大了，我认为你知道天下的道理，如今听到这些话，才知你还不懂事理。至于公家的政事，你还做得好吗？你如今的俸禄，是天子报答你父亲为国家殉命而给的。本来应当把俸禄分给所有亲戚，作为你父亲给大家的恩惠，做妻子儿女的怎能独享好处，凭此获取富贵呢！况且纺纱织麻，是妇人的职事，上从王后，下至大夫、士的妻子，各有规定。倘若荒废这职事，便是骄纵逸乐。我尽管不懂礼节，但怎可自己败坏名声呢？"

　　郑善果历任州郡太守之职，只有自己家里端出来的食物，他才在官署中吃，官府供应的东西，他都不接受，全用来修缮官舍，或分给属僚部下。郑善果也因此严格要求和克制自己，当时人们都称他为清廉的官吏。

传世故事

隋文帝赈灾

隋开皇三年（583年），朝廷在议事中谈到京师的粮仓空虚，万一降水旱之灾将会措手不及。因而隋文帝诏命在蒲、陕、虢、熊、伊、洛、郑、怀、邵、卫、汴、许、汝等水边的13个州募集运米的壮丁；还在卫州设置黎阳仓，在洛州设置河阳仓，在陕州设置常平仓，令壮丁转相输进粮食。这样，可以把关东及汾、晋一带的粮食利用水路运到京师附近，满足不时之需。后来因为渭水泥沙过多，过往粮船往往搁浅，船工苦不堪言，所以文帝又命宇文恺率领民工，开凿了一道长达300余里的广通渠。渠自大兴城起，东至潼关，不仅使运粮的水路得以畅通，而且有利于各州水旱之地开仓赈粮。

但是，天下州县发生灾荒的地方太多，官仓仍难以满足救灾的需求。度支尚书长孙平便上书云："臣闻国以民为本，民以食为命，劝农重粮，是先王的制度。古时耕耘3年，要把一年的收获积存起来，栽作9年，必有3年收获的储备，因此即使遇水灾旱灾，而百姓面无菜色，这都是由于训导有方，先行储备的缘故。去年大旱，关内缺食少粮，陛下运来山东的粮食，设置常平仓之官，开仓赈灾，普救饥民，这是无与伦比的大恩大德。不过，治国之道应做长远打算，请陛下勒令各州刺史、县令全力劝导百姓储备粮食。"文帝颇以为然，就采纳了他的建议，在各地设立了义仓。

所谓"义仓"，就是地方公共储粮备荒的粮仓，如果设在乡社，就叫"社仓"。具体做法是每年秋季各家百姓拿出一石以下的粟麦，集中储存起来，并且自行经营管理，如逢凶年，便开仓发放。至于每家拿出多少，要看贫富程度而定。各州各县由此而有了自己的粮食储备，也减轻了朝廷的负担。其后关中地区连年大旱，青、兖、许、曹、亳、陈、仁、谯、豫、郑、洛、伊、颍、邳等州又闹水灾，百姓饥馑，哀鸿遍野，文帝便命苏威等人分道开仓赈灾，社仓对救济当地灾民起到了一定作用。

开皇十五年（595年），贮粮民间的义仓大都出现了费损现象，文帝于是下诏道："设置义仓本来是为防备水旱之灾的，但庶民百姓不做长远打算，轻率地损坏了义仓，使存粮乏绝。北部诸州与其他地方不同，云、夏、长、灵、盐、兰、丰、鄀、凉、甘、瓜等州义仓的杂粮，均要纳归本州。如有旱灾缺粮之人，可先供应杂粮及陈米。"第二年，又诏命秦、叠、成、康、武、文、芳、宕、旭、洮、岷、渭、纪、河、廓、豳、陇、泾、宁、原、敷、丹、延、绥、银、扶等州社仓，均设置于本县，社仓比照上中下三等税收粮，上等人家交粮不超过一石，中等人家不超过 7 斗，下等人家不超过 4 斗。其后山东连年阴雨，诸州均遇水灾。开皇十八年，文帝派人率水工前往治理，疏川导滞，对于断粮绝食的人家，开仓赈救，前后用去 500 余万石谷。同时免去该地的租税，此后其地连续几年获得了好收成。

隋炀帝利用越国公

　　杨素，字处道，弘农华阴人。为人素怀大志，不拘小节，好学不倦，文武双全。隋文帝为周丞相时，对他特别器重，他也主动巴结文帝，所以屡屡委以重任。待文帝即位后，受官上柱国、御史大夫。以后又因屡次率兵征战，立下汗马功劳，官至上柱国、越国公、尚书右仆射等。那时，杨素特受贵宠，权倾朝野，从叔亲弟都官居要职，就连他几个没有尺寸之功的儿子也都位至柱国，官拜刺史。他家中的臣仆有数千人，后院里身着绫罗的妓妾成群；高第大宅，好似宫禁，豪华奢侈，令人叹为观止。

　　时为晋王的杨广处心积虑地想谋取皇太子的位置。他见杨素深得父亲文帝的信任，便卑身相交，曲意奉承。杨素见杨广内受皇后的支持，就千方百计在文帝面前说太子杨勇的坏话，致使杨勇始受疏远终至被废，杨广则称心如意地从兄长手中篡夺了皇太子一位。杨广初登太子位时，又害怕四弟蜀王杨秀拥兵生变，暗中唆使杨素罗织罪名，构陷杨秀，使杨秀被废为庶人。

　　隋炀帝杨广刚一即位，他五弟汉王杨谅便举兵扯起了反叛的旗帜。炀帝连忙派遣杨素率领 5000 轻骑，奇袭蒲州，杨谅的守将王聃子举城投降。接着炀帝又任杨素为并州道行军总管、河北安抚大使，率数万兵众征伐杨谅。杨谅派遣大将赵子开拒守高壁，10 余万兵马布下 50 里战阵。杨素则让诸将兵临阵前，而自己带领奇兵潜入霍山，顺着悬崖深谷，神不知鬼不觉地直赴赵子开的营寨，一仗便把赵子开打得落花流水。杨谅兵马接连败北，最后只好向杨素投降。炀帝闻讯大喜，立即派杨素的弟弟修武公杨约拿着他亲笔写下的诏书前往军中慰劳杨素。诏书极尽颂扬之能事，称"昔周勃、霍光，何以加也"，说"公乃建累世之元勋，执心之确志。古人有言曰：'疾风知劲草，世乱有诚臣。'公得之矣。乃铭之常鼎，岂止书勋竹帛哉"！杨素班师回朝后，炀帝又大加赏赐，财物甲第，数不胜数，并且先后授以尚书令、太子太师、司徒等要职。

炀帝表面上极其倚重杨素，但内心对他却特别猜忌，尤其是讨平汉王杨谅后，对他"外示殊礼，内情甚薄"。太史预言隋地将有大丧，炀帝便改封杨素为楚公，因为楚与隋属同一分野，如果上天真降大丧，正好让杨素去顶杠。杨素卧病时，炀帝常叫名医去给他看病，但暗地里却询问医生病情，唯恐杨素不死。当然，隋炀帝为人"内怀险躁，外示凝简"，他对杨素的猜忌丝毫没有形于颜色，在阴忌阳礼的策略下，他充分地利用了杨素这个"先朝功臣"的存在价值。

兄弟之争　假手他人

隋文帝杨坚有5个儿子，以长子杨勇和次子杨广最有出息。杨勇，字睍（xiàn）地伐。其父在北周辅政时，他被立为世子，拜为大将军。开皇元年（581年），杨坚登基做了皇帝，杨勇被立为皇太子，杨广被封为晋王。

杨勇非常好学，性情宽仁和厚，直率热情。当太子后，辅助父亲参与政事，处理得当，深得杨坚喜欢。然而，因为他喜好奢侈，越礼接受百官朝贺和宠幸姬妾等事情，杨坚慢慢对他产生了猜疑和戒心，开始疏远他。而且他母亲孤独皇后也对他心怀不满，把宠爱之心转向次子杨广。

晋王杨广字阿摩，容貌俊美，举止优雅，性情机敏深沉，善于谋划。他非常嫉妒他哥哥的皇太子位，一心想把太子位夺过来。

为了树立自己谦虚、俭朴的好形象，他很会伪装。他也有很多妃子，但只和萧妃子住在一起；房子里的陈设都很简单，甚至只用年老丑陋的人服侍他的起居；他又极力结交朝中大臣，每当有人拜访他，他不论官职大小，总是和萧妃一起到大门口迎接，为来人摆盛宴、送厚礼。杨坚知道这些事情后，非常高兴，心中已动了废立太子的念头。

但是杨广知道，光凭这个好形象不行，必须要朝里的重臣出来说话才行。

于是他开始四处活动。他向安州总管请教计策。宇文述说："能使皇帝改变主意的人只有杨素，能与杨素商量事情的人只有他弟弟杨约，我很了解杨约。"他自告奋勇去找杨约。于是宇文述带了许多杨广的珍宝，送给杨约，并劝说："你们兄弟在朝中功名盖世，威望很高。可是结怨太多啊！尤其是太子杨勇很恨你们。现在皇上想立晋王为太子，你要是能帮忙的话，晋王一定会感激你的，你的地位将来才更稳固。"杨约把这话告诉了哥哥杨素，杨素认为对，后来杨约又建议："现在皇后的建议，皇上尽皆采纳，应当尽早结交依靠皇后，这样才能保住荣华富贵！"

几天之后，杨素进宫见孤独皇后，婉转地说："晋王杨广孝悌恭俭，像他父亲一样。"用这话来揣摩皇后的心态。其实皇后早就不喜欢杨勇了，也想立杨广为太子，她说："你的话很对，我儿子阿麽孝敬友爱，比睍地伐要好得多。"杨素趁机添油加醋说杨勇蛮横不成器。皇后明白他的意思，让他辅助皇帝进行废立太子之事。

杨勇知道后，非常焦虑，但没什么好办法。他在府后建造了平民村，身穿布衣，希望以此来挡住谗言。杨坚派杨素观察杨勇的行为，杨素却谎报："杨勇怀恨在心，恐怕要发生变故，希望陛下防备。"杨坚听了他的报告，对杨勇更加猜忌了。孤独皇后也暗中派人罗织杨勇罪名，向杨坚进谗言，形势对杨勇日益不利。

杨广知道自己已处于很有利的位置，但他还怕不保险，又私下派人以重金贿赂杨勇的亲信姬威，让他暗中观察太子的动静，随时密报杨素。于是朝廷内外到处是对太子的议论诽谤。

杨素还公开诋毁杨勇，宣扬杨勇的过失。同时姬威也出来向皇帝说杨勇非常骄横，大量营造宫殿，又命令女巫占卜吉凶，说"皇帝的忌期在开皇十八年，这个期限快到了"等等诬陷之词。杨素还找出东宫的珍奇服玩器具陈列在宫廷里，作为太子的罪证。

终于杨坚忍无可忍，下定决心要改立太子。开皇二十年（600），杨坚下诏废杨勇为庶人，立杨广为太子。四年后，杨广登基，是为隋炀帝。

王世充坐收渔利

隋朝末年，政治腐败，民不聊生，各地农民起义不断爆发。其中势力最强大的是李密的瓦岗军。大业十二年（616年），瓦岗军在河南荥阳大破隋朝张须陀的军队，攻占重要粮仓兴洛仓（河南巩义市），放粮济民，深得百姓拥戴。并修筑洛口城作为据点，与洛阳的隋将王世充对峙。

王世充出身军旅，深晓兵机武略。只是由于兵少，多次讨伐李密军队都惨遭失败，心中十分忧虑。当时宇文化及在江都（今江苏南京）弑杀隋炀帝，自封大丞相，拥立秦孝王杨俊的儿子浩为帝，率领10余万中原将士北上，返回京师，直通洛阳。在洛阳的赵王侗及王世充等人十分惊慌，宇文化及声势浩大，他们无法抵挡。

于是王世充、元文都等向主帅越王侗建议："先赦免李密的罪过，让他戴罪立功，剿灭宇文化及，令他们自相残杀，我们可以保存实力，从中获利。如果天幸宇文氏灭亡，李密的兵力也被削弱，他们的将士也容易离间，那时我们可一鼓而擒李密。"洛阳的宗室大臣纷纷表示赞同。

这时，宇文化及兵临洛阳附近的黎阳仓，与李密军接火。化及昏庸无能，且有弑主之名，每战必败，但总未损大体。其时战局对瓦岗军颇不利。李密既要东抵宇文化及，又要防备西边王世充偷袭。于是他上表给越王，假意投降，并请求诛灭宇文化及。越王十分高兴，这与他们的计划不谋而合，他下诏加封李密为太尉、尚书令、魏国公等封号，把兵机大权交给李密调度，让他先剿灭宇文化及，然后入朝辅政。

大臣元文都认为大权尽归李密，害怕日久成患。王世充指责元文都等不懂兵法。元文都私下认为王世充想为宇文化及的内应，并向越王谗言。王世充大怒，拥兵入朝，杀了元文都，挟持了越王，并暗暗养精蓄锐，整饬军备，窥视李密与宇文化及的战况。

李密接到越王的诏书，十分高兴，认为西边的祸患已经消除。于是集中兵力东击宇文氏。宇文氏的军队缺乏粮草，几次进攻黎阳仓失败。后来粮草断绝，就渡过永济渠，与李密的军队决战于童山（今属河南汲县），李密大败宇文化及，其部属死伤无数，纷纷投降李密，化及仓皇逃出，后来被窦建德杀死。李密虽然打败了宇文化及，但自己也损失惨重，几次被暗箭射伤，士兵疲惫不堪，士气衰落。

既而王世充见宇文化及败逃，他趁机整顿军队进攻元气大伤的瓦岗军。李密开始不以为意，认为王世充数次败给自己，根本不会有所作为。当时王世充军缺粮多衣，李密军粮多缺衣，王世充请求交换，李密不肯。王世充派人奉送军衣给瓦岗军，并离间将帅，瓦岗军中投降反叛的很多。李密已无法控制。

武德元年（618年），王世充与李密军在北邙山（洛阳东北）展开决战，李密中计受伏，大败亏输，瓦岗军自此一蹶不振。李密狼狈逃窜，后投奔唐王李渊。

李密策划大海寺伏击战

隋朝末年，由于隋炀帝荒淫昏聩，不恤民力，终于导致天下大乱，群雄割据，逐鹿中原。翟让的瓦岗起义军威震河南，怀有雄才大略的乱世豪杰李密于是前往投奔，并说服附近的小股起义军归附瓦岗军，瓦岗军的势力因此更加浩大。本来胸无大志的翟让乃对李密言听计从，并愿意尊李密为瓦岗军统帅。

大业十二年 616 年，十月，翟让、李密又率瓦岗军攻占金堤关及荥阳附近各县，距东都洛阳仅百余里之遥。

隋炀帝大惊，派在齐郡镇压起义军百战百胜的张须陀任荥阳通守，负责剿灭瓦岗军。

翟让等听说张须陀前来进剿，大惧，计划率军躲避之，李密对翟让说："须陀勇而无谋，兵又骤胜，既骄且狠，可一战擒也！公但列阵以待，密保为公破之。"翟让此时已乱了方寸，只得从李密之说，布阵与张须陀决战。

李密安排翟让率军作为"正兵"迎击张须陀，他则率奇兵千余人退至10余里外的大海寺北边的丛林之中，待张须陀追击翟让至此地时突然伏击之。

果如李密所料，张须陀自恃有万夫不当之勇，兼之在齐州屡战屡胜，根本不把翟让放在眼里。他率大军来到荥阳，见翟让已严阵以待，于是命令士卒列成方阵，气势汹汹地发起进攻。翟让及其将士本就对张须陀心存畏惧，加上他的责任只是诱敌进入李密的伏击圈，故一战即败，向大海寺方向退却。

张须陀乘胜麾军追击，逐北10余里，进入了大海寺北的丛林之中。李密遂发伏兵掩袭之，张须陀军未料到翟让在此设有埋伏，不知伏兵到底有多少，顿时大乱。翟让及其将军徐世𪟝、王伯当率部回击，配合李密合围张须陀部。张须陀奋力拼杀，终于杀出包围圈。但他的部下尚未杀出，遂抖擞精神，重新杀入重围救其部下，竟四进四出，无奈隋兵一败涂地，不可收拾。张须陀乃仰天长叹："兵败如此，何面目见天子乎？"遂下马力战而死，时年52岁。

大海寺伏击战是李密初次用兵，一战而杀隋朝名将张须陀，顿时在瓦岗军中威望大增。翟让乃令李密单独统率一部，号"蒲山公营"。

李密破张须陀一役之战术并不十分高明，不过以翟让之军佯败，诱敌进入伏击圈，然后出其不意，发动突然袭击，使隋军即刻由追击翟让之主动作战陷入被动作战局面。而李密终于凭此战术而获胜，究其原因，关键在于李密对隋军主帅张须陀的性格非常熟悉。张须陀"勇而无谋"，且屡胜之下，兵骄将悍，目空一切，故李密略施小计，便令张须陀兵败身死。

可见，作为将帅，不仅要知己，还要知彼，而且对敌方统帅的脾气、性格、履历也应了如指掌，只有这样，才能做到"因敌而制胜"

建筑奇才宇文恺

杨坚建立隋朝后，为了防止宇文氏家族的人反叛夺权，便下令杀掉一些宇文氏皇族的人。其中有一个叫宇文恺的，也在要杀的名单中。追杀的人派出去后，杨坚又后悔了：宇文恺本是后周皇族的远支。此外，他的哥哥宇文忻在杨氏建立隋朝的过程中，是立过功的。这样的人不应该杀。想到此，杨坚马上派人去追赶杀宇文恺的人，通知他文帝已经决定赦免宇文恺。因此，宇文恺才幸免一死。

其实，虽然宇文恺不是北周皇族的近亲，但因他的父亲、哥哥都是北周的功臣，他自幼就很风光：刚刚3岁，就赐爵双泉伯，7岁又晋封安平郡公，邑两千户。对于一个孩子来说，这已经是恩宠有加了。到了他可以当官的年龄，先当了个称为"千牛"的小官，是负责宫中护卫的。后来又晋升为御正、中大夫、仪同三司等职。杨坚当上丞相以后，又给他加了一个上开府中大夫的官名。

所以，杨坚赦免了宇文恺以后，便让他当了营宗庙副监。如果一定要用今天的职务来比拟的话，大概可以称为修建宗庙的副总指挥吧。"宗庙"是供奉和祭祀祖宗的地方，是每一个名门望族所不可少的，至于皇帝，那就更缺不了，并且还得与众不同。隋文帝刚刚夺得政权，建立新朝，所以，他是一定要修建宗庙的。这个任务就落到宇文恺的头上。

宗庙建成以后，文帝很满意，又封他为甑（zèng）山县公，食邑千户。

后周的首都在长安，文帝建隋以后，首都也设在长安。但统一中国后，为了更好地治理全国，文帝有意迁都洛阳，要在洛阳营造一个新都，便以高颎（jiǒng）为营新都监，而以宇文恺为副监。但高颎不懂技术和设计，主要任务实际上还得宇文恺来完成。整个的规划设计都是由他干的。

他还设计并领导了引渭水入黄河的运河工程。

文帝决定修建仁寿宫的时候，根据杨素的建议，让宇文恺当了仁寿宫监，按仪同三司待遇，不久就提为将作少监。文献皇后死后，他又设计建造了皇后的陵墓。文帝对他主持的这些工程的设计和建造都很满意。

文帝死后，炀帝继位，继续营造东京洛阳，仍以宇文恺为营东都副监，并且很快就提他为将作大匠。在同炀帝的接触中，他看出炀帝心里想的是越奢侈豪华越好，因此，他就把洛阳设计得"穷极壮丽"，建好后，炀帝果然非常高兴，提升他为开府，拜工部尚书。

炀帝有一次北巡，想借机炫耀一下隋朝的强大和先进，因为北方的少数民族多数住帐篷，炀帝就让宇文恺设计一个大帐篷。这个大帐篷里面能坐几千人。帐篷做成后，炀帝高兴得赏赐给宇文恺绢1000段。

宇文恺还为炀帝造了一个大殿，名为"观风行殿"，下面设有轮轴，那殿可开可合，非常奇妙。上面装得下几百名卫士。那些部落酋长见了这大帐篷和观风行殿，觉得神奇的不得了。

炀帝见自己的目的达到了，对宇文恺的设计非常满意，不断地给他赏赐，可谓不计其数。

中国历代帝王，都很重视"明堂"，据说黄帝的时代就有明堂了。那是帝王宣明政教的地方，一些重要的集会、典礼、仪式等等，都要在这里举行。所以孟子说明堂是"王者之堂"。但是晋以后的几百年来，各国都没有力量兴建明堂。隋文帝为了表示自己朝代的正统性，决定修建明堂。但是人们已经有300年没见过明堂了，究竟明堂是个什么样子，怎么个建法，大臣们争论不休，得不出结论。

宇文恺遍读古代典籍，全面地考证了明堂的建制、形式、尺寸、演变以及明堂各部分的象征和意义等等，并且用十比一的比例尺画出图样来，还做了一个模型。可惜，隋代的明堂没有等到开始建设，隋末农民大起义就爆发了。明堂没有建成，宇文恺带着遗憾，在58岁的时候，离开了人世。这时他的官职是金紫光禄大夫。

他为后世留下了《东都图记》20卷，《明堂图议》两卷，《释疑》一卷。这些著作，是他留给后人的一笔无法用钱来计算的财富。

杨素平步青云　　受赏无数

在帮助隋文帝杨坚打天下的那些将领当中，杨素受到的赏赐要算是最多的了。

杨素是弘农华阴（今陕西省华阴年）人。年轻时，胸怀大志，读书很多，学识渊博，文章写得美，人生得漂亮。但因为他不拘小节，不受人们的重视。他的父亲杨敷，是北周的汾州刺史，在与北齐的战斗中战死。但是他的父亲却没有得到朝廷应有的肯定。杨素为此愤愤不平，便上书替父亲申辩，要求给他父亲一定的褒奖。但是北周武帝宇文邕不答应。杨素就接二连三地上书，直到惹恼了武帝，下令杀了杨素。杨素却毫无惧色，在走上刑场的时候，还大喊："遇到了无道天子，死也应该！"

武帝听后，认为他很有骨气，把杨素留下来，破格拜为车骑大将军仪同三司，还追认他的父亲杨敷为大将军。从此，武帝逐渐对他有了好感。武帝让他代为起草诏书，他一挥而就，武帝对他很赏识，对他说："好好干吧，小伙子，不用愁没有大富大贵！"杨素却回答说："我只怕富贵来得太急太快，我是本不想富贵的。"

当时北方的东部是齐国的地盘，北周逐渐强大后，总想灭掉齐国，统一北方，便派自己封的齐王宇文宪平齐，杨素要求率领父亲的老部队随战，武帝答应了。杨素从此开始了他的战斗立功的生涯。在河阴（今河南省孟津县东）的第一仗就立了功，被封为清河县子，邑500户。后来他勇救宇文宪，战绩也不错，就开始平步青云了。

杨坚称帝建立隋朝后，他更需要杨素这样的人为他打天下，便给杨素加官上柱国，开皇四年（584年）又拜他为御史大夫。

就在这时，杨素发生点"内部问题"，几乎把他断送了。他的妻子脾气暴躁。一次两人吵嘴时，杨素骂道："我要是皇帝，绝不会让你当皇后！"这可是句犯讳的话，这句话可以成为阴谋篡位的证据而掉脑袋。不成想杨素夫人果然用这句话告发了他。幸好当时正是皇帝用人之时，只是免了他的官。

这时，隋文帝杨坚想平定江南。他想起了杨素曾经多次给他提出渡江平陈的建议，便再次起用了杨素，拜他为信州总管，并赐钱百万，锦千段，马200匹，要求杨素准备伐陈。

当时两国对峙的形势是，东段以长江天险为界，江北为隋，江南为陈。而西段，自陈国信州（在今湖北省宜昌市）附近的狼尾滩向西，无论大江南北，就都是隋朝的属地了。

杨素驻扎在永安（今重庆市奉节县东，即三国时代的白帝城）制造大批船舰。其中一种叫"五牙"舰的，有5层，共100多尺高，可载800多士兵。另一种叫"黄龙"舰的也可以乘坐100多名战士。至于号称"舴艋"的小形战船数以千计。

开皇八年，隋军以杨素为行军元帅，大举伐陈。杨素指挥他造的大小船舰，顺江而下，穿过三峡，来到与狼尾滩相对的流头滩。他们遇到陈军守将戚欣以"青龙船"上百艘和数千士卒把守在滩头，挡住了隋军的进兵之路。隋军见这里地势险要，水流湍急，都有点畏惧。杨素对将士们说："此次进军，胜败在此一举。如果白天进攻狼尾滩，我们在明处，敌军看得分明，不如夜间乘黑而进。"是夜，杨素挥师而下，将士们谁也不出声。他还派一部分士卒从南岸步行。天亮前，水陆夹击，戚欣大败而逃。杨素还严格管教将士，让他们秋毫无犯，陈国的百姓也很欢迎他们。天亮后，陈军士兵和百姓看见杨素站在舰上高大伟岸的样子，纷纷传说他是江神。以后，他们又冲破了陈军设在水面上的3条大锁链。陈军逃的逃，降的降。隋军很快占领了汉口。结果，一战灭陈。

大功告成，杨素被拜为荆州总管，晋爵为郢国公，食邑3000户，连他的儿子杨玄感、杨玄奖都封了爵。赏赐锦万段、谷万石和金宝无数，就连俘获的陈帝的妹妹及其他伎女14人都赏给了他。

以后，不论是镇压农民起义还是少数民族叛乱，杨素都是经常出战，且大部分战斗都能赢得胜利。每次胜利，或者有什么庆典，文帝都要赏赐给他大量的财富。见诸史籍的较大规模的赏赐就达12次之多。少则锦3000段，多则黄金珠宝无数。

仁寿二年（602年），他率部大败突厥军。文帝除拜他的儿子杨玄感为柱国外，还下诏褒奖，再封一个儿子为侯。这时的杨素已经食邑万户。此外，还赏给他30顷田地、绢万段、米万石，还有一个装满了金银的金钵和一个装满珍珠的银钵。

仁寿四年，汉王杨谅反，杨素率军平定后，赏绢5万段，绮罗千匹，还有杨谅的妓妾20人，以及东京洛阳"甲第一区"，或者说是高楼大厦一片。

当时的人觉得杨素太贪财了，太奢侈了。他不但拥有大量的土地房屋，还有大量的水磨、邸店等等。

杨素于炀帝大业元年（605年）死在任上。

富贱轮回

有一次，有人叛乱，文帝想派一个亲信去征讨，想到要从刘昉和郑译两个人中选一个。可是找到他们的时候，刘昉说："我没有当过将军，没有打过仗，去不了。"郑译说："我的母亲很老了，我离不开。"他们两个人的表现让文帝很失望，对他们的宠信也就减低了不少。那么，那一次文帝到底派谁去了呢？

当刘昉、郑译推辞不前的时候，有一个人却自告奋勇，要去前方，这个人就是高颎（jiǒng）。文帝的本意是要选一个亲信前去，这才考虑刘、郑两人。现在，既然刘、郑两人已让他失望，他也就只好另寻亲信了。从此以后，他也确实把高颎视为自己的亲信。

高颎有着卖身投靠的"家族史"。他的父亲高宾本是齐国官僚，后来叛齐降周，投靠了后周大司马独孤信，独孤信便把高宾介绍到朝廷中来，还赐姓独孤。但后来独孤信被诛，家属也被迁往蜀郡。

独孤信的女儿正是杨坚的夫人。杨夫人觉得高宾是先父的下级，便同他保持了往来。随着杨坚权势的扩大，高宾的官也就有所升迁，死时当到刺史，还被封为武阳伯。

高颎自小聪明伶俐，也读了一些书。17岁时就给周朝的齐王宇文宪当了记室，父亲死后，又承袭了武阳伯的封号，先是当上了内史上士，很快升为下大夫，后来又因为在平齐的战斗中立功而被提拔为开府。

杨坚篡周建立隋朝后，知道高颎是一个很有能力的人，又懂得军事，善于智谋，有意要把他培养成自己的亲信。便派一个人找他谈，暗示了自己的意思。高颎受宠若惊地说："在下甘愿听从陛下的差遣。如果办不成陛下的事情，颎甘受灭族之刑！"接着，便发生了替刘昉、郑译出战的事。

接受了任务，高颎就去辞别自己的母亲，并哭着对母亲说：自古忠孝不能两全……

这一仗高颎果然取胜。文帝为了嘉奖他的胜利，在自己的御殿为他举行了宴会，还顺手把自己的帐子摘下来赏给他，提升他为柱国，改封义宁县公。此后他就不断地升官，先是相府司马，继而尚书左仆射兼纳言，再改封渤海郡公。文帝连他的名字都不叫，而称他为独孤。

高颎还很懂得以退为进的道理。多次表示要退回皇帝给他封的官。但每次文帝总是给他提升更大的官。在封他为渤海郡公的时候，他上表表示要把这个封爵让给苏威。文帝考虑一段时间以后说：能够推举贤人的人，应该受更高的奖励，于是拜高颎为左卫大将军，以前封的官仍旧保留。

他不但不断获得政治上的好处，而且在经济上获得的赏赐也是越来越多。有一次击退突厥犯边，赏马百余匹，牛羊千余头。

伐陈之役开始前，他给文帝出了个主意：江南富庶，因为江南的水田多，成熟得早。每季到收获的时候，便派兵到陈国去骚扰，还要做出渡江的姿态。这样，他们必然要调动大批军队和劳动力出来防御。这必然影响他们的农业生产。等到他们把兵力集中起来，我们就把部队分散，还去干自己原来的事情。这样，一而再，再而三，一定会削弱他们的经济力量，也麻痹他们的防御心理。这时候我们再战，一定胜利。南方的房舍多数是用竹子搭建而成，包括他们的粮库、军需库等也是如此。因此，他建议派一些人专门到南方去放火烧仓库。建起来再烧……几年以后，他们的财力就可以消耗殆尽。

文帝接受了他的建议，按他的方式进行了一些活动。这也是以后伐陈之役顺利成功的一个原因。

开皇九年伐陈的时候，以高颎为元帅长史。平陈以后，文帝对他说："将军出战以后，有人告将军造反，朕已经将那诬告的人杀掉。君臣之间必须有这样的信任。"文帝并宣布拜高颎为上柱国，晋爵齐国公，成了各种封爵当中地位最高的。除食邑1500户之外，还赏给他绢9000段。

这时，不断地有人告发高颎有不轨行为，文帝不但不听，反而惩办了告发的人。文帝北上并州，留高颎在京，回来后，也要奖赏高颎（一种丝织品）5000匹，还赏给他行官一所。高的夫人有病，文帝亲自到他家里看望，赐钱百万，绢万匹和一匹千里马。高家得到的赏赐，前后不可胜计。文帝还把自己的孙女嫁给了高颎的儿子。

文帝皇后独孤氏性格比较忌妒。有一次文帝亲幸了一个美貌女子，独孤皇后便把那女子给杀了。文帝气得从后门跑出宫中，独自到一座小山上出气。高颎等人把文帝找回宫中解劝。文帝说道："我贵为天子，竟然连这样一点自由都没有！"高颎劝道："皇后不过是个女人，何必与她生这样大的气！"

不想这句话让独孤皇后听到了，非常气愤，从此忌恨在心，有机会便挑拨文帝与高颎的关系。高颎的夫人死后，文帝要给他娶一个妾，高颎说：我已经老了，没有这方面的兴趣了。可是后来高颎的一个妾生了个儿子，独孤皇后对文帝说："怎么样，高颎不和你说真话吧？他说他这方面没兴趣，小妾怎么还生了个孩子？"从此，文帝果然疏远了高颎。

炀帝即位后，高颎对炀帝的奢侈之风经常提出批评，也有时在背地里议论，被人告发。炀帝便以谤讪朝政的罪名，下令把他杀了。

库狄士文刑民责子

库狄士文的祖父库狄干，官至左丞相。其父库狄伏敬，任武卫将军、肆州刺史。库狄士文因父亲之故，袭封章武郡王，官至领军将军。

库狄士文性格较为孤僻，平素从不与人交往，甚至亲戚朋友也不相往来，终日闭门自守。北周武帝宇文邕灭北齐，山东士人百姓都出迎北周军队，独有库狄士文闭门不出，不迎周师，周武帝非常奇怪，授他随州刺史。杨坚代周建立隋朝，库狄士文又被任命为贝州刺史。库狄士文为官执法严酷至极，以至"吏人股栗"，道不拾遗。他刚到贝州刺史任上时，便清查官吏有无受赃形迹，哪怕接受一尺布一升米，他都要治罪，结果查出1000余人。库狄士文上表奏明朝廷，将这1000余人全部充军到岭南。出发时，其亲友家人相送，哭声几乎遍于全州。当时正逢岭南疫病流行，发配去的人，十之八九都病死在那里。其亲友家人均痛恨库狄士文，故意哭吊他以泄恨。库狄士文令人捕捉，遍施刑罚，哭声却越来越烈，禁止不住。百姓编歌谣以讽刺之，为朝廷所闻，库狄士文因此被免官。

库狄士文也知道自己执法过严，没过多久，他被重新任命为雍州长史，上任时，他对人说道："我向来执法严厉，不能趋奉权贵，必然要死在这个官职上了。"而上任以后，依然执法严酷，不避权贵，宾客都不敢上他的门。后来果然被御史弹劾，厍狄士文性情刚烈，为此愤恨不已，不久就死了。

尽管厍狄士文为政十分严酷，但他为官却特别廉洁，不贪财物。有一次，朝廷置酒宴请百官，酒宴后，叫百官到仓库中取绢，任取多少，只要拿得动就行。厍狄士文入库，出来时口衔一匹，两手各拿一匹，一共才拿了3匹。皇帝问他为何拿得这样少，他答道："臣口手都已有，其余都不需要了。"为此，皇帝十分赞赏他，特意另赐他财物。当贝州刺史时，他甘守清苦，但家教很严，绝不准家里沾公家一丁点光，家中可说是别无长物。有一次，或许由于饥饿，他的儿子偷吃了官厨中的饼。厍狄士文知道后，立刻将他抓进牢中，戴上枷锁，关了不少天。后来又将他杖责一百下，送回京城家中。家中仆役之类，平时无事不敢随便出门。家中菜蔬、油盐酱醋之类物品，从不准在本州购买，而是特地到邻近州县买回，为的是杜绝私弊。他外出时，总是将官府关上门，贴上封条，禁止家人出入，也是为的杜绝私弊。

人物春秋

自幼不凡　成就帝业——杨坚

　　高祖文皇帝杨坚，弘农郡华阴人。高祖龙颜堂堂，额上有5根像柱子的印记连着头顶，目光外射，掌上有"王"字的纹理。身材上长下短，深沉威严。初入太学，就是至亲也只能和他亲昵而不敢轻忽他。

　　高祖14岁时，京兆尹薛善征召他为功曹。15岁时，凭父亲的功勋被授散骑常侍、车骑大将军、仪同三司之职，封为成纪县公。16岁时，升骠骑大将军，加授开府仪同三司。周太祖看见高祖后赞叹地说："这个孩子的模样气质，不像是凡人！"周明帝继位，授高祖为左小宫伯，加封大兴郡公。周明帝曾派善于相面的赵昭为高祖看相，赵昭欺诈周明帝说："不过是做柱国的面相罢了。"不久又暗自对高祖说："您将要做天下的君主，但必须得大开杀戒才能安定天下。"

　　周武帝即位，高祖改任左小宫伯。离京出任随州刺史，升大将军。后来武帝征召他回京城，遇上母亲卧病，3年之中，高祖昼夜服侍，不离左右，宇文护执政，特别忌恨高祖，屡次想陷害他，终未成功。其后高祖承袭隋国公的爵位。周武帝娉高祖长女为皇太子妃以后，对高祖更加尊重。齐王宇文宪对周武帝说："普六茹坚（杨坚）相貌非凡，我每次见他，总觉不知所措。恐怕他不会居于人下，请尽早除掉他。"周武帝说："他只不过是个普通的将军罢了。"内史王轨多次对周武帝说："皇太子非社稷主，普六茹坚有反叛的相貌。"周武帝不悦，说："如果一定是天命，将怎么办？"高祖害怕，只得深匿本来面目。

　　周武帝建德（572—578年）年间，高祖率领水军3万，在河桥攻破北齐的军队。第二年，跟周武帝平定北齐，进位柱国。又与宇文宪在冀州攻破北齐任城王高湝，拜授为定州总管。此前，定州城西门久闭不开。齐文宣帝时，有人请求打开城门，以便于行人。齐文宣帝不答应，说："将会有圣人来打开它。"等到高祖到城下时，城门便开了，人们无不惊奇。不久，高祖调任亳州总管。周宣帝即位，高祖凭皇后之父的身份征拜为上柱国、大司马。大象（579—581年）初年，升为大后丞、右司武，不久调任大前疑《古代天子四辅之首》。皇帝每次巡幸，总是委托高祖留下守京师。当时周宣帝制定《刑经圣制》，非常苛刻。高祖认为法令苛刻反而容易滋长犯罪，不利于教化，恳切劝谏，皇帝不采纳。

高祖的官职和威望渐受皇帝猜忌。皇帝有4个宠幸的妃子，都是皇后，四家争宠，多次相互诽谤诬陷。皇帝常怒气冲冲地对高祖之女说："一定要杀你们全家！"于是召见高祖，对左右侍卫说："假如普六茹坚变了脸色，就杀死他。"高祖来后，镇定自若，于是作罢。

大象二年（580年）五月，任命高祖为扬州总管。将要去就任，突然脚有病，没有赴任。十一日，周宣帝去世。周静帝即位时，年龄幼小，不能亲政。内史上大夫郑译、御正大夫刘昉以为高祖是皇后之父，是众望所归，于是假造诏书，召高祖入朝总理朝政，统领朝廷内外的军队。宇文氏在藩国的国王，高祖全担心他们谋反，于是以赵王宇文招将把女儿嫁给突厥为借口，征召赵王宇文招入京。二十三日，为周宣帝发丧。二十六日，周静帝拜高祖为假黄钺、左大丞相，文武百官汇集在高祖门下，听从调遣。以正阳宫为丞相府，以郑译为长史，刘昉为司马，大小官员一一设置。在周宣帝时，刑罚残酷，百姓害怕，人民没有为朝廷出力的想法。到高祖亲政时，大力推崇仁政，法令清正简明，高祖自己也很节俭，因而天下老百姓都很高兴。

六月，赵王宇文招、陈王宇文纯、越王宇文盛、代王宇文达、滕王宇文逌都到达京城长安。相州总管尉迟迥在东夏起兵谋反。赵魏之士从者如流，10天之间，就聚众10万。而宇文胄在荥州，石愻愻在建州，席毗在沛郡，席毗弟叉罗在兖州，都纷纷响应。尉迟迥将儿子送到陈朝做人质，请求陈朝出兵援助。高祖命令上柱国、郧国公韦孝宽征讨他们。雍州牧毕王宇文贤和赵、陈等5王，因民心归向高祖，因而谋划造反作乱。高祖杀死宇文贤，不追究赵王等人的罪过。于是下诏书，让五王佩剑上殿，入朝不小步快走，以安定他们的心。

七月，陈朝将领陈纪、萧摩诃等侵犯广陵，吴州总管于颉打败了他们。广陵人杜乔生聚众谋反，刺史元义将其平定。韦孝宽在相州打败尉迟迥，把尉迟迥的首级传到朝廷，其余党羽也被铲平。起初，尉迟迥作乱时，郧州总管司马消难据州响应，淮南的州县也大多应和。高祖命令襄州总管王谊征讨他们，司马消难逃到陈朝。荆、郧两地的众刁民趁机作乱，高祖命令亳州总管贺若谊平息了他们。此前，上柱国王谦为益州总管，见周静帝年幼，由高祖理朝，就纠集巴、蜀的众将士，以挽救朝廷为借口，声讨高祖。高祖正忙于东夏和山南的战事，没有余暇去征讨他们。王谦进兵驻扎在剑阁，攻破始州。等到平定尉迟迥后，高祖就命令行军元帅、上柱国梁睿征讨王谦，将王谦首级传到朝廷。巴、蜀地势险要，百姓喜欢作乱，高祖于是另外开辟平坦的大道，毁弃剑阁的道路，并在此立石碑刻文字告诫他们。宇文招等五王暗中谋反更急迫了，高祖准备酒菜送到赵王府，想看看赵王的行为。赵王宴请高祖，埋伏甲兵，高祖处境危险，在元胄的帮助下才得以脱险，于是高祖杀了赵王宇文招、越王宇文盛。

十二月二十日，周静帝下诏说："假黄钺、使持节、大丞相、都督内外诸军事、上柱国、大冢宰、隋国公杨坚，可授相国之职，总理朝政，免去其都督内外诸军事、大冢宰之职。爵位由公晋封为王。将随州的崇业，郧州的安陆、城阳，温州的宜人，应州的平靖、上明，顺州的淮南，士州的永川，昌州的广昌、安昌，申州的义阳、淮安，自州的新蔡、建安，豫州的汝南、临颍、广宁、初安，蔡州的蔡阳，郢州的汉东等20个郡划为隋国的封地，隋王可佩剑上殿，入朝时不必快步疾走，朝拜时不必通报姓名，备九锡之礼，加授玺绂、远游冠、相国印绶，地位在诸侯王之上。隋国可设置相以下的各级官职，全部依照旧制。"

高祖再三推辞，周静帝不允。于是高祖才只接受王位和10郡的封地。

周静帝大定元年（581年）二月初二日，周静帝令高祖恢复杨姓。初三日，建王府、设百官。

初六日，周静帝下诏书高祖戴皇冠，建制天子旌旗，出入令人开路清道，乘坐金根车，用6匹马拉车，备五时副车，设置旄头云旗，乐舞用八佾，在宗庙悬挂钟；王妃为王后，长子为太子。高祖推让再三才接受。

不久，周静帝因民心所向，派遣兼太傅、上柱国、杞国公宇文椿奉册令高祖继皇位。又派遣大宗伯、大将军、金城公赵煚捧皇帝玉玺，百官劝高祖即位。高祖才受命即位。

高祖开皇元年（581年）二月十四日，高祖入宫，在临光殿行礼之后即皇帝位。这天，禀告祖庙，大赦天下囚犯，改元。京城有祥云出现。高祖改北周官制、礼仪，依照汉魏的形式。并且分封文武百官。

三月初二日，在高平、太原、长安分别猎获赤雀、苍乌和白雀各一只，宣仁门槐树连理，众枝向内伸展。初三日，白狼国进献土产。初五日，白天太白星显现，初六日，再次出现。高祖任命上柱国元景山为安州总管。初八日，高祖下诏令不许进献犬马器玩鲜味。初九日，解除对山泽的禁令。任命上开府、当亭县公贺若弼为楚州总管，和州刺史、新义县公韩擒虎为庐州总管。初十日，周至县进献连理树，植在宫廷。十二日，任命上柱国、神武郡公窦毅为定州总管。十九日，任命太子少保苏威兼纳言、吏部尚书，其余官职不变。二十八日，梁国国君萧岿派遣太宰萧岩、司空刘义来京城朝贺。

四月初二日，高祖大赦天下囚犯。初三日，白天出现太白星、岁星。十九日，将太常的各种乐工一起放出宫廷重作庶民，禁止上演杂乐百戏。二十二日，陈朝散骑常侍韦鼎、兼通直散骑常侍王瑳来问候北周，使者到了，高祖已经受禅即位，就把使者送到介国。这月，遣派稽胡百姓修筑长城，20天后停止。

五月初十日，封邘国公杨雄为广平王，永康郡公杨弘为河间王。二十三日，介国公逝世，高祖在朝廷为他吊唁，任命他的同族人宇文洛继承爵位。

六月二十九日，高祖下诏因即位之初，赤雀从天下降吉祥，五德相生，而赤是火的颜色，于是下诏令除冬至日在南郊祭天以及祭土神之日，仍按常规穿戴的礼仪外，其余的如朝会的穿戴，旗帜和祭祀用的牲口的颜色，一律用红色。军服用黄色。

七月初八日，高祖开始穿黄色衣服，百官全都祝贺。

八月初五日，罢免东京官员。突厥阿波可汗派遣使者来朝进奉土产。十七日，高祖派遣行国元帅乐安公元谐，在青海攻打吐谷浑，降服吐谷浑。

九月初二日，高祖派遣使臣赈济阵亡将士的家属。二十四日，陈朝将领周罗睺攻破胡墅，萧摩诃侵犯长江之北。二十五日，高祖任命越王杨秀为益州总管，改封为蜀王。二十六日，任命上柱国、薛国公长孙览，上柱国、宋安公元景山，一起为行军元帅，以进攻陈朝，仍任命尚书左仆射高颎指挥众军。突厥沙钵略可汗派遣使者上贡土产。在这个月，通行五铢货币。

十月初九日，百济王扶余昌派遣使者来京城朝贺，高祖授扶余昌上开府、仪同三司、带方郡公。十二日，实行新的法律。十六日，高祖巡幸岐州。

十一月初十日，高祖任命永昌郡公窦荣定为右武侯大将军。二十二日，派遣兼散骑侍郎郑众出使陈朝。

十二月初三日，高祖任命申州刺史尔朱敞为金州总管。初九日，任命礼部尚书韦世康为吏部尚书。十四日，任命柱国元兖为廓州总管，兴势郡公卫玄为淮州总管。二十五日，高祖从岐州还京。二十七日，高丽王高阳派遣使者上朝进贡，高祖授高阳为大将军、辽东郡公。这天，太子太保柳敏去世。

开皇二年（582年）正月初九日，高祖巡幸上柱国王谊府第。十六日，巡幸安成长公主府第。这天，陈朝宣帝逝世，其子陈叔宝即位。十六日，在并州设置河北道行台尚书省，任命晋王杨广为尚书令。在洛州设置河南道行台尚书省，任命秦王杨俊为尚书令。在益州设置西南道行台尚书省，任命蜀王杨秀为尚书令。十七日，陈朝派遣使者来京城请求讲和，归还胡墅。二十六日，高祖诏令天下推荐贤良之士。

二月十五日，高祖下诏令高颎等班师回朝。十六日，任命晋王杨广为左武卫大将军，秦王杨俊为右武卫大将军，其余官职不变。十七日，高祖巡幸赵国公独孤陀府第。二十六日，京城降灰土。

三月初四日，开渠，引杜阳水到三畤原。

四月初四日，高祖任命宁州刺史窦荣定为左武侯大将军。十七日，大将军韩僧寿在鸡头山大破突厥，上柱国李充在河北山打败突厥军队。

五月初五日，高祖任命上柱国、开府长孙平为度支尚书。初六日，因为天旱，高祖亲自探望囚徒。这天下了大雨。十五日，高宝宁侵犯平州，突厥人侵入长城。十七日，任命豫州刺史皇甫绩为都官尚书。十九日，太尉、任国公于翼去世。二十一日，高祖把传国玺更名为受命玺。

六月初十日，高祖任命太府卿苏孝慈为兵部尚书，雍州牧、卫王杨爽为原州总管。十二日，派遣使者到陈国吊丧。十三日，上柱国李充在马邑打败突厥军队。二十六日，高祖任命上柱国叱李长义为兰州总管。二十九日，任命上开府尔朱敞为徐州总管。

七月二十四日，高祖诏左仆射高颎、将作太匠刘龙、钜鹿郡公贺娄子幹、太府少卿高龙义等营造新都。

八月二十二日，高祖任命左武侯大将军窦荣定为秦州总管。

十月初三日，皇太子杨勇屯兵咸阳，以防备胡人的侵犯。二十日，高祖疾病痊愈，在观德殿大宴百官。并赐给百官布帛钱币，由百官自己尽力去拿。二十一日，任命营建新都的副监贺娄子干为工部尚书。

十二月初二日，高祖在后园讲习武事。初五日，上柱国窦毅去世。初七日，新都起名为大兴城。十五日，派遣沁源公虞庆则带兵驻扎在弘化，防备胡人入侵。突厥侵犯周槃，行军总管达奚长儒阻击突厥军队，被敌军打败。十七日，赏赐国子寺中的优秀者束帛。十八日，高祖亲自讯视囚徒罪状记录。

开皇三年（583年），正月初一日，高祖将迁入新都大兴城，大赦天下囚犯。严禁使用大刀长矛。二十四日，高丽国派遣使者来朝。

二月初四日，设宴款待北道勋人。初五日，陈朝派遣兼散骑常侍贺彻、兼通直散骑常侍萧褒来朝问候。突厥侵犯边境。初六日，在泾阳捉到毛龟。十五日，高祖任命左卫大将军李礼成为右武卫大将军。

三月初九日，上柱国、鲜虞县公谢庆恩去世。十一日，高祖任命上柱国达奚长儒为兰州总管。十八日，下雨，高祖着便服进入新都大兴城。京城从地下涌出甘美的泉水。十九日，高祖下诏重金收买天下遗书。二十二日，高祖宴请百官，按等级赏赐。二十五日，修筑榆关城墙。

四月初二日，上柱国、建平郡公于义去世。初三日，吐谷浑军队侵犯临洮，洮州刺史皮子信战死。初四日，高丽国派遣使者来朝。初五日，高祖任命尚书右仆射赵煚兼内史令。初十日任命滕王杨瓒为雍州牧。十二日，卫王杨爽在白道打败突厥军队。十三日，行军总管阴寿在黄龙打败高宝宁。十七日，因为干旱，高祖亲自在京城西祭雨神求雨。十九日，高祖下诏提倡读书知礼。任命济北郡公梁远为汶州总管。二十二日，陈朝郢州城长官张子讥派遣使者来朝请求投降，高祖认为已和陈朝和好，不接受。二十四日，高祖派遣兼散骑常侍薛舒、兼通直散骑常侍王劭出使陈朝。二十六日，高祖亲自祭雨。廿七日，突厥派遣使者来朝。

五月初六日，行军总管李晃在摩那渡口打败突厥军队。初七日，高丽国派遣使者来朝。初八日，梁国太子萧琮来京城朝贺迁居新都。二十五日，行军元帅窦荣定在凉州打败突厥和吐谷浑的军队。二十九日，赦免黄龙及其以下官员死罪。

六月初四日，高祖任命卫王杨爽的儿子杨集为遂安郡王。十二日，突厥派遣使者求和。十四日，行军总管梁远在尔汗山打败吐谷浑军队，杀死了他们著名的王公。二十六日，高祖任命晋州刺史燕荣为青州总管。二十三日，任命河间王杨弘为宁州总管。二十九日，高祖巡幸安成长公主府第。

七月初五日，高祖任命豫州刺史周摇为幽州总管。

八月十日，靺鞨上贡土产。十二日，高祖任命右武卫大将军李礼成为襄州总管。十五日，派遣尚书右仆射高颎出宁州道，内史临虞庆则出原州道，同时任命他们为行军元帅，以攻打胡人。二十一日，高祖到太社祭祀。

九月十七日，高祖巡幸城东，巡视庄稼。次日，大赦天下囚犯。

十月初九日，高祖废除河南道行台省，任命秦王杨俊为秦州总管。十一月十三日，高祖派使者巡视民风。二十四日，陈朝派遣散骑常侍周坟、通直散骑常侍袁彦来朝问候。陈后主知道高祖相貌奇异，令袁彦画高祖相貌带回去。甲午日，撤销全国各郡。

闰十二月二十二日，高祖派遣兼散骑常侍曹令则、通直散骑常侍魏澹出使陈朝。二十五日，高祖任命上柱国窦荣定为右武卫大将军，刑部尚书苏威为民部尚书。

二月十三日，高祖在霸上为梁国国君萧岿饯行。十五日，靺鞨上贡土产。突厥苏尼部男女一万多人投降隋朝。十八日，高祖巡幸陇州。突厥可汗阿史那玷率部属投降隋朝。

四月初八日，高祖下令总管、刺史的父母及他们15岁以上的子女，不能带到官任上。初九日，任命吏部尚书虞庆则为尚书右仆射，瀛州刺史杨尚希为兵部尚书，毛州刺史刘仁恩为刑部尚书。十三日，任命上柱国叱李长义为信州总管。十六日，在大兴殿设宴款待突厥、高丽、吐谷浑使者。二十六日，任命上大将军贺娄子干为榆关总管。

五月十二日，契丹主莫贺弗派遣使者请求受降，被拜为大将军。十五日，高祖任命柱国冯昱为汾州总管。二十四日，任命汴州刺史吕仲泉为延州总管。

六月初十日，高祖为囚徒减罪。十五日，任命鸿胪卿乙弗寔为翼州总管，上柱国豆卢勣为夏州总管。二十二日，开渠，从渭水到达黄河以便畅通漕运。廿八日，秦王杨俊上朝。

八月初五日，高祖派遣10位使臣巡视全国。初九日，卫王杨爽来朝。这天，高祖为秦王杨俊纳妃子，宴请并按等级赏赐百官。十三日，上柱国、太傅、邓国公窦炽去世。十八日，设宴款待秦王的部属，并按官职赏赐物品。二十三日，设宴款待陈朝使者。二十六日，陈朝将领夏侯苗请求投降，高祖认为已与陈朝和好，不接受。

九月初五日，高祖巡幸襄国公主府第。初六日，巡幸霸水，巡视漕运之渠，按级别赏赐督促修渠的官吏。初十日，高祖亲自讯视囚徒罪行记录。十一日，契丹归附。十五日，因关内饥荒，高祖巡幸洛阳。

十一月初四日，高祖派遣兼散骑常侍薛道衡、通直散骑常侍豆卢勣出使陈朝。初五日，任命榆关总管贺娄子干为云州总管。

开皇五年（585）正月十一日，高祖下诏实行新的礼制。

三月初二日，高祖任命尚书左仆射高颎为左领军大将军，上柱国宇文忻为右领大将军。

四月初八日，契丹国主多弥派遣使者上贡土产。十六日，上柱国王谊谋反，被诛杀。十九日，高祖征召山东马荣伯等6位儒生。二十二日，高祖从洛阳回京。

五月二十九日，高祖下诏设置防荒粮仓。梁国国君萧岿去世。他的太子萧琮继位。高祖派遣上大将军元契出使突厥阿波可汗。

七月初六日，陈朝派遣兼散骑常侍王话、兼通直散骑常侍阮卓来朝问候。二十三日，高祖任命上柱国宇文庆为凉州总管。二十八日，突厥沙钵略可汗向高祖上表称臣。

九月初四日，高祖从栗园归。十二日，改鲍陂为杜陂，霸水为滋水。陈朝将领湛文彻侵犯和州，仪同三司费宝首活捉了他。二十三日，高祖派遣兼散骑常侍李若、兼通直散骑常侍崔君赡出使陈朝。

十月初九日，高祖任命上柱国杨素为信州总管，朔州总管吐万绪为徐州总管。

十一月十二日，高祖任命上大将军源雄为朔州总管。十五日，晋王杨广来朝。

开皇六年（586年）正月十三日，党项羌归附隋朝。十九日，在突厥颁布历法。二十日，高祖任命柱国韦洸为安州总管。二十一日，派遣民部尚书苏威巡视崤函以东各地。

二月初四日，因为华山之南的荆、淅等7个州水灾，高祖派遣前工部尚书长孙毗赈灾。初五日，高祖规定刺史上佐每年末入朝，上考课。初六日，派遣民工11万修筑长城，20天结束。十四日，任命上柱国崔弘度为襄州总管。十九日，大赦天下囚犯。

三月初八日，洛阳男子德高德上书，请高祖退位做太上皇，传位给皇太子。高祖说："我秉承天命，抚育黎民百姓，日以继夜，孜孜不倦，还担心不能达到使老百姓安居乐业，怎么能像近代帝王那样，做事不效仿古代圣贤兢兢业业，却传位给儿子，求得个人的安逸呢？"十二日，突厥沙钵略可汗派遣使者上贡土产。

四月十九日，陈朝派遣兼散骑常侍周峤、兼通直散骑常侍江椿来朝问候。

七月初二日，黄河南边众州水灾。十六日，京城上空降下如马鬃尾的毛，长的有两尺多，短的有六七寸。

八月十二日，因为关内7个州遭受旱灾，高祖免除了这几个州的赋税。派遣散骑常侍裴豪、兼通直散骑常侍刘颉到陈朝问候。二十九日，上柱国、太师、申国公李穆去世。

闰八月初一日，高祖任命河州刺史段文振为兰州总管。十九日，皇太子杨勇镇守洛阳。二十三日，晋王杨广、秦王杨俊一起来朝。二十八日，上柱国、郕国公梁士彦，上柱国、杞国公宇文忻，柱国、舒国公刘昉，因谋反被杀。上柱国、许国公宇文善因罪牵连而被免职。

九月初四日，高祖穿素服到射殿，召集百官投射，赏赐梁士彦等3家钱财布帛。二十三日，高祖任命上柱国李询为隰州总管。二十四日，高祖下诏对从周静帝大象（579—581年）年间以来死于战事的官兵家属，全部予以赈恤。

十月初二日，任命河北道行台尚书令、并州总管、晋王杨广为雍州牧，其他官职不变；后部尚书杨尚希为礼部尚书。初六日，在襄州设置山南道行台尚书省，任命秦王杨俊为尚书令。初九日，任命芳州刺史骆平难为叠州刺史，衡州总管周法尚为黄州总管。十七日，有甘露降落在华林园。

二月十二日，在东郊祭祀朝阳。二十五日，陈朝派遣兼散骑常侍王亨、兼通直散骑常侍王慎来朝问候。二十八日，高祖乘车巡幸礼泉宫。这月，派遣民工10多万人修筑长城，20天结束。

四月初五日，高祖驾临晋王杨广府第。初六日，在扬州开挖山阳渎，以便于畅通漕运。突厥沙钵略可汗去世，他的儿子雍虞闾继位，这就是都蓝可汗。二十九日，高祖分别给东西南北四方总管、刺史颁发青龙、驺虞、朱雀、玄武等符。三十日，高祖派遣兼散骑常侍杨同、兼通直散骑常侍崔儦出使陈朝。任命民部尚书苏威为吏部尚书。

七月十六日，卫王杨爽去世，高祖在门下外省为卫王杨爽发丧。

八月初四日，高祖任命怀州刺史源雄为朔州总管。二十八日，梁国国君萧琮来朝。

九月十三日，梁国安平王萧岩掠夺梁国财宝，投奔陈朝。十九日，高祖废除梁国，因情况特殊而赦免江陵。任命原梁国国君萧琮为柱国，封莒国公。

十月十九日，高祖巡幸同州，因为这里是先帝曾住过的地方，所以为囚徒减罪。二十二日，巡幸蒲州。二十五日，设宴款待蒲州父老乡亲，高祖特别高兴，说："这里的老百姓，衣服颜色华丽，容貌举止文静优雅，的确是因为官宦之乡长期陶冶濡染而养成的风俗。"

十一月二十三日，巡幸冯翊，亲自祭祀土神。父老对诏没有遵从旨意，高祖大怒，罢免县官之后离去。廿七日，从冯翊回到京城。

天下第一荒淫皇帝——杨广

隋炀帝杨广，又名杨英，小名阿麼，是隋高祖的次子。杨广容貌俊美，自幼聪明伶俐，在众多儿子中高祖和皇后特别喜爱他。北周时，因为高祖的功勋，杨广被封为雁门郡公。

开皇元年，杨广被立为晋王，任命为柱国、并州总管，当时年仅13岁。不久又授予武卫大将军头衔，后来晋升为上柱国、河北道行台尚书令，仍保留大将军衔。高祖让项城公王韶、安道公李彻辅佐教导杨广。杨广好学，善写文章，含蓄深沉，朝野都对他寄予厚望。高祖密令会相面的人来和给所有的儿子相面，来和说："晋王高贵之极。"不久，高祖到杨广住宅来，看见乐器的弦多数都断了，上面又落满灰尘，似乎长期不用，认为杨广不好歌舞女伎，很赞赏他。杨广尤其善于弄虚作假，却又显得道貌岸然。他曾参观狩猎，遇上大雨，左右侍臣进献油衣遮雨，他说："士兵都淋湿了，我能单独穿这个吗！"

开皇六年，杨广转任淮南道行台尚书令。这一年，高祖征召杨广回京，拜为雍州牧、内史令。开皇八年冬天，大规模兴兵攻打陈国，杨广为行军元帅。平定陈国之后，活捉了陈国湘州刺史施文庆、散骑常侍沈客卿、市令阳慧朗、刑法监徐析、尚书都令史暨慧，因为他们奸邪谄媚，害国害民，在宫中右阙之下斩首示众。杨广查封府库，不犯秋毫，天下人都称赞他贤明。他晋升为太尉，不久江南高智慧等聚众造反，高祖调杨广为扬州总管，镇守江都，每年朝见一次。高祖祭泰山的时候，杨广随从，任武侯大将军，第二年回到封地。几年后突厥侵犯边境，杨广又出任行军元帅，从灵武出兵，没有遇上敌人，回来了。

到太子勇被废黜后，杨广被立为皇太子。这一月应当接受册命。高祖说："我以大兴公的身份成就帝业。"于是让杨广离开京城，住到大兴县去。当夜，狂风大雪，地震山崩，百姓的住宅多数被破坏，压死百余人。

仁寿初年，杨广奉诏书巡视安抚东南地区。此后，高祖每到仁寿宫避暑，总是让杨广主持国政。

仁寿四年七月，高祖去世，杨广在仁寿宫即皇帝位。八月，扶高祖灵柩回京师。并州总管汉王杨谅起兵谋反，命尚书左仆射杨素讨伐平定了他。九月乙巳日，任命备身将军崔彭为左领军大将军。十一月乙未日，炀帝驾临洛阳。丙申日，征发数十万男壮丁掘濠，从龙门向东连接长平、汲郡，达临清关，过黄河到浚仪、襄城，抵达上洛，沿途设置关口防御。登丑日，下诏书说：

天道变化，阴阳才能消长；制度不同，百姓才能和顺。如果天的意志不变，所施行的教化怎么形成春、夏、秋、冬？人事如果不变，所施行的政治怎么能区别万姓？《易》不是说过吗："通过其变化，使民众不疲倦。""变化就能通达，通达就能长久。""有德就能长久，有功就能长壮大。"我又听说，安定天下而能迁都，百姓的财用就能有大的变化。因此，姬氏经营两周都城，合乎武王的心意；殷人5次迁徙，成就商汤的事业。如果不下合民意上顺天时，在变动中形成功业，那么，爱民治国的人能不说话吗？

洛阳自古为都城，周围千里之内，是天地交合之处，阴阳调和之地。三河环绕，四塞巩固，水陆通达，贡赋均等。所以汉高祖说："我走遍天下，经过的地方很多，只有洛阳最好。"自古帝王，谁不留心洛阳，之所以不建都于此，都有原因。有的是因为九州尚未统一，有的是因为财政匮乏，无力创建洛阳城。我隋朝建立之始，便想创建这怀、洛城邑，迁延到今天。朝思暮想，无非此事，说起来不胜感慨。

我恭敬地接受皇位，统治万国，继承先帝遗志，遵守而不敢遗忘。如今汉王杨谅叛乱，崤山以东地区遭受毒害，州县沦丧。这就是因为关河阻隔，路途遥远，军队不能赶赴应急，加上并州移民又在河南无法协助。周代把殷人迁往东方，用意就在于此。况且，南方地区遥远，东方地区富庶广大，因势利导，顺时而动，现在正是时候。众官府和百官，都拥护这项动议。但是，成周宫殿废墟，无法修葺，于今可在伊、洛地区营建东京，就地设官府、分职务，树立万民的法则。

宫室的规模制度原本是为了便于生活，上有正梁，下有屋檐，就足以遮蔽风雨、雾露，高楼大厦，难道能够说是合适的形制？所以《传》说："节俭，是德行的总汇；奢侈，是罪恶的大端。"孔子说："与其不恭敬，不如节俭。"难道只有瑶台琼楼才是宫殿？而土墙草屋就不是帝王的住宅了？由此可知，不是用天下财物供奉一人，而是由一人主治天下。民是国家的根本，根本牢固则国家安宁，百姓富足，谁还不富足！现在营建伊洛，务必节俭，不要让雕画的墙壁、崇高的楼房又在今天建起，要让简屋陋食之风遗传于后世。有关部门要清楚地制定出条例。

大业元年春正月壬辰初一，大赦天下，改年号。立妃子萧氏为皇后。把豫州改名溠州，洛州改名为豫州，废除各州总管府。丙申日，立晋王杨昭为皇太子。丁酉日，任命上柱国宇文述为左卫大将军，上柱国郭衍为左武卫大将军，延寿公于仲文为右卫大将军。己亥日，任命豫章王杨暕为豫州牧。戊申日，派遣8名使臣巡察各地风俗。下诏书说：

古时圣王治理天下，关键在于爱民。先让人民富足然后进行教化，家给人足，所以能风俗淳厚，远方来朝，近地安宁。治理成功，都是循此途径。我继承皇位，抚育黎民。虽然遵守先帝功业，不敢有所闪失，但谈到政治措施，多有缺陷。况且，以四海之遥远，黎民之众多，我不能亲自前往，询问民间疾苦。每每想到，民间隐藏的贤人不能举荐，百姓的冤屈不能申诉，一件事情处置不当，就会伤害和顺的祥气，万方有罪，责任都在我身止。所以我昼夜叹息，早晚挂心。

如今施政初期，应该宽大。可分头派遣使者，巡察各方风俗，宣扬教化，推荐被埋没的人才，申诉深藏的冤屈。对孝顺父母努力耕种的人，给以优待，免除租赋。鳏寡孤独不能养活自己的人，酌情给予救济。对义士、烈女，赐匾额表彰其门闾。对年高的老人，加官晋爵，并且依据别的条例，赏赐粟米布帛。有残疾的人，供给服侍的壮丁，虽然有侍养的名义，并无赡养的实效，应公开检查核实，使他们得到奉养。名声显赫、品德高尚、操行廉洁以及有学问才能通一经的人，都应该采访到，推荐到朝廷中。所在州县官府，要根据礼仪发送。官员中有政治腐败、残害人民、妨碍农时的，使者回朝之日，详细记录上奏。

己酉日，任命吴州总管宇文弼为刑部尚书。

二月己卯日，任命尚书左仆射杨素为尚书令。

三月丁未日，命令尚书令杨素、纳言杨达、将作大匠宇文恺营建东京，迁移豫州城郊居民充实东京。戊申日，诏书说："由于听取并采纳公众的意见，政事和平民商议，所以才能清楚政治和刑罚的得失。由此可知，我早晚思虑治国，想使隐藏的冤屈上达朝廷，治国常道得以发扬。但州牧县宰等官职俱是朝廷委任，如果不认真进行考核，空定下优秀、劣等的虚名，不问治理的实际情形，纲纪就会紊乱，冤屈也就不能申诉。地方和朝廷有重重关河阻隔，百姓的意见无法自行上述。我因此建立东京，亲自过问民情。现在我将巡视淮海，观察了解各地风土人情，征求正直的意见，但呈上来的只是烦琐的辞章，乡校中议论朝政的话，听不到。我恐惧警惕，废寝忘餐。民众有知道州县官吏为政刻薄、侵害百姓、徇私枉法、刁难民众的，应该听任他们到朝廷申奏，希望能做到广开四方视听，使天下无冤屈。"又在阜涧营建显仁宫，采集海内珍禽奇兽、名花异草，充实宫中花园兽苑。迁徙数百家富商大贾到东京。辛亥日，调发黄河以南各郡百余万男女开凿通济渠，从西苑引谷水、洛水抵达黄河，从板渚引黄河水通达淮河。庚申日，派黄门侍郎王弘、上仪同于士澄到江南去采集木材，建造了数万艘龙舟、凤艒、黄龙、赤舰、楼船等。

秋七月丁酉日，规定战死的家庭免除10年赋税徭役。丙午日，滕王杨纶、卫王杨集都被剥夺爵位，迁往边境。

闰七月甲子日，任命尚书令杨素为太子太师，安德王杨雄为太子太傅，河间王杨弘为太子太保。丙子日，下诏书说：

治理民众建立国家，应以教学为首要事务，移风易俗，必定由此开始。但圣人的言论断绝，大义遭违背。岁月流逝，虽然努力增进道德进修学业，而治国之道逐渐衰微。汉承秦焚书之后，广集经书，学术不绝如缕，而晋遭社会动乱，学术几乎扫地而尽。从此以后，国家军政忧患甚多，虽然不时兴建学舍，表示喜爱礼义，但老师虽在，却形同虚设。以至于为入朝为官的，并非学习优秀者；撰写文章的，多是不学无术之人。上行下效，纲纪无法确立。文化缺少，大道消亡，实在都是这个原因。

我继承皇位，想弘扬教育，尊敬师长，重视道义，发扬此道，讲究信用，谋求亲善，嘉奖礼教。如今天下统一，车同轨、书同文，十步以内一定有优秀人物，四海之中怎能没有奇才！无论是在家中还是入学的，如果有专门学习古代礼义、埋头经典、品学兼优、能处理政务的人，当地政府应加采访，详细列出名单报上，立即根据其才能越级提拔。如果精通经书而不愿做官，可根据其学业深浅，门第高下，虽然不上朝为官，也酌情给予俸禄。只要循循善诱，他们不日即可成器，不远的将来，朝廷就能人才济济。国子监等学堂，也应讲明旧制度，教育学生，详细规定考试方法，以达到磨练、培育人才的目的。

八月壬寅日，炀帝乘龙舟到达江都。让左武卫大将军郭省做前军统领，右武卫大将军李景做后军统领。文武百官五品以上的，供给楼船，九品以上的供给黄蔑。船只首尾相接，绵延200余里。

冬十月已丑日，赦免江淮以南的罪人。扬州地区免除5年赋税徭役，旧扬州总管地区免除3年的赋税徭役。十一月己未日，任命大将军崔仲方为礼部尚书。

大业二年春正月辛酉日，东京建成，分别等级赏赐监督工程的人。任命大理卿梁毗为刑部尚书。丁卯日，派遣10名使臣裁减合并州县。

二月丙戌日，命令尚书令杨素、吏部尚书牛弘、大将军宇文恺、内史侍郎虞世基、礼部侍郎许善心制定车服制度。天子的车驾以及春、夏、季夏、秋、冬5个季节的天子侍从车才开始完备。皇帝的常礼服、皮帽子，上面饰有12块琪玉；文官穿弁服，佩带玉；五品以上文官供给犊牛、挂障幔，三公亲王车上加挂丝络；武官戴平头巾，穿袴褶，三品以上武官供给甋槊仪仗；往下直至胥吏，服饰各有差等。平民不能穿军服，戊戌日，设置都尉官。

三月庚午日，炀帝车驾从江都出发。事前，太府少卿何稠、太府丞云定兴大肆准备仪仗，规定各州县送羽毛。百姓寻捕禽兽，水陆遍设网罗，能够提供羽毛装饰的禽兽，几乎一网打尽。

夏四月庚戌日，炀帝从伊阙陈列车马，千车万马进入东京。辛亥日，炀帝到端门，大赦天下，免天下百姓当年租税。癸丑日，任命冀州刺史杨文思为民部尚书。

五月甲寅日，金紫光禄大夫、兵部尚书李通因为犯法而被免职。乙卯日，诏书说："表彰先贤，保存祭祀，是为了优待礼遇贤人，明显地表示对他们的敬爱。我永远借鉴前代的事业思念先贤的功德，无时无刻不感叹九州土地上的贤哲，千载怀念。自古以来的圣贤君子，凡是能树立名声建立功德，辅佐朝政挽救时弊、获巨大利益、有特殊功劳、对人民有益的人，都应该营造祠庙，按时祭祀。他们的坟墓，不许侵犯践踏。有关官府酌情定立条例，以符合我的心意。"

秋七月癸丑日，任命卫尉卿卫玄为工部尚书。庚申日，规定百官不能累计考绩升级，一定要德行、功劳、才能明显优秀的人才能提拔。壬戌日，提拔晋王府的旧臣鲜于罗等27人，授予不同等级的官爵。甲戌日，皇太子杨昭去世。乙亥日，上柱国、司徒、楚国公杨素去世。

十二月庚寅日，诏书说："前代帝王借时势创立基业，治理人民，建立邦国，南面而坐，受群臣礼拜。但随着岁月推移，世代久远，帝王的坟茔遭到毁坏，砍柴放牧者竞相光顾，坟墓荒芜废弃，坟堆和标志都分辨不出。谈到这种沦丧，不胜感慨。自古以来帝王的陵墓，可免除附近10户人家的杂役，让他们守护看视。"

大业三年春正月癸亥日，命令对并州叛党已逮捕发配而逃亡的，一旦捉到，就地斩首。丙子日，满天出现长星，出自东壁星，20天后停止。这一月，武阳郡上奏，黄河水清。

三月辛亥日，炀帝车驾回到京师。壬子日，任命大将军姚辩为左屯卫将军。癸丑日，派遣羽骑尉朱宽出使流求（今台湾）。己卯日，河间王杨弘去世。

夏四月庚辰日，诏书说："古代帝王观察访问民间风俗，都是因为忧虑百姓，安抚边远地区。自从蛮夷归附，没来得及亲自安抚，崤山以东历经战乱，也须加以抚恤。现在想安定黄河以北，巡视赵、魏地区。有关官可依惯例安排。"甲申日，颁布法令，大赦天下，关内人民免除3年赋税徭役。壬辰日，把州改为郡。改变度量衡制度，完全按照古代的标准。把上柱国以下的官改为大夫。甲午日，诏书说：

天下重大，不是一人专制能够安定的；帝王的功德，也并非一人的谋略所能完成。自古以来圣明的君主，推行政事，经略邦国，何尝不是选举贤才，收罗隐士。周朝号称多士，汉代号称得人，我常常思念前代风范，肃然起敬。我早起南面而坐，头戴皇冠等待天明，遥望山谷隐士，希望他们出任朝官，以便和众多贤人共同治国。然而，贤人很少进用，招贤很少有人来，难道是美好的璞玉未碰到优秀的工匠，就想怀藏珍宝，难以选拔？在鉴于前代圣贤，不胜感慨。皇帝在位，贤臣就像大腿和胳膊，左右辅佐；又像渡河，贤臣就像船和浆。岂能保守俸禄，隐瞒自己知道的情况，优哉游哉地度日。那就太没意思了。祁奚大夫推举贤人，史学家认为非常公正，臧文仲埋没贤人，孔子讥笑他窃取职位。借鉴古代，并不是没有表扬和批评，所以应该进用贤人，以辅助我能力的不足。

孝顺父母友爱兄弟，是人道的根本；品行忠诚厚道，是立身的基础。或是节烈忠义值得称赞，或者是品行操守高尚廉洁，都能用来净化风俗，有助于社会风气的改进。刚强正直，执法不曲，学业优秀，方思敏捷，都可为朝廷所用，实为栋梁之材。才能可任将帅的，就提拔他去抵御外侮；体壮力大的，就委他去做士卒。至于有一技之长的，也应该录用！务使贤人全部举荐，无所遗弃。用这种办法治国，大约就离天下太平不远了。凡有文武官职者，五品以上的，都应该依照法令推举十科的人才。只要有一种才能即可，不必求全责备。我会越级提拔，根据才能任用。现在已经担任九品以上官职的，不在举荐范围之中。

丙申日，炀帝车驾往北方巡行。丁酉日，任命刑部尚书宇文弼为礼部尚书。戊戌日，命令各级官府不准摧毁庄稼，必须开农田为道路时，有关官府要根据土地的收成，用附近的粮仓赏赐粮食，务必优厚。己亥日，驻扎赤岸泽。用太牢祭祀原太师李穆的坟墓。

五月丁巳日，突厥启民可汗派儿子拓特勤来朝拜。戊午日，调发黄河以北10余郡的男丁开凿太行山，直达并州，以便通驰道。丙寅日，启民可汗派遣侄子毗黎特勤来朝拜。辛未日，启民可汗派遣使臣琰请求允许他亲自进边塞迎接炀帝车驾。炀帝不准。

六月辛巳日，在连谷狩猎。丁亥日，诏书说：

孝敬祭礼祖先，德行最高；兴建寝庙，礼仪最大。然而，不同时代的制度，有的华丽，有的质朴，有的多，有的少。秦代焚书坑儒后学术湮灭，经典散佚，法令消失，关于庙堂的制度，传说不一。应立多少代祖先，无人能说正确；祖先庙是连室而居还是各自分立，也没有定准。

我得以奉祀祖宗，敬承大业，常想严格配享制度，使祭祀盛典更加隆重。于是咨询官员，访问儒师，都认为高祖文皇帝接受天命，拥有天下，拯救四海黎民，革除百代弊病，缓用刑罚，百姓都自由发展，减轻徭役赋税，民众都安居乐业。统一天下，车同轨道，书同文字，东西扩展，无处不归附，南北征讨，解除百姓疾苦。乘风驾鸟，历代没到的地方都到了，各种各样的少数民族，教化从未施行到的人，也都来边塞、朝廷叩头礼拜。翻译无时不在进行，书信月月都有，收起武器，天下太平。吉祥的预兆、福瑞的标志所在多有，其伟大雄壮难以言表。

我又听说，品德淳厚的人福泽流传后世；治国不简明的人礼仪繁缛。因此，周朝的文王、武王，汉代的高祖、光武帝，法令制度非常健全，谥号特别尊贵，难道这不是根据实际情况加以称赞，也就是合乎道义地推崇和表彰吗？高祖文皇帝应该另外兴建庙宇，以便表彰他崇高的德行，仍然按规定每月祭祀，以表示对他的怀念。有关官府按时兴建，务必合乎规定。此外，名分不同，礼仪也不一样。天子有七代祖庙，前代经典已经著明，诸侯有二昭二穆庙，从道理上讲比天子要低，所以庙宇是以多为贵。王者的礼仪，现在可以依照使用，以便留存后世。

秋七月辛亥日，启民可汗上书请求改变服装，戴帽子，束腰带。命令启民可汗朝拜时不用报名了，地位在诸侯王之上。甲寅日，炀帝在郡城东设大帐，全部仪仗护卫，树立旌旗，宴请启民可汗及其部落共3500人，演奏百戏。按不同级别赏赐启民可汗及其部落。丙子日，杀死光禄大夫贺若弼、礼部尚书宇文㢸、太常卿高颎。尚书右仆射苏威因犯罪被免职。征发百余万男丁修筑长城，西到榆林，东到紫河，10天修完，死去的男丁占十分之五六。

八月壬午日，炀帝车驾从榆树起程。乙酉日，启民可汗修饰庐舍清扫道路，迎接车驾。炀帝到启民可汗帐中，启民可汗举杯祝寿，炀帝的宴请和赏赐都极丰厚。炀帝对高丽使臣说："回去告诉你们国王，应早早前来朝见。不然的话，我和启民可汗会到你们国土巡察。"皇后也到义城公主帐中。己丑日，启民可汗回国。癸巳日，炀帝进入楼烦关。壬寅日，驻扎太原。

大业四年春正月乙巳日，下诏书征发黄河以北各郡百余万男女开凿永济渠，引沁水向南到达黄河，向北通到涿郡。庚戌日，文武百官在允武殿举行射礼。丁卯日，赏赐京城内居民每人10石米。

二月己卯日，派遣司朝谒者崔毅出使突厥处罗，招致汗血马。三月辛酉日，任命将作大匠宇文恺炎工部尚书。壬戌日，百济、倭、赤土、迦罗舍等国一齐派遣使臣贡献土产。乙丑日，炀帝车驾到五原，趁机出边塞巡视长城。丙寅日，派遣屯田主事常骏出使赤土，招到罗刹。

夏四月丙午日，把离石的汾源、临泉二县和雁门的秀容县，划为楼烦郡。兴建汾阳宫。癸丑日，任命河内太守张定和为左屯卫大将军。乙卯日，诏书说："突厥意利珍豆启民可汗率领部落归附我朝，保护关塞，遵奉我朝礼仪，想改变戎狄习俗，频繁地入朝谒见礼拜，多次陈述请求。因为毡墙羽帐，极其简陋，愿意建造有梁有檐的房屋。心决恳切，我很重视。应该在万寿戌建造城墙房屋，根据情况供给帷帐床被等物品，待遇务必优厚，以合乎我的心意。"

秋七月辛巳日，征发20余万男丁修筑长城，自榆谷向东延伸。乙未日，左翊卫大将军宇文述在曼头、赤水大破吐谷浑军。

八月辛酉日，炀帝亲自到恒岳祭祀，河北道的郡守全部到场。大赦天下。车驾经过的郡肥县，免除一年的租赋。

九月辛未日，征集全国的鹰师到东京集中，来了一万多人。

冬十月丙午日，诏书说："先师孔子，道德圣明，发扬天赋英姿，效法文武之道。治理国家，承受天命，孕育了这位素王，而圣人去世时的悲叹，很快就超过千年，崇高的德行，并没保存一百代。常常思念，他美好的风范应该加以推崇。可立孔子后代为绍圣侯。有关官府寻求其嫡系后裔，把名字报上来。"辛亥日，诏书说："从前，周王即位，首先封唐尧虞舜的后代，汉高祖即位，也赐给殷周的后裔名号，这都是为了表彰先代，效法古圣贤。我继承帝位，寻求文雅的教诲，凡有大益处的，都敬遵如法令。周代兼有夏、殷两朝传统，文质都具备，汉代拥有天下，统一车轨文字，魏晋沿袭汉朝，遗风仍在。这些朝代都应立其后裔，以便保存绝世的大义。有关官府应该寻求其后代，开列姓名上报。"乙卯日，向天下颁布新的度量衡规格。

大业五年春正月丙子日，把东京改为东都。癸未日，下诏书在全国实行均田制。戊子日，炀帝从东都回到京师。乙丑日，规定民间禁止收藏铁叉、搭钩、刀矛之类。太守每年都秘密奏报其属官的行踪。

二月戊戌日，炀帝驻扎阌乡。命令祭祀古代帝王陵墓以及开皇年间功臣坟墓。庚子日，规定北魏、北周官吏的子孙不能因父辈功勋而赏赐官爵。辛丑日，赤土国派遣使臣贡献土产。戊申日，车驾到达京师。丙辰日，在武德殿宴请400名故旧老人，按不同等级进行赏赐。己未日，炀帝到崇德殿西院，心中很不高兴，回头对左右说："这是先帝居住的地方，确实增添伤感，心中不安，应该在此院的西边另外建造一殿。"壬戌日，规定听任父母跟随儿子到任职官府去。

三月己巳日，炀帝车驾向西巡视黄河右边。庚午日，有关官吏说，武功男子史永遵和叔父堂兄弟等住在一起。炀帝很赞赏他。

五月乙亥日，炀帝在拔延山大举围猎，狩猎圈周围绵延2000里。庚辰日，进入长宁谷。壬午日，渡过星岭。甲申日，在金山上宴请群臣。丙戌日，在浩亹架桥，炀帝马过桥后桥坏了，朝散大夫黄亘及监督工程的9人被斩首。吐谷浑王率众屯守覆袁川，炀帝分别派内史元寿从南边驻扎金山，兵部尚书段文振从北边驻扎雪山，太仆卿义臣从东边驻扎琵琶峡，将军张寿从西边驻扎泥岭，四面包围住。吐谷浑王优允率数十名骑兵逃走，命属下假冒自己，屯守车我真山。壬辰日，命右屯卫大将军张定和前往追捕。定和挺身出战，被吐谷浑杀死。副将柳武建击败吐谷浑军，杀死数百人。甲午日，吐谷浑被围走投无路，仙头王率10余万口男女来投降。

六月丁酉日，派左光禄大夫梁默、右翊卫将军李琼等追击吐谷浑王，二人均亡。癸卯日，炀帝经过大斗拔谷，山路险要狭隘，大军鱼贯而出。风雪交加，天气阴暗，炀帝和随从官员走散，士兵冻死大半。丙午日，驻扎张掖。辛亥日，命令诸郡推举贤才，分四科：学业贯通，才能优异；身强力壮武艺高超；任职勤奋善理政务；秉性正直不畏强暴。壬子日，高昌王麹伯雅来朝拜，伊吾吐屯设等献上西域数千里土地，炀帝十分高兴。癸丑日，设置西海、河源、鄯善、且末等四郡。丙辰日，炀帝到观风行殿，大量陈列文物，演奏九部乐，表演幻术魔法，在殿上宴请高昌王、吐屯设，表示特别优待。有30余国少数民族使臣陪席。戊午日，大赦天下，开皇元年以来流放发配的罪人，全部放回故乡，但晋阳叛党不在内。陇西各郡，免除一年赋税徭役，炀帝车驾经过的地方，免除两年赋税徭役。

冬十月癸亥，诏书说："优待推崇年老德高者，典籍中都有记载，尊敬顾问，表彰学校。鬻熊做周文王师，并非因为力气大，方叔是元老，计谋深沉。我常说要考察古代，寻求达到天下大治的途径。因此，对年老的人，重新起用，事情要少，待遇要优厚，不要缺了药和饭，希望能睡卧床上，治理好百姓，收到大的效益。今年集合起来的老人，可在附近州郡安置，70岁以上有疾病行动不便，不能任职的，赏赐布帛送回本郡。官职在七品以上的，酌情给予俸禄，一直到死。"

大业六年春正月初一日，清晨有数十名强盗，从建国门进来。守门人都跪下叩头。不一会他们夺下卫士的武器，企图谋反。齐王暕遇上，杀死了他们。于是京城大肆搜索，牵连犯罪的有1000余家。丁丑日，在端门街上演角抵大戏，天下的奇异伎艺全部集中于此，演了一个月才停止。炀帝多次穿便服前往观看。

二月乙巳，武贲郎将陈棱、朝请大夫张镇州进攻流求，打败了他们。献上俘虏17000口，炀帝赏赐百官。乙卯日，诏书说："国家草创时期，王业艰难，全仗大臣辅佐，同心协力，才能拯救衰败的国运，荣登皇位，然后酬报功劳，赏赐功臣，开国建家，以山河宣誓，传山河于万代。近代以来天下动乱，四海未能统一，土地随便封赐，名实不符，很长时期未能改革。我朝开国之初，诸事刚始，还遵循旧规矩，来不及改制。现在天下太平，文字、车轨都已统一，应该遵奉先朝旧典，把先圣的教训永远流传后世。从此以后，只有有功劳的人才能获赐封，其子孙可以继承封爵。"丙辰日，安德王杨雄改封为观王，河间王之子杨庆改封为郇王。庚申日，征集魏、齐、周、陈等地乐人，全部分配给太常。三月癸亥日，炀帝到江都宫。甲子日，任命鸿胪卿史祥为左骁卫大将军。

六月辛卯日，室韦、赤土都派遣使臣贡献土产。壬辰日，雁门盗贼头目尉文通聚集3000人马，驻守莫壁谷。派鹰扬杨伯泉打败了他。甲丙日，规定江都太守官秩和京尹相同。

二月己未日，炀帝登上钓台，面对扬子津，大宴百官，分不同等级进行赏赐。庚申日，百济派遣使臣朝拜进贡。乙亥日，炀帝从江都乘龙舟进入通济渠，到达涿郡。壬午日，诏书说："军事有七德，首称是安定百姓。政治有六本，应以教育振兴。高丽国高元，有失藩国礼仪，我将赴辽东问罪，宣扬宏图大略。虽然想讨伐敌国，仍然要巡礼四方。现在到涿郡，巡视民间风俗，黄河以北各郡以及太行山以西、以东地区，年90以上的人授太守衔，80的人授县令衔。"

十二月乙未日，西面突厥处罗多利可汗前来朝拜，炀帝十分高兴，用特殊礼仪接见。那时，辽东的战士以及运送给养的人，挤满道路，昼夜不断，苦于服役的人开始聚众为盗。甲子日，命令都尉、鹰扬和郡县相互联系追捕盗贼，随捕获随处决。

大业八年春正月辛巳日，大军在涿郡集中。任命兵部尚书段文振为左侯卫大将军。壬午日，下诏书说：

天地德行极大，却在秋天降下严霜；圣贤十分仁爱，却在刑法上著有杀伐。由此可知，天地造化有杀气，道理在于大公无私；帝王使用武器，乃是出于不得已。版泉、丹浦之战，无非是替天行道，勘定昏乱，应天顺人。何况在甘地野外誓师，夏启继承了大禹的事业，在商城郊外兴兵问罪，周武王完成文王的志向。永远借鉴前代，是我的职责。

从我朝接受天命以来，兼具天、地、人三才而建立中正的准则，统一天下而成为一家。封地扩展到细柳、盘桃以外，教化达到了紫舌、黄枝地区。远人来朝，近人安定，无人不团结和睦，治理成功就在于此。然而高丽这跳梁小丑，侵犯辽东、菱薆土地。虽经汉、魏两代诛伐，巢穴暂时捣毁，但战乱频仍，道路阻隔，他们的部落又聚集起来。他们在前代汇聚山川草泽，而在现代结成恶果。想那华夏土地，全是蛮夷。年代久远，恶贯满盈，天道惩罚淫乱，他们的败亡已显露征兆。他们破坏道德伦常，难以谋取，收藏奸徒，唯恐不足。送去的庄严书信，他们从不当面接受，朝见的礼仪，他们从不亲自参加。招降纳叛，不知法纪，聚集在边境，使瞭望的烽燧极端疲劳，边关巡夜的木梆为此不得安静，边民无法耕种。古代的征伐，他们是漏网之鱼。既未遭前代俘虏，又没受到后代诛杀，他们从不感谢，反而更加作恶，兼并契丹党徒，劫掠海边，改穿罗羂服装，侵犯辽西，又青丘之外，都按时朝贡，碧海之边，都接受我朝治理，而他们却夺取宝物，断绝往来，无辜的人受害，诚实的人遭祸。使臣奉使前往海东，沿路停留，途径藩国土地，而他们堵塞道路，拒绝王使，没有事奉君王的忠心，哪有做臣的礼节！是可忍，孰不可忍。而且，他们法令严酷，赋税繁重，强臣和豪族执掌国政，结党营私，朋比为奸，形成风气，贿赂公行，冤屈不伸。再加上连年灾荒，户户饥饿，战乱不止，徭役没有期限，百姓输送给养竭尽全力，死尸填满沟壑。百姓忧愁悲苦，又能听从谁？境内一片哀叹，不胜凋敝。回头观看境内，人人都担心生命不保，老人孩子无不感叹残酷毒烈。我观察风俗来到幽州，悲悯百姓兴师问罪，不须等待再次动身了。于是亲统六军，进行制裁违犯王命的九伐之征，拯救危机，顺从天意，消灭这些丑类，继承先代的谋略。

现在应该传令动身，兵分数路，以雷霆之势占领勃澥，以闪电之速横扫扶余。整装振戈，誓师之后动身，三令五申，有必胜把握之后再战。左第一军当镂方道，第二军当长岑道，第三军当海冥道，第四军当盖马道，第五军当建安道，第六军当南苏道，第七军当辽东道，第八军当玄菟道，第九军当扶余道，第十军当朝鲜道，第十一军当沃沮道，第十二军当乐浪道。右第一军当黏蝉道，第二军当含资道，第三军当浑弥道，右第四军当临屯道，第五军当候城道，第六军当提奚道，第七军当踏顿道，第八军当肃慎道，第九军当碣石道，第十军当东暆道，第十一军当带方道，第十二军当襄平道。所有这些军队，先接受朝廷谋略，再络绎前往，在平壤集合，战士无不像豺、像貙一样勇猛，有百战百胜之雄风，回头一看就使山岳倒塌，开口一呼就使风云郁聚，同心同德，猛士俱在。我亲自统率士兵，节制军队，向东走过辽地，沿海右岸前行，解除远方百姓的疾苦，询问海外黎民的苦难。另外有轻装游击部队，随机应变，人卷甲马衔枚，出其不意，袭击敌人。还有海路大军，舟船千里，帆船疾驰，巨舰云飞，横断坝江，径至平壤，岛屿绝望，废井无路。其他随军异族士兵，手持弓矢等待出发，各种异民族军队，不用协商，众口一辞。顺天行军，面对叛逆，人人勇气百倍，用这样的军队作战，势必如摧枯拉朽一般。

然而，王者的军队，照理不行杀戮，圣人的教化，一定要改造恶人。上天惩罚罪人，只惩办首恶，至于为奸邪胁从的众人不问。如果高元用泥涂首辕门请罪，自行到司法部门投案，就应该解开绳索，焚烧棺木，宽大处理以表示恩惠。其余的臣民如能归顺我朝，一律加以安抚，各自照旧生产，根据其才能录用为官，不问是蛮夷还是华夏。军营驻扎，一定要整齐严肃，不准放牧、砍柴，要做到秋毫无犯。对高丽百姓要施加恩惠，晓以利害。如果他们共同作恶，抗拒官兵，国家有一定的刑法，斩草除根。希望明白告知，合乎我的心意。总计1133800兵马，号称200万，运送给养的人多一倍。癸未日，第一军出发，40天以后，所有的军队才都走光，旌旗绵延百千里。近代出兵，没有如此盛大的。乙未日，任命右兵卫大将军卫玄为刑部尚书。

二月甲寅日，诏书说："我到燕地观察风俗，到辽东海滨兴师问罪。文臣武将同心协力，战士努力，无不手执武器为君王尽力，舍家从军，以致粮食很少积蓄，耕种受到损失。我因此朝夕忧虑，担心他们穷困。虽然饱食的兵众，理应公而忘私,但对踊跃服役之人,应该待遇优厚。随行人员中,从一品以下至欵飞骑士、招募士以上的人家,郡县都应慰问。如果缺乏粮食,就应救济;有人虽有土地但无劳力不能耕种,可以劝说或者规定劳力多的富家帮助。让住家者有积蓄,行役者无后顾之忧。"

三月辛卯日,兵部尚书、左候卫大将军段文振去世。癸巳日,炀帝亲临大军。甲午日,率军到辽水桥。戊戌日,大军遇到贼兵阻挡,不能渡河。右屯卫大将军、左光禄大夫麦铁杖、武贲郎将钱士雄、孟金叉等,都战死。甲午日,车驾渡过辽水,在东岸大战,击败贼兵,进而包围辽东。

那时,各将领都接到圣旨,遇事必须奏报,故不敢出战。不久,高丽各城都固守,攻不下来。

六月己未日,炀帝到辽东,愤怒地责备各将领。车驾在城西数里停止,到达六合城。七月壬寅日,宇文述等在萨水战败,右屯卫将军辛世雄战死。九路军队都战败,将帅逃回来的只有两千多人。癸卯日,班师回朝。

九月庚辰日,炀帝到东都。己丑日,诏书说:"军事和政治内容不同,文臣和武将用途各异,拯救危难,则霸业兴起,教化民俗,则王道显贵。在平定战乱的时代,屠夫可以做官,太平盛世,则须学习经术才能升职。丰都开创之始,周朝官员中没有儒生,在建武朝廷之中,则有军功的不能担任官职。自从国家分裂为三,四海交争,顾不上教化,只崇尚武功。设置官职,很少根据才能委任,朝中官员,都是因有功而录用的,无一不是从部队中选拔的。出身勇士,教学的内容从未学习,执政的方法也一无可取。自己是非不明,属下吏员就作威作福,贪污腐化贿赂公行,无法无天,腐蚀政府,残害人民,原因皆缘于此。此后,因功授爵的,不得同时委任文武官职,希望改弦更张,就像调瑟一样,让从政者不是实习生,以便不伤害国政。如果吏部擅自任用,御史就应该弹劾纠察。"

十一月己卯日,皇族女儿华容公主嫁给高昌王。辛巳日,光禄大夫韩寿去世。甲申日,败将宇文述、于仲文等人被削职为民,把尚书右丞刘士龙斩首以向天下谢罪。这一年大旱,又发生瘟疫、死人很多,崤山以东地区尤其厉害。秘密命令长江、淮河以南各郡查看民间童女,有容貌美丽的,每年进贡。

大业九年春正月丁丑日,征集天下士兵,招募民众做骁果骑士,在涿郡集合。壬午日,盗贼头目杜彦水、王润等攻陷平原郡,大肆抢劫而去。辛卯日,设置折冲、果毅、武勇、雄武等郎将官,统领骁果骑士。乙未日,平原李德逸聚集数万人,被称为"阿舅贼",抢劫崤山以东地区。灵武白榆妄,被称为"奴贼"抢劫牧马,向北勾结突厥,陇右地区大都遭其祸害。派遣将军前往讨伐,几年不能平定。戊戌日，大赦天下。己亥日，派代王杨侑、刑部尚书卫玄镇守京师。辛丑日，任命右骁骑将军李浑为右骁卫大将军。

二月己未日，济北人韩进洛聚集数万人做强盗。壬午日，恢复宇文述等人官职。又征兵讨伐高丽。三月丙子日，济阳人孟海公起兵，人数达到数万。丁丑日，征发10万男丁修建大兴城。戊寅日，炀帝到辽东。让越王杨侗、民部尚书樊子盖留守东都。庚子日，北海人郭方预聚众做强盗，自称卢公，人数达3万，攻下郡城，大肆抢劫而去。

夏四月庚午日，炀帝车驾渡过辽水。壬申日，派遣宇文述、杨义臣到平壤。六月乙巳日，礼部尚书杨玄感在黎阳造反。丙辰日，杨玄感进逼东都。河南赞务裴弘策率兵抵御，反而被贼兵击败。戊辰日，兵部侍郎斛斯政逃奔高丽。庚午日，炀帝班师回国。高丽袭击断后部队，炀帝命令右武卫大将军李景断后抵御。派遣左翊卫大将军宇文述、左候卫将军屈突通等乘驿车调发军队，讨伐杨玄感。

八月壬寅日，左翊卫大将军宇文述等在阌乡击败杨玄感，将其杀死。玄感余党全部被平定。癸卯日，吴地人朱燮、晋陵人管崇聚集10万余人，自称将军，抢掠江南。甲辰日，规定骁果骑士家庭免除赋税徭役。丁未日，命令郡县城离开道路超过5里的，都迁往道旁。戊申日，规定凡为盗贼，其家庭财产没收入官。乙卯日，盗贼头目陈瑱等率3万余人攻下信安郡。

九月己卯日，济阴人吴海流、东海人彭孝才一齐起兵做盗贼，人数达数万。庚辰日，盗贼头目梁慧尚率4万人攻下苍梧郡。甲午日，炀帝车驾驻扎上谷，由于供应不足，炀帝大怒，罢免太守虞荷等人的官职。丁酉日，东阳人李三儿、向但子兴兵作乱，人数达一万余。

闰月己巳，炀帝到博陵。庚午日，炀帝对侍从官员说："我从前跟随先帝在此地盘桓，年刚8岁，日月如梭，不觉已经30年，追忆往昔生活，一去不复返了。"话未说完，呜咽流泪，侍卫人员也流泪，眼泪沾湿衣裳。

冬十月丁丑日，盗贼头目吕明星率数千人包围东郡。武贲郎将费青奴迎击，将其杀死。乙酉日，诏书说："博陵从前是定州，地处交通要道，是先皇出任官职的基地，皇统教化源远流长，所以道高于周之豳风，义高于舜之姚邑。我巡视黎民，来到此地，瞻望城乡，缅怀先人，充满敬意，就想传播宣扬先人的福泽恩德，广泛地施给下层人民。应取一崇高的名号，以发扬光大先人的功业，可把博陵改为高阳郡。赦免境内死罪以下囚犯。百姓免除一年赋税徭役。"于是召来高祖时候的旧官吏，根据其才能授予官职。壬辰日，任命纳言苏威为开府仪同三司。朱燮、管崇推出刘元进当皇帝。派将军吐万绪、鱼俱罗讨伐，接连几年不能平定。齐地人孟让、王薄等10余万人占据长白山，攻打抢劫各郡。清河盗贼张金称等数万人，渤海盗贼头目格谦自称燕王，孙宣雅自称齐王，人数各有10万，崤山以东地区都受到骚扰。丁亥日，任命右候卫将军郭荣为右候卫大将军。

　　十二月甲申日，把杨玄感弟弟朝请大夫积善以及党徒10余人车裂，尸体焚烧后随风扬散。丁亥日，扶风人向海明起兵谋反，自称皇帝，年号为白乌。派遣太仆卿杨义臣前往攻打，平定了他。

　　二月辛未日，命令百官商议讨伐高丽，接连几天没人敢发言。戊子日，诏书说："战士尽力为国服役，献身战争，都是因为深明大义，忠诚勤劳，丧命于草莽，弃尸于原野，每每想起，心中充满悲伤。往年兴师问罪，将到辽海之滨，计谋深远，进退都有安排。但是杨谅凶恶昏愦，不懂军事，高颎固执偏狭，有勇无谋，率领三军犹如儿戏，视人命如草芥，不遵守已定之计，招致失败，使战士大批死亡，不及埋藏。现在应派人分头收葬，在辽西郡建一所道场，祭祀亡灵。让恩德施于九泉之下，消除穷鬼的冤屈，恩泽加于枯骨之上，以弘扬仁者的恩德。"辛卯日，诏书说：

　　黄帝进行52次战斗，商汤进行27次征伐，然后才恩德遍施诸侯，号令行于天下。卢芳不过小盗一名，汉高祖还亲自征战；隗嚣不过是复燃的死灰，光武帝还亲自赴陇西讨伐；难道不是想铲除强暴制止战乱，先劳苦而后安逸吗！

　　登上皇位，治理天下，日月照到的地方，风雨淋到的地方，谁不是我的臣民？谁又能独不受教化？高丽，居于偏远荒僻之地，气焰嚣张，态度傲慢，抢掠我边境，侵略我城镇。因此去年出动大军，到辽东、碣石问罪，在玄菟杀死长蛇，在襄平屠戮封豕。扶余各路兵马，风驰电掣，追奔逐北，越过沮水。大海舟船，直捣贼人心脏，焚烧其城池，毁坏其宫殿。高元用泥涂首，伏在刀下，到军营前请罪，接着又请求进京朝见，到司法部门投案，我准许他改过，就下令班师回朝。不料他竟怙恶不悛，真是贪图安逸反遭毒害，是可忍，孰不可忍！可命令六军，后分百路，一齐进发。我亲自出征，监领各军，在丸都喂马，在辽水观兵，顺应天意在海外诛杀凶顽，拯救苦难的穷苦百姓。用征伐来匡救时弊，用明德来诛杀坏人，只除首恶，胁从不问。如果有人认识生死的区别，明白安危的关键，幡然悔悟，自然能够获得福泽；如果一定要共同作恶，抗拒我朝大军，如同烈火燎原，格杀无赦。有关官府要趁便宣布此意。

　　丁酉日，扶风人唐弼起兵谋反，人数有10万，推李弘做皇帝，自称唐王。三月壬子日，炀帝到涿郡。癸亥日，住在临渝宫，炀帝身穿军服，对黄帝进行祃祭，杀死叛逃军人斛斯政。

夏四月辛未日，鼓城贼人张大彪聚集数万人，屯守悬薄山为强盗。派遣榆林太守董纯去攻打，杀死了他。甲午日，车驾驻扎北平。五月庚子日，命令各郡推举孝悌、廉洁的人各10名。壬寅日，盗贼头目宋世谟攻下琅邪郡。庚申日，延安人刘迦论起兵谋反，自称皇王，年号是大世。

六月辛未日，盗贼头目郑文雅、林宝护等3万人，攻下建安郡。太守杨景祥战死。秋七月癸丑日，炀帝车驾驻扎怀远镇。乙卯日，曹国派遣使臣贡献土产。甲子日，高丽派遣使臣请求投降，把斛斯政囚禁送来，炀帝十分高兴。

八月己巳日，班师回朝。十一月丙申日，在金光门外肢解了斛斯政。乙巳日，在南郊祭祀。己酉日，盗贼头目司马长安攻破长平郡。乙卯日，离石胡刘苗王起兵谋反，自称天子，让他弟弟六儿做永安王，人数达数万。将军潘长文前往讨伐，不能战胜。这月，盗贼头目王德仁聚集数万人驻守林虑山做强盗。

十二月壬申日，炀帝去东都。这一天，大赦天下。戊子日，进入东都。庚寅日，盗贼头目孟让率10余万人占据都梁宫。派遣江都郡丞王世充打败了他，把他的部众全部俘虏了。

大业十一年春正月初一日，设盛大宴席宴请百官。各国都派遣使臣朝见进贡。戊戌日，武贲郎将高建毗在齐郡打败盗贼头目颜宣政，俘虏数千名男女。乙卯日，大会蛮夷各国，表演幻术戏乐，按不同等级进行赏赐。

二月戊辰日，盗贼头目杨仲绪率一万余人攻打北平，滑公李景击败并斩杀了他。庚午日，诏书说："设置险关保卫国家，前代经典早有著录；牢固防守以御强暴，事情将载入史册流传后世。这样做的目的在于定国安邦，禁止奸邪，巩固根基。但近年战争，居民流散，田地荒芜，城郭破坏，使游手好闲的人增加，而盗匪骚扰不停。如今天下平定，海内安乐，应该让人全部住进城中，就近拨给土地，使得强弱互相包容，徭役相互援助，小偷无法行窃，强盗无法聚集。有关官府详细开列条目，务必让百姓各得其所。"丙子日，上谷人王须拔造反，自称漫天王，国号为燕；盗贼头目魏刁儿自称历山飞，人数都达到10余万，向北勾结突厥，向南侵略赵地。

五月丁酉日，杀死右骁卫大将军、光禄大夫、郕公李浑，将作监、光禄大夫李敏，并且灭掉两人家族。癸卯日，盗贼头目司马长安攻下西河郡。乙酉日，炀帝到太原，在汾阳宫避暑。

秋七月己亥日，淮南人张起绪起兵谋反，人数达3万。

八月乙丑日，炀帝巡视北部边塞。戊辰日，突厥始毕可汗计划率领数十万骑兵袭击炀帝车驾，义成公主派使者告知。壬申日，车驾奔到雁门。癸酉日，突厥包围雁门城，官军屡战屡败。炀帝十分恐惧，想率领精兵突围出城，民部尚书樊子盖坚决劝阻，没突围。齐王暕率后军守崞县。甲申日，命令全国各郡招募军队，于是各郡太守、县令纷纷前来救驾。

九月甲辰日，突厥解围回去。丁未日，因特殊情况赦免太原、雁门郡死罪以下囚徒。冬十月壬戌日，炀帝到东都。丁卯日，鼓城人魏骐骥聚集一万余人做强盗，侵犯鲁郡。壬申日，盗贼头目卢明月聚集10余万人侵犯陈、汝地区。东海盗贼头目李子通率部众渡过淮河，自称楚王，年号为明政，侵犯江都。

十一月乙卯日，盗贼头目王须拔攻下高阳郡。十二月庚辰日，命令民部尚书樊子盖征发关中士兵，讨伐绛郡盗贼敬盘陀、柴保昌等，打了一年也没能平定。谯郡人朱粲率数十万部众侵犯荆襄，妄称楚帝，年号为昌达。汉南各郡大多被他攻下。

大业十二年春正月甲午日，雁门人翟松柏在灵丘起兵，人数达到数万，辗转进攻附近县城。

夏四月丁巳，显阳门发生火灾。癸亥日，魏刁儿部将甄翟儿又自称历山飞，部众达10万，辗转进攻太原。将军潘长文讨伐，反被打败，长文战死。

秋七月甲子日，炀帝到江都宫，让越王侗、光禄大夫段达、太府卿元文都、检校民部尚书韦津、右武卫将军皇甫无逸、右司郎卢楚等留守总管政事。奉信郎崔民象因盗贼充斥，在建国门上奏章，劝谏说外出巡视不合适。炀帝大怒，先卸下他的面颊，然后杀死他。戊辰日，冯翊人孙华自称总管，起兵谋反。高凉通守冼瑱彻兴兵作乱，岭南各溪洞多数响应。炀帝车驾驻扎汜水，奉信郎王爱仁因为盗贼一天天厉害，劝谏炀帝回西京。炀帝生气，杀死他，然后继续走。

八月乙巳日，贼帅赵万海率数十万部众，从恒山进犯高阳。九月丁酉日，东海人杜扬州、沈觅敌等谋反，人数达数万。右御卫将军陈棱击败他们。戊午日，有两颗枉矢星，从北斗星魁星中出来，弯弯曲曲地流入南斗星。壬戌日，安定人荔非世雄杀死临泾县令，起兵谋反，自称将军。

十二月癸未，鄱阳盗贼操天成起兵造反，自称元兴王，年号为始兴，攻下豫章郡。乙酉日，任命右翊卫大将军来护儿为开府仪同三司、行左翊卫大将军。鄱阳人林士弘自称皇帝，国号称楚，年号为太平，攻下九江、庐陵郡。唐公李渊在西河打败甄翟儿，俘虏数千名男女。

大业十三年春正月壬子日，齐郡盗贼头目杜伏威率领部众渡过淮河，攻下历阳郡。丙辰日，勃海盗贼窦建德在河间乐寿地方设坛，自称长乐王，年号为丁丑。辛巳日，盗贼头目徐圆郎率数千部众攻下东平郡，弘化人刘企成聚集一万余人做强盗，附近郡县都受他的害。

二月壬午日，朔方人梁师都杀死郡丞唐世宗，占领朔方郡谋反，自称大丞相。派银青光禄大夫张世隆攻打，反而落败。戊子日，盗贼头目王子英攻下上谷郡。己丑日，马邑校尉刘武周杀死太守王仁恭，兴兵谋反，向北勾结突厥，自称定阳可汗。庚寅日，盗贼头目李密、翟让等攻下兴洛仓。越王侗派遣武贲郎将刘长恭、光禄少卿房崱攻打，反被他们打败，士兵战死十分之五六。庚子日，李密自称魏公，改年号，称元年，打开粮仓赈济众盗贼，人数达到数十万，黄河以南各郡相继失陷。壬寅日，刘武周在桑乾镇打败武贲郎将王智辩，王智辩战死。

三月戊午日，庐江人张子路起兵谋反，派右御卫将军陈棱讨伐平定了他。丁丑日，盗贼头目李通德率10万部众进犯庐江，左屯卫将军张镇州打败了他。

夏四月癸未日，金城校尉薛举率部众谋反，自称西秦霸王，年号为秦兴，攻下陇右各郡。己丑日，盗贼头目孟让夜晚进入东都外城，烧毁丰都市然后离去。癸巳日，李密攻下回洛东仓。丁酉日，盗贼头目房宪伯攻下汝阴郡。这月，光禄大夫裴仁基、淮阳太守赵佗等都率众背叛，投奔李密。

五月辛酉日。甲子日，唐公在太原起义。丙寅日，数千名突厥人侵犯太原，唐公打败了他们。秋七月壬子日，火星守在积尸星旁。丙辰日，武威人李轨起兵谋反，攻下河西各郡，自称凉王，年号是安乐。

八月辛巳日，唐公在霍邑打败武牙郎将宋老生，杀死了他。九月己丑日，炀帝搜括江都少女和寡妇，匹配给随军士兵。这月，武阳郡丞元宝藏率全郡造反，投奔李密，和盗贼头目李文相一起攻下黎阳仓。

冬十月丁亥日，太原杨世洛聚集一万多人，抢劫城乡。丙申日，罗县县令萧铣率全县谋反，鄱阳人董景珍率全郡谋反，董到罗县迎接萧铣，号称梁王，攻下邻近的郡。戊戌日，武贲郎将高毗在嵋山打败济北郡盗贼甄宝车。

十一月丙辰日，唐公进入京师。辛酉日，把炀帝遥尊为太上皇，立代王侑为皇帝，改年号为义宁。

义宁二年三月，右屯卫将军宇文化及，武贲郎将司马德戡、元礼，监门直阁裴虔通，将作少监宇文智及，武勇郎将赵行枢，鹰扬郎将孟京，内史舍人元敏，符玺郎李覆、牛方裕，千牛左右李孝本及其弟李质，直长许弘仁、薛世良，城门郎唐奉义，医正张恺等人率骁果骑士造反，进入宫廷。炀帝在温室去世，享年50岁。萧后命宫女撤去床席做棺材，埋葬了炀帝。宇文化及发掘出来，右御卫将军陈棱从成象殿护送灵柩，埋葬在吴公台下。开棺入殓时，炀帝面容就像活人一样，大家都很惊奇，大唐平定江南以后，改葬炀帝到雷塘。

原先，炀帝因为是诸侯王，按继承顺序不应做皇帝，所以常常虚情假意装正经，沽名钓誉，阴谋夺取皇位。那时高祖十分信任文献皇后，而生性忌恨妃妾。皇太子杨勇内宫有很多宠爱的妾，因此高祖不喜欢他。炀帝时对妾生的儿子，一概不抚养，表示不宠爱妾，以此讨好文献皇后。对掌权的大臣，炀帝全力交往。宫中使臣到炀帝家，不论地位高低，炀帝都竭力讨好，厚礼相待。宫中奴仆往来炀帝家中的，无不称赞炀帝仁义孝顺。炀帝又常常私自进入宫中，和文献皇后密谋策划，杨素等人趁机煽动，终于废除太子杨勇，立炀帝为太子。从高祖病危至去世，在居丧期中炀帝就纵情淫乐，高祖陵墓一修成，炀帝更四处巡游。因天下长期安定，兵马强盛，炀帝赞叹羡慕秦始皇、汉武帝的功业，就大量地兴建宫殿，极端豪华，招募使者，出使到偏远国家。异族国家来朝见的，都送给很厚的礼，取钱财，大量购置军马，每匹马价值10余万，富户十之八九都因之而破产。炀帝生性诡诈，所到的地方，不想让人知道。每去一个地方，总是要在几条路上设置安歇地点，准备山珍海味、水陆珍品，为购买这些东西，多远的地方都去到了。郡县的官吏，竞相进献食物，进献丰富的提拔，进献贫乏的有罪。贪官污吏鱼肉百姓，朝廷和地方国库空虚，按人头向百姓征税，弄得民不聊生。那时国家军事、政治事务繁忙，而炀帝骄傲懒惰，不愿过问政务，百姓冤屈无处申诉，奏报的事情很少得到裁决。炀帝又猜疑臣子，用人不专，朝廷大臣有不合心意的，一定罗织罪名诛灭九族。高颎、贺若弼是先皇的心腹，为先皇运筹帷幄，张衡、李金才是炀帝做诸侯王时的旧臣，满腹经纶，有的因为正直而遭炀帝厌恶，有的因为发表正确的意见而激怒炀帝，都被加上莫须有的罪名，加以诛杀。其余的人，事奉君王尽力符合礼仪、正直勤恳、没有罪过而横遭杀害的，数不胜数。政治紊乱，贿赂公行，无人敢发表正确的意见，人们在路上用目光表示不满。军队连年作战，各种劳役频繁征调，服役的人不能回家，留在家里的人失去工作。饥荒严重，以至于出现人吃人的现象，村庄变成废墟。而炀帝并不体恤民情，东西游玩，常常因为供给不足，提前征收数年的赋税。每到一地，只是沉湎于和后宫妃妾淫乐，从早到晚犹觉不足。招进一些老年妇女，早晚说一些淫秽的话，又引进少年，命令他们和宫女发生关系，以此取乐。全国盗贼风起云涌，抢劫官府，攻打城乡，屠杀百姓。朝廷大臣隐瞒欺骗，不据实奏报盗贼的人数。有人说盗贼很多，总要被大加训斥，于是各自求得平安。上下欺骗。出兵作战，不断地吃败仗，士兵死的死逃的逃。尽力作战的士兵，没有丝毫奖赏，无罪的百姓，尽遭涂炭。黎民百姓愤恨抱怨，天下土崩瓦解，以至于被人逮捕之后还不明白是什么原因。

旧唐书

《旧唐书》概论

《旧唐书》是五代时期官修的一部纪传体唐史。该书完成于五代后晋开运二年（945年）至宋代欧阳修、宋祁等新撰的《唐书》问世，为了区别两者，故称此书为《旧唐书》，而称新撰的《唐书》为《新唐书》。

一

唐代立国不久，为了借鉴前朝历代治理天下的经验、教训，颇为重视历史的研究与撰修。在太宗李世民时期，就在修撰前代历史的同时，开始了本朝历史即"国史"的史料积累和史书编纂工作。在随后的200多年间，唐代政府对本朝历史的编纂，积累了大量的史料：首先，历代皇帝实录。唐代的皇帝实录，起自太宗命房玄龄"撰录"。房玄龄"删略"高祖李渊、太宗李世民的起居注为编年体，撰成高祖、太宗实录各20卷，开始了一位皇帝一部实录的编纂。据统计，唐代共修成皇帝实录26部，另外，唐代大量的官修国史，唐人私撰唐史，唐人私人其他著述文字都对编纂《旧唐书》起到了重要作用。

有唐一代留下了大量的本朝史料，这些为后来撰修《旧唐书》做好了一定的资料准备。不过，总体来看，自宣宗以后，即宣、懿、僖、昭及哀帝这五代皇帝时期的史料，因唐末五代社会大动乱而颇为阙遗，其"简籍遗落，旧事十无三四"，故令纂修者"吮墨挥翰，有所慊然"。正因有此，所以整部《旧唐书》自宣宗而下，不仅编纂工作难度特大，且所叙内容之质量比较以往各帝大为逊色。

二

《旧唐书》编纂于五代时期的后梁、后唐、后晋三朝。其编纂历程大致经历了史料的搜集和史书的纂修两大阶段。

早在后梁末帝朱瑱镇龙德元年（921年），史馆宰臣即奏请末帝下制正式搜集唐代史料。两年后（923年），后梁亡国，但史料搜求征集工作在后唐时期并未中断。

后唐明宗天成元年（926年），都宫郎中庾传美被任命为三川搜访图籍使，专程前往蜀地收集到自唐高祖至代宗9代皇帝的实录及杂书千余卷。这九帝实录对当时后唐史馆"煨烬无几"的唐代史料来说，"甚济其阙"。明宗长兴二年（931年），崔棁核奏请"特命购求"唐宣宗以下数朝野史，得到了明宗的准可。第二年五月，史馆又奏请加紧收集"四朝"史料，并特地要求对两浙、福建、湖广等地颁行诏旨，加紧"采访宣宗、懿宗、僖宗、昭宗以上四朝野史"，以及"逐朝日历、除目、银台事宜、内外制词、百司沿革、簿籍"等史料。与之同时，史馆工作官吏也在准备着纂修工作。但一年后，明宗去世，越两年，后唐亡国。

在后梁、后唐两朝史官的积极搜求下，在史馆所收集的史料中，"唐高祖至代宗已有纪传，德宗至文宗亦存实录；武宗至济阴废帝，凡6代，唯有《武宗实录》一卷，余皆阙略"（《册府元龟》卷五百五十七《采撰三》）。可见唐代后期尤其唐末史料仍然缺乏颇甚。故此后晋立国后，一方面着手唐史的撰修，一方面同时加紧对唐代史料的继续搜求。后晋天福六年（941年），石敬瑭诏令张昭远、贾纬、赵熙、郑受益及李为光（一作先）等人"修撰唐史"，令宰臣赵莹监修。一个多月后，贾纬因母亡归家守丧，赵莹又奏请吕琦、尹拙等同修。在此之际，赵莹再次奏请下诏购求唐朝史料，并提出了完整的修史计划，即"只叙本纪、列传、十志"，其中"本纪以纲帝业，列传以述功臣，十志以书刑政"。后来《旧唐书》的成型，基本按照这一计划实行。

综观整部《旧唐书》的编纂，参与其事者有下述诸人：

监修赵莹（885—951年），字玄辉，华阴人。曾于后唐明宗时随石敬瑭掌管府内文翰。天福元年后晋政权建立后，他被任为翰林学士承旨、户部侍郎、知河东军事府，不久即升为门下侍郎、同中书门下平章事，监修国史。天福六年（941年），他奉诏监修唐史。他于《旧唐书》的编纂，虽然未竟其业，但贡献颇著，《旧五代史·赵莹传》记曰："监修国史日，以唐代故事残缺，署能者居职，纂补实录及修正史二百卷行于时，莹首有力焉。"

监修桑维翰（898—946年），字国侨，洛阳人。曾为石敬瑭掌书记，后晋立国，他被授为翰林学士、礼部侍郎、知枢密院事。不久即改为中书侍郎、同中书门下平章事、集贤殿大学士，充枢密院使，后累有升迁，官至检校太傅，封爵魏国公。天福八年（943年），受命监修国史，其间兼管唐史的监修工作。

监修刘昫（888—947年），字耀远，涿州归义（今河北容城东北）人。后唐明宗长兴四年（933年），他自端明殿学士拜相，为中书侍郎兼刑部尚书、同中书门下平章事。末帝清泰元年（934年），兼判三司，加吏部尚书、门下侍郎，始监修国史，两年后离史任。后八年，他复判三司，监修国史。在《旧唐史》的定稿时期，他起过一定的作用，故当《旧唐书》撰成后，由他领衔上奏。

在上述三任监修外，参加《旧唐书》编纂的人员尚有张昭远、贾纬、赵熙、王伸、吕琦、尹拙、崔棁、郑受益、李为光等9人。其中张昭远是五代时期著述最富的一位史学家，先后著述有：注《十代兴亡论》，撰《唐庄宗实录》30卷及后唐庄宗祖上三代《纪年录》20卷，撰《武皇以来功臣列传》30卷，预修《唐明宗实录》30卷，撰《唐朝君臣正论》25卷，入宋后又撰《周太祖实录》30卷及《唐闵帝实录》3卷、《唐废帝实录》17卷等。他于后晋天福六年（941年）奉诏修唐史，并负责"史院"工作。在《旧唐书》纂修过程中，他是出力最多的一位编修人员，赵莹制定的规划和体例，均由他协助完事。故书成上奏后，他被"加紫金阶，进爵邑"。贾纬是另一出力较多的编修人员。他在奉诏修唐史之前即已编成《唐年补遗录》65卷，此书编成后受到最高统治者的"嘉叹"和赏赐。他对《旧唐书》的主要贡献在于《唐年补遗录》提供了唐武宗以后的很多珍贵史料。

三

现行《旧唐书》为200卷，其中本纪22卷、志30卷、列传150卷。由于资料来源等因素的影响，该书从整体上看，是前详后略、前密后疏。概而观之，代宗以前有韦述等《唐书》130卷为基础，记叙比较详细有条理；德宗至武宗只有实录作为主要资料来源，记叙则剪裁不够；宣宗之后因无实录可依，仅靠搜访遗文和耆旧传言，故抵牾、遗漏、谬误之处甚多。这种状况，本纪、志、列传都有不同程度的反映。

《旧唐书》的本纪部分，计20卷约30万字。其中高祖至代宗本纪，基本抄录于吴兢、韦述等《唐书》的本纪部分。值得注意的是，他们为中国历史上唯一的女皇帝武则天同样作了本纪。德宗至文宗本纪，根据相关实录增删而成，且哪位皇帝的实录卷数多，则其本纪篇幅也相应较大，反之则较小。武宗以下诸帝本纪，大体采用贾纬的《唐年补遗录》，其中宣、懿、僖三宗本纪因史料不足故甚为粗疏，而昭宗与哀帝本纪因五代距其时甚为密切，资料采集较多，故记叙稍详。在本纪分卷方面，《旧唐书》并无统一标准，或则独自为篇，各为一卷，如高祖、武后、肃宗、代宗、穆宗；或则同一皇帝本纪分为上、下两篇，如太宗、高宗、玄宗、德宗；或则两人合篇为一卷，如中宗与睿宗；或则将同一人分作上、下两篇，但又将其拆开分卷，如宪宗本纪为上、下篇，上篇与顺宗合为一卷，下篇又单独成卷，文宗亦为上、下篇，上篇与敬宗合为卷十七上，下篇独自为卷十七下；或则各自为篇但又合而为卷，如武宗以下各帝即是。这种情况在列传中也有反映，故此人们在统计《旧唐书》的卷数、篇目时，往往出现歧误。

《旧唐书》成书以后，计为11志，共30卷。其中：《礼乐志》7卷，其内容记高祖至玄宗之礼仪甚详，肃宗、代宗时近20事，德宗、顺宗、宪宗、穆宗、敬宗、文宗及武宗七代礼仪约50事，宣帝以降五帝礼仪仅5事。《音乐志》4卷，同样以玄宗以前为详，肃、代以后渐至减少，自穆宗以降，有的仅存乐名，有的连乐名也不见载。《历志》3卷，主要记录高祖时的《戊寅历》、高宗时的《麟德历》和玄宗时的

《大衍历》，对玄宗以后的《至德历》（肃宗朝）、《五纪历》（代宗朝）、《正元历》（德宗朝）、《观象历》（宪宗朝）等虽然提及，但都"略而不载"。《天文志》两卷，有的只记玄宗以前的内容，如"黄道游仪"制度等，有的则记至武宗时为止，如"灾异编年"，宣宗以后的内容，该志没有多少反映。《五行志》一卷，所记事例分别断至武宗"会昌"年间、宣宗"大中"年间和昭宗"大顺"年间。《地理志》4卷，所叙内容，宪宗元和年间之后大多"莫可详知"，间或有叙述至宣宗时期的文字。《职官志》3卷，以《唐六典》为基础，依据代宗永泰二年官品为基准，叙述职官沿革，代宗以后，以德宗一朝的变革补入较多，宣宗以后，有关职官略有记录。《舆服志》一卷，基本上以玄宗时期为下限。《经籍志》4卷，仅收开元（玄宗年号）时期，即"据开元经籍为之志"，天宝（亦为玄宗年号）以后的撰著，虽说时人"多有撰述"，但"以后出之书"，故编纂者"不欲杂其本部""此并不录"，一概归附各人本传之中。《食货志》两卷，与其他各志"前详后略"的特点有所不同，除了田制、租庸调制，其他的内容反倒以代宗至宣宗时期详于玄宗及其以往。《刑法志》一卷，基本上表现为一部唐代修定刑律的编年记录，武宗以前于修定律令格式外，尚涉及刑狱的具体内容，而叙及宣宗，仅记大中年间所修刑法书名，其内容则不著一字。总体来看，"志"这一部分，突破了赵莹等人最初拟定的框架，尤其《食货志》对后世修史影响较大。《食货志》的序文与正文之间的照应为史的撰写提供了样板。虽则如此，"志"这一部分除《食货志》外，依然表现出前详后略的特征。

《旧唐书》的"列传"，除去重复人物外，包括附传人物共计列传1820多人，此外尚为周边政权45人作传。这众多人物列传，一是主要取材于吴兢、韦述的《唐书》。凡《唐书》有传者，《旧唐书》即以其为基础，或直接抄录，或略加删改。故此人们从《旧唐书》的列传中，常见有"史臣韦述曰"的字样。二是韦述《唐书》之后的人物，大多根据实录的内容来剪裁编排，有的则整个人物传记照实录全文移至《旧唐书》，或补充《旧唐书》。三是《唐书》与实录均无记述的人物，全靠编纂者们对史料的搜集功夫了。其材料来源之途径颇为繁杂，诸如家史、家谱、杂史、小说、文集、口传等。整体而论，《旧唐书》

列传这一部分，所收人物极为广泛，且对一些人物（包括"本纪"中的人物）的论、赞，颇有"极佳者"（李慈铭《越缦堂读书记·旧唐书》）。在人物取材方面，从吴兢、韦述《唐书》中所得材料甚多，故此后人在刊行《旧唐书》时特地强调了吴兢、韦述、令狐峘3人在"作唐史"方面的历史功绩（参见杨循吉《重刻〈旧唐书〉序》）。

天福六年赵莹受命监修《旧唐书》，表示了自己主持这一工作的指导思想，即"褒贬或从于新意，纂修须按于旧章"（《五代会要》卷十八《前代史》）。这一思想主张在整部《旧唐史》中亦有明确的反映。

依据"褒贬或从于新意"这一编纂原则，《旧唐书》在叙述某些藩镇建立的割据政权时，采取了"存在者即是合理者"的默认态度。在记叙唐代藩镇时，不是以类传的形式将它们放在一处，而是依地域和时间分散于列传之中，在对它们的评述时，也没有严加指责它们为唐朝灭亡的祸根，而是着意于当时社会客观形势的分析，指出造成这种局面的历史原因及历史教训。在唐代后期的几位皇帝的"本纪"中，也主要从"人君失政"上去找原因，承认"逆取"的历史客观存在。究其原因，因为五代的几朝政权，均由唐朝晚期藩镇割据发展而成。被历史上称为"儿皇帝"的后晋高祖石敬瑭，本身亦起家于割据的藩镇，故此《旧唐书》的前后监修及编撰人员，自然不会说出与时代"反动"的话。也正因有此，《旧唐书》在"忠义"与"叛逆"的评判上，也与其他各正史有所不同。在评判忠义之臣时，他们并不突出效忠一国一君的精神，而是强调"若立纯诚，遇明主，一心可事百君"；在论断叛逆之人时，甚至大恶如安禄山、史思明之类，也谨慎地不冠以"叛逆"之名，只是将他们置于全书之末。这种处置显示出编纂者们的"谨慎"。

所谓"纂修须按于旧章"，是在编纂过程中，全书并无一以贯之的评论口径，而是依据所引用资料的作者们的观点来说明问题，即大多依当时的"后人"对"前事"的看法来叙述和评论。大致说来，论述高祖一朝的史事，主要沿用太宗时期的观点；论述太宗至睿宗等朝的史事，大多采用玄宗尤其是前期的看法；论述玄宗至顺宗等朝的史事，又以宪宗时期的观点为主；论述宪宗至武宗等朝的史事，一般依据宣宗、懿宗时的看法；宣宗以后等朝的史事，在论述时又以五代的观点来评说了。

四

对于《旧唐书》，史家屡屡指出其史料之价值。该书编成后不及两年，后晋亡国，所以它在对唐代史料的汇集和保存方面，具有重要的意义。司马光在编修《资治通鉴》时，即看到了它的史料价值，对唐代史事的叙述即取材此书而不用《新唐书》。然而，这本史学著作问世后，受到了长期冷遇。

早在宋代，人们就批评《旧唐书》的纂修"纪次无法"，认为此书"不可以垂劝戒、示久远"，故此宋代又重新编写了一部唐史（即《新唐书》）。宋人所编的《新唐书》问世后，《旧唐书》渐至被世人束之高阁而几不问津。

到了清朝初年，人们开始重新认识和评价《旧唐书》。顾炎武对此书曾作过客观的评价，认为此书的缺点是"颇涉繁芜"，长处是"事迹明白，首尾该赡，不用《新唐书》，亦自可观"。到乾隆四年（1739），《旧唐书》终于被列为"正史"——"二十五史"，并以闻人诠刻本为底本重刊于武英殿，是为"殿本"。至咸丰、同治、光绪时，又相继屡有刻本。现行的《旧唐书》（中华书局点校本），即参校了前人的诸种刻本，以及前人对该书的考订成果，并做了标点工作，成为目前最为通行的版本。

政　略

太宗评隋文帝

上谓房玄龄、萧瑀曰①："隋文②何等主？"对曰："克己复礼，勤劳思政，每一坐朝，或至日昃③。五品已上，引之论事。宿卫④之人，传餐而食。虽非性体仁明，亦励精之主也。"上曰："公得其一，未知其二。此人性至察而心不明。夫心暗则照有不通，至察则多疑于物。自以欺孤寡得之，谓群下不可信任，事皆自决，虽劳神苦形，未能尽合于理。朝臣既知上意，亦复不敢直言，宰相已下，承受而已。朕意不然。以天下之广，岂可独断一人之虑？朕方选天下之才，为天下之务，委任责成，各尽其用，庶几⑤于理也。"因令有司："诏敕不便于时，即宜执奏，不得顺旨施行。"

（《旧唐书》卷三，太宗本纪）

【注释】

①"上谓"句：上，皇上，此处指唐太宗。房玄龄，唐齐州临淄人，名乔（578—648年），以字行，尝随唐太宗北伐，在秦府10余年，太宗称帝，为中书令，任宰相15年。萧瑀，初唐大臣，贞观间官至尚书左仆射。②隋文：即隋文帝杨坚（541—604年），华阴人，初仕北周，位至相国，袭封隋国公。大定元年废北周，自称帝，建立隋朝，改元开皇。后灭后梁、灭陈，结束东晋以来200余年的分裂战乱局面，统一全国。在位24年。③昃（zè）：太阳偏西。④宿卫：夜间担任皇宫警卫的士兵。⑤庶几（jī）：也许可以。

【译文】

唐太宗问房玄龄和萧瑀："隋文帝是个什么样的君主？"回答道："他能克制自己，言行符合礼法，勤虑国家大事，上朝听政，有时到太阳偏西。五品以上的官吏，都召请他们来商讨国事，有时因讨论时间过长，担任夜间警卫的士兵不得不传送食物吃了充饥。尽管他不够仁厚英明，但也不失为励精图治的君王啊。"

太宗说："你们只知其一，不知其二。他这人极其明察心里却很不明白，心里不明白他的观察必不正确，过于明察必然多疑。自以为别人都在欺骗自己，认为群臣都不值得信任，凡事都自己裁决，虽然劳神费力，也不可能事事都合理。朝臣既然知道他的旨意，也就不敢坦率地发表意见，自宰相以下，只是顺从皇上的旨意而已。而我的想法不是这样，就凭天下如此广大，怎能由一个人独断专行呢？我正要选拔天下的人才来做好天下的事情，委派给他们任务并督促他们完成，充分发挥他们的作用，或许能将国家治理好。"于是向有关官吏下令："如果我的诏令不合时宜，就应该坚持上奏，不得顺从旨意去做。"

魏徵谏止封禅

时公卿大臣并请封禅①，唯征以为不可。太宗曰："朕欲卿极言之。岂功不高耶？德不厚耶？诸夏②未治安耶？远夷不慕义耶？嘉瑞③不至耶？年谷不登耶？何为而不可？"对曰："陛下功则高矣，而民未怀惠；德虽厚矣，而泽未滂流；诸夏虽安，未足以供事；远夷慕义，无以供其求；符瑞虽臻，罥罗④犹密；积岁丰稔，仓廪尚虚，此臣所以窃谓未可。臣未能远譬，且借喻于人。今有人十年长患瘵⑤，治且愈，此人应皮骨仅存，便欲使负米一石，日行百里，必不可得。隋氏之乱，非止十年，陛下为之良医，疾苦虽已乂安⑥，未甚充实，告成天地，臣窃有疑。且陛下东封⑦，万国咸萃，要荒⑧之外，莫不奔走。今自伊、洛⑨以东，暨乎海岱⑩，灌莽臣泽，苍茫千里，人烟断绝，鸡犬不闻，道路萧条，进退艰阻，岂可引彼夷狄，示以虚弱？竭财以赏，未厌远人之望；重加给复，不偿百姓之劳。或遇水旱之灾，风雨之变，庸夫横议，悔不可追。岂独臣之恳诚，亦有舆人⑪之诵。"太宗不能夺。

（《旧唐书》卷七十一，魏徵传）

【注释】

①封禅：帝王祭天地的典礼。在泰山上筑土为坛祭天，报天之功，称封；在泰山下梁父山上辟场祭地，称禅。②诸夏：指中国。原指周代分封的诸侯国。③嘉瑞：上天所显示的吉兆。④罥（wèi）罗：捕鸟网。比喻法网。⑤瘵（zhài）：病。⑥乂安：太平无事。乂（yì），治理。⑦东封：东封泰山。⑧要荒：古称离王城外极远的地方。⑨伊、洛：伊水与洛水。也指该两河流域地区。⑩海岱：指东

海与泰山间地。⑪舆人：本指造车工人，此指众人。

【译文】

当时公卿大臣都请求到泰山祭祀天地，只有魏徵认为不行。唐太宗说："我希望您说清理由。难道我的功劳不高吗？德泽不深厚吗？国家不安定吗？远方异族不仰慕正道吗？祥兆不曾降临吗？五谷没有丰收吗？为什么不能封禅呢？"魏徵对唐太宗说："陛下的功劳虽然很高，但人民并没有感激您的恩惠；德泽虽然深厚，但并未普及天下；国家虽然安定，但还不足以供给大事之需；远方各族虽然仰慕正道，但朝廷还不能满足他们的要求；上天虽然显示了吉兆，但国家的法网仍不很严密；虽然庄稼连年丰收，但粮仓中还很空虚，这就是我认为不能封禅的原因。我不能用远处的事来比喻，姑且用人为喻。假如现在有个人患了10年的病，快要治好了。这个人已经瘦弱得皮包骨了，却想让他背起一石米，日行百里，根本就难办到。隋朝的动乱，还不止10年。陛下作为乱世的良医，疾苦虽已治理平复，但国家还不十分富裕。现在就向天地报告功业成就，我是心存疑问的。况且陛下东封泰山，万方都来聚集，边远地区，也没有不为之奔走的。如今从伊水、洛水以东直到东海之滨，原野大泽，旷远开阔，绵延千里，人烟稀少，鸡犬之声不闻，道路寂寥，行进充满艰难险阻，怎么能在异族面前表明自己的虚弱呢？即使竭尽国家财力而行赏，也不能满足远方之人的愿望；即使更大程度地免除徭役，也不能酬报百姓的劳苦。或者遇到大水灾害，风雨变幻，平庸之人肆意议论，后悔已经来不及了。这不仅仅是我的诚恳之见，也是众人的忠告。"唐太宗无法使他改变主张。

魏徵谏正国法

十二年，礼部尚书王珪奏言："三品以上遇亲王于涂①，皆降乘，违法申敬，有乖仪准②。"太宗曰："卿辈皆自崇贵，卑我儿子乎？"徵③进曰："自古迄兹，亲王班次三公④之下，今三品皆曰天子列卿及八座⑤之长，为王降乘，非王所宜当也。求诸故事，则无可凭；行之于今，又乖国宪⑥。"太宗曰："国家所以立太子者，拟以为君也。然则人之修短，不在老少，设无太子，则母弟次立。以此而言，安得轻我子耶？"徵曰："殷家尚质，有兄终弟及之义；自周以降，立嫡必长，所以绝庶孽之窥觎⑦，塞祸乱之源本，有国家者之所深慎。"于是遂可珪奏。会皇孙诞育，召公卿赐宴，太宗谓侍臣曰："贞观以前，从我平定天下，周旋艰险，玄龄之功，无所与让。贞观之后，尽心于我，献纳忠说⑧，安国利民，犯颜正谏，匡朕之违者，唯魏徵而已。古之名臣，何以加也。"

（《旧唐书》卷七十一，魏徵传）

【注释】

①涂：通"途"。②仪准：礼法规矩。③徵：即魏徵（580—643年），历官太子洗马、詹事主簿、谏议大夫、秘书监。④三公：辅佐国君掌握军政大权的最高官员。⑤八座：封建王朝的高级官员。隋唐以六尚书、左右仆射及令为八座。⑥国宪：国家的法制刑律。⑦"所以"句：庶孽，妾生之子。窥觎：暗中希求。⑧忠说：忠诚正直之言。

【译文】

贞观十二年，礼部尚书王珪上奏道："三品以上的官员路遇亲王，都要下马而拜，以表示尊敬，这与礼法规矩是相违背的。"唐太宗说："难道你们这些人只顾自己的尊贵，而轻视我的儿子吗？"魏徵进谏道："古往今来，亲王的品位列于三公之下，如今三品官员都说位列九卿八座的高官，为亲王下马礼拜，这不是亲王所适宜承受的。考究古代史实，找不出凭证；而今实行这种礼法，又违背国家宪法。"太宗说："国家之所以册立太子，是准备让他继承君位。所以人的地位高低，并不在于年老年少，假使没有太子，那么同母的弟弟就会依次而立为太子，这样看来，怎么能轻视我的儿子呢？"魏徵说："殷商时崇尚忠信，有兄长去世弟弟继位的礼义；从周代之后，必定立嫡亲长子为太子，因此杜绝了庶族对王位的不良用心，堵塞了祸乱的本源，为君者务必多加谨慎。"于是太宗准奏。适逢皇孙出生，唐太宗召集公卿宴庆，对他的侍臣说："贞观之前，跟随我平定天下，辗转奔波于艰难险阻之中，房玄龄的功劳，是无人能比的。贞观以后，对我尽心效力，进献忠诚正直的谏言，安国利民，不怕触犯我的威严而正直进谏，纠正我的偏差，只有魏徵了。古代名臣的忠信刚直，与魏徵比，也无以复加啊。"

御 人

太宗得敬德

　　武德三年，太宗讨武周于柏壁①……敬德与寻相举城来降②。……既而寻相与武周下将皆叛，诸将疑敬德必叛，囚于军中。行台左仆射屈突通、尚书殷开山咸言③："敬德初归国家，情志未附。此人勇健非常，絷之又久，既被猜贰④，怨望必生。留之恐贻后悔，请即杀之。"太宗曰："寡人所见，有异于此。敬德若怀翻背之计，岂在寻相之后耶？"遽命释之，引入卧内，赐以金宝，谓曰："丈夫以意气相期，勿以小疑介意。寡人终不听谗言以害忠良，公宜体之。必应欲去，今以此物相资，表一时共事之情也。"是日，因从猎于榆窠，遇王世充领步骑数万来战。世充骁将单雄信领骑直趋太宗，敬德跃马大呼，横刺雄信坠马。贼徒稍却，敬德翼⑤太宗以出贼围，更率骑兵与世充交战，数合，其众大溃。……太宗谓敬德曰："此众人证公必叛，天诱我意，独保明之，福善有征，何相报之速也。"特赐金银一箧，此后恩眄⑥日隆。

（《旧唐书》卷六十八，尉迟敬德传）

【注释】

　　①"太宗"句：太宗，即唐太宗李世民（599—649 年），唐高祖李渊次子，在位 23 年。武周，即刘武周，隋末，依附突厥，占据雁门、楼烦、定襄等郡（在山西省），自称帝，后为李世民击败。柏壁，地名，在今山西省。②"敬德"句：敬德，即尉迟敬德，唐初大将，隋末从刘武周为将，后降唐，从李世民定天下，因功拜为右武侯大将军。寻相，刘武周部将。③"行台"句：行台，在地方临时设置的代表中央的机构。屈突通，唐长安人，仕隋为虎贲郎将，左骁卫大将军。后投唐，高祖时官至兵部尚书，迁行台右仆射、洛州都督。④猜贰：猜疑。贰，有二心。⑤翼：保护。⑥恩眄：恩宠。

【译文】

武德三年，唐太宗在柏壁征伐刘武周……尉迟敬德和寻相献城投降了唐军。……不久寻相和刘武周部下的降将都反叛了，太宗部将怀疑尉迟敬德也会反，便将他囚禁在行营之中，行台左仆射屈突通和尚书殷开山都说："尉迟敬德刚刚投唐，但他并未真心归附，而且他非常勇猛，囚禁的时间已很长了，既然受到猜疑，必定产生怨恨，留着他恐怕将来要后悔，请立即杀掉他。"太宗说："我认为不是这样，如果敬德有反叛之心，难道会落到寻相的后面吗？"于是立刻下令将他释放了，并领他到卧室内，赏给他金银珠宝，对他说："大丈夫凭意气相交，不要把这种小小的猜疑放在心上，我终究不会听信谗言而伤害忠良，您应该体察我的心意。如果您执意要走，现在就用这些财物相助，聊表一时共事之情吧。"这一天，尉迟敬德跟随唐太宗在榆窠打猎，遇到王世充的勇将单雄信率领步兵和骑兵几万人来交战。单雄信率领骑兵径直向太宗冲来，尉迟敬德跃马大呼，冷不防将单雄信刺落马下，敌军慢慢向后退却，尉迟敬德保护太宗突破敌军的包围，又率领骑兵与王世充交战，不到几合，就将敌军击得大败。……太宗对尉迟敬德说："刚才众人都认为您必定反叛，上天开导了我，独自保证您是清白的，行善得福都有验证，您回报是多么迅速啊。"于是太宗专门赏赐给尉迟敬德一箱金银，从此，对他的恩宠也日益增多。

文成公主与松赞干布

贞观十五年，太宗以文成公主妻之，令礼部尚书、江夏郡王道宗主婚，持节送公主于吐蕃①，松赞率其部兵次柏海，亲迎于河源。见道宗，执子婿之礼甚恭。既而叹大国服饰礼仪之美，俯仰有愧沮之色。及与公主归国谓所亲曰："我父祖未有通婚上国者，今我得尚②大唐公主，为幸实多。当为公主筑一城，以夸示后代。"遂筑城邑，立栋宇以居处焉。公主恶其人赭面③，松赞令国中权且罢之，亦自释毡裘，袭纨绮④，渐慕华风。仍遣酋豪子弟，请入国学以习诗、书。又请中国识文之人典其表疏。

（《旧唐书》卷一百九十六上，吐蕃传）

【注释】

①吐蕃：我国古代少数民族，在今青藏高原，唐时曾建立政权。②尚：娶帝

王之女。③赭面：将脸涂成红色的风俗。④纨绮：绫罗绸缎。

【译文】

贞观十五年，唐太宗将文成公主嫁给松赞，令礼部尚书、江夏郡王李道宗主婚，持节护送文成公主到吐蕃。松赞率领他的部队驻扎在柏海，亲自到河源迎亲。见到李道宗，松赞恭恭敬敬地行了子婿之礼。随着赞叹大唐国服饰礼仪的美丽，言行之间显露出愧疚的神色。等到和文成公主回到吐蕃，松赞对他的王族说："我的父祖从来没有与上国通婚的，而今我娶了大唐公主。太幸福了，应当为公主修筑一城，好让后代永远知道这个荣耀。"于是为文成公主建起一座城邑，造房屋作为居室。文成公主不喜欢当地人赭粉涂面的习俗，松赞便下令国中禁止赭面，他自己也脱下毡袍，改穿中原的绫罗绸缎，逐渐仰慕华夏的风俗。松赞又派上层子弟到长安，请求进入国学学习《诗经》和《尚书》。又聘请唐朝的识文之士去掌管他们的表疏。

汉蕃歃盟

三年①四月，放先没蕃将士僧尼等八百人归还，报归蕃俘也。九月，和蕃使、殿中少监，兼御史中丞崔汉衡与蕃使区颊赞至。时吐蕃大相尚结息忍而好杀，以尝覆败于剑南②，思刷其耻，不肯约和。其次相尚结赞有材略，因言于赞普③，请定界明约，以息边人。赞普然之。竟以结赞代结息为大相，终约和好，期以十月十五日会盟于境上。以崔汉衡为鸿胪卿，以都官员外郎樊泽兼御史中丞，充入蕃计会使。初，汉衡与吐蕃约定月日盟誓，汉衡到，商量未决，已过其期，遂令泽诣结赞复定盟会期，且告遣陇右④节度使张镒与之同盟。泽至故原州，与结赞相见，以来年正月十五日会盟于清水⑤西。

四年⑥正月，诏张镒与尚结赞盟于清水。将盟，镒与结赞约，各以二千人赴坛所，执兵者半之，列于坛外二百步，散从者半之，分立坛下。……初约汉以牛，蕃为马，镒耻与之盟，将杀其礼，乃谓结赞曰："汉非牛不田，蕃非马不行，今请以羊、豕、犬三物代之。"结赞许诺。塞外无豕，结赞请出羝羊⑦，镒出犬及羊，乃于坛北刑之，杂血二器而歃盟⑧。

(《旧唐书》卷一百九十六下，吐蕃传)

【注释】

①三年：建中三年，782年。建中，唐德宗年号。②剑南：唐十道之一。辖四川剑阁以南、长江以北、甘肃嶓冢山以南及云南省东北境地区。③赞普：吐蕃君长之号。④陇右：陇山以西至黄河以东地区。⑤清水：今名延河，源出安塞县西北芦关岭，经延安注入黄河。⑥四年：建中四年，即783年。⑦羝羊：公羊。⑧歃（shà）盟：歃血盟誓。

【译文】

　　唐建中三年四月，吐蕃将先前没入吐蕃的唐朝将士僧尼等800人归还唐朝，唐朝也送还吐蕃俘虏。九月，和蕃使、殿中少监兼御史中丞崔汉衡与吐蕃使臣区颊赞来到边境。当时吐蕃大相尚结息残忍好杀，因为曾兵败剑南，想洗刷耻辱，不肯约和。吐蕃次相尚结赞有才略，因而对赞普说请确定界限盟约，以安定边民。赞普表示同意了。终于决定让尚结赞代尚结息为大相，与唐朝盟约和好，以十月十五日为期在边境上会盟。朝廷任命崔汉衡为鸿胪卿，以都员外郎樊泽兼御史中丞，充当入蕃计会使。起初，崔汉衡与吐蕃已约定盟誓的日期，崔汉衡到时，商量不定，已错过了盟约之期，于是命令樊泽到尚结赞那里重新商定会盟之期，并且告诉樊泽派节度使张镒和他一起与吐蕃会盟。樊泽到故原州，与尚结赞相见，定于明年正月十五日在清水西会盟。

　　建中四年正月，诏令张镒与尚结赞会盟于清水，张镒与尚结赞约定，双方各派2000人赴会盟坛所，一半人带兵器，站列在坛外200步，一半人散行随从，分别站在坛下。……起初约定唐朝用牛，吐蕃用马，张镒认为与吐蕃会盟耻辱，想损减会盟礼仪，便对尚结赞说："汉人没有牛不能耕田，吐蕃没有马不能行走，那么我请求用羊、猪、狗三种动物来代替。"尚结赞同意。塞外没有猪，尚结赞请出以公羊、张镒出以狗和羊，在坛北杀掉，将两器皿混杂动物鲜血，然后两人歃血盟誓。

太宗还高丽女

　　二十年①，高丽②遣使来谢罪，并献二美女。太宗谓其使曰："归谓尔主，美色者，人之所重，尔之所献，信为美丽。悯其离父母兄弟于本国，留其身而忘其亲，爱其色而伤其心，我不取也。"并还之。

（《旧唐书》卷一百九十九上，东夷传）

【注释】

①二十年：唐贞观二十年，646年。②高丽：朝鲜历史上的王朝（918—1392年）。

【译文】

唐贞观二十年，高丽派遣使臣到唐朝来谢罪，同时向唐太宗进献了两名美女。唐太宗对高丽使臣说："回去对你们君主说，美色，是人们所崇尚的，你所进献的女子，确实美丽。我同情她们远离本国的父母兄弟，留住她们而使她们忘记亲人，爱好她们的美色而伤害她们的心，我不做这样的事。"于是将两个美女都归还给高丽使臣。

法 制

狄仁杰苦谏高宗

仁杰仪凤中为大理寺丞①,周岁断滞狱一万七千人,无冤诉者。时武卫大将军权善才坐误斫昭陵柏树②,仁杰奏罪当免职。高宗令即诛之,仁杰又奏罪不当死。帝作色曰:"善才斫陵上树,是使我不孝,必须杀之。"左右嘱仁杰令出,仁杰曰:"臣闻逆龙鳞③,忤人主,自古以为难,臣愚以为不然。居桀、纣④时则难,尧、舜⑤时则易。臣今幸逢尧、舜,不惧比干⑥之诛。昔汉文时有盗高庙玉环⑦,张释之⑧廷诤,罪止弃市。魏文⑨将徙其人,辛毗⑩引裾而谏,亦见纳用。且明主可以理夺,忠臣不可以威惧。今陛下不纳臣言,瞑目之后,羞见释之、辛毗于地下。陛下作法,悬之象魏⑪,徒流死罪,俱有等差。岂有犯非极刑,即令赐死?法既无常,则万姓何所措其手足!"陛下必欲变法,请从今日为始。古人云:'假使盗长陵⑫一抔土,陛下何以加之?'今陛下以昭陵一株柏杀一将军,千载之后,谓陛下为何主?此臣所以不敢奉制杀善才,陷陛下于不道。"帝意稍解,善才因而免死。

(《旧唐书》卷八十九,狄仁杰传)

【注释】

①"仪凤"句:仪凤,唐高宗李治年号(676—678年)。大理丞,官名,掌刑狱。②"时武卫"句:坐,获罪。昭陵,唐太宗李世民墓,在今陕西省醴泉县东北九嵕山。③龙鳞:比喻皇帝的威严。④桀、纣:古代暴君。桀,夏朝末代皇帝。纣,商纣王。⑤尧、舜:上古的两位贤明君主。⑥比干:商代贤臣,纣王淫乱,比干犯颜直谏,被剖心而死。⑦"昔汉文"句:汉文,即汉文帝刘恒,汉高祖子,在位23年,颇多政绩。高庙,汉高祖庙。⑧张释之:汉南阳人,以赀为骑郎,后为公车令。景帝时,出为淮南相。⑨魏文:即魏文帝曹丕,曹操之子。⑩辛毗:三国魏阳翟人。初从袁绍,曹操表为议郎,迁丞相长史。文帝时迁侍中,

好直谏。文帝欲徙冀州士家10万户实河南,毗谏不听,帝起入内,毗随而引其裾,帝遂徙其半。明帝时封颍乡侯,出为卫尉。⑪象魏:宫廷外面的阙门,古代悬法于上。⑫长陵:陵名。汉高祖葬地,在渭水北,故址在今陕西咸阳市东北。

【译文】

狄仁杰,仪凤年间担任大理丞,一年之内审理判决了积压案件涉及17000人,没有上诉冤屈的。当时武卫大将军权善才因不慎砍伐了昭陵的柏树而获罪,狄仁杰上奏,认为他的罪过应当免去其官职。唐高宗诏令立即处死他,狄仁杰上奏说他的罪过不当处死。唐高宗气得变了脸色,说:"权善才砍了昭陵的柏树,是让我背上不孝的罪名,必须予以处死。"左右群臣都示意狄仁杰退出宫廷,狄仁杰说:"我听说冒犯龙颜,违抗君王,自古以来都认为是很难的事,我认为并非如此,如果处在桀、纣时代,的确很难办;但如果处在尧、舜时代。就容易做到了。我有幸遇到了尧、舜一样的贤君,所以不怕像比干那样被杀掉。过去汉文帝时,有人盗走了高祖庙里的玉环,张释之在朝廷上向汉文帝诤谏,论罪时并没有将盗贼于闹市中砍头示众。魏文帝准备迁徙冀人往河南,辛毗拉着文帝的衣摆而劝谏,也被文帝采纳。况且,对贤明的君主可以用道理来劝他改正错误,而对于忠臣却不能用权势所恐吓。如今陛下不采纳我的进言,我死后,无颜去见张释之、辛毗于地下。陛下制定了法律,悬挂在象魏之上,流放、处死等刑罚,都有其等级次序,难道犯下的罪过不应该处以极刑,却能下令杀死他吗?法律既然没有准则,那老百姓该怎么办呢!陛下如果一定要改变法律,请从今天开始吧。古人说:'如果盗取长陵一捧泥土,陛下如何治他的罪?'如今陛下因为昭陵的一株柏树而杀死一个将军,千载之后,人们会说陛下是什么样的君王?所以臣不敢奉命处死权善才,使陛下陷于无道之名中。"唐高宗的怒气于是稍微有所消解,权善才因而免于一死。

军　事

李渊起兵

　　十三年，为太原留守，郡丞王威、武牙郎将高君雅为副①。群贼蜂起，江都②阻绝，太宗与晋阳令刘文静首谋③，劝举义兵。俄而马邑校尉刘武周据汾阳宫举兵反④，太宗与王威、高君雅将集兵讨之。高祖乃命太宗与刘文静及门下客长孙顺德、刘弘基各募兵⑤，旬日间众且一万，密遣使招世子建成及元吉于河东⑥。威、君雅见兵大集，恐高祖为变，相与疑惧，请高祖祈雨于晋祠⑦，将为不利。晋阳刘世龙⑧知之以告高祖，高祖阴为之备。五月甲子，高祖与威、君雅视张，太宗密严兵于外，以备非常，遣开阳府⑨司马刘政会告威等谋反，即斩之以徇⑩，遂起义兵。

（《旧唐书》卷一，高祖本纪）

【注释】

　　①"郡丞"句：郡丞，官名，为郡守属官，辅佐郡守。武牙郎将，武官名。②江都：郡名，在今江苏扬州市，隋炀帝曾建行都于此。③"太宗"句：太宗，即唐太宗李世民（599—649年），唐高祖李渊次子，在位23年。晋阳，地名，故城在今山西太原市。刘文静，唐武功人，字肇仁，隋末为晋阳令，与太宗友善，共定计起兵。高祖即位，擢纳言，授民部尚书。④"俄而"句：马邑，地名，今山西朔县。校尉，武官名。刘武周，唐景城人，隋大业末斩鹰扬太守仁恭，自为太守，后归突厥，唐武德年间被突厥所杀。汾阳宫，隋炀帝建。在今山西静乐县东北160里的管涔山上。⑤"高祖"句：高祖，唐高祖李渊（566—635年），唐王朝的建立者，在位9年逊位。长孙顺德，长孙无忌族叔，李世民妻堂兄，初仕隋，素为高祖所亲厚。太宗起兵，从征累有功，进左骁卫大将军，封薛国公，贞观中召为泽州刺史，为政以德，以严明称，遂为良吏。刘弘基，唐池阳人。从高祖举兵太原，有军功，累封夔国公，卒谥襄。⑥"密遣使"句：建成，即李建成，唐高祖长子，小字毗沙门，荒色嗜酒，畋猎无度。高祖即位，立为皇太子，"玄武

门兵变"时为李世民所杀，谥隐。元吉，即李元吉，唐高祖四子，小字三胡，封齐王，"玄武门兵变"为李世民所射杀，贞观中追封巢王，谥刺。河东，山西省境内黄河以东地区。⑦晋祠：在今山西太原市西南悬瓮山麓，为周初唐叔虞始封地，原有祠。北齐天统年间改为大崇皇寺，后复原名。贞观十二年（638年）李世民御制晋祠之铭，立碑于祠。⑧刘世龙：隋大业末为晋阳乡长。⑨开阳府：在今山东省临沂市北。⑩徇：向众宣示。

【译文】

　　隋大业十三年（617年），李渊为太原留守，郡丞王威、武牙郎将高君雅为副留守。这时，群贼蜂拥而出，江都阻绝不通，唐太宗与晋阳县令刘文静谋划，劝李渊发动起义之兵。不久，马邑县校尉占据汾阳宫起兵谋反，唐太宗与王威、高君雅准备集结军队前往征讨。唐高祖命令唐太宗与刘文静及门客长孙顺德、刘弘基分头招募兵士，10天之内募兵近一万，随后，秘密派遣使者招回镇守河东的世子李建成、李元吉。王威、高君雅看到兵众结集完毕，恐怕高祖生变，互相猜疑、惧怕，于是请高祖在晋祠祈雨，准备刺杀高祖。晋阳乡长刘世龙得知后，将王威、高君雅的计划密告高祖，高祖秘密做好了应变准备。五月甲子日，高祖与王威、高君雅商讨政事，太宗秘密伏兵在外面，以防备突发变故，又派开阳府司马刘政会告发王威等谋反，随即斩王威、高君雅示众，于是便发动义兵。

李世民哭谏高祖

　　大军西上贾胡堡①，隋将宋老生②率精兵二万屯霍邑，以拒义师。会久雨粮尽，高祖与裴寂议③，且还太原，以图后举。太宗曰："本兴大义以救苍生，当须先入咸阳，号令天下；遇小敌即班师，将恐从义之徒一朝解体。还守太原一城之地，此为贼耳，何以自全！"高祖不纳，促令引发。太宗遂号泣于外，声闻帐中。高祖召问其故，对曰："今兵以义动，进战则必克，退还则必散。众散于前，敌乘于后，死亡须臾而至，是以悲耳。"高祖乃悟而止。八月己卯，雨霁，高祖引兵趣霍邑。太宗恐老生不出战，乃将数将先诣其城下，举鞭指麾，若将围城者，以激怒之。老生果怒，开门出兵，背城而阵。高祖与建成④合阵于城东，太宗及柴绍⑤阵于城南。老生麾兵疾进，先薄⑥高祖，而建成坠马，老生乘之，高祖与建成军咸却。太宗自南原率二骑驰下峻坂⑦，冲断其军，引兵奋击，贼众大败，各舍仗⑧而走。悬门发，老生引绳欲上，遂斩之，平霍邑。

（《旧唐书》卷二，太宗本纪）

【注释】

①贾胡堡：地名，在今山西境内。②宋老生：隋镇守霍邑（今山西霍县）将领。③"高祖"句：高祖，唐高祖李渊（566—635年），唐王朝的建立者，仕隋，为太原留守，隋末各地农民起义，渊与子建成、世民等合谋起兵，攻入长安，次年自称帝，建唐王朝，年号武德。裴寂，唐桑泉人，字玄真，隋大业中为侍御史、晋阳宫副监，与高祖厚善。及高祖即位，官至尚书左仆射。④建成：李建成，唐高祖李渊之长子，"玄武门兵变"中，为李世民所杀。⑤柴绍：唐临汾人。字嗣冒。幼矫健有勇力，以侠义称。李渊以第三女平阳公主妻之。隋炀帝东游，李渊起兵太原，绍为马军总管。累官右骁卫大将军。贞观中为华州刺史，卒赠荆州都督。⑥薄：逼近。⑦峻坂：即"峻阪（bǎn）"，陡坡。⑧仗：刀戟等兵器的总称。

【译文】

逢天久雨，粮草耗尽，李渊与裴寂商仪回师太原，再谋划今后的行动。李世民说："原本举大义而救百姓，应当先入咸阳，以号令天下；遇到小敌就退兵，恐怕义军会很快解散。退守太原一城之地，这是为寇贼，怎么能保全自己呢！"李渊不采纳，仓促下令拔营退兵。李世民于是在帐外号哭起来，哭声传到帐内。李渊召他入帐问他哭什么，李世民说："如今兴兵，靠义发动，义兵进就胜，退就散。义兵溃散在前，敌军从后乘机而入，这离死亡就不远了，因此，我感到悲伤啊！"李渊醒悟下令制止退兵。八月己卯日（十三），大雨停了，李渊带兵直趋霍邑。李世民唯恐宋老生不出战，便带领数名轻骑到城下，举鞭指挥，好像要包围霍邑城的样子，用以激怒宋老生。宋老生果然被激怒打开城门出兵，摆出与义军决一死战的阵势。李渊与子建成在城东联合布阵迎敌，李世民和柴绍在城南迎敌。宋老生指挥兵士疾速推进，先逼近李渊，建成坠落马下，宋老生乘胜进击，李渊与建成军队全部退却。李世民自城南率领两骑兵奔下陡坡，冲断宋老生军队，带领兵士奋勇出击，宋老生兵士大败，各自丢弃兵器而逃命。城楼的悬门打开了，宋老生抓住绳子准备上攀，被斩杀，霍邑被平定。

苏定方兵踏百济

显庆五年，从幸太原，制授熊津道大总管，率师讨百济①。定方自城山济海②，至熊津江口，贼屯兵据江。定方升东岸，乘山而阵，与之大战，扬帆盖海，相续而至。贼师败绩，死者数千人，自余奔散。遇潮且上，连舻入江，定方于岸上拥阵，水陆齐进，飞楫鼓噪③，直趣真都。去城二十许里，贼倾国来拒，大战破之，杀虏万余人，追奔入郭。其王义慈及太子隆奔于北境,定方进围其城。义慈次子泰自立为王,嫡孙文思曰:"王与太子虽并出城,而身见在;叔总兵马,即擅为王,假令汉兵④退,我父子当不全矣。"遂率其左右投城而下,百姓从之,泰不能止。定方命卒登城建帜,于是泰开门顿颡⑤。其大将祢植又将义慈来降,太子隆并与诸城主皆同送款。百济悉平,分其地为六州,俘义慈及隆、泰等献于东都⑥。

(《旧唐书》卷八十三,苏定方传)

【注释】

①百济:古国名。故地在今朝鲜半岛西南。②"定方"句:定方,即苏定方,唐武邑人,征突厥,讨高丽,平百济,凡灭三国,官拜左骁卫大将军、封邢国公、凉州安集大使。城山,山名,在河北井陉县东南。③鼓噪:击鼓呼叫。④汉兵:即唐兵。⑤顿颡:屈膝下拜,以额触地,多于请罪、投降时行之。⑥东都:洛阳。

【译文】

唐高宗显庆五年,苏定方跟随皇上巡幸太原,被授熊津道大总管之职,率领军队讨伐百济国。苏定方从城山渡海,到达熊津江口,敌人屯兵据江防守。苏定方登上东岸,依山布阵,与百济兵大战,扬起的船帆覆盖海面,接连不断,相继进发,百济军溃败,死者数千人,其余的兵士各自奔逃溃散。破浪而上,战船相连,驶进江中,苏定方又在岸上结阵,水陆并进,荡桨击鼓,高呼而进,一直逼近百济都城,距离都城20多里,百济举国出动,共同抵抗,苏定方率兵大战,打垮百济兵的进攻,杀死俘获万余人,接着乘胜追击,进入城郭。百济国王义慈和太子隆向城北逃窜,苏定方率兵包围百济都城。义慈次子泰自立为王,义慈的嫡孙文思说:"国王和太子虽然都逃出城郭,但他们人还在,叔父总领兵马,就擅自称王,如果唐兵退却,我们父子将不能保全性命。"于是带领左右随从出城投降,百姓跟随着文思,泰不能制止,苏定方命令士卒登上城楼树起自己的军旗,于是泰只好打开城门屈膝投降。百济国大将祢植带着义慈来投降,太子隆和各城邦主都一起来投降,百济全部平定,将百济土地分为六州,俘获义慈、隆和泰等献于东都。

理　财

杨门凌天下

　　五载①七月，贵妃②以微遣送归杨铦宅，比至亭午③，上思之不食。高力士探知上旨，请送贵妃院供帐、器玩、廪饩等办具百余车，上又分御馔以送之。帝动不称旨④，暴怒答挞左右。力士伏奏请迎贵妃归院。是夜，开安兴里门⑤入内，妃伏地谢罪，上欢然慰抚。翌日，韩、虢⑥进食，上作乐终日。左右暴有赐与。自是宠遇愈浓。韩、虢、秦⑦三夫人岁给钱千贯，为脂粉之资。铦授三品、上柱国、私第立戟⑧，姊妹昆仲五家⑨甲第洞开，僭拟宫掖⑩，车马仆御，照耀京邑，递相夸尚。每构一堂，费逾千万计。见制度宏壮于己者，即彻而复造，土木之工，不舍昼夜。玄宗凡有游幸，贵妃无不随侍，乘马则高力士执辔⑪授鞭。宫中供贵妃院织锦刺绣之工，凡七百人，其雕刻熔造，又数百人。扬、益、岭表刺史⑫，必求良工造作奇器异服，以奉贵妃献贺，因致擢居显位。玄宗每年十月幸华清宫，国忠姊妹五家扈从⑬，每家为一队，著一色衣，五家合队，照映如百花之焕发，而遗钿坠舄⑭，瑟瑟⑮珠翠，璨斓⑯芳馥于路。而国忠私于虢国而不避雄狐之刺⑰，每入朝或联镳⑱方驾，不施帷幔。每三朝庆贺，五鼓待漏⑲，艳⑳妆盈巷，蜡炬如昼。而十宅㉑诸王孙院婚嫁，皆因韩、虢为绍介，仍先纳赂千贯，而奏请罔不称旨。

（《旧唐书》卷五十一，后妃列传）

【注释】

　　①五载：天宝五载，即 746 年。②贵妃：杨贵妃杨玉环（719—756 年），唐蒲州永乐人，晓音律、善歌舞，初为寿王妃，后为女道士，号太真。入宫后，得玄宗宠，册为贵妃。安史乱起，随玄宗出奔，六军杀杨国忠，贵妃亦被赐死。③亭午：正午。④称旨：符合皇帝旨意。⑤安兴里门：唐禁宫门名。⑥⑦韩、虢、秦：即韩国夫人、虢国夫人、秦国夫人。杨玉环被册立为贵妃后，其父母、兄弟、姊妹皆封疆列土。贵妃有姊 3 人，皆有才貌，玄宗并封"国夫人'之号，大姨，封韩国；三姨，封虢国；八姨，封秦国。⑧"铦授三品"句：铦，杨铦，杨贵妃

从兄。品，古代官吏分为九品，品，官吏的品级。上柱国，官名。唐宋以上柱国为武官勋级中的最高级。立戟，唐代官、阶、勋三品以上者得于邸院门前立戟。⑨五家：即杨贵妃姊韩、虢、秦三夫人和其从兄杨铦、杨锜，合为五家。⑩"僭（jiàn）拟"句：僭，指超越身份，冒用在上者的职权行事。宫掖，宫内的房舍，为嫔妃居住之地，因称皇宫为宫掖。⑪辔（pèi）：驾驭牲口用的嚼子和缰绳。⑫"扬、益"句：扬，扬州，地名，今江苏扬州市为其旧治。益，益州，地名，其故地大部在四川境内。岭表，指五岭以南地区。唐代十道之一，治所在广州。刺史，官名。负责监督各郡，相当于后世的知府及直隶州知州。⑬扈从：随从，侍从。⑭舄（xì）：鞋。⑮瑟瑟：碧绿貌。⑯璀璨：璀璨明亮。⑰"而国忠"句：国忠，杨国忠（？—756年），唐蒲州永乐人。原名钊，后赐名国忠。因从妹杨玉环得宠，为唐玄宗所信任。天宝十一年李林甫死，以国忠为右相，兼吏部尚书、判度等要职，结党营私，独揽朝政，横征暴敛，搜刮民财。十四年范阳节度使安禄山以诛杨国忠为名，起兵叛乱。次年安禄山破潼关，国忠从玄宗出逃，在马嵬坡为众兵士所杀。雄狐，诗序谓齐襄公以国君而淫其妹文姜，如雄狐相随，失阴阳之匹。后喻人闺门乱行。⑱联镳：马衔相连，指并骑而行。⑲五鼓待漏：五鼓，五更。待漏，百官清早入朝，准备朝拜皇帝。漏，古代的计时器。⑳䩄（qīng）：青黑色，华美。㉑十宅：即15宅、16宅。唐代诸王的居宅。唐开元后置在安国寺东附苑城。后子孙繁多，又于宅外置百孙院。

【译文】

　　天宝五年（746年），杨贵妃被秘送到杨铦家中，到中午时分，唐玄宗思念贵妃不愿进食。高力士知道唐玄宗的心思，奏请给贵妃院送去供设帷帐、玩耍器具、粮食等各种用品百多车，又分给御食送去。唐玄宗动不动就不合心意，暴怒地鞭打随身臣仆。高力士伏地迎接贵妃归院。当晚，打开安兴里门进入内宫，贵妃伏地谢罪，唐玄宗高兴地上前抚慰。第二天，韩国夫人、虢国夫人奉上食物，陪唐玄宗整天作乐，随从全部都有赏赐。从此贵妃得到的宠爱越来越多。韩、虢、秦三夫人每年供给千贯钱，用作胭脂彩粉之资。杨铦授予三品官，为上柱国，允许在邸院门前立戟。姐妹兄弟五家，豪门宅第敞开，擅自仿造皇宫，进出有车马仆役，其光彩照耀京都，相互炫耀。每建一房，耗费超过千万，如发现有规模比自己的房子宏伟壮丽的，马上拆掉重建，土木工匠，日夜劳作。玄宗的分赏和四方的进贡，五家都一样，源源不断。开元以来，豪门贵族兴盛，但都不能与杨氏相比。唐玄宗只要出巡，贵妃无不相随侍奉。骑马时高力士持鞭牵马，禁宫中专为贵妃院服侍的织锦刺绣工人，共700人，从事雕刻熔造的工匠，又数百人。扬州、益州、岭表的刺史，必定求访名工巧匠制作新奇的器物，与众不同的服饰,供奉给贵妃为贺,因而被提拔到显要位置。唐玄宗每年十一月巡幸华清宫,杨国忠姊妹五家随同,每家列为一队,穿同色的衣服,五家合为一队,光艳照人,如百花盛开,而遗落的饰物、鞋、碧绿的珠玉,璀璨夺目,一路芬香馥郁。而杨国忠私通于虢国夫人,毫不忌讳兄妹乱伦之嫌,每次入朝,并马而驾,不挂帐幕。每到三朝庆贺,五更时分等候朝见,华美的装扮充塞街巷,燃烧的烛光,照耀如同白昼。而十宅王子王孙们的嫁娶,都因为韩国夫人、虢国夫人的介绍,必须事先用千贯钱贿赂她们,而奏请无不符合唐玄宗的旨意。

李义琰不建府宅

义琰宅无正寝①,弟义琎为岐州司功参军②,乃市堂材送焉。及义琎来觐③,义琰谓曰:"以吾为国相,岂不怀愧,更营美室,是速吾祸,此岂爱我意哉!"义琎曰:"凡人仕为丞尉,即营第宅,兄官高禄重,岂宜卑陋以逼下也?"义琰曰:"事难全遂,物不两兴。既有贵仕,又广其宇,若无令德,必受其殃。吾非不欲之,惧获戾④也。"竟不营构,其木为霖雨所腐而弃之。

(《旧唐书》卷八十一,李义琰传)

【注释】

①"义琰"句:义琰,即李义琰,唐昌乐人,高宗时历官同中书门下三品。正寝,居屋之正室。②"弟义琎"句:岐州,州名,在今陕西凤翔县。司功参军,官名,在府为功曹参军,在州称司功参军,在县为司功,主掌官园祭祀、礼乐、学校、选举、表疏、医筮、考课、丧葬等事。③觐:朝见(君王)。④戾(lì):罪过。

【译文】

李义琰的住宅没有正室,他的弟弟李义琎为岐州司功参军时,就买了造屋用的木材送给他,等到李义琎来朝拜皇上,李义琰对他说:"我作为国相,难道不感到愧疚吗?再建造华丽的正室,是让我招致祸殃,这难道是爱我的意思吗?"李义琎说:"一般人做到丞尉之类的小官,就开始建造府地,而哥哥高官厚禄,难道就应该居住在卑陋狭小的房子里吗?"李义琰说:"事难以全合自己的心愿,物没有两全其美的,我已经做了高官,又扩建宅第,如果没有美德,必然遭受祸殃。并不是我不想建房,只是担心获罪。"李义琰终于没有营建正室,他弟弟送来的木材经风吹雨淋,腐朽后丢弃了。

德 操

颜师古考定五经

太宗①以经籍去圣久远，文字讹谬，令师古于秘书省考定五经②，师古多所厘正，既成，奏之。太宗复遣诸儒重加详议，于时诸儒传习已久，皆共非之。师古辄引晋、宋③以来古今本，随言晓答，援据详明，皆出其意表，诸儒莫不叹服。于是兼通直郎，散骑常侍④，颁其所定之书于天下，令学者习焉⑤。

(《旧唐书》卷七十三，颜师古传)

【注释】

①太宗：即唐太宗李世民，唐高祖李渊次子，在位23年。②"令师古"句：师古，即颜师古（581—645年），唐万年人，名籀，以字行。少传家学，博览群书，精于训诂，善属文。太宗时官中书侍郎、秘书监、弘文馆学士。秘书省，掌图籍的官署。五经，《诗》《书》《礼》《易》《春秋》合称五经。③晋、宋：晋，三国后司马氏建立的政权，依次为西晋、东晋。宋，南朝之一，420—479年。晋末刘裕代晋称帝，国号宋。④"于是"句：通直郎，官名，为寄禄官。散骑常侍，官名，唐置左右散骑常侍，分属门下、中书两省。⑤焉：语气助词，无实际意义。

【译文】

唐太宗认为经史图籍距离圣人已经十分久远了，文字多有谬误。诏令颜师古在秘书省考正五经，颜师古对谬误多有匡正，考定完毕，上奏唐太宗。唐太宗因此又派一些儒生重新加以仔细审议，当时儒生们传习五经已经很久了，对颜师古的考定匡正都表示异议。颜师古便引用晋、宋以来的古今版本，随意畅答，引证详细明了，都出于意外，儒生们无不叹服。因此兼官通直郎、散骑常侍，唐太宗将他所考定的书籍颁布天下，让学者学习。

沥血认父

博州①聊城人王少玄者，父隋末于郡西为乱兵所害。少玄遗腹生，年十余岁，问父所在，其母告之，因哀泣，便欲求尸以葬。时白骨蔽野，无由可辨，或曰："以子血沾父骨，即渗入焉。"少玄乃刺其体以试之，凡经旬日，竟获父骸以葬。尽体病疮，历②年方愈。

(《旧唐书》卷一百八十八，王少玄传)

【注释】

①博州：在今山东聊城西北。②历：经历，经过。

【译文】

博州聊城人王少玄，其父于隋朝末年在郡西被乱兵所杀。王少玄为遗腹子，10多岁的时候，询问父亲在哪里，他的母亲告诉了他，由此而痛哭不已，因此想找到他父亲的尸骨埋葬。当时白骨遍野，根本无法辨认。有人说："用儿子的血滴在父亲的骨头上就渗透进去。"王少玄便刺破自己的身体试着找寻，共历时10多天，终于找到他父亲的尸骨并埋葬了，而他自己遍体鳞伤，过了一年才痊愈。

传世故事

李世民迎战窦建德

武德四年（621年）三月，秦王李世民率军围攻王世充于洛阳，王世充困守孤城，已陷入绝境，不得已而请求夏王窦建德发兵援救。

窦建德消灭隋将薛世雄部3万余人，声威大振，攻取了河北的大部郡县，成为北方势力颇强的割据军阀。武德元年（618年），窦建德建夏国，自称夏王，建都乐寿，年号五凤。

唐军在击败刘武周、梁师都后，兵锋又指向盘踞在洛阳称帝的王世充，并迅速使王世充陷入了绝境。很明显，王世充被消灭掉后，下一步唐军的攻击对象便会轮到窦建德，因此，为自身计，窦建德决定出兵援救王世充，乃亲率文武百官统大军10余万，号称30万，西进以救洛阳。

就在洛阳城且夕可下之际，局势突变，李世民急招众将商议对策。众将皆以窦建德来势凶猛，势不可当，建议率军避之。唯有宋州刺史郭孝恪建议李世民率军进击窦建德，他说："世充日蹙月迫，力尽计穷，悬首面缚，翘足可待。建德远来助虐，粮运阻绝，此是天丧之时，请固武牢，屯军汜水，随机应变，则易为克殄。"

关键时刻，郭孝恪之言对战争的进程和结果起了重大作用。

李世民深以为然，因此决定迎战窦建德。记室薛收又献策道："世充保据东都，府库充实，所将之兵，皆江南精锐，即日之患但乏粮耳。以是之故，为我所持，求战不得，守则难久。建德亲率大众，前来救援，亦当极其精锐。若纵之至此，两寇合从，转河北之粟以馈洛阳，则战争方始，偃兵无日，混一之期，殊未有涯也。今宜分兵守洛阳，深沟高垒，世充出兵，慎勿与战，大王亲帅骁锐，先据成皋，厉兵训士，以待其至，以逸待劳，决可克也。建德既破，世充自下，不过二旬，两主就缚矣！"

作为一个三军统帅，可贵之处即在于集思广益，从善如流，以避免刚愎自专之弊。而更为难得者，即在于能在众说纷纭之际，选定制胜之计，这需要有非凡的见识和英明果断的决策能力，亦即普鲁士著名军事学家克劳塞维茨所说的"综合决策能力"。

李世民无疑具备这种"综合决策能力"。他力排众议，于三月二十八日率3500士兵占据虎牢。翌日，又率骑兵500东出虎牢关，侦察窦建德大军的动向。

出关后，李世民留大将李世勣、程咬金、秦琼率骑兵伏于道旁，他则与尉迟恭等3骑继续前进。李世民颇为自负地对尉迟恭道："我执弓矢，你持槊跟随，即使窦建德有百万之众，也不能奈何于我！"

离窦建德部还有3里之遥，窦建德之巡逻兵以为他们4人是唐军密探，欲驰来擒拿，李世民大声道："我秦王也！"并搭箭上弦，箭似流星，射死窦军一个小头目，因此窦军大惊。窦建德听说李世民仅率3人送上门来，急遣铁骑五六千追之。李世民见敌军蜂拥而至，不慌不忙，令二骑先退，他与尉迟恭按辔徐行，待窦军骑将靠近，忽然回身一箭，即将其射死。窦军大惧，不敢急追，李世民遂与尉迟恭悠然而退。窦军继续追来，李世民回头发出一箭，又射死一人，吓得窦军追而复止。既而又追，李世民又射死一人，如是再三，李世民与尉迟恭杀死了10余人，遂将窦军引至伏击圈内。

李世勣等率500骑兵正埋伏于虎牢隘道两旁，见李世民与尉迟恭将敌兵诱来，马上率军突起，两面袭击，大破之，斩首300余级。窦建德之骁将殷秋、石瓒竟被生擒。

李世民仅以500骑兵作为伏兵，即击败10倍于己的敌军，可谓战争史上的奇迹。而李世民作为三军统帅，竟率3人亲至敌营诱敌，凭着高强的武艺和超凡的胆略，将敌兵一举击败，尤为奇中之奇，李世民之文武兼备、智勇双全亦可概见。

此战是虎牢关大战前的一个序幕。李世民原想先侦察一下敌情，令李世勣等伏于道旁，不过是为了以防万一。500骑兵竟击破窦建德的5000多精骑，乃是唐军的一次意外大捷。此战后，唐军因之振奋，窦军为之丧胆，其胜负亦可预见矣！

李世民平定天下诸战中，曾多次仅率数骑闯敌阵、入敌营以察其虚实，因其武艺非凡，每每均能化险为夷。其坐骑在混乱被敌兵杀死、杀伤多匹，而李世民竟未受丝毫损伤，亦是一大奇事。

即使如此，客观来说，作为一个三军统帅，轻身犯险，并不足取。

李世民临事用人

刘文静，字肇仁。身材伟岸而有风度，任事能干，倜傥而有谋略。隋朝末年，做晋阳（今太原）的地方官，当时裴寂做晋阳宫的监守，从此两人结为朋友。有一天夜晚两人同宿，裴寂仰望城墙上的烽火，感叹说："我们的地位卑贱之极，家中毫无积蓄，现在天下大乱，该怎么办啊？"刘文静笑着说："世道既然如此，天下大事便可见分晓了。只要我们两人联手，还怕什么身份卑贱呢？"

到李渊镇守太原时，刘文静观察到他有起兵统一四方的远大志向，就去结交他。他又观察李世民，对裴寂说："这个人不是常人，他像汉高祖刘邦那样大度，像魏太祖曹操神武，尽管现在年轻，实在是上天的安排啊。"裴寂起初不以为然。

后来刘文静因与李密联姻而被连坐判罪，隋炀帝命令把他押入狱中。李世民认为刘文静可以作为谋议之臣，就入狱中探视他，刘文静大喜说："现在天下大乱，非要有成汤、周武王、汉高祖、光武帝那样的才略之人，才能安定天下。"李世民说："你怎么知道没有呢？只是恐怕平常之人不能识别而已。今天我入禁中探看你，并非为儿女私情。时事如此，专程来与你商议举兵起义的大计，请帮助仔细筹划此事。"刘文静说："现在李密长期围困洛邑，皇帝奔到淮南，大贼占领州郡，小盗占领山泽，数以万计，只须以强干的领袖领导他们，如果能顺天应人，举旗大呼，则四海响应。今天太原一带百姓为避盗贼，都入集城中，我做地方官数年，知道只要啸聚起来，这其中可得豪杰10万人。尊公（李渊）所领的兵又有数万人，只要他一发令，谁敢不服从？这两部人合起来乘虚入关，号令天下，不到半年，就可成就帝王之业。"李世民大笑说："正合我意。"

于是李世民部署安排人马，暗暗准备起义，时机将要成熟，高祖李渊还犹豫不决。刘文静见裴寂与李渊交情深厚，想让裴寂劝说李渊，就把裴寂引荐给李世民。李世民在博戏场上设计满足了裴寂，紧紧地抓住裴寂，通过裴寂去劝说李渊起兵。

等到高君雅被突厥人打败，李渊被捕，李世民又派刘文静和裴寂去劝他起义，说："《易》称'知几其神乎'，现在大乱已发生，公处于被嫌疑的境地，怎么保全性命？副将打了败仗，上头责罪，事情如此紧迫，应当早作计议。晋阳这地方，兵马精壮，官家宫监中物资充足，靠着这些起兵，可成大业。关中代宗年幼，权豪并起，无所适从。希望公举兵西入，以图大事，不比在这里做囚徒强吗？"李渊认为有理。

李世民暗地里组织壮勇之人，与刘文静等商议，准备马上起义，恰巧李渊又被放了回来，就暂时停止下来。李世民又命令刘文静伪称隋炀帝的诏令，让太原、河西、雁门、马邑等地20岁以上50岁以下的人全都充军，年底在涿郡集合，准备征伐辽东。这样，人心大乱，渴望动乱的人更多了。刘文静便对裴寂说："你难道没听说过'先发者制人，后发者制于人'吗？唐公（李渊）名字正与图谶（chèn）迷信相验合，天下人人尽知，为什么还要拖延，自找祸害。应该劝唐公尽早顺时起兵。"又威胁裴寂说："况且你为宫监，以官人身份与唐公往来，你死了倒无所谓，为什么要误了唐公性命呢？"裴寂惧怕，就加紧劝促李渊起兵。

于是李渊起兵。李渊开大将军府，以刘文静做军司马。

唐太宗以臣为镜

魏徵，字玄成，钜鹿曲城人。有大志，好读书，无所不通，尤善纵横之说。归唐以后，先事皇太子李建成为臣。他见秦王李世民所立功勋越来越多，声望日高，已经对太子地位构成了威胁，便劝李建成先下手为强，赶快除掉李世民。等李建成在玄武门之变中被诛后，李世民找来魏徵，对他说道："你为什么要离间我们兄弟？"他回答道："皇太子如果听取我的意见，肯定不会有今日之祸。"李世民向来器重他的才干，又见他答话坦直，便没有怪罪他，还推荐他任詹事府主簿。

唐高祖传位给李世民，是为唐太宗。太宗又提拔魏徵为谏议大夫，封钜鹿县男。当时，太宗刚刚即位，励精图治，很想有一番作为。他屡次把魏徵叫到内室，虚心求教治国之道。魏徵喜逢知己之主，知无不言，先后陈言进谏200余事。太宗以其"至诚奉国"升其为尚书左丞。后来太宗曾因有人诬告魏徵结党营私而调查他，查证无实，太宗感到后悔，魏正便诚恳地进言道："希望陛下使臣成为良臣，不要使臣成为忠臣。"太宗奇怪地问道："忠臣与良臣有什么差异吗？"魏徵答道："所谓良臣，就是稷、契、咎、陶一类的人；所谓忠臣，就是龙逢、比干一类的人。良臣使自己获得美名，使君主荣受显号，子子孙孙永受福禄。忠臣则身被诛杀，使君主陷于大恶，国破家亡，只留有个虚名。所以良臣与忠臣的差异实在太大了。"太宗觉得很有道理，就赏赐给他500匹绢。

贞观二年（628年），太宗任魏徵为秘书监，让他参与朝政。他为官公正，禀性耿直，天子有过则谏，无所屈挠。一次，太宗在丹霄楼宴请群臣，酒饮至兴头上时，太宗对长孙无忌说道："魏徵以前在李建成手下任职，尽心尽力，当时确实非常可恶。我能不计前嫌地提拔任用他，一直到今天，可以说我无愧于古人。然而魏徵每次劝谏我，当不赞成我的意见时，我说话，他就默然不应。他这样做，未免欠于礼貌了吧？"长孙无忌说道："臣子认为事不可行，才进行陈说；如果不赞同而附和，那恐怕给陛下造成其事可行的印象。"太宗说道："可以当时随声附和一下，然后再另找机会陈说劝谏，这样做，君臣双方不就都有面子了吗？"魏徵从旁接口道："舜告诫群臣道：你们不要当面附和，背后却又说三道四。如果为臣当面附和陛下，退后又啧有烦言，那怎么能做到像稷、契侍奉尧、舜一样侍奉陛下呢？"太宗大笑道："别人都说魏徵你举止疏狂简慢，我却觉得你妩媚，就是因为你这一点哪。"

贞观七年（633年），太宗命魏徵出任侍中后又加其左光禄大夫，进封郑国公。魏徵认为自己无功于国，只凭进谏而参与军政机要，担心位极生祸，便以目疾为由请求去职。太宗却挽留道："我从仇敌中把您选拔出来，委任您居要职显位。您见我有错误之处，未尝不加谏止。您没见山中的金矿石吗？当它为矿石时，何足珍贵！当能工巧匠把它冶炼后制成器物时，才被人视为珍宝。我就好比金矿石，把您当做能工巧匠。您虽有眼疾，但并未衰老，怎么能提出去职呢？"后经魏徵一再当面请求，太宗才改拜他为特进。贞观十六年（624年），又拜他为太子太师。

贞观十七年，64岁的魏徵死去。太宗如丧股肱，亲自为他哭灵，中止上朝听政5天。并且为他亲笔书写了碑文。太宗曾对群臣说道："夫以铜为镜，可以正衣冠；以古为镜，可以知兴替；以人为镜，可以明得失。朕常保此三镜，以防己过。今魏徵殂逝，遂亡一镜矣。"

唐太宗悔责诤臣

王珪，字叔玠，清心寡欲，品行端正，刚直不阿。隋末，因被人举荐，唐高祖任其为世子府咨议参军。世子李建成被立为东宫太子时，王珪出任太子中舍人，很快又转任中允。玄武门之变后，王珪由于与李建成的关系而受株连，被流放到嶲州。

贞观元年（627年），唐太宗李世民即位。他早知王珪很有才干，就不计前嫌，召回王珪，拜为谏议大夫。一次，太宗临朝，对侍臣们说道："正直的君主任用奸邪的臣子，是无法使天下大治的；正直的臣子侍奉奸邪的君主，同样也无法使天下大治。只有君臣相遇，如同鱼水一般和谐，海内才可安定，天下才能大治。从前汉高祖不过是个乡下佬，提三尺剑夺得天下后，却经营有方，规模远大，流惠于子孙。探其原因，大概就在于他善于招揽和任用贤臣。我虽不敏，还望诸公多加匡正，以便凭借诸公的佳谋良策，使天下升平。"王珪当即答道："臣听说，木材按照绳墨割锯才会正直，君王采纳臣下谏言才会圣明。所以，古代的圣主身旁必有7位诤臣，他们言而不从，则继续以死相谏。陛下开明圣哲，欲纳草民的意见，为臣身处广开贤路之朝，当然愿意竭诚尽忠。"太宗听了觉得受用匪浅，就规定三品以上的显官入朝时必须有谏官在侧。他也确实多次从谏如流，王珪更是有过必规，见缺必劝。

然而，并不是每次劝谏听起来都像歌功颂德那样入耳。一次，太常少卿祖孝孙因为教授宫人声乐不合太宗的心意，太宗大发脾气，狠狠地责骂了祖孝孙一顿。王珪、温彦博认为责任不在祖孝孙，便劝谏太宗道："祖孝孙精通音律，教授时也并非不尽心。只怕陛下询问的那个人欺骗了陛下。况且祖孝孙是位雅士，陛下忽略了这一点，让他教授女乐，而且还怪罪他，臣等担心天下人都会为此感到惊怕。"太宗一听，火上心头，呵斥道："你们都是我的心腹，本当进忠献直，怎么竟附下罔上，替祖孝孙说起话来！"温彦博赶忙拜伏谢罪，而王珪偏偏不拜，说道："臣前侍奉东宫太子，罪已当死，陛下宽恕了为臣，并让为臣处在显要职位，要求臣尽忠职守。今天臣所进言不是为了自身，不料陛下陡起疑心，讥诮为臣。这是陛下对不起臣，不是臣对不起陛下。"太宗听了，没说话。

第二天，太宗对房玄龄说道："自古以来，帝王是很难做到采纳谏言的。周武王尚且不用伯夷、叔齐之言，宣王是位贤主，可术伯竟以无罪被杀。我一直希望效法从前的圣主，只恨自己不能达到古人的水平。昨天，我责备了王珪和温彦博，对此我颇感后悔。希望你们不要因此而不进直言哪！"

武则天任酷吏以固其位

唐弘道元年（683年），唐高宗李治死，太子李显即位，是为唐中宗。然而，根据高宗的遗诏，朝中军国大事都得取决于皇太后武则天。中宗即位后，委任岳父即韦皇后的父亲韦玄贞为豫州刺史；不久，又想提拔韦玄贞为侍中，并授乳母的儿子五品官。顾命大臣中书令裴炎极力劝阻，中宗恼怒，说道："我就是把天下都送给韦玄贞，又有什么不行！一个区区侍中，有什么大不了的。"裴炎一听皇帝想把江山送给外姓，大为惊恐，连忙报告给武则天。武则天更加恼火，下令废中宗为庐陵王。中宗被扶下殿时，不服地问道："我犯了什么罪？"武则天怒道："您要把天下送给韦玄贞，怎么没罪！"中宗被废后，武则天立豫王李旦为帝，是为唐睿宗。睿宗名为皇帝，其实另居别殿，不得干预政事，朝政还是由武则天说了算。

当时，有几名禁卫军官曾随裴炎等逼宫，但事后未得赏赐，因此他们在一起喝酒时，其中一人发牢骚道："早知道没有赏赐，还不如拥戴庐陵王。"其中另有个人借口离席，跑到玄武门告了密。结果酒席未散，这几个军官都被抓了起来。发牢骚的被斩首，其余的知情不举，均处以绞刑，只有告密的那个人反受五品官的封赏。此事为有唐一代告密之风的开端。

皇太后武则天临朝听政不到3个月便遇此事，着实觉得人心不古。半年之后，徐敬业又起兵扬州，自号匡复府上将，散布檄文，声讨武则天。武则天派军队用了两个多月时间才平定了徐敬业的叛乱。这一事件，对武则天的震动很大，她疑心天下人都在图谋危害自己，很想"周知人间事"，防患于未然。垂拱二年

（686年）三月，侍御史鱼承晔之子鱼保家在徐敬业举兵叛乱时，曾帮他修造兵器。徐敬业兵败，鱼保家侥幸免受牵连。当得知武则天的怀疑心理后，他便上书请铸铜为匦（guǐ），以便接收天下的密奏。武则天认为是个办法，就命他造出来，放置在朝堂上。

所谓"铜匦"，形如大方鼎，腹内隔成4个空间。四面分别涂成青、红、白、黑四色，各面开有可投入函件的孔窍。东面的称"延恩匦"，专装呈献的赋颂及求官的表状；南面的称"招谏匦"，专装评论时政得失及直言谏诤的表状；西面的称"申冤匦"，专装含冤受屈者申诉的表状；北面的称"通玄匦"，专装上言天象灾变及军机秘计的表状。武则天还命中书省委派一名官员为知匦使，专门负责监管铜匦。设匦之后，投赋献颂之类的函件倒不怎么多，揭发阴私的却屡见不鲜。负责造匦的鱼保家不久即因匦中的一函揭发他曾"为敬业作兵器，杀伤官军甚众"，而被处以死刑。

武则天不仅以铜匦收集密告信函，她还为所有的告密者提供各种方便条件和优厚待遇。凡是赴京专程告密的，各级官员一律不准过问告密的内容，并且还得供给他们驿马和五品官的膳食，招待他们住入客馆。不管是种地的还是打柴的，武则天都一律召见。告密者所言合乎心意，武则天则予以破格提拔；所言无实，也不予追究责任。这样一来"四方告密者蜂起"，搞得朝野内外人人慌慌。

胡人索元礼投武则天所好，借告密之机得到武则天的召见，并被任为游击将军，负责审案断狱。他生性残忍，常以酷刑令犯人屈打成招，由一人胡乱咬出几十几百人。武则天认为他很得力，屡次召见赐赏，给他撑腰打气。周兴、来俊臣等酷吏纷纷效尤，他们相互勾结，私下豢养数百无赖，"专以告密为事"。他们想陷害哪一个人，就让无赖们从几个地方一起告密，一起揭发同一内容。来俊臣还与司刑评事万国俊共同编撰《告密罗织经》一卷，教给党羽罗织罪名、构陷忠良的方法。因被告密而枉遭杀害的人不可胜数，以致"海内慑惧，道路以目"。武则天就是凭借这种恐怖手段，渐渐巩固了自己的地位。

唐灭东突厥碛口之战

唐太宗贞观四年正月，兵部尚书李靖兼任定襄道行军总管，率3000骑兵夜袭定襄，大破突厥军，颉利可汗乃率残部数万人逃往铁山。

颉利可汗是时十分窘迫，为了避免唐军继续攻击，他派大将执失思力至长安面见唐太宗李世民，表示愿举国归附，他则愿亲自到长安向李世民请罪。

李世民乃派鸿胪卿唐俭为使者，随执失思力到铁山抚慰突厥部众，与颉利可汗当面缔结和约。同时诏令李靖派兵迎颉利可汗入朝。

而颉利可汗要求与唐讲和，仅是缓兵之计。他想拖延时间，等春末夏初，草青马肥，再率突厥部众逃至漠北积聚实力。

李靖此时与李世勣合兵驻扎于白道，两人商议道："颉利虽败，其众犹盛。若走度碛北，保依九姓，道阻且远，追之难及。今诏使至彼，虏必自宽，若选精骑一万，赍20日粮往袭之，不战可擒矣！"

两人计议已定，便告诉了副总管张公瑾。张公瑾说："皇上已下诏书，允许突厥投降，我朝使者正在其营，为何偏要袭击之？"李靖道："这正是韩信破齐的战术。唐俭之辈，有何足惜！"遂亲率精骑一万，携带20天的干粮，连夜出发，急趋阴山之北。

李世勣率大军随后进发。

李靖的一万奇兵至阴山后，路遇突厥骑兵千余，即全部俘虏之，继续北进。

唐使唐俭至颉利可汗的军营中后，颉利大喜，以为和约将成，唐军不会再继续进攻了，故对唐军不再防范。

李靖率军将至颉利的营地时，派部将苏定方率200骑兵为前锋，乘雾而进，神不知鬼不觉地靠近突阙牙帐。突然，阳光普照，大雾尽散，突厥这才发现唐兵已至。苏定方不等突厥兵回过神来，马上率领200勇士疾驰击之，掩杀近百人，突厥兵大乱相失，四散奔逃。颉利没想到唐军竟在李世民允许与他讲和的时候发动突然袭击，匆忙之间，难以集合兵力抵抗，只得与其妻、隋义成公主狼狈逃走。

李靖率军继至，追亡逐北，斩杀突厥兵数万。战乱中，隋义成公主亦被杀，颉利可汗之子叠罗施被俘。

颉利率残兵败将万余人欲过碛口逃入漠北，又遭到了李世勣军的拦截追击，颉利部诸酋长皆降，颉利可汗乘千里马投奔居于灵州一带的突厥小可汗苏尼失。

李靖、李世勣大获全胜，俘获突厥男女15万余口，牲畜数十万头，自阴山北至大漠，皆被唐军控制。

唐大同道行军总管、任城王李道宗闻知颉利可汗投奔苏尼失部，立即率军自灵州掩至苏尼失营，逼苏尼失交出颉利可汗。颉利可汗大惧，率亲信数人夜逃，藏匿于荒谷之中。苏尼失惧唐军来攻，派兵追寻颉利可汗，将他抓获，送至唐军营中。副总管张宝相遂押颉利可汗至长安。

苏尼失本是颉利可汗所立的小可汗，督其部5万家建牙帐于灵州西北。及颉利可汗兵败，苏尼失自忖无法抵御唐军，乃举众投降。

李世民派李靖、李世勣征讨突厥之役，干净利索，一举消除了北方的边患，唐之疆域也大为扩展。太上皇李渊听说颉利可汗被唐军活捉,想到以前曾向突厥称臣,不禁感慨万千,高兴地说:"汉高祖困于白登,不能报仇。而今我儿子能灭突厥,报了我向突厥称臣之辱,我托付得人,还有什么可担心的呢?"

徐有功宽仁审案

武则天时著名的司法官员徐有功,长期担任司刑丞、秋官员外郎、郎中等职。当时,周兴、来俊臣、丘神绩等一批酷吏,大肆陷害无辜,残酷杀戮,朝廷内外,上下震恐,无人敢正言抗论。徐有功却能以宽仁、平恕的态度对待审案工作,经他的手救活了不少遭受奇冤的官绅士庶。

润州刺史窦孝谌,是高宗与武则天的儿子相王李旦的岳父。长寿二年,武则天利用巫术秘密诅咒的罪名,杀了包括窦氏在内的相王的两个妃子。同时又陷害窦妃的母亲庞氏,说她晚上祀神祈福,是与女儿窦妃串通一气,犯了"咒诅不道"之罪。武则天命给事中薛季昶审讯此事。薛季昶秉承意旨,罗织罪名,枉法诬陷,判定庞氏死刑。

这时,担任左台侍御史的徐有功挺身而出为庞氏辩护,说庞氏是无罪受诬。他的行为惹恼了薛季昶等人,他们反转过来攻击徐有功是"恶逆"同党,袒护逆犯,并奏报武则天,请求将徐有功交付审讯,斩首示众。

当下属流着眼泪将这个可怕的情况转告徐有功的时候,他正在专心处理公务。他没有一点恐惧的神色,只是平静不屑地说道:"难道只有我一个人会死,他们一伙就能永远活着?"说罢便慢慢地、从容地回家去了。

武则天看到薛季昶等人的奏疏后,把徐有功召来问道:"你一向审案、断案,有罪不判或重罪轻判的情况,为何那么多?"徐有功回答说:"有罪不判或重罪轻判,不过是做臣的小过失,而爱护百姓生灵,则是圣上的大仁大德。臣但愿陛下光大仁政德政,这样天下百姓就受惠无穷了。"武则天皇帝一时无话可说,慢慢地消了气,庞氏由此获得免死的宽大处理,被流放到岭南。但徐有功也受到了惩罚,他被削职除名,贬为庶人。不过,武则天不失为一个有器量的君主,不久又起用徐有功为左司郎中,又升司刑少卿。

徐有功常说:"身为执法官员,掌管着人命攸关的大事,绝不能逢迎君主或权臣旨意,不能陷人于罪,以换取个人的侥幸免祸。"从前,他就曾经为凤阁侍郎任知左、冬官尚书裴行本的被诬案,以及道州刺史李仁褒兄弟的被诬案,在殿廷论奏曲直,愤起力争,几经论死、免官,而矢志不渝。当时人把他比拟为西汉时执法严正的名臣张释之、于定国。人们说:"倘若执法官员都能这样,天下定能太平，刑法就可以搁置不用了。"

韦陟用人察人之术

韦陟，字殷卿。历代为关中大姓，世代传家，很有声望。其父韦安石，在武则天时官至宰相。韦安石晚年为并州司马，才生下韦陟，及其弟韦斌。两人小时候都聪颖过人，极受器重。韦陟自小就风度翩翩，整洁冷峻，独立不群，韦安石格外喜欢他。韦陟10岁时就会作文章，文采卓越，又善于隶书，辞人、秀士都在他身边酬唱郊游。开元初，韦陟之父安石死，他从此足不出户，8年间与弟斌相互勉励，探讨典籍，刻苦用功，文章在当时很负盛名。当时才子王维、崔颢、卢象等人常与韦陟唱和游处，有人感叹说："盛德遗范，都集中在他身上了。"韦陟做洛阳令，后转为吏部郎中。张九龄当时是一代名相，也是一代文豪，正在做中书令，便引用韦陟为中书舍人（掌起草诏令、侍从、宣旨、劳问、接纳上奏文表，兼管中书省事务），与陆遆（tì）、梁涉等共同掌管文书诰令，为时人传为佳谈。

后来韦陟又升迁为礼部侍郎。他喜欢结交后辈，尤其喜欢以文章度人，文章做得好的即使是晚辈，也无不熟识而与之有交。以前主持科场取人的，大都凭一场考试的优劣，登录考者的科目，不能完全展示应试者的才能。韦陟主考，先考察平时所作文章，让诗人们自己报上各自所擅长的诗笔，先对此考试一天，知道他们的长处和短处，然后才按照常规的程序考核。这样下来，一个有才的人也不会遗漏，人们都称赞他的做法。后来他做了吏部侍郎，经常指责过去选人时名不副实，官阙位置太少，取到有才能者十分困难，真正有才能的人被排挤出去，而无才能的人反而纷纷得以冒进。他疾恶如仇，性格刚毅直率，作风严正。选人时唯恐有假冒之才，就按声音一一盘诘，他所选的没有一个是不合格的人才。他每年都要争取数百个空阙官位，用以安排那些被淹滞而没有录取的人。他常对亲近的人说："如让我连续一两年掌管察铨选人的事，那么天下就会无人可选了。"

韦陟平时在自己宅第中察人用人也很有条理。他出身名门，豪华阔绰，其中侍人阉阁，就有数十人，衣、书、药、食，平时都有专人分管，而车马奴僮，简直可以与王室规模相比。他自以为才华人物都很出众，不费丝毫力气就得到三公之衔，很有些豪贵气象，因而善于发掘接受后来新秀，他的同僚朝官都不如他。一旦他发现有担当道义的人，无论贵贱，都会虚席赤脚，热情地去迎接他，所以人们都还尊重他。

杨炎立两税法为国聚财

唐代税收主要的有租、庸、调3种形式。租是田赋，是国家征收的土地税，多以谷物的形式体现；庸是代替劳役的费用，多以钱的形式体现；调是按人口征收的费用，大多是实物形式。

可见，租庸调的征收，是以户籍为基础的。可是，玄宗时代，户籍制度疏于管理，不能随时反映出人口及土地的变动情况。特别是安史之乱以后，百姓走死逃亡，人口及土地的情况变化更大，而户籍却没有重新订正，户籍与实际的差别有天壤之别。原来的住户没有动的，只有百分之四五。而租赋的征收，却是根据那"老皇历"。还有，那些人口多、雇佣劳动力多的人家，又大多是富人，他们或者为官，或者为僧，都想方设法享受免出租赋的特权。因此，那些租税的负担，就大部分落到了贫苦农民的头上。例如，唐初规定，壮丁参军戍边的，免除6年的租和庸。然而玄宗时代，边境多战事，大部分戍边士卒战死无归。然而将领们为了邀功，士卒战死也不上报。所以，多数战死的士卒名字还保留在家乡的户籍上，正因此，他们死后还要交纳租赋。特别是天宝年间，王𫓧担任户籍使，按旧户口征税，凡是户口上有名的戍边士卒，除去免租赋的6年，其余的都要补交，结果很多人家要为已经战死的士卒补交30年的租赋。这样，农民的负担极其沉重，而国家的收入却减少了，财政困难。

不仅如此，由于征收部门和征收方式的变化，赋税的负担越来越重。原来，各地的租赋由度支使征收，转运使运送。但安史之乱以后，在各地又设立了不少节度使、都团练使等等，也征收税赋。他们各自为政，乱立名目，谁也管不了。结果是朝廷管不了诸使，诸使管不了州郡，法制大乱。有些权臣、地方贪官污吏就乘机征收各种苛捐杂税。那些驻有重兵的地方，将军们更是随便巧立名目，任意提高自己的待遇。有时以向国家朝廷奉献为名向百姓征收钱物，征来以后，很多入了个人的私囊。那时，赋税的名目有上百种之多。那些本来已经作废的，他们还照收不误，有些收重了的项目，也不肯去掉。对于百姓来说，每旬每月都有人来向他们伸手征收税赋。那些贪赃枉法之徒，却可以从中获取数以亿计的赃贿。而给国家剩下部分的却没有多少了。

这种现象，从安史之乱开始，已经持续了近30年，也没有人找到一个可行的办法来解决它。

德宗建中元年（780年），宰相杨炎向德宗李适建议实行两税法，才使这个问题有了一个暂时的解决办法。

杨炎是凤翔（今陕西省凤翔县附近）人，才貌双全，长须飘洒，身材伟岸。他文章也写得好，他为一个称为李楷的人写的碑文，流传很广，很多人能背诵。他还礼贤下士，人们都愿意在他的手下工作。他曾经官至吏部侍郎，后来受人牵连，被贬为道州司马。德宗继位后，做了宰相。

杨炎敢于直谏。唐朝初年，国家的收入都存入左藏库，每年四季都要向主管国家储备的太府卿报告库存数量。尚书台还要进行复核。这样互相牵制，漏洞较少。到第五琦担任度支盐铁使的时候，一些京师的高官时常越格支取，第五琦控制不住，便把各地租税全部存入大盈内库，这实际上是德宗的私库。第五琦这样做，皇帝用起来方便，当然高兴。此后延用下来。各个主管衙门对使用的情况一无所知。这内库是由宦官把持的，管这个事的宦官有300多人，弊端很多。杨炎上任不久，就当着皇帝的面提出了这个问题。他说，财赋是国家最根本的东西，天下的稳定和发展全依赖于它。如果在管理这些财赋上稍有失误，就会引起混乱，甚至动摇天下。20年来让宦官操纵国家的根本，多少盈亏，大臣们全不知道。这样，让他们如何管理天下大事？臣请仍旧把国家收入归于有关部门管理。这样才能根据财政情况，量入为出，并使国家稳定。

德宗很快就同意了杨炎的建议。下诏国家财赋仍旧归左藏库收藏，每年支取三五十万入大盈库。

这个建议虽然正确，但以前，因为他触及皇帝个人的利益，所以谁也不敢提。现在杨炎把它提出来了，并且得到了皇帝的批准。大家都觉得杨炎办成了一件难办的事。这使他本来就比较高的威信更高了。这也使他提出两税法有了比较好的基础。

两税法的主要内容，就是把租赋简化成户税和地税两种。户税不管身份，"户无主客"，按当前实有的人口计算，按每户的贫富划分成等级，然后按等级确定税额。而地税则以大历十四年（779年）实际的土地数量为准。除了这两种赋税之外，任何人不得再征收其他赋税。此外，商人要由所在郡县征收三十分之一的税。"两税"的另一个含义是每年只在春秋两季征收两次。

两税法的实行，在一个时期内、一定程度上，减轻了农民的负担。更主要的是在没有增加赋税的情况下，增加了国家的收入。杨炎为安史之乱以后江河日下的唐王朝增加了收入，解决了一些财政困难。因此史书上称颂他"救时之弊，颇有佳声"。

当然，两税法不可能完全彻底地实行。不久以后，苛捐杂税又多了起来。

杨炎后来陷入官僚们争夺权利的斗争中。他挨过整，遭过贬逐，也进行过无情地报复，"不顾公道"，整过别人。最后是两败俱伤，在他55岁那年被赐死。

开元盛世

唐太宗李世民的才人武则天，后来又成了唐高宗李治的才人并爬到皇后的宝座。武则天有着很高的政治才能和权术手段，她先是与高宗平起平坐，继而在李治死后，先后把他的两个亲生儿子中宗李显和睿宗李旦赶下台，自己当起皇帝来，成了中国历史上唯一的一位女皇。武则天把唐朝的国号改称为大周，篡夺了唐朝的天下，让她娘家武氏的人控制了朝廷的大权。李氏皇朝的人和追随他们的人并不甘心，几经反复，终于在神龙元年（705年），迫使武则天让位给唐中宗李显。从此唐朝的国号恢复。

可惜唐朝的天下并没有从此平静。中宗的韦皇后想走武则天的路，当第二个女皇，便在中宗景龙四年（710年）毒死了中宗，想临朝听政。睿宗的三儿子临淄王李隆基在自己的姑母（武则天的女儿）太平公主的支持下起兵，诛杀了韦皇后和她的党羽，拥立自己的父亲睿宗复位，李隆基被立为太子。但太平公主也有自己的打算，与李隆基产生了很大的矛盾。延和元年（712年），只当了两年皇帝的睿宗宣布退位，自称太上皇。太子李隆基便当上了皇帝，史称唐玄宗。第二年，太平公主又想废掉玄宗，李隆基便杀了太平公主。唐朝宫廷内部的政治动荡，从此才算慢慢地安定下来。"开元盛世"，也才有了出现的可能。

其实，"开元盛世"也是在前几代人建立的基础上出现的。"贞观之治"为唐朝的经济发展打下了良好的基础，而武则天尽管在政治上很残酷，但为了巩固自己的统治，在经济上也做了很多有益的事情。她重视农业生产，并取得成绩，使得"田畴垦辟，家有余粮"，对政绩突出的地方官吏，给以奖励，而对政绩不佳，造成"户口流移"的，则给予处罚。她还主持编写了《兆人本业记》这部农书，对促进农业的发展也起了一定的作用。在她掌政期间，社会安定，户口增加。

武则天也做了不少妨害农业生产的事情，大修宫殿，大造佛寺，铸九鼎，用铜56万余斤，建"天枢"高105尺，直径12尺，买来的铜铁不够用，就到农村去收集农具。何况，她退位前后的争权斗争，对农业生产造成的危害就更大了。

李隆基就在这样的情况下当上了皇帝。他当即许诺"当与亿兆同此惟新"，要同百姓共同创造一个新的时代。并且，他也确实下了一番功夫。

武则天造的"天枢"，消耗了大量的铜铁，而这些铜铁又是农业手工业生产所必需的。玄宗在天宝二年（713年）下令废毁天枢，取其铜铁以充军国之用。

由于天下僧尼很多。这些僧尼不事生产，给社会造成了极大的浪费。因为僧尼不干重活，生活还有保障，所以很多人就躲到寺庙里，冒充僧尼。也是在天宝二年，玄宗批准了紫微令姚崇的建议，检查寺院，让那些冒充的僧尼还俗。仅这一次，就从寺庙里清除伪冒的僧尼两万多人。

玄宗还提倡节俭，认为厚葬之风"无益亡身，有损生业"，下令对各阶层人士的埋葬标准作出规定，节制奢靡之风，提倡简俭。还规定不得用金银制造葬器。有违犯者要对本人打100板，如果地方长官不能举察，还要被贬官。

在关中地区，有一条郑白渠，农民都仰赖它灌田。但那些王公权要之家，却在渠上随意筑坝拦水，使得农民无法充分利用这一水渠。玄宗下诏让京兆尹李元纮（hóng）把这些水坝全部平毁，百姓大受其利。

有一次，关中蝗灾，玄宗采纳了姚崇的建议，派人捕虫，大大减轻了灾害的程度。

他还派宇文融为劝农使，到各地去检查大户隐瞒的户口，查出80多万户，让他们重新登记户口，还减免他们6年的租调，只是收一些税。但仅这一部分很轻的税，国家就多得了几百万贯的收入。

玄宗的这些措施，在一定程度上增加了农村的劳动力，增加了社会人口，提高了农民种田的积极性，因此促进了农业和手工业的发展。

开元十四年（726年），全国在籍的户数达到706万多户，人口为4100万。到了开元二十年，户数达到786万，增加80万户，人口达到4500多万，增加了400多万。到天宝十三年（754年）户数达到900万，人口达到5200万。

当时，社会也逐渐富庶起来，很多人家都有够用几年的存粮，国家仓库的粮食有时因为存放时间太久而腐烂。天宝八年国家储存的粮食达一亿石。物价也很稳定，两都（长安和洛阳）的米价始终在每斗15文到20文上下，而青州（在今山东、河北两省交界处一带）、齐郡（在今山东省济南市一带）的米价只有每石三五文。绢价也保持在200文左右。总之，社会上出现了中国封建社会里少有的升平景象，唐朝也达到了自己发展的鼎盛时期。

可惜的是，玄宗后来宠幸杨贵妃，朝政由李林甫、杨国忠这样一些奸佞之臣来操纵，终于酿成了安史之乱。唐朝的生产遭到严重破坏，生灵涂炭，国力大大衰落，一蹶不振。

偏用宦官　以致动乱

鱼朝恩，唐朝天宝年间以宦官身份进入内侍省（管理宫廷内部事务的机构），开始做品级官时，是给事黄门（执掌诏令，备皇帝顾问）。鱼朝恩狡诈内敛，善于表现和对答辞令，而且稍通文书和计算。

安史之乱中，肃宗即位，宦官们干预朝政。至德年间，肃宗常令鱼朝恩到外地去监督军事。9个节度使在相州（今河北河南二省交界）共同讨伐安庆绪（安禄山之子）时，朝廷没有统帅，只以鱼朝恩为观军容宣慰处置使的身份督战。观军容使这个官名，就是从鱼朝恩开始的。后来因功劳大而累官加左监门卫大将军，专掌管宫殿门禁及守卫之事。

当时郭子仪因平定安史之乱而屡立大功，当时没有比他声望更高的。鱼朝恩嫉妒他功劳太大，就多次派间谍去窥探他的情况，但郭子仪对皇帝全心全意，毫不介意他这些小动作。唐肃宗也英明，能够体察郭子仪的忠心，所以鱼朝恩的挑拨离间付之流水。

自相州大败之后，史思明的叛军又攻陷黄河洛阳，鱼朝恩常统帅皇宫禁卫军镇守关中，以安定东方人心。

唐肃宗死后，代宗即位，广德元年（763年）西部吐蕃兵入犯京郊，代宗逃到陕州（今河南西部），当时禁卫军无法集中，难以征召，到了华阴，鱼朝恩才率大军来迎奉皇帝，于是六军才振作起来协力抗敌。由此之后，鱼朝恩更加受宠，改为天下观军容宣慰处置使，负责全国的军事监督。当时四方叛乱还未安定，军政事务繁重紧迫，皇帝用人之际特别恩重功勋之臣。鱼朝恩统帅神策军扈从代宗，后来神策军及其他扈从军队都归鱼朝恩统辖。他出入禁中，从皇帝那里获得的赏赐无以计数。

后来鱼朝恩恃功自傲，握军权自固，渐渐权倾朝野。

大小欧阳书法

欧阳询，字信本，潭州临湘（今湖南长沙）人，唐代著名书法大家。欧阳询的祖父是曾在南朝陈代任大司空的欧阳明。父亲欧阳纥，在陈朝任广州刺史，因谋反罪被朝廷诛杀。欧阳询差一点因父亲被处死，陈朝尚书令江总因是欧阳纥的旧友，便收养了欧阳询，并教他书法等。欧阳询绝顶聪明，读书一目数行，博览经史。到隋朝时，出仕为太常博士。唐高祖李渊还没有发迹时，欧阳询是他门下的宾客。待到李渊推翻隋朝统治，建立大唐，便授他官职，仕至给事中。

唐高祖武德七年（624年），欧阳询与裴矩、陈叔达等奉旨撰修《艺文类聚》，共100卷。而最主要的，欧阳询是唐代著名的书法家，其书法初学王羲之，后变化其体，渐渐自成一家。《唐人书评》称他书法的特点是："若草里蛇惊，云间电发；又如金刚瞋目，力士挥拳。"史籍中称他的书法"笔力险劲，为一时之绝"。所以，当时人得其书信、文字之类，均将它当做书法的楷式。其书名甚至一直传到朝鲜等国，他们曾专门派使者来求欧阳询的书法。

尽管欧阳询寿至80，但他死时，其子欧阳通却年龄尚幼。欧阳询之妻徐氏这时便承担起了养育儿子的重任，除维持生活外，还教他书法，要他向父亲学习，继承父亲的书艺。徐氏教子可谓煞费苦心，为了更好地激励儿子，她想出了一个办法，常常给儿子钱，给钱时，总是要对欧阳通说："这是卖你父亲的书法作品得来的钱。"欧阳通见人家如此看重他父亲的书法作品，更加钦佩他父亲的书名，于是学得也就更加刻苦了，白天黑夜，丝毫也不见松懈倦怠。

日积月累，欧阳通的书法果然也大有成就。欧阳询在书法史上的地位很高，其作品世称"欧体"。他与虞世南、褚遂良、薛稷4人并称书法"唐初四大家"，后世均将其书法作为临摹学习的范本。欧阳通书名虽不及其父亲，但与父亲一起，被人称为"大小欧阳"，在书法史上也有一定的地位。由于个人天赋等方面的原因，各人取得的成就是不可能完全一样的。欧阳通也许天赋不如其父欧阳询，但他在母亲的教育下，在父亲书名的激励下刻苦学习，毫不懈怠，其精神是可嘉的。有了这样的精神，即使他没有取得任何成就，也是值得肯定的。

　　到武则天天授二年（691年），欧阳通官至司礼卿判纳言。武则天想立其侄武承嗣为太子，欧阳通与宰相岑长倩等竭力反对，得罪了武则天，被诬以谋反罪下狱死。从这一件事上可以看出，欧阳通立朝为官，具有正直不阿的性格。这一点是否受到其父欧阳询和母亲徐氏的影响，史籍中没有明载。

人物春秋

开国元勋　辅帝之才——房玄龄

房乔，字玄龄，自幼聪明，博览经史，工于草书隶书，善写文章，曾跟随父亲到京城去。当时天下安宁，大家都认为隋朝的国运长久，房玄龄避开左右随从对父亲说："隋朝皇帝本无功德，只会迷惑黎民百姓，不做长远打算。他混淆嫡亲和庶出，让他们互相争夺，皇太子与诸王，又竞相奢侈，早晚会引起互相残杀，靠他们国家将难以保全。现在天下虽然清平，但其灭亡却指日可待。"房彦谦听后很吃惊，对他刮目相看。房玄龄18岁时，本州举荐他应进士考，及第后被授羽骑尉。吏部侍郎高孝基一向被认为有知人之明，见到房玄龄后深加赞叹，对裴矩说："我见过的人多了，还从未见到过这样的郎君。他将来必成大器，但恨我看不到他功成名就，位高凌云了。"父亲久病，历百余日，房玄龄尽心侍奉药物膳食，总是和衣而睡。父亲去世后，5天不吃不喝。后来房玄龄被任命为隰城县县尉。

到唐高祖举义旗入关内，太宗向渭北拓地时，房玄龄驱马前往军营谒见。温彦博又加以推荐。太宗一见房玄龄，如同旧友，署任他为渭北道行军记室参军。房玄龄既然已遇知己，就竭尽全力，知无不为。每当讨平寇贼时，众人都竞相搜求珍玩，唯独房玄龄先去网罗人才，送到太宗幕府。遇有猛将谋臣，他就暗中与他们交结，使他们能各尽死力。

不久隐太子李建成见太宗功德比他更盛，产生猜忌。太宗曾到隐太子住所吃饭，中毒而归。幕府中人震惊，但又无计可施。房玄龄因此对长孙无忌说："现在怨仇已成，祸乱将发，天下人心恐慌，各怀异志。灾变一作，大乱必起。不但能祸及幕府，还怕会倾覆国家。在此关头，怎能不再三深思呢！我有计：不如遵从周公诛杀兄弟的故事，就能对外抚宁天下，对内安定宗族社稷，来尽一份孝养的礼节。古人曾说：'治理国家的人不能顾及小节'，说的就是这个道理。这比家国沦亡、身败名裂不是要好得多吗？"长孙无忌说："我也早有这种打算，一直没敢披露出来。您现在所说的，与我的想法深深相合。"长孙无忌于是入见太宗献策。太宗召来房玄龄对他说："危险的征兆，已现迹象，应该怎么办呢？"房玄龄回答说："国家遭逢患难，古今没什么不同，不是英明的圣人，不能平定它。大王功盖天地，符合君临臣民的预兆，自有神助，不靠人谋。"因此与幕府属官杜如晦同心尽力。仍然随同幕府升迁为秦王府记室，封爵临淄侯。又以本职兼任陕东道大行台考功郎中，加官文学馆学士。房玄龄在秦王府10余年，经常掌管文书。每当撰写奏章时，他驻马路边，一挥而就，行文简洁，道理充分，不打任何草稿。高祖曾对侍臣们说："此人深知事理，完全可以委任。每当他为我儿向我陈述事情，都能理会我心，使千里之外，与我儿就像对面谈话一样。"隐太子看到房玄龄、杜如晦被太宗信任，十分厌恶，在高祖面前进谗言，于是房玄龄与杜如晦一起被贬斥。

隐太子将要变乱，太宗命令长孙无忌召来房玄龄和杜如晦，悄悄带他们入府阁议事。及太宗入东宫成为皇太子，便提拔房玄龄为太子右庶子。贞观元年，代替萧瑀任中书令。太宗论功行赏，以房玄龄和长孙无忌、杜如晦、尉迟敬德、侯君集五人为第一。房玄龄晋爵邢国公。太宗因此对诸位功臣说："朕奖励你们的功勋，给你们划定封邑，恐怕不一定恰当。现在你们可以各自发表意见。"太宗叔父淮安王李神通进言说："高祖刚举义旗，臣就率先领兵赶到。现在房玄龄、杜如晦等刀笔吏功居第一，臣有些不服。"太宗说："义旗初举，人人追随。叔父虽然率兵前来，但不曾身经战阵。山东没有平定时，叔父受命出征，窦建德南侵，叔父全军覆灭。刘黑闼叛乱，叔父才随军破敌。现在论功行赏，房玄龄等有运筹帷幄、安定国家的功劳。汉朝的萧何，虽然没有征战的功劳，但他指挥谋划、助人成事，因此功居第一。叔父是皇家至亲，对你的确没什么可以吝惜，但朕又切不可因此私情，让你与功臣接受同等的赏赐。"起初，将军丘师利等都居功自傲，甚至有时挽袖指天、以手画地，陈说怨愤。等见到李神通理屈后，他们互相议论说："陛下赏赐极为公正，不徇私情，我等怎能妄加陈述呢？"

贞观三年，任命房玄龄为太子太师。他坚辞不受，改任代理太子詹事、兼礼部尚书。明年，代替长孙无忌任尚书左仆射，改封爵为魏国公，并监修国史。房玄龄既已总管百官事务，就虔诚恭谨，日夜操劳，尽量做到事事处理恰当。听到别人的长处，就像自己有长处那样高兴。他精通吏事，注意文辞，审定法令，意在宽平。用人不求全责备，也不以自己的长处来衡量别人，随才录用，不拘贵贱，被时人称为良相。有时因事被皇上谴责，他就连日在朝堂上叩头请罪，恐惧不安，似无地自容一般。贞观九年，房玄龄监护高祖陵庙制度，因功加授开府仪同三司。十一年，房玄龄和司空长孙无忌等14人一起被授予世袭刺史。房玄龄带原官任宋州刺史，改封爵为梁国公。这件事结果后来未曾施行。

贞观十三年，加房玄龄官为太子太师。房玄龄再三上表请求解除仆射职务，太宗下诏书回报说:"选用贤能的根本,在于无私;侍奉君上的道义,贵在当仁不让。列圣所以能弘扬风化,贤臣所以能协力同心。公忠贞庄重,诚信贤明,为我草创霸业,助成帝道。执掌尚书省,使百政通和;辅佐皇太子,实众望所归。但是公忘记了那些大事,拘于这点小节,虽然恭敬完成教谕事务,却要辞去宰相职位,这难道就是所说的辅佐朕共同安定天下吗?"房玄龄于是带本官就任太子太师。当时皇太子要行拜师礼,已备好仪仗等待。房玄龄深加谦退,不敢进见,于是回家去了。有见识的人都推崇他的谦让精神。房玄龄认为自己居宰相位15年,女儿是韩王妃子、儿子房遗爱娶高阳公主,实在是极为显贵,于是频繁上表,请求辞去职位。太宗下诏宽慰,但并不批准。十六年,又与高士廉等人一起撰成《文思博要》,获丰厚赏赐。拜官司空,仍然总掌朝政,依旧监修国史。玄龄上表辞让,太宗派遣使节对他说:"过去留侯张良让位、窦融辞去富贵,都是自己惧怕功名太盛,知道进能够退,善察时势、及时止步的,所以前代人加以赞美。公也想追随往日贤哲,实在应当嘉奖。然而国家任用公已久,一旦突然失去良相,就如同失去双手一般。公若体力不衰,就不要再辞让了。"房玄龄于是停止推让。

贞观十七年,房玄龄和司徒长孙无忌等人的像被画在凌烟阁上。赞词说:"才能兼有辞藻,思虑化入神机。为官励精守节,奉上尽忠忘身。"高宗在东宫时,加房玄龄太子太傅,仍然知门下省事、监修国史如故。同年,房玄龄因继母去世停职修丧礼,太宗特命赐以昭陵葬地。不久,恢复本职。太宗亲自出征辽东,命房玄龄在京城留守,手写诏书说:"公担当着萧何那样的职任,朕就没有西顾之忧了。"军事器械、战士衣粮,都委任房玄龄去处置发送。房玄龄屡次上言说敌人不可轻视,应当特别谨慎。

房玄龄曾因微小过失被罢官回家,黄门侍郎褚遂良上奏说:"君主是'首脑',臣下称'四肢'。有龙跃就有云起、不待呼啸而会集,一旦时机到来,千年不敌一瞬。陛下过去是布衣百姓时,心怀拯救民众的大志,手提轻剑、仗义而起。平定诸处寇乱,全靠陛下神功,而文章谋略,颇得辅佐帮助。作为臣下,玄龄出力最勤。往昔吕望扶助周武王、伊尹辅佐成汤,萧何竭力于关中、王导尽心于江南,玄龄可以与这些人匹敌。况且武德初年出仕做官的人,都是忠诚勤恳、恭敬孝顺的,众人同归陛下。但隐太子与海陵王,凭仗凶乱、求用惑主,使人人不能自安,处境像鸡蛋相叠一样危险、形势如身被倒挂一样危急,命在旦夕,身系寸阴,而玄龄之心,始终不变。到武德九年之际,事情紧迫,玄龄虽被贬斥赶走,未能参与谋略,但仍然穿着道士衣服入府,与文德皇后同心相助。他在臣节方面，确实没有亏欠。到贞观初年，万物更新，玄龄选择能吏侍奉君主，为舆论所推奖，虽有无上功勋，却忠心依旧。只要不是犯有不赦的罪状、为百官同愤，就不能因一点小错误就轻易地舍弃他不用。陛下如果确实怜悯玄龄年迈，或瞧不起他的行为，自可像古时那样，谕示大臣让他退休。但这事实行起来要靠后一些，并要遵循往日故事，按退休礼仪去做，就不会使陛下失去好的声誉。现在玄龄这样有数十年功勋的旧臣，只因小事而被贬斥，朝廷外面议论纷纷，都认为不应该。天子重用大臣则人尽其力，轻易舍弃则人心不安。臣以庸碌人才，愧列陛下左右，斗胆冒犯天威，略为陈述管见。"

贞观二十一年，太宗前往翠微宫，在那里授司农卿李纬官为民部尚书。房玄龄当时留守京城。恰好有人从京城来，太宗问他："玄龄听说李纬官拜尚书后怎么样？"那人回答："玄龄说李纬胡子好，没说其他话。"太宗立刻改授李纬为洛州刺史。房玄龄就是这样，是当时的一种尺度。

贞观二十二年，太宗前往玉华宫。当时房玄龄旧病发作，诏书命令他在京养病并仍然总管留守事务。病重时，太宗让他来玉华宫。房玄龄坐抬轿入殿，一直被抬到太宗座前才下轿。太宗面对他垂泪，房玄龄也感动哽咽。诏书派遣名医救治，并命尚食局每日供应宫廷膳食。如果房玄龄稍有好转，太宗便喜形于色；如果听说病情加重，脸色便变得悲伤。房玄龄因此对诸子说："我自从病情危急后，受恩泽反而更深；如果辜负了圣明君主，则死有余辜。当今天下清明，各件事务都很得当，唯独东征高丽不止，将为国患。主上含怒下了决心，臣下不敢冒犯圣威。我若知而不言，就会含恨入地。"于是上表劝谏说：

臣听说兵革最怕不收敛，武功贵在停止干戈。当今圣明教化，无所不至。上古未能臣服的地方，陛下都能让其称臣；未能制服的地方，陛下都能制服。详察古今，为中国患害最大的，首推突厥。而陛下却能运用神机妙策，不下殿堂就使突厥大、小可汗相继归降，分掌禁卫军，执戟行列间。其后薛延陀嚣张，旋即被讨平灭亡；铁勒倾慕礼义，请朝廷设置州县。沙漠以北，万里安宁，没有兵尘硝烟。至于说高昌在流沙拥兵叛乱，吐谷浑在积石山归属不定，发一军进讨，全都荡平。高丽历代逃避诛罚，朝廷未能征讨。陛下谴责它为逆作乱、杀害君主虐待民众，于是亲自统领六军，前往辽东、碣石问罪，不到一月，就攻拔了辽东，前后抓获俘虏达数十万，分配在诸州，无处不满。雪前代的旧耻，埋亡卒的枯骨。若比较功德，则高出前王万倍。这些都是圣主心中所自知的，卑臣怎么敢详尽述说。

况且陛下仁风流布，遍于四海；孝德显扬，与天同高。看到夷狄将要灭亡，便能算出还需几年；授予将帅指挥谋略，就能决胜万里之外。屈指计日、等待驿传，观日算时，迎候捷报，符合应验如同神灵，算计谋划没有遗漏。在行伍之中提拔将领，于凡人之内选取士人。远方的使节，一见不忘，小臣的名字，不曾再问。射箭能洞穿七层铠甲、拉弓能力贯百八十斤。加上留心经典、注意文章，用笔超过钟繇、张芝，文辞不让班固、司马迁。文锋已振，管磬自然和谐，翰墨轻飞，花卉竞相开放。以仁慈安抚百姓，以礼义接遇群臣。有喜好生命的德性，在江湖焚烧障塞，释放鱼类；有厌恶杀戮的仁慈，在屠场止息刀斧，拯救畜牲。鸭鹤承接了稻粱的赐予，犬马蒙受着帷盖的恩惠。下车吮吸李思摩的箭疮，登堂哭临魏徵的灵柩。为战亡的士卒哭泣，哀痛震动六军；背填路用的薪柴，精诚感动天地。重视民众的生命，特别关心狱囚。臣见识昏愦，怎能论尽圣功的深远，奢谈天德的高大呢！陛下兼有众多长处，各种优点无不具备，卑臣深深地为陛下珍惜它，爱重它。

　　《周易》说："知道进而不知道退，知道存而不知道亡，知道得而不知道失。"又说："知道进退存亡，又不迷失正道的，只有圣人啊！"由此说来，进里有退的含义，存中有亡的机宜，得内有失的道理，老臣为陛下珍惜的原因，指的就是这些。老子说："知足就不会招致侮辱，知道适可而止就不会遇到危险。"陛下的威名功德，也可以说是"足"了；拓广疆域，也可以"止"了。那个高丽，是边境的夷族残类，不足以用仁义对待，也不可以常礼责备。古来将他们像鱼鳖一样喂养，应该宽恕他们。如果一定要灭绝他们的种类，恐怕野兽落入穷困境地就要搏斗。而且陛下每次决杀一个死囚，都必定命令法官再三复审多次上奏，并要吃素食、停音乐。这就是因为人命关天，感动了圣上仁慈之心的缘故。何况现在这些兵士，没有一点罪过，却无故被驱赶到战阵之间，处于刀锋剑刃之下，使他们肝脑涂地，魂魄没有归处；让他们的老父孤儿、寡妻慈母，望灵车而掩泣，抱枯骨而伤心，这就足以使阴阳发生变动，和气受到伤害，实在是天下的冤痛啊。况且"兵"是凶器，"战"是危事，不得已才使用。如果高丽违反臣节，陛下诛讨它是可以的；如果高丽侵扰百姓，陛下灭亡它是可以的；如果高丽会成为中国的长久之患，陛下除掉它是可以的。有其中的一条，虽然日杀万人，也不值得惭愧。现在没有这三条，却烦扰中国，内为前朝旧王雪耻，外替新罗报仇，难道不是所保存的少、所丢失的多吗？

　　希望陛下遵循皇朝祖先老子"止足"的告诫，来保全万代巍峨的名声。发布甘沛的恩泽，颁下宽大的诏书；顺应阳春散布雨露，允许高丽悔过自新；焚烧凌波的船只，停罢应募的民众，自然华夏与夷族都庆贺依赖，远方肃宁，近处安定。臣是老病的三公，早晚就要入地，所遗憾的只是臣竟然没有尘埃露水，来增高山岳、增广海洋。谨此竭尽残魂余息，预先代行报恩的忠诚。倘若承蒙录用这些哀鸣，臣就是死而不朽了。

太宗见到表奏，对房玄龄的儿媳高阳公主说："他病成这样，还为国家担忧。"

房玄龄后来病情加剧。太宗于是凿通苑墙开设新门，屡次派遣宫中使臣问候。太宗又亲自前往，悲伤不止。皇太子也前去与他诀别。当天授房玄龄的儿子房遗爱为右卫中郎将、房遗则为中散大夫，让他生前看到儿子的显贵。不久病故，享年70岁。太宗命3天不上朝，下册书赠房玄龄官太尉、并州都督，赐谥号为"文昭"，朝廷供丧葬器物，陪葬昭陵。房玄龄常告诫诸子不能骄奢、沉溺于声色，一定不可以用地位门第去欺凌他人，因此汇集了古今圣贤的家诫格言，写在屏风上，令诸子各取一扇，对他们说："你们如果能留意这些家诫，就足以保身成名。"又说："汉朝的袁家历代保有忠节，是我所崇尚的，你们也应该效法。"高宗继位，诏命房玄龄在太宗庙庭中祔祭。

唐代高僧——玄奘

玄奘和尚，姓陈，洛州偃师县人。隋炀帝末年出家，广泛阅读佛经著作。他曾因当时的佛经译本有很多谬误，所以到西域去，广泛寻求各种版本检验校正。太宗贞观初年，跟随商人到西域结交佛教界人士。玄奘知识渊博，口才出众，每到一地都要讲授经义，解释疑难，各地外国人都尊敬佩服他。他在西域17年，遍访的国家有100多个。这些国家的语言全都懂得，于是收集山河风俗，当地特产，撰写《大唐西域记》。贞观十九年（645年），回到京城长安。太宗召见他，非常高兴，跟他交谈讨论。于是诏令把657部梵文佛经安排在弘福寺译成汉语，还命令右仆射房玄龄、太子左庶子许敬宗，广泛征聘学识渊博的和尚50多人，帮助玄奘整理考校。

显庆元年（656年），高宗命令左仆射于志宁，侍中许敬宗，中书令来济、李义府、杜正伦、黄门侍郎薛元超等人，一同润色玄奘翻译出来的佛经译文，国子博士范义硕、太子洗马郭瑜、弘文馆学士高若思等人，帮助翻译。这时共译出75部，进献给高宗。后来由于京城的人们争着来礼拜晋见，玄奘就禀奏请求找个安静的地方翻译，诏令搬迁到宜君山的老玉华宫。玄奘于显庆六年（661年）去世，终年56岁，安葬在陕西蓝田县西的白鹿原，送葬的男男女女好几万人。

新唐书

《新唐书》概论

《新唐书》是又一部系统记录唐朝历史的纪传体史书，亦被列入正史之列。该书撰于北宋仁宗嘉祐年间，比《旧唐书》晚出世一个多世纪。该书全面继承了《史记》《汉书》的编纂体例，使纪传体史书体例自《三国志》以后再度完备起来，故该书在正史中有着相当重要的地位。

一

宋朝《新五代史》的编纂，由政治原因、文化原因等多种因素共同促成。

首先，出于巩固宋朝统治的目的，是其一个主要原因。

北宋立国以后，鉴于五代割据纷争的历史教训，北宋王朝的统治者颇为关注五代时期的历史探究。经过近百年的统治和经营，至仁宗皇帝时期，天下平和，民物安乐。但外族边患日益严重，加之国内财政危急和人民反抗，迫使统治阶级不得不从历史中寻求治理天下的历史经验，由是开始注意对唐代历史的重视。庆历元年（1041年）冬，当时即有人向宋仁宗建议从《旧唐书》中探求鉴益，主张节略《旧唐书》中有益于时政的内容进献最高统治阶层，以求收取贾谊、晁错借秦以喻汉的功效。仁宗当即十分乐意地接纳了这一建议。不久，范仲淹等人在推行"庆历新政"时，又上书宋仁宗，请求他应当像唐高祖、唐太宗那样"隆礼敦信，以盟好为权谊；选将练兵，以攻守为实务"，以此外交方略来缓和和治理日益严峻的边患。这样，最高统治者们出于巩固统治秩序的目的，对唐代历史的治乱兴衰发生了浓厚的兴趣。

其次，文化学术风气的变化也对唐史研究提出了新的问题。早自中唐时期，文化学术领域就出现了一些变革的迹象。在史学方面，尤其主张运用《春秋》笔法，故对司马迁、班固开创的纪传体史学编纂形式颇有批评。至北宋真宗、仁宗时期，人们已开始在唐史研究中实践着"春秋笔法"。如在仁宗时期，有孙甫的《唐史记》75卷。其中孙甫的著述，即直接冲着《旧唐书》而来："甫以刘昫《唐书》烦冗遗略，多失体法，乃改用编年。"（《宋史·孙甫传》）之所以运用"春秋笔法""改用编年"，是因为"《春秋》记乱世之事，以褒贬代王者之赏罚"，而《旧唐书》并不能起到这种作用。这种思想认识，曾公亮在《进〈新唐书〉表》中说得十分明白：《旧唐书》"言浅意陋，不足以起其文而使明君贤臣、俊功伟烈，与夫昏虐贼乱、祸根罪首，皆不得暴其善恶以动人耳目，诚不可以垂劝戒、示久远，甚可叹也。"）因而重新编纂唐朝的历史被提上了议事日程。

《新唐书》的编纂过程也是长期复杂的。

早在仁宗庆历四年（1044年）春，当时身处宰相之位的贾昌朝，即提出重修《唐书》的建议。仁宗接受这一建议后即下令史馆人员开始搜集资料的工作。第二年即组成书局。以王尧臣、宋祁、张方平、杨察、赵概、余靖为刊修官，曾公亮、赵师民、何中立、范镇、邵必、宋敏求为编修官，贾昌朝为提举官。但在开始的几年内，因人员变动频繁，故编修工作进展缓慢。6年后，6人的"刊修"班子只剩宋祁一人，于是仁宗改宋祁为"刊修"全面主持其事。同时，"编修"的班子到第二年就只剩下范镇、宋敏求两人，后又加入王畴，计3人。皇祐三年，宋祁又出为外任，仁宗特命他"将史稿自随"，在任上进行修纂。此时，吕夏卿、刘羲叟两人又加入了编修队伍，提举官由丁度替下了贾昌朝。3年后，又由刘沆替下了丁度，在刘沆的举荐下，欧阳修被任命为刊修官。于是，自仁宗至和元年（1054年）八月起，编纂《新唐书》有了宋祁、欧阳修这样两位刊修官。其中宋祁在外，负责列传的修撰，欧阳修在京，负责本纪、志、表的编纂。欧阳修入局后，又举荐梅尧臣加入了编修队伍。自是而降，两位刊修、6位编修的队伍组成，一直到全书修成。但提举官仍在不断地变动，即由王尧臣接替刘沆，再由曾公亮替下王尧臣，到仁宗嘉祐五年（1060年）七月《新唐书》修成时，而由曾公亮领衔奏上，所以今日人们所见《新唐书》

的"提举编修"云云，乃是曾公亮的大名。但在事实上，真正对《新唐书》起主编作用的人物，却是宋祁与欧阳修。

除了两位"刊修官"外，参加《新唐书》编纂工作的还有一支"编修官"队伍。这支队伍在最初阶段变动很大，至皇祐年间才固定下来，欧阳修任刊修后，又增加了梅尧臣一人。这些人在局时间，按欧阳修所说，"宋离、范镇到局各及一十七年，王畴一十五年，宋敏求、吕夏卿、刘羲叟，并各十年以上。"其中"范镇、王畴、吕夏卿、刘羲叟，并从初置局，便编纂故事，分成卷草，用功最多"（《欧阳文忠公全集·辞转礼部侍郎札子》）。至于梅尧臣，因最后入局，且于书成"先一月余卒"，故而曾公亮在《进〈新唐书〉表》中没有提到他的名字。但梅氏对《新唐书》的贡献亦值得一提。他"修方镇、百官表"，且在修《唐书》之前，贡献出自己所撰的《唐载》26卷，其书"多补正旧史阙谬"。

《新唐书》编成后，其内容较《旧唐书》而言，本纪篇幅减缩，表的篇幅大增，志与列传亦有增补，计为本纪10卷，志50卷，表15卷，列传150卷，共计225卷（如以篇计，共为249篇）。尤其是表15卷，为《旧唐书》所未有。因此全书内容较《旧唐书》而言，"事则增于前"。

《新唐书》能比《旧唐书》扩大篇幅，关键在于修史者们收集资料的更为广泛。《新唐书》的史料，除了取自《旧唐书》外，对唐代流传下来的其他史料素材及金石铭刻都广泛加以利用。在其他史料素材方面，曾为《新唐书》重要编纂者之一的宋敏求，在修撰《新唐书》之前，曾搜集了唐武宗以下6位皇帝时期的史事，撰成《唐武宗实录》20卷、《唐宣宗实录》30卷、《唐懿宗实录》25卷（一作30卷）、《唐僖宗实录》30卷、《唐昭宗实录》30卷、《唐哀帝实录》8卷。这些实录的撰成，使唐代自高祖至哀帝有了一个完整的实录体系，为《新唐书》本纪的编撰提供了大量全新的素材。宋敏求还积累了唐代帝王的"训词诰命"，编集为《唐大诏令集》52卷，这也是《新唐书》一大资料来源。此外，《新唐书》修撰之前曾出现过一股"唐史热"，这种热潮使不少有关唐代记事的文献纷纷问世，诸如各种别史、杂史、霸史、编年、传记、奏议，以及有关地理书籍、小说、文人别集、碑碣等等，无不成为充实和丰富《新唐书》内容的资料来源。在金石铭刻方面，作为《新唐书》编纂工作总负责人之一的欧阳修，就曾积近20年的精力编写成我国第一部金石考证专著——《集古录》一书。该书集录古代金石遗佚十分丰富。这些金石材料不少被用来参验和补充、修改唐史的文献材料，为丰富《新唐史》开掘了又一大新的史料来源。除欧阳修外，其他如宋祁、吕夏卿等人，对野史、笔记等材料都十分注意利用。所以这些，使《新唐书》的编修形成了一些突出的特点。

首先，"本纪"方面，《新唐书》"法严而词约，多取《春秋》遗意"。《新唐书》的编修十分注意"春秋笔法"，按照孔子删改《春秋》的是非标准来取舍唐代史事，处处体现"一字褒贬"的精神，"义类凡例，皆有依据"。正因有此，清代学者章学诚曾说："迁、固以下，本纪虽法《春秋》而中载诏诰号令，又杂《尚书》之体。至欧阳修撰《新唐书》，始用大书之法，笔削谨严，乃出迁、固之上，此则可谓善于师《春秋》者矣。"（《章氏遗书外篇》卷一《信摭》）也正因为"笔削谨严"，故本纪部分"法严""词约"，在全书篇幅较旧书大增的情况下，本纪文字反而大大削减。

其次，在"表"方面，《新唐书》的重大贡献之一就是恢复了《史记》《汉书》的体例——恢复立表。这就使得纪传体史书体例至此再度完备，且这一传统为后世各史所继承。关于史书作"表"的作用和价值，顾炎武曾如是指出："作史无表，则立传不得不多。传愈多，文愈繁，而事迹或反遗漏而不举。欧阳公知之，故其撰《唐书》有'宰相表'、有'方镇表'、有'宗室世系表'、有'宰相世系表'，始复班、马之旧章。"（《日知录》卷二十六）《新唐书》共有"表"计15卷23篇，其中《宰相表》3卷、《方镇表》6卷、《宗室世系表》1卷、《宰相世系表》5卷。

第三，在"志"方面，《新唐书》较《旧唐书》亦有较大的改进。《新唐书》立"志"十三，比《旧唐书》多列二志，计为《礼乐志》12卷、《仪卫志》1卷、《车服志》1卷、《历志》6卷、《天文志》3卷、《五行志》3卷、《地理志》7卷、《选举志》2卷、《百官志》4卷、《兵志》1卷、《食货志》5卷、《刑法志》1卷、《艺文志》4卷。就这十三志所反映的内容来看，既十分丰富周详，又编排记叙很有条理，因此，这一部分内容颇受后世学者赞赏。

第四，在"列传"方面，《新唐书》在这一系列中增添了不少新内容。这种增添，既包括立传人物的增多，也包括所写人物事迹的增加和类传分目的增添。在立传对象上，《新唐书》比《旧唐书》增加了三四百列传（也删掉了几十人的列传），尤其一些重要人物，如名臣李栖筠、文学家贾岛、唐后朝重要人物杨行密等数十人，都是《新唐书》才有的。除人物外，《新唐书》还在列传中增加了一些周边政权，如《沙陀传》等即是。至于事迹方面，据清人赵翼所计，"《新唐书》列传内所增事迹较《旧书》多二千余条"，其中不少内容是"不可不载"的史料，有的人物传记，其所增内容较于旧书"几至倍蓰"。由于内容充实、资料丰富，故一些人物在旧书中为附传、小传，在《新唐书》中被扩充为正传。在类传分目排序上，《新唐书》坚持"暴其善恶以动人耳目"的编纂原则，一方面增添类传名目，如"卓行""藩镇""奸臣""叛臣""逆臣"诸名目全为新立，另一方面则在编排秩序上做了较大的调整，突出"忠君"意识，将叛臣贼子祸根乱源者统统放在后面，而将忠、孝、节、义的内容排在前头。这些，处处反映出该书编纂者们的真实指导思想。

二

综观整部《新唐书》可以看出，编纂者们的真实指导思想是要在总结唐代历史的过程中，既要扬其善以垂劝戒，又要暴其恶动人耳目，而这一指导思想反映在文字形式上即崇尚《春秋》笔法，弘扬所谓的"道统"，使其书真正收取到"垂劝戒，示久远"的功效。

首先，在扬善以垂劝诫方面，如前所述，《新唐书》在类传分目时，将"忠义列传"的位置提前，并创立"卓行列传"，再继以"孝友列传"，向人们展示出处世的根本原则，即为臣者要尽忠，为子者须尽孝，处世必得有节有义，忠、孝、节、义四者排列成序，其封建伦常道德也就"正统"得可以了。不仅如此，更重要的是在列传的内容里比起《旧唐书》有了更大的改动。《旧唐书》的"忠义列传"只是记叙其人"杀身成仁，临难不苟"，而于其他的事迹上强调若遇"明主""一心可事百君",而不必愚忠于一朝。对此《新唐书》在"忠义列传"的序文中针锋相对地指出,为臣者必须"终始一操"。再如在"孝友列传"上面,《旧唐书》写孝友,是"善父母""善兄弟"者可以"移于君""施于有政",强调为君者的自身修养,而《新唐书》则突出地说明"父父也,子子也,兄兄也,弟弟也,推而之国,国而之天下,建一善而百行从,其失则以法绳之",强调的是"以其教孝而求忠"的原则。总之,《新唐书》旨在通过对唐代历史的总结,告诉封建王朝最高统治者们要高举封建伦理的大旗,劝奖忠孝节义的人与事,以此来维护既有的封建统治秩序。

其次,在暴恶动人耳目方面,为了达到这一目的,《新唐书》编纂时新增立藩镇、奸臣、叛臣、逆臣4个类传,并在排目时将外戚、宦者、酷吏、与藩镇等4类传放在一起,又将奸臣、叛臣、逆臣3类传放在全书最末的位置上,意在让这些"产乱取亡"的"祸根"得到充分的暴露,以此来"动"世人之"耳目"。在《新唐书》编纂者看来,唐代的外戚、宦官对于天下的治理都起过极为恶劣的坏作用,是唐代"产乱取亡"的"祸根"之一,故此必须予以暴露。这种"暴恶"应该说还是取得了一定的社会成效,终宋一代,就没有发生过外戚、宦官干乱朝政的事件。至于藩镇,在唐代中后期分地割据,胡作非为,"护养孽萌,以成祸根"。《旧唐书》对此则分散于诸臣列传之中,人们不易看清藩镇发展的脉络和对唐代统治的危害作用,《新唐书》将他们集中一起进行历史大曝光,其借镜作用十分明显。对于奸臣、叛臣和逆臣,《新唐书》不仅单独列传,将这些他们认为的"丑类"逐一排队,而且其内容的篇幅甚大,这3类传共为3卷7篇,所记人物达30余人。将这些造成唐代灭亡的"罪首"放在最为显著的位置上——全书之末,确实能够"动人耳目"。

为了让后世犯上作乱者有所"惧",《新唐书》全书贯彻着"《春秋》笔法"。不仅"本纪法严而词约,多取《春秋》遗意",而且在列传中也严格地"遵守古训""不敢妄作聪明"。

为了宣扬"道统",坚持儒家封建伦常的"正宗",《新唐书》在编纂过程中还在"明王道"的同时力排佛、老之学及提倡佛、老的人物。如在《太宗皇帝本纪》中,就在肯定李世民的文治武功的同时,批评他"牵于多爱，变立浮图"。再如对《旧唐书》所立的玄奘、神秀、慧能、僧一行等佛教徒的传记，全都删而不录。同理，对于土生土长的道教，《新唐书》同样持批判态度，如指责毁佛信道的唐武宗是"庸夫"。

三

《新唐书》撰成于北宋嘉祐年间，修成上奏后很快就刊印，这就是后世所称的"嘉祐本"（又称"十四行本"）。后来北宋时期又有过多次刊刻，如"十六行本"等。其时统称《唐书》，无新、旧之分。至南宋时期，又有"十行本"与闽刻"十行本"等行世。元代刊印"十七史"时，《新唐书》亦在其中。明代有3种刻本，一是成化年间南京国子监刻本（南监本）一是万历年间北京国子监刻本（北监本），再是毛晋汲古阁刻本。上述刻本，仍然沿用《唐书》之名，而未冠以"新"。至清代乾隆四年（1739年）武英殿翻刻"廿四史"时，为了区分两部《唐书》，才正式将宋祁、欧阳修等编纂的《唐书》定名为《新唐书》，而将刘昫的《唐书》命名为《旧唐书》，自此而降，其书名沿称至今。武英殿刻本通常称为"殿本"。这种版本附有宋人董冲的《唐书释音》25卷及考证。后来此版本多有影刻、翻刻、排印、缩印。民国时期，商务印书馆汇集了流传的宋刻本，包括影印北宋嘉祐十四行本，残阙之处则以北宋十六行本、南宋十行本相关内容补入，刊印成"百衲本"。1975年2月，以"百衲本"为基础，参校北宋闽刻十六行本、南宋闽刻十行本、毛晋汲古阁本、清武英殿本及浙江书局本等，中华书局印行了校点本《新唐书》，这就是目前见到的有标点的《新唐书》。

在深入研究唐代历史时，必须了解前人对《新唐书》不足之处的批评和考证。在此尤其要注意宋哲宗时期吴缜的《〈新唐书〉纠谬》。《〈新唐书〉纠谬》20卷，分为20目，分门别类地就《新唐书》中一些问题一一进行了"质正"，所论内容计达400余事。这是第一部考订研究《新唐书》的重要参考书。刻书只是就《新唐书》自身"自相质正"，而未以他书"考证"，故在参考时亦加留心用意。全书所质正内容为：以无为有、似实而虚、书事失实、自相违舛、年月时世差互、官爵姓名谬误、世系乡里无法、尊敬君亲不严、纪志表传不符、一事两见而异同不完、载述脱误、事状丛复、官削而反存、当书而反阙、义例不明、先后失序、编次未当、与夺不常、事有可疑、字书非是等20门类。正如前述,《新唐书》两位"刊修"直至书成并未见一面,如此情况,自然使该书存在种种不足,诸如重复、繁赘、阙遗、矛盾等等在所难免。

政 略

王琚进言诛太平

　　琚是时方补诸暨县主簿①,过谢东宫,至廷中,徐行高视,侍卫何止曰:"太子②在!"琚怒曰:"在外惟闻太平公主,不闻有太子,太子本有功于社稷,孝于君亲,安得此声?"太子遽③召见,琚曰:"韦氏躬行弑逆,天下动摇,人思李氏,故殿下取之易也。今天下已定,太平专思立功,左右大臣多为其用,天子以元妹,能忍其过,臣窃为殿下寒心。"太子命坐,且泣曰:"计将安便?"琚曰:"昔汉盖主供养昭帝④,其后与上官桀谋杀霍光⑤,不及天子,而帝犹以大义去之。今太子功定天下,公主乃敢妄图,大臣树党,有废立意。……"太子曰:"先生何以自隐而日与寡人游?"琚曰:"臣善丹沙⑥,且工谐隐,愿比优人⑦。"太子喜,恨相知晚。

(《新唐书》卷一百二十一,王琚传)

【注释】

　　①"琚是"句:琚,王琚,唐睿宗时官至户部尚书,封赵国公,时号为内宰相。历为刺史,为李林甫所害。诸暨,县名,属浙江省。主簿,官名,负责文书簿籍,掌管印鉴等。②太子:李隆基。③遽:立即。④昭帝:汉昭帝刘弗陵,在位13年。⑤"其后"句:上官桀,汉武帝时官至太仆、大将军,后谋废昭帝事觉,族灭。霍光,汉武帝时官至奉车都尉、大司马,汉宣帝亲政,以谋反而夷族。⑥丹沙:朱砂。⑦优人:优伶,乐人。

【译文】

　　王琚当时补为诸暨县主簿,前往东宫拜谢太子,到廷中,慢步昂首,内侍止呵住他说:"太子在!"王琚大怒说:"外面只听说太平公主,没有听说有太子,太子本是国家的功臣,孝顺君亲,怎么这样说?"太子马上给予召见。王琚说:"韦氏亲自谋乱弑杀皇帝,天下动荡不安,人们向往李氏当朝,所以殿下很容易消灭他。如今天下已经安定，太平公主一心想立功，左右大臣们大多能为她效力，天子因为她是自己的亲妹妹，能宽宥她的过失，臣为殿下寒心。"太子让王琚坐下，并对他说："怎么办才好呢？"王琚说："以前汉代的盖主曾经供养过昭帝，到后来，盖主与上官桀谋杀霍光，虽然没有危及昭帝，但昭帝仍然深明大义，除掉盖主。如今因太子的功劳而使天下安定，公主却敢于胡作非为，大臣们结成朋党，有废立太子的意向。……"太子说："先生为什么自甘退隐而愿意与我交往呢？"王琚说："臣善丹砂之术，并擅长乐理，愿意做一个乐人。"太子十分高兴，相知恨晚。

御 人

太宗割须疗臣疾

勣①既忠力,帝②谓可托大事。尝暴疾,医曰:"用须灰可治。"帝乃自剪须以和药。及愈,入谢,顿首流血。帝曰:"吾为社稷计,何谢为!"后留宴,顾曰:"朕思属幼孤,无易公者。公昔不遗李密③,岂负朕哉?"勣感涕,因啮指流血。俄大醉,帝亲解衣覆之。

(《新唐书》卷九十三,李勣传)

【注释】

①勣:李勣,唐初大将,高祖时为右武候大将军,屡建奇功,太宗时官至司空。②帝:唐太宗李世民(599—649年),唐高祖李渊次子,在位23年。③"公昔"句:武德二年,李密(曾为瓦岗首领,克荥阳,称魏王,旋为王世充败,投唐,后叛唐再举,兵败被杀)归唐,其属地为李勣所辖,李勣录郡县户口以启李密,请自献唐。

【译文】

李勣因为竭忠效力,唐太宗说可以委任大事。李勣曾经突染重病,御医说:"用胡须灰可以治好这种病。"唐太宗就剪下自己的胡须为李勣和药。等李勣病愈,去向唐太宗道谢,叩头流血。唐太宗说:"我这是为国家着想,有什么值得感谢的呢?"稍后,唐太宗挽留李勣一同进餐,关切地对他说:"我想将幼小的子女们托付于人,没有人可以代替您。您过去不遗没李密的属地,难道会辜负我吗?"李勣感激涕零,因而咬破手指以致流血。一会儿李勣大醉,唐太宗亲自脱下自己的外衣盖在他的身上。

法　制

段秀实除恶

　　时郭子仪以副元帅居蒲①，子晞②以检校尚书领行营节度使，屯邠州③，士放纵不法，邠人之嗜恶者，纳贿窜名伍中，因肆志④，吏不得问。白昼群行丐颉⑤于市，有不嗛⑥，辄击伤市人，椎釜鬲瓮盎⑦盈道，至撞害孕妇，孝德⑧不敢劾，秀实⑨自州以状白府，愿计事，至则曰："天子以生人付公治，公见人被暴害，恬然，且大乱，若何？"孝德曰："愿奉教。"因请曰："秀实不忍人无寇暴死，乱天子边事。公诚以为都虞候⑩，能为公已乱。"孝德即檄署付军。俄而晞士十七人入市取酒，刺酒翁，坏酿器，秀实列卒取之，断首置槊⑪上，植市门外。一营大噪，尽甲，孝德恐，召秀实曰："奈何？"秀实曰："请辞于军。"乃解佩刀，选老躄⑫一人持马，至晞门下。甲者出，秀实笑且入曰："杀一老卒，何甲也！吾戴头来矣。"甲为愕眙⑬。因晓之曰："尚书固负若属⑭邪，副元帅固负若属邪？奈何欲以乱败郭氏！"晞出，秀实曰："副元帅功塞天地，当务始终。今尚书恣卒为暴，使乱天下边，欲谁归罪？罪且及副元帅。今邠恶子弟以贷窜名军籍中，杀害人，藉藉⑮如是，几日不大乱？乱由尚书出。人皆曰尚书以副元帅故不戢士⑯，然则郭氏功名，其与存者有几！"晞再拜曰："公幸教晞，愿奉军以从。"即叱左右皆解甲，令曰："敢讙⑰者死！"秀实曰："吾未晡食⑱，请设具。"已食，曰："吾疾作，愿宿门下。"遂卧军中。晞大骇，戒候卒击柝⑲卫之。旦，与俱至孝德所，谢不能，邠由是安。

（《新唐书》卷一百五十三，段秀实传）

【注释】

　　①"时郭子仪"句：郭子仪，唐华州人，曾官朔方节度使，平安史之乱功居第一，德宗朝进太尉中书令，以身系天下安危者20年。蒲，地名，即今河北省长垣县治。②晞：即郭子仪三子郭晞，累官御史中丞、太子宾客。③邠州：即今陕西彬县长武、旬邑、永寿一带。④肆志：纵情，快意。⑤丐颉：强取。⑥不

嗛（qiǎn）：不满。⑦"椎釜"句：椎，同"捶""槌"。釜，锅。鬲（lì），古炊具，形类鼎，中空。瓮，盛东西的陶器。（àng）盎，古代一种腹大口小的器皿。⑧孝德：即白孝德，唐安西人，后封昌化郡王，官至太子少傅。⑨秀实：即段秀实，唐阳人，历官泾原郑颍节度使，司农卿，赠太尉，后为朱泚所害。⑩都虞候：官名，镇守藩镇。⑪槊：古兵器，杆长的矛。⑫躄（bì）：跛。⑬愕眙（yí）：惊视。⑭若属：汝辈，你们。⑮藉藉：交横离乱貌。⑯戢士：使士卒收敛。⑰讙（huān）：喧哗。⑱晡食：吃晚饭。晡：泛指晚上。⑲击柝：打更。柝，打更用的梆子。

【译文】

当时郭子仪以副元帅驻守于蒲，他的儿子郭晞以检校尚书领行营节度使屯兵邠州。郭晞的士兵行为放纵，不守法度，邠州的贪恶之徒，通过贿赂混入军中，因而极为放荡，一般的官吏不敢过问，大白天在市中强取豪夺，稍有不满，便打伤市民，遗弃的椎釜鬲瓮盎等器物充塞在街道上，以致撞伤孕妇，白孝德不敢弹劾这类事，段秀实从邠州赶来状诉于白府，愿意商讨处理这类事，到了白府，段秀实说："当今皇上将黎民百姓交给您治理，您见人受到残暴，却无动于衷，如果发生大乱，该怎么办呢？"白孝德说："愿听从指教。"段秀实于是诚恳地说："我不忍心看到人们没有敌寇侵掠而残暴致死，扰乱国家的边庭安宁。您既然作为边郡的长官，就能够制止这种骚扰。"白孝德马上发布文告传付军中。不久，郭晞的17名士卒，到市中夺酒，刺伤卖酒老翁，损坏酿酒器物，段秀实陈兵将他们抓获问斩，将他们的首级挂在槊上，树立在市门之外。整个军营为之哗然，全部披盔带甲，白孝德感到很恐慌，召来段秀实，对他说："这该怎么办？"段秀实说："我请求辞去军职。"于是解下佩刀，挑选一名又老又跛的士卒牵着马，到郭晞的军门下马。带兵器的守卫出来，段秀实笑着说："杀这么一个老兵，哪里用得着兵刃，我不怕杀头。"守卫目瞪口呆。段秀实于是告谕他说："尚书难道对不起你们吗？副元帅难道对不起你们吗？怎么要以扰乱边庭来败坏郭家的声誉呢？"郭晞走了出来，段秀实说："副元帅功高盖世，肩负重托，始终如一。如今你却纵容士卒残害百姓，以至边庭动乱，罪责应该归咎于谁？罪责将延及副元帅。现在邠州的恶人以纳赂而混进军中，杀人夺物，横蛮骚扰到这种地步，还有几天不大乱？乱出自你身上。人们都说你因为副元帅的缘故，不约束士兵，那么郭家的功名，保留下来的还有多少啊！"郭晞再次叩拜，说："奉亏有您教导我，我愿遵循您的教导，从严治军。"随即呵斥左右全部解除兵器，命令道："谁敢违抗立即处死！"段秀实说："我还没吃晚饭，请安排饭吧。"吃完，说道："我的病犯了，想在你军中留宿。"于是留宿军中，郭晞不敢怠慢，命令夜间守卫轮流护卫。第二天早晨，郭晞与段秀实一同到白孝德府邸悔过，邠州因此而安宁。

军 事

哥舒翰不恤士卒

翰①为人严，少恩。军行未尝恤士饥寒，有啗民椹②者，痛笞辱之。监军李大宜在军中，不治事，与将士樗蒲③、饮酒、弹箜篌④琵琶为乐，而士米糵⑤不厌。帝令中人袁思艺劳师⑥，士皆诉衣服穿空，帝即斥御服余者，制袍十万以赐其军，翰藏库中，及败，封镭如故。

（《新唐书》卷一百三十五，哥舒翰传）

【注释】

①翰：哥舒翰，唐玄宗时官西平郡王、左仆射平章事。安禄山反，出战不利，降贼被杀。②椹：桑葚，桑树结的果实，可食。③樗蒲（chū pú）：一种类似于掷骰子的游戏。④箜篌：古弦乐器，弦数因乐器大小而异。⑤糵：米麦的碎屑。⑥"帝令"句：帝，唐玄宗李隆基。中人，宦官、太监。

【译文】

哥舒翰为人严厉，无德行。军旅中未能体恤士卒饥寒，有人摘吃百姓桑葚，用鞭子痛打一顿。监军李大宜在军中不过问军事，和将士们一起掷骰子、饮酒、弹箜篌琵琶取乐，而士兵连碎米饭都吃不饱。唐玄宗命令太监袁思艺去慰问军队，士兵诉说衣服穿破了，唐玄宗立即拿出剩余的御服，制成10万件袍子分赐军中，哥舒翰将这些袍子收藏在军府中，等到他兵败，这些衣服原封不动地锁着。

郭子仪收复两京

至德二载，攻贼崔乾祐于潼关，乾祐败，退保蒲津①。会永乐尉赵复、河东司户参军韩旻、司士徐景及宗室子锋在城中，谋为内应，子仪②攻蒲，复等斩阖者，披阖内军，乾祐走安邑③，安邑伪纳之，兵半入，县门发，乾祐得脱身走。贼安守忠壁永丰仓，子仪遣子旰与战，多杀至万级，旰死于阵。进收仓。于是关、陕始通。……率师趋长安，次滻水④上。贼守忠等军清渠左。大战，王师不利，委⑤仗奔。子仪收溃卒保……。俄从元帅广平王⑥率蕃、汉兵十五万收长安。李嗣业⑦为前军，元帅为中军⑧，子仪副之，王思礼⑨为后军，阵香积寺⑩之北，距沣水⑪，临大川，弥亘一舍。贼李归仁领劲骑薄战，官军嚣，嗣业以长刀突出，斩贼数十骑，乃定。回纥⑫以奇兵缭贼背，夹攻之，斩首六万级，生禽二万，贼帅张通儒夜亡陕郡⑬。翌日，王入京师，老幼夹道呼曰："不图今日复见官军！"王休士三日，遂东。

安庆绪⑭闻王师至，遣严庄悉众十万屯陕，助通儒，旌帜钲鼓径百余里。师至新店⑮，贼已阵，出轻骑，子仪遣二队逐之，又至，倍以往，皆不及贼营辄反。最后，贼以二百骑掩军，未战走，子仪悉军追，横贯其营。贼张两翼包之，官军却。嗣业率回纥从后击，尘且坌⑯，飞矢射贼，贼惊曰："回纥至矣！"遂大败，僵尸相属于道。严庄等走洛阳，挟庆绪度河保相州⑰，遂收东都。于是河东、河西、河南州县悉平。……帝⑱遣具军容迎灞⑲上，劳之曰："国家再造，卿力也。"

(《新唐书》卷一百三十七，郭子仪传)

【注释】

①蒲津：地名，在陕西朝义县东。②子仪：郭子仪，唐华州人。玄宗时为朔方节度使，平安史之乱，功居第一。后以一身系时局安危者20年，累官至太尉、中书令。③安邑：县名，属山西省。④滻水：水名，关中八川之一，源于秦岭。⑤委：丢弃。⑥广平王：即李俶。⑦李嗣业：唐高陵人，唐玄宗时著名战将，官拜卫尉卿。⑧中军：古代行军作战分左、中、右（或上、中、下）三军，由主将所处的中军发号施令。⑨王思礼：唐高丽人，唐玄宗时为关西兵马使，肃宗时为兵部尚书、河东节度副使。⑩香积寺：在陕西西安市，唐始建。⑪沣水：水名，位于今陕西。⑫回纥：我国古代少数民族，主要分布在今鄂尔浑河流域。⑬陕郡：地名，属河南省。⑭安庆绪：唐叛将安禄山之子，先杀父，后为史思明所杀。⑮新店：地名，在河南。⑯坌（bèn）：尘埃聚集。⑰相州：地名，在今河南安阳。⑱"帝遣"句：帝，唐肃宗李亨，唐玄宗第三子，在位7年。⑲灞上：灞，灞桥，在长安东。

【译文】

　　唐至德二年，郭子仪率兵在潼关攻打叛贼崔乾祐，崔乾祐大败，退守蒲津。正逢永乐县尉赵复、河东司户参军韩旻、司士徐景以及宗室子弟李锋在蒲津城中，打算作为内应，郭子仪攻打蒲津，赵复等杀死守城士卒、瓦解亲军，崔乾祐败走安邑，安邑将士假装接纳他，等到崔乾祐的军队一半进入城内，县门打开了，崔乾祐得以脱身逃走。叛将安守忠驻军永丰仓，郭子仪派他的儿子郭旰迎战，斩杀叛军多达万人，郭旰战死阵中。郭子仪带兵收复永丰仓。这样关中、陕州的道路便打通了。……郭子仪率军直逼长安，驻扎在潏水上。叛军安守忠等驻军清渠左岸。两军大战，朝廷军队失利，扔掉兵器逃走。郭子仪聚集残部坚守武功……不久跟随元帅广平王李俶率领蕃兵、唐兵15万收复长安。李嗣业为前军，元帅为中军，郭子仪为副元帅，王思礼为后军，在香积寺以北布阵迎敌，依据沣水，濒临大川，互为掎角，互为一体。贼将李归仁带领精锐骑兵挑战，官军大嚣，李嗣业手持长刀，挺身而出，斩杀叛军数十名骑兵，才得以安定。回纥以奇兵在叛军背后迂回出击，与唐军两军夹攻，斩敌首6万级，生擒两万，叛军主帅张通儒夜间逃到陕郡。第二天，朝廷军队开进京都，京都百姓夹道欢呼，说："没想到今日能再见官军！"广平王命令士卒休息3天，继续东进。

　　安庆绪听说朝廷的军队来了，派严庄带兵10万镇守陕州，以救援通儒，旗帜军鼓绵延百余里。唐军到达新店，叛军已布好阵势、派出轻骑，郭子仪派两队赶走敌兵，再来，加倍地增兵，都不到叛敌军营就回来了。最后，叛军用200名骑兵掩护大军，还没有交战就逃走了，郭子仪带领全部人马追赶，横贯敌营。叛军张开两翼包围唐军，唐军退却。李嗣业带领回纥兵从背后攻击叛军，尘土弥漫，飞箭射向叛军，叛军惊叫道："回纥兵来了！"于是叛军大败，僵尸相连于道。严庄等败走洛阳，挟持安庆绪坚守相州，于是收复东都。至此，河东、河西、河南州县都已经平定。……唐肃宗派人身着戎装迎接郭子仪于灞桥上，亲自慰劳说："国家再次缔造，是卿的功劳啊。"

理 财

卢怀慎清俭不营产

怀慎①清俭不营产,服器无金玉文绮之饰,虽贵而妻子犹寒饥,所得禄赐,于故人亲戚无所计惜,随散辄尽。赴东都掌选,奉身之具,止一布囊。既属疾②,宋璟、卢从愿③候之,见敝箦单藉④,门不施箔⑤。会风雨至,举席自障。日晏设食,蒸豆两器、菜数杯而已。临别,执二人手曰:"上求治切,然享国久,稍倦于勤,将有憸人⑥乘间而进矣。公弟志之!"及治丧,家亡留储。……帝后还京,因校猎鄠、杜⑦间,望怀慎家,环堵庳陋⑧,家人若有所营者,驰使问焉,还白怀慎大祥,帝即以缣帛赐之,为罢猎。经其墓,碑表未立,停跸⑨临视,泫然流涕,诏官为立碑,令中书侍郎苏颋为之文,帝自书。

(《新唐书》卷一百二十六,卢怀慎传)

【注释】

①怀慎:即卢怀慎,仕唐中宗、玄宗朝,官至同紫微黄门平章事。②属疾:告病休官。③"宋璟"句:宋璟,唐南和人,武后时官凤阁舍人、左台御史中丞。睿宗时以吏部尚书同中书门下三品,后坐贬楚州刺史。开元初以广州都督召拜刑部尚书,进尚书右丞相。卢从愿,唐玄宗时官至吏部尚书。④敝箦(zé)单藉(jiè):破烂的竹席和一只草垫。箦,竹席。藉,草垫。⑤箔:帘子。⑥憸(xiān)人:奸邪的小人。⑦鄠、杜:鄠(hù),今陕西户县。杜,杜陵,在今陕西西安市东南。⑧庳陋(bì):房屋低矮简陋。⑨停跸:帝王出行时沿途停留暂住。跸,帝王出行时,开路清道,禁止通行。

【译文】

卢怀慎廉洁俭朴,不置家产,不用金玉及华美的丝织品装饰衣服和器物,尽管做了高官,妻子儿女都仍然饥寒。他所得的俸禄及皇上赏赐的东西,对亲戚朋友从不吝惜,随时分发给他们,不久便分散完了。他到东都洛阳主持选拔官吏，随身所带的东西，只有一个布袋。他告病退休后，宋羡和卢从愿去问候他，见他床上铺着破烂的竹席和一张草垫子，门上没有挂帘子。正遇风雨大作，他举起席子遮风挡雨。晚上安排饭食招待他们，只有两碗蒸的豆子，几盘菜而已。临行时，卢怀慎拉着他们两人的手说："皇上极力想把国家治理好，但在位已久，渐渐对勤勉听政感到厌倦了，将有奸邪小人乘机谋取高位，你们务必记住这一点！"等到给他办理丧事的时候，家里没有积蓄的财物。……皇上后来回到京都，在鄠、杜两地围猎，望着卢怀慎的家，只见房屋低矮简陋，他的家人好像建什么，派人去打听，那人回来后说明卢怀慎家的详细情况，皇上便赐给他家人缣帛，并因此而罢猎。皇上经过卢怀慎的墓，见没有树立墓碑和旌表，皇上停下来看着卢怀慎的墓，不禁落泪，随后诏令有关官吏为卢怀慎立碑，命中书侍郎苏颋撰写碑文，皇上亲自书丹上石。

德 操

宣宗训女

万寿公主①，下嫁郑颢②。主，帝③所爱，前此下诏："先王制礼，贵贱共之。万寿公主奉舅姑，宜从士人法。"旧制：车舆以镣金扣饰。帝曰："我以俭率天下，宜自近始，易以铜。"主每进见，帝必谆勉笃诲，曰："无鄙夫家，无忓④时事。"又曰："太平、安乐之祸⑤，不可不戒！"故诸主只畏，争为可喜事。帝遂诏："夫妇，教化之端。其公主、县主⑥有子而寡，不得复嫁。"

(《新唐书》卷八十三，诸帝公主传)

【注释】

①万寿公主：唐宣宗女。②郑颢：万寿公主夫。官累弘文馆校书、起居郎、驸马都尉、礼部侍郎等。③帝：唐宣宗李忱，在位13年。④忓（gān）：干预。⑤太平、安乐之祸：指太平公主、安乐公主谋反事。太平公主，唐高宗女，武则天所生，先天二年，谋废太子李隆基，事败被杀。安乐公主，唐中宗幼女，曾谋毒死中宗，睿宗子李隆基起兵杀之。⑥县主：皇族女子的封号。隋唐以来，封郡县，称某郡县主。

【译文】

万寿公主，下嫁给郑颢。公主为宣宗皇帝所疼爱。在此之前宣宗就曾下诏："先王制定礼法，贵贱与共。万寿公主事奉公爹公婆应遵从士民的礼法。"旧制规定：皇室车舆用金银纽扣作为装饰。宣宗说："我以俭朴作为天下楷模，应该从身边的事做起，以铜代换金银。"公主每次进见，宣宗必谆谆教导她，说："不要鄙视夫家，不要过问时事。"又说："太平公主、安乐公主谋反的祸患，不能不引以为戒啊！"所以，各公主深感敬畏，争相做让皇上高兴的事情。宣宗于是下诏道："夫妇之道，是教化的一个方面。凡是公主、郡县主有了孩子而守寡的，不得再嫁。"

唐太宗诏修谱牒

　　初太宗尝以山东士人尚阀阅①,后虽衰,子孙犹负世望,嫁娶必多取赀,故人谓之卖昏②。由是诏士廉③与韦挺④、岑文本⑤、令狐德棻⑥责天下谱谍⑦,参考史传,检正真伪,进忠贤,退悖恶,先宗室,后外戚,退新门,进旧望,右膏梁⑧,左寒畯⑨,合二百九十三姓,千六百五十一家,为九等,号曰氏族志,而崔幹仍居第一。帝曰:"我于崔、卢、李,郑无嫌,顾其世衰,不复冠冕⑩,犹恃旧地以取赀,不肖子偃然⑪自高,贩鬻松槚⑫,不解人间何为贵之?齐据河北,梁、陈在江南,虽有人物⑬,偏方下国,无可贵者,故以崔、卢、王、谢为重。今谋士劳臣以忠孝学艺从我定天下者,何容纳货旧门,向声背实⑭,买昏为荣耶?太上有立德,其次有立功,其次有立言,其次有爵为公、卿、大夫,世世不绝,此谓之门户,今皆反是,岂不惑邪?朕以今日冠冕为等级高下。"遂以崔幹为第三姓,班其书天下。

(《新唐书》卷九十五,高俭传)

【注释】

　　①"太宗"句:太宗,即唐太宗李世民,唐高祖李渊次子,在位23年。山东,靖函以东的地方。阀阅,即伐阅,功绩和经历,指世家门第。②卖昏:索重资以嫁娶。"昏"同"婚"。③士廉:即高俭,以字行。唐武德、贞观间累官右庶子、益州大都督府长史、吏部尚书,后封许国公,迁右仆射。④韦挺:唐武德间官左卫率,贞观初迁御史大夫,后贬为豪州刺史。⑤岑文本:唐棘阳人,字景仁,贞观中为中书舍人、侍郎、中书令。⑥令狐德棻:唐华原人,高祖时为秘书丞,贞观间主修梁、陈、周、齐、隋、五史,高宗朝官弘文馆学士、国子祭酒。⑦谱谍:记述氏族和宗族世系的书。⑧膏梁:比喻富贵人家。⑨寒畯:即寒俊,出身低微而才能杰出的人。⑩冠冕:仕宦的代称。⑪偃然:犹安然。⑫松槚:墓地的代称。松溃木材可用制作棺。⑬人物:泛指有才能名望的人。⑭向声背实:名不副实。

【译文】

　　开始,唐太宗曾经由于山东士族崇尚门第观念,后来尽管衰落,但士族子孙仍然以世家望族自居，嫁娶时多索取重资，因而人们称为卖婚。因此唐太宗诏令高士廉和韦挺、岑文本、令狐德棻负责检察天下的谱牒，参考正史列传，检察辩正真伪，进荐忠诚贤良之士，屏退逆乱险恶之徒，先奉宗室，后列外戚，屏退新近兴起的门第，进奉过去的望族，右为名门世族，左为寒门庶人，共293姓，1651家，分为9等，称作《氏族志》，而崔幹仍旧排在第一位。唐太宗说："我对崔、卢、李、郑并无仇怨，只要看到他们门第没落，不再为官，可仍然依仗原有的地位索取财物，他们的不肖子孙安然自大，贩卖先人墓地，不知道人间什么东西最为宝贵。齐占据河北，梁、陈在江南，尽管有杰出之士，可作为偏僻的小国，没有什么值得宝贵的，因此，推崇崔、卢、王、谢家族。现在众多的谋士功臣因忠诚、孝行、学识和仁义随我平定天下，哪里容许过去的名门望族索取财物，名不副实，以买卖婚姻为荣耀呢？首先要树立圣人之德，其次要建立功勋，其次要创立自己的学说，然后才赐予爵位，分为公、卿、大夫，世代相传，这就叫做门户。现在却与此全然相反，怎能不令人疑惑呢？我以现在的官职来确定等级的高下。"因此将崔幹列为第三姓，颁布天下。

传世故事

李世民教子

　　唐太宗李世民原来立李承乾为太子，没想到李承乾当上太子后，不仅变得骄奢淫逸，而且变得十分狂妄愚鲁，到了最后，竟然想要谋起反来。因此，唐太宗将李承乾废黜，改立第九子、晋王李治为太子。唐太宗从严酷的现实中吸取了深刻的教训，感到对子女必须要随时加以教育，才能使他们养成良好的品格，防止蜕化变质。

　　以后，唐太宗十分注意时刻地教育太子李治。吃饭时，李世民常指着饭菜对李治说："你如果能够时时记住耕种粮食的艰辛，就能经常有这样的饭吃了。"骑马的时候，他又指着马匹对儿子说："你如果懂得马也应该有劳有逸，不让它把力气耗尽，那么就可以经常有马骑了。"见到船只，李世民语重心长地教诲太子："水能够载着船只，让它平稳地行驶，但是也可以掀起恶浪，将船弄翻。老百姓就和这水一样，君王则像船只。这个道理，古人早就讲过。要让水平稳地载着船只，就必须要特别当心！"父子两人同在树底下休息，唐太宗也会利用背靠的大树来教诲儿子一番。他对儿子说："像你靠着的这棵树，以后用它来做东西，如果用墨绳来量它，就可以使它又直又正。墨绳就好比各种规矩，帝王如果能够随时听取下面的劝谏，就等于是用墨绳时时量量自己，这样才会变得圣明！"就这样，李世民利用生活中的一点一滴耐心教诲儿子，使他逐步懂得各种各样的道理。

　　李世民的女儿平阳公主下嫁给了薛万彻。有一次，有人在唐太宗面前说道："薛驸马没有什么才气！"平阳公主知道此事后，深以为耻，从此以后，她便不愿意和丈夫在一起出头露面。就这样，小夫妻俩感情上有了隔阂，一连数月都是如此。

　　李世民后来知道了小夫妻俩的情况，不禁哈哈大笑。为了使小夫妻俩能够和好如初，他便想了个极其巧妙的办法。有一天，唐太宗找了个机会，专门摆下宴席，请平阳公主和薛万彻一道来赴宴。酒席间，李世民故意只和薛万彻一人谈笑风生，还时不时地提一提薛万彻的长处。到后来，李世民又和这个女婿玩比手劲的游戏。两人商定，谁输了就将自己身上的佩刀送给对方。商议停当，翁婿俩兴致勃勃，一齐下了酒席，同时握住一柄长矛，较起手劲来。薛万彻本不是李世民的对手，可唐太宗故意要输，佯装比不过女婿，一面连连喊着："输了，输了！"一面将自己身上的佩刀解下来，亲自给薛万彻佩上。

这一天，大家都玩得十分开心。最主要的是，平阳公主见父亲一点也没有轻视自己的丈夫，相反，似乎还十分看重，心理上便发生了变化。酒席散后，薛万彻正想骑马回家，平阳公主却急忙喊住丈夫，叫他和自己同乘一辆车回家。李世民在一旁看在眼里，不禁微微而笑。从此以后，平阳公主和薛万彻夫妻俩不仅消除了隔阂，反而比从前又亲密了不少。

可见，教育的方式是多种多样的，李世民教子女，既有直接教育，也有间接教育，关键在于抓住要害，对症下药，这样就能收到事半功倍的效果。李世民教女儿平阳公主，不置一词，却效果绝佳，可谓高明之极！

太平公主权钱震天下

皇后武则天正陪着高宗皇帝坐在正殿上，忽见一个年轻人走到殿上来。只见那人身穿紫色战袍，腰悬玉带，来到皇帝和皇后的面前，又歌又舞。这时，两个人才注意到，来者前额宽宽的，下巴也是宽宽的，原来这是他们的女儿太平公主。

武则天笑着问道："我儿为什么这般打扮？"

太平公主却指着这一身男装，答道："赏给我一个驸马，可以吗？"

两人这时才明白：女儿是想要选女婿。

太平公主很善于暗地里算计人，算计事，武则天说，太平公主这一点很像她。所以，她很喜欢自己的这个女儿太平公主。在她年纪幼小的时候，武则天就曾把她送到庙里，以为她求福。高宗仪凤年间（676—679年），吐蕃王来求婚，想让太平公主远嫁吐蕃，武后舍不得让女儿嫁到那么远的地方，不予同意。可是吐蕃不死心，连宫殿都给唐朝太平公主修好了。但武则天还是想办法拒绝了。这事拖了好几年，把女儿的婚事给耽误了。

"皇帝的女儿不愁嫁"，想要个驸马，就给他个驸马，武则天便选了一个叫薛绍的年轻人，招为驸马。但薛绍没几年后便死了。武则天又把太平公主嫁给自己的侄子武承嗣。但武承嗣又得了病，公主和他离了婚。太平公主看好了武攸暨，但武攸暨已有妻室，武则天便先派人杀了武攸暨的妻子，然后把女儿太平公主嫁给他。

武则天对这个女儿有着特殊的优待。一些军国大事，她可以参与研究讨论。各地方、各军队，她都能干预。而在财富问题上，对她的待遇就更加丰厚。

以前，亲王的封户开始时是 800 户，以后逐渐增加，但加到 3000 户也就到头了。至于公主，最多不过 300 户。而太平公主的封户竟达到了 5000 户，而且还不断地增加。圣历年间（698—700 年）又给她加了 3000 户。

神龙元年（705 年），武则天病了。麟台监张易之和他的弟弟张昌宗反对太子李显即位，被凤阁鸾台平章事张柬之联合一些人杀掉了，武则天被迫把帝位传给李显，是为中宗。而太平公主参与了这件事，中宗又给她增封了 5000 户。还给她和安乐公主等人派了卫士，围着她们的宅第，每 10 步远就有一个哨位，就像皇宫一样。在她们的家设立官府和官吏。太平公主以援立中宗的功臣自居，在朝廷内外更加骄横。

中宗韦皇后的野心很大，她与武则天的侄子武三思私通，毒死了中宗皇帝，立了个小皇帝，自己却临朝听政。太平公主与楚王（后改封临淄王）李隆基密谋，诛杀韦后，拥立李旦（武则天的另一个儿子，太平公主的哥哥，李隆基的父亲）为皇帝，是为睿宗。后来，李隆基被立为太子。

太平公主因立大功，"权震天下"，而被加封万户，3 个儿子封王，其他亲属也是祭酒、九卿之类的官。她每次上朝奏事，都是"漏数徙"，而"漏"是那时用滴水或滴沙的方法计时的工具，意思是说她奏事用的时间很长。而且，她提出的建议也大多被采纳。她所推荐的人，也都被采用，常常某人昨天还是寒士，第二天就因太平公主的推荐而为将相。朝廷大事决定不了的，要派宰相到她家请教决定。而皇帝那里只是走过场而已。

有了权，就有了更多的财富。在长安近郊，到处都是她的庄园，并且都是土质肥美的上等好田。远至东南沿海甚至岭南各地都有为她制做各种器物的作坊，各州县给她送这些器物的车辆相望于道。天下的珍异奇宝，她家里都有。为她家服务的歌伎舞女与天子的相同，穿着绫罗绸缎的奴婢们就有几百人，至于其他的奴仆管家之类有上千人。还在陇右（今甘肃省六盘山以西及青海省青海湖以东地区）养了上万匹马。在长安城南的乐游原修建"观池"，是供她与家人游乐聚会的去处。

长安有个和尚叫慧范，很有钱。他利用这些钱结交权要，以前与张易之关系密切。张易之被诛后，反而有人说他参与了诛杀张易之，被封为上庸郡公。因为公主的乳母与慧范关系不同一般，太平公主要求授慧范三品御史大夫。御史却奏告慧范贪赃 40 万，应该处死。太平公主就出面为他说情，反使奏告慧范的人受了处分。

这时的太平公主，权势已经极大了。7 位宰相中，5 位是由她安排推荐的，还有几位大将军也都在暗地里听从她的指挥。但太平公主还是担心李隆基会削弱她的权力，便与窦怀贞、岑义、元楷慈、慧范等人密谋废太子，并安排元楷慈率羽林军到武德殿刺杀太子李隆基。

但这事被太子李隆基知道了。他先下手为强，指挥忠实于他的将军大臣，杀了元楷慈，捉拿了参与废太子的那些人。太平公主逃入南山不出来，被赐死。她的孩子和亲信被杀的有几十人。她那数不尽的田宅和堆积如山的珠宝也都被没收了。

玄宗猎场拜相

唐玄宗在东宫为太子的时候，睿宗阉弱，太平公主干预朝政，宰相姚崇与宋璟等建议请皇帝把公主迁到东都（洛阳），把诸亲王分派到各地做刺史，这样可以统一人心。睿宗把这话告诉了太平公主，公主大怒，太子也害怕了，上疏说姚崇离间宗室，请求加罪，贬为申州刺史，后来转为同州刺史（今属陕西）。

玄宗亲政后的先天二年（713年），皇帝到新丰（今陕西临潼东北新丰镇）讲武。按照惯例，天子行幸到某地，方圆300里范围的地方官都要进诣陪往。当时玄宗也曾密告了姚崇，姚崇到时，皇帝正在渭水边打猎，立即召见。玄宗说："公懂得打猎吗？"姚崇回答说："少年时学习过。20岁时，在广成泽成天以唤鹰逐兽为业，张景藏对我说我会当皇帝的辅佐之臣，让我不要自甘堕落，所以才发奋读书，于是当官得罪了将相。年轻时既然做过猎手，老来自然还会。"皇帝很高兴，便与他一起驰逐打猎，姚崇进退快慢都很得玄宗的满意，皇帝十分喜欢。打完猎，就向姚崇谈问天下大事，谈而忘疲。玄宗说："卿应当做宰相辅佐朕。"

姚崇知道皇帝大度，锐于治国，就先故意设困难使皇帝决心更坚定，便假装不谢玄宗，玄宗就责怪他。姚崇因此跪地奏道："臣愿意上奏10件事，陛下估计行不通，臣请辞谢不做宰相。"玄宗说："请你说给朕听。"姚崇说："垂拱年间以来，一直用严刑峻法，臣请求政治先行仁恕之道，可以吗？朝廷在青海损兵折将，还不思悔，臣请求暂时不要对边疆用兵，可以吗？佞臣亲信触犯法宪，都因皇宠而未受惩治，臣请求法治从陛下身边开始实行，可以吗？后妃临朝，国家言路喉舌被阉党宦官把持，臣请求不要让宦官干预政治，可以吗？各地拿贡赋讨好上司，公卿方镇大臣以之成风，臣请在租赋之外杜绝这些，可以吗？外戚贵主轮流任职，致使朝臣班序混杂，臣请不得任用外戚官属为台省之官，可以吗？先朝皇上对大臣亵狎无礼，君臣界限不严，臣请求陛下对臣子按礼数接待，可以吗？……"玄宗听后说："可以，朕能实行。"姚崇叩首称谢。第二天，拜姚崇为兵部尚书、同中书门下三品，封梁国公，迁紫微令。

玄宗自此十分器重姚崇。姚崇曾经在皇帝面前汇报所任的部属吏官，玄宗左顾右盼，心不在焉，不说一句话。姚崇很害怕，再三进言，皇帝始终不回答。姚退朝。内侍宦官高力士说:"皇帝刚刚即位,应该与大臣裁决是非。今天姚崇所说,陛下一直不回答,并不是虚怀纳诲的样子。"玄宗说:"我任姚崇以大政,大事我才与他裁决。至于任用郎吏这样的小事,姚崇也不能自决而要麻烦我吗?"姚崇知道后于是心安。从此,姚崇进用贤良,退黜奸愚,天下大治。

玄宗日理万机,对大臣们早晚都要查问,所以其他宰相都惧怕玄宗裁决,谦惮不敢多言,只有姚崇佐助玄宗裁决,所以更加得到特殊信任。

潘好礼其人其事

潘好礼,唐代贝州宗城(今河北威县东)人。他是明经科进士出身,官至上蔡县令。在任期内政绩突出,考绩评语极好,所以被升为监察御史。又因犯小过,改官芮城县令,拜侍御史,任歧王府司马。开元初年,任邠州府长史。邠州王李守礼任滑州刺史,潘好礼又兼任刺史府司马。李守礼治下不严,便令潘好礼监督自己家亲属。潘好礼谨守职责,凡其家属有过失,均报告李守礼。

邠州王好游乐,每次出游,潘好礼必然进谏劝阻。有一次正当农事繁忙季节,李守礼想要出去打猎。部属及仆役等都已准备停当,齐集一处,就要出发了。潘好礼挡在道中,进谏劝阻。李守礼不肯听,潘好礼便卧于马下,大呼道:"现在农夫都在田中辛勤劳作,殿下怎么能够在这种时候出外打猎,损坏田中庄稼禾苗,让百姓受损!请您先踩死我这司马,然后任您为所欲为!"李守礼听他一番劝谏之语,又见他舍命谏阻,感到惭愧,只好作罢。

后来,潘好礼升任豫州刺史,同样尽力治理地方,十分清廉,一无所私。

他的儿子想要参加明经考试,潘好礼因是明经进士出身,深知其中甘苦,便劝儿子说:"如果你对五经之文不能够透彻了解、十分熟悉,不能随便就去参加考试。"于是,他亲自出题,考考他的儿子。他的儿子并未完全熟读、理解五经之文。潘好礼为此大怒,狠狠地将儿子笞打一顿,然后像对待那些违规的考生一样,给儿子戴上枷锁,在衙门口示众。如此家教,世所罕有。

王叔文改革受挫

安史之乱后,宦官李辅国帮助肃宗李亨当上了皇帝。自此以后,宦官的权力极大,甚至掌握兵权,干预朝政,左右皇帝,中晚唐国家衰落的一个重要原因就在于此。而那时的唐朝,也确实是生产衰落,户口减少。百姓生活在水深火热之中。

德宗贞元二十一年(805年)正月,64岁的德宗死了,太子李诵继皇帝位,后世称为顺宗。不久，他又勉强支撑着在紫宸门接受了群臣的朝拜，完成了他的即位仪式。这一年的年号被改为永贞元年。

顺宗李诵对朝廷的现状极为不满，他想当一个有所作为的皇帝，想改革弊政，以使大唐朝得以中兴。在继位前，他就知道以王叔文为首的一批青年大臣有改革之志，便在继位后不久，任命王叔文为翰林学士，并按他的建议，任韦执谊为尚书左承同中书门下平章事。

王叔文是韦执谊向德宗推荐的，德宗任他为太子侍读，所以在李诵继位以前，就已经同他有良好的关系，并对他有所了解。而王叔文也确实是一个立志改革的人，他同那些与自己一样有着改革愿望的青年大臣，经常在一起谈改革。

顺宗身体不好，只好在病榻上听政了。让一个比较受他宠爱的妃子牛昭容和一个比较信得过的宦官李忠言内外传达。很多重要的事情，都让他们把话先传达给王叔文，再由王叔文考虑一个意见，传达给顺宗定夺。所以，很多重大问题的决策，王叔文都能发挥重要作用。那些与王叔文志同道合主张改革的朋友们，也都被他委以重任。他们当初设想的一些改革方案，大多得以贯彻实施。

顺宗感触颇深的，就是宫市。"宫市"就是"皇家采购"的意思。每天，皇宫都派出上百名宦官到市场上去。看见什么中意的货物，口中喊着"宫市"两字，一把夺过人家的货物，随便给人家点什么东西算做报酬，就算把人家的货物"采购"过来了。所以，他登基继位的事完成后，首先想到的事就是废宫市。王叔文要求废除宫市的奏章一传上来，他马上给予批准。

王叔文还担任度支盐铁副使，正使杜佑不大管事。因此，在盐铁政策方面，杜佑就放任王叔文去管。自从设立盐铁使以来，每月有月进。表面上这是国家的一项收入，实际上，盐铁使借这个名目向煮盐户和采矿户大肆搜刮，还促使盐价上涨，百姓颇多怨言。王叔文要废除月进，以平抑盐价。顺宗很快同意了。

为了节省宫廷开支，王叔文又建议裁减宫内人员。首先裁减了300名宫女，让他们回家从事生产。不久又放还了后宫和教坊的女伎600人。这也是一件大得人心的事。这些宫女、女伎，实际上是宫中的奴隶。放她们回家，就是解放了她们。

王叔文进行的改革，都是有利于百姓的，因此百姓无不欢呼雀跃。卧病在床的顺宗见王叔文雷厉风行，对他很满意，又让他任户部侍郎，原来的翰林学士仍旧保留。这可使那些皇帝身边的宦官们非常不满。深受顺宗信任的宦官俱文珍便唆使顺宗免去了王叔文的翰林学士一职。这表面上是要减轻王叔文的负担，实际上是想大大剥夺他参与朝政实行改革的权力。因为翰林院在宫内，顺宗有什么事就让人传给王叔文，请王叔文做决定。而户部在宫外，再想参与朝政，就多了一层障碍。幸好宫内还有友人王伾（pī）。他对王伾说："我必须能够经常进入皇宫，商量公事。削去翰林职务，我就无法进宫了。"王伾多次请求恢复王叔文的翰林职务。后来，顺帝答应王叔文可以三五天进宫一次。

俱文珍对那些看不惯王叔文改革的人说："以前，王叔文总在宫内，大家以为他能力很强。就好比狐狸，当它深居山林之中的时候，人们会觉得它很神秘，甚至以为它是神灵。如果它在大街上走一趟，大家就知道它的真模样了。"

俱文珍的言行不可能不传到王叔文的耳中。特别使他感到恼火的是韦执谊的变化。他曾给王叔文捎来口信说："我现在所以还按先生的意见办事，是因为我不愿违背我们以前的誓言。"韦执谊的这段话等于告诉他，他不赞成王叔文的做法。王叔文更明白，这都是宦官和那些反对改革的人在韦执谊身上做工作的结果。他越发感到，排除宦官的捣乱是当务之急。

但是，内宫被宦官控制得比较严密，难以下手。特别是顺宗的病情不断恶化，实际上已经不能理政了，真正的大权控制在俱文珍等几个人的手里。只不过外界多数人还不知道而已。

顺宗只当了8个月的皇帝，身体就基本上支持不住了，连话都说不出来。在宦官们的操纵下，永贞元年（805年）八月，已经不能说话的顺宗李诵"宣布"让太子李纯继帝位，自己当太上皇。李纯被后世称为宪宗。他虽然已经28岁了，可他毕竟是在宦官们的挟持之下当上皇帝的，不得不受制于宦官。他上台不久，十一月，就宣布贬王叔文为渝州（今重庆市）司户。接着，又把凡是参加王叔文改革的人都贬了官：王叔文被贬为开州（今四川省开县）司马；韩晔被贬为饶州（今江西省鄱阳县）司马；陈谏被贬为台州（在今浙江省临海一带）司马；凌准被贬为连州（今广东省连州市一带）司马；韩泰被贬为虔州（今江西省赣县一带）司马；刘禹锡被贬为朗州（今湖南省德州市一带）司马；柳宗元被贬为永州（今湖南省零陵县一带）司马；程异被贬为郴州（今湖南省郴州市一带）司马。因8位京官同时被贬为偏远地区的司马，这次事件史称"八司马事件"。后来，韦执谊也被贬为崖州（在今海南省海口市一带）司马。

俱文珍等人对王叔文活着很不放心，因为他实行的政策毕竟是受老百姓拥护的。第二年俱文珍就派人到渝州把王叔文给杀了。这次以王叔文为代表的革新活动，就这样悲惨地失败了。

教子亦需重德

唐代宋令文，高宗时任东台详正学士之职。他富于文辞，而又工于书法。此外，他的力气也大得惊人，无人能与他相比。有人养了一头牛，力大无比，专爱以牛角抵人，没有一个人敢碰它一碰。宋令文赤手空拳上前与牛相搏，拔其角、折其颈而杀之，旁人都为之吃惊。因为宋令文既能诗文，又善书法，更勇武有力，一人而兼3种本领，所以人称"三绝"。

十六国前赵时，有个人叫做刘殷，他为人处世恭谨有节操。刘殷一共有7个儿子，他便有意识地教他们每人读一种书，5个儿子分别授以《诗》《书》《易》《礼》《春秋》五经；其余两子，一个授以司马迁的《史记》，一个授以班固的《汉书》。这样，一家之中，7种学业齐全，成为当时有名的学问之家。（这个故事已见于前）宋令文不知是想要仿效古人，还是英雄所见略同，他有3个儿子，便有意识地将自己的"三绝"分别教给他们。潜移默化下，3个儿子终于各擅其一门：宋之问长于文章，成为著名的文学家；其弟宋之悌勇猛善战，是一名武将，开元年间（713—741年）曾任剑南节度使、太原尹；二弟宋之蟾曾任连州参军，工于草书、隶书。宋令文的文辞、勇力、书法，可说是全都得到了继承。

宋令文虽善于教儿子们技艺，却似乎并没有注意教育儿子重视品行。其子宋之问以文学称，与同时的沈佺期齐名，文学史上并称"沈宋"，但其品行很差。武则天朝，张易之得宠于武则天，宋之问与阎朝隐、沈佺期、刘允济等均一味阿谀逢迎，巴结张易之，他还写了不少诗赋之类吹捧张易之等。更为不堪的是，他竟下贱到为张易之捧便器的地步。等到张易之被诛，他与拍马逢迎的人同时被贬，他被贬为泷州参军。不久，他又逃归洛阳，藏在张仲之家。其时武三思正得势，张仲之与人密谋要杀武三思以安王室，宋之问得知，立即去告密，由此被提拔为鸿胪主簿。宋之问这种无情无义、不顾廉耻、卖友求荣的行为，尽管求得了暂时的利益，却为天下人所不齿。至此，宋之问并没有悔过自新，后又投靠太平公主。等到安乐公主势盛，他又回过头来投靠安乐公主。太平公主十分恨他，将他过去主持贡举时受贿的丑事揭露出来，他因此被贬为越州长史。唐睿宗时又流放钦州，后朝廷索性又将他赐死。临死前，他仍表现出一副软骨头的卑贱相。终其一生，均可以"文人无行"4个字来概括之。然而宋之问最终还是死于自己的小聪明。

从宋令文的教子，我们可以得到正反两方面的教训。可见，教子女以技艺固然重要，但教以品行更为重要。

杨国忠夺取要职　权钱无尽

"国忠"并非本名。他原来叫杨钊，是蒲州永乐（今陕西省米脂县西北）人。年轻时，他能喝酒能赌钱，是个小痞子，乡亲本家们都看不起他。他心里想，像他这样不学无术的人，要想出人头地，只有走从军这一条路。于是，他投奔了蜀帅，当了一名称为"屯优"的小官，后来做到金吾卫兵曹参军。当时，杨贵妃已然受宠。而杨钊是杨贵妃的一个远房哥哥。杨钊就利用这一条件和那些官员们趋炎附势的心理,迅速地爬到监察御史的宝座。因为他爬得太快,又没有什么真才实学,很多人都瞧他不起。

杨钊不管这一套。当时的宰相李林甫阴谋迫害太子李亨,因为韦坚的姐姐是太子妃,他们就诬陷韦坚。作为监察御史,正好要处理这些案子。杨钊为了扩大自己的影响,巴结李林甫,便与李林甫配合,迫害韦坚,受牵连的人非常多。他在外地设立审判机构,制造大案,被捕下狱甚至被诛杀的有上百家。凡是李林甫觉得能牵涉到太子或韦坚的,只要李林甫给杨钊使个眼色,他就照办不误。当然,更主要的是要看玄宗的好恶行事。他做的事情总能讨玄宗的喜欢,也许这里还有杨贵妃的因素。

杨钊春风得意,官衔不断地长,很快就做了检校度支员外郎兼侍御史、监水陆运及司农、出纳钱物内中市买、招募剑南健儿使等职,不到一年的时间,仅带"使"字的官他就兼了 15 个。后来又升为给事中兼御史中丞兼判度支事,实际上成了管理国库的要员了。

这时,正是杨贵妃最受宠的时候,她的 3 个姐姐全被封了夫人,两个堂兄也拜了高官,所以杨钊受到的宠幸也与日俱增。天宝八年(749 年),玄宗巡视左藏库,见到那里货币山积,十分高兴,把这都算做杨钊的功劳。其实这是唐朝自从建国以来 100 多年的积蓄。玄宗赐杨钊金鱼袋和紫衣,这是皇帝赐予的很高的荣誉。整个国家的财政大权和控制谷物的大权都掌握在他的手中。

户部侍郎杨慎矜看出玄宗不想把太子李亨怎么样,逐渐采取中立态度。但这使李林甫和杨钊都很不高兴,李林甫的亲信,即过去与他们一起诬陷太子的御史大夫王鉷(hóng)也为这事对杨慎矜不满。于是,王鉷便与杨钊一起诬陷杨慎矜,使杨慎矜被赐自尽。因为在这个案子中杨钊起了主要作用,从此以后,杨钊的权力更大,朝廷内外,无人不怕他。

杨钊反过来又利用王鉷的一个亲信谋反的案子大整王鉷,因为这事牵连到谋反案,连李林甫也救不了王鉷,王鉷全家被杀。玄宗拜杨钊为御史大夫,取代了王鉷,并赐名为国忠,表彰他忠于国家。杨钊从此以后更名杨国忠。

杨国忠利用这个谋反案继续追查,因为李林甫与王鉷关系密切,结果把李林甫也牵扯到这个案子中来了,他还拉几个人给李林甫出假证,使李林甫有口难辩。玄宗此后逐渐疏远了李林甫。

南蛮国派在唐朝的人质阁史凤逃跑了,杨国忠为了显示自己的军事才能,建议派鲜于通去追捕,结果被南蛮国打得大败。而杨国忠却颠倒黑白,说鲜于通获胜,为鲜于通请功。第二次派兵去追讨,又是大败,连主帅也被人家打死。可是杨国忠送给玄宗的却是捷报。这两次战争损失 20 万人,片甲无归,而竟没有一个人敢向玄宗反映真实情况。天宝十一年（752年）南蛮军再次犯蜀，蜀人要求杨国忠带兵征讨，李林甫提出要求，玄宗同意了。上路前，杨国忠在玄宗面前大哭一场，泪如雨下，说是李林甫排挤他。玄宗真相信了他的话，几个月后，便把他召回来了。正好这时李林甫死了，玄宗便让杨国忠代替李林甫为右丞相兼吏部尚书，他终于爬上了一人之下万人之上的地位。

吏部就是人事部，负责官员的任免安排，权力巨大。并且，谁要想当官，就得给他行贿。他把吏部的官员叫到自己的家里，安排官吏人选，他们说用谁就用谁，几乎没有什么规定章法。他为官20多年，搜刮受贿，皇帝赏赐，巧取豪夺，杨国忠与杨贵妃姐妹兄弟一样，成了天下最富的人家。

他在长安的宅第，在华清宫东南面，还有一套宅邸，与虢国夫人的宅邸相对，互相映衬，豪华无比。他与虢国夫人私通，几乎到了不避嫌疑的程度。他们两个经常坐着各自的车在长安城里并驾疾驶，以此取乐。

玄宗每年都要在华清宫过冬，这时他就经常到杨家的这些宅邸去做客，同时给他们大量的赏赐。

杨国忠飞扬跋扈，却成了国家和百姓的一大祸害。不久发生了"安史之乱"，安禄山就是以要求诛杨国忠为名起兵的。

马嵬坡兵谏的时候，杨国忠正在同几个外国使节谈话。将士们见了，大呼"杨国忠与外国人谋叛"，抓住他后就将他斩首了。他的家人，自杀的被杀的，一个未剩。

当兵谏的领导人陈玄礼向玄宗谢罪的时候，玄宗说："朕眼光不明，用人不当，近来也有所觉察，本来准备到蜀的时候再杀了他。现在你们受神灵的启示，把他斩首，也是符合朕的愿望的。"

人物春秋

一代女皇——武则天

武则天，并州文水人。太宗文德皇后去世后，许久，太宗听说武则天长得美，召她入宫为才人，当时她才14岁。才人的母亲杨氏，和女儿告别，失声痛哭，才人却仍同往常，她说："能见到天子，怎知不是福分，为什么要像女孩子那样悲伤呢！"才人见到太宗后，太宗赐给她武媚的称号。等到太宗去世，才人与太宗的侍妾、宫女都当了比丘尼。高宗当太子的时候，入宫侍奉太宗，见到才人后很喜欢。高宗王皇后长期无子，萧淑妃正受到高宗的宠幸，王皇后暗地不悦。有一天，高宗经过佛寺，才人见到他后直流眼泪，高宗的感情受到触动。王皇后查知这一情况，将才人领进后宫，希望借此使萧淑妃的得宠受到削弱。

才人有权术，诡诈多变。起初，她低声下气、卑躬屈节地侍奉皇后，皇后高兴，多次在皇帝面前称赞她，所以她被晋封为昭仪。一旦她受天子的眷顾、宠幸超过萧淑妃，便逐渐与皇后不和。皇后性情高傲庄重，不会曲意奉承，而她的母亲柳氏见到宫女和女官时不讲外表的礼节，所以昭仪有机可乘，她发现皇后薄待的人，必定勤交结，得到天子的赏赐，全都分送给她们。因此皇后和淑妃的所作所为，昭仪必定知道，知道了就报告天子，但还没有找到足以攻击她们的材料。昭仪生了一个女儿，皇后前来看望、逗弄孩子，皇后离开后，昭仪偷偷在被里把女儿掐死，等到皇帝到来，昭仪佯装高兴地和皇帝交谈，一会儿掀开被子看女儿，已经死了。她又吃惊地询问左右的人，都说："皇后刚才来过。"昭仪立即放声痛哭，皇帝不察实情，发怒道："皇后杀死我的女儿！过去她与淑妃互相说坏话、嫉妒，现在又如此可恶！"从此昭仪得以在天子那里不断地诋毁皇后，皇后无法解释清楚，因而皇帝对昭仪更加相信和宠爱，开始有废掉王皇后的意思。许久，天子想晋封昭仪为"宸妃"，侍中韩瑗、中书令来济说："天子的妃嫔有一定的数目和称号，现在另立封号，是不合适的。"昭仪于是诬告皇后与她的母亲请巫师施厌胜术，诅咒昭仪，皇帝对皇后心怀旧恨，因此认为昭仪的话符合实情，准备废掉皇后。长孙无忌、褚遂良、韩瑗及来济坚持冒死争辩，皇帝犹豫不决；而中书舍人李义府、卫尉卿许敬宗一向邪佞不正，窥测形势即上表请求立昭仪为皇后，皇帝不再犹豫，下诏废掉王皇后。命令李勣、于志宁手捧玺印进晋昭仪为皇后，又命令群臣及四方少数民族酋长到肃义门朝见皇后，宫廷内外受有封号的妇女入宫谒见皇后。群臣自此开始朝见皇后了。

皇后到宗庙见祖先。天子又追赠皇后的父亲武士彟为司徒，爵位周国公，谥号忠孝，在高祖庙陪从受祭；母亲杨氏，又晋封代国夫人，赐给她家在魏州的封户1000。皇后于是作《外戚戒》献给朝廷，以消释人们的非议。于是她贬逐长孙无忌、褚遂良，至于处死、流放，可谓荣宠炽盛，威势显赫。武则天心机深隐难测，柔媚驯服，不感到羞耻，皇帝以为她能侍奉自己，所以违背公议立她为皇后。等到她一得志，就窃取权力，扬扬自得，无所畏避。皇帝也懦弱、糊涂，皇后全能加以钳制、约束，使他不得自作主张，这样时间长了，皇帝渐觉不平。麟德初年，皇后召术士郭行真入宫施行用诅咒害人的邪术，宦官王伏胜向天子告发这事，皇帝发怒，因此召见西台侍郎上官仪，上官仪指出皇后独断专行，任意而为，使天下人失望，不宜奉祀宗庙，正和皇帝的心意相合，皇帝于是催促他草拟诏书废掉皇后。皇帝左右的人跑去报告皇后，皇后急忙到皇帝那儿为自己申诉，皇帝羞涩畏缩，又像原先那样对待皇后，还猜测皇后会怨恨，对她说："这都是上官仪教我的！"皇后示意许敬宗诬陷上官仪，将他杀掉。

开初，天子的长舅、大臣违旨，没过多久就被杀灭，人们在路上相遇都不敢说话，只以目示意，等到上官仪被杀，政权就都归于皇后，天子不过拱手无为而已。群臣朝见，四方奏章，都称呼"二圣"。每次临朝处理政事，殿中放下帘子，皇帝与皇后相对而坐，生杀赏罚都听皇后吩咐。当她狠心决断的时候，虽是她很宠爱的人，也不稍加怜悯。皇帝晚年患风邪病厉害，身体不支，天下的事情全交付给皇后。皇后于是接连做一些太平年代的以文教治民的事情，聚集诸儒于皇宫的殿堂内，撰成《列女传》《臣轨》《百僚新戒》《乐书》等书，大致有1000余篇。皇后又让学士们秘密裁决群臣的奏议，以分宰相的权。

原先，武士彟娶相里氏，生儿子元庆、元爽。又娶杨氏，生3个女儿；大女儿嫁给贺兰越石，很早就守寡，被封为韩国夫人；二女儿就是皇后；三女儿嫁给郭孝慎，早亡。杨氏因为皇后的缘故，蒙受的恩宠日盛，改封为荣国夫人。起初，士彟哥哥的儿子惟良、怀运与元庆等待杨氏和皇后礼薄，皇后怀恨在心。到这时候，元庆任宗正少卿，元爽任少府少监，惟良任司卫少卿，怀运任淄州刺史。有一天，荣国夫人设宴，酒正喝得高兴，对惟良说："你们还记得从前的事吗？现在有什么话好说？"惟良回答说："惟良等有幸以功臣子弟的身份列居于朝廷，最近因为是外戚而进身，只感到忧虑而不觉得荣耀。"荣国夫人发怒，示意皇后假意退让，请求天子让惟良等出任地方官，以免向天下人显示天子有私心。因此，惟良出任始州刺史；元庆任龙州刺史；元爽任濠州刺史，不久犯罪死于振州。元庆到了龙州，因忧虑而去世。韩国夫人出入宫中，有一个女儿姿容极美，均受皇帝宠爱。韩国夫人去世，她的女儿被封为魏国夫人，皇帝想让她担任宫廷女官，因害怕皇后，不能决定，皇后心里很嫉妒，正好天子到泰山祭天，惟良、怀运以地方长官的身份会集于泰山，又随从天子回京师，皇后毒死魏国夫人，归罪于惟良、怀运，将他们杀死，改他们的姓为"蝮"，让韩国夫人的儿子贺兰敏之承继士彟的血脉。起初，魏国夫人去世，敏之入宫吊唁，皇帝极其悲痛，敏之只哭不说话。皇后说："这孩子怀疑我！"皇后厌恶他。不久敏之被贬逐而死。杨氏又改封鄁、卫二国夫人，咸亨元年去世，追封鲁国夫人，赐谥号"忠烈"，命令文武官员九品以上及杨氏的五服以内亲属与宫廷外有封号的妇女都往杨氏的宅第吊唁，用亲王的礼仪葬杨氏，官府供给手持班剑、羽葆的仪仗队和鼓吹乐。时天下大旱，皇后假意上表请求离开皇后的位置，天子不允许。不久天子又加赠武士彟为太尉兼太子太师、太原郡王，鲁国忠烈夫人杨氏为太原郡王妃。

上元元年，皇后进尊号为天后，提出12条建议：一、鼓励种田养蚕，减轻赋税徭役；二、免除三辅地区的徭役；三、停止战争，用道德教化天下之人；四、南、北、中尚署都禁止制作没有实际用处的奇巧之物；五、减省各种工程费用和百姓的劳役负担；六、广开言路；七、堵塞谗言；八、王公以下都必须学习《老子》；九、父亲仍在世，为死去的母亲服丧，着齐衰三年；十、上元以前的勋官，朝廷已给凭证的，不复追查核实；十一、京官八品以上的增加薪俸；十二、官吏长期任职、才能高地位低的可以进阶升级。皇帝下令施行这些建议。

萧淑妃的女儿义阳、宣城公主被幽禁在宫中旁舍，年近40尚未出嫁，太子李弘把这事告诉皇帝，皇后大怒，毒死李弘。皇帝准备下诏把皇位让给皇后，宰相郝处俊坚持劝谏，皇帝于是没有这样做。皇后想要向外显示自己的宽大，以取人心，使天下人归附自己，就向天子进言说："现今群臣交纳一半薪俸、百姓交纳人口税以供给边防军队，恐怕四方异族会因此而胡乱揣度国家的虚实，请求把这些负担一律免除。"皇帝同意。

仪凤三年，群臣、四方少数民族酋长在光顺门朝见皇后。同年，又在并州建太原郡王庙。皇帝头晕不能视物，皇帝的医官张文仲、秦鸣鹤说："这是风邪上升，用针刺头出血可以治好。"皇后心里正庆幸皇帝病危，自己可以独断专行，所以听到这话后生气地说："这应该斩首，皇帝的贵体哪里是可以用针刺的地方？"医师跪下磕头，请求保全生命。皇帝说："医师议论疾病，怎么可以定罪？而且我受不了，就听任他们治吧！"医师用针刺了两次，皇帝说："我的眼睛能看清东西了！"话还没有说完，皇后就在帘子里拜谢了两次，说道："这是上天赐给我们的医师啊！"她亲自把丝织物赐给医师。

皇帝去世，中宗即帝位，天后改称皇太后。高宗皇帝的遗诏说，军政大事听凭太后参与决定。嗣圣元年，太后废中宗为庐陵王，亲自临朝听政，让睿宗即帝位。太后坐在武成殿，睿宗率领群臣进上尊号、册书。3天之后，太后临殿前平台，命礼部尚书代理太尉武承嗣、太常卿代理司空王德真册立继位的皇帝。从此太后常到紫宸殿，挂上浅紫色的帷帐处理政事。

柳州司马李敬业、括苍县令唐之奇、临海县丞骆宾王憎恶太后威迫、放逐天子，恨到极点，于是招募兵士，杀死扬州大都督府长史陈敬之，占据扬州想迎立庐陵王，聚众达到10万人。楚州司马李崇福同李敬业等联合。盱眙人刘行举据城固守不肯跟从李敬业。李敬业进攻盱眙，没有攻下。太后任命刘行举为游击将军，提拔他的弟弟刘行实为楚州刺史。李敬业夺取润州，杀润州刺史李思文，曲阿县令尹元贞率兵抵抗，败亡。太后命令左玉钤卫大将军李孝逸为扬州道行军大总管，率兵30万讨伐李敬业，在高邮与李敬业作战，前锋左豹韬卫果毅成三朗被唐之奇杀死。太后又任命左鹰扬卫大将军黑齿常之为江南道行军大总管，与李孝逸合力讨伐李敬业。李敬业起兵3个月后失败，他的首级传送到东都，三州于是平定。

起初，武承嗣请求太后设立七庙供奉武氏七代祖先，中书令裴炎阻止，等到李敬业起兵，太后将裴炎下狱，杀了他，又杀死左威卫大将军程务挺。太后感到愤怒，有一天，召集群臣在朝廷上当面责问他们道："朕没有什么对不起天下人的地方，你们知道吗？"群臣连声称是。太后说："朕辅佐先帝超过30年，为天下人而担忧操劳。你们的爵位富贵，是朕给予的；天下人的安闲逸乐，是朕培育的。先帝丢下群臣而去，以国家相托，朕不敢爱惜自己，而知道爱民，现在成为叛乱主谋的人都是将相，为什么这样快就辜负朕呢？而且接受先帝遗命辅政的老臣中，傲慢跋扈难于控制有像裴炎的吗？当代的将门子孙中能收聚逃亡者的，有像李敬业的吗？老将中英勇善战，有像程务挺的吗？他们都是人中豪杰，不利于朕，朕能将他们杀掉。你们中有才能超过他们想造反的，请早点动手。如果不想这样，那就恭恭敬敬地侍奉朕，不要让天下人讥笑你们。"群臣跪下磕头，不敢仰视，都说："听陛下吩咐。"

后来，太后下诏，假装像要把政权归还给睿宗似的。睿宗估计并非太后本意，坚持请求太后临朝听政，太后下诏同意。于是太后下令铸造了一个大铜匦，东边一室题名"延恩"，接受求赏赐者的自述；南边一室叫"招谏"，接受议论时政得失的奏疏；西边一室叫"申冤"，接受有冤屈者的申诉；北边一室叫"通玄"，接受观测天象灾异预言未来的文字和有关军事机要的秘密计策。

太后不惜爵位，用它笼络四方豪杰辅助自己，虽是狂妄男子，言谈只要符合己意,就不按寻常的次序任以官职,至于不称职,接着或罢免或诛杀,从不稍加宽纵,致力于选拔真正的贤才。太后又害怕天下有图谋反叛的人,下诏允许直接向朝廷密告谋反事件,有告密的人,所在地方供给轻便驿车和五品官的饮食,送他们到京师,太后即时召见,用厚利的诱惑、官爵的赏赐打动告密者。凡报告谋反之事,官吏不得究问,即使是农人樵夫,太后也亲自接见,命鸿胪寺的客馆供给食宿。对告密者,有敢于拖延不送的,按被告发人的罪名论处。因此向朝廷密告谋反事件的人遍布全国,人人都不敢多说。

新丰县因地震而涌出一座山,太后认为是祥瑞,下令赦免该县的囚犯,改新丰县为庆山县。荆州人俞文俊上书说:"人气不和,身上就会长出肉瘤;地气不和,地上才会生出土山。现在陛下以太后而居于帝位,所以山变化形成灾害,臣以为并非常事。"太后发怒,把他流放到岭南。

太后命令毁掉乾元殿建造明堂,让僧人薛怀义当使臣监督这项工程。薛怀义,鄠县人,本姓冯,名小宝,身躯魁梧,色欲极强,在洛阳市场上装疯,受到千金公主的宠爱。公主报告太后说:"小宝可入宫侍奉太后。"太后召见小宝,与他私通,很喜欢他。太后想掩盖与小宝私通的痕迹,使小宝得以出入皇宫,于是就让他剃发为僧,担任白马寺寺主。又命他改姓名,与太平公主的丈夫薛绍互认为同族,叫薛绍将他当父辈来侍奉。又供给他御厩的马匹,出入有宦官充任侍从,即使是武承嗣、武三思,对他也都十分恭谨。到这时候薛怀义监造明堂,动用民工数万名,大木头一般一根要1000人才能拉得动。他又测量明堂后面的土地建造天堂,建筑宏大、华丽、庄严、幽深。明堂、天堂建成,太后封薛怀义为左威卫大将军、梁国公。

太后在西京建造崇先庙,供奉武氏祖先。武承嗣在洛水的石头上伪造刻辞,以此诱导太后称帝,派雍州人唐同泰献上石头,太后为它命名,称为"宝图",并提拔同泰为游击将军。汜水人又进献吉祥的石头,太后于是在南郊祭祀天帝,感谢上苍的赐予。太后自称圣母神皇,制作圣母神皇玺印,又改称"宝图"为"天授圣图",改称洛水为永昌水,给得到圣图的地方命名,称"圣图泉",在洛水坛左刻石,文字是"天授圣图之表",又将汜水县改名为广武县。当时,皇室失去权力,朝廷的重臣大将都屈从太后,不能有所作为,宗室和失去依靠的皇室异姓亲属没有立足之地。于是,韩王李元嘉等图谋起兵,给全国起带头作用,以迎回中宗。琅邪王李冲、越王李贞首先行动,因时间匆促未得到诸王响应,于是失败。李元嘉与鲁王李灵夔等都自杀,其余全由于犯罪被杀,诸王受牵连的几乎死尽,他们的子孙虽仍在襁褓之中也被放逐到岭南。太后亲自拜洛水,接受"天授圣图",睿宗率领太子、群臣、少数民族酋长依次排列,大量珍禽、奇兽、贡品、仪仗陈列于洛水坛下，一起到受图典礼结束后太后才离开。

永昌元年，在万象神宫祭祀。太后改穿衮冕，腰带上插着大圭，手里拿着爵，睿宗第二个献，太子第三个献。第一次是合祭天地，五方帝、众神随从受祭，以唐高祖、太宗、高宗配享，又拉上魏王武士彟随从配享。太后在万象神宫颁布9条政令，用它教导百官，于是大宴群臣。

载初年间，太后又在万象神宫祭祀。祭皇地祇时，以唐高祖太穆、唐太宗文德二皇后配享，又拉上周忠孝太后随从配享。造"曌"为自己的名字。改称诏书为制书。确定以周、汉两朝的王族后裔为"二王"，虞、夏、殷三朝的王族后裔为"三恪"，废唐皇族名册。太后拜怀义为辅国大将军，又封他为鄂国公，春官尚书李思文诡称："《周书·武成》篇中，有'垂拱天下治'的话，是太后受命于天的凭证。"太后高兴，把这些都颁布于天下，逐渐图谋改朝换代。但害怕人心不肯归附，于是她阴毒残忍，大肆杀戮，借以恐吓天下之人。她暗中怂恿酷吏周兴、来俊臣等数十人为爪牙，有不满意或一向疑忌的人，必定用酷法陷害。唐皇族侯王及其他正直大臣、将相大批被杀，鲜血染红监狱，家家不能自保。太后不过手拿梳妆用具坐在皇宫的层层帷幕之中，而国家的权力却逐步控制在她手中。

御史傅游艺率领关内父老请求太后顺应天命，实施变革，改皇帝的姓氏为武。又胁迫群臣坚持请求，胡说凤凰停留于上阳宫，赤雀出现在朝堂上。天子心中不安，也请求赐姓武氏，表示天下武姓为尊。太后知道权柄掌握在自己手中，于是大赦天下，改国号为周，自称圣神皇帝，旗帜尊尚赤色，以睿宗皇帝为皇位继承人。

太后虽然年高，却擅长修饰自己的容貌，即使她左右的人，也没有感觉到她的衰老。不久她长出两颗新牙，下诏改年号为长寿。第二年，在万象神宫祭祀，太后自编大型乐舞，所用舞蹈者达到900人。祭祀时太后让武承嗣第二个献盛了酒的爵，让武三思第三个献。睿宗作为皇位继承人，公卿大臣往往能见到他，正好尚方监裴匪躬、左卫大将军阿史那元庆、白润府果毅薛大信、监门卫大将军范云仙暗中晋见睿宗，都被押赴闹市腰斩，所以从此公卿大臣不敢再晋见睿宗。

有人上密封的奏章，说被流放到岭南的人图谋造反，太后派代理右台监察御史万国俊前去查验，告诉他符合实情就定罪判决。万国俊到广州，召集所有被流放的人，诈称皇帝的命令，赐他们自尽，被流放的人都大声哭叫，心中不服，万国俊将他们赶到水边，让他们无法逃跑，一天就杀掉300多人。然后捏造事实向太后报告，说被流放的人都心怀不满，请求将他们全部除掉。于是太后派右卫翊府兵曹参军刘光业、司刑评事王德寿、苑南面监丞鲍思恭、尚辇直长王大贞、右武卫兵曹参军屈贞筠，都任代理监察御史，分别到剑南、黔中、安南等六道审讯被流放的人，而提拔万国俊为左台侍御史。刘光业等人也想从朝廷求功名，杀人唯恐不多。刘光业杀死的人有900，王德寿杀700人，其余也不少于500人。太后很久后才知道这些人是冤枉的，下令把六道使者所杀害的人的灵柩送回他们的家中。万国俊等人也相继死去，死时都见到有异物作祟。

　　太后又自加尊号，称金轮圣神皇帝，在朝廷上设置7种宝物：金轮宝、白象宝、女宝、马宝、珠宝、掌兵臣宝、掌府库臣宝，一般有大朝会的时候就把它们陈列出来。太后又尊武氏显祖为立极文穆皇帝，太祖为无上孝明皇帝。延载二年，武三思率领少数民族酋长和一些受人敬重的老人请求建造天枢，记载太后的功德，借此贬唐兴周，太后下诏同意，派纳言姚璹负责监造。于是大量收聚铜铁放在一块熔炼，铸造成天枢，题名为"大周万国颂德天枢"，设置于端门外。它的形状像柱子，高105尺，8面，每面单宽5尺，将铁铸成山形作它的基础部分，铁山上载有铜龙，铁山四周还有用石头雕琢成的怪兽环绕。柱顶铸一个云形的盖，盖上铸一颗大珠，高一丈，圆周长度是高的3倍。又铸造4条蛟龙捧着大珠，每条蛟龙长一丈二尺。天枢的山形基础圈围170尺，高两丈。大概用铜铁200万斤。于是把群臣、少数民族酋长的姓名全刻在天枢上。

　　太后对薛怀义的宠幸渐衰，而御医沈南璆却得到太后的宠幸，薛怀义大为不满，于是放火烧明堂，太后感到羞愧，掩盖真相不予揭露。薛怀义更加凶暴放肆，怏怏寡欢。于是太后密令太平公主挑选若干健壮妇女，在殿中把薛怀义捆绑起来，命令建昌王武攸宁、将作大匠宗晋卿率领壮士将薛怀义击毙，用运泥车把他的尸体送回白马寺。薛怀义依仗太后的宠爱，气焰压倒当世之人，超出于百官之上，他的门徒大多犯法，御史冯思勖揭发他的恶行，薛怀义发怒，有一次在路上与冯思勖相遇，薛怀义命令自己的随从殴打冯思勖，几乎将他打死，而冯思勖不敢言语。突厥默啜侵犯边地，太后拜薛怀义为新平、伐逆、朔方道大总管，带领18个将军的部队攻打胡兵，宰相李昭德、苏味道甚至充当他的行军长史、司马。后来薛怀义讨厌进入官中，暗中招募有力气的少年1000人当和尚，预谋叛乱。侍御史周矩揭发他的罪状，请求太后查治，太后说："你姑且出去，朕将让薛怀义到法庭去。"周矩坐在御史台办公，一会儿，薛怀义驱马驰入御史台的庭院，径直到大床上坐下，周矩召来官吏准备接受口供，薛怀义立即骑马离开。周矩将这事报告太后，太后说："这个和尚一向狂妄，不值得惩治，那些有力气的少年听任你彻底查问、处理。"周矩将他们全流放到贫困边远地区。后来薛怀义陷害周矩，不久周矩就被免官。

　　太后在南郊祭天，以文王、武王、武士彟和唐高祖一起配享。太后加天册金轮圣神皇帝的尊号。于是在嵩山祭天，在少室山祭地，册封山神为帝，他的妻子为后。嵩山的祭坛南边有一棵大槲树,当在山上祭天发布大赦令的时候,把鸡放到槲树枝头,太后于是赐名"金鸡树"。

自从薛怀义死后,张易之、张昌宗兄弟就得到太后的宠幸,于是设立控鹤府,置监、丞和主簿、录事等职,控鹤监是三品官,让张易之担任。太后自己觉察到封武氏家族诸人为王不符合天下人的意愿,在这之前,中宗自房州回神都,又立为皇太子,太后害怕自己去世后武氏被唐皇族欺压伤害,死无葬身之地,就领着武氏诸人和相王、太平公主在明堂立誓,并祭告天地,把誓文铸刻在铁券上,藏于史馆。太后下令改昊陵署为攀龙台。久视初年,改控鹤府为天骥府,又改为奉宸府,监改为令,左右控鹤改为奉宸大夫,张易之又任奉宸令。

神龙元年,太后有病,长时间不能康复,居住于迎仙院。宰相张柬之与崔玄暐等定计,请求中宗率兵入宫杀张易之、张昌宗,于是羽林将军李多祚等带兵自玄武门入宫,杀二张于迎仙院旁。太后知道事变,从床上起来,桓彦范上前请求太后传位给太子,太后回身躺下,不再说话。中宗于是即帝位。将太后迁移到上阳宫居住,中宗率领百官到上阳宫观风殿向太后问安,以后中宗大概每10天一次到上阳宫问候太后,不久改成每月初一日、十五朝见太后。中宗下令废除奉宸府的官职,将东都武氏七庙的神主迁移到西京崇尊庙,改崇尊庙为崇恩庙,又下令恢复唐朝的宗庙。凡武氏诸人封王的全部降爵。这一年,太后去世,年81岁。遗诏说去掉帝号,改称则天大圣皇太后。太后去世后定谥号为则天大圣皇后,合葬于高宗乾陵。

武三思与中宗韦庶人淫乱,武三思再次当政,出现大旱,中宗派人到乾陵祷求则天皇后,竟立即下雨。武三思引诱皇帝下诏规定武氏崇恩庙照旧祭祀,礼仪像太庙一样,斋郎用五品官的儿子充任。太常博士杨孚说:"太庙斋郎选取七品官的儿子充任,现在崇恩庙斋郎选取五品官的儿子,不合适。"皇帝说:"太庙也像崇恩庙一样,可以吗?"杨孚说:"崇恩庙是太庙的家臣,臣以君为标准是逾越本分,而君以臣为标准就是迷乱了。"皇帝于是停止用五品官的儿子充任崇恩庙斋郎。等到韦氏、武氏的党派被诛灭,天子下令则天大圣皇后又改称为天后,废除崇恩庙及武氏诸陵。景云元年,天后改称大圣天后。太平公主干预朝政,请求恢复设立昊、顺二陵的守陵官,又追尊太后为天后圣帝,不久改称圣后。太平公主被杀,天子下令废除周孝明皇帝称号,仍改为太原郡王,孝明皇后改为太原郡王妃,又废除昊、顺等陵。开元四年,追称太后为则天皇后。太常卿姜皎建议:"则天皇后配享于高宗庙,神主题作天后圣帝,不正确,请求改题为则天皇后武氏。"天子下诏同意。

旧五代史

《旧五代史》概论

《旧五代史》，原称《梁唐晋汉周书》或《五代史》《五代书》。由北宋薛居正于宋太祖开宝六年（973）四月至七年闰十月奉旨监修，卢多逊、张澹、李昉等同修。后欧阳修撰成《五代史记》，称为《新五代史》，遂称薛史为《旧五代史》。原书已经佚失，现行本为清代乾隆四十年时的辑本。全书150卷，记叙907年至959年共53年间中原地区后梁、后唐、后晋、后汉、后周5个王朝以及南北方的吴、南唐、吴越、楚、闽、南汉、前蜀、后蜀、南平、北汉等10个割据政权的史实，是记载五代十国各民族历史的一部重要的官修正史。

一

薛居正，字子平，开封浚仪（今河南开封市）人。生于后梁乾化三年（912），卒于北宋太平兴国六年（981）。后唐清泰初年进士及第。后晋由华州署府从事累迁至开封府判官。后周迁比部员外郎，领三司推官，累官至刑部侍郎。入宋后，历任户部侍郎、兵部侍郎、吏部侍郎，兼判门下侍郎事，后官至门下侍郎平章事（宰相）。北宋开宝六年（973）四月，以副相身份受诏监修《五代史》。

薛居正一生为官勤勉清正，屡有政绩；为人性孝行纯，谦和谨慎。自幼好学不倦，善著述，有辅公之才。宋初居官20年，深得太祖、太宗两朝君主赏识。又兼身经六朝，历仕四代，熟谙五代掌故，目睹王朝藩国的盛衰陵替。宋初循宰相修史旧例，监修《五代史》的任务，就自然落到了薛居正身上。

与薛居正同修《五代史》的，还有卢多逊、李穆、李昉、扈蒙、张澹、刘兼、李九龄诸人，都是当时文坛耆宿、学界名流。在以薛居正为首的这一编撰班子中，除李九龄为入宋初仕者外，其余皆为历仕数朝的遗老旧臣。他们身经朝代更迭、世事沧桑、战乱流离、生灵涂炭的悲惨历史，又感恩于畴昔故主先王的知遇提携，感情是复杂、矛盾的，感触是深刻、沉重的，因而在涉及一些具体的人、事时常常褒贬并存、瑕瑜互见。他们对五代乱世有切肤之痛。这种深切的体验汇入笔端，在《旧五代史》的诸多纪传志序中就表现出自己对于王朝兴废、政治得失、军事胜败的深刻反思，其中不乏精辟的见解，体现出具有进步意义的史学观点。

首先，在对五代十国频繁的王朝兴废究竟是系乎天命，还是在于人谋这一重大命题的探索上，作者提出了王朝兴废关键不在于天，而在于人的进步史学观点。通观《旧五代史》，几乎所有纪论、传论都直接或间接地涉及于此、归结于此、感慨于此。由于历史的局限，《旧五代史》中同样不乏王者受命于天的怪异荒诞的记述，然而在具体叙述历史时，作者常常是借天命而推演人谋，甚至排斥天命径谈人谋。例如对于后梁的覆没，作者以"史臣曰"的形式总结道："末帝仁而无武，明不照奸，上无积德之基可乘，下有弄权之臣为辅，卒使劲敌奄至，大运俄终。虽天命之有归，亦人谋之所误也。"又如，在评述后唐所以失政时，作者感叹："倘使重诲得房、杜之术，从荣有启、诵之贤，则宗祧未至于危亡，载祀或期于绵远矣。"以人事而论兴亡成败，是贯穿《旧五代史》的重要主题，这是阅读和研究《旧五代史》应首先注意的。

其次，既然立足于从人事活动上探究历朝兴废的原因，因而善恶并书、贬恶扬善就成为《旧五代史》的另一主题。后人多认为《旧五代史》颇多粉饰回护虚妄失实之处。具体说来，作者对于五代人事的褒贬可分为两类。①对于本纪中五代帝王的历史，出于作者对于故主先王的感情，确有不少回护之处。然尚不可一概而论。从大的方面来看，作者的褒贬评价仍是比较客观的。②对于列传中的不同人物，作者善恶并收，击浊扬清。对于同一人物，作者瑕瑜互见，优劣并陈，尽可能体现人物的功过是非，极少有回护曲笔。这一方面体现了作者想遵循古之良史秉笔直书的优秀传统，另一方面更体现了作者以史为鉴，将五代乱世的善恶因果提供给时人参照的意图，这样就更接近于历史的本来面目，因而这种写史的态度也就具有积极意义。

二

《旧五代史》计本纪61卷，列传71卷，志12卷。编撰方法是以占据中原的梁、唐、晋、汉、周五个王朝为主体断代为书，包括《梁书》24卷、《唐书》50卷、《晋书》24卷、《汉书》11卷、《周书》22卷。各书均分本纪和列传两种，列传又按后妃、宗室、诸臣次第排列。五书后以杂传7卷为附体，记叙南北10个割据政权和周边其他民族国家的历史。其中以《世袭列传》二卷记载荆南、楚、吴越3个独立成国但仍向中原王朝纳贡称臣的割据政权。以《僭伪列传》三卷记载吴、南唐、闽、南汉、北汉、前蜀、后蜀7个不奉中原正朔的割据政权。以《外国列传》记载契丹、吐蕃、高丽等国内外12个民族国家的历史。杂传后有志12卷，分为天文、历法、五行等十目，综述五代时期的典章制度。面对五代十国这一大的分裂割据局面，作者采用以中原王朝的兴废为主线，十国的兴替和四夷的起落为副线这样一种断代分国的叙述方法，条理清楚，内容连贯，彼此呼应，较好地体现了这段历史的全貌。

北宋开宝六年（973）四月，宋太祖诏令薛居正监修梁、唐、晋、汉、周五代史，至次年闰十月编修完成，历时仅一年零六个月，成书之速仅次于历时6个月的《元史》。这种罕见的修史速度是由内因、外因两方面原因促成的。

首先，从外因方面看，五代十国是由唐末藩镇割据演变成的分裂混战时代。五代的开国君主，均为前朝重臣镇将，他们都是依靠手中兵权凭武力推翻前朝的。五代各朝立国短促，后梁17年，后唐13年，后晋10年，后汉3年，后周10年。军阀混战不息，朝代更易无常。宋太祖赵匡胤原为后周殿前都点检兼宋州归德军节度使，也是靠在陈桥驿发动兵变而夺得皇位的。赵匡胤在夺得皇位后，为防止擅权篡位故事的重演，保证赵宋政权享运长久，其要务之一就是总结历史的经验教训，深究五代王朝"其兴也勃，其灭也忽"的根本原因。赵宋开国仅13年就诏修《五代史》；《五代史》撰成后第二天赵匡胤即展卷阅读并对宰相说："昨观新史，见梁太祖暴乱丑秽之迹，乃至如此，宜其旋被贼虐也。"可见其急欲"以史为鉴"的用心。同时，五代君臣失道，朝纲隳堕，礼崩乐坏。宋初帝王继乱世之后痛定思痛，急欲偃武修文，网罗文士，复振朝纲，重修礼乐。

其次，从内因来看，《旧五代史》成书之速，除了修撰者大多为五代遗老旧臣、著名史官并熟谙史料外，还有一个更重要的原因，即有丰富的五代史料可资凭借。五代王朝更替频繁，但史馆史官未废，各朝实录得以及时修成。丰富的现成史料为修撰五代史打下了基础。薛史采据历朝实录，参考《五代通录》，简节改编，故能很快成为一节。正因为《旧五代史》大多取材于历朝实录，而实录的编撰者多历前朝或任职该朝，这样很容易造成笔削回护之处、粉饰附会之言。同时在取材范围上，由于实录基本上只记叙各朝的朝政纲略，对中原以外各地区以及民间社会生活的叙述就过于简略单薄。此外，由于《旧五代史》脱胎于历朝实录，在编撰上就带有较浓厚的"实录"痕迹，即在61卷本纪中对于所叙帝王的起居行止的记载过于琐细，文字繁猥，文体平弱，质胜于文，在问世不久就受到批评。这就为以后该书的行之不远以至于最后失传埋下了病根。

《五代史》成书后约80年，北宋名臣欧阳修私撰成《五代史记》74卷藏于家。宋神宗熙宁五年（1072），诏取欧阳修《五代史记》付国子监刊行，由此新、旧二史并行于世，遂称薛史为《旧五代史》，欧史为《新五代史》。南宋时《旧五代史》已不甚流行。至金章宗泰和七年（1208），诏令学官削去《旧五代史》，只用《新五代史》，于是《旧五代史》渐废，元明以来就罕有援引薛史者，传本也慢慢湮没。明永乐年间修《永乐大典》收录《旧五代史》，但割裂分散，已非原本篇第之旧。清乾隆年间修《四库全书》时，就已找不到《旧五代史》原本。馆臣邵晋涵等只得从《永乐大典》中辑出所有散录进去的《旧五代史》部分，经排比审定，尚有残缺。于是复从《册府元龟》《资治通鉴考异》《太平御览》《五代会要》等书中辑录史文，或作正文，或为附注，以补不足，这样才算恢复了原书面貌的十之八九，这就是目前能看到的辑本《旧五代史》。乾隆帝诏令将辑本《旧五代史》刊入二十四史，终于使《旧五代史》在700年后再行于世并重新进入正史行列。原本是否尚存人间，至今仍是疑案。

现今《旧五代史》版本毕竟还是辑本,有些纪传零落残缺,内容不相连贯。所辑十志亦多不全。现在通行的《旧五代史》是中华书局1976年出版的校点本。该本以民国十年(1921)丰城熊氏影印南昌彭氏之藏本为底本,同时参校其他各本,适当吸收了邵晋涵等的批注校勘,对辑本有错漏处尽可能予以改正增补,所以校勘最精,又加以新式标点,是目前最完善的一个本子。

就《旧五代史》与《新五代史》的比较而言,旧史叙事烦冗,文体平弱,较多曲笔。但取材广泛,叙事详尽,材料翔实可信,保存了许多原始资料,有较高史学价值。所以司马光撰《资治通鉴》,胡三省作《通鉴注》,都以旧史为据而不取新史。

政 略

国之存亡　不专在行赏①

臣以为国之存亡，不专在行赏，须刑政立于上，耻格行于下②，赏当功，罚当罪，则近于理道也。若陛下不改覆车之辙③。以赏无赖之军，徒困蒸民，存亡未可知也。

（《旧五代史》卷九十三，晋书·李专美传）

【注释】

①这是唐末帝即位后，怒国库空虚，不能兑现厚赏军队的诺言而责备李专美时，李专美上奏语言中的一部分。五代时，武夫专权，以滥赏收买军心为自己效命，致使人民不堪其苦。李专美的奏语，切中时弊，主张严刑政、尚耻格，有一定进步性。②耻格：廉耻准则。③覆车之辙：指唐明宗、唐闵帝滥赏误国事。

【译文】

臣下以为国家的存亡，不单单在于施行赏赐。必须在朝廷中建立刑律政令，在军民中树立耻辱观念。量功而赏，量罪而罚，就近于治国的原则了。陛下若不改变前代滥赏失国的做法而滥赏无功之军，就白白使黎民百姓生活困窘，存亡也就不可知了。

御 人

梁太祖求贤哲

癸巳,以禅代已来,思求贤哲,乃下令搜访牢笼之,期以好爵,待以优荣,各随其材,咸使登用。宜令所在长吏,切加搜访,每得其人,则疏姓名以闻①。如在下位不能自振者,有司荐导之;如任使后显立功劳,别加迁陟。

(《旧五代史》卷四,梁书·太祖本纪四)

【注释】

①疏:条陈,排列。

【译文】

开平二年(908)七月二十四日,(梁太祖)因为自从取代唐朝以来,便思念寻求贤士哲人,于是下诏令搜求、访查、收罗他们,许给他们高官显爵,给他们以优厚待遇,根据他们各自的聪明才智,让他们都能出仕重用。适当地命令各地官吏,切实细加搜寻访求,每得贤士哲人,就分别陈述他们的姓名上报。如有在下位而不能自达名号的,就让专门机构推荐导引他们;如有委任职务后成绩显著的,就格外加以升迁和提拔。

法 制

石敬瑭巧断军马食民粟案

帝性简俭,未尝以声色滋味辄自宴乐,每公退,必召幕客论民间利害及刑政得失,明而难犯,事多亲决。有店妇与军士讼,云"曝粟于门,为马所食"。而军士恳诉,无以自明。帝谓鞫吏曰①:"两讼未分,何以为断,可杀马刳肠而视其粟,有则军士诛,无则妇人死。"遂杀马,马肠无粟,因戮其妇人。境内肃然,莫敢以欺事言者。

(《旧五代史》卷十十五,晋书·高祖本纪一)

【注释】

①鞫(jī)吏:主审官。鞫,审问。

【译文】

石敬瑭性情简约朴素,未曾以声色美味私自宴乐。每次公事退堂,必召来幕客议论民间利弊、疾苦及刑政得失,所以他能明了民情,而不被下人们欺瞒,政事也多是亲自裁决。有一店妇与军士前来诉讼,说"门前晒的谷被军马吃了"。而军士恳切争辩,但无法自明。石敬瑭告诉主审官说:"双方争讼未能裁决,凭什么断案?可以杀马开肠,看看有无谷粟。有则杀军士,无则杀妇人。"于是杀马,马肠里没有谷粟,因而杀了店妇。于是管辖区内(由此)肃然而治,再没有敢说假话的了。

五代军士黥面

梁祖之攻兖、郓也①,朱瑾募骁勇数百人,黥双雁于其额②,号为"雁子都"③。梁祖闻之,亦选数百人,别为一军,号为"落雁都"。

(《旧五代史》卷六十四,唐书·朱汉宾传)

【注释】

①攻兖、郓：梁太祖朱温与秦宗权作战时，视盘踞在兖州、郓州的朱瑾、朱欢为盟友。待秦宗权失败后，便攻伐盟友以扩大地盘。②黥：黥面，原为古代刑罚之一。五代时，各个军阀为了防止军士逃跑，常用黥面来控制他们。从此可看出五代军制的残酷。③都：唐、五代时军队编制的一种称号，一都数百人至千人不等。

【译文】

朱温进攻兖州、郓州时，朱瑾招募了几百名勇士，在面额上刺以双雁纹样。号称"雁子都"。朱温听后，也选拔了数百人，自为一军，号称"落雁都"。

军　事

朱温谋杀李克用①

是夜，张乐陈宴席，汴帅自佐觞，出珍币侑劝。武皇酒酣，戏诸侍妓，与汴帅握手，叙破贼事以为乐②。汴帅素忌武皇，乃与其将杨彦洪密谋窃发，彦洪于巷陌连车树栅，以扼奔窜之路。时武皇之从官皆醉，俄而伏兵窃发，来攻传舍③。武皇方大醉，噪声动地，从官十余人捍贼。侍人郭景铢灭烛扶武皇，以茵幕裹之，匿于床下，以水洒面，徐曰："汴帅谋害司空④！"武皇方张目而起，引弓抗贼。有顷，烟火四合，复大雨震电，武皇得从者薛铁山、贺回鹘等数人而去。雨水如澍，不辨人物，随电光登尉氏门，缒城而出，得还本营。

(《旧五代史》卷二十五，唐书·武皇本纪上)

【注释】

①唐末，在镇压农民起义中壮大起来了两股军阀队伍，一为盘踞在汴州（今河南开封）的朱温，一为盘踞在河东（今山西）的李克用。两军联合镇压黄巢起义军之后路过汴州时，朱温设宴招待李克用，妄图乘机谋杀他，于是揭开了"梁晋争雄四十年"的序幕。②破贼事：指镇压农民起义一事。③传舍：古时供官府行人休止的处所。④司空：唐僖宗乾符五年（878年），李克用受封为检校工部尚书。

【译文】

唐僖宗中和四年（884年）五月某夜，朱温张乐设舞，大摆宴席，并亲自把盏劝酒，拿出珍宝钱币赠赏助兴。李克用喝得酒酣耳热，跟一些侍女歌妓调笑，又与朱温四手相握，追述镇压起义军的往事以取乐。朱温历来忌惮李克用，于是便与部将杨彦洪私下里策划暗中行事。杨彦洪在城内外交通要道上设立栅栏，用以扼断李克用的回窜之路。当时，李克用的随从官兵都喝得大醉，不一会儿，暗中埋伏的梁兵突然起事，来攻打李克用的留宿之处。李克用正大醉不醒，来攻的梁兵喊声雷动，他的10余名随从正在拒敌拼杀。侍奉李克用的郭景铢吹灭蜡烛，扶起克用，用草席幕幔把他卷裹起来，藏在床下，用凉水洒到他的脸上，一字一顿地喊："朱温要谋害您！"李克用这才睁开眼睛爬了起来，拉弓射箭抗击梁兵。过一会儿，（梁兵放起火来），烟火冲天，四面包围了传舍。（正在无奈之际），忽然电光雷声骤起，大雨倾盆，李克用才与随从薛铁山、贺回鹘等几个人得以逃出传舍。这时，雨水如瓢泼，对面辨不清人物，（李克用等）乘着雷电闪光，爬上尉氏门，从城墙上用绳索溜下去，才逃回自己的军营。

李存勖攻灭后梁

壬申，帝御大军自杨刘济河。癸酉，到郓州。是夜三鼓，渡汶。时王彦章守中都。甲戌，帝攻之，中都素无城守，师既云合，梁众自溃。……己卯迟明，前军至汴城，嗣源令左右捉生攻封丘门①，梁开封尹王瓒请以城降。俄而帝与大军继至，王瓒迎帝自大梁门入。……时梁末帝朱锽已为其将皇甫麟所杀②，获其首，函之以献。

（《旧五代史》卷三十，唐书·庄宗本纪四）

【注释】

①捉生：俘虏反正之人。②朱锽：即梁太祖第三子朱友贞，即位后改是名。

【译文】

（923年）十月初二日，李存勖亲率大军从杨刘镇（在今山东东阿北）渡过黄河。初三日，到达郓州（今山东东平）。这天夜里三更，渡过汶水。那时王彦章镇守中都（今山东汶上）。初四日，李存勖命大军攻城，中都平时没防守设置，唐军云合围攻，梁军不战自溃。……初九日，天将亮，先头部队已到汴城（今河南开封），李嗣源命令手下人及降兵攻打封丘门，梁开封长官王瓒请求献城投降。不久李存勖大军赶到，王瓒迎接李存勖从大梁门进入汴城。……那时，梁末帝朱友贞已被手下武将皇甫麟杀害，割下头来，装在匣子里献给唐军。

理 财

唐明宗开铁禁

十二月甲寅朔,(唐明宗)诏开铁禁,许百姓自铸农器、什器之属,于秋夏田亩上,每亩输农器钱一文五分。

(《旧五代史》卷四十二,唐书·明宗本纪八)

【译文】

长兴二年(931)十二月初一日,(唐明宗)下诏,解除了禁止私自铸铁的命令,准许百姓自己铸锻农具、家用铁器等物,在秋夏田亩税上,每亩增收一文五分税金。

石敬瑭查灾减税

丁亥,制:"……昨者,行至郑州荥阳县界,路旁见有虫食及旱损桑麦处,委所司差人检覆,量与蠲免租税①。……"夏五月壬子朔……诏洛京、魏府管内所征今年夏苗税物等,宜放五分之一。

(《旧五代史》七十六,晋书·高祖本纪二)

【注释】

①蠲(juān):同捐,除去。

【译文】

天福二年(937年)四月初五日,下令:"……前些天,东巡至郑州荥阳县(今河南荥阳)界,在路旁看见一些地方有虫食及旱坏的桑麦,着派负责部门去人检查核实,酌量减免租税。……"夏天五月初一日,……诏令洛京、魏府管辖内(相当于今河南北部)所征收的当年夏苗税物等,应该减免五分之一。

晋少帝下诏赈灾

天福八年春正月辛巳……河南府上言:"逃户凡五千三百八十七,饿死者兼之。"诏:"诸道以廪粟赈饥民,民有积粟者,均分借便,以济贫民。"时州郡蝗旱,百姓流亡,饿死者千万计。

(《旧五代史》卷八十一,晋书·少帝本纪一)

【译文】

天福八年(943)正月初二日,……河南府上奏说:"外逃户计5387,饿死者加倍。"(晋少帝于是)下诏:"各道以国库粮赈济饥民。民间有积粮者,均分借贷,以救济贫苦百姓。"那时各州郡蝗灾旱灾,百姓逃荒,饿死者以千万计。

德 操

妇人之盛

太祖四镇时①,刘(氏)已得"国夫人"之号。车服骄侈,婢媵皆珥珠翠,其下别置爪牙典谒②,书币聘使,交结藩镇,近代妇人之盛,无出其右,权贵皆相附丽③,宠信言事,不下于翔。

(《旧五代史》卷十八,梁书·敬翔传)

【注释】

①太祖四镇时:到天复元年(901年)时,朱温已领宣武(今河南开封)、宣义(今河南滑县)、天平(今山东东平)、护国(今山西永济)四镇。②典谒:掌管宾客往来联络事务的属官。③丽:附着。

【译文】

梁太祖统领四镇时,谋臣敬翔妻刘氏已有了"国夫人"的名号。她车马服饰豪华奢侈,连婢女侍从都戴着华贵的首饰。在她手下又另置亲信及礼聘之官,派遣使者持书信聘礼,交结四方藩镇豪强,近代妇人贵盛,没有超过她的。当时权贵之人,对她争相巴结附和,受到的宠信和太祖对她的重视程度,不下于其夫敬翔。

唐庄宗不计前嫌

初,梁军与庄宗对垒于河上,思铎以善射①,日预其战。尝于箭笴之上自镂其姓名,一日射中庄宗之马鞍,庄宗拔箭视之,睹思铎姓名,因而记之。及庄宗平梁,思铎随众来降,庄宗出箭以视之,思铎伏地待罪,庄宗慰而释之。

(《旧五代史》卷九十,晋书·陆思铎传)

【注释】

①思铎：陆思铎，原为后梁将，后降唐。

【译文】

当初，梁军与李存勖的军队在黄河边上对阵，陆思铎以善射，天天参与战斗。他曾在箭杆上刻上自己的名字，一天射中了李存勖的马鞍，李存勖拔出箭来，看到是陆思铎的名字，因而记在心里。李存勖灭梁后，陆思铎跟众人一块前来投降，李存勖拿出箭来让他看，吓得陆思铎趴在地上等候发落。李存勖好言相慰，饶恕了他。

传世故事

后唐庄宗宠宦杀贤

后唐庄宗李存勖（xù）从小擅长音律，喜好歌舞，有时亲自化妆，粉墨登场。他特别宠爱优伶，常与他们一起在内宫演戏。这些优伶随意出入皇宫，与宦官相勾结，污辱戏弄朝廷大臣。大臣们对这些优、宦既恨又怒，却敢怒不敢言。

宰相郭崇韬南征北战，出生入死，为后唐的安定建立了汗马功劳，威望隆重。他身居高位，不居功自傲，正直忠诚，很看不惯优、宦们的行为。但他性子很急，遇到不满的事情就要发作。宫里优、宦恩宠于上，常向他提出为亲戚升官等无理的要求，郭崇韬往往按捺不住，痛斥他们。优、宦们恼羞成怒，便常到庄宗面前说他的坏话，使庄宗对郭崇韬的信任日趋下降。

当时，中牟县（今河南鹤壁）令罗贯刚强正直，是经郭崇韬提拔起来的。他为政清廉，不畏权贵，皇宫里的优、宦托他办私事，走后门，他都一概回绝。他们送来的各种信件，他都交给郭崇韬，郭崇韬上奏庄宗。因此优、宦对罗贯、郭崇韬咬牙切齿。大臣张全义与罗贯有过节，派丫鬟进宫向刘皇后诉苦，于是刘皇后与优、宦一起向庄宗诋毁罗贯，庄宗很生气，但考虑到他很得人心，不便发作。

不久庄宗前往寿安（今河南宜阳），察看修筑曹太后墓地，沿路泥泞不堪，桥梁横断。他很愤怒，问："这是谁管的？"宦官说："河南尹罗贯。"庄宗更怒，就下诏把罗贯关入大牢治罪，准备杀他。郭崇韬进谏："罗贯虽然有罪，却不及死罪。"庄宗说："太后的灵柩就要出发，天子朝夕往来，他不把路修好，还不及死罪？你是他的同党？"郭崇韬又说："您以至高无上的身份，迁怒一个小小县令，使天下人都说陛下执法不公，这是我的罪过啊！"宦官们又极力劝说庄宗杀罗贯。罗贯终未幸免，尸体被扔出府门，远近的百姓都说他死得冤枉。

伶、宦又借机对庄宗说郭崇韬的权势太大，竟敢对皇上无礼，要求削其兵权。

适逢当时蜀地盗贼又猖狂作乱，郭崇韬奉命平息。他派任圜、张筠等将领分兵数路征讨。日久未归，庄宗担心他在那里聚积兵马，不利于朝廷，就派宦官向延嗣招他回京。向延嗣到达以后，郭崇韬不出来接待他，向延嗣非常愤怒。当时魏王李继岌在成都，其部将李从袭看到蜀中降臣把礼物都送到郭崇韬营里，而不送到魏王营，心中不平。他对向延嗣说："现在郭崇韬公然收受财物，与降臣勾结图谋不轨。还听说郭崇韬的儿子郭廷海要请求任命自己为蜀帅，众将都是郭氏的党羽。在成都的魏王如同在狼窝里存身，一旦发生兵变，我们这些人还不知埋在什么地方呢？"

向延嗣回京把这话添油加醋地说给刘皇后，刘皇后担心李继岌处境危险，向庄宗哭诉杀掉郭崇韬。向延嗣又对庄宗说："臣问蜀人，得知蜀中宝物都进了郭崇韬的营中，说郭崇韬得了重贿；他儿子廷海有金银10万两，乐工70。魏王府只不过得到马匹罢了。"庄宗开始只知郭崇韬想独霸蜀中，心中已不平；现又听到他占据蜀中妓乐珍货，怒不可遏，就命令宦官马彦珪入蜀探听郭崇韬的去留动向，如果班师则万事皆休，如确实迟滞，则与魏王图谋诛杀他。

郭崇韬领兵平息大股盗贼，但担心大军撤回，流散盗贼重新为乱，所以回师迟缓。马彦珪到蜀中看到郭崇韬按兵不动，就添枝加叶向庄宗报告郭崇韬要谋反。庄宗遂下令马彦珪协同魏王诛杀郭崇韬。

同光四年（926），魏王以议事为名，召郭崇韬及其子郭廷海入府议事，就在府中杀死父子两人。

李存勖大败唐怀贞

自906起，梁王朱全忠与晋王李克用展开了旷日持久的潞州争夺战。第二年，朱全忠篡唐称帝，国号梁，立即遣其保平节度使唐怀贞率军8万，会合魏博之兵进攻李克用去年占领的潞州。

为李克用守卫潞州的晋昭义节度使李嗣昭见梁军来势凶猛，闭城坚守。李克用亦急令部将周德威、李嗣本、李存璋、史建瑭、安元信、李嗣源、安金全等倾兵相救，晋梁于是展开双方交兵以来最大规模的潞州争夺战。

双方自五月战至开平二年正月，胜负未分。而就在是月，晋王李克用头上生疽，不治而死。死前，李克用将其长子、晋州刺史李存勖托付给振武节度使李克宁、监军张承业、大将李存璋等，并对李克宁等人说："此子志气远大，必能成就我的事业，他们要好好教导、辅佐他。"李存勖是时年方24岁，体貌奇特，善于骑射，胆略过人。他即晋王位后，马上将阴谋夺取其王位的李克宁及其党羽杀死，随后便计划继续与梁军作战。

正在潞州与梁军对峙的晋将周德威等听说李克用已死，又得李存勖相召，连忙引军归还奔丧。梁军见晋军已退，以为潞州不日即可攻下，故而不复戒备。

李存勖24岁登晋王位，唯恐诸将不服，有背叛行为，故将统大军在潞州作战的周德威召回晋阳，同时，也是为袭破梁军埋下伏笔。周德威回到晋阳后，将大军留在城外，自己徒步进城，趴到李克用的灵柩上痛哭流涕，并对李存勖十分恭敬。李存勖见将士可用，便说："上党（即潞州。唐天宝至德年间曾改潞州为上党郡），河东之藩蔽（藩篱、屏障）。无上党，是无河东也。且朱温所惮者独先王耳，闻吾新立，以为童子未闲（同"娴"，熟悉之意）军旅，必有骄怠之心。若简（选）精兵倍道趣（同"趋"）之，出其不意，破之必矣！取威定霸，在此一举，不可失也。"

李存勖的袭敌方略获得了监军张承业的支持，因此，李存勖检阅士卒，亲率周德威等于四月二十四日自晋阳直趋潞州。

晋军疾行6天，于二十九日抵达潞州城外45里外的黄碾，在此略作休整。五月一日晨，会降大雾，李存勖于是乘雾麾军袭击潞州城外的梁军营寨。梁军以为李存勖小小年纪，刚刚即位，无暇与梁军争锋。况且，来增援潞州的晋军已退回晋阳，潞州城内的晋军唯有坐以待毙，所以毫无戒备，连巡逻的哨兵也不设，当晋军向梁军营垒发动猛然袭击的时候，梁军将士竟都未睡醒。晋军兵分两路，一路从梁军营寨西北角，一路从东北角，同时发起进攻，"填堑烧寨，鼓噪而入"，梁兵措手不及，四处溃逃，丢弃的资粮器械遍地皆是。梁军招讨使符道昭在骑马逃跑时因马倒而被晋军杀死，被晋军杀死的梁军士兵数以万计，仅康怀贞率百余骑逃走了。

此役一举歼灭了朱全忠的10万大军，不仅解了潞州之围，更使晋军实力大增，为以后灭掉朱全忠建立的梁朝奠定了基础，诚如李存勖所预言的"取威定霸，在此一举"。

梁太祖朱全忠得知康怀贞兵败之讯后，大惊，既而叹曰："生子当如李亚子，克用为不亡矣！至如吾儿，豚犬（猪狗）耳！"

人物春秋

挥师荡群寇——朱晃

梁太祖神武元圣孝皇帝，姓朱，讳名晃，本名叫温，宋州砀山人。兄弟3人，都不及成年就死了父亲，母亲带着他们寄养在萧县人刘崇的家里。太祖成人之后，不干养命维生的活计，以勇猛有力自负，乡里人大多讨厌他。刘崇因为他的懒惰，常常斥责鞭打他。只有刘崇的母亲从小就怜悯他，亲手给他梳理头发，曾经告诫家里人说："朱家非同常人呢，你们应当好好地对待他。"

唐僖宗乾符年间，关东地区连年饥荒，成群的盗贼呼啸相聚，黄巢趁机崛起于曹州、濮州地区，饥民们自愿追随他的共有数万人之多。太祖于是跟他二哥朱存一同投入黄巢军中，因为奋勇战斗多次获胜，得以补缺提升为队长。

唐广明元年（880年）十二月五日，黄巢攻陷长安，派遣太祖领兵驻扎在东渭桥。这时，夏州节度使诸葛爽率领部队驻扎在栎阳，黄巢命令太祖劝说招安诸葛爽，诸葛爽于是投降黄巢。

唐中和元年（881年）二月，黄巢任命太祖为东南面行营先锋使，命令他进攻南阳，攻下了南阳。六月，太祖回到长安，黄巢亲自到灞上慰劳他。七月，黄巢派遣太祖向西到兴平抵御邠、岐、鄜、夏等地军队，每到一地均有战功。

二年（882）年二月，黄巢任太祖为同州防御使，让他自行攻伐占取。太祖于是从丹州南下，去进击左冯翊郡，并占据了全郡。当时河中节度使王重荣屯扎了数万军队，纠合其他诸侯，图谋收复左冯翊。太祖当时与王重荣所据土地边界相接，多次被王重荣打败，于是向黄巢请求支援。上了10次表章，被黄巢的左军使孟楷隐瞒，不送给黄巢。又听说黄巢军队势力窘迫困厄，将帅们军心涣散，太祖料定他必将失败。九月，太祖就同身旁心腹计议，率领全郡军民投降王重荣。王重荣当天就赶快写成奏章上报朝廷。当时唐僖宗在蜀郡，看了奏章就高兴地说："这是上天赐给我的呀。"于是下诏授给太祖左金吾卫大将军的官职，担任河中行营副招讨使，又赐给他名字叫全忠。从此太祖统率他的旧部以及河中的兵士一起行动，所到之处，无所不胜。

三年（883年）三月，唐僖宗命令授予太祖宣武军节度使官职，仍旧担任河中行营副招讨使，又命令他等候时机收复京城长安，当即到藩镇赴任。四月，黄巢军队从蓝关撤走，太祖同诸侯们的部队一起收复长安，接着率领部下士兵一旅人捧着符节东下。七月三日，进入梁苑。这时太祖年龄32岁。当时蔡州刺史秦宗权同黄巢余党纠合放肆暴虐，一起包围了陈州，很久，唐僖宗就任命太祖为东北面总招讨使。这时汴州、宋州连年饥荒，国家和人民都很穷困，钱库和粮库空虚，外有强大的敌人攻击，内有骄横的军队难以控制，短兵交锋两军接战，日益激烈。别人都感到害怕，只有太祖勇气更加高涨。这年十二月，太祖领兵到鹿邑，与黄巢一伙相遇，太祖驱兵攻击他们，取胜，然后带着队伍进入亳州，兼并了谯郡。

四年（884年）春天，太祖同许州田从异诸路军队共同收复瓦子寨，杀死敌贼数万人。这时，陈州的四面，敌贼营寨接连相望，驱赶掳掠老百姓编列户籍，杀了他们当做粮食，太祖分兵，经历大小40次战斗把它们予以扑灭。四月二十七日，攻取西华寨，敌将黄邺一个人骑着马逃奔到陈州。太祖乘胜追击敌人，擂鼓呐喊前进。正逢黄巢逃走，于是进入陈州，陈州刺史赵犨到高祖马前相迎。不久听说黄巢余党还在陈州北面的故阳垒，太祖就直接回到大梁。这时，河东节度使李克用奉唐僖宗诏令，统率骑兵数千人马共同图谋攻破敌贼，与太祖会合兵力在王满渡大败敌贼，这时敌将霍存、葛从周、张归厚、张归霸都跪倒在马前，太祖全部赦免了他们的罪行并收容了他们。接着追击残余的敌寇，向东来到了冤句。

五月十四日，太祖同李克用的晋军班师回到汴州，太祖把李克用安置在上源驿客馆里。接着安排了周到的犒劳宴请的礼节，李克用酒醉大发脾气，太祖气愤。当夜，命令带甲兵士围住李克用住地攻击他。正遇上天下大雨，雷鸣电闪，李克用因而得以在闪电的光亮中翻越围墙逃走。

六月，陈州人民感激太祖替他们解了围的恩惠，为太祖在他们的郡治修建了生祠。这一年，黄巢虽然死了，但蔡州秦宗权继黄巢之后成为最大的祸首，拥有数万士卒，攻陷相邻郡县，杀害抢劫吏官和人民，屠杀祸害的残酷，比黄巢尤甚，太祖担忧。七月，便同陈州兵民在溵水共同攻击蔡州贼军，杀死贼兵几千人。九月二日，唐僖宗亲自加封太祖为检校司徒、同平章事，封为沛郡侯。

唐僖宗光启元年（885年）春天，蔡州贼寇抢劫亳州、颍州，太祖率领军队前去救助，于是向东到达焦夷，击败数千的贼寇，活捉了贼寇将领殷铁林，砍下他的头悬挂起来传视贼寇后就回来了。三月，僖宗从蜀地回到长安，改元为光启。四月十四日，又加封太祖为检校太保，将食邑增加到1500户。十二月，河中、太原的敌军逼近长安，观军容使田令孜侍奉僖宗离开长安抵达凤翔。

二年（886年）春天，蔡州贼寇愈加猖狂。当时唐朝皇室势微，因此秦宗权得以横行为害，接连攻陷汝、洛、怀、孟、唐、邓、许、郑等州，地域方圆几千里，人烟断绝，只有宋、亳、滑、颍等州仅能闭关自守而已。太祖多次出兵与他们交战，但是也只是时胜时失，人们都十分恐惧。三月一日，僖宗颁布诏令，封太祖为沛郡王。同月，僖宗御驾移到兴元府。五月，嗣襄王李煴在长安违背礼制私自登上帝位，改元为建贞，派使者带着非法诏令到汴州，太祖下令在庭堂上烧掉了伪诏。不久，嗣襄王果然失败。七月，蔡州贼寇逼近许州，许州节度使鹿宴弘派使者来求救，太祖派遣葛从周等率领军队赶赴支援。援军未到许州城就陷落了，鹿宴弘被蔡州贼寇杀害。十一月，滑州节度使安师儒因为怠慢军事和政务，被部下杀害，太祖闻讯，就派朱珍、李唐宾袭击并占领了滑州，因此就拥有了滑台地。十二月，僖宗颁布诏令加封太祖为检校太傅，改封为吴兴郡王。

这年，郑州被蔡州贼寇攻陷，刺史李璠单骑匹马逃来，太祖接纳了他，任他为行军司马。秦宗权已经得到郑州，更加骄横，太祖派偏将在金堤驿巡逻，与敌寇遭遇，乘机攻击他们，将众多的敌人打败，太祖经常与蔡州之敌在四郊战斗，既以少击多，又常常出奇制胜，但苦于兵力太少，不能大快人意。秦宗权又由于自己兵力相当于太祖的10倍，对多次被打败感到羞耻，于是对部下发誓坚决攻进夷门。不久抓获了蔡部的间谍，全部知晓他们的内情，于是太祖谋求增兵。

三年（887年）春天二月一日，按照诏命以朱珍为淄州刺史，派他到东道招募兵士。朱珍到淄、棣等州后，10天之内，应募的有一万多人。又偷袭青州凯旋而归。四月八日，回到夷门，太祖高兴地说："我大事有成了。"这时，敌将张晊屯扎在北郊，秦贤屯扎在版桥，各自都有几十万人，树起的栅栏相连20里，势力非常强盛。太祖对诸位将领们说："这些敌人正在养精蓄锐以等待时机，一定会来进攻我们。况且秦宗权估计我们兵力少，又不知道朱珍已经来到，以为我们害怕，只能坚守阵地而已。不如现在出其不意，先发制人。"于是亲自领兵进攻秦贤的营寨，将士们奋勇争先，敌人果然不备，接连攻克四座营寨，杀死一万多人，当时敌人都以为有天神在暗中相助。二十七日，敌将卢瑭带领一万多人在圉田北面的万胜戍守，沿汴水两岸扎营，跨河面建起桥梁，以控制河运道路。太祖挑选精兵锐卒去袭击他。这天大雾迷漫，部队到达敌人营垒才被发现，于是闯入敌营一路杀去，取得大胜从此蔡州贼寇都感到恐惧，常常在军中自相惊扰相乱。太祖回师休整，大行犒赏，因此军士们斗志激昂，每次遇到敌人没有不奋勇向前的。

五月三日，太祖从酸枣门出兵，从清晨到中午，与敌人短兵相接，大败贼兵，追杀20多里，五月八日，兖、郓、滑州的军队都赶来增援，在汴水岸边摆开阵势，旌旗武器非常森严壮观。蔡贼看到这些，不敢出军营。第二天，太祖指挥各路军队，进攻敌方军营，从清晨4时到下午4时，杀敌20多万。当夜秦宗权、张晊偷偷逃走。秦宗权到郑州，竟然烧尽那里的房屋，屠杀郡城的人民才离开。开始时蔡州贼寇分散兵力进犯陕、洛、孟、怀、许、汝等州，都抢先占据着，因为这次的战败，贼寇们都放弃了州城逃走。太祖于是慎重挑选将佐，使他们修缮城墙壁垒，作战时防守的准备，这样远近流亡失所的人又回来很多。这时，扬州节度使高骈被副将毕师铎杀害，又有孙儒与杨行密互相攻伐，朝廷不能遏制，于是加封太祖为检校大尉，兼任淮南节度使。

当太祖抵御蔡州贼寇时，郓州朱瑄、兖州朱瑾都领兵来救援。到秦宗权已败，太祖因为朱瑄、朱瑾与自己同姓，又对自己出过力，都厚加赏赐，送其回去。朱瑄、朱瑾因为太祖的军士们勇敢强悍，私下心里都很喜爱他们，于是偷偷地在曹州和濮州的边界上悬赏重金布帛来招诱他们，太祖的军士为了财货之利而离开的人很多，太祖于是传送檄文去谴责他们。朱瑄的回话毫无礼貌，太祖于是命令朱珍侵袭曹州进攻濮州，以惩其邪。不久，朱珍攻伐曹州，抓住曹州刺史丘礼献给太祖，接着又调动军队包围了濮州。兖州和郓州与太祖之间的间隙，由此而生。

十月，僖宗命令水部郎中王赞撰刻纪功碑赐给太祖。同月，太祖亲自率领骑兵几千人在濮河岸边巡视，乘机在范县击败朱瑄的援兵。十二月，僖宗派遣使者赐给太祖铁券，又命翰林承旨刘崇望撰刻德政碑赐给太祖。

文德元年（888年）正月，太祖率领军队向东奔赴淮南，行程中驻扎在宋州时，听到杨行密攻下扬州，于是回师。这时，李璠、郭言到淮河岸边，被徐州军队扼阻，不能前行。太祖大怒，便计划征讨徐州。二月十八日，僖宗诏令任太祖为蔡州四面行营都统，各镇的军队受太祖控制指挥。三月三日，唐昭宗即位。同月，蔡州人石璠率领一万多人剽掠陈州、亳州，太祖派朱珍率领精锐骑兵几千人擒获石璠献上。四月一日，魏博镇乐彦祯违背律令，他儿子乐从训逃奔到相州，派人来请求援军。太祖派朱珍率领大军渡过黄河，接连攻占黎阳、临河两邑。不久魏博镇军队推举小校官罗弘信当统帅。罗弘信当上统帅后，派遣使者到汴州致送心意，太祖厚待使者并接受了他的求和心意，命令朱珍班师。同月，河南尹张全义在河阳袭击李罕之，打败了他。李罕之逃出，到太原请求救兵，李克用派出一万骑兵去支援他。李罕之就收聚自己的部队，与太原晋军一起联合兵力，急攻河阳。张全义危急，派遣使者到汴州求救，太祖派丁会、牛存节、葛从周率领军队奔赴救援，在温县发生激烈战斗，击败敌军。于是解除了河桥的围困，张全义回到河阳，趁便以丁会作为河阳留后。

五月三日，昭宗诏令授太祖为检校侍中，同月，太祖认为已经拥有了洛、孟地区，解除了对西部的忧虑，准备大力整顿军队，尽力诛除蔡州贼寇。适逢蔡州人赵德諲将汉南地区全部归降朝廷，又派遣使者向太祖求和，发誓尽力同讨秦宗权。太祖向朝廷上表奏明这件事，朝廷于是任赵德諲为蔡州四面副都统。又将河阳、保义、义昌三处节度使作为太祖的行军司马，兼管粮食马料等后勤供应。到此时，太祖统领诸侯的军队会合赵德諲到汝水边去攻伐蔡州贼寇，逼近蔡州城。5天之内，建起28座兵寨包围蔡州城，这是仿照天上二十八星宿的数量。这时太祖亲自冒着敌人的弓箭炮石指挥战斗，一天，一支飞来的箭射中了他的左腋，鲜血浸透了单衣，太祖对身旁的人说："不要让别人知道。"

九月，因为粮食运输供应不上，撤军。这时，太祖知道秦宗权余孽已不足以构成祸害，就转移部队去攻伐徐州。十月，太祖派朱珍率领军队在吴康镇与徐州时溥交战，徐州兵马被打得大败，接连占领丰、萧两座城邑，时溥带着击散了的骑兵逃进了彭门。太祖命令分出一支兵力去攻打宿州，宿州刺史张友带着符节印章投降。不久徐州人关闭城门坚守，太祖就命令庞师古屯扎部队守着徐州就回去了。同月，蔡州贼寇孙儒攻陷扬州，自称为淮南节度使。

龙纪元年（889年）正月，庞师古攻下宿迁县，向吕梁进军。时溥率领两万军队，首先压住庞师古的军队摆开战阵，庞师古坚急迎战，击败时溥，杀敌2000多人，时溥逃进彭门。二月，蔡贼将领申丛派遣使者报告说，已将秦宗权捆缚在营帐下面，折断其腿，予以囚禁。太祖当天接受诏令以申丛为淮西留后官。不久，申丛又被都将郭璠杀害。同月，郭璠押解秦宗权前来献给太祖，太祖派遣行军司马李璠、牙校朱克让用囚车将秦宗权解押到长安。押到后，在一棵独柳树下面将秦宗权斩首。蔡州平定。三月，加封太祖为检校太尉、兼任中书令，提封为东平王，以奖赏平定蔡州的功劳。

大顺元年（890年）四月一日，宿州小将领张筠驱逐刺史张绍光，胁迫众人投靠时溥。太祖率领亲信部队征讨他，杀敌千人，张筠坚守城池。乙卯日，时溥出兵蹂躏砀山县，太祖派遣朱友裕领兵袭击他，击败徐州叛军3000多人，俘虏沙陀援军石君和等30人。六月七日，淮南孙儒派遣使者与太祖亲善友好，太祖上表奏明这件事，请求将淮南节度使授予孙儒。十七日，昭宗任命太祖为宣义军节度使，又充任河东东面行营招讨使，因当时朝廷宰臣张濬正在领兵攻伐太原。八月一日，昭义军都将冯霸杀死了沙陀人所任命的节度使李克恭来投降。十五日，李克用亲自率领蕃族汉族步兵骑兵几万人包围了潞州，太祖派遣葛从周率领骁勇善战的兵士，在黑夜悄悄地穿过包围圈潜入潞州。九月十九日，太祖到河阳，派遣都将李谠领军直奔泽州、潞州，走到马牢川时，被晋人打败。太祖又派遣朱友裕、张全义率领精兵作为接应援助。不久朱从节、葛从周放弃潞州归来。

二十五日，太祖在厅堂上责备众位将领的败军之罪，砍下李谠、李重胤的首级传视军中后，回师。十月三日，太祖从河阳到滑台。当时奉诏令将讨伐太原，先派遣使者向魏州人借路通过，魏州人不答应。此前，太祖曾派信使雷邺向魏州请购粮食，不久被罗弘信的牙军杀害。罗弘信害怕，而跟太原互通友好。十二月二十，太祖派遣丁会、葛从周率领部队渡过黄河攻取黎阳、临河，又命令庞师古、霍存攻占淇门、卫县，太祖率领大军徐徐跟随其后。

二年（891年）春正月，魏州军队屯扎在内黄。五日，太祖与魏军交战，从内黄到永定桥，魏军连败5次，杀死魏军一万多人。罗弘信害怕，派遣使者带很多的钱来请求讲和。太祖下令停止对魏州的焚烧抢掠并归还俘虏给他，罗弘信因而感激欢悦听从命令。太祖于是收兵驻扎在黄河岸边。八月十二日，太祖派遣丁会急攻宿州，宿州刺史张筠坚守城池，丁会于是堵拦汴水来淹浸宿州。十月五日，张筠投降，宿州平定。十一月一日，曹都副将郭绍宾杀死刺史郭饶，带着全郡军民投降。同月，徐州将领刘知俊率领2000人投降，从此徐州军势不振。十二月，兖州朱瑾率领3万士兵进犯单父，太祖派丁会率领大军攻袭他，在金乡界取得大胜，杀敌两万多人，朱瑾一人骑马逃走。

景福元年（892年）二月三日，太祖亲征郓州，先派朱友裕驻军斗门。九日夜晚，郓州朱瑄率领一万步兵骑兵在斗门袭击朱友裕，朱友裕南退。十日，太祖一早营救斗门，不知道朱友裕已经撤退，在前面先到斗门的人都被郓军杀害。当时朱瑄还在濮州。十二日，遇上朱瑄率领兵士准备回到郓州，前来冲击。太祖驱马南奔，被敌军追赶非常危急，前有堑沟，太祖跃马而过，张归厚持鞘矛殿后奋力迎战，才得以逃脱。这时李瑭和几位部将全被杀害。十一月，太祖派朱友裕领兵攻克濮州，濮州平定。于是下令转移军队攻伐徐州。

二年（893年）四月十九日，庞师古攻下彭门，彭门平定。乾宁元年（894）二月，太祖亲自率领大军从郓州东路向北到达鱼山。朱瑄察知后，就领兵直奔鱼山，而且想速战速决。太祖整顿军队出营时，朱瑄、朱瑾已在前面摆好阵势。突然间刮起强烈的东南风，太祖军旗乱了行次，兵士都有怯色，太祖立即命令骑兵扬鞭呐喊，一下子西北风猛然刮起，这时两军都在杂草中间，太祖乘机下令放火。顷刻烟雾火焰连天，太祖乘势进攻敌方阵地，朱瑄、朱瑾大败，死亡有一万多人，残兵拥挤着进入清河城，太祖在鱼山下收聚敌尸筑起高大的坟墓以纪战功，驻军几天后返回。

二年（895年）正月二十九日，太祖派朱友恭率领军队再次攻伐兖州，挖成堑壕围住兖城。不久，朱瑄从郓州率领步卒骑兵运送支援的粮食想进入兖州，朱友恭埋下伏兵击败了他们，在高吴将他们的军粮全部夺过来，趁机俘虏了番将安福顺、安福庆。二月二十一日，太祖率领亲信部队驻扎在单父，作为朱友恭的后援。四月，濠州、寿州又被杨行密攻陷。这时，太原派将领史俨儿、李承嗣带领一万骑兵驰援郓州。朱友恭退回汴州。八月，太祖率领亲信部队攻伐郓州，到大仇时，派前锋部队挑战，在梁山埋下伏兵。不久俘虏蕃将史完府，夺得战马数百匹。朱瑄逃回郓城。十月，太祖驻军郓州，齐州刺史朱琼派使者前来请求投降，朱琼就是朱瑾的堂兄。太祖于是将部队转往兖州，朱琼果然来降。不久，朱琼被朱瑾欺骗，被抓住杀害了，太祖就以朱琼弟弟朱瑄为齐州防御使。十一月，朱瑄又派部将贺环、柳存以及蕃将何怀宝等一万多人袭击曹州，想解除兖州之围。太祖知道后，从兖州带领军队策马飞奔到巨野南边，追击敌寇，敌寇几乎被全部杀尽，活捉了贺环、柳存、何怀宝及剩余贼党3000多人。下午4时，忽然刮起狂风，沙尘飞腾，太祖说："这是杀人还不够。"于是下令将所获俘虏全部杀光，狂风才停止。第二天，捆起贺环等将领在兖州城下示众，太祖平素知道贺环名声，于是放了他，只在兖州城下杀了何怀宝，然后班师。

三年（894年）六月，李克用率领蕃族、汉族等军队在斥丘扎营，派他儿子落落领着铁林小儿骑兵3000人逼近洹水。葛从周与他们战斗，大获全胜，活捉落落献上。李克用悲痛惊骇，请求重修过去的友好亲善以赎回他儿子，太祖不答应，就将落落押送给罗弘信，杀了他。7天后，太祖军队回来驻扎在阳留以攻伐郓州。

四年（895年）正月，太祖率领洹水的军队大举攻伐郓州。十五日，在济水旁边扎寨，庞师古命令诸将搭起桥梁。十九日夜晚，庞师古率领中军先渡过济水，呐喊声震撼郓城，朱瑄听到后，弃城而逃。葛从周追到中都北面，抓住了朱瑄和他的妻子、儿子献上，立即诛杀。郓州平定。二十三日，太祖进入郓城，任命朱友裕为郓州兵马留后。这时太祖听说朱瑾与史俨儿在丰、沛一带搜刮军粮，只留下康怀英据守兖州，太祖因而乘胜派遣葛从周带领大军袭击兖州。康怀英听说郓城失守，接着又有葛从周大军来临，就出城投降。朱瑾、史俨儿便逃奔淮南。兖、海、沂、密等州平定。于是以葛存周任兖州留后。

九月，兖、郓等州已经平定，将士们威猛骁勇，太祖便大举南征淮南。命令庞师古率领徐、宿、宋、滑等州部队直奔清口，葛从周率领兖、郓、曹、濮等州部队径赴安丰。淮南人派朱瑾领兵抵拒庞师古，朱瑾便决淮水来淹庞师古部队，庞师古于是兵败战死。葛从周行军到濠梁，听说庞师古失败了，也下令回师撤军。

历仕四朝　晚节不保——冯道

　　冯道，字可道，瀛州景城人。先祖曾务农或为儒，没有一定职业。冯道年少时，性情纯朴厚道，好学能文，不以衣食粗陋为耻，除奉养父母外，只是读书吟诗，即使大雪封门、尘垢满席，也依旧兴致盎然。天祐年间，刘守光任他为幽州掾。刘守光领兵讨伐中山，向僚属咨询，冯道常以利害规劝他。刘守光恼怒，把他打入牢狱，不久被人搭救，免遭不测。刘守光败亡，冯道逃回太原。监军使张承业用他做本院巡官。张承业看重他的文章道德，待他非常优厚。当时有个叫周玄豹的人，擅长给人看相，与冯道不和睦，便对张承业说："冯生没有前途，公不可以太重用他。"河东记室卢质得知后说："我曾见到过杜黄裳司空的画像，冯道的相貌酷似他，将来一定是做大事的，周玄豹的话不足为凭。"张承业不久举荐他做了霸府从事，稍后又任太原掌书记。其时庄宗据有河北，文牍事务繁忙，统由冯道掌管。

　　庄宗军队与梁军隔黄河相对峙。一天，郭崇韬以诸将校会餐人数过多，主管人供应不起，请稍减员，庄宗怒道："我想给那些为我效力的人管几顿饭，自己都做不得主，那么就请河北三镇三军另外选择一人任主帅，我要求回太原，以避贤让路。"随即命冯道当面草拟文书，以向部下宣告。冯道持笔待了很久，庄宗严厉催促他，他缓缓起身答道："我的职责是掌管笔墨文书，岂敢不奉命从事。现今大王您屡建大功，刚刚平定南方寇乱，崇韬所谏，未必失当，拒绝他可以，却不可用刚才那番话挑起众议。敌人若是得知，便会说大王您这里君臣不和了。希望再三考虑，那便是天下的万幸。"不久郭崇韬入朝致谢，因为冯道替他解了围。人们开始敬重冯道的胆识。庄宗在邺宫继位，授冯道省郎，充翰林学士，从绿衣赐紫。平定梁朝后，又升中书舍人、户部侍郎。后因父亲亡故，在景城守丧。时逢年景不好，他把节余的俸禄，全部用来振济乡里百姓，他的住所不过是茅屋陋室。凡地方官的赠物，即便是一斗谷、一匹帛也不受纳。其时正当契丹国势强盛，他们久闻冯道声名，预谋要把他劫走，因边地民众已有防备，冯道才得以免祸。

　　明宗入主洛阳后，马上问近臣安重诲说："先帝在位时的冯道郎中在什么地方？"安重诲回答："不久前授翰林学士。"明宗说："此人我久已熟知，是好宰相。"很快便拜冯道为端明殿学士。"端明"之号就是从冯道开始设立的。不久冯道迁中书侍郎、刑部尚书平章事。凡贫困微贱无所依恃却有才干、有抱负、又与他素来相知的士人，他一律提拔任用；唐朝末年世族中行为浮躁的人，必定贬抑不用。有位工部侍郎名叫任赞，退朝时，和同僚在后面嘲笑冯道说："他若快走，一定会掉下《兔园册》。"冯道听说此事，召来任赞对他说："《兔园册》的文章都是名儒编集的，我能够背诵。旧朝廷一些士子，不过读了些考场上的华丽辞藻，就去应试，都是窃取公卿的名位，真是何等浅薄、狭隘。"任赞非常惭愧。又有梁朝宰相李琪，常以文章自诩。曾进呈《贺平中山王都表》，文中有"复真定之逆城"一句，冯道批评他说："昨日收复的是定州，而非真定。"李琪不懂地理，顿受挫辱。其后百官上明宗徽号的奏文共有三章，都由冯道一人写成，文笔浑然天成，绝非一般文体，满朝文武都心悦诚服。冯道尤其长于诗文，提笔一挥而就，不仅文词典丽，而且内蕴古义，为远近之人传抄。时人因此逐渐敬畏他才学高深，从此朝廷间也风气肃然，不再有浅薄放肆的举止。继而冯道改任门下侍郎，户部、吏部尚书，集贤殿弘文馆大学士，又加尚书左仆射，封始平郡公。一天冯道上朝退下后，明宗望着他对侍臣说："冯道本性纯厚俭朴，最近在德胜寨住一处草房，与随从同器吃饭，睡则是草木一捆，可他却心安理得。及至为守父丧退居乡里，他自己种田、砍柴、采集，与农夫们杂处，并不介意自己往日的高贵身份，这真是士大夫啊。"

　　天成、长兴年间，天下连年丰收，朝廷无事。明宗坐朝延英殿，留冯道向他询问朝廷外面的事。冯道说："陛下以至上的道德承受天命，上天以丰年昭示祥瑞，陛下更要天天谨慎，以酬答上天之心。臣常忆起在先帝霸府任职时，曾奉命出使中山，过井陉险地时，唯恐马匹失蹄，哪敢放松缰绳，等到平地，便不再控制，结果被马摔下，几乎致残。臣所说的这件事虽小，却可喻大事。陛下不要由于天下清明安定，连年丰收，便无节制地享乐。兢兢业业，是臣对陛下的希望。"明宗十分赞同。改日，明宗又问冯道："天下虽然丰收，但百姓是否就能获益？"冯道回答："粮食太贵农民挨饿，粮食太贱农民受损害，这是普通的道理。臣记得近世有位举子叫聂夷中，作了一首《伤田家诗》，诗中写道：'二月卖新丝，五月粜秋谷，医得眼下疮，剜却心头肉。我愿君王心，化做光明烛，不照绮罗筵，偏照逃亡屋。'"明宗说："这首诗极好。"即刻令侍臣抄下，时常自己背诵。冯道讲话简练切题，善于使听者获益，这方面一般人难以与他相比。当时的经书谬误甚多，为此冯道和同僚李愚一起，委派学官田敏等人，取西京长安郑覃刊刻的石经，雕刻成印版，使经书得以流行于天下，后辈学者都仰赖这些书籍。明宗去世后，唐末帝继位，任命冯道为山陵使。丧礼结束，又遵循旧例，命他出镇同州。冯道执政清静淡泊，不干预狱讼，不扰乱市易。有个叫胡饶的州府属官，军吏出身，性格粗犷，一天因事在官署门口谩骂冯道。手下人数次向冯道通报，他都不予理睬，说"此人一定醉了。"后把他召入官署，摆酒设宴，款待了一个晚上才起身离去，没有一点儿怒色。不久，冯道入朝任司空。

及至晋祖入主洛阳，任冯道为宰相。次年，契丹派遣使臣给晋祖加徽号，晋祖也要给契丹献徽号，对冯道说："此行非你不成。"冯道没有为难。晋祖又说："你官高德崇，不可深入沙漠。"冯道回答："陛下受北方契丹朝廷的恩泽，臣受陛下的恩泽，有什么不可以呢！"上路后，快行至西楼时，契丹国主要到郊外迎接，手下大臣说："哪有天子迎接宰相的礼节。"于是未去。冯道的名声就这样，大到影响异邦礼俗的地步。还朝后，朝廷废除枢密使，援照唐朝成例，把它归并到中书省，枢密院官印交付冯道，大小事务也全部由他掌管。不久，冯道加官司徒，兼侍中，晋封为鲁国公。晋祖曾就如何用兵征询冯道的意见。冯道回答："陛下历经磨难，创成大业，雄才大略闻名天下。讨伐不义，必须听从一人决断。臣本是一介书生，为了陛下才在中书省效力，恪守历代成规，不敢有丝毫差池。臣在明宗朝时，明宗也曾问过臣军事，臣也是以这番话做答的。"晋祖非常赞同他的话。冯道曾上表请求引退，晋祖不看，而是先派郑王去探望他，并对他说："你明日若不复出，朕就会亲自前去请你。"冯道不得已而复出。当时受皇帝的恩宠，没有人能与冯道相比。

晋少帝继位，加冯道守太尉，晋封为燕国公。冯道曾问朝廷中一位熟悉的门客说："我在政事堂，人们对我有何议论？"门客说："是非参半。"冯道说："一般人都是对与自己意见相同的人就加以肯定，不同的就予以否定。否定我的恐怕10人中就有9人。古昔的孔仲尼是圣人，尚且要被叔孙武叔诋毁，何况我这样微小的人物呢！"即使如此，冯道仍坚持自己的处世之道，始终不改。而后有人离间冯道和少帝的关系，在少帝面前说："冯道不过是太平时的好宰相，遇到时世艰难就无济于事了。就像坐禅的僧人不能用他来呼鹰一样。"由此少帝让冯道离开朝廷出任同州节度使，经过一年多，又改任南阳节度使，加中书令。

契丹进入汴京，冯道自襄、邓奉召入汴，契丹王从容问道："天下百姓，如何才能得救？"冯道回答："如今的百姓，即使佛祖再世也救不了，只有皇帝能救他们。"其后官宦士绅没有受到伤害，这都是冯道和赵延寿暗地保护的结果。当年三月，冯道随契丹王北上，与晋室公卿一同到达常山。不久契丹王死，永康王代替他统率部众。到永康王北上之后，留下同族人解里据守常山。这时后汉军队愤激，与城内人配合，一同赶走了解里，不久收复常山城。冯道率同僚四出巡查抚慰，处事得体，百姓各安其所。有人将功劳推归冯道，他说："我一介儒臣有什么作为，都是各位将士的功劳。"冯道以德高望重做众人表率，因此为众人从诸将中挑选勤谨老成的将领，以骑校白再荣暂做他们的统帅。军民由此安定，冯道最有功劳。冯道在常山，见有中原士女被契丹俘获的，便出珠玉宝物把她们赎回，都安置在僧尼庵院寄居，尔后又寻找到她们的家人，使她们回到家里。再有，契丹人先前留下冯道、李崧、和凝，以及文武官员在常山，当年闰七月二十九日，契丹下伪诏追叫李崧，令他挑选朝廷大臣10人，到木叶山参加葬礼。契丹麻答召冯道等人到他的营帐，要告诉他们。李崧偶尔先到一步，获悉契丹麻答的命令，面露惧色。麻答想让他们明日与朝廷大臣一齐去，李崧因此不等冯道，与和凝先出营帐，继而在帐门外遇见冯道，于是同他分手后都返回住所。不一会儿，李筠等人纵火与契丹交战，鼓声相闻，兵器相接。当日几个人若一齐到营帐与麻答相见，或稍有迟疑，就会悉数被俘获了。当时人认为冯道做平民时有至善的德行，在朝做官又有众望，所以时常会有像这样的阴间之助和好报应。

待到从常山回京朝觐，后汉高祖对他非常赞赏，拜为守太师。乾祐年间，冯道除了上朝之外，安居自乐。

待到后周太祖平定内乱，提议立徐州节度使刘赟为后汉嗣君，派冯道与秘书监赵上交以及枢密直学士王度等人前去迎接。冯道便和刘赟从徐州赴汴京。走到宋州时，正值澶州兵变，枢密使王峻派郭崇韬率兵赶到，驻扎在衙门外。当时冯道和赵上交等一同住在衙门内。当天，刘赟身边带领随从卫士关闭衙门登上门楼，盘问郭崇韬从哪里来。郭崇回答说："后周太祖已受拥戴登基。"刘赟的人明白发生了事变，以为他们被冯道出卖，都想杀掉冯道以图心头痛快。赵上交和王度获悉后，惶恐不知所措，只有冯道行为自如，毫无恐惧之色，不久也就得以免祸。冯道尚未闻达时曾写一首诗："终闻海岳归明主，未省乾坤陷吉人。"至此，诗中的话真正得到应验。广顺初年，冯道再次被拜为太师、中书令。太祖对他非常器重，每次他入朝应对，都不称呼他的名字。太祖去世时，世宗任冯道为山陵使。恰逢河东刘崇进犯，世宗要率军亲征，召集大臣讨论，冯道加以劝阻。世宗因此说："唐朝初年，天下草寇蜂拥而起，都是唐太宗亲自扫平的。"冯道上奏说："陛下能比得上唐太宗吗？"世宗恼怒地说："冯道你为何小看我！"冯道因此不再进言。待到世宗亲征时，没有让冯道扈行，留他奉祭太祖陵，这时他已患病。祭山陵礼仪完毕后，冯道护送太祖神像回旧时宫殿，还未等到送进太庙附祭，当晚便在家中去世，时间是显德元年四月十七日，享年七十三岁。世宗得知，3日不上朝，册书赠冯道为尚书令，追封瀛王，加谥号文懿。

冯道历仕四朝，3次做中书令，在宰相位前后20余年，以行为持重、镇抚风俗为自己的责任，从未以一纸一字扰乱诸侯。平生非常廉洁俭朴，一直到他晚年，家中才稍见奢侈。他的儿子冯吉非常狂放不羁，他管束不住。有见识的人都因他未能把美好的声誉保持到底而感叹惋惜。

新五代史

《新五代史》概论

　　《新五代史》原名《五代史记》，北宋欧阳修模仿《春秋》笔法且将五代融而为一撰成，共74卷，本纪12卷，列传45卷，考3卷、世家及年谱11卷、四夷附录3卷。全书文字简要，并补充了不少新史料，为正史中自唐朝以后的唯一的私修史书，与《旧五代史》同为研究五代十国史的主要资料。

一

　　欧阳修幼时因家庭贫困，无钱上学，他母亲就用荻草枝儿在地上画字，亲自教他学文化。在艰苦的环境中，母亲的辛勤教育和自己的刻苦学习，为欧阳修一生治学打下了深厚的文化基础。

　　宋仁宗天圣七年（1029年），22岁的欧阳修参加进士科考试，连考3次，都获得第一名。第二年，他经过复试被录取之后，就被派为西京（今洛阳）留守推官，作为西京留守钱惟演的幕僚，走入仕途。

　　仁宗景祐元年（1034年），欧阳修被调到朝廷当馆阁校勘，在保管和编辑图书的机构中任职。他开始留心社会生活，积极参与当时宋朝政府内部的政治斗争，开始了他的从政与做学问交并进行的精力旺盛时期。他积极支持范仲淹的改革主张。不久，范仲淹在保守势力的攻击下，受到降职处分，被排挤出去当地方官。欧阳修也被降为夷陵（今湖北宜昌市）县令。直到1040年，才恢复原职，回到馆阁。

　　仁宗庆历三年（1043年）春，欧阳修被调到谏院做谏官。这时范仲淹也从西北前线调回朝廷，升任参知政事，开始改革政治。欧阳修参与其事，与范仲淹、余靖、杜衍合称"庆历四君子"。在保守派的攻去下，庆历五年（1045年）欧阳修再度被贬斥出京，先后在滁州（今安徽滁县）、扬州（今江苏扬州一带）、颍州（今安徽阜阳）做了九年地方官。

仁宗嘉祐七年（1062年），欧阳修又被调回朝廷任翰林学士，担任编写唐朝历史书的工作，以后一直做到参知政事。到了晚年，欧阳修在政治上趋向保守，不大赞成已经开始了的王安石变法。到神宗熙宁四年（1071年）获准告老退休，第二年去世。

欧阳修的政事，在后世往往淹没不彰。作为一个学者，他的学术成就是多方面的，在宋代已是大名鼎鼎，到后代更是声誉垂响。他既是"宋学"的开创者之一，又是诗人、散文家、词家，也是史学家、经学家、目录学家、金石学家，他为宋代整个学术领域的繁荣发展起了积极作用。

欧阳修在历史上的最大影响是他对北宋文学改革运动的重要作用。他一方面反对晚唐以来追求辞藻华丽、讲求对偶等不良文风，一方面提倡继承韩愈的道统和文统。唐宋古文运动就是分别在韩愈、欧阳修的倡导下发展起来的。在散文的创作方面，欧阳修有所突破和创新。他的散文共有500余篇，是他文学创作中成就最高的部分。欧阳修的散文，不发无关题旨的议论，不抒无缘无故之情，不写与主题无关的景物，明白简练，晓畅自然，为后世留下了典范。

在经学方面，欧阳修效法于前人，而又超越于前人。他治《春秋》经，不是从经义出发、持门户之见，而是从事实出发，以考史证经中之伪，以经中所载事实证传之诬。他对流传颇久的《易》经的源头，进行了认真的剖析，指出不懂得"圣人幽赞神明"，就不懂得《易》经。并针对《周易》《洪范》两书的流行的说法，大胆黜斥河图洛书之妄谬。他以积极入世思想去研究《春秋》，从而跳出旧传注的窠臼，以便从经文中引申出合乎现实需要的新解释。他把经学研究的成果大量地注入《新五代史》中，以经学求致治之源，以史学垂训戒、匡时弊。这样，一方面使得经学有了新的伸根之处，另一方面又使旧有的史学翻出了不少新意。

在金石学方面，欧阳修有开创性的成就。古代生产工具和器物是研究古史的可靠资料。商周铜器如鼎、彝、尊、爵之类，每每刻有文字。秦以后，盛行勒石刻碑。这些金石文字是反映古代史事、订正古籍和传说的有力依据。隋唐以来，已开始了对古物及其刻辞的研究，不过侧重于文字和书法。宋代发展成了"金石学"的专门学科。欧阳修利用他做官的有利条件，又"性颛而好古"，收藏并且观览、拓印了丰富的文物，写成了《集古录》，记载了几百篇跋文。它是我国学术史上正式出现的"金石学"的开端。

作为史学家的欧阳修积极倡导一种积极的写作原则，并且十分严肃认真地去实践。他在《代人上王枢密求先集序》里说："言所以载事而文所以饰言，事信言文，乃能表现于后世。""事信"必须是"不虚美，不隐恶"，是非褒贬，都有意义可寻，才能称为忠实的记录。"言文"的基本要求，必须是有法有则。古文家所致力的是传记文，欧阳修在这方面把史笔和文心结合起来，运用在史书的修撰过程中。这里我们着重介绍《新五代史》。

二

作为一部私修的史书，其产生是有一定的背景的，就欧阳修的个人遭遇也可见一斑。宋仁宗景祐三年（1036年）仲夏，年方30的欧阳修因替指陈时弊而遭贬逐的范仲淹申辩，身遭诬陷，被逼即行离京，从水路调赴1000里外的峡州夷陵。他满怀悲愤来到这远离洛阳、开封的荒僻小邑，开始了坎坷的生活道路。这是欧阳修在仕途初次遭到的挫折，此后又几经调移和再贬滁州，虽是不幸，却也使他的思想与创作起了变化。他从一度繁荣富庶的京都走到贫困多难的基层乡镇，从朝廷收藏文件图书的馆阁走向冷酷复杂的社会，看到了他任文学侍从见不到的许多情景，触动思绪，引起了他对现实与历史一些问题的思考。正是在这谪居外州的时间里，他利用"政务之暇"着手私家著史的事业，即《新五代史》的写作。

在欧阳修写作《新五代史》之前60多年，已有薛居正奉命领衔撰写监修的《旧五代史》（原名《五代史》）的编纂，不过是把5个小朝代的史书汇合成为一个缩编本，而不是有规划地重写一书。所以其书内容明显地反映着五代统治者的立场观点，多为之作曲笔回护，淹没了史实真相，使后世统治者失去"借鉴"的机会，文章也平淡卑弱，虽然材料很多，叙写详尽，但缺乏考辨选择，同时，文字烦冗，长达150卷。至北宋中期，对五代时期历史已有新的看法，因而在统治者中提出了重撰《五代史》的要求，欧阳修私自重新修订《五代史》，就是在这样的条件下产生的。

《新五代史》出于私撰，但由《欧阳文忠公外集》卷十七、卷十八、卷十九《与尹师鲁书》《答李淑内翰书》等篇，可知欧阳修修撰此书经历了长期探索，并与友人反复商量过。他断断续续私修五代史，费时甚多。他撰写《新五代史》所依据的史料，也非常丰富，加起来也有数十种，共计400多卷。经过18年左右的时间，到皇祐五年（1053），一部74卷的《五代史记》即《新五代史》基本脱稿。此后，他仍反复斟酌，不断修改，直到逝世。因其不肯轻易示人，生前未见流传。嘉祐年间（1056—1063年）范镇等向朝廷建议，征取其书，以备正史，"公辞以未成"。其时实已成书，只是以未成为辞而不肯示人而已。欧阳修死后，朝廷下令征去了这部著作，熙宁十年（1077年）正式颁行于天下，与薛氏书并行，世人为区别起见，称薛史为《旧五代史》，欧史为《新五代史》。《新五代史》由于被宋廷列为科举考试的一科，因而受到学者的重视。

欧阳修的《新五代史》共74卷，目录一卷，分为5个组成部分：本纪12卷；列传45卷；考二篇3卷；世家年谱11卷；四夷附录3卷。

欧阳修在编写体例上对以往正史作了一些改变。《新五代史》则把五朝的本纪列传综合在一起，按时间先后顺序加以排列。欧阳修按照自己的观点，把人物分成几种类型，分别列入各朝的《家人传》《臣传》《死节传》《一行传》《唐六臣传》《义儿传》《伶官传》《宦者传》《杂传》之中。如专在一代做官的人，列入这一代的《臣传》，而历仕数代的人，则被列入《杂传》，他又把后妃与宗室列入《家人传》，而废掉过去的后妃传与宗室传。通过这些名目繁多的传名区分，以及史文中的用字差异以贯彻他的褒贬原则。

另外，他尽量注意事增文损。如薛史《帝纪》61卷，新史删并为12卷，还注意适当增进内容，如在本纪中，新增边疆各族与五代的贡使关系。对周世宗毁佛之时，新史简化成10余字。对于十国事，新史增为11卷，其中有一卷是十国年谱，即相当于十国年表。又增有"四夷附录"三卷，记奚、契丹、吐浑等。这主要是因为欧阳修在采用史料上，比他以前的史家视野开阔，不但注重运用各朝实录，而且还采用小说、笔记之类的记载，以补充旧史书中所没有的史事。有些则插入比较生动的情节，以小见大，使读者加深对历史事件和人物的了解。

《新五代史》对于世俗流行的迷信思想别有不同的看法。各史书中充满迷信灾异的五行志，《新五代史》全予删去，《司天考》也只记一些天象的变化，略去灾异之事。书中于神异之事，皆以客观的笔法记之，并随时加以评论，这确是欧阳修比一般史家的高明之处。

欧史不立志，只有司天、职方二考（天文和地理）。他主观地认为五代典章制度不足为后世法，仅撰二考以备稽查。鉴于五代时疆域交错，很难用文字表达明白，为了准确反映现实情况，欧阳修将表志改革为职方考，深受王鸣盛的推崇，说："此考虽简略，然提纲挈领，洗眉刷目。"通看此考，便知五代土地，以梁为最小，后汉较大，周又大，而后唐为最大。为我们今天研究五代沿革地理提供了宝贵资料。

简言之，欧史文笔简练，字斟句酌，全书出于一手，远非《旧五代史》所能及，史实方面亦有所补充。欧史直书其事，如朱温以追叛为名向邻部发动进攻之事，欧史即直书"移檄兖郓，诬其诱汴亡卒以东，乃发兵攻之。"（卷一《梁太祖本纪》）这几点是欧史的长处。但欧史叙事过于简略，甚至于重要史实不着一字，且书中差错时有所见，故虽力求高"简"，但有时实际上是"简而不明"。作为史书而言，其史料价值较逊于《旧五代史》。

宋人吴缜撰有《五代史纂误》5卷，纠正了欧史有关120事的错误记载，很受时人重视。但其书久佚。清乾隆时，从《永乐大典》辑出120事，析为3卷，略具梗概。清人杨陆荣的《五代史志疑》4卷、吴兰庭的《五代史记纂误补》4卷，都揭示了欧史的若干错误，可供参阅。彭元瑞、刘凤诰2人，先后撰成《五代史记补注》40卷，以欧史为正文，以薛史、《册府元龟》《五代会要》《五代史补》等书分注于欧史正文之下，是一部五代史的史料汇编，对于查检五代史事，颇为有用。

政　略

朝廷兴亡　宰相为难

　　翔为人深沉有大略，从太祖用兵三十余年，细大之务必关之。翔亦尽心勤劳，昼夜不寐，自言惟马上乃得休息。而太祖刚暴难近，有所不可，翔亦未尝显言，微开其端，太祖意悟，多为之改易。

　　太祖破徐州，得时溥①，宠姬刘氏，爱幸之，刘氏故尚让②妻也，乃以妻翔。翔已贵，刘氏犹侍太祖，出入卧内如平时，翔颇患之。刘氏诮③翔曰："尔以我尝失身于贼乎？尚让，黄家宰相；时溥，国之忠臣。以卿门地④，犹为辱我，请以此诀⑤矣！"翔以太祖故，谢而止之。刘氏车服骄侈，别置典谒，交结藩镇⑥，权贵往往附之，宠信言事不下于翔。当时贵家，往往效之。

　　太祖崩，友珪立，以翔先帝谋臣，惧其图己，不欲翔居内职，乃以李振代翔为崇政使，拜翔中书侍郎、同中书门下平章事。翔以友珪畏己，多称疾，未尝省事。

　　末帝即位，赵岩等用事⑦，颇离间旧臣，翔愈郁郁⑧不得志，其后，梁尽失河北⑨，与晋相拒杨刘⑩，翔曰："故时河朔⑪半在，以先帝之武，御貔虎⑫之臣，犹不得志⑬于晋。今晋日益强，梁日益削，陛下处深宫之中，所与计事者，非其近习，则皆亲戚之私，而望成事乎？臣闻晋攻杨刘，李亚子负薪渡水，为士卒先。陛下委蛇守文⑭，以儒雅自喜，而遣贺环为将，岂足当彼之余锋乎？臣虽惫矣，受国恩深，若其乏材，愿得自效。"岩等以翔为怨言，遂不用。

　　其后，王彦章败于中都⑮，末帝惧，召段凝⑯于河上。是时，梁精兵悉在凝军，凝有异志，顾望不来。末帝遽呼翔曰："朕居常忽卿言，今急矣，勿以为怼⑰，卿其教我当安归？"翔曰："臣从先帝三十余年，今虽为相，实朱氏老奴尔，事陛下如郎君⑱，以臣之心，敢有所隐？陛下初用段凝，臣已争之，今凝不来，敌势已迫，欲为陛下谋，则小人间之，必不见听。请先死，不忍见宗庙之亡！"君臣相向恸哭。

　　翔与李振俱为太祖所信任，庄宗入汴，诏赦梁群臣，振喜谓翔曰："有诏洗涤，将朝新君。"邀翔欲俱入见。翔夜止高头车坊，将旦，左右报曰："崇政李公入朝矣！"翔叹曰："李振谬为丈夫矣！复何面目入梁建国门乎？"乃自经而卒。

（《新五代史》卷二十一，梁臣传）

【注释】

①时溥：唐末徐州节度使，唐中和三年（883年）为东南面行营兵马都统，镇压黄巢起义。景福二年（893年）梁军攻占徐州，时溥被杀。②尚让：唐末黄巢起义军将领。黄巢建"大齐"，任尚让为太尉兼中书令。撤出长安后，屯兵太康（今属河南），被李克用等击败，884年与黄巢同时战死（一说降于唐将时溥）。③诮（qiào）：责备，谴责。④门地：指门第，门阀地位。唐以后以当代官爵高下为区分门第的标准。⑤诀：诀别，告别。⑥"别置"句：典，制度、礼仪，此处指打着仪仗之人。谒，说明、陈述，此处指传达、通报的使者仆人。藩镇，亦称"方镇"。唐初在重要地区设总管，后改称都督，总揽数州军事。唐玄宗时，在边要诸州设置十节度经略使，通称藩镇，其权力扩大到总揽一区的军、民、财政，所辖区内各州刺史均为其下属。安史之乱后，内地也多设节度使，所辖地区还多兼军号。藩镇往往拥兵自大，传位于子孙或部下。五代时藩镇更多。宋初削夺藩镇兵权，结束了藩镇割据局面。⑦"末帝"句：末帝，即梁太祖第三子朱友贞，乾化三年即位。用事，当权。⑧郁郁：忧伤、沉闷貌。⑨河北：道名，唐贞观十道、开元十五道之一，治所在魏州（今河北大名东北），辖境相当于今北京、河北、辽宁省大部，河南、山东古黄河以北地区。⑩杨刘：在今山东东阿县东北古黄河南岸。⑪河朔：泛指黄河以北地区。⑫貔（pí）虎：比喻勇猛的军队。⑬得志：得意，达到目的。⑭委蛇守文：委蛇（wēi yí），庄重而又从容自得的样子；守文，遵守成文。⑮"王彦章"句：王彦章，梁将，龙德三年（923年）为北面行营招讨使，抵抗晋军，后战死。中都，县名，治所在今山东汶上。⑯段凝：梁将，时为代替王彦章任北面行营招讨使，后降晋。⑰憝（duì）：怨恨。⑱郎君：贵公子，此处指门生故吏称府主之子。

【译文】

敬翔为人深沉，有方略，跟着梁太祖用兵打仗有30多年，小事大事都必定牵涉到他。敬翔同时也尽心尽力、勤恳操劳，白天夜里都不睡，他自己说只有在马上才能休息一下。而梁太祖性格刚烈暴躁，难以接近，有不可行的事，敬翔也不曾挑明来说白，只是稍微开个头，让梁太祖体会领悟（到不妥或不可行的事）大多因此而改变。

梁太祖攻占了徐州城，获得唐将时溥的爱妾刘氏，（梁太祖）很宠爱她，刘氏是故去的尚让的妻子，（梁太祖）就让刘氏做敬翔的妻子。敬翔显贵了，可刘氏还在侍奉梁太祖，像平时一样进出他的卧室，敬翔因此感到很担忧。刘氏斥责敬翔说："你以为我曾在盗贼那里丧失了节操吗？（你以为尚让、时溥是贼，可是）尚让，是黄巢大齐朝廷的宰相；时溥，是大唐国的忠臣。凭你的门第，还辱没了我。请从此分别吧！"敬翔因为梁太祖的缘故，（便向刘氏）谢罪并阻拦了她（的分别）。刘氏的车马服饰很骄纵奢侈，还另设仪仗队和传达使者，与藩镇交往联系，权贵们往往依附于她，她（在梁太祖那里的）宠爱信任、对军国之事的讨论参与（的程度）并不亚于敬翔。当时的显贵之家，往往要仿效刘氏。

梁太祖死后，朱友珪立为皇帝，因敬翔是先帝的谋臣，朱友珪怕他打自己的主意，不想要敬翔担任朝廷亲近的职务，就以李振代替敬翔任崇政院使，任敬翔为中书侍郎、同中书门下平章事。敬翔也因朱友珪怕自己，就常常称病（在家），不去过问政务。

梁末帝即位后，赵岩等专权弄事，大肆挑拨离间（朝廷与）老臣（的关系），敬翔更加忧闷、不得志。此后，后梁把河北地区都丢失了，和晋军在杨刘对抗着，敬翔说："以前我们还占有着河北一半的地区，凭着先帝的武威，统率着勇猛善战的臣子，（梁）尚且不能打败晋。现在晋日益强大，梁渐渐日益削弱，陛下住在深宫之中，和陛下谋划事情的人，不是陛下的亲信，就都是内亲外戚的偏爱（之人），（这样）还有希望办成大事吗？我听说晋军进攻杨刘时，晋王李存勖是背着柴草过河，身先士卒。而陛下从容自得，遵守成文，因儒雅而沾沾自喜，却派贺环任统率梁军的将军，（这样）难道足以抵抗敌军的余锋吗？我虽然困乏衰朽了，但蒙受了国家很深的恩泽，如果国家缺乏有才能的人，我希望能效力。"赵岩等认为敬翔说的是怨恨之话，就没听他的。

此后，王彦章在中都打了败仗，梁末帝害怕了，从黄河上召见段凝。此时，梁的精兵都在段凝的军队里，段凝心怀不轨，左右顾盼着（担心犹移）而不来朝见（皇上）。梁末帝急促地喊敬翔说："我平时不注重你的话，现在危急了，请你不要怨恨，请你指教我该怎样归宿呢？"敬翔说："我跟随先帝30多年，现在虽然当着宰相，实际上只是朱家的老奴仆而已，我事奉陛下如同事奉郎君，凭着我的忠心，哪敢有所隐瞒？陛下当初任用段凝时，我曾论过此事。现在段凝不来朝见陛下，（而且）敌人的势力已迫近了，（如果我）想要替陛下谋划，那么小人就会来挑拨离间（我们的君臣关系），（我的谋划也）一定不会被（陛下）采用。请（让我）先死吧，我不忍心看到朝廷的灭亡！"（说完）君臣面对着痛哭。

敬翔和李振都被梁太祖所信任，后唐庄宗进入汴京（开封）时，下诏赦免梁的众位臣子，李振欢喜地对敬翔说："（唐）有诏书赦免（我们），（我）将朝见新的皇帝。"他邀请敬翔想一起入宫参见（新皇帝）。敬翔夜里住在高头车坊，快天亮时，身边的人报告说："崇政院使李公进朝了！"敬翔叹息道："李振错为男人了！又有什么脸面进梁朝的建国门呢？"他于是上吊而亡。

御 人

钱唐断交

钱镠①据有两浙②，号兼吴赵而王，自梁及庄宗，常异其礼，以羁縻③臣属之而已。明宗即位，镠遣使朝京师，寓书④重诲⑤，其礼慢。重诲怒，未有以发，乃遣其嬖吏⑥韩玫、副供奉官乌昭遇复使于镠。而玫恃重诲势，数凌辱昭遇，因醉使酒，以马箠⑦击之。镠欲奏其事，昭遇以为辱国，固止之。及玫还，返谮⑧于重诲曰："昭遇见镠，舞蹈⑨称臣，而以朝廷事私告镠。"昭遇坐死御史狱，乃下制⑩削夺镠官爵以太师致仕⑪，于是钱氏遂绝于唐矣。

（《新五代史》卷二十四，唐臣传）

【注释】

①钱镠：五代时吴越国的建立者。②两浙：浙东、浙西的合称。浙东，唐方镇名，全称浙江东道，治所在越州（今浙江绍兴）。浙西，唐方镇名，全称浙江西道，治所在杭州。天复二年（902年）钱镠被唐封为越王，天祐元年（904年）又被唐封为吴王，后梁太祖封他为吴越王，后唐庄宗也对他给予册封。③羁縻：笼络使其不生异心。④寓书：致书、寄信。⑤重诲：即后唐明宗时的枢密使安重诲。⑥嬖吏：宠吏。⑦箠（chuí）：鞭子。⑧谮（zèn）：诬陷；中伤。⑨舞蹈：古时臣子朝见皇帝时的一种仪节。⑩制：帝王的命令。⑪致仕：交还官职，意为辞官。

【译文】

钱镠占有两浙，兼有吴王、越王的封号而称王，从梁到唐庄宗，常以异常的礼仪对待钱镠，只是以便笼络他，使他称臣附属朝廷而已。唐明宗即位后，钱镠派遣使节来京城朝见，致书安重诲，礼节比较傲慢。安重诲愤怒却没有发作，就派遣他的宠吏韩玫、副供奉官乌昭遇回使于钱镠。而韩玫仰仗安重诲的势力，几次欺辱乌昭遇，趁着醉意，用马鞭抽打乌昭遇。钱镠要把此事上奏朝廷，乌昭遇认为（这样会）辱没国家，就坚决地阻止了他。等到韩玫回来，他反而在安重诲那里诬蔑（乌昭遇）说："乌昭遇见到钱镠时，以臣见君之仪向钱镠称臣，并把朝廷之事私下告诉钱镠。"乌昭遇坐死御史狱中，（朝廷）就下令剥夺钱镠的官职爵位，（钱镠）以太师之职辞官，自此以后钱氏就与唐断绝了关系。

军　事

郭崇韬定唐

康延孝①自梁奔唐，先见崇韬②，崇韬延之卧内，尽得梁虚实。是时，庄宗军朝城，段凝军临河③。唐自失德胜，梁兵日掠澶、相，取黎阳、卫州④，而李继韬以泽潞叛入于梁，契丹数犯幽、涿⑤，又闻延孝言梁方召诸镇兵欲大举，唐诸将皆忧惑，以谓成败未可知。庄宗患之，以问诸将，诸将皆曰："唐得郓州，隔河难守，不若弃郓与梁，而西取卫州、黎阳，以河为界，与梁约罢兵，毋相攻，庶几以为后图。"

庄宗不悦，退卧帐中，召崇韬问计，崇韬曰："陛下兴兵仗义，将士疲战争、生民苦转饷者，十余年矣。况今大号⑥已建，自河以北，人皆引首以望成功而思休息。今得一郓州，不能守而弃之，虽欲指河为界，谁为陛下守之？且唐未失德胜时，四方商贾，征输必集，薪刍⑦粮饷，其积如山。自失南城，保杨刘⑧，道路转徙，耗亡太半。而魏、博五州，秋稼不稔⑨，竭民而敛，不支数月，此岂按兵持久之时乎？臣自康延孝来，尽得梁之虚实，此真天亡之时也。愿陛下分兵守魏、固杨刘，而自郓长驱捣其巢穴，不出半月，天下定矣！"

庄宗大喜曰："此大丈夫之事也！"因问司天，司天言："岁不利用兵。"崇韬曰："古者命将，凿凶门而出。况成算⑩已决，区区常谈，岂足信也！"庄宗即日下令军中，归其家属于魏，夜渡杨刘，从郓州入袭汴⑪，八日而灭梁。

（《新五代史》卷二十四，唐臣传）

【注释】

①康延孝：梁将。龙德三年（923年）后梁以段凝为北面行营招讨使，梁军先锋将康延孝叛降于唐。②崇韬：即郭崇韬，时为后唐枢密使。③"是时"句：是时，此时，指后梁龙德三年、后唐同光元年（923年）。庄宗，即后唐庄宗李存勖。

朝城，唐开元七年（719年）改武圣县置，治所在今山东莘县西南朝城。临河，县名，治所位于今河南浚县东北部。④"唐自"句：德胜，在今河南濮阳县，五代时为黄河渡口。晋军（即唐军）在此隔河筑有南北两寨（城），称"夹寨"。同光元年五月梁军夺取德胜南城。澶，澶州，治所在顿丘（今河南清丰县西）。相，相州，治所在安阳。黎阳，县名，治所在今河南浚县东北。卫州，治所在汲县（今河南汲县）。⑤"而李"句：李继韬，李嗣昭（晋王李克用之弟的养子）之子，时为昭义军留后，同光元年三月叛附于梁，后被杀。泽潞，唐方镇名，治所在潞州（今山西长治市），后并入昭义军。幽，幽州，治所在今北京市城区西南。涿，涿州，治所在范阳县（今河北涿州市）。⑥大号：国号。同光元年四月，唐庄宗即位，国号唐，是为后唐。⑦刍（chú）：牲口吃的草。⑧杨刘：在今山东东阿县东北古黄河南岸。⑨"而魏"句：魏博为唐、五代方镇，长期据有魏、博、贝、卫、澶、相六州；本处所指"五州"当为上述六州中的五州。稔（rén），庄稼成熟。⑩成算：已定的计划。⑪汴：汴州（今河南开封），为后梁东都。

【译文】

梁将康延孝从梁投唐，先参见郭崇韬，郭崇韬把他请到卧室内，了解到梁军的全部虚实情况。这时，唐庄宗领军驻在朝城，梁将段凝率梁军驻扎临河。唐自从丢失了德胜（南城），梁军迅速攻取了澶州、相州，夺取了黎阳、卫州，而且唐将李继韬又以泽潞投降了梁，契丹几次侵犯幽州、涿州，又听康延孝说梁正召集各方镇的兵马要大规模行动，唐的众将领为此忧虑疑惑，以为难以预料唐的成败。唐庄宗对此很担忧，就此询问众将领，众将都说："唐夺得郓州，隔着黄河难以防守，不如放弃郓州（把郓州）给梁，而向西夺取卫州、黎阳，以黄河为界，与梁定约息兵，不再互相攻击，（如此这般）或许可作为以后的打算。"

唐庄宗不高兴，回来躺在军帐中，召来郭崇韬询问计策，郭崇韬说："陛下起兵主持正义，将士疲于战争、百姓苦于转运粮饷的情况，已有10多年了。何况现在国号已建立，从黄河以北，人们都伸长脖子希望看到成功而期盼休养生息。现在唐夺得一个郓州，就不能守住却放弃它，虽然想划河为界，谁来为陛下把守边界？况且唐没有丢失德胜（南城）时，（向）各方商人征的税、缴的赋必能聚集起来，柴草粮饷，堆积成山。自从丢失（德胜）南城、救保杨刘，在道路上转移调迁，（粮草）消耗丢失了一大半。而且魏、博等5州，秋天的庄稼没成熟，（即使）对百姓搜尽式地征敛，也支持不了几个月，这难道是停兵不战、长久坚持的形势吗？我自从康延孝投来，已全部了解了梁兵的虚实情况，这真是上天灭亡梁的时机啊。希望陛下分出兵力据守魏州，固防杨刘，而从郓州长驱直捣梁的巢穴，不用半月，天下可定！"

唐庄宗大喜说："这真是大丈夫的事业啊！"他于是询问掌管天象的官员，掌管天象的官员说："年景不利于用兵（打仗）。"郭崇韬说："古时任命将帅（领兵出征），是打通不吉利的门出发的。何况（我们能取胜的）计划已经决定，平庸之语，哪里值得相信！"唐庄宗（于是）当天下令军中，把他们的家属安顿到魏州，（唐军）夜里就从杨刘渡过黄河，从郓州进入（梁地）袭击汴州，仅用8天就灭了梁。

理 财

庄宗夫妇　既吝且贪

庄宗自灭梁①，志意骄怠，宦官、伶人乱政，后②特用事于中。自以出于贱微，踰③次得立，以为佛力。又好聚敛，分遣人为商贾，至于市肆之间，薪刍果茹④，皆称中宫所卖。四方贡献，必分为二，一以上天子，一以入中宫，宫中货贿山积。惟写佛书，馈赂⑤僧尼，而庄宗由此亦佞佛。……

同光三年秋大水，两河之民，流徙⑥道路，京师赋调不充，六军之士，往往殍踣⑦，乃预借明年夏、秋租税，百姓愁苦，号泣于路，庄宗方与后荒于畋游。十二月己卯腊，畋于白沙⑧，后率皇子、后宫毕从，历伊阙⑨，宿龛涧，癸未乃还。是时大雪，军士寒冻，金枪卫兵万骑，所至责民供给，坏什器，彻庐舍而焚之，县吏畏恐，亡窜山谷。

明年三月，……宰相请出库物以给军，庄宗许之，后不肯，曰："吾夫妇得天下，虽因武功，盖亦有天命。命既在天，人如我何！"宰相论于延英，后于屏间耳属之，因取妆奁及皇幼子满喜置帝前曰："诸侯所贡，给赐已尽，宫中所有惟此耳，请鬻⑩以给军！"宰相惶恐而退。及赵在礼作乱⑪，出兵讨魏，始出物以赉⑫军，军士负而诟⑬曰："吾妻子已饿死，得此何为！"

庄宗东幸汴州，从驾兵二万五千，及至万胜⑭，不得进而还⑮，军士离散，所亡太半。至罂子谷，道路隘狭，庄宗见从官执兵仗者，皆以好言劳之曰："适报魏王平蜀⑯，得蜀金银五十万，当悉给尔等。"对曰："陛下与之太晚，得者亦不感恩。"庄宗泣下，因顾内库使张容哥索袍带以赐之，容歌对曰："尽矣。"军士叱容哥曰："致吾君至此，皆由尔辈！"因抽刀逐之，左右救之而免。容哥曰："皇后惜物，不以给军,而归罪于我。事若不测,吾身万段矣!"乃投水而死。

(《新五代史》卷十四,唐太祖家人传第二)

【注释】

①"庄宗"句:庄宗,即后唐庄宗李存勖(xù)(923—926年在位)。同光元年(923年)庄宗灭后梁。②后:指后唐庄宗皇后刘氏。③蹭(yú):即"逾",超过,超越。④薪刍果茹:薪,柴。刍(chú),牲口吃的草。果,果子,瓜果的果。茹(rú),蔬菜。⑤馈(kuì)赂(lù):赠送财物。馈,赠送;赂,赠送财物。⑥徙(xǐ):迁移。⑦殍(piǎo)踣(bó):殍,饿死。踣,倒毙。⑧白沙:地名,在今河南省洛阳市东。⑨伊阙:地名,在今河南省洛阳市南。⑩鬻(yù):卖。⑪赵在礼作乱:指同光四年(926年)二月邺都军将赵在礼在贝州发动兵变。⑫赉(lài):赏赐。⑬诟(gòu):骂,辱骂。⑭万胜:地名,在今河南省中牟县西北。⑮"不得"句:指成德军节度使李嗣源因害怕唐庄宗加害于己而发动兵变,于同光四年(926年)三月占领汴州(今河南开封),庄宗只得半路上返回都城洛阳。⑯魏王平蜀:指同光三年(925年)庄宗派长子、魏王李继岌与大将郭崇韬一起带兵伐蜀,同年灭蜀。

【译文】

后唐庄宗自从灭掉后梁,意志骄傲懈怠,宦官、戏子乱政,皇后执掌后宫大权。皇后自认为出身低下,之所以能超越次序而被立为皇后,她以为靠的是佛力。她喜欢聚物敛财,还派人出去当商人做买卖,以至于在市场上,柴草果菜都说是后宫所卖的。各地方所贡献的物品,必定要分为两部分,一部分奉献给皇上,一部分收归后宫,宫中的货品财物堆积如山。皇后只是好抄写佛书,馈赠财物给僧人、尼姑,而庄宗也从此迷信起佛来。……

同光三年秋发了大水,伊水、洛河流域的百姓流离失所,朝廷的赋税不足,全军将士,往往饿死。于是朝廷预借第二年夏、秋的租税,老百姓愁苦不堪,号哭在路上。庄宗正与皇后沉溺于打猎和游乐之中。十二月己卯日,已是腊月,皇上在白沙打猎,皇后带着全部皇子及后宫人员随着庄宗,经伊阙,住龛涧,至癸未日才回来。当时下着大雪,军士遭寒受冻,金枪卫兵有上万骑兵,所到一地,就要老百姓供给,军士们还毁坏家什器物,甚至拆毁草庐房屋来烧火,县吏害怕,就逃进了山谷。

第二年三月……宰相请求拿出朝廷仓库中的财物来供给军队,庄宗同意了,但皇后不答应,说:"我们夫妻得到天下,尽管是靠着武力,但也有天命。

命运既然掌握在上天，人又能把我怎样！"宰相在延英殿议论供给军队之事，皇后在屏风后听到了，于是就拿出脂粉盒和皇帝的小儿子李满喜放在皇帝面前，说："诸侯所贡献的东西，已赏赐散发光了，宫中所有的就是这些，请拿去卖掉来供给军队！"宰相害怕不安地退下朝来。等到赵在礼发动叛乱，庄宗派兵讨伐魏州时，才拿出财物来赏给军士，军士拿着财物骂道："我的老婆孩子都饿死了，要它干什么！"

庄宗东征讨伐汴州叛军，随同出征的兵士有2.5万人，到了万胜镇，不能前进而往回走时，军士纷纷逃离，逃跑离散的有一大半。到了罂子谷，道路狭窄难行。庄宗看见拿着兵器仪仗的随从官员，都用好话慰劳他们说："刚得报告：魏王平定了蜀国，获得蜀国的金银50万两，要全部赏给你们。"对方答道："陛下给得太晚了，得到的人也不会感谢您的大恩。"庄宗不禁哭了起来，于是回头找内库使张容哥要袍带赏赐给他们。张容哥说："袍带已用完了。"军士叱责张容哥说："致使我皇陷入这种境地，都是由于你们！"于是抽出刀追逐张容哥，张容哥被左右的人救护才得脱免。张容哥说："皇后吝惜财物，不拿出来供给军队，却归罪于我。如果出现不可预料的事，我就碎身万段了！"他于是投水自杀了。

明宗谋潞王

潞王从珂为河中节度使①，重诲②以谓从珂非李氏子，后必为国家患，乃欲阴图之。从珂阅马黄龙庄，其牙内指挥使杨彦温闭城以叛。从珂遣人谓彦温曰："我遇汝厚，何苦而反邪？"报曰："彦温非叛也，得枢密院宣，请公趋③归朝廷耳！"从珂走虞乡，驰骑上变。明宗疑其事不明，欲究其所以，乃遣殿直都知范温以金带袭衣、金鞍勒马赐彦温，拜彦温绛州刺史，以诱致之。重诲固请用兵，明宗不得已，乃遣侍卫指挥使药彦稠、西京留守索自通率兵讨之，而诫曰："为我生致彦温，吾将自讯④其事。"彦稠等攻破河中，希重诲旨，斩彦温以灭口。重诲率群臣称贺，明宗大怒曰："朕家事不了，卿等不合⑤致贺！"从珂罢镇，居清化里第。重诲数讽⑥宰相，言从珂失守，宜得罪，冯道⑦因白请行法。明宗怒曰："吾儿为奸人所中，事未辨明，公等出此言，是不欲容吾儿人间邪？"赵凤⑧因言："《春秋》责帅之义，所以励为臣者。"明宗曰："皆非公等意也！"道等惶恐而退。居数日，道等又以为请，明宗顾左右而言他。明日，重诲乃自论列⑨，明宗曰："公欲如何处置,我即从公!"重诲曰:"此父子之际,非臣所宜言,惟陛下裁之!"明宗曰:"吾为小校时,衣食不能自足,此儿为我担石灰,拾马粪,以相养活,今贵为天子,独不能庇之邪!便其杜门⑩私第,亦何与公事!"重诲由是不复敢言。

(《新五代史》卷二十四,唐臣传)

【注释】

①"潞王"句:从珂,即后唐明宗养子李从珂,本姓王;后唐明宗即位时,任河中节度使,封潞王;长兴三年(933年)为凤翔节度使;在应顺元年或清泰元年(934年)发动兵变,废闵帝,即位,是为末(废)帝。河中,方镇名,治所蒲州(后升为河中府,治所在今山西永济市蒲州镇)。②重诲:即安重诲,后唐明宗时任枢密使。③趋:快走,赶快。④讯:审问,询问。⑤合:应该。⑥讽:用含蓄的话暗示或劝告。⑦冯道(882—954年):字可道,自号长乐老,后唐、后晋时,历任宰相;契丹灭后晋时,又附契丹为太傅;后汉时为太师;后周时为太师、中书令。⑧赵凤:后唐明宗时为端明殿学士、同中书门下平章事。⑨论列:议论、陈述。⑩杜门:闭门不出。

【译文】

潞王李从珂任河中节度使,安重诲认为李从珂不是李家之子,将来定会是国家的祸害,就想暗暗谋算他。李从珂在黄龙庄看马,他属下的牙内指挥使杨彦温关闭城池背叛(李从珂)。李从珂派人对杨彦温说:"我待你不薄,为什么反叛呢?"(杨彦温)回答说:"杨彦温不是反叛,而是得到枢密院宣布的皇帝诏谕,请您赶快回朝廷去而已!"李从珂跑到虞乡,快马上报事变。唐明宗想弄清原委,就派殿直都知(官)范温用金带连着的衣、金鞍配着的马赏赐给杨彦温,任命杨彦温为绛州刺史,以此引诱杨彦温。安重诲坚决地请求派兵讨伐,唐明宗无法,才派侍卫指挥使药彦稠、西京留守索自通率兵讨伐杨彦温,并告诫药、索说:"给我把杨彦温活着带来,我要亲自审问他的事情。"药彦稠等攻下河中,并按安重诲的意思,杀了杨彦温以灭口。安重诲率群臣来称颂庆贺,唐明宗大怒道:"我的家事还没弄明白,你们不应来祝贺!"李从珂被免去了节度使,住在清化里的府宅里。安重诲几次暗示宰相,(要他们)上奏李从珂的失职,应当获罪,冯道于是奏请按法律处治(他)。唐明宗愤怒地说:"我儿被奸人所中伤,事情还没辨别清楚,你们就说出这样的话,这是不想在人间容下我儿吧!"赵凤于是说:"《春秋》中要求将帅的大义,是用来劝勉当臣子的。"唐明宗说:"这些都不是你们的意思！"冯道等惶恐不安地退出去了。几天之后，冯道等又请求（唐明宗处治李从珂），唐明宗看着身边的人而说着别的事。第二天，安重诲就亲自议论（此事），唐明宗说："您想怎么处置（李从珂），我马上听您的！"安重诲说："这是父子之间（的事），不是我所应当说的，但由陛下裁决它！"唐明宗说："我当军中小校时，衣食不能自己满足自己，这个儿子为我挑石灰、捡马粪，以此养活我，现在我贵为天子，难道还不能保护他吗！使他在家闭门不出，对朝廷之事有何影响！"安重诲从此不敢再提及此事。

德　操

仁厚的李重美

重美①，幼而明敏如成人。废帝②即位，自左卫上将军领成德军节度使、兼河南尹、判③六军诸卫事，改领天雄军节度使、同中书门下平章事，封雍王。

石敬瑭反，废帝欲北征，重美谓宜持重，固请毋行。废帝心惮敬瑭，初不欲往，闻重美言，以为然，而刘延皓④与刘延朗⑤等迫之不已，废帝遂如河阳⑥，留重美守京师。京师震恐，居民皆出城以藏窜，门者禁止之。重美曰："国家多难，不能与民为主，而欲禁其避祸，可乎？"因纵民出。及晋兵将至，刘皇后积薪于地，将焚其宫室，重美曰："新天子至，必不露坐，但佗日⑦重劳民力，取怨身后耳！"后以为然。废帝自焚，后及重美与俱死。

（《新五代史》卷十六，唐废帝家人传）

【注释】

①重美：后唐废帝之子。②废帝：即后唐废帝李从珂。本姓王，后封为潞王；后以兵反，于清泰元年即皇位。③判：唐、五代、宋时官制。④刘延皓：唐废帝皇后刘氏之弟，任枢密使、天雄军节度使。⑤刘延朗：唐废帝时任枢密副使。⑥河阳：古县名，治所在今河南孟州市。⑦佗日：他日。佗，同"他"。

【译文】

李重美，年少时就像大人般聪慧敏捷。唐废帝即位后，他从左卫上将军的职位上担任成德军节度使、兼任河南尹、判六军诸卫事，又改任天雄军节度使、同中书门下平章事，封雍王。

石敬瑭反叛后唐，唐废帝想北征叛军，李重美认为应当谨慎稳重，并坚持请求废帝不要出征。唐废帝心里害怕石敬瑭，当初就不想去，听了李重美的话，认为李重美讲得对，但刘延皓和刘延朗等大臣却不停地催促皇帝北征，唐废帝就去了河阳，留下李重美据守京城。皇帝北征后京城的人非常恐惧，居民都出城躲藏逃避，守城门的人禁止他们（出城）。李重美说："国家多灾多难，不能给百姓做主而保护他们，却要禁止他们去躲避灾祸，行吗？"因此纵使百姓出城。到晋军快要到来（的时候），刘皇后在地上堆积柴草，要烧毁他们的宫室，李重美说："新的皇帝来了，一定不会坐在露天，（如果烧掉宫室），只会使新皇帝在今后重又役使百姓，叫我们死后还要遭到百姓怨恨！"刘皇后以为正确。唐废帝自焚了，刘皇后和李重美也都死了。

传世故事

五代之士与儒

自后梁太祖开平至后周显德，前后计53年，而天下经历了五代王朝。士人不幸生活在这个时期，而想保全节操而不事二姓者，就很少见了。在这个时期，要按照死事忠君和不事二姓来要求士人，那么天下算得上"士人"的便没有一个了。再说，当时的社会风习，认为苟且偷生、仕事二姓之主是理所当然的事。至于那些儒者，以仁、义、忠、信为信条，享用人家的俸禄，在人家的国家机构中任职，而不管人家的国家生存与灭亡，都以苟且偷生而恬然自得，非但不知羞愧，反而以自己的所得为荣耀的人，哪里能数得清呢！

杨行密计诛叛臣

朱延寿，是杨行密夫人朱氏的弟弟。田頵及安仁义将要反叛时，杨行密怀疑朱延寿也参与了密谋，于是假装眼睛有病，每次接待朱延寿派来的使者，必定当着使者的面故意把见到的东西说得颠三倒四。有一次走路故意撞在柱子上跌倒在地，被朱夫人扶起来，好久才苏醒过来，哭着说："我大业已就，却坏了眼睛，是天意要我成为废人啊！我的儿子都不能够托付大事，假若延寿来，把大业交给他，我就没有遗恨了。"朱夫人听后大喜，马上召来朱延寿。延寿到，杨行密迎到寝宫门口，刺杀了他，并休掉了朱氏夫人，让她另行嫁人。

后唐庄宗猜忌良将

自从晋王李存勖得到魏博后，便让王建及统领银枪效节军。王建及作为将领，喜欢把家财散发给士兵。李存勖派宦官韦令图到银枪效节军中做监军。韦令图向李存勖报告说："王建及很得将士之心，怕他另有所图，不能让他统帅银枪效节军。"李存勖马上改派王建及做代州（今山西代县一带）刺史。王建及郁恨不乐而死，年仅57岁。

方镇割据　百姓遭殃

梁王朱全忠的军队围困龟缩在凤翔（今陕西凤翔）的李茂贞的军队已经一年多了，李茂贞每次出战就遭到失败，于是紧闭城门不敢出战了。城中的柴草、粮食全都用光了，再加上从入冬到开春，降雪不止，百姓冻死的每天达几千人。一斗米价值 7000 钱，以至于烧人粪、煮尸体吃。父亲吃自己孩子的肉，有来争夺的，父亲说："这是我的孩子，你怎能够吃呢！"人肉每斤要价 100 钱，狗肉每斤要价 500 钱。父亲安心自得地吃着自己的孩子，而人肉比狗肉还贱。

宰相李愚清贫廉洁

李愚身为宰相，不治理私宅，借居在延宾馆内。有一次，他病了，唐明宗派宦官去问病，看到他睡着破席烂毡，四壁空空，回宫后报告了明宗。明宗叹息了好久，传令将宫中的帐幔铺被等赐给了他。

人物春秋

乱世明君——唐明宗

明宗圣德和武钦孝皇帝，生于少数民族，无姓氏。父霓，为雁门部将，生子邈佶烈，以善于骑射被太祖选为侍卫，性情忠厚寡言，办事认真谨慎，太祖收为养子，赐名嗣源。

梁军攻兖、郓两州，朱宣、朱瑾来求援军，太祖派李存信率兵3万去救援。存信留驻莘县不肯前进，太祖使嗣源另率3000兵士攻击梁军，梁军解围而去。存信留莘县久了，被罗弘信袭击败走，嗣源独能殿后而还，太祖以嗣源所部500骑兵将士为"横冲都"。

900年，李嗣昭攻梁邢、洺两州，出青山，遇葛从周兵，嗣昭败走，梁军追赶。嗣源从近道赶来，对嗣昭说："为公一战。"他下马解鞍磨箭镞，在高处摆开阵势，左右指画，梁追兵望见不知在干什么。嗣源大叫说："我要杀葛公，士兵不要动！"说罢纵马驰入敌阵，出入奋击，嗣昭也驰入敌阵，梁兵退走了。嗣源身中4箭，太祖解衣看伤，赐药治疗，多方慰劳，从此李横冲名扬四方。

梁、晋大军在柏乡对峙，梁龙骧军以赤、白马分为两阵，旗帜铠仗和马的颜色一样，晋兵望见都感到恐慌。庄宗举盅向嗣源敬酒说："你望见梁军的赤、白马害怕吗？连我也有点胆怯啊！"嗣源笑着回答说："这是虚张声势，这些马明日都会归到我的马厩中来。"庄宗高兴地说："你理应以这种气魄去消灭敌人。"嗣源拿起酒盅一饮而尽，然后飞身上马驰入敌阵，攻其白马，捉拿两名裨将而回。梁兵大败而去，嗣源因功被封为代州刺史。

庄宗攻打刘守光，嗣源及李嗣昭率兵3万出飞狐、定山后，攻取武、妫、儒3州。庄宗攻占魏州，接着攻下磁、相两州，封嗣源为相州刺史、昭德军节度使。后来，移镇安国。契丹攻幽州，庄宗派嗣源与阎宝等人去驱逐。

923年，移阵横海。梁、唐军对峙于河上，李继韬以潞州降梁，庄宗十分忧愁，召嗣源商议说："继韬以上党降梁，而梁正在急攻泽州，我们若出其不意袭击郓州，能够断梁的右臂，可以吗？"嗣源说："隔河对峙久了，倘若不出奇兵很难成大事，我请求担当这一重任。"因此率步骑5000渡过济水到达郓州，郓州军毫无防备，被一举攻破，嗣源当即被任命为天平军节度使、番汉马步军副都总管。

梁军攻破德胜南栅，庄宗退兵守杨刘城，王彦章急攻郓州，庄宗全军救援，嗣源为前锋进攻梁军，追至中都，捉住彦章及梁监军张汉杰。

彦章虽败，而段凝仍将梁兵驻守河上，庄宗未知所向，众将希望乘胜攻占青、齐两州，嗣源说："彦章兵败，段凝还不知道，即使他已知道了，从迟疑到定计，也要两三天，纵然知道了我们的计划，立即发救兵，必然从黎阳渡河，几万军队，船一天能准备齐吗？从这里到汴州不过数百里，前边无险阻，大队人马前进马上就到，攻下了汴州，段凝还能有什么作为！"郭崇韬也劝庄宗进攻汴州，庄宗认为说得很对，派嗣源率千骑先到汴州，攻封丘门，王瓒投降。庄宗后到，见嗣源大喜，拉着他的衣服，以头相触说："天下与你共享。"马上任嗣源为中书令。

天成元年，郭崇韬、朱友谦都由于庄宗听信谗言而被杀，嗣源因名位高也受到庄宗猜忌。赵在礼在魏州谋反，大臣们都请求派嗣源去讨伐，庄宗不许，群臣屡请，庄宗不得已才派嗣源去讨伐。

三月二十五日，嗣源至魏，驻军御河南，在礼登楼谢罪。二十七日，军士哗变，强迫嗣源入魏城与赵在礼合军，傍晚嗣源出城到魏县。三月一日，率兵南进，派石敬瑭率300骑兵为先锋。嗣源经过巨鹿，掠小坊马2000匹补充军队。十六日，进入汴州。

四月一日，庄宗死。三日，嗣源率军进入洛阳。八日，自为监国，在兴圣宫朝见群臣。二十日，才到西宫在庄宗灵前祭奠，在枢前即皇帝位，换掉丧服穿上皇帝礼服。二十六日，魏王继岌死。二十八日，大赦，改元。

长兴四年十一月二十三日，侍卫亲军都指挥使康义诚杀三司使孙岳。二十六日，皇帝在雍和殿病死。

唉，自古以来治世少而乱世多！三代之王有天下者，都是数百年，能够赞颂者，不过几个国君而已，何况后世呢！更何况五代呢！

我听长辈对我说："明宗虽出身于少数民族，可为人纯质，宽仁爱人。"对于五代的君主来说，称得上好皇帝。他常常夜里焚香，仰天而祝说："臣本蕃人，怎能治理好天下！世乱太久了，希望早生圣人。"初即位，放出宫人、伶官；废内藏库，四方所贡之物，全部交有关机构处理。广寿殿火灾，有关部门处理，请加强保护。明宗叹气说："天以火警告我，我怎敢增加奢侈呢！"天气常干旱，又突然下雪，皇帝坐庭园中，下诏宫中不要扫雪，说："这是天赐给我的。"多次向宰相冯道等人问民间疾苦，听说谷帛贱，民无疾疫，就高兴地说："我有何德能得天如此重爱，应与大家都做好事，来报答上天之恩。"官吏有贪污的，常被处死刑，说："这种人是民贼、是蛀虫啊！"下诏褒奖廉洁的官吏孙岳等人，以昭天下。他如此爱人恤物，完全是有意把国家治理好。

他即位时，年龄已高，不近声色，不乐游猎。在位7年，是五代君主中最长寿的人，战争基本上停止了，年年丰收，百姓因此得到休养生息。

可是他是少数民族，虽仁慈而不明，往往不分是非地杀大臣。甚至对从荣父子之间的事都不能防患于未然，祸起仓促，使他犯了反叛大罪，皇帝也因此饮恨而死。

当时，大理少卿康澄上疏谈时事，说："掌握国家权力的人有不足惧者五，深可畏者六：日、月、星发生变异不足惧，天象变异不足惧，小人流言蜚语不足惧，山崩川竭不足惧，水旱虫蝗不足惧；贤士躲藏深可畏，人民流亡深可畏，上下相徇深可畏，廉耻丧失深可畏，毁誉乱真深可畏，直言不闻深可畏啊！"有见识的人都认为这些话切中时弊。从荣之变，任圜、安重诲等人之死，可谓上下相徇、毁誉乱真之弊了。可是康澄的话，也不是指一时的弊病，凡是掌握国家政权的人，都要经常警诫自己才好。

亡国之憾——李后主

李煜，字重光，李璟的第六个儿子。李煜为人仁而孝，善作诗文，又善于写字作画。他额头极宽，前齿两个并成一个，有一只眼睛两个瞳仁。从太子李冀以上五个哥哥都早死，李煜按顺序被封为吴王。宋建隆二年（961年），李羡迁于南都，立李煜为太子，留京监国。李璟死，李煜继帝位于金陵。母亲钟氏，其父名泰章。李煜尊他母亲为"圣尊后"；立他的妃子周氏为皇后；封他的弟弟李从善为韩王，李从益为郑王，李从谦为宜春王，李从度为昭平郡公，李从信为文阳郡公。大赦境内。派中书侍郎冯延鲁准备贡礼送给宋朝廷，令各司四品以下的官员没有任务的，每日两人奉陪于内殿。

建隆三年，泉州留从效死。李璟向周朝称臣的时候，留从效也奏表章贡品献到京师，周世宗因为李璟的缘故，不接受。留从效听说李璟迁到洪州，怕李璟来袭击，于是派他儿子留绍基到金陵去纳贡，而留从效已病死，泉州人于是将他的族人一并送到金陵，另推立副使张汉思。张汉思年岁大了，不能胜任职务之事，泉州人陈洪进把他赶走，自己称"留后"，李煜便以陈洪进为节度使。乾德二年，开始使用铁钱，民间多私藏旧钱，旧钱更加少了，很多商人用10个铁钱换一个铜钱带出州境，官家无法禁止，李煜因此下令以一枚铜钱当10枚铁钱用。李煜任韩熙载为中书侍郎、勤政殿学士，封其长子韩仲遇为清源公，封其次子韩仲仪为宣城公。

建隆五年（964年），李煜命令两省侍郎、给事中、中书舍人、集贤殿、勤政殿学士，分批于光政殿值夜班，和他们谈论。李煜曾由于韩熙载尽忠，能率直说真话，想用为宰相，而韩熙载后房有妓女侍妾数十人，多到外舍私陪宾客，李煜因此认为难以为相，于是降而授予韩熙载右庶子之职，分司南都。韩熙载将众妓女尽行斥逐，自己单车上路，李煜很高兴，把他留下来，恢复他的职位。不久，众妓女又渐渐回来了，李煜说："我真是无可奈何啊！"这一年，韩熙载死了，李煜感叹地说："吾始终不得让韩熙载为宰相啊。"他想以平章事追赠，问前代可有这样的事例？群臣答道："以前刘穆之曾追赠开府仪同三司。"遂追赠韩熙载为平章事。韩熙载，是北海武将之家的孩子，初时和李谷相友善。后唐明宗时，韩熙载南奔吴地，李谷送他到正阳，酒酣话别，韩熙载对李谷说："江左倘若任用我为宰相，我一定长驱北上，以平定中原。"李谷说："中原倘若用我为宰相，我直取江南，就像探囊取物而已。"及至周朝之师南征淮河一带，任命李谷为将，率军以攻取淮南，而韩熙载却不能有所作为。

开宝四年，李煜派他弟弟韩王李从善入朝宋京，李从善被扣留不让回去。李煜亲手写信求宋朝让他弟弟从善回南唐，宋太祖还是不允许他回去。李煜因为国家日益困窘而怏怏不乐，满怀忧愁，成天和臣下饮酒，愁思悲歌，不能自己。

开宝五年，李煜下令贬损国家制度的规格，下书称为"教"，改中书、门下省为左、右内史府，尚书省为司会府，御史台为司宪府，翰林院为文馆，枢密院为光政院，诸王为国公，以尊于宋朝。李煜性骄矜奢侈，喜爱声色，又喜奉佛教，爱高谈阔论，不理政事。

开宝六年，内史舍人潘佑上书进谏，李煜把他抓了起来，投入狱中。潘佑自缢身死。

开宝七年，宋太祖派使者持诏书宣李煜赴宋京，李煜推托有病，不肯入宋京。宋朝大军南征，李煜派徐铉、周惟简等人奉表向宋朝请求暂缓军事进攻，宋太祖不答复。开宝八年十二月，宋师攻克金陵。开宝九年，李煜被俘至宋京，宋太祖赦免他，封他为"违命侯"，官拜左千牛卫将军，后被毒死。

宋史

《宋史》概论

《宋史》共496卷，包括本纪47卷，志162卷，表22卷，列传255卷，约500万字，是正史中卷帙最为浩繁的一部官修史书。

一

设局辟官修撰前代史著是中国古代史学的传统。元朝统一中国后，曾努力笼络吸收汉族、契丹族的知识分子为其政权服务，汉族王朝的历史和文化受到元朝统治者的高度重视。元朝议修前代历史，始于至元年间（1264—1294年），灭亡南宋之前，当时有儒臣上奏请求纂修辽、金两史，获朝廷允准，灭亡南宋后，元世祖忽必烈命令臣僚撰修宋、辽、金三史。但半个多世纪过去了，始终没有结果。其中的重要原因就是对"三史"体例问题看法不一，争执不休。一种意见认为，宋为正统，辽、金为割据，三史的编纂取《晋书》体例，把西晋、东晋列入本纪，而把外族建立的赵、燕、秦等政权列入载记，不以正统看待。另一种意见认为，辽自唐末占据北方，与五代、北宋相次而终，当为北史；宋继周统，重新统一南方，至靖康之变，当为宋；金破辽灭宋，占有中原100多年，当为北史；建炎以后，中国非宋所有，当为南史。

元代中期，李孟曾请求纂修宋史，袁桷在呈给翰林国史院《修辽金宋史搜访遗书条例事状》中说，先朝圣训，屡命史臣修撰辽、金、宋史，可惜都因循未就。此后，延祐（1314—1320年）、天历（1328—1330年）年间又两次议修三史未成。修纂三史工作一再迁延未就，引起不少儒臣的非议。三史成功地修撰的转机出现在顺帝时期。

至正三年（1343年），元顺帝下诏修辽、金、宋三史，当时脱脱主持修史，断然决定辽、金、宋都为正统，设局修三史。脱脱为都总裁，中书平章政事铁木儿塔识、中书右丞贺惟一（后改名太平）、御史中丞张起岩、翰林学士欧阳玄、侍御史吕思诚、翰林侍学士揭缎斯为总裁，负责编纂事宜。都总裁、总裁之下，选择文臣担任史官，在翰林国史院分史置局，设立了辽史、金史、宋史三局，三史同时修撰。

《宋史》修撰的组织领导、正统问题确定之后，又解决了修史的经费问题，于是从至正三年四月开始正式编纂。由于有旧史作基础，经过编纂人员的努力，历时两年半修成。元朝仿效宋制，用宰相兼领史事。都总裁官脱脱在《辽史》修成后辞去右丞相之职，由阿鲁图继任，所以《宋史》修成后由阿鲁图领衔进呈。其实在《宋史》修撰中起主要作用的是都总裁、总裁和《宋史》局的史官。

脱脱（1314—1356年）以中书右丞相的身份兼都总裁，他实行的重用儒臣等"更化"政策，为《宋史》的编撰创造了必要的外部条件。在此之前，三史的体例尤其是谁为正统的问题严重阻碍着三史的修撰，在众说纷纭、久而不决的情况下，脱脱断然决定"三国各与正统，各系其年号"，从而平息了长期以来得不到解决的体例问题，使三史得以顺利修撰，并确定了平等对待辽、金、宋三史的准则。作为三史都总裁，他又组织了修史班子，解决了修史所需浩繁经费。在修撰中许多是非问题也由脱脱裁定。《修三史诏》说"纂修期间，予夺议论，不无公私偏正，必须交总裁官质正是非，裁决可否"。总之脱脱为《宋史》修撰做出了重要贡献。

《宋史》全书出于各位总裁官和《宋史》局史官之手。三史总裁官系挑选有威望、有史才的人担任。史官则在有文学才能、道德修养高的人中选择。《宋史》的编写，大体上是由史官撰成初稿，然后进呈总裁，由总裁笔削裁定。总裁官揭傒斯、张起岩、欧阳玄在修纂《宋史》中起了主要作用。除上述诸人外，参与修纂《宋史》的史官有斡玉伦徒、泰不华、干文传、贡师道、余阙、贾鲁、危素等23人。

二

　　《宋史》叙事始于赵匡胤称帝，终于元军攻破崖山（今广东新会南），陆秀夫背着帝昺投海，记载了有宋一代320年的历史。宋朝的历史在中国古代史上占有重要地位，它与汉、唐合称"后三代"，承汉唐之制而有进一步的发展，并开启明清乃至近代社会历史变化的端倪，显现出中国封建社会历史转折的新特点。宋代的农业、手工业和商业都比唐代有了进一步的发展，经济重心南移宣告完成。记录这一时期的史料较多，但专制主义中央集权又集前代之大成，所以史料都有所偏重或侧重，或者是在典章制度，或者是在北宋历史，或者是在南宋历史，或者是在民族关系方面。全面、系统地反映宋朝历史的基本史籍当首推《宋史》。

　　《宋史》编撰体例完备，融会贯通地采取了元朝以前所有纪传体史书的体例，纪、志、表、传一应俱全，保存了大量的丰富史料。《宋史》列传记有2000多人；《宋史》食货志共14卷；兵志12卷；《宋史》礼志共28卷，是整个二十五史礼志的一半。《宋史》一书是在前人撰修的史籍的基础上加工而成的，充分利用了宋人所修诸史，主要是国史、实录和日历等史籍的成果。整个宋代，政府十分重视当代史的编修工作，与前代比较起来，史馆组织更趋严密，修史制度更加健全。在学者士大夫当中，编写当代史和记述当代史实也十分普遍，形成风气。当时印刷术普遍推广，雕版印刷使得书籍广泛流传，遗留下来的史籍，远远地超过了唐代。

　　《宋史》虽修于元朝末年，但其主要材料是宋代的国史、实录、日历书籍。这些史籍现在几乎全部失传了，别的史籍虽然也有征引，但与《宋史》相比，取舍、详略各有不同；即使相同的部分，也可以参互考校。这是《宋史》的史料价值，也是它能存在下去的主要原因。

　　《宋史》在史料处理上，以《春秋》的编纂法则，疑事传疑，信事传信，不随已意妄加篡改，从而在很大程度上保证了原始史料的真实性。

《宋史》卷帙浩繁，修成之后遭到许多批评和非议。其突出的问题一是遗漏较多，二是繁杂芜秽，三是编次错讹。如卷三百五十七已有李熙靖，卷四百五十三又有李熙靖，查其事迹，实系一人，并非偶同姓名者，这就是人们批评的一人两传。传与传，表与传，纪与传，传文与传论之间互相矛盾，如《陈宜中传》说尹玉等皆战死，张全不发一矢；《尹玉传》则称张全等抗战军败。《宋史》前后详略不一，北宋的历史讲得很完备，因为有王称《东都事略》和李焘《续资治通鉴长编》作为参考，南宋高宗、孝宗、光宗、宁宗四朝的历史也写得较好。但南宋中叶以后，记载得过于简略。

由于《宋史》存在不少问题，从明代以来许多人着手重修宋史。如明柯维琪的《宋史类编》、王维俭的《宋史记》，等等。这些重修之书，都只能作为《宋史》的补充，而直到现在，后修的许多宋史没有一部能取代它的地位，顾炎武、朱彝尊这些大家想重修而终于没有结果，都不是偶然的。《宋史》史料价值和历史地位仍然高于所有的改写之作，由于《宋史》的自身价值，使得它无可动摇地成为宋朝的基本史料书。

为了纠正《宋史》上的一些错误，有不少考证文章，如邓广铭《宋史职官志考证》《宋史刑法志考证》，纠正了很多错误；聂崇歧《宋史丛考》对本纪与地理志的错误进行了纠正。

自元代以来，《宋史》曾多次刊刻。主要版本有元至正六年（1346年）杭州路刊本，明成化十六年（1480年）朱英在广州的刊本，明嘉靖南京国子监本，明万历北京国子监本，清乾隆四年武英殿本，清光绪元年浙江书局本，1934年上海商务印书馆百衲本，中华书局标点本。中华书局标点本是目前最好的版本。但这个版本仍有一些错误，还不能完全取代以前的版本。

三

《宋史》篇幅大，内容多，通读不是一件很容易的事。而就对后人的启示和教益而言，纪和传则是主要的。

《宋史》本纪共47卷，记十六帝（内含宋末二王）。本纪按传统体例，逐年记载每一代皇帝在位时期的军国大事，同时对全书志、表、传起到一个总纲作用。本纪在每一个皇帝后，例有一赞，表达元朝史臣的史观。本纪的书法依据《史记》《汉书》和《新唐书》。本纪中北宋九朝不载诏令原文，只记大事，南宋部分间有载诏令者，可能是因为没有强求一律。本纪以宋为正统，系宋年号。辽、金诸国称号，用《南史》《北史》例，一视同仁，平等对待。文字繁简适宜。通过对本纪的了解，可以基本掌握宋代历史发展的大致脉络。

《宋史》列传的编撰原则是，人臣有大功者，虽父子各自列传。其余以类相从，或数人共一传。共分为22类，255卷，总共为近3000人立传，卷数与篇幅均占全书一半以上。计有后妃列传两卷，宗室列传4卷，公主列传一卷，群臣列传177卷，循吏列传一卷，道学列传4卷，儒林列传8卷，文苑列传7卷，忠义列传10卷，孝义列传一卷，隐逸列传3卷，列女列传一卷，方技列传两卷，外戚列传3卷，宦者列传4卷，佞幸列传一卷，奸臣列传4卷，叛臣列传3卷，世家列传6卷，周三臣列传一卷，外国列传8卷，蛮夷列传4卷。《宋史》列传分类很有条理。所传各人不仅按后妃、宗室、群臣等名目分类，每一类中各人也以类相从。如《道学传》将程氏门人归入一卷，朱氏门人归入另一卷。列传中《外国》和《蛮夷》分为两类，开国内、国外分别叙述之先河。又创设《道学传》，将道学、儒林分为两类，也是前代所没有的。列传特设立《世家》一类，记载有关割据政权的历史。所立《周三臣传》，用来弥补新旧《五代史》之缺，记载拥周反宋的韩通、李筠和李重进3人事迹。

历史活动的主体是人，历史铸就了人，人也可以改变历史。人物的言行可以让人们去了解分析历史，也可以启发人们思考现在和未来。宋代出现过许多优秀的政治家、思想家、文学艺术家、科学家，是一个人才辈出的伟大时代。他们的言行、喜怒哀乐、坎坷人生、悲欢离合，一直到现在仍然出现在戏剧舞台上和文艺作品中。

《宋史》创立《道学列传》。从《道学列传》来看，卷一记北宋五子，即周敦颐、程颢、程颐、张载、邵雍的言行。卷四记二程门人刘绚、李吁、谢良佐、游酢、张绎、苏昞、尹焞、杨时、罗从彦、李侗的言行，卷三记朱熹、张栻的言行。卷四记朱熹门人黄干、李燔、张洽、陈淳、李方子、黄灏的言论。传文展示了宋代程朱理学在道统传承中的轨迹及其历史地位，尤其是赞扬了集理学之大成的朱熹。非程朱嫡传，以及以陆九渊为代表的心学一派不予立传，显示了浓厚的宗派色彩。

《宋史》尊崇理学，以朱熹为宗。参加编撰《宋史》的史官中，不少人就是程朱理学的崇拜者，加上元建国后，元统治者对理学和朱熹的抬高，以朱子学说定为国是，曲学异端全部罢除，理学思想和学说理所当然地成为《宋史》编撰的指导思想。全书所述事件曲直、制度优劣、人品优劣，都以理学为标准进行判定，"大旨以表章道学为宗，余事皆不甚措意"。

理学实际分为两大流派，一是朱熹的客观唯心主义理学，一是陆九渊的主观唯心主义心学。陆九渊思考问题的出发点不同于朱熹，朱熹以"理"为本体，更多地突出超感性现实的先验规范。陆九渊则以"心"为本体，强调理就存在于人的心中，或者说世界本原之理与人心之理是相通、相同的。在了解了北宋五子和朱熹后，不妨拿陆九渊与之进一步比较。

赵普等是宋朝开国时期的著名人物，他们的升降沉浮与宋王朝的政治制度、皇位的接替、民族关系的处理直接相关，这些文臣武将抱着忠于宋朝的信念，为宋初40年的励精图治做出了重要贡献。

北宋的杨家将和南宋的岳家军同样有名，根据其人其事演绎的历史故事更是家喻户晓。杨业及其后代高举抗辽大旗，殒命沙场，为国捐躯，这一可歌可泣的英雄行为震动了一代又一代人的心灵。岳飞精忠报国的义举更成为历代仁人志士的楷模，他死于"莫须有"的罪名铸成了人们爱憎的铁壁铜墙。

说到包拯和寇准，人们都不会陌生。包青天、黑脸包公的形象成为人们表达自己意愿的化身，人们希望有更多铁面无私、清正廉洁的"包公"为民做主，鸣冤叫屈，伸张正义。历史上的包公是怎样的呢？《包拯传》中有一个大略的介绍。寇准一生正直，仕途坎坷，可他从没失去做人的尊严，他的人格形象为后世许多士大夫所景仰和追求。

范仲淹、欧阳修、苏轼、陆游等人是宋代文学史上的巨人。范仲淹一句"先天下之忧而忧，后天下之乐而乐"，喊出了封建社会士大夫对社会对民族对国家的责任感，他领导的"庆历新政"虽然仅是昙花一现，但它成了王安石变法的先导。欧阳修、苏轼对中国文学的发展和积累，贡献了极大一笔财富。他们在社会政治生活中不人云亦云，表现了不卑不亢的品质。苏轼一生命运多舛，坎坷不平，对王安石变法和后来的司马光"元祐更化"都持谨慎态度，正是由于这一点，他几度升沉，其命运紧紧与北宋中后期政治相关联。陆游作为爱国诗人，值得人们去品味。

两宋之际是宋代历史上的最黑暗时期，在这个时期出现了童贯、蔡京、秦桧等人。他们得到昏庸皇帝的宠信，一生作恶多端，危害国家，危害人民，通过阅读他们的传记，还可以认识到这些作恶者终究没有好下场。

政　略

杯酒释兵权

　　乾德初，帝因晚朝与守信等饮酒，酒酣，帝曰："我非尔曹①不及此，然吾为天子，殊不若为节度使之乐，吾终夕未尝安枕而卧。"守信等顿首曰："今天命已定，谁复敢有异心，陛下何为出此言耶？"帝曰："人孰②不欲富贵，一旦有以黄袍加汝之身，虽欲不为，其可得乎。"守信等谢曰："臣愚不及此，惟陛下哀矜③之。"帝曰："人生驹过隙④尔，不如多积金帛、田宅以遗⑤子孙，歌儿舞女以终天年。君臣之间无所猜嫌，不亦善乎。"守信谢曰："陛下念及此，所谓生死而肉骨⑥也。"明日，皆称病，乞解兵权，帝从之，皆以散官⑦就第，赏赉⑧甚厚。

（《宋史》卷二百五十，石守信传）

【注释】

　　①尔曹：你们。②孰：谁，哪个。③哀矜（jīn）：同情，怜悯。④驹过隙：比喻光阴迅速。⑤遗：留给。⑥生死而肉骨："生"、"肉"都是使动用法。生死，使死者复生。肉骨，使白骨长肉。形容恩惠深厚。⑦散官：指有官名而无固定职事的官。⑧赉（lài）：赐给。

【译文】

　　乾德初年，太祖趁晚朝的时候与石守信等一起饮酒。酒喝得正畅快的时候，太祖开口说道："要不是你们的大力相助，我绝不会有今天，但我做了天子，总觉得远不如做节度使时快乐，整夜地不曾落枕睡过安稳觉。"石守信等人磕头说："现在天命已定，哪个还敢存有二心？不知陛下为什么说出这种话来？"太祖说："哪个人不图富贵？一旦有人把黄袍加在你们身上，到那时即使你不想做天子，又怎么可能脱身呢？"石守信等人谢罪说："我们太愚笨了，连这都想不到，希望陛下可怜可怜我们吧！"太祖说："人生在世，好像骏马掠过细缝一般快得很啊！

不如多多积聚些金银、田产房屋留给子孙,多养些歌儿舞女,来度过一生。这样一来,君臣之间就不会有什么猜疑了,这不是也很好吗?"石守信感激地说道:"陛下替我们想到了这一点,真是使死者复生、白骨长肉啊。"次日,石守信等都托言有病,乞求解除兵权,太祖给予准允,都让他们以散官的身份回家养老,给他们的赏赐也特别优厚。

太祖微访

太祖数微行①过②功臣家,普③每退朝,不敢便④衣冠。一日,大雪向⑤夜,普意⑥帝不出。久之,闻叩门声,普亟出,帝立风雪中,普惶惧迎拜。帝曰:"已约晋王矣。"已而太宗至,设重裀⑦地坐堂中,炽炭烧肉。普妻行酒,帝以嫂呼之。因与普计下太原。普曰:"太原当⑧西北二面,太原既下,则我独当之,不知姑俟⑨削平诸国,则弹丸黑子⑩之地,将安逃乎?"帝笑曰:"吾意正如此,特试卿尔。"

(《宋史》卷二百五十六,赵普传)

【注释】

①微行:微服出行。即身穿便装外出,不使人知其真实身份。②过:访问。③普:赵普(962—992年),字则平,河南洛阳人。宋初曾任枢密使、宰相等职。④便:动词,穿戴便衣便帽。⑤向:接近。⑥意:估计。⑦裀(yīn):垫子或褥子。⑧当(dāng):抵挡。⑨姑俟(sì):姑,姑且。俟,等待。⑩弹丸黑子:形容地方狭小。

【译文】

宋太祖多次微服出行访问功臣之家,所以,赵普每次退朝回家后,不敢马上换上便衣便帽。一天,大雪一直下到半夜,赵普想皇上不会外出了。过了很久,听到敲门声,赵普急忙出门探看,只见皇上站在风雪之中。赵普惶恐不安地上前跪拜迎接。太祖说:"我已经约了晋王到你这儿来。"不一会儿,太宗也到了。于是他们铺起厚厚的垫褥,在厅堂中就地坐了下来。燃起薪炭,烧起肉来。赵普的妻子给他们酌酒助兴,皇上称他为"嫂子"。宋太祖便同赵普商议攻伐太原的大计。赵普说:"太原挡住西北两面。如果太原攻了下来,那西北两面之敌势必由我们独挡。不如暂等一下,先调兵去削平南方各国。各国削平了,那么太原这个弹丸之地,会逃脱覆灭的命运吗?"太祖笑道:"我的意思正是这样,刚才不过试探你一下。"

半部《论语》治天下

初,太祖侧微①,普②从之游,既有天下,普屡以微时所不足者言之。太祖豁达,谓普曰:"若尘埃中可识天子。宰相,则人皆物色之矣。"自是不复言。普少习吏事,寡学术,及为相,太祖常劝以读书。晚年手不释③卷,每归私第,阖④户启箧⑤取书,读之竟日⑥。及次日临政,处决如流。既薨,家人发箧视之,则《论语》二十篇也。

(《宋史·赵普传》)

【注释】

①侧微:地位微贱。②普:赵普,宋太祖赵匡胤的宰相。③释:放下。④阖(hé):关闭。⑤启箧(qiè):启,开。箧,箱子。⑥竟日:终日。

【译文】

当初,宋太祖赵匡胤地位微贱,赵普常跟他来往交游。宋太祖做了皇帝后,赵普屡屡用他微贱时的短处和缺点来说他。宋太祖心胸豁达却不见怪,他对赵普说:"如果在低微卑贱的芸芸众生中能识出天子,那么,宰相的重位就人人都会去物色谋求了。"自此以后,赵普再不敢说宋太祖的不是了。赵普做过小吏,没有读什么书,等到做宋太祖的宰相时,宋太祖常常劝他读点书。赵普晚年时喜好读书,常常手不释卷,每次回到家里,就关上门,打开箱子拿书看,常常孜孜不倦,读书终日。到第二天处理政事时就像流水一般,有条有理,顺畅迅速。赵普死后,家里人打开他的箱子来看,只有20篇章节的《论语》。

赵普荐贤

普①性深沉有岸谷②,虽多忌克③,而能以天下事为己任。宋初,在相位者多龌龊循默④,普刚毅果断,未有其比。尝奏荐某人为某官,太祖不用。普明日复奏其人,亦不用。明日,普又以其人奏,太祖怒,碎裂奏牍⑤掷地,普颜色不变,跪而拾之以归。他日补缀⑥旧纸,复奏如初。太祖乃悟,卒⑦用其人。又有群臣当迁官,太祖素恶其人,不与⑧。普坚以为请,太祖怒曰:"朕固不为迁官,卿若之何?"普曰:

"刑以惩恶，赏以酬功，古今通道也。且刑赏天下之刑赏，非陛下之刑赏，岂得以喜怒专之。"太祖怒甚，起，普亦随之。太祖入宫，普立于宫门，久之不去，竟得俞允⑨。

（《宋史》卷二百五十六，赵普传）

【注释】

①普：即赵普，北宋大臣。②岸谷：比喻变化无常，莫测高深。③忌克：谓忌人之能，想出人头地。④龌龊循默：龌龊（wò chuò），拘于小节。循默，因循守旧，寡言少语。⑤奏牍（dú）：指臣子向君王上奏的文书，即奏章。⑥缀（zhuì）：缝补。⑦卒：终于。⑧与：赞同。⑨俞允：同意。

【译文】

赵普性格深沉，变化莫测，虽然常常妒忌刻薄别人，但是能够以天下为己任。宋朝初年，当宰相的人大多缺乏魄力，总是不多言语，而赵普刚毅果断，没人能与他相比。赵普曾经上奏举荐某人做某官，太祖不肯任用。第二天，他还是推荐这个人，太祖仍然不肯录用。第三天，赵普仍然上奏推荐那个人，太祖发怒了，把奏文撕得粉碎，扔在地上。赵普脸色不变，跪下将碎纸一片片地捡起来，带了回去。过了几天，他把撕碎的奏章补贴好，再次像以前那样上奏，太祖省悟，终于任用了那个人。又一次，有一个大臣应当升迁，可是太祖素来讨厌他，不予提升。赵普坚持自己的意见，为他请求。宋太祖发怒地说："我就是不给他升官，看你怎么办？"赵普说："刑罚用来惩处邪恶，奖赏用来酬报功劳，这是古往今来都公认的通理。况且，刑赏是天下人的刑赏，不是陛下一人的刑赏，怎么能够凭您个人的喜怒而独断专行呢？"宋太祖更生气，站起身来走了，赵普仍紧跟其后。太祖进了内宫，赵普则站在宫门口等候，久久不去，直到得到了太祖的允诺。

吕蒙正劝主荐人

尝灯夕①设宴，蒙正待②，上语之曰："五代之际，生灵凋丧③，周太祖自邺南归，士庶皆罹剽掠④，下则火灾，上则彗孛⑤，观者恐惧，当时谓无复太平之日矣。朕躬览庶政⑥，万事粗理，每念上天之贶⑦，致此繁盛⑧，乃知理乱在人。"蒙正避席⑨曰："乘舆⑩所在，士庶走集⑪，故繁盛如此。臣尝见都城外不数里，饥寒而死者甚众，不必尽然。愿陛下视近以及远，苍生之幸也。"上变色不言。蒙正侃然⑫复位，同列多其直谅⑬。

上尝欲遣人使朔方⑭，谕中书选才而可责以事者，蒙正退以名上，上不许。他日，三问，三以其人对。上曰："卿何执⑮耶？"蒙正曰："臣非执，盖⑯陛下未谅尔。"固称："其人可使，余人不及。臣不欲用媚道⑰妄随人主⑱意，以害国事。"同列悚息⑲不敢动。上退谓左右曰："蒙正气量，我不如。"既而⑳卒㉑用蒙正所荐，果称职。

（《宋史》卷二百六十五，吕蒙正传）

【注释】

①灯夕：上元节，即元宵节。②侍：在旁边陪着，这时吕蒙正正任相。③生灵凋丧：老百姓损伤死亡。④"士庶"句：士庶，指一般民众。罹剽掠，遭到抢劫掠夺。⑤彗孛（bèi）：指光芒四射的彗星，亦指扫帚星。⑥躬览庶政：亲自阅览各种政令。⑦贶（kuàng）：赏赐。⑧繁盛：意谓繁荣昌盛。⑨避席：退出席位。⑩乘舆：皇帝的车驾。这里是皇帝的代称。⑪走集：奔向聚集。⑫侃然：刚毅正直的样子。⑬"同列"句：同列，指在座的同僚。多，称赞。直谅，正直诚实。谅，真实可信。⑭朔方：北方。⑮执：固执。⑯盖：表原因的连词。⑰媚道：谄媚的方法。⑱人主：皇上。⑲悚（sǒng）息：悚，恐惧。息，喘息。⑳既而：不久。㉑卒：终于。

【译文】

朝廷在上元节设宴，吕蒙正在旁边陪侍太宗。宋太宗告诉他说："在五代交接的时候，百姓大量伤亡，周太祖从邺都南返时，士人和百姓都遭到劫夺，地上发生火灾，天上彗星扫过，看到这种情景的人都十分恐慌，当时认为再不会有太平的日子了。我继位以来，亲自阅览各种政令，万事大致得到治理，常常思念上天的赐予，现在呈现一派如此繁荣景象，才知道治与乱都在人为。"吕蒙正听后，退出席位说："这里是帝王所在，民众便奔向这里来，所以才如此的繁盛。我曾看见京城外没有几里路远的地方，饥寒而死的人非常多，这不一定是问题的全部。愿陛下看到近处想到远处。乃是老百姓的大幸啊。"大家听后一下变了脸色，不再说话了。吕蒙正说罢，刚毅正直地回到自己的座位。对这件事同僚都称赞他正直诚实。

宋太宗曾经打算派人出使北方，下诏通知中书省要选取有才干而又能完成任务的人，吕蒙正退出班列，呈上他选定的人名，但太宗不同意派这个人出使。此后，太宗又3次问起这件事，吕蒙正3次都以原来那个人作答。太宗说："你为什么这样固执呢？"吕蒙正说："不是我固执，而是您不相信别人。"仍然坚持说："那个人可以出使，其余的人比不上他。我不想讨好陛下，盲目地附和皇上的旨意，以使国家利益受到损害。"朝中的同事听后，惶恐屏气，不敢妄动。太宗退朝以后对身旁的侍臣说："蒙正的气量，我不如。"不久，终于任命了吕蒙正所推荐的那个人，那人也果然称职，出色地完成了任务。

御 人

澶渊之盟

（景德元年十一月）己未，遣使安抚河东诸州。契丹①逼冀州，知州王屿击走之。……庚午，车驾北巡。司天②言：日抱珥，黄气充塞，宜不战而却。癸酉，驻跸③韦城县。甲戌，寒甚，左右进貂帽毳裘，却之曰："臣下皆苦寒，朕安用此。"王继忠数驰奏请和，帝谓宰相曰："继忠言契丹请和，虽许之，然河冰已合，且其情多诈，不可不为之备。"契丹兵至澶州④北，直犯前军西阵，其大帅挞览耀兵出阵，俄中伏弩死。丙子，帝次澶州。渡河，幸北砦⑤，御城北楼，召诸将抚慰。郓州⑥得契丹谍者，斩之。戊寅，曹利用使契丹还。

十二月庚辰朔，日有食之。契丹使韩杞来讲和。辛巳，遣使安抚河北、京东。……又幸李继隆营，命从官将校饮，犒赐诸军有差。诏谕两京以将班师。甲申，契丹使姚东之来献御衣食物。乙酉，御行营南楼观河，遂宴从官及契丹使。丙戌，遣使抚谕怀、孟、泽、潞、郑、滑等州，放强壮归农。遣监西京⑦左藏库李继昌使契丹定和，戒诸将勿出兵邀其归路。……甲午，车驾发澶州，大寒，赐道傍贫民襦袴⑧。乙未，契丹使丁振以誓书来。丁酉，契丹兵出塞。戊戌，至自澶州。……辛丑，录契丹誓书颁河北、河东诸州。

（《宋史》卷七，真宗本纪）

【注释】

①"契丹"：契丹，古族名、古国名，源于东湖。北魏以来，在今辽河上游一带游牧。唐末，建辽朝，与五代、北宋并立，1125年被金朝所灭。②司天：观察天象。③跸（bì）：帝王的车驾。④澶州：州名，亦名澶渊郡，唐时治所在今河南清丰西，五代、宋移到今河南濮阳。⑤砦："寨"的异体字。⑥郓（yùn）州：州名。宋时治所在今山东东平，辖今山东荷泽地区东北一带。⑦西京：五代晋天福

三年（938年）自东都河南府迁都汴州，以汴州为东京开封府，政东都河南府为西京，北宋沿此不改。⑧襦袴（rú kù）：衣物。襦，短袄。袴，同"裤"。

【译文】

宋真宗景德元年十一月己未日，真宗派遣使臣安抚河东各州官民。契丹军队逼近冀州，知州官王屿率领宋军将其击退。……庚午日，皇帝御驾到北部巡视。司天说：太阳环绕光晕，其中充满黄色的气，应当不发生战斗而退却。癸酉日，帝王的车驾留驻在韦城县。甲戌日，天气寒冷，左右大臣向皇帝进献貂帽毳裘之类的衣物，真宗推却说："各位大臣都寒冷不堪，我怎么能心安理得地穿这些东西呢。"王继忠多次上奏请求和契丹议和，真宗对宰相寇准说："王继忠说契丹请求和议，纵然是同意了，但是黄河已经封冻，契丹人性情又多狡诈，我们不能不做些准备。"契丹军队到达澶州城的北边，直接进犯宋前军的西面阵营，契丹军大帅挞览亮出兵器出阵作战，身中箭弩而亡。丙子日，真宗皇帝幸驻澶州城。然后渡过黄河，驻停在北边的寨子，亲自登上城的北楼，在那里召集各位将领，对他们进行安抚和慰问。郓州的宋军抓获到契丹的间谍，将他斩杀。戊寅日，曹利用出使契丹国后归还宋朝。

十二月初一日，有日食发生。契丹国派遣韩杞来到宋廷讲和。辛巳日，真宗派使者前往安抚河北、京东等地方。……皇帝又到达李继隆的军营，命令随从官员和诸军将校合聚饮酒，对诸军进行了不同程度的赏赐。下诏两京的将领调回出征的军队。甲申日，契丹派遣姚东之出使宋朝并进献皇帝所用的衣食之物。乙酉日，真宗到行营南楼看观黄河，于是就设宴款待随从的官员和契丹的使臣。丙戌日，派遣使臣安抚晓谕怀、孟、泽、潞、郑、滑等州的官民，将军中强壮的男丁放回务农。派遣监察西京左藏库的李继昌出使契丹议定和解，告诫诸位将领不要出兵拦击他的归路。……甲午日，皇帝的车驾从澶州出发返回京师，天气十分寒冷，赐给沿途各地贫民百姓袄裤。乙未日，契丹派丁振把宋契两国的和约送来。丁酉日，契丹军队北还，出塞而去。戊戌日，到达澶州。……辛丑日，抄录契丹所立和约颁发河北、河东各州。

绍兴议和

（绍兴十一年）冬十月丙寅朔，金人陷泗州①，遂陷楚州②。……戊辰，杨政及金人战于宝鸡县，败之，禽通检孛堇。……壬午，遣魏良臣、王公亮为金国禀议使。……是月，金人陷濠州③，邵隆复陕州④。

十一月……辛丑，兀术遣审议使萧毅、邢其瞻与魏良臣等偕来。……壬子，萧毅等入见，始定议和盟誓。乙卯，以何铸签书枢密院事，充金国报谢进誓表使。……是月，与金国和议成，立盟书，约以淮水中流画疆，割唐、邓二州畀之，岁奉银二十五万两、绢二十五万匹，休兵息民，各守境土。诏川、陕宣抚司毋出兵生事，招纳叛亡。

(《宋史》卷二十九，高宗本纪)

【注释】

①泗州：州名，治所在今江苏盱眙。②楚州：州名，治所在今江苏淮安县。③濠州：州名，治所在今安徽凤阳临淮关西。④陕州：州名，治所于今河南三门峡西。

【译文】

高宗绍兴十一年冬十月丙寅朔日，金军攻陷泗州城，又占领楚州。……戊辰日，杨政和金国军队在宝鸡展开了战斗，击败了金军，抓获金国通检字董。……壬午日，宋派遣魏良臣、王公亮为出使金国的禀议使。……在这个月里，金人攻陷了濠州，邵隆收复了陕州。

十一月……辛丑日，兀术派遣审议使萧毅、邢其瞻与魏良臣等一起来到宋朝。……壬子日，萧毅等人入见高宗，开始议定订立盟约之誓。乙卯日，委派何铸管理枢密院事，充当到金国送报谢进誓表使。……本月，与金国议和取得成功，订立盟书，双方相约以淮河中流为疆界，割让唐、邓两个州给金国，每年向金呈奉银25万两、绢25万匹，停止用兵，让人民生息，双方各守自己的疆土。下诏到川、陕宣抚司，不要出兵滋事生非，招纳叛亡。

吕端大事不糊涂

赵普在中书①，尝曰："吾观吕公奏事，得嘉赏未尝喜，遇挫折未尝惧，亦不形于言，真台辅②之器也。"……太宗即以端为左谏议大夫。……后欲相③端，或曰："端为人糊涂。"太宗曰："端小事糊涂，大事不糊涂。"决意相之。

(《宋史》卷二百八十一，吕端传)

【注释】

①中书：官署名，即中书省。②台辅：指三公宰相之位。③相：以……为相。

【译文】

赵普主持中书省时曾说："依我所见，吕公奏事，受到嘉奖未曾高兴，遇到挫折不畏惧，也不在言语上表露出来，这真是宰相的气度啊。"……宋太宗就任命吕端为左谏议大夫。……后来宋太宗想任命吕端为宰相，有人说："吕端为人糊涂。"太宗说："吕端小事糊涂，大事不糊涂。"下决心任命他为宰相。

寇准选贤

（寇）准在相位，用人不以次①，同列颇不悦。它日，又除②官，同列因吏持例簿③以进。准曰："宰相所以进贤退不肖④也，若用例，一吏职尔。"

（《宋史》二百八十一，寇准传）

【注释】

①以次：按等级顺序。②除：授。③例簿：此指有关官员任免方面的法规、文书。④肖：贤。

【译文】

寇准出任宰相时，任命官员从不论资排辈，朝廷的同事对此意见很大。有一天，又要提升任命官员了，同事便让一小官员抱着条例本献给寇准。寇准说："宰相的职责就是选贤任能，驱除那些无才无德的人，如果只按条例办事，那一个小官吏就可完成任务了。"

法 制

吕蒙正不受朝士所献古镜

朝士①有藏古镜者,自言能照二百里,欲献之蒙正以求知②。蒙正笑曰:"吾面不过楪③子大,安用照二百里哉?"闻者叹服。

(《宋史》卷二百六十五,吕蒙正传)

【注释】

①朝士:指朝廷的臣僚。②知:结交、友善之意。③楪(dié):同"碟",盛食物的小盘子。

【译文】

朝中有个官员珍藏了一面古镜,自称这个镜子能照200里,想赠给吕蒙正,以求得与他交好。吕蒙正笑着说:"我的脸面不过一面碟子那么大,哪里用得着能照200里的镜子呢?"闻知这件事的人对他赞叹不已。

吕蒙正受诬不辩

蒙正初为相时,张绅①知②蔡州③,坐④赃免。或言于上⑤曰:"绅家富,不至此,特蒙正贫时勾索⑥不如意,今报之尔⑦。"上命即复绅官,蒙正不辩。后考课院⑧得绅实状,复黜⑨为绛州⑩团练副使。及蒙正再入相,太宗谓曰:"张绅果有赃。"蒙正不辩亦不谢⑪。

(《宋史》卷二百六十五,吕蒙正传)

【注释】

①张绅:生平不详。②知:任知府。③蔡州:隋大业初改溱州置,治所在今河南省汝南县。④坐:获罪。⑤上:即宋太宗。⑥勾索:勾取勒索。⑦尔:罢了。⑧考课院:考核官员政绩的政府机关。⑨黜(chù):贬。⑩绛州:唐武德元年

（618年）改绛郡为绛州，所辖在今山西新绛县一带。⑪谢：感谢。

【译文】

吕蒙正起初做宰相时，张绅任蔡州知府，由于犯贪污罪而免职。有人对皇上说："张绅家境富裕，不会贪污，只因吕蒙正贫困时向他勒索没有如愿，如今对他进行报复罢了。"皇上听了，命令马上将张绅官复原职，吕蒙正对此不作申辩。后来，考课院获得张绅贪污的真凭实据，皇上又把张绅贬为绛州团练副使。直到吕蒙正再次入朝为相，太宗才对他说："张绅的确犯了贪污罪。"吕蒙正听了，还是不申辩，自己再度入主相府也不感激皇上。

包拯不持一砚归

端①土产砚，前守缘贡②，率取③数十倍以遗权贵。拯④命制者才足贡数，岁满不持一砚归。

（《宋史》卷三百十六，包拯传）

【注释】

①端：即端州，在今广东省高要市一带。②缘贡：趁着进贡的机会。③率取：率，大概。取，索取。④拯：即包拯，北宋大臣，字希仁，庐州合肥（今属安徽）人。天圣进士，仁宗时任监察御史、天章阁待制、龙图阁直学士等职，官至枢密副使。

【译文】

端州甚产砚台。以往的太守经常借进贡之机，大都要索取多于贡品数十倍的端砚，去送给那些达官贵人。包拯在端州，却下令只造足够进贡数目的端砚。任期一年满后，他没有带回一方砚台。

军　事

岳飞脱颖而出

康王至相①，飞因刘浩见，命招贼吉倩，倩以众三百八十人降。补承信郎。以铁骑三百往李固渡尝敌②，败之。从浩解东京围，与敌相持于滑南，领百骑习兵河上。敌猝至，飞麾其徒曰："敌虽众，未知吾虚实，当及其未定击之。"乃独驰迎敌。有枭将舞刀而前，飞斩之，敌大败。迁秉义郎，隶留守宗泽。战开德、曹州皆有功，泽大奇之，曰："尔勇智才艺，古良将不能过，然好野战③，非万全计。"因授以阵图。飞曰："阵而后战，兵法之常，运用之妙，存乎一心。"泽是其言。

康王即位，飞上书数千言，大略谓："陛下已登大宝，社稷有主，已足伐敌之谋，而勤王之师日集，彼方谓吾素弱，宜乘其怠击之。黄潜善、汪伯彦辈不能承圣意恢复，奉车驾日益南，恐不足系中原之望。臣愿陛下乘敌穴未固，亲率六军北渡，则将士作气，中原可复"。书闻，以越职夺官归。

诣河北招讨使张所，所待以国士，借补修武郎，充中军统领。所问曰："汝能敌几何？"飞曰："勇不足恃，用兵在先定谋，栾枝曳柴以败荆④，莫敖采樵以致绞⑤，皆谋定也。"所矍然⑥曰："君殆非行伍中人。"飞因说之曰："国家都汴，恃河北以为固。苟冯据要冲⑦，峙列重镇，一城受围，则诸城或挠⑧或救，金人不能窥河南，而京师根本之地固矣。招抚诚能提兵压境，飞唯命是从。"所大喜，借补武经郎。

命从王彦渡河，至新乡，金兵盛，彦不敢进。飞独引所部鏖战，夺其纛而舞，诸军争奋，遂拔新乡。翌日，战侯兆川⑨，身被十余创，士皆死战，又败之。夜屯石门山下，或传金兵复至，一军皆惊，飞坚卧不动，金兵卒不来。食尽，走彦壁⑩乞粮，彦不许。飞引兵益北，战于太行山,擒金将拓拔耶乌。居数日,复遇敌,飞单骑持丈八铁枪,刺杀黑风大王,敌众败走。飞自知与彦有隙,复归宗泽,为留守司统制。泽卒,杜充代之,飞居故职。

(《宋史》卷三百六十五,岳飞传)

【注释】

①康王至相:指靖康元年,赵构被张浚陈说利害,取消了使金的打算,回到相州(今属河南)。②尝敌:试敌。作战前先以小部分部队试探敌军的力量。③野战:不按常规作战。④栾枝曳柴以败荆:栾枝,春秋时晋国人。荆,楚地,代指楚国。晋文公时,晋、楚两国交战,栾枝领兵击敌。阵势已成,栾枝令战士曳柴,假装逃跑的样子。楚军拼命追赶,晋军从侧面给以袭击,楚师大败。⑤莫敖采樵以致绞:莫敖,春秋时的楚国官名,即司马。绞,古国名,在今湖北郧县西北。《左传》桓公十二年载,楚国讨伐绞,驻军于绞之南门。楚莫敖屈瑕说,绞小而寡谋,可用采樵者迷惑他们。遂派30人扮成采樵者混进绞人之中。楚人在北门等待,并在山下设了伏兵。这样,出城的绞人遇到伏兵,逃向北门,正好碰上等在北门的楚兵。岳飞在这里说,屈瑕用采樵者致使绞人逃向北门,这是用智谋,并非靠勇敢。⑥矍然:惊慌四顾的样子。⑦苟冯据要冲:苟,如果。冯,通"凭",依靠、凭借。要冲,交通要道的形胜之地。⑧挠:阻挠,阻挡。⑨侯兆川:即侯赵川,旧称在河南辉县,"重山四障,险隘天成"。⑩彦壁:王彦的军营。

【译文】

康王赵构回到相州,岳飞借着刘浩的关系见了康王,康王命岳飞前去招降吉倩,吉倩率领380人前来投降。岳飞补为承信郎。率铁骑兵300名前往李固渡试探敌军的虚实,打败了敌人。跟随刘浩解救东京开封之围,与敌军相持在滑南,率领100名骑兵在河边操练。敌兵突然到来,岳飞指挥他的同伴说:"敌人虽到,但不知我们的虚实,应当趁着他们还未站稳脚跟攻击他们。"于是,单枪匹马冲上前去迎击敌人。一员猛将举刀向前,岳飞斩杀了他,敌兵大败。他被提升为秉义郎,隶属于留守宗泽,在开德、曹州的战斗中都立过功,宗泽认为他是出色的将领,说:"论你的勇敢、智慧和才气,古代的优秀将领也超不过你,但是你喜欢不按常规作战,这不是万全之计。"就此将阵图授给岳飞。岳飞说:"摆成阵势而后交战,这是兵法的常规,运用得巧妙,全在于专心。"宗泽以为然。

康王赵构即位,岳飞写了数千言的奏章,大意是说:"陛下你已登上帝位,国家有了主人,也已充分准备了讨伐敌人的各种策略,而援助朝廷的军队一天天汇聚拢来,对方正把我们说成是向来软弱,正好乘他们懈怠的时候来进攻他们。黄潜善、汪伯颜这些人不能遵照徽钦二帝的意志收复失地,陪伴着车驾一天天地更往南跑,恐怕这样不能维系中原人民的期望。我希望陛下趁着敌人的巢穴还未巩固,亲自率领全军北渡黄河,把将士们的士气振作起来,中原就可以收复了。"高宗收到这道奏章,以越职言事的罪过将他罢官。

他走访了河北招讨使张所,张所像对待国士那样接待了岳飞,暂补他为修武郎,充任中军统领。张所问他道:"你可以抵挡多少人?"岳飞回答:"不能光凭勇猛,用兵在于先制定策略,栾枝用曳柴的计策打败了楚国,莫敖屈瑕用采樵者迷惑绞人并将绞人骗到了北门,这些战例都是智谋所决定的。"张所惊叹地说:"你这个人绝不是兵士队列中的人。"岳飞就此说服张所道:"国家以开封为都城,仗恃着河北地区而得到稳固。假如能够凭借那些交通要道,建立起并肩排开的重镇,一城受困,那么其他各城有的阻敌,有的援救,金兵就不敢窥视河南,京城这块大本营地带也就巩固了。招讨使你真能够率兵临境,岳飞我只听从你一个人的命令。"张所大喜,暂补他为武经郎。

有命让他随王彦渡过黄河,他们走到新乡,就遇上金兵大增,王彦不能前进。岳飞独领张所的部下跟金兵苦战,夺取了敌兵的大旗不断挥动,各军努力争先,于是攻下了新乡。第二天,战于侯兆川,岳飞身受10多处创伤,战士个个拼死战斗,又打败了金兵。夜间驻扎在石门山下,人传金兵又来了,全军都感到害怕,岳飞老老实实地躺着,一动也没动,金兵到底没有来。粮食吃完了,战士们跑到王彦的军营去借粮,王彦不答应。岳飞领兵更向北进,战斗在太行山,活捉了金将拓拔耶乌。过了几天,又跟金兵遭遇,岳飞一人一骑挺起丈八铁枪,刺杀了黑风大王,其他的敌人全都逃跑。岳飞心里明白,他跟王彦有隔阂,就又回到宗泽那里,做了为留守司的统制官。宗泽死,杜充代替宗泽的职务,岳飞还做原来的职务。

韩世忠抗金第一功

四年,以建康、镇江、淮东宣抚使驻镇江。是岁,金人与刘豫①合兵,分道入侵。帝手札命世忠饬守备,图进取,辞旨恳切。世忠受诏,感泣曰:"主忧如此,臣子何以生为!"遂自镇江济师,俾统制解元守高邮,候金步卒;亲提骑兵驻大仪,当敌骑,伐木为栅,自断归路。

会遣魏良臣使金，世忠撤炊爨，绐良臣有诏移屯守江，良臣疾驰去。世忠度良臣已出境，即上马令军中曰："视吾鞭所向。"于是引军次大仪，勒五阵，设伏二十余所，约闻鼓即起击。良臣至金军中，金人问王师动息，具以所见对。聂儿孛堇闻世忠退，喜甚，引兵至江口，距大仪五里；别将挞孛也②拥铁骑过五阵东。世忠传小麾鸣鼓，伏兵四起，旗色与金人旗杂出，金军乱，我军迭进。背嵬军各持长斧，上揕入胸，下斫马足，敌被甲陷泥淖，世忠麾劲骑四面蹂躏，人马俱毙，遂擒挞孛也等二百余人。

所遣董旼亦击金人于天长县之鸦口，擒女真四十余人。解元至高邮，遇敌，设水军夹河阵，日合战十三，相拒未决。世忠遣成闵将骑士往援，复大战，俘生女真及千户③等。世忠复亲追至淮，金人惊溃，相蹈藉，溺死甚众。

捷闻，群臣入贺，帝曰："世忠忠勇，朕知其必能成功。"沈与求④曰："自建炎以来，将士未尝与金人迎敌一战，今世忠连捷以挫其锋，厥功不细。"帝曰："第优赏之。"于是部将董旼、陈桷、解元、呼延通等皆峻擢有差。论者以此举为中兴武功第一。

（《宋史》三百六十四，韩世忠传）

【注释】

①刘豫：景州阜城（今属河北）人，字彦游，北宋末历任河北提刑等职。②挞孛也：金军将领。③千户：官名，即掌兵千人的武官。④沈与求：德清人，字必先，政和年间进士，宋高宗时累官至御史中丞，迁吏部尚书，兼翰林学士，进知枢密院事。金兵入侵，曾赞成高宗亲征。

【译文】

建炎四年，韩世忠以南京、镇江、淮东宣抚使的身份驻军于镇江。这一年，金人跟刘豫联合军队，并分兵几路入侵宋国。宋高宗下圣旨，命令韩世忠整军守备，谋求进取，词意恳切。韩世忠接受了诏书。感动得流泪说："皇帝为国事这样忧虑，做臣子的凭什么生存呢？"接着就从镇江渡过了军队，派统制官解元守卫高邮，等待迎击金军的步兵；韩世忠亲率骑兵驻扎在大仪，以抵抗金人的骑兵，他砍伐树木做成栅栏，自己断绝归路。

恰逢朝廷派魏良臣出使金营，韩世忠撤掉了做饭的锅灶，骗魏良臣说，朝廷有诏书，命他们移防长江，魏良臣听了立刻驰去。韩世忠估算了魏良臣出境的时间，立即上马命令部队："注意我马鞭所指的方向。"于是领军驻在大仪，控制了五阵，设下伏兵20余处，并约定，各处伏兵听到鼓声就立即出击。魏良臣到达金营，金人询问宋军的动静，他就把他所见到的事情都告诉了金人。金军聂儿孛董听说韩世忠退兵，特别高兴，领兵到长江口，距大仪只有5里之遥配合他作战的金军将领挞孛也率领铁骑经过五阵东边。韩世忠传令小校击鼓，伏兵四起，旗色跟金军的旗帜混杂出现，金军混乱，宋军轮番进击。背嵬军战士各持长斧，上刺敌人的胸膛，下砍敌军的马腿。敌人的披甲之士陷在泥潭中，韩世忠指挥着强劲的骑兵四面践踏，连人带马都被击毙，擒获了挞孛也等200多人。

受韩世忠派遣的董旼也在天长县的鸦口袭击了金军，捉到了40多个女真人。解元到高邮，遇上了敌军，他在夹河镇设置了水军，一天战斗13场，双方相持不分胜负。韩世忠派成闵率领骑兵前去援助，再一次大战，俘虏了女真人和千户官等。韩世忠又亲自追赶敌军到淮河，金军惊慌逃散，互相践踏，掉进水里淹死的很多。

捷报传到朝廷后，群臣上朝庆贺，宋高宗说："韩世忠忠诚勇敢，我知道他一定能够成功。"沈与求说："自从改元建炎以来，将士们还从没有跟金兵迎战过一次，现在韩世忠连连取胜，挫败了他们进攻的锋芒，这个功劳不小。"宋高宗说："只有从优奖赏他们。"于是，韩世忠的部将董旼、陈桷、解元、呼延通等都得到不同程度的提拔。谈到这件事的人都把这件事当做使宋朝中兴的第一件大事情。

理　财

宋太祖以俭治国

宫中苇帘，缘①用青布；常服之布，瀚②濯至再。魏国长公主襦③饰翠羽，戒勿复用，又教之曰："汝生长富贵，当念惜福。"见孟昶宝装溺器，揌④而碎之，曰："汝以七宝饰此，当以何器贮食？所为如是，不亡何待！"

（《宋史·赵太祖本纪》）

【注释】

①缘：衣边。②瀚（hàn）：同"浣"，洗。③襦（rú）：短衣或短袄。④揌（zhèng）：撞。

【译文】

宋太祖宫中挂的苇帘是用青布镶边，日常穿的衣服，总是洗了又洗。魏国长公主短袄上饰有翠鸟的毛羽，他告诫她不要再穿，并教导她说："你生长在富贵之家，应当经常想到珍惜幸福生活。"太祖见到后蜀主孟昶用珠宝装饰的便器，当即把它撞破，说："你用多种珍宝装饰这种东西，那又用什么来装贮食物呢？这样奢侈，怎么可能不亡国呢？"

泉州官员多私交

杜纯字孝锡，濮州鄄城人……以荫为泉州司法参军①。泉有蕃舶②之饶，杂货山积。时官于州者私与为市③，价十不偿一，惟知州④关咏与纯无私买，人亦莫知。后事败⑤，狱治多相牵系，独两人无与。咏犹以不察免，且檄参对，纯愤懑⑥，陈书使者为讼冤，咏得不坐⑦。

（《宋史》卷三百三十，杜纯传）

【注释】

①"以荫"句：荫，指子女因先代官爵而受到封赏。泉州，州名，治所在今

福建泉州市,曾为海关交通贸易的重要港口。司法参军,州置官员,主刑法。②蕃舶:指外国商船的贸易。③私与为市:私下经商为自己收买货物。④知州:州之行政长官。⑤败:败露。⑥愤懑:愤慨。⑦不坐:没有治罪。

【译文】

杜纯,字孝锡,濮州鄄城人,因为承袭父亲的爵位做了泉州司法参军。泉州当时同外国海运通商,很富裕,各种货物在这里堆积如山。当时在泉州做官的,很多人都暗暗地同商人交易,为自己收买货物,物品的价钱十不付一。只有知州关咏和杜纯没有私买,人们也不知道他们操守的清白。后来事败,在审理案子中大多数官吏相互牵连,被陷了进去,唯独他们二人没有沾染。但关咏还是因未查究这种不法行为而被免了官,并召他受审。杜纯对这样处理不满,便向使者陈书,为关咏辩冤,才使关咏没有被治罪。

文臣不爱钱　武臣不惜死

家①无姬侍。吴玠素服飞,愿与交驩②,饰名姝遗之。飞曰:"主上宵旰③,岂大将安乐时?"却不受,玠益敬服。少豪饮,帝戒之曰:"卿异时到河朔,乃可饮。"遂绝不饮。帝初为飞营第,飞辞曰:"敌未灭,何以家为?"或问天下何时太平,飞曰:"文臣不爱钱,武臣不惜死,天下太平矣。"

(《宋史》卷三百六十五,岳飞传)

【注释】

①家:指岳飞家。②交驩(huān):驩同"欢"。交驩,谓结交而取得对方的欢心。③宵旰(gàn):"宵衣旰食"的省略语,意为天不亮就穿上了衣服,天晚了才吃饭,用以比喻为官勤勉。

【译文】

岳飞家中从没有姬妾陪伴服侍。吴玠平时很佩服岳飞,愿意跟他结交,曾打算把一个修容打扮的美女赠送给他。岳飞坚持拒绝,说:"皇帝每天还宵衣旰食,现在岂是我们大将享受安乐的时候!"吴玠对他更加尊敬佩服。岳飞年轻的时候很能喝酒,皇帝告诫他道:"你将来到了河朔时,再放量饮酒吧!"于是他不再饮酒。皇帝要给他修建房屋,岳飞辞谢说:"敌寇未灭,怎么能考虑家呢?"有人问他天下何时方能太平,岳飞说:"文臣不贪爱金钱,武臣不吝惜生命,天下就太平了!"

德 操

王旦不短寇准

寇准数短①旦，旦专称准。帝②谓旦曰："卿虽称其美，彼专谈卿恶。"旦曰："理固③当然。臣在相位久，政事阙失④必多。准对陛下无所隐，益见其忠直，此臣所以重⑤准也。"帝以是⑥愈贤⑦旦。中书⑧有事送密院⑨，违诏格⑩，准在密院，以事上闻。旦被责，第⑪拜谢，堂吏皆见⑫罚。不踰⑬月，密院有事送中书，亦违诏格，堂吏欣然呈旦，旦令送还密院。准大惭，见旦曰："同年⑭，甚得许⑮大度量？"旦不答。寇准罢枢密使，托人私求为使相⑯，旦惊曰："将相之任，岂可求耶！吾不受私情。"准深憾之⑰，已而除准武胜军节度使，同中书门下平章事，准入见，谢曰："非陛下知臣，安能至此？"帝具道旦所以荐者。准媿⑱叹，以为不可及⑲。

(《宋史》二百八十二，王旦传)

【注释】

①短：揭别人的短处。②帝：此处指宋真宗。③固：本来。④阙失：缺点，过失。⑤重：敬重、尊敬。⑥以是：因此。⑦贤：作意动词用，意即"以……为贤"。⑧中书：官署名，即中书省。⑨密院：官署名，即枢密院。⑩格：规格程式。⑪第：只，仅仅。⑫见：被。⑬踰：超过。⑭同年：科举制度同榜的人。⑮许：这样，如许。⑯使相：宋多以节度使等官衔加给事中、中书令等称"使相"，但不干预政事。⑰憾之：怨恨他。⑱媿：同"愧"。⑲及：比得上。

【译文】

寇准屡次指责王旦的过失，可王旦却一直称赞寇准。宋真宗皇帝对王旦说："你虽然称赞他的美德，可他尽说你的坏话。"王旦说："按理本应就是这样。我担任宰相的时间长，处理政事时的失误肯定很多。寇准对您无所隐瞒，这就更可看出他是忠心耿耿、正直无私的，这就是我敬重他的原因。"所以宋真宗更加觉得王旦品德高尚。有一次，中书省发文件到枢密院，违反了皇帝规定的格式，寇准此时在枢密院，便把这件事报告了皇上，结果王旦受到斥责，仅仅上朝拜揖谢罪了事，而中书省的值班官吏却都受到了处分。事后还不到一个月，枢密院有公文送到中书省，也违反了皇上规定的格式。值班官一见，便高高兴兴地送给王旦看，王旦立即下令将那文件送还枢密院。寇准深感惭愧，见到王旦就说："同年，你的度量怎么这么大？"王旦对此不作回答。寇准被免去枢密使后，托人向王旦请求做使相，王旦惊讶地说："将相的职位，难道是可以随便求取的吗！我不接受私人请求。"寇准因此对他十分怨恨。不久，寇准被授予武胜军节度使、同中书门下平章事。寇准入朝拜谢皇上说："要不是陛下了解我，我怎能到今天这地步？"宋真宗把王旦推荐的事一一说了出来。寇准又惭愧又赞叹，自认为赶不上他。

刘居正严于教子

刘挚①字莘老，永静东光人。儿时，父居正课②以书，朝夕不少间。或谓："君止一子，独不可少宽③邪？"居正曰："正以一子，不可纵④也。"

（《宋史》卷三百四十，刘挚传）

【注释】

①刘挚：字莘老，河北东光人。宋哲宗时，官至中书侍郎，门下侍郎，尚书右仆射。②课：按规定的内容或分量学习或教授。③少宽：稍稍放宽。④纵：放纵。

【译文】

刘挚，字莘老，永静东光人。童年时，父亲刘居正让他读书学习，从早到晚不曾放纵他。有人对刘居正说："你只有一个儿子，难道就不能稍稍放松一些吗？"刘居正答道："正因为我只有一个儿子，才不可听之任之啊。"

传世故事

宋太祖赏罚分明

宋乾德二年（964年），宋太祖赵匡胤下令从水陆两路征伐后蜀。陆路领兵者为忠武节度使王全斌，武信节度使崔彦进为副，枢密副使王仁赡为都监；水路领兵者为宁江节度使刘廷让，枢密承旨曹彬为都监。陆路经栈道入川，水路则溯长江西上。蜀主孟昶听说宋军来犯，便任王昭远领兵拒敌。王昭远向来自负，以为自己胸有韬略。离成都时，宰相李昊（hào）为他饯行，他手执铁如意，自比诸葛亮，于酒酣耳热之际，撸胳膊挽袖子地对李昊说道："我此行岂止是战败宋军，我要率领这二三万雕面恶少儿，轻轻松松地直取中原！"

可是，仗一打起来，情形却与王昭远恰好相反，宋军节节胜利，蜀军连连败北。王昭远在剑州一役为王全斌活捉，后蜀的后续部队元帅孟元喆（同哲）落荒而逃，最后，蜀主孟昶不得不递上了降表。从王全斌等离开宋都至孟昶俯首投降，前后只用了66天时间。

水陆两支宋军在征讨蜀国的过程中，表现了不同的军纪。水路军兵发夔州，每过一城，诸将都想大开杀戒，都监曹彬予以坚决制止，因此，这一路军所过之处"始终秋毫无犯"。陆路军却相反，王全斌等入成都后，日夜饮酒作乐，不管军务，纵容士兵抢掠蜀人子女、钱财。太祖诏命投降的蜀兵赴京，并予优待，给以路费，王全斌等却擅自减少了路费的金额，并纵任部下大加侵掠，结果逼得蜀兵起而反抗。

乾德五年（967年），后蜀的臣民赴京诣阙告御状，揭发了王全斌、王仁赡、崔彦进等人破蜀时的种种不法行径。于是，太祖把诸将同时叫了回来。王仁赡先朝见太祖，太祖询问他时，他为解脱自己，历数了诸将的过失。太祖气愤地追问他："难道你索取李廷珪的妓女，开丰德库贪污金宝，也是别人干的吗？"他被问得惶恐不知所对。经过查证，王全斌等3人共索要、收取、贪污646800余贯钱，而蜀宫珍宝及外府另藏不在簿记的还不包括在内。另外，擅自克扣蜀兵路费、屠杀降兵以致反叛的罪状也一并算在3人的头上。3人在事实面前都承认无误。于是，太祖命御史台召集百官，于朝堂上议定3人该当何罪，百官都说应判3人死刑。太祖念3人有灭蜀大功，特准将功折罪，免于一死，但予以贬官的处分。以王全斌为崇义军留后，崔彦进为昭化军留后，免去王仁赡枢密副使一职，降为右卫大将军。

王仁赡在历数诸将过失时曾说："清廉谨慎，未辜负陛下任使的，只有曹彬一人。"太祖也早已听到过曹彬监军守法的事迹，因此提升他为宣徽南院使兼义成节度使，并给予特别优厚的赏赐。曹彬入朝时推辞道："诸将都获罪，臣独受赏，臣深感不安。"太祖说道："你有功劳无过错，又不自我吹嘘。如果你哪怕有一丝一毫的过失，王仁赡岂肯为你隐瞒。奖善惩恶乃是国家的常典，你就不要推辞了。"

王安石用人不当

吕惠卿，字吉甫，泉州晋江人。吕惠卿因中进士而被起用为真州（今江苏仪征、六合境内）推官（掌勘问刑狱的佐僚之官），他任期满后回京述职，遇到王安石。与王安石讨论史书经义，意见大多一致，于是成为至交。

宋神宗熙宁年间，王安石受命进行变法革新，吕惠卿那时正在集贤馆编修书籍，王安石竭力推荐起用吕惠卿，他在皇帝面前说："吕惠卿的贤能，岂止是今天当世，即使是前代的诸儒也不能与他相比。研学先王之道又能在实际中运用的，只有吕惠卿一个人做得到。"后来王安石的新政中设置有三司条例司，就安排吕惠卿在其中处理文书条令事宜。王安石事无巨细都要与他商议，凡是新政变法中所拟定的章奏法令，都是出自吕惠卿的手笔。他也因此而升迁为太子中允、崇政殿说书、集贤校理等职。

王安石的政敌司马光上书说："吕惠卿投机取巧，不算君子，王安石被大家指责的事情都是他干的。王安石贤明但刚愎自用，不懂时务，吕惠卿为他出谋，王安石就去实行，所以天下人都指责他为奸邪。他们任用熟人不按吏治常规，很不得人心。"神宗皇帝说："吕惠卿奏对明辨而有条理，看样子是个俊才。"司马光说："他确实善于文学论辩，但是心术不正，希望陛下慢慢观察他。"神宗皇帝默然不语。司马光又给王安石写信说："谄谀献媚的人，现在对公确实十分顺耳舒心，但一旦公失势，他必定将会出卖公而求自己腾达。"王安石很不高兴。

那时正好吕惠卿丧父，他服丧在天章阁修起居注（古代帝王的言行录），参与制定诏诰，与王安石的儿子王雱（páng）一起修订《三经新义》。王安石改革遇到阻力，请求辞职，吕惠卿就指使他的同党改变姓名每天上书挽留王安石。王安石便向皇帝力荐吕惠卿做参知政事（副宰相）。吕惠卿担心王安石下台后新政动摇，便命令所有的监司、郡守百官上书陈述变法的利害，又怂恿神宗皇帝下诏书，不许因为部分官吏执法不严而废止新法。所以王安石的变法新政，就维持得更加稳固了。他还曾经提议停止科举取士,受到冯京的据理力争而没能通过。

郑侠上书说吕惠卿结党相护,冯京是他的死对头,王安石的弟弟王安国曾经痛恨他的谄媚奸佞而当面侮辱他,于是便陷害这3个人,使他们都获罪。王安石因为其弟安国的原因,开始与吕惠卿有矛盾。吕惠卿背叛王安石之后,凡是可以害王氏一家的事他都干了。韩绛做宰相制服不了他,便上书请求重新起用王安石,王安石复职后仍与他共事。

王安石原为相执政时,吕惠卿竭力谄媚迎合,到他执掌政权,王安石罢相之后,他就极力排斥王安石及其同僚,甚至把王安石的私人书信都翻出来作为证据。王安石后来罢官退居金陵(今南京),经常信手写"福建子"(吕惠卿为福建泉州人)三个字,大概深深后悔引用吕惠卿而又被他所误。后来章惇、曾布、蔡京等人当朝,都厌恶吕惠卿的为人,不敢再起用他。

欧阳修论朋党

北宋仁宗时期,增设谏官,选用天下名士,欧阳修首在选中。每次朝见,仁宗都要向他延问时政,咨询当前所当行的时务。在他们的申张之下,小人难以进用。欧阳修担忧忠善之士最终必定受挫,因此多次向皇帝申言辨别君子小人。

当时,范仲淹被贬到饶州(治所在今江西鄱阳),在朝的廷臣都议论要赦免他,只有司谏高若讷认为范仲淹应当被黜。欧阳修写信斥责他,说他不知羞耻事。高若讷把他的信拿去上告,欧阳修因此也被贬为夷陵(今湖北宜昌)县令。后来范仲淹出使陕西,欧阳修为他送行,说:"我那时的举动,岂是为了自己的私利吗?君子不能同进,却是可以同退的。"后来欧阳修也复官了。

范仲淹被贬,欧阳修与尹洙、余靖等都因为同情范仲淹而被贬官逐出,他们被当时看作是"党人"。从此,朝廷上兴起一股反对朋党的舆论,对此,欧阳修而做了一篇《朋党论》进献给皇帝,大意是:

"臣听说关于朋党的议论,自古就有,只是希望国君辨明是君子的朋党还是小人的朋党。君子与君子因志同道合而结成朋党,小人与小人因私利相投而结成朋党,这是自然的道理。但臣认为小人与小人间没有朋党,只有君子之间才有朋党。因为小人所喜好的是地位和私利,所贪图的是钱财,当他们利益相同时,暂时相互勾结引以为朋党;一旦见到利益他们就会争先恐后,等到利益完了之后又相互残害,即使是兄弟亲戚之间也不能相保。所以说小人没有朋党。而君子之间则不是这样,他们所坚守的是道义,所奉行的是忠信,所爱惜的是名节。用这一原则来修身,就会同道相助;用此原则治理国家,就会同心共济,始终如一。所以说只有君子才有朋党。作为君主的,只要贬退小人的假朋党,重用君子的真朋党,天下就可以太平了。在前代君主中,商纣有亿万个臣子,就有亿万颗心,可算是没有朋党了,但商纣却因此而亡;周武王有3000臣子,他们都同心一致,可以算得上大朋党了,但周武王用他们却导致国家兴盛。所以说君子的真朋党再多也不会满足。……这些国家兴衰、太平动乱的历史事迹,当国君的应当引以为鉴。"

欧阳修论事深刻而切中要害,被许多人所忌恨,而皇帝却奖励他敢于直言,当面赐给他五品官服,对身边侍臣说:"像欧阳修这样的人,到哪里寻得到?"

苏轼为民造福

苏轼字子瞻,自号东坡,有时也自称东坡居士。他不但是一位了不起的文学家,而且还是一位忧国忧民的"父母官"。为官期间,他总想造福于民,苏堤就是他在这方面的一个杰作。

苏轼是一个很矛盾的人物。他曾经热心于改革变法,但又对变法的某些方面表示反对;他后来倒向了保守派反对变法,但又对他们的某些倒行逆施不满。比如,变法派实行免役法,是针对保守派坚持的差役法而来的。而苏轼却既指责免役法,又指责差役法。他说:"免役之害,掊敛民财,十室九空,敛聚于上而下有钱荒之患;差役之害,民常在官,不得专利于农,而贪吏猾胥得缘为奸。"差役法是让百姓出徭役,结果造成长年在外为官家干活,荒废了农业生产,农民苦不堪言。他也看到了贪官污吏从中为奸,更加重了农民的负担。而免役法是让百姓出钱代替出工,以期解决差役法的这些弊端。但他又指责这是"掊敛民财",如果让贪官污吏来主持这件事,苏轼说的情况是可能出现的,但它代表不了新法的全部情况。他还说免役法造成了"十室九空",就夸大了新法的缺点方面。

正因为如此,当变法派得势的时候,他受到排斥;当保守派当权的时候,他又受到迫害。但他在为官的时候,对变法派一些于民有利的措施,还是认真执行的,并且,他总是把百姓的疾苦放在心里。

哲宗元祐四年(1089),苏轼被贬为杭州知州。到任后,便发现这里大旱,"饥疫并作",百姓出现粮荒和瘟疫。他立即上书朝廷,要求免除本路应上缴的粮食的三分之一,获得批准,减轻了农民的一部分负担。

苏轼说,杭州是一个水陆交汇的地方,因此灾害和瘟疫都比较多。他从自己家中拿出2000缗钱和50两黄金,设立了一个药房,并且还准备一些粮食,专等饥民来求医。

南宋以后,杭州成了一个大都会。而此之前,那里还是很荒凉的。因为那里近海,地下的泉水都是咸苦的。唐朝有一位刺史李泌引西湖水,凿成六口井,百姓才喝到淡水。白居易修白堤，疏浚西湖，引湖水入漕河（即大运河），再从漕河引水灌田千顷。从此，那里的百姓逐渐富裕起来。后来，官府经常疏浚西湖和这里的河道，使这一带保持了富庶。

宋朝开国以后，这里的水利工程逐渐失修，漕河淤塞水浅，3年就得挖一次，不然就无法行船，成了百姓的一项长期负担。西湖浅滩也长满了"葑"，是一种类似茭白的水草，这些水草死后化为泥土，称为"葑田"，使湖面越来越小。据当时统计，这样的"葑田"有"二十五万余丈"，湖面已经所剩无几。当年的六井也差不多淤废了。

为了解决这些问题，苏轼开凿了两条河，让漕河有足够的水以通航运，还修一条大堤挡住海潮，使潮水不再灌入市内，又挖深了六井。最大的工程是在湖中的葑田上取土，造成一条30里长的大堤，一是使湖水加深，扩大了湖面，又在堤上形成一条大道，方便了行人。这就是现在的苏堤，当时被称为"苏公堤"。为了解决水草淤塞，一是让在这里种菱的农民，每年收获后把残根等除尽，再一个是雇人在湖上种菱。

因此，很长一段时间，杭州的百姓几乎家家挂着他的画像，连吃饭的时候也要去祝颂几句。还有人为他修了生祠，就是活着的时候为他修的庙。可见那里的人民对他的感情。

苏轼修了大堤，使西湖免于淤塞。有了西湖，才有了以后天下闻名的杭州和富庶的杭州。如果西湖被淤塞，今天杭州会是什么样子，真难以想象。

人物春秋

澶渊之盟　功不可没——寇准

寇准，字平仲，华州下邽人。寇准年少时英俊超迈，通晓《春秋》三传，19岁，参加进士考试。宋太宗选拔人才，多至殿前考问，太年轻的人经常不用。有人教寇准增加年龄，他回答说："我刚开始进取，怎可欺骗皇帝呀？"后来考中，授任大理评事，归州巴东、大名府成安两县县令。每逢定期征收赋役，并不立即出示官府文书，只是把乡里人的姓名贴在县城门口，百姓们都不敢延期。积官升至殿中丞、郓州通判。召试学士院，授为右正言、直史馆，任三司度支推官，转任盐铁判官。正逢朝廷诏令百官谈论政事，寇准极力陈述利弊，太宗更加器重他。升为尚书虞部郎中、枢密院直学士，判吏部东铨。一次在殿中奏事，言语不合皇帝的心意，太宗发怒起身要走，寇准立即拉住太宗的衣服，让他重新坐下，等事情决定后太宗才退下。太宗从此对他倍加赞赏，说："我得寇准，如同唐太宗得到魏徵一样。"

淳化二年春，天气大旱，太宗延请近臣询问时政得失，众人都说是自然现象。寇准答道："《洪范》讲天人之间，相互感应，十分灵验；之所以出现严重旱灾，是因为刑政有不公平的地方啊。"太宗发怒，起身回宫。片刻后，又召寇准问有什么不公平的地方，寇准说："请陛下把二府的大臣召来，我马上就说。"太宗下诏召二府大臣入宫，寇准于是说："前不久祖吉、王淮都枉法受贿，祖吉收受的赃物较少却被处死，王淮因为是参知政事王沔的兄弟，所以虽然贪污了自己主管的钱财上千万，只被处以杖刑，并且仍然恢复他的官职，这不是不公平又是什么呢？"太宗责问王沔有无此事，王沔叩头谢罪，于是太宗严厉斥责王沔，并知道寇准可资重用。随即任命寇准为左谏议大夫、枢密副使，又改任同知枢密院事。

寇准与知枢密院事张逊多次在朝中争论政事。有一天，寇准与温仲舒同行，在路上碰到一个疯子迎着他的坐骑直呼万岁。判左金吾王宾与张逊关系极好，张逊指使他揭发这件事情。寇准拉温仲舒做证，张逊则让王宾单独上奏，言辞严厉，并且互相指责对方的缺点。太宗大怒，贬斥张逊，寇准也被罢为青州知州。

太宗很看重寇准，寇准离京赴任后，常常想念他，心中不乐。他对左右大臣说:"寇准在青州高兴吗?"大臣回答说:"寇准去的是条件好的州郡,应该不会有什么痛苦。"几天后,太宗又重新发问。左右大臣猜想太宗将再次召用寇准,因而对答道:"陛下想着寇准,一刻也不能忘怀,听说寇准每天酗酒,不知道是不是也想念陛下。"太宗沉默无语。第二年,召拜寇准为参知政事。

唐末以来,外族民户有在渭南居住的,温仲舒任秦州知州,将他们驱赶到渭北,并且树立堡垒栅栏来限制他们的行动。太宗看了奏疏心中不悦,说:"古时羌戎尚杂处伊、洛一带,那些外族人喜欢移动不喜欢安定,一旦调遣,将重新困扰我关中地区了。"寇准说:"唐朝的宋璟不奖赏边境战功,终于导致开元年间的太平安宁。边境的武臣求取功劳而招来祸患,深可鉴戒。"太宗于是令寇准出使渭北,安抚那些外族民户,把温仲舒调到凤翔府。

至道元年,加官为给事中。当时太宗在位已久,冯拯等人上奏请求立皇太子,太宗大怒,把他们贬斥到岭南,朝廷内外没有人再敢谈论此事。寇准刚从青州被召回朝廷,入宫拜见,太宗的脚伤厉害,亲自撩起衣服给寇准看,并且说:"你来得怎么这样迟缓?"寇准答道:"不是陛下亲召,我无法来京师。"太宗说:"谁可以继承皇位?"寇准说:"陛下为天下选择君主,与妇人、宦官商议,不可以,与近臣商议,也不可以;只能由陛下亲自选择符合天下人心愿的。"太宗低头良久,屏退左右的人说:"襄王行吗?"寇准说:"知子莫如做父亲的,陛下既然认为可以,希望就此确定下来。"太宗于是以襄王为开封府府尹,改封寿王,立为皇太子。太子拜谒太庙后回宫,京师里的人都欢欣跳跃,说:"真是少年天子啊!"太宗听后不高兴,召见寇准对他说:"人心这样快就归附太子,想把我放在什么位置?"寇准再拜祝贺道:"这真是国家社稷的福分啊!"太宗回宫对后妃们讲,宫中之人都前来祝贺。太宗再次出来,请寇准喝酒,大醉而罢。

至道二年,祭祀南郊,内外官员都晋升官秩。寇准喜欢的人多获得台省清要之官,不喜欢的和不认识的都排在后面进升。彭惟节的官位一直在冯拯之下,冯拯转为虞部员外郎,彭惟节转为屯田员外郎,章奏上面排列官衔,彭惟节还是在冯拯之下。寇准大怒,以政事堂文书警告冯拯不要扰乱朝廷制度。冯拯愤怒,说寇准专权,又上章揭发岭南官吏除拜不公平等几件事。广东转运使康戬也说:"吕端、张洎、李昌龄都是寇准引荐的,吕端对他感恩戴德、张洎对他曲意奉承,而李昌龄则畏惧害怕,不敢跟寇准抗争,所以寇准得以随心所欲、破坏朝廷典制。"太宗发怒,寇准刚好正在主持祭祀太庙,太宗把吕端等人召来加以斥责。吕端说:"寇准刚愎自用,我们不想多跟他争论,是担心这样会有伤国家体统。"因而再拜请罪。等到寇准入朝应对,太宗跟他讲起冯拯的事情,寇准为自己辩护。太宗说:"你在朝廷上争辩,有失执政官的体统。"寇准还是竭力不停地争辩，又拿着中书门下的文书在太宗面前争论是非曲直，太宗更加不高兴，因而叹息道："鼠雀还能知道人意，何况是人呢？"于是罢寇准，让他出任邓州知州。

真宗即位，寇准升为尚书工部侍郎。咸平初年，移为河阳府知府，改任同州知州。咸平三年，到京师朝见，走到阌乡，又移任凤翔府。真宗巡幸大名府，诏寇准前往皇帝住所，升刑部，任代理开封知府。咸平六年，升兵部，任三司使。当时将盐铁、度支、户部三使合为一使，真宗命令寇准裁定制度，于是以六名判官分掌三司事务，繁简这才适中。

真宗早就想任命寇准为宰相，担心他刚毅直率难以独任。景德元年，任命毕士安为参知政事，过了一个月，都被任命为同中书门下平章事，寇准以集贤殿大学士位居毕士安之下。

当时，契丹入侵，派流动的骑兵在深州、祁州一带抢劫掠夺，稍有不利立即退走，往来自如没有斗意。寇准说："这是想让我们习以为常而不加注意。请陛下训练部队任命将领，挑选精锐部队扼守要害之地以防备敌人。"这年冬天，契丹果然大举入侵。告急的文书一夜之间送来5次，寇准全部扣下，照常饮酒说笑。第二天，同僚们告诉真宗，真宗大为惊恐，向寇准责问此事。寇准说："陛下想要了结此事，用不着5天的时间。"于是请真宗驾幸澶州。同僚们都很害怕，想要退下，寇准把他们拦住，让他们等待真宗起驾。真宗认为难以办到，想要回宫。寇准说："陛下回宫则我不能与陛下相见，那大事就完了，请陛下不要回宫，准备起程。"真宗这才商议亲征之事，召集群臣询问方略。

不久，契丹包围瀛州，直趋贝州、魏州，朝廷内外震惊恐惧。参知政事王钦若是江南人，请真宗巡幸金陵；陈尧叟是四川人，请求真宗驾幸成都。真宗询问寇准，寇准心知两人打算，却假装不知，说："谁为陛下出的这种计策，罪该处死。如今陛下神明英武，将帅团结一致，如果御驾亲征，敌寇自然会逃走的。不然的话，可以出奇兵打乱敌人的阴谋，坚持防守以使敌军疲乏困顿，以逸待劳，稳操胜券。为什么要抛弃宗庙社稷，巡幸楚、蜀遥远之地，使所到之处人心崩溃，敌人乘势长驱深入，天下还能保得住吗？"于是请求真宗巡幸澶州。

到了澶州，契丹兵势正盛，众人请真宗停下来暗观战斗形势。寇准坚决请求道："陛下如果不渡过黄河，那么人心危急，敌军士气则没有受到震慑，这不是树立神威、争取胜利的做法。况且王超率领精兵屯驻在中山府以扼制敌人的咽喉部位，李继隆、石保吉分兵布阵以扼制敌人的左右肘臂，各地征战镇守的部队每天都有赶来援助的，为什么还有顾忌而不敢进呢？"众人都很畏惧，寇准力争，事情决定不下来。出来在照壁间碰到高琼，寇准对他说："太尉你蒙受国恩，今天应用来回报。"高琼答道："我是一介武夫，愿以死效国。"寇准再次进去奏对，高琼跟随其后站在庭下，寇准厉声说道："陛下对我的话不以为然，何不试着问问高琼等人。"高琼随即抬头奏道："寇准的话是对的。"寇准说："机不可失，陛下应当赶紧起驾。"高琼随即指挥卫士把御辇搬了进来，真宗于是渡过黄河，来到北城门楼，远近将士看见皇帝御盖，欢呼雀跃。契丹人面面相觑，惊愕惶恐，队列难成。

真宗将军务全部委托给寇准，寇准秉承皇帝的旨意，专心决断，士兵喜悦。敌军骑兵几千人乘胜进逼城下，真宗诏令士兵迎战，杀敌大半，敌骑这才撤退。真宗回行宫，留寇准在城上，慢慢派人去看寇准在干什么，寇准正和杨亿饮酒赌博，唱歌说笑，欢快呼叫。真宗高兴地说道："寇准这样，我还有什么可担心的呢？"相持10多天，契丹统军萧挞览出阵督战。当时威虎军军头张环守着床子弩，按弩发射，箭射中萧挞览前额，萧挞览死后，契丹暗中送来书信，请求结盟。寇准不答应，而契丹使者请和的态度更加坚决，真宗将要答应他。寇准想让契丹使者向宋称臣，并且献来幽州之地。真宗对打仗已经厌倦，只想把契丹笼络住、不断绝关系而已。有人诬陷寇准利用打仗以自重，寇准不得已答应契丹使者的请求。真宗派曹利用到契丹军营中商讨岁币之事，说："数目在百万以下都可以答应。"寇准把曹利用召到帐篷里，对他说："虽然有皇帝的敕令，你所答应的数目不准超过30万，超过30万，我杀了你。"曹利用到达契丹军营，果然以30万订立和约归来。河北停止用兵，都是寇准出的力。

寇准当宰相，用人不按官位次序，同僚们很不高兴。几天后，又要选授官职，同僚让堂吏持着条例文书而进。寇准说："宰相的职责在于进用贤人、罢黜不肖之徒，假如按照条例，只不过是堂吏的职能罢了。"景德二年，加授寇准为中书侍郎兼工部尚书。寇准对自己在澶渊之盟中的功劳十分自傲，真宗也因此对他十分优待。王钦若非常嫉妒。一天会朝，寇准先退，真宗目送他离去，王钦若趁机进奏道："陛下敬重寇准，是因为他对国家有功吗？"真宗说："是的。"王钦若说："澶渊之战，陛下不以为耻辱，反而认为寇准有功于社稷，为什么呢？"真宗吃惊道："这是什么缘故？"王钦若说："敌军兵临城下而被迫订立盟约，《春秋》认为这是耻辱；澶渊之举，就是城下之盟啊，以陛下至高无上的尊贵而签订城下之盟，还有什么耻辱能与之相比呢？"真宗脸色大变，很不高兴。王钦若又说："陛下听说过赌博吗？赌博的人钱快输光了，于是把自己的所有财物都拿出来，称为孤注。陛下成了寇准赌博的孤注，这也太危险了。"

从此真宗对寇准的礼遇日渐减少。第二年，罢寇准为刑部尚书、陕州知州，于是任命王旦为宰相。真宗对王旦说："寇准用官职许诺给别人，把它看作是自己的恩赐。等你做了宰相，一定要引以为戒。"跟随真宗封禅泰山，升为户部尚书、知天雄军。真宗祭祀汾阴,任命寇准为提举贝、德、博、洺、滨、棣巡检捉贼公事,升兵部尚书,入判尚书省。真宗巡幸亳州,命寇准权东京留守,任枢密使、同平章事。

林特任三司使,因河北每年所交纳的绢帛空缺,催得很急。而寇准向来不喜林特,极力支持河北转运使李士衡,并且讲在魏州时曾进交河北绢5万匹而三司不接收,所以才出现空缺。但京师每年要消耗绢百万匹,寇准所助交的才5万匹。真宗不高兴,对王旦说:"寇准刚强愤激的性格如同往前。"王旦说:"寇准喜欢别人记住他的好处,又想让别人害怕他,这都是大臣应当回避的;而寇准却专门这样做,这是他的缺点。"不久,罢寇准为武胜军节度使、同平章事、判河南府。又移任永兴军。

天禧元年,寇准改任山南东道节度使,当时巡检官朱能协同内侍都知周怀政伪造天书,真宗向王旦询问此事。王旦说:"当初不相信天书的是寇准。如今天书降下,必须让寇准呈上来。"寇准跟着进呈天书,朝廷内外都觉不对。于是拜寇准为中书侍郎兼吏部尚书、同平章事、景灵宫使。

天禧三年,祭祀南郊,寇准升为尚书右仆射、集贤殿大学士。当时真宗得了中风,刘太后在宫内参与大政,寇准密奏道:"皇太子是人心所向,希望陛下以宗庙社稷为重,把皇位传给他,选择正派的大臣辅佐他。丁谓、钱惟演,都是巧言谄媚之徒,不能让他们辅佐太子。"真宗深以为然。寇准暗中命令翰林学士杨亿起草奏章,请求皇太子监国,并且想拉杨亿共同辅政。随后图谋败露,寇准被罢为太子太傅,封莱国公。当时周怀政坐卧不安,担心获罪,于是阴谋杀害大臣,请求停止刘皇后参与政事,奉真宗为太上皇,把帝位传给太子,并且重新任命寇准为宰相。客省使杨崇勋等人将此事告诉丁谓,丁谓穿便服、乘牛车连夜去找曹利用商议对策,次日将此事上报朝廷。于是处死周怀政,寇准被降为太常卿、相州知州,移安州,又贬为道州司马。真宗起初并不知晓,几天后,问左右大臣说:"我好久没有看到寇准,这是怎么回事?"左右大臣都不敢回答。真宗去世时也讲只有寇准和李迪可以托付大事,对寇准重视和信任到这种程度。

乾兴元年,寇准再被贬为雷州司户参军。当初,丁谓出于寇准门下而当上参知政事,侍奉寇准十分谨慎。一次在政事堂会餐,饭羹玷污了寇准的胡须,丁谓起身,慢慢为寇准拂拭干净,寇准笑道:"参知政事是国家重臣,怎么替长官拂起胡子来啦?"丁谓十分羞愧,于是对寇准倾轧排挤得越来越厉害。等到寇准被贬没有多长时间,丁谓也被流放到南方,经过雷州时,寇准派人带了一只蒸羊在境上迎接。丁谓想见寇准,寇准拒绝。听说家僮想要趁机报仇,寇准就把家门关上,让他们纵情赌博,不让他们出去,等丁谓走远了,方才停止。

仁宗天圣元年，移任衡州司马。当初，太宗曾获得通天犀，命工匠做成两条腰带，一条赐给寇准。这时，寇准派人从洛中取回来，几天之后，寇准沐浴全身，穿上官服和腰带，向北方跪拜两次，喊左右仆人搬好床具，躺在床上去世。

起初，张咏在成都，听说寇准入朝当了宰相，对自己的部属说："寇公是个奇才，可惜学问不够。"等寇准出任陕州知州，张咏刚好从成都离任归来，寇准精心安置供帐，盛情招待张咏。张咏将离，寇准把他送到郊外，问道："您以什么来教导我呢？"张咏慢慢说道："《霍光传》不可不读啊。"寇准不明其含义，回来后取出《霍光传》阅读，读到"不学无术"，寇准笑道："张公在说我呢！"

寇准年轻就已经富贵，性格豪爽奢侈，喜欢狂饮，每次宴请宾客，都关上门户，卸下车马，尽欢而散。家里从来没有点过油灯，即使是厨房厕所，也必定燃用蜡烛。

在雷州一年多。去世之后，衡州的任命才到，于是归葬西京。过荆南公安时，县里百姓都在路边设祭哀哭，把竹枝折断插在地上，挂满纸钱，过了一月再看，枯竹都生出了新笋。众人因而为寇准建立庙宇，每年供奉。寇准没有儿子，以侄儿寇随为继承人。寇准死后11年，朝廷恢复他为太子太傅，赠中书令、莱国公，以后又赐谥号为"忠愍"。皇祐四年，诏翰林学士孙抃撰写神道碑，仁宗亲自书写篆首，为"旌忠"。

唐宋八大家

唐宋时期八大散文代表作家的合称

竭宝峰 / 主编

辽海出版社

壹

图书在版编目（CIP）数据

唐宋八大家/竭宝峰主编．—沈阳：辽海出版社，
2014.12（文化百科）
ISBN 978－7－5451－3253－3

Ⅰ.①唐… Ⅱ.①竭… Ⅲ.①唐宋八大家－古典散文－散文集
Ⅳ.①I264.2

中国版本图书馆 CIP 数据核字（2014）第 263196 号

唐宋八大家

责任编辑：段扬华　柳海松　冷厚诚
责任校对：顾　季
装帧设计：马寄萍
出　版　者：辽海出版社
地　　　址：沈阳市和平区十一纬路 29 号
邮政编码：110003
电　　　话：024－23284473
E－mail：dyh550912@163.com
印　刷　者：北京一鑫印务有限责任公司
发　行　者：辽海出版社
开　　　本：787mm×1092mm　1/16
印　　　张：80
字　　　数：1280 千字
出版时间：2015 年 1 月第 1 版
印刷时间：2015 年 6 月第 2 次印刷
定　　　价：498.00 元（全四卷）

版权所有　翻印必究

《唐宋八大家》编委会

主　编：竭宝峰　林　耸　王　涛　张　彩　姜忠喆　吴建荣

副主编：季立政　冯　林　张　勇　李沁奇　韩天骄　冯洪伟
　　　　杜春华　焦淑满　李晓科　穆秀芳　董　德　李　萌
　　　　蔡云霞　侯静凯　周春玲　胡浩泉　严　卓　温德新
　　　　綦　放　刘雨晴　王　佳　邢语恬　赖超颖　郭佩瑶

编　委：蒋益华　刘利波　朱　健　江　涛　李玟静　汪　韧
　　　　左　佳　彭亚军　陈晓辉　霍艳竹　王志强　黄　欣
　　　　王子霖　安维军　刘金栋　徐忠坚　佐藤正　刘　舫
　　　　大桥晶　王国成　孙元坝　王　伟　艾　彪　刘俊杰
　　　　曾海霞　王　平　陈　莉　董　娥　王红岩　杨　冰
　　　　宋　涛　刘洪涛　石　浩　张永洲　陈　枫　范巨灵
　　　　杨莉华　马攀成　邹　军　张　稳　张家瑞　刘贤忠
　　　　付　丽　刘耀红　饶　辉　芦　斌　刘　畅　巴音都仁

徐 强	孙 敏	徐婉如	韩军征	张 铧	夏宇波
崔幼成	汤祚飞	王 婵	周 翔	焦念军	程国明
马云展	唐丽睿	王诗宁	陈 喜	李金璐	黄思尧
黄诗宇	张兰爽	朱 岩	孙艺艺	王继莹	战逸超
韩安娜	赵春红	程 威	赵子萱	竭岸扬	竭 超
姜东鑫	李铭源	李金博	薛兴民	何春丽	常 旭
王晓东	朱政奇	高 崇	魏伯阳	魏伯花	魏红艳
李东舫	费立刚	贾红艳	张黎丽	李长杰	郭运娇
韩柠阑	李 莹	马 岚	佟 雪	王 曼	王秋野
王 权	王英伟	邹 颖	朱金玉	王冬云	夏 禹
肖 冰	李 娟	于淞齐	李文丽	张立涛	张 鹏
李 珊	李玉海	赵 彬	李森华	王晓辉	于洪峰
王春晶	王春波	关翎菲	杨俊峰	臧宏杰	梁志敏
周培武	孟凌云	高 菲	汪 涧	李 季	王立新
姜明均	冯丽亚	朱政奇	许长河	宋国光	李长杰
于春燕	王 威	王 欢	王冬云	王伟娜	宋 佳
李小辉	杨 敏	杨 超	张晓丰	张晓宇	狄峰华

前　言

　　"唐宋八大家"指唐宋两代八位优秀的散文作家，即唐代韩愈、柳宗元，宋代欧阳修、曾巩、王安石和苏洵、苏轼、苏辙父子。由于他们在古文创作上的杰出成就，明嘉靖间古文家唐顺之编《文编》一书，专门选录八家的作品；与唐顺之同属"唐宋派"的古文家茅坤，又在《文编》的基础上编选《唐宋八大家文钞》一书，风行海内，"唐宋八大家"的名称遂由此产生。但究其根本原因，这八位作家的成就还是在唐宋"古文"运动的发展中取得的。

　　所谓"古文"运动，是相对于唐宋之际盛行的"骈文"而来的。"古文"和"骈文"是我国古代散文的两种文体。"古文"是真正意义上的"散文"——散行之文，通晓流畅，没有种种形式上的束缚；而"骈文"是古代散文发展到魏晋之际的一个变化——通体对偶而且讲究声律，到齐梁间，受声律说的影响，文章不但通体对偶，还讲求四声的交错搭配，自齐梁至唐，骈文盛行，几乎一切公私文翰，甚至学术文章都骈化了。骈文的对偶和声律的美，反映了古代作家在散文形式美上的一种追求，而且也确实出现了一批优秀的骈文作家和声情兼美的作品。但是，骈文的弊端也很多，主要是它严重的形式主义倾向和由此导致的内容与形式的脱离，不但远离了社会人生，也远离了作家的真情实感。另外，因为对偶和声韵的追求，骈文的语言也难免陈陈相因、了无生气。于是，一批有识见的作家开始倡古文、反骈文。其中以唐宋八大家为著。

　　"古文"运动初期，以中唐时的韩愈和柳宗元成就最大。韩愈的贡献首先在于他古文理论的完整而明晰。他把古文写作与儒学、道德、政治和教化联系起来，以纠正骈文写作的远离社会人生。韩愈的又一贡献即在于他的创作实践。他写了大量优美晓畅的古文，在前代优秀散文之后，为后世读者树立了良好的揣摩学习的样板。柳宗元的政治观哲学观较韩愈激进、进步，在散文紧密联系社会现实方面，他比韩愈做得更好。在韩、柳周围，还形成了一个人数不少的写作古文的集团，他们创作古文，反对骈文，主张相近，形成了文学史上称为唐代"古文"运动的创作局面。在他们的努力下，古文写作有了很大的实绩，骈文在文坛上长期的一统局面被打破了。

　　古文到了晚唐，又渐处于低潮，骈文几乎又恢复了原先独占文坛的模样。于是有王禹偁、柳开、穆修及欧阳修等的第二次古文运动，文学史上将其与唐古文运动合称为"唐宋古文运动"。其中以欧阳修的成绩最大，欧阳修的古文理论大体与韩、柳同，其创作也效法韩、柳，不过，他树立了一种比韩愈更平易、更舒展的文风，深婉周密，行文极尽曲折纡徐之能事。与韩愈一样，他也喜提拔后进，曾巩、王安石和三苏父子，都得到过他的鼓励和培育。欧阳修开创的古文写作格局，比韩、柳更开阔，取得的成就也更大。宋六家之中，曾、王、三苏各有其个性风格，又能在大的方面遵循欧氏倡导的简洁、平易、舒展的文风，"唐宋八大家"的阵营终于形成了。

　　总之，唐宋八家之文，抑扬开阖各有千秋：韩愈文章气势磅礴、自由奔放；柳宗元的文章涤荡万物、别开生面；欧阳修的文章平实质朴、穷而后工；曾巩的文章章法严谨、条理清晰；王安石的文章言简意赅、笔力雄健；苏洵的文章纵横恣肆、气势凌厉；苏轼的文章随笔挥洒，词采妙出；苏辙的文章立意平稳、结构严谨。由唐至宋，八大家相继传承，将中国古代散文推到了一个前所未有的高度。自唐至宋，韩柳欧苏以其文学成就又成为其中最杰出的代表。

　　唐宋"古文"运动，从文体改革的角度讲，至苏轼，乃取得巨大的成功。骈文并没有消亡，但在散文写作领域内，古文永远成为主力而骈文始终居于偏师。直至近代新文化运动起，作为古代文体的"古文"才宣告终结。但八大家之文，仍在许多方面给现、当代散文写作以深远的影响。因此可说"唐宋八大家"的古文作品，代表着唐宋散文的最高成就。

　　总之，中华民族创造了光辉灿烂的古代文化，给人类留下了丰富的精神财富。本着推陈出新，弘扬传统之宗旨，我们精选了八位大家的著名篇章合做而成《唐宋八大家》一书，希望可以免去读者面对纷繁复杂，文字艰深的古书之苦，能够直面中国古代文化之精华，一边学习，一边就可以运用。

　　本书由周治主编，参与选编、注释、校正的有宋涛、张林、邓招华、郊智毅、于慈云、毛明华等同志，敬希广大读者批评指正。

本书编委会
2011 年 3 月

目 录

第一卷

韩愈卷

感二鸟赋 ················· 1
原道 ···················· 4
原毁 ···················· 12
原人 ···················· 15
原鬼 ···················· 16
原性 ···················· 17
杂说（四首之一） ······· 21
杂说（四首之二） ······· 22
杂说（四首之四） ······· 24
师说 ···················· 25
行难 ···················· 27
读荀子 ·················· 31
读墨子 ·················· 33
读仪礼 ·················· 35
进学解 ·················· 36

获麟解 ·················· 42
后汉三贤赞三首 ········· 44
讳辩 ···················· 47
伯夷颂 ·················· 49
子产毁乡校颂 ··········· 50
爱直赠李君房别 ········· 52
讼风伯 ·················· 53
释言 ···················· 55
张中丞传后叙 ··········· 60
进士策问（其十二） ····· 65
争臣论 ·················· 66
太学生何蕃传 ··········· 71
毛颖传 ·················· 74
送穷文 ·················· 79
鳄鱼文 ·················· 83
通解 ···················· 85
择言解 ·················· 88
五箴五首并序 ··········· 89
三器论 ·················· 93
宫市 ···················· 95

五坊小儿	97	与冯宿论文书	167
阳城	98	潮州刺史谢上表	168
燕喜亭记	103	为人求荐书	174
徐泗豪三州节度掌书记厅石记	105	应科目时与人书	175
画记	107	答刘正夫书	176
蓝田县丞厅壁记	110	与鄂州柳中丞书	178
新修滕王阁记	113	与鄂州柳中丞书又一首	180
题李生壁	115	上考功崔虞部书	182
答张籍书	116	答刘秀才论史书	184
重答张籍书	118	送许郢州序	187
与孟东野书	121	送区册序	188
后十九日复上书	123	送齐皞下第序	190
后廿九日复上书	126	送董邵南序	193
答尉迟生书	130	赠崔复州序	195
上襄阳于相公书	131	赠张童子序	197
上宰相书	133	送浮屠文畅师序	200
答崔立之书	137	送高闲上人序	203
答李翊书	140	送廖道士序	205
重答李翊书	144	送温处士赴河阳军序	206
与于襄阳书	145	送王秀才含序	209
答李秀才书	148	送王秀才埙序	211
答窦秀才书	149	送孟东野序	213
答陈生书	151	荆潭唱和诗序	217
与李翱书	153	送幽州李端公序	219
与孟尚书	155	汴州东西水门记并序	221
与崔群书	160	送杨少尹序	225
与陈给事书	164	送石处士序	227
答冯宿书	165		

柳宗元卷

与杨京兆凭书 …………………… 230
与李翰林建书 …………………… 238
与韩愈论史官书 ………………… 241
答刘禹锡《天论》书 …………… 245
与吕道州温论《非国语》书 …… 249
答吴武陵论 ……………………… 253
与吕恭论墓中石书书 …………… 256
与友人论为文书 ………………… 261
答元饶州论政理书 ……………… 264
答周君巢饵药久寿书 …………… 268
答韦中立论师道书 ……………… 272
报崔黯秀才论为文书 …………… 278
杨评事文集后序 ………………… 281
送邠宁独孤书记赴辟命序 ……… 285
送薛存义序 ……………………… 288
送元十八山人南游序 …………… 290
愚溪诗序 ………………………… 292
序棋 ……………………………… 295
宋清传 …………………………… 297
种树郭橐驼传 …………………… 300

第二卷

童区寄传 ………………………… 305
梓人传 …………………………… 307
李赤传 …………………………… 313
蝂蝂传 …………………………… 317
始得西山宴游记 ………………… 318
钴鉧潭记 ………………………… 321
钴鉧潭西小丘记 ………………… 323
至小丘西小石潭记 ……………… 325
小石城山记 ……………………… 327
全义县复北门记 ………………… 329
永州龙兴寺息壤记 ……………… 331
永州铁炉步志 …………………… 333
贞符 ……………………………… 335
封建论 …………………………… 343
天爵论 …………………………… 352
时令论上 ………………………… 355
时令论下 ………………………… 359
断刑论下 ………………………… 362
六逆论 …………………………… 367
晋文公问守原议 ………………… 370
驳复仇议 ………………………… 373
桐叶封弟辩 ……………………… 378
辩《晏子春秋》 ………………… 380
设渔者对智伯 …………………… 382
愚溪对 …………………………… 386
天对（节选） …………………… 391
晋问 ……………………………… 400
起废答 …………………………… 416
天说 ……………………………… 421
捕蛇者说 ………………………… 425
蜡说 ……………………………… 428

谪龙说 …………………………… 431	与尹师鲁书 …………………………… 503
黑说 …………………………… 433	与乐秀才第一书 …………………………… 507
观八骏图说 …………………………… 434	答吴充秀才书 …………………………… 509
乞巧文 …………………………… 436	答祖择之书 …………………………… 511
	与陈员外书 …………………………… 514

欧阳修卷

与曾巩论氏族书 …………………………… 516
答李大临学士书 …………………………… 518

伐树记 …………………………… 444	与田元均论财计书 …………………………… 519
戕竹记 …………………………… 446	新五代史·唐明宗论 …………………………… 520
非非堂记 …………………………… 448	新五代史·周臣传论 …………………………… 522
养鱼记 …………………………… 449	新五代史·伶官传论 …………………………… 524
李秀才东园亭记 …………………………… 451	新五代史·宦者传论（节选） … 526
游鯈亭记 …………………………… 453	唐书兵志论 …………………………… 528
洛阳牡丹记 …………………………… 455	贾谊不至公卿论 …………………………… 530
夷陵县至喜堂记 …………………………… 463	原弊 …………………………… 533
画舫斋记 …………………………… 466	纵囚论 …………………………… 539
菱溪石记 …………………………… 468	准诏言事上书 …………………………… 541
偃虹堤记 …………………………… 470	为君难论下 …………………………… 553
醉翁亭记 …………………………… 473	朋党论 …………………………… 556
丰乐亭记 …………………………… 475	
真州东园记 …………………………… 478	## 王安石卷
有美堂记 …………………………… 481	
相州昼锦堂记 …………………………… 484	翰林学士除三司使 …………………………… 559
岘山亭记 …………………………… 487	起居舍人直秘阁同修起居注司马光改天
上范司谏书 …………………………… 489	章阁待制 …………………………… 561
上杜中丞论举官书 …………………………… 493	辞拜相表 …………………………… 562
与黄校书论文章书 …………………………… 497	拟卜殿进札子 …………………………… 564
与高司谏书 …………………………… 498	本朝百年无事札子 …………………………… 568

上仁宗皇帝言事书……572	答韶州张殿臣书……643
上时政书……593	答钱公辅学士书……645
上五事书……596	答王景山书……646
上曾参政书……599	答段缝书……647
上田正言书……601	与王子醇书（其三）……649
上龚舍人书……605	明州慈溪县学记……651
再上龚舍人书……607	繁昌县学记……653
上邵学士书……610	君子斋记……655
上欧阳永叔书……612	石门亭记……656
上杜学士书……613	太平州新学记……658
上杜学士言开河书……615	信州兴造记……659
上运使孙司谏书……617	桂州新城记……662
上浙漕孙司谏荐人书……620	越州余姚县海塘记……665
上人书……621	度支副使厅壁题名记……667
	通州海门兴利记……669
	游褒禅山记……670

第三卷

	虔州学记……672
与孙莘老书……623	扬州龙兴寺十方讲院记……676
请杜醇先生入县学书……624	涟水军淳化院经藏记……678
答吕吉甫书……626	抚州通判厅见山阁记……679
答龚深父书……627	新田诗序……682
答王深甫书……629	《周礼义》序……683
答李资深书……634	灵谷诗序……685
答曾子固书……635	张刑部诗序……686
答王该秘校书……636	《诗义》序……687
答孙长倩书……637	善救方后序……689
答李参书……638	送陈升之序……690
答司马谏议书……639	《书义》序……691
答曾公立书……641	

历山赋并序	693
送孙正之序	694
伍子胥庙铭	695
鲧说	697
伯夷	698
周公	700
子贡	702
三不欺	705
三圣人	706
荀卿	709
杨墨	710
老子	712
庄周上	713
庄周下	716

曾巩卷

贾昌衡知邓州制	718
梅福封寿春真人制	719
劝学诏	720
劝农诏	721
请西北择将东南益兵札子	723
议经费札子	726
请减五路城堡札子	728
上欧阳学士第一书	731
上欧阳学士第二书	733
上欧阳舍人书	735
上蔡学士书	740
与抚州知州书	742
与孙司封书	743
答范资政书	746
寄欧阳舍人书	747
上杜相公书	749
与杜相公书	753
与王介甫第二书	756
答李沿书	758
谢杜相公书	759
答袁陟书	761
与王深父书	762
答王深父论扬雄书	765
答孙都官书	768
福州上执政书	770
上田正言书	774
上欧蔡书	777
代上蒋密学书	781
代人上石中允书	784
熙宁转对疏	786
怀友一首寄介卿	791
类要序	793
赠黎安二生序	795
送傅向老令瑞安序	796
送蔡元振序	797
送周屯田序	799
送江任序	801
送丁琰序	803
送刘希声序	805

送李材叔知柳州序 …… 806
送赵宏序 …… 807
送王希序 …… 810
喜似赠黄生序 …… 811
叙盗 …… 814
新序目录序 …… 816
列女传目录序 …… 818
礼阁新仪目录序 …… 821
战国策目录序 …… 824
陈书目录序 …… 826
南齐书目录序 …… 828
唐令目录序 …… 831
徐干中论目录序 …… 832
说苑目录序 …… 833
越州鉴湖图序 …… 835
先大夫集后序 …… 842
王深父文集序 …… 844
王子直文集序 …… 846

苏洵卷

上皇帝书 …… 848
上韩枢密书 …… 859
上富丞相书 …… 862
上文丞相书 …… 865
上余青州书 …… 867
上欧阳内翰第一书 …… 870
上欧阳内翰第二书 …… 875

上欧阳内翰第三书 …… 876
上欧阳内翰第四书 …… 878
上欧阳内翰第五书 …… 879
上张侍郎第一书 …… 880
上张侍郎第二书 …… 882
上韩昭文论山陵书 …… 883
与梅圣俞书 …… 886
答雷太简书 …… 887
上王长安书 …… 888
审势 …… 889
审敌 …… 893
六国 …… 898
项籍 …… 901
高祖 …… 905
远虑 …… 909
御将 …… 912
任相 …… 914
重远 …… 917
春秋论 …… 919
广士 …… 924
养才 …… 926
议法 …… 928
申法 …… 932
法制 …… 934
兵制 …… 938

第四卷

田制 …… 941

苏轼卷

到黄州谢表	946
谢量移汝州表	948
答丁连州朝奉启	949
谏买浙灯状	950
与王庠书	953
上神宗皇帝书	955
再上皇帝书	971
论冗官札子	976
上梅直讲书	978
乞郡札子	981
杭州召还乞郡状	985
乞校正陆贽议上进札子	989
赴英州乞舟行状	991
王安石赠太傅	992
策别厚货财一	994
吕惠卿不得签书公事	999
太息一章送秦少章秀才	1000
滟滪堆赋并叙	1002
书柳子厚牛赋后	1004
屈原庙赋	1005
飓风赋并叙	1006
赤壁赋	1009
后赤壁赋	1013
黠鼠赋	1017
秋阳赋	1019
诗论	1021
刑赏忠厚之至论	1023
礼论	1026
留侯论	1029
韩非论	1031
贾谊论	1034
韩愈论	1037
晁错论	1040
论诸葛亮	1042
思治论	1044
续欧阳子朋党论	1049
周公论	1052
论武王	1054
荀卿论	1057
六国论	1059
平王论	1065
论秦	1070
论范蠡	1072
论养士	1073
论商鞅	1077
论管仲	1079
论封建	1082
始皇论	1084
张九龄不肯用张守珪牛仙客	1089
汉武帝唐太宗优劣	1090
问养生	1090
无沮善	1092

苏辙卷

缸砚赋并叙 …… 1095
登真兴寺楼赋并叙 …… 1097
超然台赋并叙 …… 1098
服茯苓赋并叙 …… 1100
墨竹赋 …… 1102
黄楼赋并叙 …… 1105
和子瞻沉香山子赋并引 …… 1109
卜居赋并引 …… 1110
铜雀砚铭并引 …… 1112
历代论并引 …… 1113
尧舜 …… 1114
三宗 …… 1115
周公 …… 1118
管仲 …… 1121
知䓨赵武 …… 1123
汉高帝 …… 1125
汉文帝 …… 1126
汉武帝 …… 1128
汉景帝 …… 1130
汉昭帝 …… 1132
汉光武上 …… 1135
汉光武下 …… 1136
刘玄德 …… 1138
孙仲谋 …… 1139
晋武帝 …… 1140
晋宣帝 …… 1142
唐高祖 …… 1145
唐太宗 …… 1146
狄仁杰 …… 1149
唐玄宗宪宗 …… 1151
新论上 …… 1153
新论中 …… 1159
新论下 …… 1163
商论 …… 1166
六国论 …… 1168
始皇论 …… 1171
秦论 …… 1174
汉论 …… 1176
三国论 …… 1178
晋论 …… 1181
隋论 …… 1183
唐论 …… 1185
周公论 …… 1188
老聃论上 …… 1191
老聃论下 …… 1193
燕赵论 …… 1196
蜀论 …… 1198
北狄论 …… 1200
西戎论 …… 1203
西南夷论 …… 1205
王者不治夷狄论 …… 1207
形势不如德论 …… 1209
史官助赏罚论 …… 1211

礼以养人为本论 …………… 1213
刑赏忠厚之至论 …………… 1215
六孙名字说 ………………… 1216
上皇帝书 …………………… 1218
上枢密韩太尉书 …………… 1233
上昭文富丞相书 …………… 1236
上曾参政书 ………………… 1239
上两制诸公书 ……………… 1241
上刘长安书 ………………… 1245
贺欧阳少师致仕启 ………… 1246
答黄庭坚书 ………………… 1248
陈州为张安道论时事书 …… 1249
自齐州回论时事书 ………… 1254
为兄轼下狱上书 …………… 1257

韩愈卷

感二鸟赋

贞元十一年⁽¹⁾，五月戊辰，愈东归。癸酉，自潼关出息于河之阴，时始去京师⁽²⁾，有不遇时之叹。见行有笼白乌、启鹦鹉而西者，号于道曰："某土之守某官，使使者⁽³⁾进于天子。"东西行者，皆避路，莫敢正目⁽⁴⁾焉。因窃自悲：幸生天下无事时，承先人之遗业，不识干戈、耒耜、攻守、耕获之勤，读书著文，自七岁至今，凡二十二年。其行已不敢有愧于道⁽⁵⁾，其闲居思念前古当今之故，亦仅志其一二大者焉。选举于有司，与百十人偕进退，曾不得名荐书、齿下士⁽⁶⁾，于朝，以仰望天子之光明。今是鸟也，惟以羽毛之异，非有道德智谋，承顾问、赞教化⁽⁷⁾者，乃反得蒙采擢荐进⁽⁸⁾，光耀如此。故为赋以自悼，且明夫遭时者，虽小善必达；不遭时者，累善⁽⁹⁾无所容焉。其辞曰：

吾何归乎！吾将既行而后思；诚不足以自存(10)，苟有食其从之。出国门而东骛(11)，触白日之隆景(12)，时返顾以流涕，念西路之羌永(13)。过潼关而坐息，窥黄流(14)之奔猛；感二鸟之无知，方蒙恩而入幸；惟进退之殊异(15)，增余怀之耿耿；彼中心之何嘉，徒外饰焉是逞(16)。余生命之湮厄(17)，曾二鸟之不如；汩东西与南北，恒十年而不居；辱饱食其有数，况策名于荐书(18)；时所好之为贤，庸有(19)谓余之非愚。昔殷之高宗，得良弼于宵寐；孰左右者为之先，信天同而神比。及时运之未来，或两求而莫致；虽家到而户说，只以招尤而速累(20)。盖上天之生余，亦有期于下地；盍求配于古人(21)，独怊怅于无位(22)？惟得之而不能，乃鬼神之所戏(23)；幸年岁之未暮，庶无羨于斯类。

【注释】

(1) 贞元十一年：贞元，唐德宗（李适）年号。十一年，公元795年。韩愈时年二十八岁。

(2) 京师：指当时京都长安。

(3) 使使者：下使字读去声，名词；使者是出差传达命令的人。

（4）莫敢正目：侧目而视，惧怕的意思。

（5）其行己不敢有愧于道：行己，自身的操行。我的行为符合道德，扪心无愧。

（6）齿下士：齿，录，列名。下士，指一般低职官吏。齿下士，和低级小官吏相并比。

（7）赞教化：辅助"教化"。

（8）采擢：擢，引用，上升。

（9）累善：积善，和上句小善相对。

（10）诚不足以自存：实在自己不能过活。

（11）东骛：骛，驰，快走。此指东归。

（12）隆景：景，与影同。隆景，猛烈的日光。

（13）念西路之羌永：羌，语词，无义。水，漫长。

（14）黄流：黄河。

（15）进退殊异：进，指二鸟说。退，指自己说，殊异，绝异，大不相同。

（16）徒外饰焉是逞：外饰，指羽毛。逞，骄矜夸耀的意思。这句说只以外貌取悦。

（17）湮厄：湮，塞。厄，阻碍，艰难。

（18）况策名于荐书：策名是把封建士人姓名写在简策上，送给本人所服事的主人。

（19）庸有：岂有。

（20）只以招尤而速累：尤，过失，速，召，与招同义。累，忧累，读去声。这句话的意思是，徒然招致麻烦。

（21）盍求配于古人：盍，何不。配，比。求配古人，求和古人比美。古人,指上文所说的傅说。

(22) 独怊怅于无位:怊,悲恨。无位,无官位。独,犹言何独,自诘的语气。

(23) 惟得之而不能,乃鬼神之所戏:得之不能,说得到官位,而才力不足,不胜其任。指窃位害事的官僚。戏,戏弄。意思说这是鬼神戏弄,这种人必定要失败。

原　道⁽¹⁾

博爱之谓仁,行而宜之之谓义,由是而之焉之谓道;足乎己无待于外之谓德。仁与义为定名⁽²⁾,道与德为虚位⁽³⁾。故道有君子小人⁽⁴⁾,而德有凶有吉。

老子之小仁义⁽⁵⁾,非毁之也,其见者小也。坐井而观天,曰"天小"者,非天小也,彼以煦煦⁽⁶⁾为仁,孑孑⁽⁷⁾为义,其小之也则宜。其所谓道,道其所道,非吾所谓道也;其所谓德,德其所德,非吾所谓德也。凡吾所谓道德云者,合仁与义言之也,天下之公言也;老子之所谓道德云者,去仁与义言之也,一人之私言也。

周道衰⁽⁸⁾,孔子没,火于秦⁽⁹⁾,黄、老于汉,佛于晋、魏、梁、隋之间。其言道德仁义者,不入于杨,则入于墨⁽¹⁰⁾,不入于老,则入于佛⁽¹¹⁾。入于彼,必出于此。入者主之,出者奴之,入者附之,出者污之。噫!后之人其欲闻仁义道德之说,孰从而听之?老者曰:"孔子吾师之弟子也[12]。"佛者曰:"孔子吾师之弟子也。"为孔子者,习闻其说,乐其诞而自小也,亦曰:"吾师亦尝云尔[13]。"不惟举之于其口,而又笔之于其书。噫!后之人虽闻仁义道德之说,其孰从而求之?

甚矣!人之好怪也!不求其端,不讯其末[14],惟怪之欲闻。古之为民者四,今之为民者六;古之教者处其一,今之教者处其三[15]。农之家一,而食粟之家六,工之家一,而用器之家六,贾之家一,而资焉之家六;奈之何民不穷且盗也!

古之时,人之害多矣。有圣人[16]者立,然后教之以相生养之道[17],为之君,为之师,驱其虫蛇禽兽,而处之中土[18];寒然后为之衣,饥然后为之食;木处而颠,土处而病也[19],然后为之宫室;为之工以赡其器用[20],为之贾以通其有无,为之医药以济其夭死,为之葬埋祭祀以长其恩爱,为之礼以次其先后,为之乐以宣其湮郁[21],为之政以率其怠倦[22],为之刑以锄其强梗;相欺也,为之符玺斗斛权衡[23]以信之,相夺也,为之城郭甲兵以守之;害至而为之备,患生而为之防。今其言曰:"圣人不死,大盗不止;剖斗折衡,而民不争。"呜呼!其亦不思而已矣!如古之无圣人,人之类灭久矣。何也?无羽毛鳞介以居寒热也，无爪牙以争食也。

是故君者出令者也，臣者行君之令而致之民者也，民者出粟米麻丝、作器皿、通货财以事其上者也。君不出令，则失其所以为君；臣不行君之令而致之民，民不出粟米麻丝、作器皿、通货财以事其上，则诛⁽²⁴⁾。今其法曰："必弃而君臣⁽²⁵⁾，去而父子，禁而相生养之道⁽²⁶⁾。"以求其所谓"清净""寂灭"⁽²⁷⁾者。呜呼！其亦幸而出于三代之后，不见黜

于禹、汤、文、武、周公、孔子也；其亦不幸而不出于三代⁽²⁸⁾之前，不见正于禹、汤、文、武、周公、孔子也。

帝之与王⁽²⁹⁾，其号名殊，其所以为圣一也。夏葛而冬裘，渴饮而饥食，其事殊，其所以为智一也。今其言曰："曷不为太古之无事⁽³⁰⁾！"是亦责冬之裘者曰："曷不为葛之之易也！"责饥之食者曰："曷不为饮之之易也！"

传曰："古之欲明明德于天下者，先治其国；欲治其国者，先齐其家；欲齐其家者，先修其身；欲修其身者，先正其心；欲正其心者，先诚其意。"然则古之所谓正心而诚意者，将以有为⁽³¹⁾也。今也欲治其心，而外天下国家⁽³²⁾，灭其天常⁽³³⁾，子焉而不父其父，臣焉而不君其

君，民焉而不事其事。孔之作《春秋》也，诸侯用夷礼则夷之；进于中国则中国之。《经》曰："夷狄之有君，不如诸夏之亡(34)"《诗》曰："戎狄是膺，荆舒是惩(35)。"今也举夷狄之法，而加之先王之教之上，几何其不胥而为夷(36)也！

夫所谓先王之教者，何也？博爱之谓仁，行而宜之之谓义，由是而之焉之谓道，足乎己无待于外之谓德。其文：《诗》、《书》、《易》、《春秋》；其法：礼、乐、刑、兵；其民：士、农、工、贾；其位：君臣、父子、师友、宾主、昆弟、夫妇；其服：麻、丝；其居：宫、室；其食：粟米、果蔬、鱼肉；其为道易明，而其为教易行也。是故以之为己(37)，则顺而祥；以之为人，则爱而公(38)；以之为心，则和而平；以之为天下国家，无所处而不当。是故生则得其情(39)，死则尽其常(40)；郊焉而天神假(41)，庙焉而人鬼飨(42)。曰："斯道也，何道也？"曰："斯吾所谓道也，非向所谓老与佛之道也。尧以是传之舜，舜以是传之禹，禹以是传之汤，汤以是传之文、武、周公，文、武、周公传之孔子，孔子传之孟轲；轲之死，不得其传焉。荀与扬也，择焉而不精(43)，语焉而不详(44)。由周公而上，上而为君，故其事行；由周公而下，下而为臣，故其说长。"

然则如之何而可也？曰："不塞不流，不止不行(45)。人其人(46)，火其书(47)，庐其居(48)，明先王之道以道之，鳏寡孤独废疾者有养也。其亦庶乎其可也。"

【注释】

（1）原道：即探求道的本原。

(2) 仁与义为定名：名，事物的名称。定，固定，一定。循名而得其实，名实相符，不可移易。仁和义具有一定的实际内容，所以说是定名。

(3) 道与德为虚位：虚位，空位。道德是需要实际的内容去充实它，所以说是虚位。换言之，仁义和道德是具体和抽象的分别。

(4) 故道有君子小人：君子之道，就是上文所说的含有仁义内容的道。小人之道，是没有仁义做内容的道。

(5) 老子之小仁义：老子："大道废，有仁义。"又说："失道而后德，失德而后仁，失仁而后义，失义而后礼。"所以韩愈说是将仁义的内容缩小了。

(6) 煦煦：和蔼的样子，这里却是指所爱不广博。

(7) 孑孑：形容孤立，脱离现实。

(8) 周道衰：指周平王东迁以后，政令不能统一全国。

(9) 火于秦：秦始皇（嬴政）三十四年，下令烧毁秦国以外的别国历史书籍。不是博士掌管的民间所藏的诗、书、百家语，一律烧毁。

(10) 不入于杨，则入于墨：杨，杨朱。墨，墨翟。这两句是指战国时代，人们不是相信杨朱的学说就是相信墨翟的学说。

(11) 不入于老，则入于佛：这两句所说的情况是指汉以后直至唐代。

(12) 老者曰，孔子吾师之弟子也：老者，尊崇老子学说的人。庄子书不止一次说孔子曾向老聃问道。

(13) 吾师亦尝云尔：吾师，儒者指孔子。这句说，儒者以为，孔子确曾说过这样话，承认他自己向老子问过礼，并且把老子的话引来教他的弟子曾参。

(14) 不求其端，不讯其末：求端讯末，是追问始末，探索全面的意思。

(15) 古之教者处其一，今之教者处其三：古之教者，就是下文所说的"先王之教"，实指儒教。今之教者，是佛教、道教和"先王之教"并立。

(16) 圣人：是指通达事理的人。

(17) 相生养之道：相互合作，维持生存和生活的方式和规律。

(18) 中土：土质深厚，适于耕植的中原地带。

(19) 木处而颠，土处而病也：处，居。木处，相传洪水时代，人民在树上架巢而居。颠，颠仆。土处，就是穴居野处。

(20) 赡其器用：赡，给足、充分供应的意思。

(21) 为之乐以宣其湮郁：乐，音乐。宣，宣泄，发舒。湮郁和抑郁相同，情志抑塞不舒。

(22) 怠倦：怠惰，不勤奋。

（23）符玺斗斛权衡：符，古代遣使、调兵等所用凭证。玺，玉制的印信，古时通用，到秦时成为皇帝专用印信的名称。权，秤锤。衡，秤杆。

（24）则诛：诛，作责罚解，是承上文臣民而言，责以"应得之罪"的意思。

（25）弃而君臣：而，作"汝""你"解，下两句亦同，僧人见皇帝不拜，不行世俗上臣见君的礼节。

（26）去而父子，禁而相生相养之道：是说僧人弃世出家，断绝亲属和社会关系，不娶妻，不生子，不生产，不劳动等等。

（27）清净寂灭：佛家以离一切恶行烦恼为清净。寂灭是梵文"涅槃"的义译，据说修行到这个地步，其体"寂静"，离一切"相"，所以说是寂灭。

（28）三代：夏、殷、周。

（29）帝之与王：帝，五帝。司马迁说：黄帝、颛顼、帝喾、尧、舜为五帝。王，三王：夏禹、殷汤、周文王。

（30）曷不为太古之无事：曷，何，为什么。

（31）有为：有作为。指修身、齐家、治国、平天下。

（32）而外天下国家：

外，推而远之、遗弃的意思。

（33）天常：就是封建社会人类关系种种结合的总称。

（34）《经》曰：夷狄之有君，不如诸夏之亡：古代把北方的少数民族称作狄，这里也是作为一般外国通称。诸夏，中国。亡，同"无"。这两句是说，夷狄虽然也有君主，却没有所谓礼义；中国也有没有君主的时候，例如周厉王被人民放逐以后，周公、召公共同管理国政，号称共和，却仍旧是"礼义之邦"。

（35）《诗》曰：戎狄是膺，荆舒是惩：古代西方的少数民族称作戎。荆就是楚国。舒是服属于楚的小国，今安徽舒城地区。春秋时代，周朝把荆、舒当作"夷狄"看待。膺，打击。惩，惩罚。

（36）胥而为夷：胥，相引的意思。

（37）以之为己：以，用。之，指"先王之教"。为，治。己，个人自身。

（38）爱而公：就是所说的"博爱之谓仁"。

（39）是故生则得其情：是说有"天常"，人和人的关系"合乎情理"。

（40）死则尽其常：是说人人终其天年，丧葬都节之以礼。

（41）郊焉而天神假：古代祭天在南郊（城外称作郊），因此就称祭天作郊。假，意义和"来"字相同。

（42）庙焉而人鬼飨：庙，宗庙祭祀的意思。人鬼，指已逝世的祖宗等。飨同享，饮食。古人迷信祭祀时神鬼会"来""吃"祭品。

（43）择焉而不精：是说材料丰富而欠简择，不全是精华。

（44）语焉而不详：是说说得过于简略，还欠详细。

（45）不塞不流，不止不行：佛、老之道，不塞不止，则圣人之教不流不行。

（46）人其人：是使道士僧徒返还四民队伍之中，各就本业。

（47）火其书：凡是宣传佛、老教义的书，统统烧毁。

（48）庐其居：把所有寺观，利用为住房。

原　　毁(1)

古之君子，其责己也重以周(2)，其待人也轻以约(3)。重以周，故不怠；轻以约，故人乐为善。闻古之人有舜者，其为人也，仁义人也；求其所以为舜者，责于己曰："彼人也，予人也，彼能是，而我乃不能是。"早夜以思，去其不如舜者，就其如舜者。闻古之人有周公(4)者，其为人也，多才与艺人也；求其所以为周公者，责于己曰："彼人也，予人也，彼能是，而我乃不能是。"早夜以思，去其不如周公者，就其如周公者。舜，大圣人也，后世无及焉；周公，大圣人也，后世无及焉。是人也，乃曰："不如舜，不如周公，吾之病也。"是不亦责于身者重以周乎！其于人也，曰："彼人也，能有是，是足为良人矣。""能善是，是足为艺人(5)矣。"取其一不责其二，即其新不究其旧，恐恐然(6)惟惧其人之不得为善之利。一善易修也，一艺易能也，其于人也，乃曰："能有是，是亦足矣。"曰："能善是，是亦足矣。"不亦待于人者轻以约乎！

今之君子则不然：其责人也详(7)，其待己也廉(8)。详，故人难于

为善；廉，故自取也少。己未有善，曰："我善是，是亦足矣。"己未有能，曰："我能是，是亦足矣。"外以欺于人，内以欺于心，未少有得而止矣。不亦待其身者已廉乎！其于人也，曰："彼虽能是，其人不足称也。""彼虽善是，其用不足称也。"举其一不计其十，究其旧不图其新[9]，恐恐然惟惧其人之有闻也。是不亦责于人者已详乎！夫是之谓不以众人待其身，而以圣人望于人[10]，吾未见其尊己也。

虽然，为是者，有本有原：怠与忌之谓也。怠者不能修，而忌者畏人修。吾常试之矣，尝试语于众曰："某良士。某良士。"其应者，必其人之与也[11]；不然，则其所疏远不与同其利者也；不然，则其畏也。不若是，强者必怒于言[12]，懦者必怒于色矣。又尝语于众曰："某非良士。某非良士。"其不应者，必其人之与也；不然，则其所疏远不与同其利者也；不然，则其畏也。不若是，强者必说于言，懦者必说于色矣。是故事修而谤兴，德高而毁来。呜呼！士之处此世，而望名誉之光、道德之行，难已！将有作于上者[13]，得吾说而存之，其国家可几而理⁽¹⁴⁾欤!

【注释】

(1) 原毁:推原当时士大夫阶级所以要谤毁别人的缘故。

(2) 重以周:严重而周密、全面的意思。

(3) 轻以约:轻松而简单。

(4) 周公:周公是多才多艺的人,所以把他作"为臣"的代表。

(5) 艺人:有才艺的人。

(6) 恐恐然:忧惧、谨慎的样子。

(7) 其责人也详:责备别人非常苛细。

(8) 其待己也廉:廉,少。待己廉,对自己的要求很少,不严格。

(9) 究其旧不图其新:专门追究别人旧的过差,而不想赞许别人新的成就和进步方面。

(10) 而以圣人望于人:用圣人的标准来要求别人。

(11) 必其人之与也:必是那人的党羽、朋友等人。

(12) 怒于言:用言语来表示愤怒的情状。

(13) 有作于上者:居上位而有作为的人。

(14) 几而理:几,近,读平声。

原 人

形⁽¹⁾于上者谓之天，形于下者谓之地，命⁽²⁾于其两间⁽³⁾者谓之人。

形于上，日月星辰皆天也；形于下，草木山川皆地也；命于其两间，夷狄禽兽皆人也。

曰：然则吾谓禽兽人可乎？曰：非也。指山川而问焉，曰：山乎？曰山，可也。山有草木禽兽，皆举之矣。指山之一草而问焉，曰：山乎？曰山，则不可。故天道⁽⁴⁾乱，而日月星辰不得其行；地道乱，而草木山川不得其平；人道乱，而夷狄禽兽不得其情。

天者，日月星辰之主也；地者，草木山川之主也；人者，夷狄禽兽之主也。主而暴⁽⁵⁾之，不得其为主之道矣。是故圣人一视而同仁，笃近而举远。

【注释】

(1) 形：动词，成形，具象。

(2) 命：生存。

(3) 两间：指天地之间。

(4) 道：规律、秩序。

(5) 暴：强暴，凌虐。

原　鬼

有啸于梁(1)，从而烛(2)之，无见也，斯鬼乎？曰：非也，鬼无声。有立于堂，从而视之，无见也，斯鬼乎？曰：非也，鬼无形。有触吾躬(3)，从而执之，无得也，斯鬼乎？曰：非也，鬼无声与形，安有气？曰：鬼无声也，无形也，无气也。

果无鬼乎？曰：有形而无声者，物有之矣，土石是也；有声而无形者，物有之矣，风霆是也；有声与形者，物有之矣，人兽是也；无声与形者，物有之矣，鬼神是也。

曰：然则有怪而与民物接者何也？曰：是有二，有鬼有物。漠然无形与声者，鬼之常也。民有忤于天(4)，有违于民，有爽于物，逆于伦(5)，而感于气，于是乎鬼有形于形(6)，有凭于声(7)以应之，而下殃祸焉，皆民之为之也。其既也，又反乎其常。曰：何谓物？曰：成于形与声者，土石风霆人兽是也；反乎无声与形者，鬼神是也;不能有形与声,不能无形与声,物怪是也。

故其作而接于民也无恒⁽⁸⁾,故有动于民而为祸,亦有动于民而为福,亦有动于民而莫之为祸福,适丁民之有是时也⁽⁹⁾,作原鬼。

【注释】

(1) 梁:房梁。

(2) 烛:以灯光烛照。

(3) 躬:身体。

(4) 忤于天:得罪上天。

(5) 逆于伦:违反伦常。

(6) 形于形:借助于具体形象。

(7) 凭于声:借助于声音。

(8) 无恒:不经常。

(9) 适丁民之有是时也:正值百姓遇到了这方面的困惑。指百姓被佛教学说所迷惑。

原　　性⁽¹⁾

性也者,与生俱生也。情也者,接于物而生也⁽²⁾。

性之品有三,而其所以为性者五⁽³⁾。情之品有三,而其所以为情者七。曰：何也？曰：性之品有上、中、下三。上焉者，善焉而已矣；中焉者，可导而上下也；下焉者，恶焉而已矣。其所以为性者五：曰仁、曰礼、曰信、曰义、曰智。上焉者之于五也，主于一而行于四[4]。中焉者之于五也，一不少有焉则少反焉，其于四也混。下焉者之于五也，反于一而悖于四[5]。性之于情视其品。情之品有上、中、下三。其所以为情者七：曰喜、曰怒、曰哀、曰惧、曰爱、曰恶、曰欲。上焉者之于七也，动而处其中[6]。中焉者之于七也，有所甚有所亡，然而求合其中者也[7]。下焉者之于七也，亡与甚直情而行者也[8]。情之于性视其品[9]。

孟子之言性曰：人之性善。荀子之言性曰：人之性恶。扬子之言性曰：人之性善恶混。夫始善而进恶、与始恶而进善、与始也混而今也善恶，皆举其中而遗其上下者也，得其一而失其二者也[10]。叔鱼之生也，其母视之，知其必以贿死[11]。杨食我之生也，叔向之母闻其号也，知必灭其宗[12]。越椒之生也，子文以为大戚，知若敖氏之鬼不食也。人之性果善乎？后稷之生也，其母无灾；其殆匍匐也，则岐岐然，嶷嶷然[13]。文王之在母也，母不忧[14]；既生也，傅不勤；既学也，师不烦。人之性果恶乎？尧之朱、舜之均、文王之管蔡，习非不善也，而卒为奸[15]。瞽叟之舜、鲧之禹，习非不恶也，而卒为圣[16]。人之性果善恶混乎？

故曰：三子之言性也，举其中而遗其上下者也；得其一而失其二者也。曰：然则性之上下者，其终不可移乎[17]？曰：上之性就学而愈明，下之性畏威而寡罪，是故上者可教，而下者可制也[18]。其品则孔子谓不移也[19]。曰：今之言性者异于此，何也？曰：今之言者，杂佛老而言也。杂佛老而言也者，奚言而不移[20]？

【注释】

（1）原性：一作性原，非是。

（2）性也者句：性是与生一起来的，情是接触事物而后产生的。

（3）性之品句：性有三个品级，有五个方面的内容。 品：等级。 所以为性者：因此而构成性的内容。 所：特殊的指示代词。

（4）主于一而行于四：以仁礼信义智五德中之一德为主，通于其余四德。

（5）反于一而悖于四：于五德之一相反，于其余四德相悖违。

（6）动而处其中：七情之动适得其中，无过与不及。 中：适中，相符。

（7）中焉者句：中人之情对于七情的要求，有时超过了，有时没达到。但是却能求合其中。 甚：过，超过。 亡：不及，没达到。

(8) 亡与甚直情而行者：拘于过与不及而不知返。 直：径直、一直。 直情而行者：任情而行。

(9) 情之于性句：情对于性要看它的品级，也就是性茂则情茂。

(10) 举其中句：对于性的上、中、下三个品级来说，全都是提出中间的，而丢掉了上下两个品级；得到其中一项，而失掉了其他两项。举：推行，提出。

(11) 叔鱼之生句：叔鱼，羊舌鲋字，春秋时晋大夫羊舌肸之弟。

(12) 杨食我：晋大夫羊舌肸之子伯石，字食我，食采于杨，故称杨食我。

(13) 后稷之生：后稷，周人的先祖。其母姜源履巨人迹受孕而生后稷。

(14) 文王之在母：文王之母太任，性情端壹诚庄，及其有孕，目不视邪色，耳不听淫声，口不出傲言，能以胎教子而生文王，故称母不忧。

(15) 尧之朱句：尧之子丹朱，舜之子商均。

(16) 瞽叟之舜句：瞽叟，舜之父。鲧，禹之父。两人品质恶劣。

(17) 然则性之上下者句：那么这样，性的上下之间，那是始终不可改变的吗？ 移：变动，改变。 然则：那么这样。

(18) 上之性句：上等品级的性通过学习就会更加分明，下等品级的性因为惧怕威力而会减少有罪。因此，上品之性可以教育，而下品之性也可以控制。制：控制，引导。

(19) 其品句：性的三个品级，孔子说是不可改变的。

(20) 奚言而不移：哪里能说没有变化呢？

杂　　说(1)（四首之一）

龙嘘气成云，云固弗灵于龙也。然龙乘是气，茫洋穷乎玄间(2)，薄日月(3)，伏光景，感震电，神变化(4)，水下土(5)，汨陵谷(6)：云亦灵怪矣哉！

云，龙之所能使为灵也，若龙之灵，则非云之所能使为灵也。然龙弗得云，无以神其灵矣，失其所凭依(7)，信不可欤！(8)异哉！其所凭依，乃其所自为也。

易曰："云从龙。"(9)既曰龙，云从之矣。

【注释】

（1）杂说：说是议论文的一体。

（2）茫洋穷乎玄间：茫洋，深远广大的意思。穷，极尽，到达。玄，幽远。古语：天玄而地黄。穷玄间，是说到了宇宙间至幽至远的空间。

（3）薄日月：迫近日月，极言高远。

（4）神变化：神是妙远不测，这里是动词，使其变化如神而难

测的意思。

(5) 水下土：水，作动词用。说云化为雨，润泽大地上的万物。

(6) 汩陵谷：汩，水流。陵，高大的土山。谷，山中之水流出去和外面的大川相通叫作谷。

(7) 凭依：凭，凭藉。依，依托。

(8) 信不可欤：信，实在。

(9) 易曰："云从龙。"：意为云随龙而起。

杂　　说（四首之二）

善医(1)人者，不视人之瘠肥，察其脉之病否(2)而已矣；善计天下者(3)，不视天下之安危，察其纪纲(4)之乱否而已矣。天下者，人也；安危者，肥瘠也；纪纲者，脉也。脉不病，虽瘠不害；脉病而肥者，死矣。通(5)于此说者，其知所以为天下乎！

夏、殷、周之衰也，诸侯作(6)而战伐日行矣。传数十王而天下不倾者，纪纲存焉耳。秦之王(7)天下也，无分势于诸侯,聚兵而焚之⁽⁸⁾;传二世而天下倾者,纪纲亡焉耳。是故四支虽无故,不足恃也,脉而已矣;天下虽无事,不足矜⁽⁹⁾也,纪纲而已矣。忧其所可恃,惧其所可矜,善医善计者,谓之天扶与之。《易》曰:"视履考祥。"⁽¹⁰⁾善医善计者为之。

【注释】

(1) 医:治疗。善医人者,医术高超之人。

(2) 病否:病或不病。

(3) 善计天下者:计,谋划,运筹。

(4) 纪纲:法度。

(5) 通:通晓,明白。意为明白这个道理的人,就了解如何治理天下了。

(6) 作:兴起。意为当夏、商、周三代处于其衰败期的时候,诸侯纷纷出现而互相攻战不止。

(7) 王:动词,统治之意。

(8) 聚兵而焚之:兵,兵器。意为秦国统治天下之时,没有形成诸侯割据之势,将兵器收缴而焚毁。

(9) 矜:自我夸耀。

(10) "视履考祥":意为福祸取决于实践结果,如果实践圆满,自然吉利。

杂　　说（四首之四）

世有伯乐⁽¹⁾，然后有千里马。千里马常有，而伯乐不常有，故虽有名马，只辱于奴隶人之手⁽²⁾，骈死于槽枥之间⁽³⁾，不以千里称也。

马之千里者，一食或尽粟一石，食马者不知其能千里而食也⁽⁴⁾。是马也，虽有千里之能，食不饱，力不足，才美不外现，且欲与常马等不可得，安求其能千里也！策之不以其道⁽⁵⁾，食之不能尽其材⁽⁶⁾，鸣之而不能通其意，执策而临之曰："天下无马。"呜呼！其真无马邪？其真不知马也！

【注释】

（1）伯乐：春秋时期秦国人，姓孙名阳，字伯乐，善于驭马、相马。

（2）只辱于奴隶人之手：辱，指不给予应得的待遇。奴隶，指替主人牧养或驾驭马匹的人。

（3）骈死于槽枥之间：骈死，一同死去。槽枥，马匹吃料、睡眠的地方。

（4）食，同"饲"，即喂养。

（5）策：马鞭之类用具，这里作为动词，为鞭策、驾驭之意。

（6）食之不能尽其材：不能按马能有的食量来喂养。

师　　说

　　古之学者必有师，师者所以传道授业解惑也。人非生而知之者，孰能无惑？惑而不从师，其为惑也，终不解矣。生乎吾前，其闻道也，固先乎吾，吾从而师之；生乎吾后，其闻道也，亦先乎吾，吾从而师之。吾师道也⁽¹⁾，夫庸知⁽²⁾其年之先后生于吾乎！是故无贵无贱，无长无少，道之所存，师之所存也。

　　嗟乎！师道⁽³⁾之不传也久矣，欲人之无惑也难矣。古之圣人，其出人也远矣⁽⁴⁾，犹且从师而问焉。今之众人，其下圣人也亦远矣，而耻学于师。是故圣益圣，愚益愚，圣人之所以为圣，愚人之所以为愚，其皆出于此乎！

　　爱其子，择师而教之，于其身也，则耻师焉，惑矣！彼童子之师，授之书而习其句读⁽⁵⁾者，非吾所谓传其道解其惑者也。句读之不知，惑之不解，或师焉，

或不焉⁽⁶⁾，小学而大遗⁽⁷⁾，吾未见其明也。

巫医乐师百工之人，不耻相师⁽⁸⁾。士大夫之族，曰师曰弟子云者，则群聚而笑之。问之，则曰彼与彼年相若⁽⁹⁾也，道相似也，位卑则足羞，官盛⁽¹⁰⁾则近谀。呜呼！师道之不复可知矣。巫医乐师百工之人，君子不齿⁽¹¹⁾，今其智乃反不能及，其可怪也欤！

圣人无常师⁽¹²⁾：孔子师郯子、苌弘、师襄、老聃；郯子之徒，其贤不及孔子。孔子三人行则必有我师。是故弟子不必不如师，师不必贤于弟子，闻道有先后，术业有专攻，如是而已。

李氏子蟠⁽¹³⁾，年十七，好古文，六艺经传⁽¹⁴⁾，皆通习之，不拘于时，学于余。余嘉其能行古道，作"师说"以贻⁽¹⁵⁾之。

【注释】

（1）吾师道也：我所要师从学习的是"道"。这里师是动词。

（2）夫庸知：夫，语词。庸，岂、何。夫庸知，还哪里计较。

（3）师道：和上文"师道"不同，名词。

（4）古之圣人，其出人也远矣：圣人的解释很多，此文以圣人和众人对文，是指所谓智力和道德高出一般人的人。出，超过。远，相差太多，距离很大。

（5）句读：句，语意已经完足。语意还未足而在语气上需要略为停顿一下，叫作读。

（6）或不焉：这里不字同否字。

（7）小学而大遗：小学，指上文所说的"习其句读"，是微小的事。遗，遗忘，亡失。传道解惑是大事，却把它忘掉了，所以说大遗。

（8）巫医乐师百工之人，不耻相师：巫是古代祭神时候能歌舞以"娱神"、并能代主人"祝福"的人，同时也号称能为人"治病"。乐师，精通音乐的人，乐官。百工，说工技种类之多。以上都是有专门技艺的人，一定要向老师去学习，师傅弟子世世传授，不断继承钻研和发明创造，才能专精，所以他们"不耻相师"。

（9）相若：若，似。相若相似，差不多。

（10）官盛：官盛，原是说大臣有许多属官的意思，此作"官大"解。

（11）君子不齿：齿，等列。不齿，不和"百工之人"等等齐，不同他们讲钧礼。

（12）圣人无常师：常师，专门跟某一人学习。无常师，随时随地不断向人们学习。

（13）李氏子蟠：李蟠，德宗贞元十九年进士。

（14）六艺经传：六艺，指易、诗、书、礼、乐、春秋，也称作六经。经传，指经书的本文和另一人所作的"传"。

（15）贻：和"遗"通用，赠给。

行　难[1]

或问："行孰难[2]？"曰："舍我之矜，从尔之称，孰能之[3]？"曰："陆先生参[4]，何如？"曰："先生之贤闻天下，是是而非非[5]。贞元中自越州征拜祠部员外郎,京师之人日造焉[6],闭门而拒之满街,愈尝往间客席[7],先生矜语其客曰:'某胥也,某商也,其生某任之;其死某诔之[8]。某与某可人也。任与诔也,非罪欤[9]?'皆曰:'然。'愈曰:'某之胥,某之商,其得任与诔也有由乎[10]?抑有罪不足任而诔之邪[11]?'先生曰:'否,吾恶其初,不然任与诔也何尤[12]?'愈曰:'苟如是,先生之言过矣。昔者管敬子取盗二人为大夫于公。赵文子举管库之士七十有余家[13]。夫恶求其初[14]?'先生曰:'不然。彼之取者贤也。'愈曰:'先生之所谓贤者,大贤欤?抑贤于人之贤欤,齐也、晋也,且有二与七十,而可谓天下无其人邪?先生之选人也已详[15]。'先生曰:'然。'愈曰:'圣人不世出,贤人不时出,千百岁之间傥有焉[16]。不幸而有出于胥商之族者,先生之说传[17],吾不忍赤子之不得乳于其母也[18]。'先生曰:'然。'他日又往坐焉。先生曰:'今之用人也不详,位于朝者,吾取某与某而已;在下者多于朝,凡吾与者若干人[19]。'愈曰:'先生之与者,尽于此乎?其皆贤乎?抑犹有举其多而缺其少乎[20]?'先生曰:'固然,吾敢求其全[21]?'愈曰:'由宰相而至百执事凡几位[22]?由一方至一州凡几位?先生之得者,无乃不足充其位邪[23]?不早图之,一朝而举焉,今虽详,其后用也必粗。'先生曰:'然。之子言,孟轲不如。'"

【注释】

(1) 行难:韩愈《与祠部陆参员外书》写于贞元十八(802)年。此篇言陆参自越州召拜祠部员外郎,故应在此以前。

(2) 或问句:有人问:"行为何难?" 孰:为何。

（3）舍我之矜句：没有我的骄矜，而有你的声望，谁能做到这样。 舍：放弃，这里作"没有"解。 矜：骄傲，骄矜。 从：听从，顺从。这里解作"有"。

（4）陆先生参：陆参先生。参，又作"傪"，曾任祠部员外郎。

（5）是是而非非：肯定正确的，否定错误的，即是非分明。第一个"是"：动词，认为对，引申为肯定。第一个"非"：动词，认为错，引申为否定。

（6）京师之人日造焉：京城的人每天前往他家拜访。 京师：京城，指长安。 日：状语，每天。 造：到……去。 焉："之也"的兼词。之，代陆参的家。

（7）愈尝往间客席：我曾经前往夹坐在客人的席位上。 愈：韩愈自称。 尝：曾经。 间：夹缝。 客席：客人的席位上。

（8）某胥也句：某位官吏，某位商人，他生的时候我任用他；他死的时候我悼念他。 胥：小官吏。 任之：任用他。 诔之：哀悼他。诔：古代用作表彰死者德行，并致哀悼的文辞，用于上对下。

（9）某与某可人也句：某与某是什么人啊？任用与哀悼他们，不是罪过吗？ 可人：何人。

（10）某之胥句：某官吏、某商人，他得以任用和哀悼有什么理由吗？ 某之胥、某之商之"之"：改变结构，无实义。 由：理由，原因。

（11）抑有罪句：还是有罪不值得任用与哀悼呢？ 抑：还是，可是。 足：配，值得。

（12）吾恶其初句：我厌恶他们的当初，不然的话，任用和哀悼有什么值得责备的？ 恶：厌恶，讨厌。 尤：责备，责怪。

(13) 赵文子举管库之士：赵文子：名武，晋国大夫。

(14) 夫恶求其初：哪里是求他们的当初呢？ 夫：句首语气词，无实义。 恶：何，哪里。

(15) 先生之选人：先生选拔人才已经很严格了。 详：周详，全面，严格。

(16) 圣人不世出句：世：一世，三十年为一世。 时：时常，经常。 倘：倘或。

(17) 不幸而有句：不幸而有从官吏和商人中间选出来的贤人，先生的说法便得以流传。 不幸：不希望发生而竟然发生。 族：类。 传：流传。

(18) 吾不忍赤子句：我不忍心看见因为母亲出身低微赤子便不吃母亲乳汁的现象。

(19) 今之用人也句：现在用人不严格，在朝中任职的人，吾就取某与某罢了；在下面的反而比朝中多，凡是我赞同的还有若干人。 与：赞许，赞同。 若干，约计之辞。

(20) 抑犹有举其多句： 抑：抑或，或者。 举：推荐，选拔。 多：善； 少：恶。

(21) 吾敢求其全：我哪里敢对人才求全责备呢？

(22) 由宰相句：从宰相到各种官吏，一共有几位真正的贤人？ 执事：指侍从左右供使令的人。

(23) 先生之得者句：先生所得到的人，恐怕不够充实那些职位吧？

读荀子[1]

　　始吾读孟轲书，然后知孔子之道尊，圣人之道易行，王易王[2]，霸易霸也[3]。以为孔子之徒没，尊圣人者，孟氏而已。晚得扬雄书，益尊信孟氏[4]，因雄书而孟氏益尊，则雄者亦圣人之徒欤！

　　圣人之道，不传于世。周之衰[5]，好事者各以其说干时君[6]，纷纷藉藉相乱[7]，六经与百家之说错杂，然老师大儒犹在[8]。火于秦，黄、老于汉，其存而醇者[9]，孟轲氏而止耳，扬雄氏而止耳。及得荀氏书，于是又知有荀氏者也，考其辞时若不粹，要其归[10]，与孔子异者鲜矣[11]，抑犹在轲、雄之间乎！

孔子删诗、书，笔削春秋⁽¹²⁾，合于道者著之，离于道者黜去之，故诗、书、春秋无疵。余欲削荀氏之不合者，附于圣人之籍，亦孔子之志欤！孟氏，醇乎醇⁽¹³⁾者也。荀与扬，大醇而小疵。

【注释】

（1）读荀子：读过荀子这部书后，发表自己的评论意见，因此标题作读荀子。

（2）王易王：儒家所谓王，是以"德"服人（不靠武力）而把中国统一起来的意思。王易王，是说统一中国并不难。

（3）霸易霸也：霸，同"伯"，儒家所谓霸业，是诸侯中领导人率领诸侯做互相救灾恤难和攘（打退）夷狄、尊王室等事的意义。儒家以为霸诸侯者的功业，比王天下者的功业要差一等，既然王易王，自然霸诸侯的事业更容易做了。

（4）晚得扬雄书，益尊信孟氏：晚，晚暮，后来。扬雄说："古者杨、墨塞路，孟子辞（著书立说）而辟（驳斥和开除）之，廓如（形容广大）也。后之塞路者有矣，窃自比于孟子"（见法言吾子篇）。这是扬雄尊孟子的证明。

（5）周之衰：这里是指孔子逝世以后而言。

（6）好事者各以其说干时君："好"字作"喜"字解释。好事者，喜事者。如此称呼是对这类人不满的口吻。干，求。这句是说喜事的人想以自己的学说来请用于当时的君主，希望获得施行。

（7）纷纷藉藉相乱：纷纷，多。藉藉，同狼藉，形容纷乱的样子。

（8）然老师大儒犹在：指子夏、子贡等人，例如当时子夏居西河为魏文侯师,田子方学于子贡,吴起学于曾子等等。

(9) 存而醇者:存,留存。醇,不杂水的酒;这里和纯字义同,作纯、不杂解。

(10) 要其归:要,"约而言之",综括大旨的意思。归,归宿。

(11) 鲜矣:鲜,少,不多。鲜矣,是说很少有了,几乎没有了。

(12) 笔削春秋:春秋原是鲁国的历史书,孔子对它做过一番加工,笔是沿用旧文照录不改,削是削去原文有所改定。

(13) 醇乎醇:是说最为醇粹,没有一些渣滓,和"孝乎惟孝"、"神乎其神"等句法一样。

读墨子

儒讥墨以上同、兼爱、上贤、明鬼。而孔子畏大人(1),居是邦不非其大夫(2),《春秋》讥专臣,不上同哉?孔子泛爱亲仁(3),以博施济众为圣(4),不兼爱哉?孔子贤贤,以四科进褒弟子(5),疾殁世而名不称(6),不上贤哉?孔子祭如在,讥祭如不祭者(7),曰:"我祭则受福。(8)"不明鬼哉?

儒、墨同是尧、舜,同非桀、纣(9),同修身正心以治天下国家,奚不相悦(10)如是哉?余以为辩生于末学(11),各务售其师之说(12),非二师之道本然也。

孔子必用墨子,墨子必用孔子,不相用不足为孔、墨。

【注释】

（1）畏大人：大人，指当时的诸侯和卿大夫。畏，敬畏。

（2）居是邦不非其大夫：这句话是说，住在某一国家里，不说那个国家里大夫的坏处。

（3）泛爱亲仁：泛，普遍；泛爱，普遍爱一般人。仁，是指众人中道德修养更高的人，和他亲近，自己得益更多。

（4）博施济众为圣：博施，广施恩惠。济众，救众人的患难。这句是说能够做到"博施济众"的人，才可称为圣人。

（5）以四科进褒弟子：四科：德行、言语、政事，文学。进褒，评比奖励。

（6）疾殁世而名不称：疾，恨，憎恶。这句说：一个人从生到死，白做一世人，没有好名誉，是可恨的事。

（7）孔子祭如在，讥祭如不祭者：祭如在，祭祀自己的先人，仿佛看见先人还活在世上一样，就是"事死如事生"的意思。孔子又说：吾不与祭"如不祭"，说自己不能够亲自祭祀而请人代祭，虽然供上祭品一切如仪，又岂能表达我自己的敬意，那就等于不祭。见论语八佾篇。

（8）我祭则受福：意思是说：我祭祀先人，不丰不俭，合乎礼节，又能表示我的诚意，因此能得到鬼神歆享，而受福祉。

（9）同非桀、纣：非，否定。论语说："纣之不善"。孟子称道"汤放桀，武王伐纣"。墨子所染、非攻、明鬼诸篇都非难桀、纣。

（10）奚不相悦：奚，何，为什么。不相悦，不对头，说话说不到一处。

（11）末学：对学问没有深切研究，未能探寻到本源，仅仅得到一些末节和表面的东西。

（12）售其师之说：把先生的学说，像货物一样卖给别人。

读仪礼

余尝苦《仪礼》难读，又其行于今者盖寡⁽¹⁾，沿袭不同，复之无由考，于今诚无所用之。然文王、周公之法制，粗在于是⁽²⁾。孔子曰："吾从周。"谓其文章之盛也。古书之存者希矣⁽³⁾，百氏杂家尚有可取，况圣人之制度邪？于是掇其大要，奇辞奥旨著于篇，学者可观焉⁽⁵⁾。惜乎，吾不及其时⁽⁶⁾，进退揖让于其间⁽⁷⁾，呜呼盛哉。

【注释】

（1）其行于今者盖寡：它们能在今天实行的尚少。

（2）粗在于是：大体上都在这里。　粗：粗略，大体上。　是：这，这里，指《仪礼》。

（3）古书之存者希矣：宣传儒家思想的好书流传下来的很少了。希：通"稀。"

（4）这句的意思是：非儒家的各种学派著作还有可取之处，何况记载圣人制度的《仪礼》呢？

（5）掇其大要句：拾取它的要旨，特殊的辞句深奥的道理著于篇章之中，学者们可以阅读它。 掇：拾取。 大要：概要，要旨。 奇：特殊的。 奥：深奥。 焉："于是"的兼词。 是，此，指仪礼。

（6）吾不及其时：我没有赶上那个时代。 及：追及，赶上。

（7）进退揖让于其间：很有礼貌的进退其间。 揖让：古代宾主相见的礼节。揖，拱手行礼。

进学解(1)

国子先生，晨入太学，招诸生，立馆下(2)，诲之曰："业精于勤，荒于嬉；行成于思，毁于随(3)。方今圣贤相逢(4)，治具毕张，拔去凶邪，登崇俊良。占小善者率以录(5)，名一艺者无不庸(6)，爬罗剔抉(7)，刮垢磨光。盖有幸而获选，孰云多而不扬！诸生业患不能精，无患有司之不明，行患不能成，无患有司之不公。"

言未既，有笑于列者曰："先生欺余哉！弟子事先生，于兹有年矣。先生口不绝吟于六艺之文(8)，手不停披于百家之编(9)，记事者必提其要，纂言者必钩其玄(10)；贪多务得，细大不捐，焚膏油以继晷(11)，恒兀兀以穷年(12)：先生之业，可谓勤矣。

"牴排异端(13)，攘斥佛老，补苴罅漏(14)，张皇幽眇(15)，寻坠绪之茫茫，独旁搜而远绍，障百川而东之⁽¹⁶⁾，回狂澜于既倒：先生之于儒，可谓有劳矣。

"沈浸酴郁⁽¹⁷⁾，含英咀华，作为文章，其书满家。上规姚姒，浑浑无涯⁽¹⁸⁾，《周诰》、《殷盘》，佶屈聱牙，《春秋》谨严，《左氏》浮夸，《易》奇而法，《诗》正而葩；下逮《庄》、《骚》，太史所录，子云、相如，同工异曲⁽¹⁹⁾：先生之于文，可谓闳其中而肆其外矣。

"少始知学，勇于敢为；长通于方⁽²⁰⁾，左右具宜：先生之于为人，可谓成矣。

"然而公不见信于人，私不见助于友，跋前踬后⁽²¹⁾，动辄得咎，暂为御史，遂窜南夷⁽²²⁾，三年博士，冗不见治。命与仇谋，取败几时⁽²³⁾！冬暖而儿号寒，年丰而妻啼饥⁽²⁴⁾，头童齿豁⁽²⁵⁾，竟死何裨⁽²⁶⁾！不知虑此，而反教人为？"

先生曰："吁！子来前！夫大木为杗⁽²⁷⁾，细木为桷⁽²⁸⁾，欂栌侏儒⁽²⁹⁾，椳闑扂楔⁽³⁰⁾，各得其宜，施以成室者，匠氏之工也；玉札丹砂⁽³¹⁾，赤箭青芝，牛溲马勃⁽³²⁾，败鼓之皮⁽³³⁾，俱收并蓄，待用无遗者，医师之良也；登明⁽³⁴⁾选公，杂进巧拙，纡余为妍，卓荦为杰⁽³⁵⁾，校短量长，惟器是适者，宰相之方也。昔者孟轲好辩，孔道以明，辙环天下⁽³⁶⁾，卒老于行；荀卿守正，大论是弘，

逃逸于楚，废死兰陵(37)：是二儒者，吐辞为经，举足为法，绝类离伦，优入圣域(38)。其遇于世何如也？

"今先生，学虽勤而不繇其统(39)，言虽多而不要其中(40)，文虽奇而不济于用，行虽修而不显于众。犹且月费俸钱，岁靡廪粟(41)，子不知耕，妇不知织，乘马从徒(42)，安坐而食，踵常途之促促，窥陈编以盗窃(43)。然而圣主不加诛，宰臣不见斥，兹非其幸欤！动而得谤，名亦随之(44)，投间置散，乃分之宜。

"若夫商财贿之有亡(45)，计班资之崇庳(46)，忘己量之所称，指前人之瑕疵，是所谓诘匠氏之不以杙为楹(47)，而訾药医以昌阳引年，欲进其豨苓也。"

【注释】

（1）进学解：此文是元和八年韩愈任国子博士时（年四十六）的作品，假托先生向生徒训话勉励，生徒提出质问，先生再来解释，所以标题作进学解。

（2）招诸生，立馆下：馆，指国子馆，国子监的一部分，是培养贵族子弟的学校，有国子生八十人，三品以上官和国公的子孙、从二品以上官员的曾孙才能够进去肄业。

（3）行成于思，毁于随：思，用心去思考，三思而后行的意思。随，不加思考，随着坏人做坏事。

（4）圣贤相逢："圣"，指皇帝，"贤"，指执政大臣。当时宰相是李吉甫、武元衡、李绛。

（5）占小善者率以录：占，估计自己暗地里的意思。率，总计。

录，登录，录用。这说凡有一点小好处的人，当局无不加以录用。

（6）无不庸：庸，义同"用"。无不任用。

（7）爬罗剔抉：爬，梳爬。罗，搜罗。剔，挑出来。这和刮垢磨光二句是说当局搜罗拣选和"培养""训练"人才的种种措施。

（8）口不绝吟于六艺之文：六艺即六经。口不绝吟，是细细玩味诵读的意思。

（9）手不停披于百家之编：百家，极言著书立说者之多。手不停披，是广泛阅览的意思。

（10）纂言者必钩其玄：纂，同撰。玄，幽远。钩玄，把玄远幽深的理论或含义钩引揭发出来。

（11）焚膏油以继晷：晷，日光。焚膏油，指点灯照夜。

（12）恒兀兀以穷年：兀兀，同矻矻，是"苦劳"的意思，这说总是这样力作不息。

（13）牴排异端：牴，是用角去抵触。排，排斥。异端，指不合"圣人之道"的学说，实际就是指不合儒家主张的佛、道二家理论。

（14）补苴罅漏：苴，填塞。罅，裂缝。这是说前人的学说还不够完美，替他们补充一些的意思。

（15）张皇幽眇：张皇，张大。眇同渺。把幽深杳渺的道理开张光大起来。

（16）障百川而东之：障，一本作停。就是顺着地势，顺着水性，疏导众流，使之东流入海。

（17）沈浸醲郁：醲，味厚的美酒。郁，是用芳草合酿的酒。沈、浸，都是没入水中的意思。这句是借嗜好美酒来譬喻嗜好价值很高的古籍。

（18）上规姚姒，浑浑无涯：规，取范，摹拟。姚是帝舜的姓氏，这指虞书尧典、皋陶谟。姒，大禹的姓氏，这指夏书禹贡、甘誓。浑浑无涯，譬喻虞书、夏书内容的"广大深厚"，像"千顷之陂"一样，看不到涯岸。

（19）同工异曲：曲调虽然各各不同，却都很工妙，这是借音乐作譬喻。

（20）长通于方：方，礼法，礼义。这说年长时通达礼法。

（21）跋前踬后：跋前，前进有困难，踬，处处碰壁。

（22）暂为御史，遂窜南夷：事见论天旱人饥状注。窜，放逐。

（23）取败几时：取，语助词。这句说没有多久，你希望要做的事业又失败了。

（24）冬暖二句：加倍渲染生活困苦的情状。

（25）头童齿豁：头童，头发脱落。豁，张开。齿豁，齿牙残缺不全。

（26）竟死何裨：竟死，从初生到死亡。裨，补益。

（27）大木为㭼：巨大木材作栋梁。

（28）细木为桷：细小木材作椽子。

（29）樽栌侏儒：樽、栌都是支撑梁柱和屋脊的小木料。侏儒原为矮人之称。这里作短柱解。

(30) 根阒扂楔：根，户枢，是门户所以转动开关枢机，即置门轴的地方，形如臼，一名门臼。阒，门中央的短木，用以阻止门扇。扂，户牡，就是锁门用的木锁。楔，竖在门左右的短木，用来阻止车辆进出，免致触坏门扇。

(31) 玉札丹砂，赤箭青芝：玉札一名玉屑，又名琼浆。沈钦韩说："玉札盖如北史李预服玉之法，解为薄片，服时用苦酒削为饴（麦芽糖）耳。"丹砂，朱砂。依陶弘景说，赤箭，也是芝类植物。青芝，青色的芝草，相传生于泰山。以上四物，古人以为服食可以延年益寿。

(32) 牛溲马勃：牛溲，牛尿，治水肿、腹涨、脚满。马勃，生于湿地及腐木上，状如狗肝，治恶疮。

(33) 败鼓之皮：蒙在鼓上业已破败的皮，治虫毒。

(34) 登明：登，升用。明是耳目聪明没有被人蒙蔽的意思。

(35) 纡余为妍，卓荦为杰：纡余，屈曲。妍，美好。卓荦，超然杰出的意思。

(36) 辙环天下：辙是车轮所辗的轨迹。辙环天下，极言其足迹所到的广阔和辽远，是夸大之词。

(37) 废死兰陵：荀子原为兰陵（今山东峄县东六十里）令，罢官以后，就住在兰陵讲学，不再出来。

(38) 优入圣域：优，有余之

意。这句说孟子和荀卿两位大儒者已进入圣人的地域,绰绰有余。

（39）不繇其统：繇，同由。不繇其统，指不曾做有系统的学术研究。

（40）不要其中：要，约束，归宿。中，儒家的"中庸之道"。

（41）月费俸钱，岁靡廪粟：韩愈做国子博士，官级是正五品上，月得俸钱四十贯文，每年得禄米二百斛。靡，同糜，费。廪，仓库。

（42）从徒：从，跟随。徒，奴仆。

（43）窥陈编以盗窃：陈编，古籍。盗窃陈编，东抄西袭，没有什么心得和发明可言。

（44）动而得谤，名亦随之：谤，谤毁。动而得谤，差不多，一举一动、一言一行都遭到谤毁；一遭谤毁，名声也就随而显著了。

（45）商财贿之有亡：财贿二字同义。亡，同无。

（46）计班资之崇庳：班，指官位。资，资格。崇，高。庳，同卑，低下。

（47）诘匠氏之不以杙为楹：诘，问。杙，短木，断木。楹，柱。楹大而杙小，不能相代，却偏要质问木匠为什么不以杙代楹。

获麟解

麟之为灵昭昭也[1]。咏于《诗》，书于《春秋》[2]，杂出于传记百家之书，虽妇人小子皆知其为祥也[3]然麟之为物，不畜于家，不恒有于天下(4)。其为形也不类,非若马牛犬豕豺狼麋鹿然(5)。然则虽有麟,不可知其为麟也。角者吾知其为牛,鬣者吾知其为马,犬豕豺狼麋鹿,吾知其为犬豕豺狼麋鹿,惟麟也不可知;不可知,则其谓之不祥也亦宜(6)。虽然,麟之出必有圣人在乎位,麟为圣人出也。圣人者必知麟。麟之果不为不祥也(7)。又曰:麟之所以为麟者,以德不以形(8)。若麟之出,不待圣人,则谓之不祥也亦宜(9)。

【注释】

(1) 麟之为灵昭昭也:骐麟作为有灵性的动物是十分清楚的。

(2) 咏于《诗》,书于《春秋》:在《诗经》中有咏叹,在《春秋》中有记载。

(3) 虽妇人小子句:即使是妇女小孩都知道它是一个吉祥物。祥:吉祥。

(4) 不畜于家,不恒有天下:不畜养在家中,天下也不长有。畜:饲养禽兽。 恒:长久,固定不变。

(5) 其为形也不类句:它因为形体不与其他动物相似,不像马牛犬豕豺狼麋鹿。 为:因为。类:相似,相像。豕:猪。 豺:体较狼小。 麋:大型的鹿。

(6) 不可知,则其谓之不祥也亦宜:不能了解,那么把它称为不祥之物也是合适的。

(7) 圣人者必知麟句:圣人一定了解麟,麟果然不是不吉祥的。果:果然,果真。

(8) 以德不以形:凭借其德性而不凭借其形体。

(9) 若麟之出句：如果麟的出现，不等待圣人在位就自动出现，那么说它是不祥也是合适的。　待：等待。

后汉三贤赞三首

王充者何⁽¹⁾？会稽上虞，本自元城，爰来徙居⁽²⁾。师事班彪⁽³⁾，家贫无书。阅书于肆⁽⁴⁾，市肆是游，一见诵忆，遂通众流⁽⁵⁾，闭门潜思，《论衡》以修⁽⁶⁾。为州治中，自免归欤⁽⁷⁾，同郡友人，谢姓夷吾，上书荐之，待诏公车⁽⁸⁾，以病不行，年七十余。乃作《养性》，一十六篇。肃宗之时，终于永元。

王符节信，安定临泾⁽⁹⁾。好学有志，为乡人所轻，愤世著论，《潜夫》是名⁽¹⁰⁾。《述赦》之篇，以赦为贼，良民之甚⁽¹¹⁾，其旨甚明。皇甫度辽⁽¹²⁾，闻至乃惊，衣不及带，屣履出迎⁽¹³⁾，岂若雁门，问雁呼卿⁽¹⁴⁾。不仕终家，吁嗟先生！

仲长统公理，山阳高平⁽¹⁵⁾。谓高干⁽¹⁶⁾有雄志而无雄才，其后果败，以此有声⁽¹⁷⁾。俶傥⁽¹⁸⁾敢言，语默无常⁽¹⁹⁾，人以为狂生。州郡会召⁽²⁰⁾，称疾不就，著论见情⁽²¹⁾。初举尚书郎⁽²²⁾，后参丞相军事，卒不至于荣⁽²³⁾。论说古今，发愤⁽²⁴⁾著书，《昌言》是名。友人缪袭⁽²⁵⁾，称其文章，足继西京⁽²⁶⁾。四十一终，何其短邪！呜呼先生！

【注释】

(1) 王充者何：者，这个。何，如何。这句是说，王充这个人，是何等样人呢？此是问句，用以引起下文，以便历叙他一生的经历。

（2）爰来徙居：爰，语词，作"于是"解。徙，迁。王充父亲名诵，从元城迁居上虞。

（3）班彪：字叔皮，扶风人，作《汉书》，未成而殁，他的儿子班固和女儿班昭，先从继续编纂，方才成书。

（4）阅书于肆：肆，陈列货物售卖的场所。这说家贫只能在书店里读书。

（5）众流：流，流派。学派不同，犹如江河有大小方向的不同，因此称各家之书为"众流"。

（6）《论衡》以修：衡：平，论衡，是持平衡量诸家学说的意思。修，修改，修饰，是说不是草草成书。

（7）为州治中，自免归钦：州，指扬州；东汉会稽郡属扬州刺史管辖，刺史所在地在今安徽和县。治中，官名，职务是办理一州法令、簿籍、文书等事。自免归钦，自己请求免职归家。

（8）待诏公车：汉代未央宫有公车门（长乐宫、甘泉宫都有此门）。设有公车司马，是卫尉的属官，总领天下上书和皇帝征召等事。待诏公车，是上书以后，等候公车司马传发皇帝的诏令。

（9）王符节信，安定临泾：节信是王符的字，王符是安定临泾人。今陕西镇原县东南五十里有临泾故城。

（10）愤世著论，《潜夫》是名：愤世，对世事表示不满。夫，丈夫，男子的尊称。潜夫，犹言隐名氏，不愿发表自己的姓名。

（11）以赦为贼，良民之甚：贼，伤害，说大赦最是伤害良民，就是原书"恶人昌（盛）而善人伤"的意思。

（12）皇甫度辽：是度辽将军皇甫规的倒装句，皇甫规也是安定人。

(13) 衣不及带，屣履出迎：衣不及带，忽忽著衣服，没有把带束好；屣履，履不着足跟，就是拖着鞋，没有把鞋穿好。

(14) 岂若雁门，问雁呼卿：据本传所载："乡人有以货（钱财，指出钱买官）得雁门太守者，谒规，规卧不起，既入，而问卿前在郡食雁美乎？"一个是书生，一个是太守，皇甫规对书生则屣履出迎，对太守则卧而不起，都是两两对照。卿原是男子的美称，呼他作卿，而问他在雁门食雁美不美，是故意嘲讽他。

(15) 仲长统公理，山阳高平：仲，姓，名长统，字公理，山阳高平人。山阳，郡名。高平，今山东金乡县。

(16) 高干：袁绍外甥，投曹操，为并州刺史；后又背叛，兵败，走荆州，为上洛都尉王琰所杀。

(17) 有声：有名声。

(18) 俶傥：同倜傥，是不为礼法所拘的意思。

(19) 语默无常：有时敢说话，有时闭口不言。

(20) 州郡会召：州的长官是刺史，郡的长官是太守。会，会集，宴会。召，辟召，举他做属吏。

(21) 著论见情：大意是说不愿入帝王之门，情愿优游自乐其志。

(22) 尚书郎：属尚书令，掌管起草文书。

(23) 卒不至于荣：荣，指官荣禄厚。

(24) 发愤：发泄胸中抑郁不平之气。

(25) 缪袭：字熙伯，东海（今山东郯县西南）人。

(26) 称其文章，足继西京：文章当依本传作"才章"。西汉都长安，长安在洛阳（东汉首都）之西，称作西京；因此往往以"西京"

指称西汉时代。缪袭称仲长统的才能和文章足以上继西汉董仲舒、贾谊、刘向、扬雄诸人。

讳　　辩

愈与李贺[1]书，劝贺举进士。贺举进士有名，与贺争名者毁之，曰："贺父名晋肃，贺不举进士为是，劝之举者为非。"听者不察，和而唱之，同然一辞。皇甫湜[2]曰："若不明白，子与贺且得罪！"

愈曰："然。"《律》曰："二名不偏讳。"释之者曰：谓若言"徵"不称"在"，言"在"不称"徵"是也。《律》曰："不讳嫌名。"释之者曰：谓若"禹"与"雨"、"丘"与"蓲"之类是也。今贺父名晋肃，贺举进士，为犯"二名律"乎？为犯"嫌名律"乎？父名晋肃，子不得举进士；若父名"仁"，子不得为人乎？

夫讳始于何时？作法制以教天下者，非周公、孔子欤？周公作诗不讳[3]；孔子不偏讳二名[4]；《春秋》不讥不讳嫌名；康王钊之孙实为昭王；曾参之父名晳，曾子不讳"昔"[5]。周之时有骐期，汉之时有杜度，此其子宜如何讳？将讳其嫌，遂讳其姓乎？将不讳其嫌者乎？汉讳武帝名彻为"通"，不闻又讳"车辙"之"辙"为某字也；讳吕后名雉为"野鸡"不闻又讳"治天下"之"治"为某字也。今上章及诏不闻讳"浒""势""秉""饥"也，惟宦官宫妾乃不敢言"谕"及"机"，以为触犯[6]。士君子立言行事，宜何所法守也？今考之于经，质之于律，稽之以国家之典，贺举进士为可邪，为不可邪？

凡事⁽⁷⁾父母得如曾参，可以无讥矣；作人得如周公、孔子，亦可以止矣。今世之士，不务行曾参、周公、孔子之行，而讳亲之名则务胜于曾参、周公、孔子，亦见其惑也！夫周公、孔子、曾参卒不可胜；胜周公、孔子、曾参，乃比于宦者宫妾：则是宦者宫妾之孝于其亲，贤于周公、孔子、曾参者耶？

【注释】

（1）李贺（790—816），字长吉，河南府福昌县（今河南省宜阳县）昌谷人。中唐诗人。因其父名李晋肃之"晋"与进士之"进"同音，议者以贺避父讳不举进士为是，迫于舆论，李贺负才而不得科名，潦倒终生。

（2）皇甫湜：中唐古文家，韩愈之弟子。

（3）周公作诗不讳：周文王名昌，武王名发，周公有诗曰"在昌厥后"，曰"骏发尔私"，并未讳避"昌"与"发"。

（4）孔子曾说过"守不足徵"，"某在斯"，并未讳避"徵""在"。

（5）曾子不讳"昔"：曾参曾有言曰"昔者我友"，未避其父名"晳"。

（6）"浒""势""秉""饥""谕""机"：唐高祖名虎，太宗名世民，世祖名昞，玄宗名隆基，代宗名豫。

（7）事：动词，侍奉之意。

伯夷颂

　　士之特立独行，适于义⁽¹⁾而已，不顾人之是非，皆豪杰之士，信道笃而自知明者也。一家非之，力行而不惑者，寡矣；至于一国一州非之，力行而不惑者，盖天下一人而已矣；若至于举世非之，力行而不惑者，则千百年乃一人而已耳。若伯夷者，穷天地亘万世而不顾者也。昭乎日月不足为明，崒⁽²⁾乎泰山不足为高，巍乎天地不足为容也！

　　当殷之亡、周之兴，微子贤也，抱祭器而去之；武王、周公⁽³⁾圣也，率天下之贤士、从天下之诸侯而往攻之：未尝闻有非之者也。彼伯夷、叔齐者，乃独以为不可。殷既灭矣，天下宗周，彼二子乃独耻食其粟，饿死而不顾。繇⁽⁴⁾是而言，夫岂有求而为哉？信道笃而自知明者也。

　　今世之所谓士者：一凡人誉之，则自以为有余；一凡人沮之，则自以为不足。彼独非圣人，而自是⁽⁵⁾如此。夫圣人乃万世之标准也。余故曰：若伯夷者，特立独行，穷天地亘万世而不顾者也。虽然，微⁽⁶⁾二子，乱臣贼子接迹于后世矣。

【注释】

（1）适于义：适，适合。适于义，行而不逾于义也。

（2）崒：险峻，喻山之高峻。

(3) 武王、周公：武王，周武王，名姬发。率师伐商纣王，建立周王朝。周公，名姬旦，武王之弟。武王死后，辅佐武王之子成王为政，周公行政七年，成王长，周公返政成王，北面就群臣之位。

(4) 繇：通"由"。

(5) 自是：自以为正确。

(6) 微：非、无。此句意为：假如没有伯夷和叔齐的忠君行为，人们将不知忠君为美德，从而后世将会不断出现乱臣贼子。

子产⑴毁乡校颂

我思古人，伊郑之侨⑵，以礼相国⑶，人未安其教，游于乡之校，众口嚣嚣⑷。或谓子产，毁乡校则止。曰："何患焉，可以成美⑸。夫岂多言，亦各其志，善也吾行，不善吾避，维善维否，我于此视。川不可防，言不可弭⑹，下塞上聋，邦其倾矣⑺。"既乡校不毁，而郑国以理。

在周之兴，养老乞言；及其已衰，谤者使监：成败之迹，昭哉可观⑻。

维是子产，执政之式，维其不遇，化止一国。诚率是道⑼，相天下君，交畅旁达，施及无垠⑽。於呼！四海所以不理，有君无臣⑾，谁其嗣之，我思古人！

【注释】

(1) 子产：春秋时郑国大夫，名侨。

(2) 伊郑之侨：伊字作"是"字解。

(3) 相国：相国，佐理国政的意思。

(4) 嚣嚣：议论多。

(5) 成美：完成好事。

(6) 言不可弹：这句的意思舆论不可以用势力来禁止。

(7) 邦其倾矣：倾，倾倒，倾覆。全句说，国家就要危亡了。

(8) 昭哉可观：昭，明。这句说，很明白地可以看到。

(9) 诚率是道：若果能遵循这种作法。

(10) 交畅旁达，施及无垠：这两句连接上文说，如果子产治理国家的方法得到推广的机会，那么可以顺利地无界限地到处施行。

(11) 有君无臣：意思是有好的君主而没有好的臣子辅佐他。

爱直赠李君房别

左右前后皆正人也，欲其身之不正，焉可得邪？吾观李生在南阳公之侧，有所不知，知之未尝不为之思；有所不疑，疑之未尝不为之言；勇不动于气，义不陈乎色(1)。南阳公之举措施为不失其宜(2)，天下之所窥观称道洋洋者(3)，抑亦左右前后有其人乎！

凡在此趋公之庭，议公之事者，吾既从而游矣。言而公信之者，谋而公从之者，四方之人则既闻而知之矣。李生，南阳公之甥(4)也。人不知者将曰："李生之托婚于贵富之家，将以充其所求而止耳(5)。"故吾乐为天下道其为人焉。今之从事于彼也，吾为南阳公爱(6)之；且未知人之举李生于彼者何辞，彼之所以待李生者何道。举不失辞，待不失道，虽失之此足爱惜，而得之彼为欢忻，于李生道犹若也；举之不以吾所称，待之不以吾所期，李生之言不可出诸其口矣，吾重为天下惜之。

【注释】

(1) 勇不动于气，义不陈乎色：有勇尚义而不形之于气色。

(2) 举措施为不失其宜：做事不出分寸之意。

(3) 洋洋者：水大而多的样子。

（4）甥：这里指女婿。

（5）将以充其所求而止耳：仅仅为满足个人需求而已。

（6）爱：爱惜。

讼风伯[1]

维兹之旱兮，其谁之由[2]？我知其端兮，风伯是尤[3]。山升云兮泽上气，雷鞭车兮电摇帜[4]。雨寖寖兮将坠，风伯怒兮云不得止[5]。阳乌之仁兮念此下民，闵其光兮不斗其神[6]。嗟风伯兮，其独谓何[7]！我于尔兮岂有其他。求其时兮修祀事[8]。羊甚肥兮酒甚旨，食足饱兮饮足醉[9]。风伯之怒兮谁使，云屏屏兮吹使醨之，气将交兮吹使离之[10]。铄之使气不得化，寒之使云不得施[11]。嗟尔风伯兮，欲逃其罪又何辞？上天孔明兮，有纪有纲，我今上讼兮其罪谁当[12]？天诛加兮不可悔，风伯虽死兮人谁汝伤[13]。

【注释】

（1）讼：控诉，责难。　风伯：神话传说中的风神。

（2）维兹之旱兮句：这大旱啊，那是谁的缘故造成的？　维：语助词，无实义。　兹：此，这。　之：结构助词，无实义。　其：那。

由：缘故。

（3）我知其端兮句：我知道它的开始啊，就是要责备风伯。 端：开始。 尤：责备。

（4）山升云兮句：山上升起彩云，水面上升起水气；雷霆鞭打着战车，闪电摇曳着旗帜。比喻雷雨将至。

（5）雨寖寖兮句：雨意渐渐加浓将要坠下，风神发怒，云不能停止。 寖寖：渐渐，逐渐。

（6）阳乌之仁句：太阳仁慈啊顾念天下的百姓，隐藏了它的光芒啊，不和那风神相斗。 阳乌：传说中太阳里的三足乌，此借指太阳。

（7）嗟风伯兮句：嗟叹风伯啊，你独施淫威为什么！ 其：活用为第二人称，你。 独：独自。此指独自发威。

（8）我于尔兮句：我对于你啊哪里有其他要求，只求按时进行祭祀。 时：按时。 修祀事：祭祀的事情。

（9）这句的意思是：祭羊特别肥祭酒特别美，吃了足以饱饮了足以醉。

（10）风伯之怒句：风伯的发怒是谁指使的，层层叠叠的云层吹得使它们变薄，云气将要交汇吹得使它们分离。

（11）铄之句：消损它使气不能化为雨，寒冷它使云不能施布。 铄：减损，消损。 施：施布。

（12）上天孔明句：上天是很高明的，是有法度的，我今天控告风伯，那不雨的罪行应该由谁承担？ 孔：甚，很。 纪纲：法度。 当：承受、承当。

（13）天诛加兮句：上天的杀戮加给它是不能后悔的，风伯死了，谁还能伤害你。 诛：杀戮。 不可悔：不能后悔，谓不能改变。

释　言

元和元年六月十日⁽¹⁾，愈自江陵法曹诏拜国子博士⁽²⁾，始进见今宰相郑公⁽³⁾。公赐之坐，且曰："吾见子某诗，吾时在翰林，职亲而地禁，不敢相闻。今为我写子诗书一通以来。"愈再拜谢，退录诗书若干篇，择日时以献⁽⁴⁾。

于后之数月，有来谓愈者曰："子献相国诗书乎？"曰："然。"曰："有为谗于相国之座者曰：'韩愈曰："相国征余文，余不敢匿，相国岂知我哉？"'子其慎之⁽⁵⁾。"愈应之曰："愈为御史，得罪德宗朝，同迁于南者凡三人⁽⁶⁾，独愈为先收用，相国之赐大矣⁽⁷⁾。百官之进见相国者，或立语以退，而愈辱赐坐语，相国之礼过矣。四海九州之人，自百官已下，欲以其业彻相国左右者多矣⁽⁸⁾，皆惮而莫之敢，独愈辱先索，相国之知至矣⁽⁹⁾。赐之大，礼之过，知之至，是三者于敌以下受之，宜以何报⁽¹⁰⁾？况在天之宰乎⁽¹¹⁾！人莫不自知，凡适于用之谓才，堪其事之谓力，愈于二者，虽日勉焉而不迨⁽¹²⁾。束带执笏立士大夫之行，不见斥以不肖，幸矣，其何敢敖于言乎⁽¹³⁾？夫敖虽凶德，必有恃而敢行⁽¹⁴⁾。愈之族亲鲜少，无扳联之势于今⁽¹⁵⁾；不善交人，无相先相死之友于朝⁽¹⁶⁾；无宿资蓄货以钓声势⁽¹⁷⁾；弱于才而腐于力，不能奔走乘机抵巇以要权利⁽¹⁸⁾。夫何恃而敖？若夫狂惑丧心之人，蹈河而入火，妄言而骂詈者，则有之矣⁽¹⁹⁾。而愈，人知其无是疾也，虽有谗者百人，相国将不信之矣。愈何惧而慎欤？"

既累月，又有来谓愈曰："有谗子于翰林舍人李公与裴公者，子其慎欤⁽²⁰⁾！"愈曰："二公者，吾君朝夕访焉，以为政于天下而阶太平之治⁽²¹⁾。居则与天子为心膂，出则与天子为股肱⁽²²⁾。四海九州之人，自百官已下，其孰不愿忠而望赐⁽²³⁾？愈也不狂不愚，不蹈河而入火，病风而妄骂，不当有如谗者之说也⁽²⁴⁾。虽有谗者百人，二公将不信之矣。愈何惧而慎？"

既以语应客，夜归，私自尤曰⁽²⁵⁾：咄！市有虎，而曾参杀人，谗者之效也⁽²⁶⁾。《诗》曰："取彼谗人，投畀豺虎。豺虎不食，投畀有北。有北不受，投畀有昊。"伤于谗，疾而甚之之辞也。又曰："乱之初生，僭始既涵。乱之又生，君子信谗。"始疑而终信之之谓也⁽²⁷⁾。孔子曰："远佞人。"夫佞人不能远，则有时而信之矣。今我恃直而不戒，祸其至哉⁽²⁸⁾。徐又自解之曰：市有虎，听者庸也；曾参杀人，以爱惑聪也；《巷伯》之伤，乱世是逢也⁽²⁹⁾。今三贤方与天子谋所以施政于天下，而阶太平之治，听聪而视明，公正而敦大⁽³⁰⁾。夫聪明则听视不惑，公正则不迩谗邪，敦大则有以容而思⁽³¹⁾。彼谗人者，孰敢进而为谗哉？虽进而为之，亦莫之听矣⁽³²⁾！我何惧而慎？

既累月，上命李公相⁽³³⁾。客谓愈曰："子前被言于一相，今李公又相，子其危哉⁽³⁴⁾！"愈曰：前之谤我于宰相者，翰林不知也；后之谤我于翰林者，宰相不知也。今二公合处而会言⁽³⁵⁾，若及愈，必曰："韩愈亦人耳，彼敖宰相，又敖翰林，其恃何求？必不然⁽³⁶⁾。"吾乃今知免矣，既而谗言果不行⁽³⁷⁾。

【注释】

（1）元和元年：公元806年。元和：唐宪宗李纯年号。

(2) 愈自江陵句：我从江陵法曹参军的职位奉旨拜为国子博士。

(3) 宰相郑公：郑絪，宪宗朝宰相。

(4) 愈再拜谢句：我第二次行礼称谢，退下来抄录了若干篇诗和文章，选择一个好的时日献上去。　再：第二次。　诗书：诗与文章。

(5) 征：索取，索要。　匿：隐藏，隐瞒。　子其慎之：你可要慎重对待这件事。其：加强语气。

(6) 愈为御史句：我担任御史时，在德宗朝获罪，一起被贬到南方去的共三人。

(7) 独愈为先收用句：只有我被最先收回朝廷任用，相国的恩赐太大了。　独：只有，只是。　为：被。

(8) 四海九州之人句：天下的人，从百官以下，想要凭借他的学业列在相国左右的人是很多的。　四海、九州：指中国。　以：凭。　彻：列，达到。

(9) 皆惮而莫之敢句：全都敬畏没有人敢这样做，只有我承蒙选取，相国的知遇之恩达到极点了。

(10) 是三者句：　敌：对等，相等。　宜：应该。

(11) 这句的意思是：何况是天子的宰相呢？

(12) 人莫不自知句：人们无不知道自己只有适合于任用才称为才，能够胜任某一事物才称为力，我对于这两方面，虽然每天勉力而行却还达不到。

(13) 束带执笏句：穿着官服，拿着笏板站立在士大夫的行列中，不因为不肖被斥逐，已经很荣幸了，哪里敢在语言方面表现出傲慢呢？

(14) 夫敖虽凶德句：傲慢虽说是不好的德行，但必有所仗恃才敢于实行。　凶德：违背仁义的恶行。　恃：依赖，凭借。

（15）鲜少：很少。鲜：少。 扳联之势：攀附的势力。

（16）相先相死之友：互相谦让，以死相救的朋友。 相先：相互逊让。 相死：致死以相救。

（17）无宿资蓄货句：没有积聚的钱财和货物用来沽名钓誉。

（18）弱于才而腐于力句：在才能方面薄弱，在权力方面古板陈旧，不能上下奔走趁机钻空子而获得权力。

（19）若夫狂惑丧心之人句：假如是那些狂妄昏惑丧失理智的人，跳河投火，胡说骂人者，才有这种情况。

（20）既累月句：又过了几个月，又有人来对我说："有人在翰林学士、中书舍人李公、裴公面前进言谗毁你，你可要小心啊。"

（21）二公者句：二位大人是我们国君朝夕咨询的对象，用来处理天下的政务而达到天下太平，政治清明。

（22）居则与天子句：处在朝廷就给天子做亲信得力之人，在外边就给天子做左右辅弼之臣。

（23）这句的意思是：天下的人，从百官以下，谁不愿意效忠他们并且盼望有所赐予？

（24）病风：患风搐和风瘅病。 妄骂：没有根据地骂人。 当：应当。

（25）私自尤曰：私下里责备自己说。 尤：指责，责备。

（26）咄，市有虎句：唉，说市上有老虎，并且说曾参杀人，这是谗毁者谗言的效果呀。

（27）始疑而终信句：说的是开始怀疑而最终听信谗言的情况。

第一个之：复指前置宾语。

（28）今我恃直句：现在我依赖梗直的品性而不知戒备，祸患将要到来了。 恃直：凭借正直的品性。 戒：防备，警戒。 其：将要。

(29) 徐：舒缓、缓慢。 庸：平庸，不高明。 以爱惑聪：因为爱他而迷惑了听力。 乱世是逢：遭逢乱世。

(30) 今三贤句：现在三位贤者正和天子一起谋划，用来实施清明的政治于天下，从而达到天下太平，耳朵听的清，眼睛看的明，公平正直敦厚宽大。

(31) 夫聪明句：耳聪目明，听情况看问题就不会有疑惑，公平正直就不会亲近谗毁奸邪之人，敦厚宽大就有了包容和思考的条件。 则：就。 迩：近。 谗邪：指谗毁奸邪之人。

(32) 虽进而为之句：即使到他们跟前进谗言，也没有谁会听谗毁者的话。 虽：即使。 为之：进谗言。 之：代谗言。 莫之听：没有谁会听这些谗言。

(33) 既累月句：已经过了几个月，皇上任命李吉甫为宰相。

上：皇上，指唐宪宗李纯。

李公：李吉甫，宪宗元和二年（807）任中书侍郎，六年（811）任宰相。

(34) 客谓愈曰句：有人对韩愈说："你先前被人在一宰相面前说了坏话，现在李公又当了宰相，你将危险了。" 被言一相：指宰相郑絪。郑絪，德宗时翰林学士，宪宗时任中书侍郎，同平章事。

(35) 合处：坐在一起。

(36) 若及愈句：假若谈及韩愈，必定会说："韩愈也是人啊，他傲慢宰相，又傲慢翰林，他将要追求什么呢？必定不是这样的。"

(37) 吾乃今知句：我现在才知道那些谗言可以免除了，不久谗言果然不能实行。　乃：才。　既而：不久。

张中丞传后叙⁽¹⁾

元和⁽²⁾二年四月十三日夜，愈与吴郡张籍，阅家中旧书，得李翰⁽³⁾所为《张巡传》。翰以文章自名，为此传颇详密，然尚恨有阙者：不为许远立传，又不载雷万春事首尾⁽⁴⁾。

远虽材若不及巡者⁽⁵⁾，然开门纳巡，位本在巡上，授之柄⁽⁶⁾而处其下，无所疑忌，竟与巡俱守死、成功名；城陷而虏，与巡死先后异耳。两家子弟材智下，不能通知二父志，以为巡死而远就虏，疑畏死而辞服于贼。远诚畏死，何苦守尺寸之地，食其所爱之肉⁽⁷⁾，以与贼抗而不降乎？当其围守时，外无蚍蜉蚁子之援，所欲忠者，国与主耳；而贼语以国亡主灭⁽⁸⁾，远见救援不至，而贼来益众，必以其言为信。外无待而犹死守，人相食且尽⁽⁹⁾，虽愚人亦能数日而知死处矣，远之不畏死亦明矣！乌有城坏而其徒俱死，独蒙愧耻求活？虽至愚者不忍为；呜呼！而谓远之贤而为之邪？

说者又谓远与巡分城而守，城之陷自远所分始⁽¹⁰⁾。以此诟远，此又与儿童之见无异。人之将死,其脏腑⁽¹¹⁾必有先受其病者;引绳而绝之⁽¹²⁾,其绝必有处:观者见其然,从而尤之⁽¹³⁾,其亦不达于理矣。小人之好议论,不乐成人之美如是哉!如巡、远之所成就,如此卓卓,犹不得免⁽¹⁴⁾,其他则又何说!

当二公之初守也,宁能知人之卒不救,弃城而逆遁⁽¹⁵⁾?苟此不能守,虽避之他处何益?及其无救而且穷也,将其创残饿羸之余,虽欲去,必不达。二公之贤,其讲之精矣⁽¹⁶⁾。守一城,捍天下,以千百就尽之卒⁽¹⁷⁾,战百万日滋之师,蔽遮江淮,沮遏其势⁽¹⁸⁾,天下之不亡,其谁之功也!当是时,弃城而图存者⁽¹⁹⁾,不可一二数;擅强兵坐而观者⁽²⁰⁾相环也:不追议此,而责二公以死守,亦见其自比于逆乱⁽²¹⁾,设淫辞而助之攻也⁽²²⁾。

愈尝从事于汴、徐二府,屡道于两府间,亲祭于其所谓双庙者⁽²³⁾;其老人往往说巡、远时事,云:南霁云⁽²⁴⁾之乞救于贺兰⁽²⁵⁾也,贺兰嫉巡、远之声威功绩出己上,不肯出师救。爱霁云之勇且壮,不听其语,强留之,具食与乐⁽²⁶⁾,延霁云坐。霁云慷慨语曰:"云来时,睢阳之人不食月余日矣!云虽欲独食,义不忍;虽食,且不下咽。"因拔所佩刀,断一指,血淋漓,以示贺兰。一座大惊,皆感激为云泣下。云知贺兰终无为云出师意,即驰去,将出城,抽矢射佛寺浮图⁽²⁷⁾,矢著其上砖半箭⁽²⁸⁾,曰:"吾归破贼,必灭贺兰,此矢所以志也⁽²⁹⁾。"——愈贞元中,过泗州,船上人犹指以相语。——城陷,贼以刃胁降巡,巡不屈,即牵去,将斩之;又降霁云,云未应,巡呼云曰:"南八⁽³⁰⁾,男儿死耳,不可为不义屈。"云笑曰:"欲将以有为也,公有言,云敢不死!"即不屈。

张籍曰:有于嵩者,少依于巡,及巡起事,嵩尝在围中。籍大历中，于和州乌江县见嵩，嵩时年六十余矣。以巡初尝得临涣县尉(31)，好学，无所不读，籍时尚小，粗问巡、远事，不能细也。云：巡长七尺余，须髯若神。尝见嵩读《汉书》，谓嵩曰："何为久读此？"嵩曰："未熟也。"巡曰："吾于书读不过三遍，终身不忘也。"因诵嵩所读书尽卷，不错一字。嵩惊，以为巡偶熟此卷，因乱抽他帙(32)以试，无不尽然。嵩又取架上诸书，试以问巡，巡应口诵无疑。嵩从巡久，亦不见巡常读书也。为文章，操纸笔(33)立书，未尝起草。初守睢阳时，士卒仅万人(34)，城中居人亦且数万，巡因一见问姓名，其后无不识者。巡怒，须髯辄张。及城陷，贼缚巡等数十人(35)坐，且将戮，巡起旋(36)，其众见巡起，或起或泣，巡曰："汝勿怖！死，命也。"众泣，不能仰视。巡就戮时，颜色不乱，阳阳(37)，如平常。远宽厚长者，貌如其心，与巡同年生，月日后于巡，呼巡为兄，死时年四十九。嵩贞元初，死于亳、宋间。或传嵩有田在亳、宋(38)间，武人夺而有之，嵩将诣州讼理(39)，为所杀。嵩无子。张籍云。

【注释】

（1）张中丞传后叙：《张中丞传》原是李翰所作，韩愈对此传补充一些事实和议论，所以称作后叙。

（2）元和：唐宪宗（李纯）的年号。

（3）李翰：赵州赞皇人，李华的族子，官至翰林学士。张巡粮尽无援殉难后，当时有人攻击他不应该吃人肉来死守睢阳，应该放弃土地，保全人命等等，李翰为作传表白。

（4）雷万春事首尾：雷万春，张巡部下勇将之一，据说面着六矢，兀立不动，敌人至疑为木作假人。首，指出身；尾，指殉难后赠官等事。

（5）远虽材若不及巡者：许远曾同张巡说："远懦不知兵，公智勇兼济，远为公守，公为远战。"所以说其材似不如张巡。

（6）授之柄：柄，权柄。授之柄，把军权交给张巡。

（7）食其所爱之肉：当时睢阳被围，粮尽，先是以少许粮食和茶、纸同吃，后吃马、吃鼠、雀，最后以妇人老弱为食，张巡杀爱妾，许远杀童奴，给士兵做粮食。

（8）国亡主灭：国亡，指潼关失守，长安陷落。主灭，指玄宗（李隆基）逃往西蜀。

（9）人相食且尽：相食，人吃人；且尽，将要吃光了。

（10）分城而守，城之陷自远所分始：张巡守睢阳城东北，许远守西南，敌人是从西南面先攻入的。

（11）脏腑：脏，五脏：心、肝、脾、肺、肾。六腑：胆、胃、大肠、小肠、膀胱、三焦。

（12）引绳而绝之：将绳拉断。

（13）从而尤之：从，"就"的意思。尤，埋怨（过失）。从而尤之，就此便加以埋怨。

（14）如巡、远之所成就……犹且不免：此文虽只是论到许远的被议，而张巡的受人批评，也见于李翰所作传中，所以一并提出。不免，不被放过，不免于小人的坏话。

（15）逆遁：逆，预料未来的事。逆遁，预先逃走，是承上文"宁能知人之卒不救"句而假设的话。

（16）二公之贤，其讲之精矣：以张许二人那样贤明，当时讨论研究得已经很透彻了。

（17）以千百就尽之卒：睢阳初守时有兵九千八百人；到墟破，仅有残兵六百人。

（18）蔽遮江淮，沮遏其势：蔽，掩闭。遮，拦住。江淮是东南财富之区，敌人不破睢阳，不敢进犯江淮，因为怕张巡许远从后袭击，那就势必首尾不能兼顾。

（19）弃城而图存者，不可一二数：如河南节度使虢王李巨弃彭缄，逃临淮，山南东道节度使鲁炅弃南阳，逃襄阳等。图存，想保全个人性命。不可一二数，不能一个、二个地列举，很多。

（20）擅强兵坐而观者：擅，专擅，拥有。如同丘晓在谯郡、尚衡在彭缄以及贺兰进明，都是拥有强兵的大员，离睢阳不远，都坐视不救。

（21）自比于逆乱：比，同并。自同于叛逆作乱之人。

（22）设淫辞而助之攻也：设，造作。淫辞，过分的、不正当的议论。之，代词，指上文所说的叛逆之人。

（23）双庙者：就是张巡、许远庙，二人合祀，所以称双庙，在睢阳。

（24）南霁云：魏州顿丘人。殉难后，赠官扬州大都督。

（25）贺兰：时为河南节度使，驻在临淮（今安徽泗县东南）。

（26）具食与乐：设备了饮食和歌乐。

（27）佛寺浮图：佛寺，指泗县香积寺。浮图，亦作浮屠，梵语音译，塔。此指香积寺塔。

（28）矢著其上砖半箭：这里犹言射中，射入。半箭，力强射深，箭身一半没入砖内。

（29）此矢所以志也：志，记号。用这枝箭作记号。

（30）南八：南霁云排行第八，因此称作南八。

（31）以巡初尝得临涣县尉：以，因。张巡死难，皇帝对他的亲戚部下等特别"加恩"，因此于嵩得补临涣（今安徽宿县）县尉。

（32）他帙：帙，书衣，合若干卷为一帙，犹如一函或一套。他帙，别的书。

（33）操纸笔：拿取纸笔。

（34）士卒仅万人：仅，几乎，表示数量之多。和后来的"仅止"义表示数量少正相反。

（35）贼缚巡等数十人：当时殉难者三十六人。

（36）起旋：起身小便。旋，小便。

（37）阳阳：无所动心、毫不在乎的神情。

（38）亳、宋：亳，今安徽亳州。宋，今河南商丘。

（39）诣州讼理：到州里去诉讼，请州刺史判断曲直。诣，往。

进士策问（其十二）

问：古之学者必有师，所以通其业(1)，成就其道德者也。由汉代已来，师道日微(2)，然犹时有授经传业者；及于今，则无闻矣。德行若颜回，言语若子贡，政事若子路，文学若子游，犹且有师(3)；非独如此，虽孔子亦有师，问礼于老聃，问乐于苌弘是也(4)。今之人不及孔子、颜回远矣,而且无所师;然其不闻有业不通而道德不成者,何也?

【注释】

(1) 通其业:精通自己的业务。通,通晓,精通之意。

(2) 师道日微:为师之道日渐衰败。微,衰败,衰弱。

(3) 颜回、子贡、子路、子游:皆孔子弟子,各以德行、言语、政事、文学见长。

(4) 老聃、苌弘:老聃,即老子,名李耳,著有《道德经》;苌弘(公元前?—前492年),春秋时期周敬王大夫。

争臣论

或问谏议大夫阳城于愈[1]:可以为有道之士乎哉?学广而闻多,不求闻于人也;行古人之道,居于晋之鄙,晋之鄙人薰其德[2]而善良者几千人;大臣闻而荐之,天子以为谏议大夫,人皆以为华[3],阳子不色喜;居于位五年矣,视其德如在草野:彼岂以富贵易移其心哉?愈应之曰:是《易》所谓"恒其德贞而夫子凶"者也,恶得为有道之士乎哉?在《易·蛊》之上九云:"不事王侯,高尚其事"[4];《蹇》之六二则曰:"王臣蹇蹇,匪躬之故"[5];夫不以所居之时不一,而所蹈⁽⁶⁾之德不同也？若《蛊》之上九，居无用之地，而致匪躬之节；《蹇》之六二，在王臣之位，而高不事上之心：则冒进之患生，旷官之刺兴，志不可则，而尤不终无也。今阳子实一匹夫，在位不为不久矣，闻天下之得失不为不熟矣，天子待之不为不加矣；而未尝一言及于政。视政之得失，若越人视秦人之肥瘠，忽焉不加喜戚于其心⁽⁷⁾。问其官，则曰谏议也；问其禄，则曰下大夫之秩⁽⁸⁾也；问其政，则曰我不知也：有道之士，固如是乎哉？且吾闻之，有官守者，不得其职则去；有言责者，不得其言则去⁽⁹⁾；今阳子以为得其言，言乎哉？得其言而不言，与不得其言而不去，无一可者也。阳子将为禄仕乎？古之人有云：仕不为贫，而有时乎为贫，谓禄仕者也；宜乎辞尊而居卑，辞富而居贫，若抱关击柝者可也⁽¹⁰⁾。盖孔子尝为委吏⁽¹¹⁾矣，尝为乘田矣，亦不敢旷其职：必曰"会计当而已矣"，必曰"牛羊遂而已矣"。若阳子之秩禄不为卑且贫，章章⁽¹²⁾明矣，而如此，其可乎哉？

或曰：否，非若此也。夫阳子恶讪上者⁽¹³⁾，恶为人臣招⁽¹⁴⁾其君之过而以为名者；故虽谏且议，使人不得而知焉。《书》曰"尔有嘉谟嘉猷，则入告尔后于内，尔乃顺之于外"，曰"斯谟斯猷，惟我后之德"。夫阳子之用心，亦若此者！愈应之曰：若阳子之用心如此，滋⁽¹⁵⁾所谓惑者矣！入则谏其君，出不使人知者，大臣宰相者之事，非阳子之所宜行也。夫阳子本以布衣隐于蓬蒿之下⁽¹⁶⁾，主上嘉其行谊⁽¹⁷⁾，擢⁽¹⁸⁾在此位，官以谏为名，诚宜有以奉其职，使四方后代知朝廷有直言骨鲠之臣，天子有不僭赏⁽¹⁹⁾从谏如流⁽²⁰⁾之美；庶岩穴之士⁽²¹⁾闻而慕之，束带结发⁽²²⁾，愿进于阙下⁽²³⁾，而伸其辞说，致吾君子尧舜，熙鸿号于无穷也⁽²⁴⁾。若《书》所谓，则大臣宰相之事，非阳子之所宜行也。且阳子之心将使君人者恶闻其过乎？是启之也！

或曰：阳子之不求闻而人闻之，不求用而君用之，不得已而起，守其道而不变，何子过之深也？愈曰：自古圣人贤士皆非有求于闻用也，闵⁽²⁵⁾其时之不平，人之不乂⁽²⁶⁾，得其道，不敢独善其身，而必以兼济天下也，孜孜矻矻⁽²⁷⁾，死而后已。故禹过家门而不入，孔席不暇暖，而墨突不得黔⁽²⁸⁾：彼二圣一贤者，岂不知自安佚之为乐哉？诚畏天命而悲人穷也。夫天授人以贤圣才能，岂使自有余而已？诚欲以自补其不足者。耳目之于身也，耳司闻而目司见，听其是非，视其险易，然后身得安焉。圣贤者，时人之耳目也；时人者，圣贤之身也⁽²⁹⁾。且阳子之不贤，则将役于贤，以奉其上矣；若果贤，则固畏天命而闵人穷也：恶得以自暇逸乎哉⁽³⁰⁾？

或曰：吾闻君子不欲加诸人，而恶讦以为直者⁽³¹⁾。若吾子之论，直则直矣，无乃伤于德而费于辞乎？好尽言以招人过，国武子之所以见杀于齐也⁽³²⁾。吾子其亦闻乎！愈曰：君子居其位，则思死其官；未得位，则思修其辞以明其道：我将以明道也，非以为直而加人也。且国武子不能得善人而好尽言于乱国，是以见杀。《传》曰："惟善人，能受尽言。"谓其闻而能改之也。子告我曰：阳子可以为有道之士也；今虽不能及已，阳子将不得为善人乎？

【注释】

（1）或问谏议大夫阳城于愈：或：有人。谏议大夫：古代官名。秦朝始设谏大夫，职责是对皇帝论议时政缺失。东汉改为谏议大夫。唐仍袭前制。

（2）薰其德：受其德行的薰陶。

（3）华：光彩。

（4）不事王侯，高尚其事：坚持自己的志向，而不效力于王侯。韩愈在这里赋予了讥讽的含义，意为阳城只自鸣清高，而不肯为国家效力。

（5）王臣謇謇，匪躬之故：做为王之臣子，正言直谏不已，不是为自身，而是为君为国。謇借为謇，謇謇，直谏不已的样子。

（6）蹈：遵循，实行之意。

（7）此句意为：朝政的正确与否在阳城看来，就像越国人看数千里之外的秦国人的肥或瘦而不关自身痛痒，不为之忧，不为之喜。

（8）禄，官吏的薪水。大夫，卿之下、士之上的官职；下大夫，大夫分为上中下三级；秩，俸禄。

（9）有官位的人，不能尽其职能就应当离开；负谏议言论责任的人，不能言事（以补朝政得失）则应当去职。去：离开。

（10）宜乎辞尊……若抱关击柝者可也：抱关击柝。"抱关，守门人。击柝，打更巡夜的人。

（11）委吏：古代负责仓库保管、会计事务的小官。

（12）章章：同"彰"，明显、显著。

（13）恶讪上者：恶，厌恶；对……有恶感。讪，诽谤，诋毁。上：人君，皇帝。

（14）招：同"昭"，揭露。此句意为：阳城反感那些以揭露、挑剔皇帝的过错而取得名声的大臣。

（15）滋：甚、愈、更加的意思。

（16）以布衣隐于蓬蒿之下：做平民百姓，处于乡野之间。布衣，指平民、百姓。古代平民穿麻布衣服，故以"布衣"来指代平民百姓。

蓬蒿：杂草。蓬蒿随处而生，既杂且矮，以指代乡野、民间。李白诗曰："仰天大笑出门去，我辈岂是蓬蒿人。"

（17）行谊：道德、品行。

（18）擢：提拔、选拔。

（19）僭赏：因超越本分而不适当的赏赐。僭，超越、过分之意。

（20）从谏如流：听从人的劝谏就像流水顺势而下般自然。

（21）岩穴之士：指有才能而隐居于民间的人。岩穴，隐士所常居之地。

（22）束带结发：指（隐士）弃隐还俗。古代隐士以衣不束带，发不加结而放浪于世俗之外以区别于追名逐利的俗人。

（23）阙下：阙，皇宫前两侧的楼台。阙下，指代首都、皇城。

（24）熙鸿号于无穷：光大他伟大的帝号流传到千秋万代。熙，光大；鸿，大；号，名号、帝号。

（25）闵：通"悯"，哀怜之意。

（26）乂：安定之意。

（27）孜孜矻矻：勤苦劳累的样子。

（28）大禹治水，三过家门而不入；孔子为实现自己的政治理想，游说列国，十分忙碌，常常坐席还没温暖过来就又动身了；墨子为宣传自己"兼爱"、"非攻"等政治主张，居无定所，常常住在一处时烟囱还没黑就又得拔腿离去。突，烟囱；黔，黑色。

（29）圣贤是百姓的耳目，百姓是圣贤的身体。

（30）哪能只顾自己悠闲自在呢？恶，哪能；暇逸，清闲自在。

（31）我听说为君子的不想勉强他人，且厌恶那种以攻讦别人来博取直名的做法。加，勉强；讦，用语言攻击。

(32) 国武子之所以见杀于齐也：国武子指国佐，春秋时期齐国卿士。齐与晋国大战于鞍，败后曾代表齐国与晋国盟于爰娄。后因揭发齐灵公之母的隐私而被杀，谥武子。

太学生何蕃传

太学生何蕃，入太学者廿余年矣。岁举进士，学成行尊，自太学诸生推颂不敢与蕃齿⁽¹⁾，相与言于助教博士，助教博士以状申于司业、祭酒⁽²⁾，司业、祭酒撰次⁽³⁾蕃之群行焯焯⁽⁴⁾，者数十余事，以之升于礼部，而以闻于天子。京师诸生以荐蕃名文说者不可选纪⁽⁵⁾。公卿大夫知蕃者比肩立，莫为礼部；为礼部者，率蕃所不合者：以是无成功。

蕃淮南人，父母具全；初入太学，岁率一归，父母止之；其后间一二岁乃一归，又止之：不归者五岁矣。蕃纯孝人也，闵亲之老不自克⁽⁶⁾，一日，揖诸生归养于和州，诸生不能止，乃闭蕃空舍中，于是太学六馆⁽⁷⁾之士百余人，又以蕃之义行言于司业阳先生城，请谕留蕃，于是太学阙祭酒⁽⁸⁾，会阳先生出道州，不果留。

欧阳詹生⁽⁹⁾，言曰："蕃仁勇人也。"或者曰："蕃居太学，诸生不为非义，葬死者之无归⁽¹⁰⁾，哀其孤而字焉，惠之大小，必以力复，斯其所谓仁欤！蕃之力不任其体，其貌不任其心⁽¹¹⁾，吾不知其勇也。"欧阳詹生曰："朱泚⁽¹²⁾之乱，太学诸生举将从之，来请起蕃，蕃正色叱之，六馆之士不从乱，兹非其勇欤！"

惜乎！蕃之居下，其可以施于人者不流也。譬之水，其为泽，不为川乎！川者高，泽者卑，高者流，卑者止，是故蕃之仁义，充诸心，行诸太学，积者多，施者不遐⁽¹³⁾也。天将雨，水气上，无择于川泽涧溪之高下⁽¹⁴⁾，然则泽之道，其亦有施乎！抑有待于彼者欤！故凡贫贱之士必有待，然后能有所立⁽¹⁵⁾，独何蕃欤！吾是以言之，无亦使其无传焉。

【注释】

（1）推颂不敢与蕃齿：推，推尊。颂，颂扬。齿，并列，比并。

（2）以状申于司业、祭酒：状，事状，叙述某一人的事迹，此指何蕃的事迹。申，请。司业是管理太学行政的副长官，祭酒是正长官。

（3）撰次：撰，著述。次，编排。

（4）焯焯：光明，显著。

（5）以荐蕃名文说者不可选纪：名，动词，犹言标题。文，用文字发表，说，口说。作文的和口说的，都以荐举何蕃为标题，选同算，古字通用；不可选纪，算不清楚，纪不胜纪，极言其多。

（6）闵亲之老不自克：闵，悲哀。克，战胜，含有抑制的意思。因为父母年老，抑制不住自己悲哀的心情，于是不顾学业而归去奉侍双亲。

（7）太学六馆：指国子馆、指太学、指四门馆、指律馆、指书馆、指算馆。

（8）于是太学阙祭酒：是，同"时"，于是，这时候。阙祭酒，祭酒的职位没有补人。阙，同缺。

（9）欧阳詹生：欧阳詹，字行周，泉州晋江（今福建晋江县）人。和韩愈同年进士。生，先生，此时詹任四门助教，所以尊称他为先生。

（10）葬死者之无归：归，归宿，依靠。无归，指无人将旅榇运回故里安葬，或故乡已无亲属可依的情况。

（11）力不任其体，其貌不任其心：任，堪，担当。看他的身体和相貌，似乎和心力不相称，虽然心力很强，体貌衰弱，担任不了。

（12）朱泚：唐德宗建中四年，泾原军反叛唐朝，推朱泚做领袖。

（13）施者不遐：所施用的不广远。

（14）天将雨，水气上，无择于川泽涧溪之高下：无择，不分。涧，山夹水。山水流入大川的叫溪。高下，高指川和涧溪，下指泽。天将雨，泽中水气蒸发，也和别的水一样，不分止水流水，都能化为云雨。其实水气随时蒸发，不一定要待将雨的时候。

（15）故凡贫贱之士必有待，然后能有所立：待，等待，指等待时机获得职位。立，自立、表现，指立功业。这说必须等待时机条件才能树立功业。

毛颖传[1]

　　毛颖者，中山人也。其先明眎[2]，佐禹治东方土，养万物有功，因封于卯地，死为十二神[3]。尝曰："吾子孙神明之后，不可与物同，当吐而生[4]。"已而果然。明眎八世孙䨲[5]，世传当殷时居中山，得神仙之术，能匿光使物[6]，窃姮娥、骑蟾蜍入月[7]，其后代遂隐不仕云。居东郭者曰䨲，狡而善走，与韩卢争能[8]，卢不及，卢怒，与宋鹊[9]谋而杀之，醢其家[10]。

　　秦始皇时，蒙将军恬南伐楚，次中山[11]，将大猎以惧楚，召左、右庶长[12]与军尉，以《连山》筮之，得天与人文之兆[13]，筮者贺曰："今日之获，不角不牙[14]，"衣褐之徒[15]，缺口[16]而长须，八窍而趺居[17]，独取其髦[18]，简牍是资[19]，天下其同书，秦其遂兼诸侯乎！"遂猎，围毛氏之族，拔其豪，载颖而归，献俘于章台宫[20]，聚其族而加束缚焉。秦皇帝使恬赐之汤沐[21]，而封诸管城[22]，号曰管城子，日见亲宠任事。颖为人，强记而便敏，自结绳之代[23]以及秦事，无不纂录。阴阳、卜筮、占相、医方、族氏、山经、地志、字书、图书、九流[24]、百家、天人之书，及至浮图[25]、老子、外国之说，皆所详悉。又通于当代之务，官府簿书[26]、市井货钱注记，惟上所使。自秦皇帝[27]及太子扶苏、胡亥[28]、丞相斯[29]、中车府令高[30]、下及国人，无不爱重。又善随人意，正、直、邪、曲、巧、拙，一随其人，虽见废弃，终默不泄。惟不喜武士，然见请，亦时往。累拜中书令[31]，与上益狎，上尝呼为"中书君"。上亲决事，以衡石自程[32]，虽宫人不得立左右，独颖与执烛者常侍，上休，方罢。颖与绛人陈玄[33]、弘农陶泓及会稽褚先生友善，相推致，其出处必偕。上召颖，三人者不待诏辄俱往，上未尝怪焉。

后因进见，上将有任使，拂拭之，因免冠谢，上见其发秃，又所摹书不能称上意，上嘻笑曰："中书君老而秃，不任吾用，吾尝谓君中书，君今不中书耶？"对曰："臣所谓尽心[34]者。"因不复召，归封邑，终于管城。其子孙甚多，散处中国夷狄，皆冒管城，惟居中山者，能继父祖业。

太史公曰：毛氏有两族：其一姬姓，文王之子封于毛[35]，所谓鲁、卫、毛、聃[36]者也。战国时有毛公、毛遂[37]。独中山之族，不知其本所出，子孙最为蕃昌[38]。《春秋》之成，见绝于孔子[39]，而非其罪。及蒙将军拔中山之豪，始皇封诸管城，世遂有名，而姬姓之毛无闻。颖始以俘见，卒见任使[40]，秦之灭诸侯，颖与有功[41]，赏不酬劳，以老见疏，秦真少恩哉！

【注释】

（1）毛颖传：毛颖，指笔。古时笔以兔毫制成，因此借作姓名称毛颖，是拟人格。

（2）明眎：眎同视，兔一名明眎，见礼记曲礼篇。相传兔肥则目开而视明；

（3）死为十二神：十二神，如子属鼠、卯属兔等十二"生肖"。死为十二神，死后为十二神之一。

（4）当吐而生：古时一种不科学的传说，以为兔生子从口而出，见王充《论衡·物势篇》。

（5）毚：兔子。

（6）匿光使物：匿光，"藏"于阳光之下而能使人看不见。物，鬼物。使物，能役使鬼物。

（7）窃姮娥、骑蟾蜍入月：神话故事：羿（夏代诸侯）从西王母求得不死之药，他的妻子姮娥（常娥）窃而奔月。

（8）居东郭者曰毚，狡而善走，与韩卢争能：毚，狡兔。韩卢，韩，国名；卢，犬名。狡兔韩卢争能的故事。

（9）宋鹊：宋，国名。鹊，犬名。

（10）醢其家：醢，肉酱。作动词用。把他一家都杀了剁成肉酱。

（11）南伐楚，次中山：次，宿歇。按中山为赵所灭，始皇十九年灭赵，廿一年伐楚，自中山移兵伐楚。

（12）左、右庶长：秦国的爵位，商鞅所定，左庶长是第十级，右庶长第十一级。

（13）得天与人文之兆：天，自然现象。人文，人类文化。兆，某一事件尚未发生以前就有迹象可寻叫做兆。这里兆指卦兆，就是从卦相里看出了未来的情况。是一种迷信说法。

（14）不角不牙：兔不生角，也没有犬齿。

（15）衣褐之徒：褐是粗麻织成的衣服，古时普通人民所著，统治阶级以为是"贱者之服"。兔有毛，所以说是衣褐之徒。徒，众，等辈。

（16）缺口：兔缺上唇。

（17）八窍而趺居：兔只有八窍。趺，同跗。居同踞。趺居，盘足蹲踞。

（18）独取其髦：髦，长鬣。引申作流辈中的豪杰解。

（19）简牍是资：简是竹制薄片（也有木制的），长的二尺四寸，短的一尺二寸。牍，书版，长一尺，在发明制纸以前，简和牍都是书写所用。资，依靠，倚赖。

（20）章台宫：战国时秦国所建，在陕西长安故城西南角。

（21）汤沐：古时地主的封邑叫做汤沐邑，意思是收取人民的租税很薄，仅仅足够烧水供洗澡沐浴之用。制笔必须用热水把毫毛洗干净，所以借用汤沐字作双关语。

（22）管城：县名，管叔（文王之子）的封地，今河南郑县。下文管城子，摹拟一个爵号形式，用以指笔，因为笔杆是竹管所制。

（23）结绳之代：远古没有发明文字的时候，把绳子结起来，作为记事之用。

（24）九流：流，流派。九流，指儒、墨、名、法、道、阴阳、纵横、农、小说（一说杂家）九家。

（25）浮图：这里指佛家。

（26）簿书：簿，簿籍，如户口册、地亩册等等。书，文书。

（27）秦皇帝：即秦始皇，姓嬴，名政。

（28）胡亥：秦始皇的少子，即二世皇帝。

（29）丞相斯：李斯。

（30）中车府令高：中车府令，官名。高，赵高。主管皇帝乘坐的车子。

（31）中书令：中书原是主管奏疏的官，后来改掌机密，并代皇帝草拟诏书。中书令是中书省的长官，与原宫中书的中字，意义微有不同。中书的本义，是居宫殿中收受文书和草拟文书，中是名词。这里的中书，是得心应手很适合书写使用的意思，中作适宜解，是动词。

（32）衡石自程：衡，秤杆。石，一百二十斤。程，限度。这说每日批阅公文时，以一百廿斤为限，不满此限不休息。

（33）绛人陈玄：陈玄，指墨。拟人格。后文砚、纸亦同。墨，愈陈愈好。玄，黑，指墨的颜色。唐时绛州（今山西绛县）贡墨。

（34）尽心：双关笔心的长毫已残。

（35）文王之子封于毛：这是左氏僖二十四年富辰的话。

（36）鲁、卫、毛、聃：指周文王四个儿子的封地：周公旦封在鲁地（今山东曲阜县）；康叔封在卫地（今河南淇县）；毛伯郑封在毛地（今河南宜阳县）；聃季载封在沈地（今安徽阜阳县西沈丘集）。

（37）毛公、毛遂：都是战国时人。毛公，名字不详。赵人，借赌徒的身份以隐蔽自己，是信陵君门客。毛遂，平原君的门客，曾自己荐举自己（所谓毛遂自荐），说服了楚王出兵帮助赵国攻打秦国，立了大功。

（38）蕃昌：蕃衍昌盛。

（39）《春秋》之成，见绝于孔子：孔子作《春秋》，事在鲁哀公十四年，孔子叹道："吾道穷矣！"遂绝笔不作。《春秋》到此为止。十六年孔子逝世。

（40）卒见任使：任，信任。使，使用。

（41）与有功：与，参与。与有功，在功劳上也占有份儿。

送穷⑴文

元和六年正月乙丑晦,主人使奴星⑵结柳⑶作车,缚草为船,载糗与粮,牛系轭下⑷,引帆上樯⑸。三揖穷鬼而告之曰:"闻子行有日矣,鄙人不敢问所途,窃具船与车,借载糗粮,日吉时良,利行四方⑹,子饭一盂,子啜一觞⑺,携朋挈俦,去故就新,驾尘彍风⑻,与电争先,子无底滞之尤⑼,我有资送⑽之恩,子等有意于行乎?"

屏息潜听,如闻音声,若啸若啼,砉欻嘤嘤⑾,毛发尽竖,竦肩缩颈,疑有而无,久乃可明,若有言者曰:"吾与子居,四十年余:子在孩提,吾不子愚,子学子耕,求官与名,惟于是从,不变于初。门神户灵⑿,我叱我呵,包羞诡随⒀,志不在他。子迁南荒⒁,热烁湿蒸,我非其乡,百鬼欺陵。太学四年,朝齑暮盐⒂,惟我保汝,人皆汝嫌。自初及终,未始背汝,心无异谋,口绝行语,于何听闻,云我当去?是必夫子信谗,有间⒃于予也。我鬼非人,安用车船,鼻嗅臭香⒄,糗粮可捐。单独一身,谁为朋俦,子苟备知,可数已不⒅?子能尽言,可谓圣智,情状既露,敢不回避。"

主人应之曰:"子以吾为真不知也耶!子之朋俦,非六非四,在十去五,满七除二⒆,各有主张,私立名字,捩手覆羹⒇,转喉触讳(21),凡所以使吾面目可憎、语言无味者,皆子之志也。——其一名曰智穷:矫矫亢亢(22),恶圆喜方,羞为奸欺,不忍害伤;其次名曰学穷：傲数与名⁽²³⁾，摘抉杳微⁽²⁴⁾，高挹⁽²⁵⁾群言，执神之机⁽²⁶⁾；又其次曰文穷：不专一能，怪怪奇奇，不可时施⁽²⁷⁾，祗以自嬉⁽²⁸⁾；又其次曰命穷：影与形殊，面鬼心妍，利居众后，责在人先；又其次曰交穷：磨肌戛骨⁽²⁹⁾，吐出心肝，企足以待，置我仇冤⁽³⁰⁾。凡此五鬼，为吾五患，饥我寒我，兴讹造讪⁽³¹⁾，能使我迷，人莫能间，朝悔其行，暮已复然，蝇营狗苟⁽³²⁾，驱去复还。"

言未毕五鬼相与张眼吐舌，跳踉⁽³³⁾偃仆，抵掌⁽³⁴⁾顿脚，失笑相顾。徐谓主人曰："子知我名，凡我所为，驱我令去，小黠大痴⁽³⁵⁾。人生一世，其久几何，吾立子名，百世不磨。小人君子，其心不同，惟乖于时，乃与天通。携持琬琰，易一羊皮，饫于肥甘，慕彼糠糜。天下知子，谁过于予，虽遭斥逐，不忍子疏，谓予不信⁽³⁶⁾，请质诗书。"

主人于是垂头丧气，上手称谢，烧车与船，延之上座。

【注释】

（1）送穷：相传高辛氏（一说高阳氏）有一个儿子，不欢喜穿好的衣服、吃好的食物，宫中号为穷子。死于正月晦日（月末一日）。后人在那一天把稀饭和破衣陈列门外祭他，号为送穷。

（2）奴星：名字叫星的仆人。

（3）结柳：用柳条扎结成。

（4）牛系轭下：轭，车前面套牲口（扼在牛马颈上）的用具。牛系轭下，表示车已套好，备随时出发。

（5）引帆上樯：帆，布幔，船只用以驶风。樯，桅竿，是悬挂风帆的。

（6）日吉时良，利行四方：这是古代阴阳家的迷信说法，择"好日子"，"利于出行"。

（7）子啜一觞：饮一杯（酒）。

（8）驾尘彍风：驾尘，指牛车驶行扬起尘土。彍，张大。彍风，指帆船，帆得风开张，则舟行更快。

（9）子无底滞之尤：底，停止。滞，留滞。尤，怨恨。这说穷鬼不致埋怨长久住在像韩愈这样穷的人家，没出息，现在有船有车，便可趁船或坐车到别人家去。

（10）资送：资助，供给。

（11）眘欤嘤嘤：眘欤，和倏忽意义相同。嘤嘤，形容声音细小。

（12）门神户灵：古人迷信，以为门户都有神灵呵护，《礼记》已有礼门神的说法。

（13）包羞诡随：包羞，虽然认为是羞耻的事，也包含容忍，不计较。诡随，诡谲凭人，和包羞义同。

（14）子迁南荒：指韩愈贬为阳山令。

（15）朝齑暮盐：齑，细切的菜。这说吃得很苦。

（16）有间：间，去声，隔离。有间，有了隔膜。

（17）鼻嗅臭香：臭，气味。这说"鬼"只闻食物的味，不真吃东西。

（18）已不：已同"以"，又同"与"，不，同"否"，已不，和"以否""与否"同。

（19）非六非四，在十去五，满七除二：此三句只说一个"五"字，因是游戏文字，故意作累句，增强诙谐的效果。

（20）捩手覆羹：捩，拗，扭。这说"鬼"来捩手，把羹汤弄翻了，犹言动手就惹祸。

（21）转喉触讳：转喉，咽喉一转，就是说话。触讳，触人忌讳。这说受"鬼"支使，一说话就惹人不痛快。

（22）矫矫亢亢：矫矫，刚强。亢亢，高尚正直。

（23）傲数与名：数，术数，历数。名，典章制度等等。傲，轻视。认为数和名这些有形迹可求的事物，容易研究，不加重视。

（24）摘抉杳微：摘，发。抉，出。这说专门喜欢把杳远微妙的道理揭发出来。

（25）挹：取。

（26）执神之机：神，鬼神。机，枢机。能掌握鬼神的机要。

（27）不可时施：时，当时。施，施用。不可时施，不可施用于当时。

（28）自嬉：供自己娱乐。

（29）磨肌戛骨：磨，同摩，抚摩。戛，敲击。抚摩着肌肉，敲击着骨头，不是表面检查身体，而是彻底加以检查，譬喻待朋友很忠心刻实，不做表面上的敷衍文章。

（30）企足以待，置我仇冤：企足，举起足跟，表示盼望。这说我天天举足翘望交好，他却把我当作仇人。

（31）兴訛造讪：訛，谣言。讪，谤毁。造谣言，讲坏话。

（32）蝇营狗苟：营是蝇飞的声音。苟，苟且。四字形容卑鄙无耻的行迳。

（33）跳踉：跳跃。

（34）抵掌：击掌，鼓掌。

（35）小黠大痴：有一些小聪明，其实是大大的呆子。

（36）谓予不信，请质诗书：如果说我的话不实在，请你去问诗书。意思是我的话合于诗书。

鳄鱼文

维元和十四年四月二十四日，潮州刺史韩愈，使军事衙推⁽¹⁾秦济，以羊一猪一投恶溪之潭水，以与鳄鱼食，而告之曰：

昔先王既有天下，列山泽，网绳擉刃⁽²⁾，以除虫蛇恶物为民害者，驱而出之四海之外。及后王德薄，不能远有，则江汉之间，尚皆弃之以与蛮夷楚越，况潮，岭海之间，去京师万里哉⁽³⁾？鳄鱼之涵淹卵育⁽⁴⁾于此，亦固其所。今天子嗣唐位，神圣慈武，四海之外，六合之内⁽⁵⁾，皆抚而有之；况禹迹所掩⁽⁶⁾，扬州之近地，刺史县令之所治，出贡赋以供天地宗庙百神之祀之壤者哉？鳄鱼其不可与刺史杂处此土也！

刺史受天子命，守此土，治此民，而鳄鱼睅然⁽⁷⁾不安溪潭，据处⁽⁸⁾食民畜、熊、豕、鹿、獐，以肥其身，以种其子孙⁽⁹⁾，与刺史抗拒，争为长雄⁽¹⁰⁾；刺史虽驽弱，亦安肯为鳄鱼低首下心，伈伈睍睍⁽¹¹⁾，为民吏羞，以偷活于此邪！且承天子命以来为吏，固其势不得不与鳄鱼辨，鳄鱼有知，其听刺史言：

潮之州，大海在其南，鲸鹏之大，虾蟹之细⁽¹²⁾，无不容归，以生以食,鳄鱼朝发而夕至也。今与鳄鱼约:尽三日,其率丑类南徙于海,以避天子之命吏(13)。三日不能至五日,五日不能至七日,七日不能,是终不肯徙也,是不有刺史,听从其言也;不然,则是鳄鱼冥顽不灵,刺史虽有言,不闻不知也。夫傲天子之命吏,不听其言,不徙以避之,与冥顽不灵而为民物害者:皆可杀。刺史则选材技吏民,操强弓毒矢,以与鳄鱼从事,必尽杀乃止。其无悔!

【注释】

(1) 军事衙推:即掌一州军事司法事务的官吏。推,推官。

(2) 网绳擉刃:结网、搓绳、磨刺、砺刀。这里意为制作"除虫蛇恶物"之具。

(3) 其后……万里哉:后来的天子们德性日衰,不能布其德泽至远处,就连长江汉水之间的地盘都委弃给荒蛮部落,更何况离京城万里之遥而处于岭南海陬的潮州呢?

(4) 涵淹卵育:潜伏繁衍之意。

(5) 六合之内:上下前后左右,天覆地载,四周环张。喻普天下。

(6) 掩,遮蔽,覆盖。《礼·聘仪》:"瑕不掩瑜,瑜不掩瑕,忠也。"这里指大禹足迹所至。

(7) 睅然,眼睛瞪大突出的样子。

(8) 据处:所在之地。

(9) 种其子孙:种,在此为动词,繁育之意,言鳄鱼在这里繁育后代。

(10) 争为长雄:争做最强的,有一比高低强弱之意。

（11）伈伈睍睍：小心谨慎地窥视的样子。

（12）细：小之意。

（13）天子之命吏：受天子之命治理此地的官员。指韩愈自己。

通　解

今之人以一善⁽¹⁾为行而耻为之，慕达节而称夫通才者多矣，然而脂韦汩没⁽²⁾以至于老死者相继，亦未见他人之称：其岂非乱教贼名⁽³⁾之术欤！

且五常之教，与天地皆生；然而天下之人不得其师，终不能自知而行之矣。故尧之前千万年，天下之人促促然⁽⁴⁾不知其让之为美也；于是许由哀天下之愚，且以争为能，乃脱屣其九州⁽⁵⁾，高揖而辞尧，由是后之人竦然⁽⁶⁾而言曰："虽天下犹有薄而不售者⁽⁷⁾，况其小者乎？"故让之教行于天下，许由为之师也。自桀之前千万年，天下之人循循然不知忠易其死也⁽⁸⁾。故龙逢⁽⁹⁾哀天下之不仁。睹君父百姓入水火而不救，于是进尽其言，退就割烹⁽¹⁰⁾；于是后之臣竦然而言曰："虽万死犹有忠而不惧者，况其小者乎？"故忠之教行于天下，由龙逢为之师也。自周之前千万年，浑浑然不知义之可换其生也，故伯夷哀天下之偷⁽¹¹⁾，且以强则服⁽¹²⁾，食其葛薇，逃山而死；故后之人竦然而言曰："虽饿死犹有义而不惧者，况其小者乎！"故义之教行于天下，由伯夷为之师也。是三人俱以一身立教，而为师于千万年间；其身亡而其教存，扶持天地，功亦厚矣。向令三师耻独行，慕通达，则尧之日，必曰得位而济道，安用让为？夏之日，必曰长进而否退，安用死为？周之日，必曰同尘而和光，安用饿为？若然者，天下之人促促然而争，循循然而佞，浑浑然而偷；其何惧而不为哉！是三师生于今，为偏(13)而不通者也，可不谓之大贤者哉？呜呼，今之人其慕通达之为弊也！

且古圣人言通者，盖百行众艺备于身而行之者也；今恒人(14)之言通者，盖百行众艺阙于身而求合者也。是则古之人言通者，通于道义；今之人言通者，通于私曲：其亦异矣！将欲齐(15)之者，不犹矜粪丸而拟质随珠(16)者乎？且令今父兄教其子弟者曰"尔当通于行如仲尼(17)"，虽愚者亦知其不能也；曰"尔尚力一行(18)如古之贤"，虽中人亦希其能矣(19)：岂不由圣可慕而不可齐邪？贤可及而可齐也？今之人行未能及乎贤而欲齐乎圣者，亦见其病矣！

夫古人之进修，或几(20)乎圣人。今之人行不出乎中人，而耻乎力一行为独行，且曰："我通同如圣人。"彼其欺心邪？吾不知矣！彼其欺人而贼名邪？吾不知矣！余惧其说之将深(21)，为《通解》。

【注释】

(1) 一善：一技之长。

(2) 脂韦、汩没：脂，油脂；韦，软皮；用来形容圆滑、阿谀。汩没，隐没不彰。意为苟合取容以致品节沦落。

(3) 乱教贼名：败坏儒教传统，窃取浮名。

(4) 促促然：匆忙紧迫的样子。这里指人们为名利而奔忙。

(5) 脱屣其九州：屣，鞋子。《吕氏春秋·观表》："视舍天下若舍屣。"这里为舍弃天下之意。

（6）竦然：伸长脖子，踮起脚跟的样子。

（7）虽天下犹有薄而不售者：即使天下之大，还有不把它放在心上的人。薄，轻视；售，买。

（8）循循然不知忠易其死也：循循然，遵循、沿习的样子。易，轻视。这句意为（天下之人）世世沿习，而不知道"忠"比生命更重要。

（9）龙逢：夏朝末期的忠臣，后为暴君所烹杀。

（10）进尽其言，退就割烹：可做如下断句：进，尽其言；退，就割烹。

（11）偷：苟且，得过且过。《商君书·农战》："善为国者，仓廪虽满，不偷于农。"

（12）以强则服：强，强暴；服，畏服。此句意为：伯夷为天下人得过且过、畏服于强暴而悲哀。

（13）偏：这里比喻不同俗媚人。

（14）恒人：常人，一般人。

（15）齐：混同对待。

（16）矜粪丸而拟质随珠：以粪丸为宝而将它与珍珠同比。随珠，古代所称"随侯珠"，非常名贵的稀世珍珠。拟，比作。

（17）仲尼：即孔子。

（18）尚力一行：尚，推重；力，用功；一行，"仁义礼智信"五行之一。

（19）虽中人亦希其能：中人，才行一般之人；希，接近。即使是才行一般的人也能达到。

(20) 几：接近。

(21) 惧其说之将深：怕这种看法流布日渐深远。

择言解

火泄于密⁽¹⁾，而为用且大，能不违于道⁽²⁾，可燔可炙⁽³⁾，可熔可甄⁽⁴⁾，以利于生物；及其放而不禁，反为灾矣。水发于深，而为用且远，能不违于道，可浮可载，可饮可灌，以济于生物；及其导而不防，反为患矣。言起于微，而为用且博，能不违道，可化可令⁽⁵⁾，可告可训⁽⁶⁾，以推于生物；及其纵而不慎，反为祸矣。

火既我灾⁽⁷⁾，有水而可伏其焰，能使不蹈于灰烬矣；水既我患，有土而可遏其流，能使不仆于波涛矣；言既我祸，即无以掩其辞，能不罹其失者亦鲜矣⁽⁸⁾；所以知理者又焉得不择其言欤？其为慎而甚于水火！

【注释】

(1) 火泄于密：火从封闭的地方泄出。

(2) 不违于道：不违反使用火的方法。

(3) 可燔可炙：燔，烤炙。可用来烤炙肉食品。

(4) 可熔可甄：可以熔化金属，制造陶器。

(5) 可化可令：可以教化人和颁布政令。

(6) 可告可训：可以劝勉人和教导人。

(7) 火既我灾：如果火已经危害我们。灾，动词；我灾，即"灾我"。

(8) 罹：遭受。鲜：少。

五箴五首(1) 并序

人患不知其过，既知之不能改，是无勇也(2)。余生三十有八年，发之短者日益白，齿之摇者日益脱，聪明(3)不及于前时，道德日负于初心(4)。其不至于君子而卒为小人也，昭昭矣。作《五箴》以讼其恶云(5)。

游箴

余少之时，将求多能，蚤夜以孜孜(6)。余今之时，既饱而嬉，蚤夜以无为(7)。呜呼余乎，其无知乎，君子之弃，而小人之归乎？

言箴

不知言之人，乌可与言(8)；知言之人，默焉而其意已传(9)。幕中之辩，人反以汝为叛。台中之评，人反以汝为倾(10)汝不惩邪，而呶呶以害其生邪？

行　箴

行与义乖，言与法违，后虽无害，汝可以悔[11]。行也无邪，言也无颇[12]，死而不死，汝悔而何。宜悔而休，汝恶曷瘳[13]，宜休而悔，汝善安在[14]。悔不可追，悔不可为[15]，思而斯得，汝则弗思。

好恶箴

无善而好，不观其道[16]，无悖而恶，不详其故[17]。前之所好，今见其尤。从也为比，舍也为雠。前之所恶，今见其臧，从也为愧，舍也为狂[18]。维雠维比，维狂维愧[19]，于身不祥，于德不义[20]。不义不祥，维恶之大[21]。几如是为，而不颠沛，齿之尚少，庸有不思[22]。今其老矣，不慎胡为[23]。

知名箴

内不足者，急于人知；霈然有余，厥闻四驰。今日告汝，知名之法：勿病无闻，病其烨烨[24]。昔者子路，惟恐有闻，赫然千载，德誉愈尊。矜汝文章，负汝言语，乘人不能，挣以自取。汝非其父，汝非其师，不请而教，谁云不欺[25]？欺以贾憎，挣以媒怨；汝曾不寤，以及于难[26]。小人在辱，亦克知悔，及其既宁，终莫能戒[27]。既出汝心，又铭汝前，汝如不顾，祸亦宜然。

【注释】

(1) 箴：文体的一种，用以规戒人的言行。

(2) 是无勇也：这是没有勇气的表现。是：这。

(3) 聪明：耳聪目明。

(4) 道德日负于初心句：思想道德修养有负于当初的决心，没有达到君子的境界却最终成为小人。其：句首语气词。卒：最终。为：成为。

(5) 作《五箴》以讼其恶：写《五箴》来责备自己的缺点。

(6) 蚤夜以孜孜：从早到晚从不懈怠。

(7) 蚤夜以无为：从早到晚无所作为。

(8) 不知言之人句：不能听懂别人话的人，哪里能跟他谈论问题呢。乌：何，哪里。

(9) 知言之人句：能够听懂别人话的人，不吱声而他的意向已经传达出来。

(10) 台中之评句：在御史台发表的评论，人们反认为你行为不正。

(11) 后虽无害句：以后即使是没有危害，你却可以因此而后悔。虽：即使。

(12) 行也无邪句：行为没有邪恶，言论没有偏颇。邪：邪恶，奸邪。颇：偏颇，不平正。

(13) 宜悔而休句：应该后悔却喜乐，你的恶行哪里能减少呢?

(14) 宜休而悔句：应该高兴却后悔，你的善行在哪里呢?

(15) 悔不可追句：后悔是不能追及的，后悔的事是不能做的。

(16) 无善而好句：一个人没有善行却喜欢他，是没有好好观察他的道德品质。　好：hào，喜欢，喜好。　道：道义，道德。

(17) 无悖而恶句：一个人没有错误却厌恶他，是没有很好了解他的原故。　悖：bèi，谬误，错误。　详：了解，审察。

(18) 前之所恶句：先前所厌恶的人，今天看见他的好处，跟着干是羞愧，不跟着干又是轻狂。

(19) 四个"维"字，句首句中助词，无实义。

(20) 于身不祥句：对于自己是不吉利的，在道德修养上也不符合规范。　身：己称代词，自己。

(21) 维恶之大：是最大的恶。　维：是，乃。　大：是"恶"的定语后置。

(22) 齿之尚少句：录用他的可能性很少，岂有不思考的道理。齿：录用，任用。　庸有：岂有。

(23) 今其老矣句：今天将要衰老了，不谨慎地对待这些事，又能做什么呢？　其：将要。　胡为：做什么。胡：何，是"为"的宾语前置。

(24) 勿病无闻句：不必担心没有名声，而要担心名声过分显赫。烨烨：yè，显赫，灿烂。

(25) 不请而教句：不请你就来教育人，谁能说这不是欺世盗名呢？　欺：凌侮，欺负，引申为欺世盗名。

(26) 欺以贾憎句：欺世盗名就招致憎恶、强取名声就惹来怨恨；你竟然不醒悟，最终陷入困境。

(27) 小人在辱句：见识浅陋的人在受辱时，也能知道悔悟；到了恢复平静时终究不能有所警戒。

三器论

或曰：天子坐于明堂，执传国玺，列九鼎⁽¹⁾，使万方之来者，惕然⁽²⁾知天下之人意有所归，而太平之阶具矣。后王者或阙，何如？

对曰：异乎吾所闻⁽³⁾。归天人之心，兴太平之基，是非三器之能系也。子不谓明堂天子布政者邪⁽⁴⁾？周公、成王居之而朝诸侯，美矣；幽、厉居之，何如哉⁽⁵⁾？子不谓传国之玺帝王所以传宝者邪⁽⁶⁾？汉高、文、景⁽⁷⁾得之而以为宝，美矣；新莽、胡石⁽⁸⁾得之，何如哉？子不谓九鼎帝王之所谓神器邪？夏禹铸之，周文迁之而为宝，美矣；桀癸、纣辛⁽⁹⁾有之，何如哉？若然，归天人之心，兴太平之阶，决非三器之所能也。夫帝王之圣者，卑宫室、贱金玉、斥无用之器，以示天下，贻子孙；而后王犹殚⁽¹⁰⁾天下之土木不肯已，又安忍夸广之⁽¹¹⁾尊其为明堂欤？若传国玺之狂嬴贼新⁽¹²⁾，童心侈意而为之⁽¹³⁾，示既有之⁽¹⁴⁾，不抵之足矣⁽¹⁵⁾，称其符瑞则未也。若九鼎之死，百牢⁽¹⁶⁾不能膏其腹火，万载不能黔⁽¹⁷⁾其足，其烹饪祠之用不足取，岂不为无用之器哉？尧水滔天，人禽鬼神之居相混已；禹导川决水，以分神人之居，乃销九金，乃铸九鼎，仪⁽¹⁸⁾万有之族，露怪异之状，其护人已，其救人已。后王决不如大禹识鬼神之状，又无当时汩没之危，而徒欲阗金⁽¹⁹⁾大广器物，与夫垫巾效郭⁽²⁰⁾、异名同蔺者，岂不远哉！是亦见谬也。噫，不务其修诚于内，而务其盛饰于外，匹夫之不可，而况帝王哉！

【注释】

(1) 九鼎：古代象征国家政权的传国之宝。

(2) 惕然：提心吊胆的样子。

(3) 异乎吾所闻：与我所听说的不一样。

(4) 子不谓明堂天子布政者邪：你不是说明堂是天子布政的地方吗？

(5) 何如哉：又怎么样呢？

(6) 子不谓传国之玺帝王所以传宝者邪：你不是说传国的玉玺是帝王世世相传的宝印吗？

(7) 汉高、文、景：指汉高祖、汉文帝和汉景帝。

(8) 新莽、胡石：篡夺汉位自立新朝的王莽，胡石：指后赵石勒。石勒，羯人，故云胡石。

(9) 桀癸、纣辛：桀癸，指夏桀，名癸。纣辛，指商纣，名辛。

(10) 殚：穷尽，竭尽。张衡《东京赋》："征税尽，人力殚。"

(11) 夸广之：夸而广之。

(12) 传国玺之狂嬴贼新：把国玺传给狂暴的秦始皇和篡逆的王莽。

(13) 童心恣意而为之：像孩子一样任性地处置它。

(14) 示既有之：其象征意义是有了。

(15) 不抵之足矣：但实际上难副其实。

(16) 牢：祭祀用的牛羊之类。

(17) 黔：黑。

（18）仪：匹配。

（19）阇金：纳金于阇。阇，闺闱之意。

（20）垫巾效郭：东汉郭泰（字林宗）曾经出行遇雨，以一个角垫为巾以遮雨。因其负有盛名，时人故意折巾一角以效之，曰林宗巾。

宫　市

旧事⁽¹⁾：宫中有要市外物⁽²⁾，令官吏主之，与人为市，随给其直⁽³⁾。贞元末，以宦者为使，抑买⁽⁴⁾人物，稍不如本估⁽⁵⁾。末年不复行文书⁽⁶⁾，置白望⁽⁷⁾数百人于两市并要闹坊，阅人所卖物，但称"宫市"，即敛手付与，真伪不复可辨，无敢问所从来，其论价之高下者⁽⁸⁾。率用百钱物，买人直数千钱物，仍索进奉门户并脚价钱⁽⁹⁾。将物诣市，至有空手而归者。名为宫市，而实夺之。

尝有农夫以驴负柴至城卖，遇宦者称宫市取之，才与绢数尺，又就索门户，仍邀以驴送至内⁽¹⁰⁾。农夫涕泣，以所得绢付之，不肯受。曰："须汝驴送柴至内。"农夫曰："我有父母妻子，待此然后食⁽¹¹⁾，今以柴与汝，不取直而归，汝尚不肯，我有死而已！"遂殴宦者。街吏⁽¹²⁾擒以闻，诏黜⁽¹³⁾此宦者，而赐农夫绢十匹。然宫市亦不为之改易。谏官御史数奏⁽¹⁴⁾疏谏，不听。上初登位⁽¹⁵⁾，禁之；至大赦，又明禁。

【注释】

（1）旧事：同"故事"。

（2）要市外物：需要到市上去购买东西。

（3）给其直：值，价值。给其直，付价款。

（4）抑买：抑，抑制，减低。抑买，以低价强买。

（5）本估：估，价值。本估，原价值，应得的卖价。

（6）行文书：出具公文证件，载明派某人买某物等等。

（7）白望：胡三省说："白望，使人于市中左右望，白取其物，不还本价。"白，就如口语里"白给""白得"的"白"字意义一样。

（8）其论价之高下者：朱熹说："其"当作"与"。按当依通鉴作"及"。

（9）仍索进奉门户并脚价钱：索，讨取。货物送入宫中，每过一门，都要付钱给守门人，叫做进奉门户钱。脚价钱，指托言要另雇人运载货物的"运费"。

（10）仍邀以驴送至内：仍，更。邀，请，要求，——这里其实是"命令"。内，宫里面。

（11）待此然后食：此，指驴。说要用这头驴子运载物品做买卖来养活一家老小。

（12）街吏：金吾左右街使的属吏。

（13）诏黜：皇帝命令贬黜、开除。

（14）数奏：不止一次的递进。

（15）上初登位：指顺宗李诵初做皇帝。

五坊小儿⁽¹⁾

贞元末，五坊小儿张捕鸟雀于闾里，皆为暴横，以取钱物。至有张罗网于门不许人出入者；或有张井上者，使不得汲水，近之，辄曰⁽²⁾："汝惊供奉鸟雀！"痛殴之，出钱物求谢，乃去。或相聚饮食于肆⁽³⁾，醉饱而去。卖者或不知，就索其直，多被殴骂；或时留蛇一囊为质⁽⁴⁾，曰："此蛇所以致鸟雀而捕之者⁽⁵⁾，今留付汝，幸善饲之，勿令饥渴。"卖者愧谢求哀，乃携而去。上在春宫⁽⁶⁾时，则知其弊，常欲奏禁之，至即位，遂推而行之，人情大悦。

【注释】

（1）五坊小儿：五坊：雕坊、鹘坊、鹞坊、鹰坊、狗坊，坊各有主持人，隶属于闲厩使（掌管皇帝"御"用军用马匹事项）。鸟类和狗是供最高统治者"打猎"玩乐时使用的。小儿，指各坊给事人员，唐时给事者多呼作小儿，如苑监小儿、飞龙（马的美名）小儿等等都是。

（2）辄曰：就说，便说。

（3）于肆：在店铺里，这里是指吃食店。

（4）为质：作抵押品。指不付现钱，把蛇作抵押品。

（5）此蛇所以致鸟雀而捕之者：这几条蛇是要使用它们去捕捉鸟类的。

（6）春宫：太子所居的宫叫春宫。

阳　城

城字亢宗，北平⁽¹⁾人，代为官族⁽²⁾。好学，贫不能得书，乃求入集贤⁽³⁾为书写吏，窃官书读之，昼夜不出，经六年，遂无所不通。乃去沧州中条山下⁽⁴⁾，远近慕其德行，来学者相继于道，闾里有争者，不诣官府，诣城以决之。

李泌为相，举为谏议大夫⁽⁵⁾，拜官不辞。未至京师，人皆想望风采，云城山人，能自苦刻，不乐名利，必谏诤死职下，咸畏惮之。

既至，诸谏官纷纷言事，细碎无不闻达⁽⁶⁾，天子益厌苦之。而城方与其二弟牟、容连日夜痛饮，人莫能窥其意。有怀剌讥之者，将造城而问者⁽⁷⁾，城揣知其意，辄彊与酒，客或时先醉，仆席上；或时先醉，卧客怀中，不能听客语。约其二弟云："吾所得月俸⁽⁸⁾，汝可度吾家有几口，月食米当几何，买薪菜盐米凡用几钱，先具之⁽⁹⁾，其余悉以送酒媪，无留也。"未尝有所贮积，虽其所服用切急不可阙者，客称其物可爱,城辄喜,举而授之。陈苌者,候其始请月俸,常往称其钱帛之美,月有获焉。

至裴延龄谗毁陆贽等坐贬黜,德宗怒不解,在朝无救者,城闻而起曰:"吾谏官也,不可令天子杀无罪之人,而信用奸臣。"即率拾遗[10]王仲舒数人守延英门[11],上疏论延龄奸佞、贽等无罪状,德宗大怒,召宰相入语,将加城等罪,良久乃解,令宰相谕遣之[12]。于是金吾将军张万福闻谏官伏阁谏,趋往,至延英门,大言贺曰:"朝廷有直臣,天下必太平矣。"遂遍拜城与仲舒等曰:"诸谏议能如此言事,天下安得不太平也!"已而连呼:"太平万岁!太平万岁!"万福武人,时年八十余,自此名重天下。

时朝夕相延龄[13],城曰:"脱以延龄为相[14],当取白麻[15]坏之!"恸哭于庭。竟坐延龄事改国子司业。

至,引诸生告之曰:"凡学者所以学为忠与孝也,诸生宁有久不省其亲乎!"明日,谒城归养者[16]二十余人。有薛约者,尝学于城,狂躁,以言事得罪,将徙连州[17],客寄有根蒂[18],吏纵求得城家[19],坐吏于门[20],与约饮决别,涕泣送之郊外。德宗闻之,以城为党罪人,出为道州刺史,太学王鲁卿、李傥等二百七十人诣阙乞留[21],住数日,吏遮止之,疏不得上[22]。

在州,以家人礼待吏人[23],宜罚者罚之,宜赏者赏之,一不以簿书介意[24]。赋税不登[25],观察使数诮让,上考功第,城自署第[26]曰:"抚字心劳,催科政拙[27],考下下。"观察使尝使判官督其赋,至州,怪城不出迎,以问州吏,吏曰:"刺史闻判官来,以为己有罪,自囚于狱,不敢出。"判官大惊,驰入谒城于狱,曰:"使君[28]何罪,某奉命来候安否耳[29]!"留一两日未去,城固不复归,馆门外有故门扇横地⁽³⁰⁾，城尽夜坐卧其上，判官不自安，辞去。其后又遣他判官崔某往按之⁽³¹⁾，崔承命不辞，载妻子一行中道而逃⁽³²⁾。

城孝友，不忍与其弟异处，皆不娶，给侍终身⁽³³⁾。有寡妹，依城以居，有生⁽³⁴⁾，年四十余，痴不能如人⁽³⁵⁾，常与弟负之以游。初，城之妹夫亡在他处，家贫，不能葬，城亲与其弟舁尸⁽³⁶⁾，以归，葬于其居之侧，往返千余里。卒时年六十余。

【注释】

（1）北平：今河北定县。

（2）代为官族：代原当作世，是唐人避太宗李世民名讳所改用。

（3）集贤：指集贤殿书院，属中书省，长官为学士，掌管征求、储藏经籍图书。

（4）沧州中条山下：沧州今河北沧县。按通鉴：阳缄隐居柳谷之北。胡注：在安邑县中条山。是沧州应作蒲州（安邑属蒲州）。

（5）谏议大夫：属门下省，侍从皇帝并讽谏政治得失。阳城任此职，在贞元四年六月。

（6）细碎无不闻达：这说当时诸谏官只把些极琐碎无关大体的事举出来塞责。

（7）有怀刺讥之者，将造城而问者：刺，名帖，写着本人的姓名籍贯等等，为拜访之用。怀，藏着。造，至，往。问，质问。

（8）吾所得月俸：谏议大夫为正四品，每月俸钱为七十贯文。

（9）具之：将它们储备好。

（10）拾遗：官名。遗，过失。拾，拾起来。意义是"补正"最高统治者的过失。

（11）延英门：在大明宫中，宣政殿之右，延英殿之左。

（12）谕遣：告谕遣散。

（13）时朝夕相延龄：当时早晚间就要任延龄为宰相。

（14）脱以延龄为相：脱，假设词，倘使、或者的意思。

（15）白麻：纸名，任命宰相，用白麻纸写诏书。这里即指宰相的"任命状"。

（16）谒城归养者：谒，告假。谒城，向阳城请假。归养，归去奉养父母。

（17）徙连州：驱逐到连州居住。连州，今广东连县。

（18）客寄有根蒂：客寄，没有家属，象旅客一样寄宿旅馆，或别人家中。有根蒂，是借植物做譬喻，虽然客居，也有根有蒂，有所依着，可以追寻下落。

（19）纵求得城家：纵求，根据纵迹去追求。得城家，得下省去"之"字，说在阳城家寻到。

（20）坐吏于门：命吏坐在门旁等候。

（21）诣阙乞留：阙原为宫门外的两个高台，其上架作楼观，可以登望，其下阙然（空缺）可以行车马，因而名作阙。后来便用作最高统治者所居宫殿的通称。诣阙乞留，到皇帝那里去请留阳城，不要外放到道州去。

（22）疏不得上：疏，读去声，奏疏，上行公文之一。

（23）以家人礼待吏人：用像对家人一样的礼法来对待群吏。

（24）一不以簿书介意：簿，各种簿册。书，文书。这说阳城不注意各种表面的官样文章，着重在实际。

(25）赋税不登：赋税，农业税和其它各项税收。登，入。这指税收不足额。

(26）城自署第：阳城自己签名写上对他自己的考语和等第。

(27）抚字心劳，催科政拙：这两句就是考语。抚，爱。字，养。抚爱句说自己很留意人民的生活。催科句说自己不忍严厉督催税收，因此成绩不好。一说：催，督促，科，科罚，和上句"抚字"对文。

(28）使君：原为奉最高统治者命令而出使的官吏的尊称，以后州郡的长官也称使君。

(29）来候安否耳：不过是来问候一下你的身体好不好罢了。因为阳城有相当地位和名誉，不敢直说"你成绩不好，我来督催粮赋"的话，所以用这样话语来支应。

(30）馆门外有故门扇横地：馆，指判官所住的客馆。故门扇，旧门板。横地，横在地上。

(31）按之：查办他。

(32）载妻子一行中道而逃：一行，一列。载着自己妻子一道半途逃走。这是因为不愿查办阳城，又无法避上司的派遣，只好以一逃了之。

(33）给侍终身：这句是说一生给他的弟弟服劳。

(34）有生：生，同甥。有生，生有一个外甥。

(35）痴不能如人：痴，白痴，有精神病，不能和平常人一样。

(36）舁尸：原为两人共同扛抬尸骨之意，这里舁作"载运"解。

燕喜亭记

　　太原王弘中在连州⁽¹⁾，与学佛之人景常、元慧者游，异日从二人者行于其居之后，丘荒之间，上高而望，得异处焉。斩茅而嘉树列⁽²⁾，发石而清泉激⁽³⁾，辇粪壤，焚椔翳⁽⁴⁾；却立而视之⁽⁵⁾；出者突然成丘，陷者呀然成谷，洼者为池而缺者为洞；若有鬼神异物阴来相之⁽⁶⁾。自是弘中与二人者晨往而夕忘归焉，乃立屋⁽⁷⁾以御风雨寒暑。

　　既成，愈请名之，名其丘曰"俟德之丘"，蔽于古而显于今，有俟德之道也⁽⁸⁾；其石谷曰"谦受之谷"，瀑曰"振鹭之瀑"，谷言德，瀑言容也；其土谷曰"黄金之谷"，瀑曰"秩秩之瀑"，谷言容，瀑言德也；洞曰"寒居之洞"，志其入时也；池曰"君子之池"，虚以钟其美，盈以出其恶也；泉之源曰"天泽之泉"，出高而施下⁽⁹⁾也；合而名之以屋曰"燕喜之亭"，取诗所谓"鲁侯燕喜"者颂也。

　　于是州民之老⁽¹⁰⁾，闻者相与观焉，曰：吾州之山水名天下，然而无与"燕喜"相比。经营于其侧者相接也，而莫直其地⁽¹¹⁾。凡天作而地藏之以遗其人乎⁽¹²⁾？弘中自吏部郎贬秩⁽¹³⁾而来，次其道途所经，自蓝田入商洛，涉淅湍，临汉水，升岘首以望方城；出荆门，下岷江，过洞庭，上湘水，行衡山之下，繇郴逾岭⁽¹⁴⁾，猿狖所家，鱼龙所宫，极幽遐瑰诡之观，宜其于山水饫闻而厌见⁽¹⁵⁾也。今其意乃若不足，《传》曰："智者乐水，仁者乐山。"⁽¹⁶⁾弘中之德，与其所好，可谓协矣。智以谋之，仁以居之，吾知其去是而羽仪于天朝⁽¹⁷⁾也不远矣。遂刻石以记。

【注释】

(1) 连州：在今广东省境内。

(2) 斩茅而嘉树列：铲除茅蒿后树木成行。

(3) 发石而清泉激：挖掘土石后清泉喷射。

(4) 荤粪壤，焚榴翳：清理掉污秽的土壤，焚烧掉荆棘杂草。

(5) 却立而视之：退到远处再看。

(6) 相：辅佐。

(7) 立屋：建筑小屋。

(8) 蔽于古而显于今，有俟德之道也：古为一直隐而不彰，至今方得显露，有等待德行君子的意味。

(9) 出高而施下：出于高处而施泽于下。

(10) 州民之老：一州百姓中的老者。

(11) 经营于其侧者相接也，而莫直其地：在亭子周围的土地上有不少人家不留隙地的经营农田，但没有人发现这块地盘的价值。

(12) 凡天作而地藏之以遗其人乎：大概是天公生就这块地，而大地又把它隐藏起来，以便专门送给王弘中的吧。

(13) 贬秩：降低官职。

(14) 繇郴逾岭：从郴州越过秦岭。

(15) 饫闻而厌见：饫，饱、足之意。《后汉书·刘盆子传》："十万余人皆得饱饫。"厌，与饫同义。意思是对于山水之类看个足够。

（16）《传》曰："智者乐水，仁者乐山。"传，指古人的著作。此指《论语》。《论语·雍也》子曰："知者乐水，仁者乐山；知者动，仁者静；知者乐，仁者寿。"略谓知者乐于观赏水，仁者乐于观赏山。知同智。

（17）去是而羽仪于天朝：离开这里而去长安辅佐天朝。去，离开；羽，辅佐；仪，匹配。

徐泗豪三州节度掌书记厅石记

书记⁽¹⁾之任亦难矣！元戎⁽²⁾整齐三军之士，统理所部之甿⁽³⁾，以镇守邦国，赞天子施教化，而又外与宾客四邻交；其朝觐聘问慰荐祭祀祈祝之文，与所部之政，三军之号令升黜：凡文辞之事，皆出书记。非闳辨通敏兼人之才，莫宜居之⁽⁴⁾。然皆元戎自辟⁽⁵⁾，然后命于天子；苟其帅之不文，则其所辟或不当，亦其理宜也。

南阳公自御史大夫、豪寿庐三州观察使⁽⁶⁾，授节⁽⁷⁾移镇徐州，历十一年，而掌书记者凡三人：其一人曰高阳许孟容，入仕于王朝，今为尚书礼部郎中；其一人曰京兆杜兼，今为尚书礼部员外郎、观察判官；其一人曰陇西李博，自前乡贡进士授秘书省校书郎，方为之⁽⁸⁾。南阳公文章称天下，其所辟实所谓闳辨通敏兼人之才者也。后之人苟未知南阳公之文章，吾请观于三君子⁽⁹⁾；苟未知三君子之文章，吾请观于南阳公可知矣；蔚乎其相章⁽¹⁰⁾，炳乎其相辉⁽¹¹⁾；志同而气合，鱼川泳而鸟云飞也⁽¹²⁾！

愈乐是宾主之相得⁽¹³⁾也，故请刻石以记之，而陷置于壁间，俾来者得以览观焉。

【注释】

（1）书记：掌管书牍记录的官员。

（2）元戎：元，首领；戎，军队，指部队首长。这里指节度使。

（3）甿：同"氓"，指百姓。这里指节度使治下的百姓。

（4）莫宜居之：不适合占据这个位置。

（5）元戎自辟：节度使自己选定。

（6）观察使：唐代设观察使，位秩次于节度使，甲兵财赋民俗之事无所不管，权任很重。宋代设置的观察使为荣衔，无实职，主要为了显示其待遇。

（7）授节：节，符节，古代用来做凭证的东西。所谓授节，即朝廷授予某人赴任某职的凭证。

（8）方为之：方，正在。这里指陇西李博正在南阳公幕下任掌书记职务。

（9）三君子：指许孟容、杜兼、李博三人。

（10）相章：相得益彰。

（11）相辉：意同"相章"。

（12）鱼川泳而鸟云飞：各得其所之态。

（13）乐是宾主之相得：为这里宾主相得而高兴。

画　　记

杂古今人物小画共一卷：骑而立者五人，骑而被甲载兵[1]立者十人，一人骑执大旗前立，骑而被甲载兵行且下牵者十人，骑且负者二人，骑执器者二人，骑拥田犬者一人，骑而牵者二人，骑而驱者三人，执羁靮[2]立者二人，骑而下倚马臂隼[3]而立者一人，骑而驱涉者二人，徒而驱牧[4]者二人，坐而指使者一人，甲胄手弓矢铁钺植者七人，甲胄执帜植者十人，负者七人，偃寝[5]休者二人，甲胄坐睡者一人，方涉者一人，坐而脱足[6]者一人，寒附火[7]者一人，杂执器物役者八人，奉壶矢[8]者一人，舍而具食[9]者十有一人，挹且注[10]者四人，牛牵[11]者二人，驴驱者四人，一人杖而负者，妇人以孺子载而可见者六人，载而上下者三人，孺子戏者九人。凡人之事三十有二，为人大小百二十有三，而莫有同者焉。

马大者九匹：于马之中，又有上者，下者，行者，牵者，涉者，陆者，翘者[12]，顾者，鸣者，寝者，讹者[13]，立者，人立者[14]，龁者[15]，饮者，溲者，陟者，降者，痒磨树者，嘘者，嗅者，喜相戏者，怒相蹄齧者[16]，秣者[17]，骑者，骤者，走者，载服物者，载狐兔者。凡马之事二十有七，为马大小八十有三，而莫有同者焉。

牛大小十一头。橐驼三头。驴如橐驼之数，而加其一焉。隼一犬羊狐兔麋鹿共三十。旃车三两[18]。杂兵器弓矢旌旗刀剑矛盾弓服矢房[19]甲胄之属，餠盂簦笠[20]筐筥锜釜[21]饮食服用之器，壶矢博弈之具，二百五十有一，皆曲极其妙。

贞元甲戌年，余在京师，甚无事，同居有独孤生申叔[22]者，始得此画，而与余弹棋[23]，余幸胜而获焉。意甚惜之，以为非一工人之所能运思，盖橐集[24]众工人之所长耳，虽百金不愿易也。明年出京师，至河阳，与二三客论画品格，因出而观之。座有赵侍御者，君子人也，见之戚然，若有感然；少而[25]进曰："噫！余之手摸[26]也，亡之且二十年矣，余少时常有志乎兹事，得国本[27]，绝人事而摸得之，游闽中而丧焉，居闲处独，时往来余怀也[28]，以其始为之劳而夙好之笃也，今虽遇之，力不能为已，且命工人存其大都[29]焉。"余既甚爱之，又感赵君之事，因以赠之，而记其人物之形状与数，而时观之，以自释[30]焉。

【注释】

（1）被甲载兵：被，穿着。甲，铠甲，古代用皮革制成或以金属片连缀而成的军服。载同戴，负戴，负荷。兵，兵器。载兵，背上背着兵器。

（2）羁靮：羁是络在马头部的革带。靮，马缰绳。

（3）臂隼：手臂上驾着隼。臂当动词用。隼，名鹘，性凶猛，喜博击鸟类和其它动物。

（4）徒而驱牧：徒，步行。驱牧，指挥牧养牲畜。

（5）偃寝：躺卧休息。

（6）脱足：脱去所着鞋袜，脚就脱露出来，所以说是脱足。

（7）附火：附，近。附火，靠火，向火，就是烤火取暖。

（8）奉壶矢：奉，同捧。壶矢，古时一种游戏，用矢投入壶中，以投中的枚数多少比胜负。

（9）舍而具食：在屋下做饭。舍当动词用。

（10）挹且注：挹，斟酌。注，灌入。酌水或酒、灌入容器中。

（11）牛牵：牵牛。下文驴驱也就是驱驴，是倒字法。

（12）涉者，陆者，翘者：涉者，指马渡水。陆指马在跳跃。翘指马举起足预备跳。

（13）讹者：讹，动，指马在动。

（14）人立者：指马高举前两足，像人站立一样。

（15）龁者：指马在吃草。

（16）踶齧者：踶，同蹄，当动词用。踶齧，指马在足踢口咬。

（17）秣者：秣，本是饲马的刍豆，也当动词用，指马正在吃饲料。

（18）旃车三两：旃，曲柄旗。车上插着曲柄旗，是招集士众的标帜。一车两轮，因此车一乘称一两。两亦作辆。

（19）弓服矢房：服和房是装弓装矢的用器。

（20）缾盂簦笠：缾，同瓶。簦笠，防雨用具：簦，音dēng，大而有柄，就是现在通行的雨伞；笠，无柄，戴在头上。

（21）筐筥锜釜：筐，方形竹器。筥，圆形竹器。锜、釜，炊具；有足叫锜，无足叫釜。

（22）独孤生申叔：字子重，卒年二十六岁，柳宗元有墓志铭，韩愈也为他作哀辞一首。

（23）弹棋：古时一种游戏。

（24）藂集：聚集。藂同丛。

（25）少而：少，同稍。一会儿。

（26）手摸：亲自依样摹绘。摸，同摹。

（27）国本：国库所藏的画本。

（28）居闲处独，时往来余怀也：空闲时、一人独居的时候，心中常常忆念起这幅画，忘不了。

（29）大都：大略，大概。

（30）自释：自己解释、宽慰。

蓝田⁽¹⁾县丞厅壁记

丞之职所以贰令⁽²⁾，于一邑无所不当问。其下主簿、尉⁽³⁾，主簿、尉乃有分职。丞位高而逼，例以嫌不可否事⁽⁴⁾。文书行，吏抱成案诣丞⁽⁵⁾，卷其前⁽⁶⁾，钳以左手，右手摘纸尾，雁鹜行⁽⁷⁾以进，平立，睨丞曰："当署⁽⁸⁾。"丞涉笔占位⁽⁹⁾署惟谨，目吏问可不可，吏曰："得。"则退，不敢略省⁽¹⁰⁾，漫不知何事。官虽尊，力势反出主簿、尉下。谚数慢⁽¹¹⁾，必曰丞，至以相訾謷⁽¹²⁾。丞之设岂端使然⁽¹³⁾哉！

博陵崔斯立⁽¹⁴⁾，种学绩文，以蓄其有，泓涵演迤⁽¹⁵⁾，日大以肆。贞元初，挟其能，战艺于京师⁽¹⁶⁾，再进，再屈于人⁽¹⁷⁾。元和初，以前大理评事言得失黜官，再转而为丞兹邑。始至，喟曰："官无卑，顾材不足塞职⁽¹⁸⁾。"既噤不得施用，又喟曰："丞哉丞哉！余不负丞，而丞负余。"则尽枒去牙角，一蹑故迹，破崖岸[19]而为之。丞厅故有记，坏漏污不可读，斯立易桷与瓦[20]，墁治壁[21]，悉书前任人名氏。庭有老槐四行，南墙钜竹千梃[22]，俨立若相持[23]，水潏潏[24]循除[25]鸣，斯立痛扫溉[26]，对树二松，日哦其间。有问者，辄对曰："余方有公事，子姑去。"

考功郎中、知制诰韩愈记[27]。

【注释】

（1）蓝田：县名，在今陕西省。

（2）贰令：贰，佐助。县丞，县令的副职，略如说副县令。

（3）主簿、尉：主簿，掌管文书簿册和监印事项。尉，掌管督察"盗贼"等事。

（4）例以嫌不可否事：嫌，嫌疑。可否，动词，表示意见，这句说县丞为了避夺权的嫌疑。照例不敢对县令已决定的大小公事置可否，只让县令去作主。

（5）抱成案诣丞：成案，已经办好的案件文书。诣，到；诣丞，到县丞面前。

（6）卷其前：把公文前半卷起来，指连公文内容也不让县丞知道。

（7）雁鹜行：像天鹅和水鸭一样排列成行。

（8）当署：应该签名。

（9）涉笔占位：涉笔，举起笔来蘸墨。占位，估量何处是应该签名的位置，——照例是应在县令名字之下。

（10）略省：稍稍去察看它的内容怎么样。

（11）谚数慢，必曰丞：谚，俗语。数，读上声。慢同漫，散漫。俗语谈到闲散冗官，首先数到的一定就是县丞。

（12）訾謷：讥诮毁伤。

（13）端使然：本来就是要这样。

（14）博陵崔斯立：博陵，今河北定县。崔斯立，名立之。

（15）泓涵演迤：泓涵，形容其广大。演迤，形容其源流很长。

（16）战艺于京师：在京师以文艺和人家竞争，就是应考试。崔立之贞元四年中进士，六年中博学宏词科。

（17）再进，再屈于人：再进，指应进士试后再应博学宏词试。指崔立之才艺出众，两试都及第。

（18）顾材不足塞职：顾，但，只是，塞职，尽职。

（19）破崖岸：崖岸，指严峻不易亲近，破崖岸，就是力求平易近人的意思。

（20）易桷与瓦：更换新椽子新瓦，使不再漏。

（21）墁治壁：修整粉刷墙壁。

（22）钜竹千梃：大竹千竿。

（23）俨立若相持：说老槐和大竹俨然对立，好像互不相下的样子。

（24）濈濈：水流声。

（25）循除：顺着台阶。

（26）痛扫溉：大大地清扫洗涤一下。

（27）考功郎中、知制诰：官名。考功郎中，属吏部，掌管文武百官考绩事项。知制诰，掌管撰拟诏令事项，这原是中书舍人的职务，当时韩愈以考功郎中兼任此职。

新修滕王阁记

愈少时则闻江南多临观之美，而滕王阁[1]独为第一，有瑰伟绝特之称；及得三王所为序赋记[2]等，壮其文辞，益欲往一观而读之，以忘吾忧；系官于朝，愿莫之遂。十四年，以言事斥守揭阳[3]，便道取疾[4]以至海上，又不得过南昌而观所谓滕王阁者。其冬，以天子进大号，加恩区内，移刺袁州[5]。袁于南昌为属邑，私喜幸自语，以为当得躬诣大府[6]，受约束于下执事，及其无事且还，倘[7]得一至其处，窃寄目偿所愿焉。至州之七月，诏以中书舍人太原王公为御史中丞，观察江南西道；洪、江、饶、虔、吉、信、抚、袁悉属治所。八州之人，前所不便及所愿欲而不得者，公至之日，皆罢行之。大者驿闻，小者立变，春生秋杀，阳开阴闭[8]，令修于庭户数日之间，而人自得于湖山千里之外[9]。吾虽欲出意见，论利害，听命于幕下；而吾州乃无一事可假而行[10]者，又安得舍己所事以勤馆人？则滕王阁又无因而至焉矣！

其岁九月，人吏浃和[11]，公与监军使燕于此阁，文武宾士皆与在席。酒半，合辞言曰："此屋不修，且坏。前公为从事此邦[12]，适治新[13]之，公所为文，实书在壁；今三十年而公来为邦伯[14]，适及期月，公又来燕于此，公乌[15]得无情哉？"公应曰："诺。"于是栋楹梁桷板槛之腐黑挠折者，盖瓦级砖之破缺者，赤白之漫漶不鲜[16]者，治之则已；无侈前人，无废后观[17]。

工既讫功[18]，公以众饮，而以书命愈[19]曰："子其为我记之！"愈既以未得造[20]观为叹，窃喜载名其上，词列三王之次，有荣耀焉；乃不辞而承公命。其江山之好，登望之乐，虽老矣，如获从公游，尚能为公赋之。

元和十五年十月某日袁州刺史韩愈记。

【注释】

（1）滕王阁：在今南昌，为古代四大名楼之一。唐初王勃有《滕王阁序》，极赞其登临之美。

（2）三王所为序赋记：指初唐王勃以及王绪、王弘中等人为滕王阁所写的序、赋、记等文章。

（3）揭阳：在今广东省。

（4）取疾：图个快捷。

（5）移刺袁州：《资治通鉴》曰：元和十四年"己丑，群臣上尊号曰元和圣文神武法天应道皇帝，赦天下。"韩愈逢大赦而由揭阳内移为袁州刺史。

（6）躬诣大府：亲身造访南昌。

（7）傥：同"倘"，"假如"之意。

（8）大者驿闻，小者立变，春生秋杀，阳开阴闭：大事且远的通过驿马通知，小且近者立即执行；春播秋收，正当的通行，不正当的取缔。此句意在描述王公初临的威风。

（9）令修于庭户数日之间，而人自得于湖山千里之外：法令颁行不几天，王公便在千里之外游山玩水，自得其乐了。

（10）假而行：假借理由动身前往。

（11）人吏浃和：浃，音 jiā，普遍、周遍。无论为官为民，大家一片平和景象。

（12）为从事此邦：在这里任从事之职。从事，节度使幕下属官。

（13）新：动词，翻新，改造，修葺之意。

（14）邦伯：伯，古代一方首领。此意为做八州之首领。

（15）乌：语气词，"哪能"、"怎么会"之意。

（16）漫漶不鲜：漶，音 huàn。漫漶，模糊不可辨别的样子。

（17）无侈前人，无废后观：既不在规模制度方面超过前人，又不影响后人观览。

（18）讫功：大功告成。

（19）以书命愈：用书信的形式命令韩愈。

（20）造：到。

题李生壁

余始得李生于河中(1)，今相遇于下邳(2)，自始及今，十四年矣。始相见，吾与之皆未冠(3)，未通人事，追思多有可笑者，与生皆然也。今者相遇，皆有妻子，昔时无度量之心，宁复可有是？生之为交，何其近古人也！

　　是来⁽⁴⁾也，余黜于徐州⁽⁵⁾，将西居于洛阳。泛舟于清泠池，泊于文雅台下。西望商丘⁽⁶⁾，东望修竹园。入微子庙，求邹阳、枚叔、司马相如之故文。久立于庙陛间⁽⁷⁾，悲《那颂》⁽⁸⁾之不作于是者已久。陇西李翱、太原王涯、上谷侯喜实同与焉。贞元十六年五月十四日。昌黎韩愈书。

【注释】

(1) 河中：河中府，在今山西水济县。

(2) 下邳：今江苏邳县。

(3) 未冠：尚未成年之意。

(4) 是来：这次来。

(5) 黜于徐州：被降职来到徐州。

(6) 商丘：在今河南省境内。

(7) 庙陛：庙门外的台阶。

(8) 《那颂》：《诗经·大雅·商颂》有诗曰《那》，是春秋时期宋国国君祭祀祖先的通用乐歌。

答张籍书

　　愈始者望见吾子于众人之中，固有异⁽¹⁾焉：及聆其音声，接其辞气，则有愿交之志；因缘幸会，遂得所图⁽²⁾，岂惟吾子之不遗，抑仆之所遇有时焉耳。近者尝有意吾子之阙焉无言⁽³⁾，意仆所以交之之道不至⁽⁴⁾也；今乃大得所图，脱然若沈疴去体⁽⁵⁾，洒然若执热者之濯清风也。然吾子所论：排释老不若著书，嚣嚣多言，徒相为訾；若仆之所见，则有异乎此⁽⁶⁾也！

夫所谓著书者，义止于辞⁽⁷⁾耳。宣之于口，书之于简，何择焉？孟轲之书，非轲自著，轲既殁，其徒万章、公孙丑相与记轲所言者耳。仆自得圣人之道而诵之，排前二家有年矣⁽⁸⁾。不知者以仆为好辩也；然从而化者亦有矣，闻而疑者又有倍焉。顽然不入者，亲以言谕之不入，则其观吾书也固将无所得矣。为此而止，吾岂有爱于力乎哉？

然有一说：化当世莫若口，传来世莫若书⁽⁹⁾。又惧吾力之不能也。三十而立，四十而不惑，吾于圣人，既过之犹惧不及⁽¹⁰⁾；矧今未至，固有所未至耳。请待五六十然后为之，冀其少过也。

吾子又讥吾与人为无实驳杂之说，此吾所以为戏耳；比之酒色，不有间乎？吾子讥之，似同浴而讥裸裎⁽¹¹⁾也。若商论不能下气，或似有之，当更思而悔之耳。博塞之讥⁽¹²⁾，敢不承教；其他俟⁽¹³⁾相见。

薄晚须到公府，言不能尽。愈再拜。

【注释】

（1）固有异：本来与众不同。

（2）遂得所图：所图，所期望的事，此句意为"于是如愿"。

（3）阙焉无言：指近来信件不多。

（4）交之之道不至：指交友没达到古圣贤要求的标准。

（5）沈疴去体：沉疴，顽疾。多年老病一旦祛除。

(6) 异乎此：与此不同。此句是说，我的看法与你所说的不同。

(7) 义止于辞：文辞表达到什么程度，所寄托的思想也就显露到什么程度。此句意为思想的表达要受到书面语言的限制。

(8) 排前二家有年矣：前二家，指孟子门生万章、公孙丑。此句意为，我读孟子，不受其门徒所传之言的局限，而直接探求孟轲的本义。

(9) 化当世莫若口，传来世莫若书：一种理论，要想深入当世人之心，口宣论辩效果最好，而影响后世，则著书立说效果最佳。

(10) 既过之犹惧不及：过，指年龄已超过了古圣人所说的"三十而立，四十而不惑"的时光。既，已经；犹惧不及，还怕赶不上（圣人的学问）。

(11) 同浴而讥裸裎：一同沐浴却讥笑别人赤身露体。

(12) 博塞之讥：博塞，古代的六博和格五等博戏。《庄子·骈拇》："问穀奚事，则博塞以游。"韩愈生性好博，常与人赌钱，张籍在来信提出了他的这一缺点，他表示"敢不承教"。

(13) 俟：等到。

重答张籍书

吾子不以愈无似(1)，意欲推而纳诸圣贤之域，拂其邪心，增其所未高(2)；谓愈之质有可以至于道者，浚其源，导其所归(3)，溉其根，将食其实：此盛德者之所辞让⁽⁴⁾，况于愈者哉？抑其中有宜复者，故不可遂已。

昔者圣人之作《春秋》也，既深其文辞⁽⁵⁾矣；然犹不敢公传道之，口授弟子，至于后世，其书出焉。其所以虑患之道微⁽⁶⁾也。今夫二氏之所宗而事之者，下及公卿辅相，吾岂敢昌⁽⁷⁾言排之哉？择其可语者诲之，犹时与吾悖，其声哓哓⁽⁸⁾；若遂成其书，则见而怒之者必多矣，必且以我为狂为惑；其身之不能恤⁽⁹⁾，书于吾何有？夫子，圣人也，且曰："自吾得子路，而恶声不入于耳。"其余辅而相者周天下⁽¹⁰⁾，犹且绝粮于陈，畏于匡，毁于叔孙，奔走于齐、鲁、宋、卫之郊，其道虽尊，其穷也亦甚矣！赖其徒相与守之，卒有立于天下，向使独言之而独书之，其存也可冀乎？

今夫二氏行乎中土⁽¹¹⁾也，盖六百年有余矣。其植根固，其流波漫，非所以朝令而夕禁也。自文王没，武王、周公、成、康相与守之，礼乐皆在，及乎夫子，未久也；自夫子而及乎孟子，未久也；自孟子而及乎扬雄，亦未久也，然犹其勤若此，其困若此，而后能有所立；吾其可易而为之哉！其为也易，则其传也不远，故余所以不敢也。

然观古人，得其时行其道，则无所为书；为书者，皆所为不行乎今而行乎后者也。今吾之得吾志失吾志未可知，俟五六十为之未失也。天不欲使兹人⁽¹²⁾有知乎，则吾之命不可期；如使兹人有知乎，非我其谁哉？其行道，其为书，其化今，其传后，必有在矣。吾子其何遽戚戚于吾所为哉！

前书谓吾与人商论，不能下气，若好胜者然。虽诚有之，抑非好己胜也，好己之道胜也；非好己之道胜也，己之道乃夫子、孟轲、扬雄所传之道也。若不胜，则无以为道⁽¹³⁾。吾岂敢避是名哉！夫子之言曰:"吾与回言终日,不违如愚。"则其与众人辨也有矣。驳杂之讥,前书尽之,吾子其复之。昔者夫子犹有所戏,《诗》不云乎:"善戏谑兮,不为虐兮。"《记》曰"张而不弛,文武不能也",恶害于道哉,?吾子其未之思乎!

孟君将有所适,思与吾子别,庶几一来,愈再拜。

【注释】

(1) 无似:无状,指行为有悖于常理。

(2) 增其所未高:提高到还未达到的高度。

(3) 导其所归:指明所应达到的目的。

(4) 盛德之所辞让:品行高洁的人都不敢当。

(5) 深其文辞:使文辞所包含的思想很深。

(6) 道微:治国做人的道理沦于衰微。

(7) 昌:同"倡"。排,排斥、辩驳。

(8) 哓哓:形容争辩发出的声音。

(9) 身之不能恤:恤,顾恤。生命都不能存恤。

(10) 其余辅而相者周天下:其余,指子路以外的其他弟子;辅而相,辅佐、支持。

(11) 中土:指中原。汉代始崇尚黄老之术,故曰:"六百年有余。"

(12) 兹人:指当世之人。

(13) 无以为道:即"道无以为",意即孔孟所传的"道"便没办法推行。

与孟东野⁽¹⁾书

与足下⁽²⁾别久矣，以吾心之思足下，知足下悬悬⁽³⁾于吾也。各以事牵，不可合并⁽⁴⁾，其于人人⁽⁵⁾，非足下之为见，而日与之处，足下知吾心乐否也！吾言之而听者谁欤！吾唱之而和者谁欤！言无听也，唱无和也，独行而无徒也，是非无所与同也，足下知吾心乐否也！足下才高气清，行古道，处今世，无田而衣食⁽⁶⁾，事亲左右无违⁽⁷⁾，足下之用心勤矣，足下之处身劳且苦矣，混混与世相浊，独其心追古人而从之，足下之道，其使吾悲也。去年春，脱汴州之乱，幸不死，无所於归，遂来于此。主人与吾有故⁽⁸⁾，哀其穷，居吾于符离睢上⁽⁹⁾，及秋，将辞去，因被留以职事⁽¹⁰⁾，默默在此，行一年矣。到今年秋，聊复辞去。江湖余乐也，与足下终，幸矣⁽¹¹⁾。李习之娶吾亡兄之女⁽¹²⁾，期在后月，朝夕当来此。张籍在和州居丧⁽¹³⁾，家甚贫。恐足下不知，故具此白，冀足下一来相视也。自彼至此虽

远，要皆舟行可至，速图之，吾之望也。春且尽，时气向热，惟侍奉吉庆(14)。愈眼疾比剧(15)，甚无聊，不复一一。愈再拜。

【注释】

(1) 孟东野：名郊，湖州武康（今浙江武康县）人，擅长作诗，有诗集行世。

(2) 足下：对人的尊称。

(3) 悬悬：系念，放不下。

(4) 各以事牵，不可合并：各自为人事所牵累，不能同在一处。

(5) 人人：一般人，众人。

(6) 无田而衣食：没有田可耕种，还得谋吃谋穿，意思是靠做文字来谋生活。

(7) 无违：违，失。无违，不失礼，很孝顺。

(8) 主人与吾有故：主人，指当时徐泗濠节度使张建封。故，旧；有故，有旧交情。

(9) 符离睢上：符离，今安徽宿县符离集。睢，水名，睢上，睢水的旁边。

(10) 因被留以职事：指张建封委韩愈为节度推官。

(11) 江湖余乐也，与足下终，幸矣：说要归隐不出，以泛舟渔钓自乐，和孟郊相伴终老。幸，希望，希望做得到。

(12) 李习之娶吾亡兄之女：习之名翱，唐宗室。曾从韩愈学古文，有李文公集。亡兄，指已亡故的从兄韩弇。

(13) 居丧：尊亲属死亡，守丧居家不出。

(14) 侍奉吉庆：侍奉，指孟郊奉养老母，吉庆是为他老母祝福。

(15) 比剧：比，近来。剧，甚，加剧。

后十九日复上书

二月十六日，前乡贡进士韩愈谨再拜言相公阁下⁽¹⁾。

向上书及所著文后，待命凡十有九日，不得命⁽²⁾，恐惧不敢逃遁，不知所为，乃复敢自纳于不测之诛，以求毕其说而请命于左右⁽³⁾。

愈闻之：蹈水火者之求免于人也，不惟其父兄子弟之慈爱，然后

呼而望之也⁽⁴⁾。将有介于其侧者，虽其所憎怨，苟不至乎欲其死者，则将大其声疾呼而望其仁之也。彼介于其侧者，闻其声而见其事，不惟其父兄子弟之慈爱然后往而全之也。虽有所憎怨，苟不至乎欲其死者，则将狂奔尽气、濡手足、焦毛发救之而不辞也。若是者何哉？其势诚急，而其情诚可悲也。愈之强学力行有年矣，愚不惟道之险夷，行且不息，以蹈于穷饿之水火，其既危且亟矣⁽⁵⁾，

大其声而疾呼矣,阁下其亦闻而见之矣,其将往而全之欤[6]?抑将安而不救欤[7]?有来言于阁下者曰:有观溺于水而爇于火者,有可救之道而终莫之救也,阁下且以为仁人乎哉?不然[8]。若愈者,亦君子之所宜动心者也[9]。

或谓愈:子言则然矣,宰相则知子矣,如时不可何[10]?愈窃谓之不知言者[11]。诚其材能不足当吾贤相之举耳[12]。若所谓时者,固在上位者之为耳,非天之所为也。前五六年时,宰相荐闻尚有自布衣蒙抽擢者,与今岂异时哉?且今节度观察使及防御营田诸小使等,尚得自举判官,无间于已仕未仕者,况在宰相,吾君所尊敬者,而曰不可乎?

古之进人者,或取于盗,或举于管库;今布衣虽贱,犹足以方于此[13]。情隘辞戚,不知所裁,亦惟少垂怜焉[14]。愈再拜[15]。

【注释】

(1) 唐人写信款式是:写信日期、写信人、收信人都写在信的开头。

(2) 向上书及所著文后句:先前送上书信和所写论文,一共等待了十九天,没有回音。

(3) 恐惧不敢逃遁句:惊恐不安不敢偷偷逃跑,不知道应该做些什么,于是再一次冒昧把自己摆在难以预测的责罚之中,以求说完自己的见解并且请求宰相予以指示。

(4) 愈闻之句:我听说这样的事:投入水火的人请求人们帮助逃避,不只是他的父兄子弟仁慈爱人然后招呼并且期望他得救。

(5) 愈之强学力行句:我勤奋学习努力实践已经有好多年了,我不考虑仕进之道的艰险和平坦，实行起来就不止息，因此投到困窘饥饿和水火之中，已经是又危险又紧急了。

（6）大其声而疾呼矣句：张大他的声音疾呼求救，阁下岂不也听到和看见这一情景了吗？岂不要前往救他并且保全他的性命吗？

（7）这句的意思是：还是将要安坐不动而不救助呢？

（8）有来言于阁下者句：有人前来对阁下说：有人看见被水淹、被火烧的人，有能救助的办法却最终没能救助，阁下难道认为他是个具有仁爱之心的人吗？不会是这样的。

（9）这句的意思是：像我这样的遭遇，有道德有才学的君子也应该在心中有所触动啊。

（10）或谓愈句：或许会对我说：你的话就是这些了，宰相早已了解你了，如果时世不允许又怎样呢？

（11）愈窃谓句：我私下里认为这样说的人是不理解我的话呀。

（12）诚其材能句：的确是他的材能不值得面对我们贤能的宰相推荐罢了。

（13）今布衣虽贱句：今天平民的身份虽低贱，还足够用来和他相比。

（14）情隘辞戚：情绪扼制言辞戚切。

（15）信尾的敬辞，再次拜谢。

后廿九日复上书

三月十六日,前乡贡进士韩愈谨再拜言相公阁下。

愈闻周公之为辅相,其急于见贤也,方一食三吐其哺,方一沐三捉其发(1)。当是时,天下之贤才皆已举用,奸邪谗佞欺负之徒皆已除去(2);四海皆已无虞,九夷八蛮之在荒服之外者,皆已宾贡(3);天灾时变,昆虫草木之妖,皆已销息(4);天下之所谓礼乐刑政教化之具,皆已修理(5);风俗皆已敦厚(6);动植之物、风雨霜露之所霑被者,皆已得宜(7);休徵嘉瑞、麟凤龟龙之属,皆已备至(8),而周公以圣人之才,凭叔父之亲,其所辅理承化之功,又尽章章如是(9)。其所求进见

之士岂复有贤于周公者哉⁽¹⁰⁾不惟不贤于周公而已,岂复有贤于时百执事者哉？岂复有所计议能补于周公之化者哉？然而周公求之如此其急,惟恐耳目有所不闻见,思虑有所不及,以负成王托周公之意,不得于天下之心。如周公之心,设使其时辅理承化之功,未尽章章如是,而非圣人之才,而无叔父之亲,则将不暇食与沐矣；岂特吐哺捉发为勤而止哉！维其如是,故于今颂成王之德而称周公之功不衰。

今阁下为辅相为近耳,天下之贤才岂尽举用⁽¹¹⁾？奸邪谗佞欺负之徒岂尽除去？四海岂尽无虞？九夷八蛮之在荒服之外者,岂尽宾贡？天灾时变,昆虫草木之妖,岂尽销息？天下之所谓礼乐刑政教化之具,岂尽修理？风俗岂尽敦厚？动植之物、风雨霜露之所霑被者,岂尽得宜？休徵嘉瑞、麟凤龟龙之属,岂尽备至？其所求进见之士,虽不足以希望盛德,至比于百执事,岂尽出其下哉⁽¹²⁾？其所称说,岂尽无所补哉⁽¹³⁾？今虽不能如周公吐哺捉发,亦宜引而进之,察其所以而去就之,不宜默默而已也⁽¹⁴⁾。愈之待命四十余日矣,书再上,而志不得通；足三及门,而阍人辞焉⁽¹⁵⁾。惟其昏愚不知逃遁,故复有周公之说焉⁽¹⁶⁾。阁下其亦察之⁽¹⁷⁾！

古之士三月不仕则相吊,故出疆必载质⁽¹⁸⁾,然所以重于自进者,以其于周不可,则去之鲁⁽¹⁹⁾；于鲁不可,则去之齐⁽²⁰⁾；于齐不可,则去之宋、之郑、之秦、之楚也⁽²¹⁾。今天下一君,四海一国,舍乎此则夷狄矣,去父母之邦矣。故士之行道者不得于朝,则山林而已矣⁽²²⁾。山林者,士之所独善自养而不忧天下者之所能安也⁽²³⁾；如有忧天下之心,则不能矣⁽²⁴⁾。故愈每自进而不知愧焉,书亟上,足数及门,而不知止焉⁽²⁵⁾。宁独如此而已？惴惴焉惟不得出大贤之门下是惧,亦惟少垂察焉⁽²⁶⁾。渎冒威尊,惶恐无已⁽²⁷⁾。愈再拜。

【注释】

（1）愈闻周公之为辅相句：我听说周公作为辅佐之臣，他急于见到有才能的人，正一顿饭三次停食，正一次洗发三次把头发拧干，接待宾客。

（2）当是时句：在这个时候，天下的贤才全都推荐任用，奸诈谗邪背违之徒全都除掉。

（3）四海皆已无虞句：国家已经没有忧患，四方少数民族居住的边远地区全都归顺服从。

（4）天灾时变句：自然界降下的灾害，昆虫草木的怪异，已经全部消除。

（5）天下之所谓句：天下所说的礼节音乐、刑法政令、政教风化的准备，已经全部恢复。

（6）这句的意思是：风气习俗已经全都纯朴宽厚。

（7）动植之物句：动物植物，风雨霜露所滋润荫庇的东西，已经全部得其所宜。

（8）休徵：吉祥的徵兆。　嘉瑞：祥瑞。瑞：凶吉的预兆。　麟凤龟龙之属：麒麟、凤凰、神龟、飞龙之类的吉祥之物。　备至：一齐来到。

（9）而周公以圣人之才句：而周公凭着圣人的才能，凭着叔父的血缘关系，他辅助治理，奉承天运施行教化的功劳，又全都如此昭著可见。

（10）其所求进见句：那些请求进见的人难道又都比周公有才

能吗?

（11）今阁下为辅相句：今天阁下做为宰相也是与此近似的，天下的贤才难道全都推荐任用了吗？

（12）其所求进见之士句：那些请求进见的人士，虽然不值得用以期盼高尚的品德，至于同众多有职守的相比，难道是全都出在他们下面吗？

（13）这句的意思是：他们所谈论的问题，难道全都没有补益吗？

（14）今虽不能如周公句：今天的人虽然不能像周公吐哺、捉发那样勤勉，也应该引进和推荐他，考察他的情由而决定是任用还是不任用他，不应该仅止于沉默不言罢了。

（15）愈之待命四十余日矣句：我等待指示已有四十余天了，信已第二次送上，而思想不能得到陈述；脚三次到达你的门前，而守门人把我拒之门外。

（16）惟其昏愚句：只是自己糊涂愚蠢不知道逃避，所以又有了周公勤政爱民的这些说法。

（17）这句的意思是：阁下岂不也该仔细地看一看这些话么！

（18）古之士三月不仕句：古代的读书人三月不做官，就要相互慰问，所以走出国界一定要带着礼物。

（19）然所以重于自进者句：这是重视自我推荐的原因，因为他在周的朝廷不行。就可以离开到鲁国去。

（20）这句的意思是：在鲁国不行，就离开到齐国去。

（21）这句的意思是：在齐国不行，就离开到宋国、到郑国、到秦国、到楚国去。

（22）故士之行道者句：所以读书人推行自己的主张不能得到朝廷的信任，就只能隐居山林罢了。

(23) 山林者句：隐居山林，是独善其身自奉自给并且不忧虑天下的读书人所安居之处。

(24) 这句的意思是：如果有忧虑天下之心的人，就不能隐居山林了。

(25) 故愈每自进句：所以我经常自我推荐并且不知道羞愧，多次上书，多次登门，而不知道停止。

(26) 惴惴焉句：忧惧不安只是惧怕不能出入于宰相的门下，也希望稍稍予以审察。

(27) 渎冒威尊：亵渎冒犯尊颜。　惶恐：恐惧不安。　无已：不止。

答尉迟生书

尉迟生足下：夫所谓文者，必有诸其中，是故君子慎其实⁽¹⁾，实之美恶，其发也不掩；本深而末茂，形大而声宏，行峻而言厉，心醇而气和；昭晰者无疑，优游者有余；体不备不可以为成人，辞不足不可以为成文⁽²⁾。愈之所闻者如是，有问于愈者，亦以是对。

今吾子所为皆善矣，谦谦然若不足而以征⁽³⁾于愈，愈又敢有爱于言乎？抑所能言者，皆古之道，不足以取于今⁽⁴⁾，吾子何其爱之异也？

贤公卿大夫在上比肩⁽⁵⁾，始进之贤士在下比肩⁽⁶⁾，彼其得之必有以取之也⁽⁷⁾。子欲仕乎？其往问焉，皆可学也。若独有爱于是而非仕之谓,则愈也尝学之矣,请继今以言。

【注释】

(1) 此句意为文章当中必须有实际内容,所以君子特别在意其中的思想。

(2) 此句意为根深了枝叶才繁茂,形体高大声音才宏亮,行为刚直言语才严厉,为人朴实厚道神色才能平和;思想明白清晰不容置疑,文气容易自在而宽和;形体不全不可以称为完整的人,辞不达意难以称得上成熟的文章。

(3) 征:征求,这里指征求为文之法。

(4) 不足以取于今:难以为当世人所认可。

(5)、(6) 比肩:肩与肩相比并,谓"贤公卿大夫"与"始进之贤士"充斥上下。此处含讥讽之意。

(7) 彼其得之必有以取之:这些人之所以得就其位,必定有一套取得其位的办法。

上襄阳于相公书

伏蒙示《文武顺圣乐辞》《天宝乐诗》《读蔡琰胡笳辞诗》《移族从》并《与京兆书》⁽¹⁾,自幕府至邓之北境凡五百余里,自庚子至甲辰凡五日，手披目视，口咏其言，心惟⁽²⁾其义，且恐且惧，忽若⁽³⁾有亡，不知鞍马之勤，道途之远也！

夫涧谷之水，深不过咫尺，丘垤⁽⁴⁾之山，高不能逾寻丈人则狎而玩之；及至临泰山之悬崖，窥巨海之惊澜，莫不战掉悸栗，眩惑而自失⁽⁵⁾：所观变于前，所守易于内，亦其理宜也。阁下负超卓之奇材，蓄雄刚之俊德，浑然天成，无有畔岸，而又贵穷乎公相，威动乎枢极⁽⁶⁾，天子之毗，诸侯之师；故其文章言语与事相侔⁽⁷⁾，惮赫若雷霆，浩汗若河汉，正声谐《韶濩》，劲气沮金石，丰而不余一言，约而不失一辞，其事信，其理切：孔子曰："有德者必有言。"信乎其有德而且有言也！扬子云曰："商书灏灏尔，周书噩噩尔⁽⁸⁾，"信乎其能灏灏而且噩噩也！

昔者齐君行而失道，管子请释老马而随之⁽⁹⁾；樊迟⁽¹⁰⁾请学稼，孔子使问之老农。夫马之智不贤于夷吾，农之能不圣于尼父⁽¹¹⁾，然且云尔者，圣贤之能多，农马之知专故也。今愈虽愚且贱，其从事于文，实专且久；则其赞王公之能，而称大君子之美，不为僭越⁽¹²⁾也。伏惟详察。愈恐惧再拜。

【注释】

（1）以上所列皆于頔的作品。

（2）惟：琢磨、品味。

（3）忽若：恍恍惚惚的样子。

（4）丘垤：垤，蚂蚁做窝时堆在穴口的小土堆，后泛指小土墩。

（5）眩惑而自失：莫名其妙以致失去自我。自失，这里指失神。

（6）枢极：枢，中枢，要害。指天下的最中心区域。

（7）文章言语与事相侔：称赞于頔言行一致，侔，相匹配。

（8）灏灏：同"浩浩"，博大的样子。噩噩：严正的样子。

（9）齐君行而失道，管子请释老马随之：齐君，齐桓公；失道，迷途；管子，管仲，字夷吾；释马，撒开马缰绳，老马识途之故。

（10）樊迟：孔子的弟子之一。学稼：请教种庄稼的学问。事见《论语·子路》。

（11）尼父：即孔子。

（12）僭越：超越职分

上宰相书

正月二十七日，前乡贡进士韩愈谨伏光范⁽¹⁾门下，再拜献书相公阁下：

《诗》之序曰："《菁菁者莪》，乐育材也。君子能长育人材，则天下喜乐之矣。"其诗曰："菁菁者莪，在彼中阿；既见君子，乐且有仪。"说者曰"菁菁"者，盛也；"莪"，微草也；"阿"，大陵也！言君子之长育人材，若大陵之长育微草，能使之菁菁然盛也。"既见君子，乐且有仪"云者，天下美之之辞也。其三章曰"既见君子，锡我百朋。"说者曰："百朋"，多之之辞也，言君子既长育人材，又当爵命之，赐之厚禄以宠贵之云尔。其卒章曰："泛泛杨舟，载沈载浮，既见君子,我心则休。"说者曰:"载",载也;"沈浮"者,物也;言君子之于人才,无所不取,若舟之于物,浮沈皆载之云尔。"既见君子,我心则休"云者,言若此则天下之心美之也。君子之于人也,既长育之,又当爵命宠贵之,而于其才无所遗焉。孟子曰:"君子有三乐,王天下不与存焉。"其一曰:"乐得天下之英才而教育之。"(2) 此皆圣人贤士之所极言至论。古今之所宜法(3)者也;然则孰能长育天下之人材,将非吾君与吾相乎?孰能教育天下之英材,将非吾君与吾相乎?幸今天下无事,小大之官各守其职,钱谷甲兵之问不至于庙堂;论道经邦之暇,舍此宜无大者焉。

今有人生二十八年矣,名不著于农工商贾之版(4)。其业则读书著文歌颂尧舜之道,鸡鸣而起,孜孜焉亦不为利;其所读皆圣人之书,杨墨释老之学(5)无所入于其心;其所著皆约六经之旨而成文,抑邪兴正,辨时俗之所惑。居穷守约,亦时有感激怨怼奇怪之辞,以求知于天下;亦不悖于教化,妖淫谀佞诪张之说,无所出于其中:四举于礼部乃一得,三选于吏部卒无成(6);九品之位其可望,一亩之宅其可怀。遑遑乎四海无所归;恤恤乎饥不得食,寒不得衣;滨(7)于死而益固,得其所者争笑之;忽将弃其旧而新是图,求老农老圃而为师。悼本志之变化,中夜涕泗交颐(8)。虽不足当(9)诗人孟子之所谓,抑长育之使成材,其亦可矣;教育之使成才,其亦可矣!

抑又闻古君子之相其君也,一天不获其所,若己推而内之沟中(10);今有人生七年而学圣人之道以修其身,积二十年,不得已一朝而毁之,是亦不获其所矣!伏念今有仁人在上位,若不往告之而遂行,是果于自弃而不以古之君子之道待吾相也,其可乎?宁往告焉,若不得其志,则命也,其亦行矣!

《洪范》曰："凡厥庶民，有猷、有为、有守，汝则念之，不协于极，不罹于咎，皇则受之，而康而色。曰予攸好德，汝则锡之福。"是皆与善之辞也。抑又闻古之人有自进者，君子不逆之矣，曰"予攸好德，汝则锡之福"之谓也；抑又闻上之设官制禄，必求其人而授之者，非苟慕其才而富贵其身也，盖将用其能理不能，用其明理不明者耳；下之修己立诚必求其位而居之者，非苟没⁽¹¹⁾于利而荣于名也，盖将推己之所余以济其不足者耳。然则上之于求人，下之于求位，交相求而一其致焉耳。苟以是而为心，则上之道不必难其下，下之道不必难其上；可举而举焉，不必让⁽¹²⁾于其自举也；可进而进焉，不必廉⁽¹³⁾于自进也。

抑又闻上之化下，得其道，其劝赏不必遍加乎天下而天下从焉，因人之所欲为而遂推之之谓也。今天下不由吏部而仕进者几希矣，主上感伤山林之士有逸遗者，屡诏内外之臣旁求儒雅于四海。而其至者盖阙⁽¹⁴⁾焉，岂其无人乎哉？亦见国家不以非常之道礼之而不来耳。彼之处隐就闲者亦人耳，其耳目鼻口之所欲、其心之所乐、其体之所安，岂有异于人乎哉？今所以恶衣食，穷体肤，麋鹿之与处，猿狖之与居，固自以其身不能与时从顺俯仰，故甘心自绝而不悔焉。而方闻今国家之仕进者，必举于州县，然后升于礼部吏部，试之以绣绘雕琢之文，考之以声势之逆顺、章句之短长，中其程式者，然后得从下士之列；虽有化俗之方、安边之画，不繇是而稍进者，万不有一得焉；彼入山之不深，入林之不密，其影响昧昧，惟恐闻于人也。今若闻有以书上宰相而求仕者，宰相不辱焉，而荐之天子，天子爵命⁽¹⁵⁾之，而布其书于四方，枯槁沈溺魁闳宽通之士，必且洋洋焉动其心，峨峨焉缨其冠，于于焉⁽¹⁶⁾而来矣。此所谓劝赏不必遍加乎天下而天下从焉者也，因人之所欲为而遂推之之谓者也。

伏惟览《诗》《书》《孟子》之所指,念育才锡福之所以;考古之君子相其君之道,而忘自进自举之罪;思设官制禄之故,以诱致山林逸遗之士:庶天下之行道者知所依归焉。

小子不敢自幸,其尝所著文,辄采其可者若干首,录在异卷,伏垂赐观焉。干黩⁽¹⁷⁾尊严,伏地待罪,愈再拜。

【注释】

(1) 光范,指美好的仪容。说光范门下,是对对方的恭维之辞。

(2) 语见《孟子·尽心上》。三乐指父母健康长寿,兄弟无他事故,自己心正无邪,行为端正,能教育天下英才。三乐中不包括称王于天下。

(3) 法:仿效,学习。

(4) 版:名册、户籍之类。

(5) 杨墨释老之学:杨,杨朱,战国时魏国人,生活在墨子之后,孟子之前,他主张利己,拔一毛可利天下,而不为;墨,墨子,主张"兼爱",与杨朱学说相反;释,即释迦牟尼的简称,佛教创始人;道,即道教,以老子、庄子为代表。以上对孔孟所倡导的儒教而言都属异端。

(6) 韩愈参加礼部科举先后四次才得上榜,而此后在待选过程中也经历了长时间磨难。

(7) 滨,同"濒",接近;固,固执;得其所者,谋得官位利禄的人。

（8）中夜涕泗交颐：夜半更深之时泪流满面。颐，面颊，腮。

（9）当：配，称。

（10）此句意为：我又听说古代辅佐国君的宰相，他们认为，在他的治下，如果有一个人的才能得不到发挥，就感到好象是自己把他推进了沟壑一般。

（11）没：淹没。

（12）让：责怪。

（13）廉：不苟取，与"贪"相对。这里有嫌其贪而戒之之意。

（14）希：同"缺"。这句说国家虽多次招隐徕逸，却没得多少人材。

（15）爵命：命之以爵，即给安排官位。

（16）洋洋焉……于于焉：洋洋焉，得意喜乐的样子；峨峨焉，高耸矗立的样子；缨其冠，给冠加缨；于于焉，悠然自得的样子。《庄子·盗跖》："神农之世，卧则居居，起则于于。"

（17）干黩：干犯、冒犯；黩，轻慢、亵渎。

答崔立之书

斯立[1]足下：仆见险不能止，动不得时，颠顿狼狈，失其所操持[2]，困不知变，以至辱于再三：君子小人之所悯笑，天下之所背而驰者也。足下犹复以为可教，贬损道德[3]，乃至手笔以问之，扳援古昔，辞义高远，且进且劝，足下于故旧之道得之矣。虽仆亦固望于吾子，不敢望于他人者耳；然尚有似不相晓者。非故欲发余乎？不然，何子之不以丈夫期我[4]也！不能默默，聊复自明。

仆始年十六七时，未知人事，读圣人之书，以为人之仕者皆为人耳，非有利乎己也。及年二十时，苦家贫，衣食不足，谋于所亲，然后知仕之不唯为人耳。及来京师，见有举进士者，人多贵之[5]，仆诚乐之，就求其术，或出礼部所试诗赋策等以相示，仆以为可无学而能，因诣州县求举，有司好恶出于其心，四举而后有成，亦未即得仕。闻吏部有以博学宏辞[6]选者，人尤谓之才，且得美仕，就求其术，或出所试文章，亦礼部之类，私怪其故，然犹乐其名，因又诣州府求举，凡二试于吏部，一既得之，而又黜于中书[7]，虽不得仕，人或谓之能焉。退因自取所试读之，乃类乎俳优者之辞，颜忸怩[8]而心不宁者数月；既已为之，则欲有所成就，《书》所谓"耻过作非"[9]者也。因复求举，亦无幸焉，乃复自疑，以为所试与得之者不同其程度[10]；及得观之，余亦无甚愧焉。夫所谓博学者，岂今之所谓者乎？夫所谓宏辞者，岂今之所谓者乎？诚使古之豪杰之士若屈原、孟轲、司马迁、杨雄之徒进于是选，必知其怀惭乃不自进而已耳；设使与夫今之善进取者竞于蒙昧之中，仆必知其辱焉。然彼数子者，且使出于今之世，其道虽不显于天下，其自负何如哉！肯与夫斗筲者决得失于一夫之目[11]而为之忧乐哉！故凡仆之汲汲于进者，其小得盖欲以完裘葛、养孤穷，其大得盖欲以同吾之所乐于人耳[12]；其他可否自计已熟；诚不待人而后知。今足下乃复比之献玉者，以为必俟良工之剖然后见知于天下，虽两刖足而不为病，且无使勃者再克；诚足下相勉之意厚也，然仕进者岂舍此而无门哉？足下谓我必待是而后进者，尤非相悉[13]之辞也。

仆之玉固未尝献，而足周未尝刖，足下无为我戚戚也。

　　方今天下风俗尚有未及于古者，边地尚有被甲执兵者，主上不得怡而宰相以为忧。仆虽不贤，亦且潜究⁽¹⁴⁾其得失，致之乎吾相，荐之乎吾君，上希⁽¹⁵⁾卿大夫之位，下犹取一障而乘之；若都不可得，犹将耕于宽闲之野，钓于寂寞之滨，求国家之遗事，考贤人哲士之终始，作唐之一经，垂之于无穷。诛奸谀于既死，发潜德之幽光⁽¹⁶⁾：二者将必有一可。足下以为仆之玉凡几献，而足凡几刖也⁽¹⁷⁾，又所谓勒者果谁哉？再克之刑信如何也。士固信于知己，微足下无以发吾之狂言。愈再拜。

【注释】

（1）斯立，崔立之的字，贞元年间进士，元和初为蓝田丞，韩愈在《蓝田县丞厅壁记》一文中对他多有传述。

（2）失其所操持：放弃、丢失了往日所坚持的志向。

（3）贬损道德：这里的道德指的是道德君子的身分。

（4）不以丈夫期我：不以大丈夫的标准要求我。

（5）人多贵之：人们都以为他们尊贵。贵，在此为意动用法。

（6）博学宏辞：科举所设"博学宏辞"科，级别在进士科之上。

（7）黜于中书：被总管国家事务的中书省黜落。

（8）怛怛：羞愧难堪的样子。

（9）《书》所谓"耻过作非。"《书》：指《尚书·说命中》。"耻过作非"，意谓害怕人家批评自己的过失，便用言辞加以文饰，于是造成更大的错误。

(10) 程度：规矩，要求，标准。

(11) 一夫之目：指礼部主考官的眼光。

(12) 故凡……乐于人耳：我之所以努力求中科选，在于不能大展其才之时，可以自奉衣食，奉养家人；一旦能大展其才，就让天下人同我一样过好日子。

(13) 相悉：相了解。悉，知，了解。

(14) 潜究：默默研究。

(15) 希：接近。

(16) 诛奸谀于既死，发潜德之幽光：用笔去讨代历代奸谀之人，阐发为人所不识的美好道德的光辉。

(17) 足下以为……刖也：您认为我几次投试于有司，我的志气也几次被人家清磨，韩愈在这里将自己投试求知比为卞和献璞，而将卞和被砍去双脚比作自己的意志被斫伤，消磨。

答李翊⁽¹⁾ 书

六月二十六日，愈白，李生足下：生之书辞甚高⁽²⁾，而其问何下而恭也！能如是，谁不欲告生以其道。道德之归也有日矣，况其外之文乎！抑愈所谓望孔子之门墙而不入于其宫者，焉足以知是且非邪？虽然，不可不为生言之。

生所谓立言[3]者是也,生所为者与所期者,甚似而几矣。抑不知生之志,蕲胜于人[4]而取于人邪?将蕲至于古之立言者邪?蕲胜于人而取于人,则固胜于人而可取于人矣;将蕲至于古之立言者,则无望其速成,无诱于势利[5],养其根而俟其实,加其膏而希其光,根之茂者其实遂[6],膏之沃者其光晔[7],仁义之人,其言蔼如也。

抑又有难者,愈之所为,不自知其至犹未也,虽然,学之二十余年矣:始者非三代、两汉之书不敢观,非圣人之志不敢存,处若忘,行若遗,俨乎其若思,茫乎其若迷[8],当其取于心而注于手也,惟陈言之务去,戛戛[9]乎其难哉!其观于人,不知其非笑之为非笑也。如是者亦有年,犹不改,然后识古书之正伪,与虽正而不至焉者,昭昭然白黑分矣,而务去之,乃徐有得也。当其取于心而注于手也,汩汩[10]然来矣,其观于人也,笑之则以为喜,誉之则以为忧,以其犹有人之说者存也。如是者亦有年,然后浩乎其沛然[11]矣,吾又惧其杂也,迎而距之,平心而察之,其皆醇也,然后肆焉[12]。虽然,不可以不养也,行之乎仁义[13]之途,游之乎诗、书之源[14],无迷其途,无绝其源,终吾身而已矣。气,水也;言,浮物也;水大而物之浮者大小毕浮。气之与言犹是也:气盛,则言之短长与声之高下者皆宜[15]。

虽如是,其敢自谓几于成乎!虽几于成,其用于人也奚取焉[16]?虽然,待用于人者,其肖于器邪?用与舍属诸人[17]。君子则不然:处心有道,行己有方,用则施诸人,舍则传诸其徒,垂诸文而为后世法[18]。如是者其亦足乐乎?其无足乐也?有志乎古者希矣,志乎古必遗乎今,吾诚乐而悲之。亟称其人,所以劝之,非敢褒其可褒,而贬其可贬也。问于愈者多矣,念生之言,不志乎利,聊相为言之。愈白。

【注释】

(1) 李翊：贞元十八年进士。

(2) 辞甚高：说李翊的文辞高出于当时一般人，就是下文"蕲（求）胜于人而取于人，则固胜于人而可取于人"的意思。

(3) 立言：指著书立说，可以流传后世。

(4) 蕲胜于人：蕲，同祈，求。人，指当时的人，实指当时的知识分子而言。

(5) 无诱于势利：当时应科目和士大夫阶级所习用的文体是时文，不是古文。作时文才可以取富贵，韩愈却希望人作古文，所以说不要为势利所引诱。

(6) 其实遂：果子结得饱满。实，果实。遂，畅达，发育完全。

(7) 膏之沃者其光晔：油足则灯亮。沃，盛多。晔，光明。

(8) 处若忘，行若遗，俨乎其若思，茫乎其若迷：处，上声，动词，居止。忘、遗义同。俨，同严，端庄，诚恳。思，思虑。这四句是形容用功过程中神志迷惘还没有得到完全成功时的情状。

(9) 戛戛：形容不轻松容易。

(10) 汩汩：本用以形容水的声音，这里借水来譬喻文思，像川流不息一样，不会枯竭。

(11) 浩乎其沛然：浩，大。沛，充沛。也是借水做譬喻，形容文章气势的弘伟，正如他的弟子皇甫湜所说："韩吏部之文如长江秋注、千里一道"的意思。

(12) 其皆醇也，然后肆焉：醇，醇正，醇粹。肆，放肆。经过平心静气体察后,觉得都很醇粹,没有毛病,便放笔写下去。

(13) 仁义:据《原道》篇说:仁就是博爱。义是"行而宜之",就是所行因时因地制宜,合乎当时环境的需要。

(14) 游之乎诗、书之源:诗,诗经,是六艺之一。司马迁说:古诗原有三千余篇,经孔子删定为三百零五篇。书,《尚书》,书经,也是六艺之一。相传也是孔子所编次,上起唐尧,下迄秦穆,为"记言"之书,经秦始皇焚书以后,留存二十八篇,现在通行本多出十余篇,是后人伪造的。

(15) 气盛,则言之短长与声之高下皆宜:如果气很充沛的话,他的发言,不论言词或长或短,声调或高或低,都是很调适、很合拍。

(16) 其于人也奚取焉:奚,何。这句说不为人所取,指古文不为当时士大夫所需要。

(17) 用与舍属诸人:舍,不用。属,从属,自己不能自主。诸,于。这句说器之用与不用,权柄操在人手里。

(18) 君子则不然六句:说明"君子"不论见用不见用,都是"有道有方",用和舍都"无入而不自得",和上文的"器"相反,着重在"道"。

重答李翊书

　　愈白：李生：生之自道其志⁽¹⁾可也，其所疑于我者非也。人之来者，虽其心异于生；其于我也，皆有意焉。君子之于人，无不欲其入于善，宁有不可告而告之，孰有可进而不进也⁽²⁾？言辞之不酬，礼貌之不答，虽孔子不得行于互乡，宜乎愈之不为也。苟来者，吾斯进之而已矣，乌待其礼逾而情过乎⁽³⁾？

　　虽然，生之志求知于我邪，求益于我邪⁽⁴⁾？其思广圣人之道邪，其欲善其身而使人不可及邪？其何汲汲于知而求待之殊也！贤不肖固有分矣，生其急乎其所自立，而无患乎人不己知⁽⁵⁾；未尝闻有响大而声微者也，况愈之于生恳恳邪？

　　属有腹疾无聊，不果自书。愈白。

【注释】

（1）自道其志：叙述自己的志向。

（2）哪能不可告诉的告诉他，而可以指点的却不指点呢？进，指点以使之进步。

（3）有来访的人，我给他以指点罢了，哪能等到人家施非常之礼而表非常之情呢？

(4) 求益于我邪：从我这里增长学识。

(5) 无患乎人不己知：不担心别人不理解自己。

与于襄阳书⁽¹⁾

七月三日，将仕郎守国子四门博士韩愈谨奉书尚书阁下⁽²⁾：

士之能享大名显当世者，莫不有先达之士负天下之望者，为之前焉⁽³⁾。士之能垂休光照后世者，亦莫不有后进之士负天下之望者，为之后焉⁽⁴⁾。莫为之前，虽美而不彰；莫为之后，虽盛而不传⁽⁵⁾。是二人者，未始不相须也，然而千百载乃一相遇焉。岂上之人无可援，下之人无可推欤⁽⁶⁾，何其相须之殷而相遇之疏也？其故在下之人负其能，不肯诒其上；上之人负其位，不肯顾其下⁽⁷⁾。故高材多戚戚之穷，盛位无赫赫之光，是二人者之所为皆过也⁽⁸⁾。未尝干之，不可谓上无其人；未尝求之，不可谓下无其人⁽⁹⁾。愈之诵此言久矣，未尝敢以闻于人。

侧闻阁下抱不世之才，特立而独行，道方而事实，卷舒不随乎时，文武唯其所用，岂愈所谓其人哉⁽¹⁰⁾？抑未闻后进之士有遇知于左右，获礼于门下者，岂求之而未得邪⁽¹¹⁾？将志存乎立功，而事专乎报主，虽遇其人，未暇礼邪⁽¹²⁾？何其宜闻而久不闻也！愈虽不材，其自处不敢后于恒人，阁下将求之而未得欤⁽¹³⁾？古人有言："请自隗始。"

愈今者惟朝夕刍米仆赁之资是急，不过费阁下一朝之享而足也⁽¹⁴⁾。

如曰：吾志存乎立功，而事专乎报主，虽遇其人，未暇礼焉，则非愈之所敢知也[15]。世之龊龊者既不足以语之，磊落奇伟之人又不能听焉，则信乎命之穷也[16]！

谨献旧所为文一十八首，如赐览观，亦足以知其志之所存。愈恐惧再拜[17]。

【注释】

（1）韩愈拜国子四门博士在贞元十八年（公元802），第二年即被贬为阳山令。此书当写于贞元十八年七月三日。

（2）将仕郎：唐代文职散官，从九品以下。　守：担任，任职。四门博士：唐太学四门馆博士，掌教七品以上侯伯子男子弟及庶人中有杰出才干的子弟。　谨奉：恭敬地进献。　尚书：指于頔，时任工部尚书。　阁下：古代对尊贵者尊称，通信中尊称对方。

（3）士之能享大名句：读书人能够享有好名声显扬在当今世上的人，没有谁不是由有德行学问的前辈享有天下美誉的人，为他在前面引导。

（4）士之能垂休光照后世者句：读书人能够降福给别人光芒照射后代的人，也莫不是有后来的享有天下美誉的人，为他在后面传播。垂休：降福，显示祥瑞。

（5）莫为之前句：没有人在前面引路，即使有美名却不能得到显扬；没有人在后面传播，即使有盛誉却不能得到继承。　彰：显扬，表彰。　传：继承，延续。

（6）岂上之人句：难道是在上位的人不能够选拔，在下位的人不能够推举的原因吗?

（7）其故在下之人句：那原因是在下位的人自负他的才能，不肯献媚他的上级；在上位的人自负他的地位，不肯照顾他的下级。 谄：奉承，献媚。

（8）故高材多戚戚句：所以才能高的人大多忧惧不得志，居高位的人又没有显著的光采。这是二种人所做的事情全都有错误的原因。

（9）这句的意思是：未曾请求他，不能说上面没有那样的人；未曾寻找他，不能说下面没有那样的人。

（10）侧闻阁下句：从旁听说您怀抱非凡的才能，志行高洁不随波逐流，有原则干实事，进退、出处不随时事变化，文治武功只听凭任用，这岂不是我所说的那种人吗？

（11）抑未闻后进之士句：可是未听说晚辈中有在您身边受到赏识，在您的门下受到礼遇的人，难道是寻找他却没有得到吗？

（12）将志存乎立功句：还是志向在向往于建功立业，而从事专门在报效国君，即使遇到那种人，也没有闲暇的时间礼遇他们？

（13）愈虽不材句：我虽然没有才能，自持不敢落后于一般人，您要寻找他但却未得到吧？

（14）愈今者惟朝夕句：我现在只是急需每天买草买米和雇佣仆人租赁房屋的费用，不过是耗费您一个早晨的享用就足够了。

（15）这句的意思是：如果说：我的志向是向往建功立业，而从事专门在报效国君，即使遇到那样的人，也无暇礼遇他们，那么不是我敢于领教的。

（16）世之龊龊者句：世上那些谨小慎微的人已经不值得跟他们谈论这些道理，胸怀坦荡奇特不凡之人又不能听这些道理，于是相信命运到了尽头了。

(17) 这句的意思是：我恐惧不安，拜了又拜。 此为信尾的客套话。

答李秀才书

愈白：故友李观元宾⁽¹⁾十年之前示愈《别吴中故人》诗六章，其首章则吾子也，盛有所称引⁽²⁾。元宾行峻洁清，其中狭隘不能包容，于寻常人不肯苟有论说⁽³⁾；因究其所以，于是知吾子非庸庸之众。时吾子在吴中，其后愈出在外，无因缘相见。元宾既殁，其文益可贵重；思元宾而不见，见元宾之所与者则如元宾焉。

今者辱惠书及文章，观其姓名，元宾之声恍若相接；读其文辞，见元宾之知人，交道之不污。甚矣，子之心有似于吾元宾也！

子之言以愈所为不违孔子，不以琢雕为工，将相从于此，愈敢自爱其道而以辞让为事乎？然愈之所志于古者，不惟其辞之好，好其道焉尔⁽⁴⁾。读吾子之辞而得其所用心，将复有深于是⁽⁵⁾，者与吾子乐之，况其外之文乎？愈顿首。

【注释】

(1) 李观元宾：李观，(767—795) 字元宾，陇西人，喜文学。韩愈在举进士之前即曾与之交游于京城。

（2）盛有所称引：盛，大，多；称引，推举。

（3）对普通人不轻易发表议论、见解。

（4）不惟其辞之好，好其道焉尔：不仅仅喜欢它的言辞，主要是喜欢它的道统、学说。

（5）深于是：即对先王之道研究得很深。

答窦秀才书⁽¹⁾

愈曰：愈少驽怯，于他艺能，自度无可努力⁽²⁾；又不通时事，而与世多龃龉，念终无以树立，遂发愤笃专于文学⁽³⁾。学不得其术，凡所辛苦而仅有之者，皆符于空言而不适于实用，又重以自废。是故学成而道益穷，年老而智益困⁽⁴⁾。今又以罪黜于朝廷，远宰蛮县，愁忧无聊，瘴疠侵加，喘喘焉无以冀朝夕⁽⁵⁾。

足下年少才俊，辞雅而气锐，当朝廷求贤如不及之时，当道者又皆良有司，操数寸之管，书盈尺之纸，高可以钓爵位，循次而进，亦不失万一于甲科⁽⁶⁾。今乃乘不测之舟，入无人之地，以相从问文章为事⁽⁷⁾。身勤而事左，辞重而请约，非计之得也。虽使古之君子，积道藏德循其光而不曜，胶其口而不传者，遇足下之请恳恳，犹将倒廪倾囷，罗列而进也⁽⁸⁾；若愈之愚不肖，又安敢有爱于左右哉！

顾足下之能，足以自奋⁽⁹⁾。愈之所有，如前所陈，是以临事愧耻而不敢答也⁽¹⁰⁾。钱财不足以贿左右之匮急，文章不足以发足下之事业，稇载而往，垂橐而归，足下亮之而已⁽¹¹⁾。愈曰。

【注释】

（1）本文写于贞元二十年（公元804）韩愈远谪阳山时。

（2）愈曰句：韩愈说：我年少时驽下怯弱，对于其他技艺才能，自己思忖没有可以努力的地方。

（3）又不通时事句：又不通当时的政事，并且与世俗大多相抵触，考虑最终也无从建树，于是发愤专心一意于文学。

（4）是故学成句：因此学业有成但是仕途更加困窘，年龄渐大智力却更加穷乏尽。

（5）今又以罪黜于朝廷句：现在又因罪过被朝廷贬降，到远处治理蛮荒的阳山县，愁苦忧虑无所事事，瘴气引发的恶性疟疾欺凌，呼吸急促无从希望有一天的平安。

（6）足下年少才俊句：您年纪轻才能杰出，文辞典雅气势锐利，正逢朝廷访求贤才却找不到的时候，当政的人又全都是很好的官吏，拿起几寸长的笔，写在足尺的纸上，水平高者就可以得到职位，依次前进，考上进士甲科是完全有把握的。

（7）乃：却。 不测之舟：危险的小船。 无人之地：人迹罕至的荒野。 相从：相随，相跟着。 问文章为事：寻问写文章当作事业。

（8）虽使古之君子句：即使是古代有道德有才学的人，积累学说隐藏道德，寻找他的光辉却不明亮，紧闭他的嘴巴而不传授他的学问的人，遇到您这样诚挚殷切的请求,也将会倾其所知,列举出来奉献给您。

(9)这句的意思是:考虑您的才能,足够用来自我奋发而有所作为。

(10)愈之所有句:韩愈我所有的知识,就像前面所叙述的那样浅陋,因此事到眼前就会感到愧耻而不敢回答问题。

(11)钱财不足以句:钱财不足以赠送给您以解匮乏和急迫,文章不足以发展您的事业,满载而往,空着袋子返回,您明白这些罢了。

答陈生书

愈白:陈生足下:今之负名誉享显荣者,在上位几人⁽¹⁾。足下求速化之术,不于其人,乃以访愈⁽²⁾,是所谓借听于聋,求道于盲⁽³⁾,虽其请之勤勤,教之云云⁽⁴⁾,未见其得者也。愈之志在古道,又甚好其言辞,观足下之书及十四篇之诗,亦云有志于是矣;而其所问则名,所慕则科⁽⁵⁾,故愈疑于其对焉。虽然,厚意不可虚辱,聊为足下诵⁽⁶⁾其所闻。

盖君子病乎在己而顺乎在天,待己以信而事亲以诚。所谓病乎在己者,仁义存乎内:彼圣贤者能推而广之,而我蠢然为众人。所谓顺乎在天者,贵贱穷通之来,平吾心而随顺之,不以累于其初。所谓待己以信者,己果能之,人曰不能,勿信也;己果不能,人曰能之,勿信也,孰信哉?信乎己而已矣。所谓事亲以诚者,尽其心不夸于外,先乎其质而后乎其文者也。尽其心不夸于外者,不以己之得于外者为父母荣也,名与位之谓也。先乎其质者,行也;后乎其文者,饮食旨甘以其外物供养之道也。诚者,不欺之名也。待于外而后为养,薄于质而厚于文,斯其不类于欺欤?果若是,子之汲汲于科名,以不得进为亲之羞者,惑也!

速化之术如是而已。古之学者惟义之间,诚将学于太学,愈独守是说而俟见知焉。愈白。

【注释】

(1) 在上位几人:在朝廷中当政的几位大人。

(2) 不于其人,乃以访愈:(求速化之术)不找"在上位"者而找到我可算没找到合适的人。

(3) 借听于聋,求道于盲:向耳聋人打问听到了什么,向盲人问路。

(4) 云云:语言、议论多而杂。

(5) 所问则名,所慕则科:问的是成名之道,希求的如何得中科选。

(6) 诵:陈述。这里有不厌其烦,重弹老调之意。

与李翱书

　　使至，辱足下书，欢愧来并⁽¹⁾，不容于心。嗟乎，子之言意皆是也！仆虽巧说，何能逃其责邪？然皆子之爱我多，重我厚，不酌时人待我之情，而以子之待我之意使我望于时人也。

　　仆之家本穷空，重遇攻劫⁽²⁾，衣服无所得，养生之具无所有，家累仅三十口，携此将安所归托乎？舍之入京不可也，挈之而行不可也，足下将安以为我谋哉？此一事耳，足下谓我入京诚有所益乎？仆之有子，犹有不知者，时人能知我哉？持仆所守，驱而使奔走伺候公卿间，开口论议，其安能有以合乎？仆在京城八九年，无所取资，日求于人以度时月，当时行之不觉也，今而思之，如痛定之人思当痛之时，不知何能自处也。今年加长矣，复驱之使就其故地，是亦难矣！

　　所贵乎京师者，不以明天子在上，贤公卿在下，布衣韦带之士谈道义者多乎⁽³⁾？以仆遑遑于其中，能上闻而下达乎？其知我者固少，知而相爱不相忌者又加少，内无所资，外无所从，终安所为乎？嗟乎！子之责我诚是也，爱我诚多也，天下之人有如子者乎？自尧舜已来，士有不遇者乎，无也？子独能使我洁清不洿⁽⁴⁾而处其所可乐哉？非不愿为子之所云者，力不足，势不便故也。仆于此岂以为大相知乎？累累随行，役役逐队，饥而食，渴而饮者也。其所以止而不去者，以其心诚有爱于仆也。然其爱于我者少,不知于我者犹多,吾岂乐于此乎哉?将亦有所病而求息于此也。

嗟乎!子诚爱我矣,子之所责于我者诚是矣;然恐子有时不暇责我而悲我,不暇悲我而自责且自悲也:及之而后知,履之而后难耳。孔子称颜回"一箪食、一瓢饮,人不堪其忧,回也不改其乐。"(5)彼人者,有圣者为之依归,而又有箪食瓢饮足以不死,其不忧而乐也岂不易哉!若仆无所依归,无箪食,无瓢饮,无所取资,则饿而死,其不亦难乎?子之闻我言亦悲矣。嗟乎,子亦慎其所之(6)哉!

离违久,乍还侍左右,当日欢喜,故专使驰此候足下意,并以自解。愈再拜。

【注释】

(1) 欢愧来并:欢喜和惭愧并至。

(2) 仆之家本穷空,重遇攻劫:这一年,汴州节度使董晋死,韩愈护送灵柩到洛阳,第四天,汴州兵乱,大小官吏几乎全部丧生,韩愈幸免于难,家属在汴京吃惊不小,后则东去彭城。

(3) 京城之所以高贵,不是因为上有圣明的天子,下有贤达的公卿,而善于谈义论道的普通读书人又很多吗?

(4) 洿:污秽。班固《典引》:"司马相如洿行无节,但有浮华之词,不周于用。"

(5) 孔子称颜回……不改其乐:事见《论语·雍也》。

(6) 慎其所之:慎重选择自己的志向。

与孟尚书⁽¹⁾

愈白：行官自南回，过吉州，得吾兄二十四日手书，数番，忻悚兼至，未审入秋来眠食何似，伏惟万福⁽²⁾！

来示云：有人传愈近少信奉释氏，此传之者妄也。潮州时，有一老僧号大颠，颇聪明，识道理⁽³⁾。远地无可与语者，故自山召至州郭，留十数日，实能外形骸以理自胜，不为事物侵乱⁽⁴⁾。与之语，虽不尽解，要自胸中无滞碍，以为难得，因与来往⁽⁵⁾。及祭神至海上，遂造其庐⁽⁶⁾。及来袁州，留衣服为别，乃人之情，非崇信其法，求福由利益也⁽⁷⁾。孔子云："丘之祷久矣。"凡君子行己立身自有法度，圣贤事业，具在方册，可效可师⁽⁸⁾；仰不愧天，俯不愧人，内不愧心，积善积恶，殃庆自各以其类至，何有去圣人之道，舍先王之法，而从夷狄之教以求福利也⁽⁹⁾？《诗》不云乎："恺悌君子，求福不回。"《传》又曰："不为威惕，不为利疚。"假如释氏能与人为祸祟，非守道君子之所惧也，况万万无此理⁽¹⁰⁾。且彼佛者果何人哉？其行事类君子邪？小人邪⁽¹¹⁾？若君子也，必不妄加祸于守道之人；如小人也，其身已死，其鬼不灵⁽¹²⁾。天地神祇，昭布森列，非可诬也；又肯令其鬼行胸臆，作威福于其间哉⁽¹³⁾？进退无所据，而信奉之，亦且惑矣！

且愈不助释氏而排之者，其亦有说⁽¹⁴⁾。孟子云："今天下不之杨则之墨，杨、墨交乱而圣贤之道不明，则三纲沦而九法斁，礼乐崩而夷狄横,几何其不为禽兽也⁽¹⁵⁾?故曰:能言拒杨、墨者,皆圣人之徒也。"扬子云云:"古者杨、墨塞路,孟子辞而辟之,廓如也⁽¹⁶⁾。"夫杨、墨行,正道废,且将数百年,以至于秦,卒灭先王之法,烧除其经,坑杀学士,天下遂大乱⁽¹⁷⁾。及秦灭汉兴且百年,尚未知修明先王之道⁽¹⁸⁾。其后始除挟书之律,稍求亡书,招学士,经虽少得,尚皆残缺,十亡二三。故学士多老死,新者不见全经,不能尽知先王之事,各以所见为守,分离乖隔,不合不公,二帝三王群圣人之道于是大坏⁽¹⁹⁾。后之学者无所寻逐,以至于今,泯泯也⁽²⁰⁾。其祸出于杨、墨肆行而莫之禁故也⁽²¹⁾。孟子虽圣贤,不得位,空言无施,虽切何补?然赖其言,而今学者尚知宗孔氏,崇仁义,贵王贱霸而已。其大经大法皆亡灭而不救,坏烂而不收,所谓存十一于千百,安在其能廓如也⁽²²⁾?然向无孟氏,则皆服左衽而言侏离矣。故愈尝推尊孟氏,以为功不在禹下者,为此也⁽²³⁾。

汉氏以来,群儒区区修补,百孔千疮,随乱随失,其危如一发引千钧,绵绵延延,浸以微灭⁽²⁴⁾。于是时也,而唱佛、老于其间,鼓天下之众而从之⁽²⁵⁾。呜呼,其亦不仁甚矣!释、老之害过于杨、墨。韩愈之贤不及孟子,孟子不能救之于未亡之前,而韩愈乃欲全之于已坏之后⁽²⁶⁾。呜呼,其亦不量其力,且见其身之危,莫之救以死也⁽²⁷⁾。虽然,使其道由愈而粗传,虽灭死万万无恨!天地鬼神临之在上,质之在旁,又安得因一摧折,自毁其道以从于邪也⁽²⁸⁾!

籍、湜辈虽屡指教,不知果能不叛去否⁽²⁹⁾?辱吾兄眷厚而不获承命,惟增惭惧,死罪死罪⁽³⁰⁾!愈再拜。

【注释】

(1)孟尚书,名简,字几道,德州昌平人。最嗜佛,元和六年,曾与给事中刘伯刍、工部侍郎归登、右补阙萧俛翻译佛经。元和十三年代崔元略为御史中丞。是岁,出为山南东道节度使,襄州刺史。长庆二年,服食丹药,死于非命。

(2) 愈白句:韩愈秉告:行官自南方回来,路过吉州,得到您二十四日写的信,一连读了几遍,喜悦与慌恐同时来到,不知入秋以来睡眠饮食如何,敬祈万福。

(3) 这句的意思是:在潮州的时候,有一个老僧人号大颠,很聪明,明白事理。

(4) 远地无可与语者句:偏远之地没有可以跟我谈论的人,所以从山中把他召到潮州城里,留住十几日,的确能抛开躯体用道理自我克制,不被外界事物侵袭扰乱。

(5) 与之语句:跟他谈话,虽然不能完全了解他的意思,毕竟胸中没有障碍,认为是一个难得的人,于是跟他来往。

(6) 及祭神句:等到祭神来到海上,于是造访他的住处。

(7) 及来袁州句:等到来袁州时,留下衣物做为分别的礼物,是人之常情,并不是崇信他的佛法,求得福报利益。

(8) 凡君子句:大凡是有道德有才学的人立身行事处世为人自有一定的法度,孔孟圣贤的事迹,全都记载在典籍之中,可以效法可以拜作老师。

(9) 仰不愧天句:向上不愧对天,向下不愧对别人,对内于心无愧,积累善事积累恶事,祸福各自按照它们的事理到来,哪里有去掉圣人的主张,舍弃先王的法度,而追随夷狄的教义来求得福利呢?

(10) 假如释氏句:假如佛祖能给人制造灾祸,不是遵守儒家思想的君子所惧怕的,何况万万没有这个道理。

（11）这句的意思是：况且那佛祖果真是什么人呢？他的行事像君子呢，还是像小人呢？

（12）若君子也句：假如是君子，一定不能随便加祸给遵守儒家思想的人；如果是小人，他自己已经死了，他化成的鬼也就不会灵验。

（13）天地神祇句：天地间的神明，明白地宣布森严地排列，是不能欺骗的，又哪里肯让佛祖化作的鬼行在心中，作威作福在它们中间呢？

（14）且愈不助释氏句：况且我不帮助佛祖却要排斥他，那也是有理由的。

（15）孟子云句：孟子说："现在天下人不归于杨朱就归于墨翟，杨朱和墨翟的主张交相制造混乱，而圣贤之主张就不能彰明，于是君臣、父子、夫妻的三纲沦丧，治理国家的九种大法败坏，礼乐崩坏而外来的佛教横行泛滥，那不是多少和禽兽一样了吗？"

（16）扬子云云句：扬雄说："古代杨朱、墨翟的学说充斥道上，孟子辩说并且批判它，澄清了是非。"语见扬雄《法言·吾子》。

（17）夫杨、墨行句：杨朱、墨翟主张泛滥，正确的学说废弛，将近几百年，直到秦代，终于泯灭了先王的礼法，烧毁了它们的著作，活埋了儒生，天下于是大乱。

（18）及秦灭句：等到秦朝灭亡，汉朝立国将近百年，还不知道发扬光大古代明君圣王的治国之道。

（19）故学士多老死句：原来的读书人大都年老而死去，新的读书人又看不见经典的全貌，不能完全了解古代明君圣王的事迹，各自把他们所见的经书当作遵奉的对象，分离阻隔，见解彼此不一致不公正，二帝三王群圣人的学说从此大坏。

（20）无所寻逐：没有追寻探求的地方。　泯泯：混乱貌。

（21）这句的意思是：那祸患出在杨朱、墨翟的学说泛滥而没有人禁止他们的缘故。

（22）其大经大法句：那些基本的原则和法规全都消灭并且不能拯救，残破而不能收集起来，现存的于千百之中能有十分之一，在哪里还能够澄清它们的原貌呢？

（23）这句的意思是：所以我曾经推崇尊奉孟子，认为他的功劳不在大禹以下，就因为这个原因呀。

（24）汉氏以来句：刘邦建立汉朝以来，众儒生对搜集到的经典进行了小小的修补，残破缺漏非常严重，随着散乱随着丢失，它的危机就像一根头发牵拉着千钧重物一样，微弱地延续，逐渐衰败灭绝。

（25）于是时也句：在这个时候，却要倡导佛教、道教的邪说在那中间，鼓动天下的百姓跟从它们。

（26）韩愈之贤句：韩愈我的才能比不上孟子，孟子不能挽救它们在未灭亡以前，而韩愈我却要保全它们在已经破败之后。

（27）其亦不量其力句：那也是不能正确估量自己的力量，也就可见他自己的危险，没有人能从必死的结局中救出他。

（28）天地鬼神句：天地间的鬼神在上面监视着，在旁边评断着，又哪里能因为一次挫折，自己毁坏了先王之道而听从邪说呢？

（29）籍、湜辈句：张籍、皇甫湜等人虽然多次指教，不知果真能叛离还是不能叛离儒家的学说。籍：张籍，字文昌，和州乌江人。韩门弟子。曾写信劝韩辟佛不如著书。

（30）辱吾兄句：承蒙您器重却又没有获得受命，只是增加了羞惭和恐惧，该死该死。

与崔群⁽¹⁾书

　　自足下离东都,凡两度枉问⁽²⁾,寻承已达宣州⁽³⁾,主人⁽⁴⁾仁贤,同列皆君子,虽抱羁旅⁽⁵⁾之念,亦且可以度日,无入而不自得,乐天知命⁽⁶⁾者,固前修⁽⁷⁾之所以御外物者也,况足下度越⁽⁸⁾此等百千辈,岂以出处近远累其灵台⁽⁹⁾耶!宣州虽称清凉高爽,然皆大江之南,风土不并以北,将息⁽¹⁰⁾之道,当先理其心,心闲无事,然后外患不入,风气所宜,可以审备,小小者亦当自不至矣。足下之贤,虽在穷约⁽¹¹⁾,犹不能改其乐,况地至近,官荣禄厚,亲爱尽在左右者耶!所以如此云云者,以为足下贤者,宜在上位,托于幕府⁽¹²⁾,则不为得其所,是以及之,乃相亲重之道耳,非所以待足下者也。

　　仆自少至今,从事于往还朋友间,一十七年矣,日月不为不久。所与交往相识者千百人,非不多,其相与如骨肉兄弟者,亦且不少,或以事同,或以艺取⁽¹³⁾,或慕其一善,或以其久故,或初不甚知,而与之己密,其后无大恶,因不复决舍,或其人虽不皆入于善,而于己已厚,虽欲悔之不可。凡诸浅者,固不足道,深者止如此!至于心所仰服,考之言行,而无瑕尤⁽¹⁴⁾,窥之阃奥,而不见畛域⁽¹⁵⁾,明白淳粹,辉光日新⁽¹⁶⁾者,惟吾崔君一人。仆愚陋无所知晓,然圣人之书,无所不读,其精粗,巨细,出入明晦,虽不尽识,抑不可谓不涉其流⁽¹⁷⁾者也。以此而推之,以此而度之,诚知足下出群拔萃,无谓仆何从而得之也⁽¹⁸⁾！与足下情义，宁须言而后自明耶！所以言者，惧足下以为吾所与深者，多不置白黑于胸中耳。既谓能粗知足下，而复惧足下之不我知，亦过也。比亦有人说，足下诚尽善尽美，抑犹有可疑者。仆谓之曰："何疑？"疑者曰："君子当有所好恶，好恶不可不明，如清河者⁽¹⁹⁾，人无贤愚，无不说其善，伏其为人⁽²⁰⁾，以是而疑之耳。"仆应之曰："凤凰芝草⁽²¹⁾，贤愚皆以为美瑞；青天白日，奴隶亦知其清明。譬之食物，至于遐方异味，则有嗜者，有不嗜者；至于稻也，粱也，脍也，炙也⁽²²⁾，岂闻有不嗜者哉！"疑者乃解。解，不解，于吾崔君，无所损益也。

自古贤者少，不肖者多。自省事⁽²³⁾已来，又见贤者恒不遇，不贤者比肩青紫⁽²⁴⁾，贤者恒无以自存，不贤者志满气得，贤者虽得卑位，则旋而死，不贤者或至眉寿。不知造物者⁽²⁵⁾意竟如何？无乃所好恶与人异心哉！又不知无乃都不省记，任其死生寿夭耶！未可知也。人固有薄卿相之官，千乘之位⁽²⁶⁾，而甘陋巷菜羹者，同是人也，犹有好恶如此之异者，况天之与人，当必异其所好恶无疑也！合于天而乖于人，何害！况又时有兼得者耶！崔君崔君，无怠无怠。

仆无以自全活者，从一官于此，转困穷甚，思自放于伊、颍⁽²⁷⁾之上，当亦终得之。近者尤衰惫：左车⁽²⁸⁾第二牙，无故动摇脱去；目视昏花，寻常间便不分人颜色；两鬓半白，头发五分亦白其一，须亦有一茎两茎白者。仆家不幸，诸父诸兄，皆康强早世，如仆者又可以图于久长哉！以此忽忽，思与足下相见，一道其怀，小儿女满前，能不顾念。足下何由得归北来，仆不乐江南⁽²⁹⁾，官满便终老嵩下⁽³⁰⁾，足下可相就，仆不可去矣。珍重自爱，慎饮食，少思虑，惟此之望！愈再拜。

【注释】

（1）崔群：字敦诗，贝州武缄（今山东武城县）人，与韩愈同年进士，其时在宣州（今安徽宣城县）任观察判官。

（2）两度枉问：承两次写信给我。

（3）寻承已达宣州：寻，不久。承，奉。不久又接奉您的消息，知道您已到达宣州。

（4）主人：指宣、歙二州观察使崔衍，崔群在他幕下做判官。

（5）羁旅：羁，寄托。旅，客。旅客寄居外乡，所以说是羁旅。

（6）乐天知命：任其自然的意思。

（7）前修：修，善。前修，前代的善人。

（8）度越：度同渡，度越二字同义，超过的意思。

（9）累其灵台：累，牵累。灵台，指心。

（10）将息：将，养。息，休息。

（11）穷约：穷，穷困，穷乏。约，贫苦。

（12）幕府：古代军队出兵，施用帐幕，所以将军府称幕府。后来凡是从属的文官兼管军事的甚至不兼管军事的，也统称幕府了。

（13）以艺取：艺，技艺。取其长于某种技艺。

（14）瑕尤：瑕，玉有疵病。喻指人的毛病。尤，过失。

（15）窥之间奥，而不见畛域：闑，门限。奥，室中西南隅。闑奥，内室，借以喻幽秘。畛，田上的道路。域，界限。两句是说：从幽隐处来考察，也没有自私自利的存心，胸襟广阔，坦坦荡荡，无彼此界限。

（16）辉光日新：借火和太阳的光作譬喻，说他德业不断进步。

（17）不可谓不涉其流：涉，渡。渡过水的人，便知道了这条水的深浅广狭等各种情况。这句譬喻说，我对圣人之书不能说没下过一番探讨工夫，亦即很知道它的底蕴。

（18）无谓仆何从而得之也：不要说我从什么地方得出这种结论。意思是说，我是从交友的经验中和古书的理论中得来的。

（19）如清河者：清河是崔氏的"郡望"，所以用以代指崔群。

（20）伏其为人：就是服其为人，佩服他的人格。伏服二字古时通用。

（21）芝草：说文：芝，神芝。按芝是一种菌类植物，生枯木上。古人把它当作瑞草。

（22）炙：用火烤熟的肉。

（23）省事：省，察，知晓。省事，晓事，通世故，知人情。

（24）青紫：汉朝丞相、太尉，都是用金印紫绶（结在印纽上的带子），御史大夫用银印青绶，青紫二色是最高级文武官印绶所用的颜色，所以用"青紫"二字来代表高官贵人。

（25）造物者：古人唯心宿命论中"创造"万物的"神祇"。

（26）千乘之位：古代大国出兵车千乘，一乘四马，千乘，有马四千匹。千乘之位，是大诸侯的职位。

（27）伊、颍：伊水源出河南卢氏县熊耳山，东北经嵩县等地流入洛水。颍水出河南登封县西，东南经禹县等地，最后流入淮水。

（28）左车：左边牙床。

（29）江南：这里实指宣城。韩氏有别业在宣缄，韩愈少时曾在那里住过。

（30）嵩下：嵩山之下。

与陈给事书

愈再拜：愈之获见⁽¹⁾于阁下有年矣，始者亦尝辱一言之誉。贫贱也，衣食于奔走，不得朝夕继见，其后阁下位益尊，伺候于门墙者⁽²⁾日益进。夫位益尊，则贱者日隔；伺候于门墙者日益进，则爱博而情不专。愈也道不加修而文日益有名。大道不加修，则贤者不与；文日益有名，则同进者忌。始之以日隔之疏，加之以不专之望，以不与者之心而听忌者之说：由是阁下之庭无愈之迹矣！

去年春，亦尝一进谒于左右矣，温乎其容若加其新⁽³⁾也，属乎其言若闵其穷也，退而喜也以告于人。其后如东京⁽⁴⁾取妻子，又不得朝夕继见，及其还也，亦尝一进谒于左右矣，邈乎其容⁽⁵⁾若不察其愚也，悄乎其言⁽⁶⁾若不接⁽⁷⁾其情也，退而惧也不敢复进。今则释然悟，翻然悔曰：其邈也，乃所以怒其来之不继也；其悄也，乃所以不尽其意也。不敏之诛⁽⁸⁾无所逃避，不敢遂进，辄自疏其所以⁽⁹⁾，并献近所为《复志赋》已下十首为一卷，卷有标轴；《送孟郊序》一首生纸写，不加装饰，皆有揩注字处，急于自解而谢，不能俟更写，阁下取其言而略其礼可也。愈恐惧再拜。

【注释】

（1）获见：荣幸受到接见。有恭惟之意。

(2) 伺候于门墙者：在您家门口等候接见的人。

(3) 加其新：加，勉励，增益；新，更新，进步。

(4) 东京：唐代的东京指洛阳。

(5) 邈乎其容：面有藐视之意。邈，通"藐"。

(6) 悄乎其言：言语中透出凄切之意。悄，凄切，忧愁的样子。

(7) 接：接待，领受。

(8) 不敏之诛：被指责为不才。诛，谴责。

(9) 疏其所以：以书信陈述这样做的原因。

答冯宿书

垂示仆所阙⁽¹⁾，非情之至，仆安得闻此言？朋友道缺绝久，无有相箴规磨切之道，仆何幸乃得吾子！仆常闵时俗人有耳不自闻其过，懔懔然⁽²⁾惟恐己之不自闻也；而今而后，有望⁽³⁾于吾子矣！

然足下与仆交久，仆之所守⁽⁴⁾，足下之所熟知。在京城时，嚣嚣之徒相訾⁽⁵⁾百倍，足下时与仆居，朝夕同出入起居，亦见仆有不善乎？然仆退而思之，虽无以获罪于人⁽⁶⁾，亦有以获罪于人者，仆在京缄一年，不一至贵人之门，人之所趋，仆之所傲⁽⁷⁾，与己合者则从之游，不合者虽造吾庐未尝与之坐：此岂徒足致谤而已，不戮于人⁽⁸⁾则幸也！追思之可为战栗寒心。故至此以来，克己自下，虽不肖人至，未尝敢以貌慢之⁽⁹⁾；况时所尚者邪？以此自谓庶几无时患，不知犹复云云也。

闻流言不信其行，呜呼，不复有斯人也！君子不为小人之恟恟⁽¹⁰⁾而易其行，仆何能尔？委曲从顺，望风承意⁽¹¹⁾，汲汲恐不得合，犹且惧不免云云，命也，如何！然子路闻其过则喜，禹闻昌言则下车拜。古人有言曰："告我以吾过者，吾之师也。"愿足下不惮烦，苟有所闻，必以相告：吾亦有以报子，不敢虚也，不敢忘也！愈再拜！

【注释】

（1）垂示仆所阙：承蒙您告诉我自身的缺失。

（2）懔懔然：恐惧的样子。

（3）有望：有所期望。

（4）仆之所守：我所坚持的志向。

（5）訾：诋毁。

（6）无以获罪于人：没有得罪人的地方。

（7）人之所趋，仆之所傲：别人千方百计所追求的，却是我所不屑的。

（8）戮于人：被人羞辱。戮，此处为"羞辱"。

（9）以貌慢之：以简慢的脸色对待他。

（10）恟恟：纷扰不安的样子。

（11）望风承意：迎合别人的旨意如同看到风来即顺向而行一般。

与冯宿论文书

辱示《初笾赋》，实有意思。但力为之⁽¹⁾，古人不难到；但不知直似古人，亦何有于今人⁽²⁾也？仆为文久每自则意中以为好，即人必以为恶矣；小称意人亦小怪之，大称意即人必大怪之也。时时应事作俗下文字，下笔令人惭；及示人，则人以为好矣；小惭者亦蒙谓之小好，大惭者即必以为大好矣，不知古文真何用于今世也；然以俟知者知⁽³⁾耳。

昔扬子云⁽⁴⁾著《太玄》，人皆笑之，子云之言曰："世不我知无害也；后世复有扬子云，必好之矣。"子云死近千载，竟未有扬子云，可叹也！其时桓谭亦以为雄书胜老子；老子未足道也，子云岂止与老子争强而已乎？此未为知雄者。其弟子侯芭颇知之，以为其师之书胜《周易》，然侯之他文不见于世，不知其人果如何耳。以此而言，作者不祈人之知⁽⁵⁾也明矣。直百世以俟圣人而不惑，质诸鬼神⁽⁶⁾而不疑耳。足下岂不谓然乎？

近李翱从仆学文，颇有所得，然其人家贫多事，未能卒其业。有张籍者，长于翱，而亦学于仆，其文与翱相上下，一二年业之⁽⁷⁾，庶几乎至也；然闵其弃俗尚而从于寂寞之道，以之争名于时也！

久不谈，聊感足下能自进于此，故复发愤一道。愈再拜。

【注释】

(1) 但力为之：只要努力去做。

(2) 直似古人，亦何有于今人：很接近古人的作品，又怎么能为现在的人接受呢。

(3) 俟知者知：等待能了解它的人去欣赏它。

(4) 扬子云：扬雄（公元前53—公元18年），西汉成都人，字子云，少好学，长于辞赋。模仿《易经》、《论语》作《太玄》。《法言》，被后世认为是继孟子之后儒家道统的阐发者，继承者。

(5) 祈人之知：祈望被人了解。

(6) 质诸鬼神：让鬼神来评判、对质。

(7) 业之：以之为业。业，名词动用，"从事"。

潮州刺史谢上表(1)

臣某言：臣以狂妄戆愚，不识礼度，上表陈佛骨事，言涉不敬，正名定罪，万死犹轻(2)。陛下哀臣愚忠，恕臣狂直，谓臣言虽可罪，心亦无他，特屈刑章，以臣为潮州刺史(3)。既免刑诛，又获禄食，圣恩弘大，天地莫量(4)；破脑刳心，岂足为谢(5)！臣某诚惶诚恐，顿首顿首(6)。

臣以正月十四日蒙恩除潮州刺史，即日奔驰上道，经涉岭海，水陆万里，以今月二十五日到州上讫。与官吏百姓等相见，具言朝廷治平，天子神圣，威武慈仁，子养亿兆人庶，无有亲疏远迩，虽在万里之外，岭海之陬，待之一如畿甸之间，辇毂之下⁽⁷⁾。有善必闻，有恶必见，早朝晚罢，兢兢业业，惟恐四海之内，天地之中，一物不得其所，故遣刺史面问百姓疾苦，苟有不便，得以上陈⁽⁸⁾。国家宪章完具，为治日

久，守令承奉，诏条违犯者鲜，虽在蛮荒，无不安泰⁽⁹⁾。闻臣所称盛德，惟知鼓舞欢呼，不劳施为，坐以无事⁽¹⁰⁾。臣某诚惶诚恐，顿首顿首。

臣所领州，在广府极东界上，去广府虽云才二千里，然来往动皆经月⁽¹¹⁾。过海口，下恶水，涛泷壮猛，难计程期；飓风鳄鱼，患祸不测；州南近界，涨海连天、毒雾瘴氛，日夕发作⁽¹²⁾。臣少多病，年才五十，发白齿落，理不久长⁽¹³⁾；加以罪犯至重，所处又极远恶，忧惶惭悸，死亡无日⁽¹⁴⁾。单立一身，朝无亲党，居蛮夷之地，与魑魅为群，苟非陛下哀而念之，谁肯为臣言者？

臣受性愚陋，人事多所不通，惟酷好学问文章，未尝一日暂废，实为时辈所见推许⁽¹⁵⁾。臣于当时之文，亦未有过人者。至于论述陛下

功德，与《诗》、《书》相表里[16]；作为歌诗，荐之郊庙[17]；纪泰山之封，镂白玉之牒[18]；铺张对天之闳休，扬厉无前之伟迹[19]；编之乎《诗》、《书》之策而无愧，措之乎天地之间而无亏，虽使古人复生，臣亦未肯多让[20]。

伏以大唐受命有天下，四海之内，莫不臣妾，南北东西，地各万里[21]。自天宝之后，政治少懈，文治未优，武克不刚[22]；孽臣奸隶，蠹居棋处，摇毒自防，外顺内悖[23]；父死子代，以祖以孙，如古诸侯自擅其地，不贡不朝六七十年[24]。四圣传序以至陛下，陛下即位以来，躬亲听断，旋乾转坤，关机阖开[25]；雷厉风飞，日月清照，天戈所麾，莫不宁顺[26]；大宇之下，生息理极[27]。高祖创治天下其功大矣，而治未太平也。太宗太平矣，而大功所立，咸在高祖之代；非如陛下，承天宝之后，接因循之余，六七十年之外，赫然兴起，南面指麾，而致此巍巍之治功也[28]。宜定乐章，以告神明，东巡泰山，奏功皇天，具著显庸，明示得意，使永永年代，服我成烈[29]。当此之际，所谓千载一时不可逢之嘉会，而臣负罪婴衅，自拘海岛，戚戚嗟嗟，日与死迫，曾不得奏薄伎于从官之内、隶御之间[30]；穷思毕精，以赎罪过，怀痛穷天，死不闭目[31]；瞻望宸极，魂神飞去，伏惟皇帝陛下，天地父母，哀而怜之，无任感恩恋阙，惭惶恳迫之至[32]。谨附表陈谢以闻[33]。

【注释】

（1）本文写于元和十四年（公元819）三月二十五日到贬所潮州以后。　潮州：州名，治所在海阳，即今广东省潮州市。

（2）某：自称之词，代指"我"或本名。　狂妄戆愚：放肆狂为，愚昧拙直。戆： 不识礼度：不知君臣礼法制度。

（3）哀：可怜。 狂直：疏狂率直。 谓臣言虽可罪：认为臣的言论虽然可以论罪。 特屈刑章：竟然宽用刑法。

（4）既免刑诛句：既免去了按照律例诛杀之罪，又获得俸禄，皇上的恩德广大，天地没法容纳。

（5）破脑刳心：犹剖心沥血，比喻竭尽忠诚。

（6）诚惶诚恐，顿首顿首：实在是恐惧万分，再拜再拜。此为封建时代奏章中的套话。

（7）具言：详细地说。 治平：政治清明，社会安定。 威武慈仁：威风勇武慈爱仁义。 子养：像对待子女一样养育。子：名词作状语。 亿兆人庶：千万人民。 远迩：远近。迩：近。 陬：四隅，边远偏僻之地。 一如畿甸之间：就像京城地区一样。畿：古代王都所领辖的千里地面。 辇毂之下：皇帝的车舆之下，代指京城。

（8）有恶必见：有恶事一定要暴露出来。见：显示，暴露。 早朝晚罢：很早上朝，很晚退朝。 一物不得其所：一件事物不能得到恰当的安顿。 苟有不便，得以上陈：假如有不适宜不方便之处，可以向上陈述。

（9）国家宪章完具句：国家的典章制度完备，治理太平的日子已经长久，遵守法令，承命奉行，违犯皇帝条令的人是很少的，虽然在不开化的荒远之地，无不安定康泰。

（10）闻臣所称盛德句：听臣所称赞的皇上的盛大恩德，只知欢欣鼓舞不必劳苦地实行政令，因而全州太平无事。

（11）领：统领，管辖。 广府：岭南东道。 去：离开，距离。 来往动皆经月：往来行动一次就须一个月。

（12）过海口，下恶水句：通过边境，渡过恶水，急流大波汹涌猛烈，难以计算行程日期，台风鳄鱼，祸患难以预测；潮州南部边界，南海与天相接，有毒的瘴气，每天傍晚发作。

（13）这句的意思是：臣年少时就多病，现在年龄才五十，头发变白，牙齿脱落，按道理说已经活不长久了。

（14）加以罪犯至重句：加上因为罪过特别严重，所处之地又极偏远险恶，忧愁惶恐惭愧恐惧，死亡的日子不远了。

（15）臣受性愚陋句：臣生性愚钝浅陋，人情事理多不通晓，只是特别爱好学问和文章，未曾有一日暂时放弃，确实被当时有名的人物推重赞许。

（16）至于论述陛下功德句：至以论述皇帝陛下的功绩德业，可以与《诗经》、《尚书》互为内外，相互补充。

（17）作为歌诗句：写成诗歌，进献给郊庙。 郊庙：古代帝王祭天地的郊宫和祭祖先的宗庙。

（18）纪泰山之封：记载封禅泰山的功业。 镂白玉之牒：将简札雕刻在白玉之上。牒：古代可供书写的简札。

（19）铺张对天之闳休：铺叙渲染对上天的大业美德。铺张：铺叙渲染，宣扬。 扬厉无前之伟迹：发扬光大前所未有的伟大的事迹。

（20）编之乎《诗》、《书》之策句：把它编在《诗经》、《尚书》的书简之间而问心无愧，把它安放在天地之间而心不虚，即使让古人再生，臣也不肯向他们多让一步。

（21）伏以大唐受命有天下句：恭敬地认为大唐受上天之命得到天下，整个国土，没有不管辖的地方，南北东西，相距各一万里。

（22）自天宝以后句：自唐玄宗天宝年间以后，治理国家所实行的一切措施稍稍松懈，以文教的方法治民不够充分，以武力制敌的手段也不坚强。

（23）孽臣奸隶：奸邪之臣及其属下。　蠹居棋处：如蠹虫一样深居，如棋一样密布。喻坏人隐蔽很深，散布很广。　摇毒自防：骚扰为害，自设关防。　外顺内悖：外表服从内心背叛。

（24）父死子代句：节度使们父亲死了儿子代替，从祖父到孙子，像古代诸侯一样自己据有他的领地，不进贡不朝拜已经有六七十年。

以祖以孙：从祖到孙。　擅：据有，占有。

（25）四圣：四位圣明的皇帝：肃宗、代宗、德宗、顺宗。　传序：父死子继，世代相传。　躬亲听断：亲自听取陈述而作出决定。

旋乾转坤：旋转乾坤。　关机阖开：计谋开合运用。

（26）雷厉风飞：雷厉风行。比喻声势猛烈，行动迅速。　日月清照：日月清澈照耀。比喻政治清明。　天戈所麾：皇帝军队所指向的地方。　莫不宁顺：没有不安宁顺服的。

（27）大宇之下：大唐之内。　生息理极：生殖蕃衍达到了最高标准。

（28）非如陛下句：并不像陛下，继承天宝年间的混乱，接替承袭下来的余波，六七十年以后，声势盛大的兴盛起来，登上皇位面南指挥，并且达到这样崇高伟大的太平之功。

（29）宜定乐章句：应该核定入乐的诗词，用来祷告神明，巡视东方的泰山，将功绩奏给上天，详细写出明显的功劳，明白表示称心满意之处，使长久的年代，佩服我皇成就的功业。

（30）当此之际句：在这个时候，所说的十年一次不可遇到的昌盛的机遇，而臣身负重罪，自己拘禁在海岛之上，忧伤嗟叹，每天与死亡相迫近，竟然不能进献微薄的技艺在君王的近臣之中、奴仆之间。

（31）穷思毕精：费尽心思，竭尽精力。 以赎罪过：用来赎回自己的罪过。 怀痛穷天：满怀沉痛终了一生。穷天：终天，终生。

（32）瞻望宸极句：遥望帝王所在的北方，魂灵飞去，恭敬地思考皇帝陛下，是我的天地父母，如果可怜我，不胜感怀恩德眷恋宫阙，羞愧惶恐恳切达到极点。

（33）谨：恭敬。 附：寄，托人捎带。 陈谢：表示谢意。闻：使动用法，使闻知。

为人求荐书

某闻木在山，马在肆⁽¹⁾，过之而不顾者虽日累千万人，未为不材与下乘⁽²⁾也；及至匠石过之而不睨，伯乐遇之而不顾，然后知其非栋梁之材、超逸之足也。以某在公之宇下非一日，而又辱居姻娅⁽³⁾之后，是生于匠石之园，长于伯乐之厩者也；于是而不得知，假有见知者千万人，亦何足云耳。今幸赖天子每岁诏公卿大夫贡士，若某等比咸⁽⁴⁾得以荐闻，是以冒进其说以累于执事，亦不自量已。

然执事其知某如何哉？昔人有鬻马不售于市者，知伯乐之善相⁽⁵⁾也，从而求之；伯乐一顾，价增三倍：某与其事颇相类，是故终始言之耳。某再拜。

【注释】

（1）肆：市集贸易之处。马肆，即马市。

（2）未为不材与下乘：不能算不材和驽劣。

（3）姻娅：姻，女婿的父亲；娅，连襟。姻娅，泛指有婚姻关系的亲戚。

（4）比咸：比，接连；咸，都。

（5）善相：精于相马。

应科目时与人书

月日愈再拜：天池之滨，大江之濆⁽¹⁾，曰有怪物焉；盖非常鳞凡介之品汇匹俦⁽²⁾也！其得水，变化风雨上下于天地不难也；其不及水，盖寻常尺寸之间耳。无高山大陵旷途绝险为之关隔也；然其穷涸不能自致乎水，为猵獭⁽³⁾之笑者，盖十八九矣。如有力者哀其穷而运转之，盖一举手一投足之劳也。

然是物也，负其异于众⁽⁴⁾也，且曰：烂死于沙泥，吾宁乐之；若俯首帖耳摇尾而乞怜者，非我之志也。是以有力者遇之，熟视之若无睹也。其死其生，固不可知也。今又有有力者当其前矣，聊试仰首一鸣号焉，庸讵知有力者不哀其穷，而忘一举手一投足之劳而转之清波乎？

其哀之，命也；其不哀之，命也；知其在命(5)而鸣且号之者，亦命也：愈今者实有类于是。是以忘其疏愚之罪，而有是说焉。阁下其亦怜察之！

【注释】

(1) 溃：音fén，水边，河旁高地。

(2) 品汇匹俦：放在一起相提并论。

(3) 獱獭：水獭。獱，水獭之小者。

(4) 负其异于众：背负着与众不同的志向。

(5) 在命：命该如此之意。

答刘正夫(1)书

愈白，进士刘君足下：辱笺，教以所不及，既荷辱赐，且愧其诚然，幸甚幸甚！凡举进士者，于先进(2)之门，何所不往，先进之于后辈，苟见其至，宁可以不答其意邪？来者则接之，举城士大夫莫不皆然，而愈不幸独有接后辈名，名之所存，谤之所归也。

有来问者，不敢不以诚答。或问："为文宜何师？"必谨对曰："宜师古圣贤人。"曰："古圣贤人所为书具存，辞皆不同，宜何师？"必谨对曰："师其意不师其辞。"又问曰："文宜易宜难？"⁽³⁾必谨对曰："无难易，惟其是尔。"如是而已。非固开其为此、而禁其为彼也。

夫百物朝夕所见者，人皆不注视也，及睹其异者，则共观而言之。夫文岂异于是乎？汉朝人莫不能为文，独司马相如、太史公、刘向⁽⁴⁾、扬雄为之最。然则用功深者，其收名也远。若皆与世沉浮，不自树立；虽不为当时所怪，亦必无后世之传也。足下家中百物，皆赖而用也，然其所珍爱者，必非常物。夫君子之于文，岂异于是乎？今后进之为文，能深探而力取之，以古圣贤人为法者，虽未必皆是，要若有司马相如、太史公、刘向、扬雄之徒出，必自于此，不自于循常之徒也。若圣人之道，不用文则已，用则必尚其能者，能者非他，能自树立，不因循者是也。有文字来，谁不为文，然其存于今者，必其能者也。顾常以此为说耳。

愈于足下，忝同道而先进者，又常从游于贤尊给事⁽⁵⁾，既辱厚赐，又安得不进其所有以为答也。足下以为何如？愈白。

【注释】

（1）刘正夫：据《新唐书·宰相世系表》，刑部侍郎刘伯刍生三子：宽夫、端夫、严夫。没有名正夫的人。蜀本作严夫，应以蜀本为是。

（2）先进：犹如说先辈，是后中进士的指先成进士的而言。

（3）宜易宜难：易，指用字用意都要浅近易解，难，指用僻字、造句佶屈聱牙，和文意艰深奥曲。李翱答朱载言书说："其爱难者，则曰文章宜深而不当易；其爱易者，则曰文章宜通而不当难。"可见文章难易，是当时文家所讨论的重要问题之一。

（4）刘向：原名更生，字子政，官至中垒校尉，汉朝宗室，卒于成帝（刘骜）绥和中。他的代表作品是《列女传》、《新序》、《说苑》。这三部书是采拾过去国家兴亡的事迹，送给刘骜阅览，要他鉴戒，做一个守成的皇帝。

（5）贤尊给事：贤尊，指刘正夫的父亲刘伯刍。给事，官名，给事中的省称。

与鄂州柳中丞书

淮右(1)残贼，尚守巢窟，环寇之师，殆且十万，瞋目语难(2)。自以为武人不肯循法度，颉颃(3)作气势，窃爵位自尊大者，肩相磨地相属也；不闻有一人援枹鼓誓众而前者，但日令走马来求赏给，助寇为声势而已！

阁下书生也。《诗》《书》《礼》《乐》是习，仁义是修，法度是束。一旦去文就武，鼓三军而进之，陈师鞠旅(4)，亲与为辛苦，慷慨感激，同食下卒(5)，将二州之牧(6)以壮士气，斩所乘马以祭踬死之士，虽古名将，何以加兹！此由天资忠孝，郁于中(7)而大作于外，动皆中于机会，以取胜于当世。而为戎臣师(8)；岂常习于威暴之事，而乐其斗战之危也哉？

愈诚怯弱不适于用,听于下风,窃自增气,夸于中朝稠人广众之中,所以羞武夫之颜,令议者知将国兵而为人之司命者,不在彼而在此也。

临敌重慎,诫轻出入,良食自爱,以副见慕之徒之心,而果为国立大功也。幸甚,幸甚!不宣。愈再拜。

【注释】

(1) 淮右:即淮西。

(2) 瞋目语难:怒目圆睁,胸中气愤话不流利。形容武士的样子。语见《庄子·说剑》。

(3) 颉顽:倔强,高傲。

(4) 陈师鞠旅:陈列部队,发布出征号令。

(5) 同食下卒:与普通士卒共同进食。

(6) 将二州之牧:将,率领。二州之牧:指鄂州、安州的长官。

(7) 郁于中:积累忠孝之德于心中。

(8) 为戎臣师:成为部队将帅的楷模。

与鄂州柳中丞书又一首

　　愈愚不能量⁽¹⁾事势可否。比常念淮右以靡弊困顿三州之地，蚊蚋蚁虫之聚，感凶竖⁽²⁾煦濡⁽³⁾饮食之惠，提童子之手坐之堂上，奉以为帅，出死力以抗逆明诏⁽⁴⁾，战天下之兵；乘机逐利，四出侵暴，屠烧县邑，贼杀不辜，环其地数千里莫不被其毒⁽⁵⁾，洛、汝、襄、荆、许、颍、淮、江为之骚然。丞相公卿士大夫劳于图必，握兵之将、熊罴躯虎之士畏懦踧踖⁽⁶⁾，莫肯杖戈为士卒前行者；独阁下能奋然率先，扬兵界上，将二州之守，亲出入行间，与士卒均辛苦，生其气势。见将军之锋颖凛然，有向敌之意；用儒雅文字章句之业，取先天下武夫，闭其口而夺之气；愚初闻时方食，不觉弃匕箸起立⁽⁷⁾。岂以为阁下真能引孤军单进，与死寇角逐，争一旦侥幸之利哉？就令如是，亦不足贵；其所以服人心，在行事适机宜，而风采可畏爱故也。是以前状辄述鄙诚，眷惠赐手翰还答，益增欣悚⁽⁸⁾。

　　夫一众人心力耳目，使所至如时雨，三代用师，不出是道。阁下果能充其言，继之以无倦，得形便之地。甲兵足用，虽国家故所失地，旬月可坐而得；况此小寇，安足置齿牙间？勉而卒之，以俟其至，幸甚！夫远征军士：行者有羁旅离别之思，居者有怨旷骚动之忧，本军有馈饷烦费之难，地主多姑息形迹之患；急之则怨，缓之则不用命；浮寄孤悬⁽⁹⁾，形势销弱，又与贼不相谙委⁽¹⁰⁾，临敌恐骇，难以有功。

若召募士人，必得豪勇，与贼相熟，知其气力所极，无望风之惊，爱护乡里，勇于自战：征兵满万，不如召募数千。阁下以为何如？傥可上闻行之否？

计已与裴中丞[11]相见，行营事宜，不惜时赐示及，幸甚！不宣。愈再拜。

【注释】

(1) 量：估价，衡量。

(2) 凶竖：凶恶的小人。《后汉书·窦武传》："当是时，凶竖得志，士大夫皆丧其气矣。"

(3) 煦濡：同处于困境之中而相互帮助。此处为贬意。《庄子·天运》："泉涸，鱼相与处于陆，相煦以湿，相濡以沫，不如相附于江湖。"

(4) 抗逆明诏：指淮西叛贼不服从朝廷之命。

(5) 被其毒：受其害。

(6) 蹴踖：局促不展的样子。

(7) 弃匕箸起立：肃然起敬的样子。

(8) 欣悚：既欢喜又紧张不安。

(9) 浮寄孤悬：言军队深入后孤立无援的困境。

(10) 与贼不相谙委：不熟悉敌方情况。

(11) 裴中丞：指当时力主平叛的裴度。

上考功崔虞部书

愈不肖，行能诚无可取：行己颇僻，与时俗异态；抱愚守迷，固不识仕进之门。乃与群士争名竞得失，行人之所甚鄙，求人之所甚利⁽¹⁾，其为不可，虽童昏实知之。如执事者，不以是为念，援之幽穷之中⁽²⁾，推之高显之上。是知其文之或可，而不知其人之莫可也；知其人之或可；而不知其时之莫可也。既以自咎，又叹执事者所守异于人人，废耳任目，华实不兼，故有所进，故有所退。且执事始考文之明日，浮嚣之徒已相与称曰："某得矣，某得矣。"问其所从来，必言其有自⁽³⁾。一日之间，九变其说。凡进士之应此选者，三十有二人；其所不云者，数人而已，而愈在焉。及执事既上名之后，三人之中，其二人者，则固所传闻矣。华实兼者也，果竟得之，而又升焉。其一人者，则莫之闻矣；实与华违，行与时乖，果竟退之。如是则可见时之所与者，时之所不与者之相远矣。

然愚之所守，竟非偶然，故不可变。凡在京师八九年矣，足不迹公卿之门，名不誉于大夫之口。始者谬为今相国所第⁽⁴⁾，此时惟念以为得失固有天命，不在趋时，而偃仰一室，啸歌古人。今则复疑矣。又未知夫天竟如何，命竟如何？由乎人哉，不由乎人哉？夫欲事干谒，则患不能小书，困于投刺⁽⁵⁾；欲学为佞，则患言讷词直，卒事不成：徒使其躬儳焉⁽⁶⁾而不终日。是以劳思长怀，终夜起坐，度时揣己，废然而返；虽欲从之，末由也已。

又尝念古之人日已进，今之人日已退。夫古之人四十而仕，其行道为学，既已大成，而又之死不倦，故其事业功德，老而益明，死而益光，故《诗》曰："虽无老成人，尚有典刑。"言老成之人可尚也。又曰："乐只君子，德音不已。"谓死而不亡也。夫今之人务利而违道，其学其问，以之取名致官而已。得一名，获一官，则弃其业而役役于持权者之门，故其事业功德日以忘，月以削，老而益昏，死而遂亡。愈今年始二十有六矣，距古人始仕之年尚十四年(7)，岂为晚哉？行之以不息，要之以至死(8)，不有得于今，必有得于古；不有得于身，必有得于后：用此自遣，且以为知己者之报，执事以为如何哉？其信然否也？今所病者在于穷约(9)，无僦屋赁仆(10)之资，无缊袍粝食(11)之给。驱马出门，不知所之，斯道未丧，天命不欺，岂遂殆哉，岂遂困哉？

窃惟执事者之于愈也，无师友之交，无久故之事，无言语颜色之情；卒然振而发之者，必有以见知尔。故尽暴其所志，不敢以默。又惧执事多在省(12)，非公事不敢以至(13)，是则拜见之不可期，获侍之无时也；是以进其说如此。幸执事察之。

【注释】

（1）行人之所甚鄙，求人之所甚利：干人们所鄙视的事，追逐人们都想追逐的好处。

（2）援之幽穷之中：从幽穷的处境中把他提拔上来。

（3）言其有自：这些说法有出处。

(4) 始者谬为今相国所第：当初错被如今的相国所称引。第，府邸，用作动词有登第，纳入府邸之意。引申为"称引"之意。

(5) 投刺：呈递名片。

(6) 使其躬儳焉：使自己的尊严被亵渎。

(7) 尚十四年：还早十四年。

(8) 要之以至死：追求（事业功德）至死不渝。

(9) 所病者在于穷约：制约因素是经济穷乏。

(10) 僦屋赁仆：租房屋、雇仆人。

(11) 缊袍粝食：用新旧混合的丝绵做成的袍子和粗粝的食物。这句话意思是衣食无着。

(12) 省：指崔虞部所供职的尚书省。

(13) 不敢以至：不敢上门造访。

答刘秀才论史书

六月九日，韩愈白秀才。辱问见爱，教勉以所宜务(1)，敢不拜赐。愚以为凡史氏褒贬大法(2)，《春秋》已备之矣。后之作者，在据事迹实录，则善恶自见，然此尚非浅陋偷惰者所能就；况褒贬邪？

孔子圣人，作《春秋》，辱于鲁、卫、陈、宋、齐、楚，卒不遇而死；齐太史氏兄弟几尽；左丘明纪《春秋》时事以失明(3)；司马迁作《史记》，刑诛；班固瘦死(4)；陈寿起又废，卒亦无所至；王隐(5)谤退死家；习凿齿⁽⁶⁾无一足；崔浩、范晔赤诛；魏收⁽⁷⁾夭绝；宋孝王诛死；足下所称吴兢⁽⁸⁾，亦不闻身贵而后有闻也；夫为史者，不有人祸，则有天刑，岂可不畏惧而轻为之哉！

唐有天下二百年矣，圣君贤相相踵，其余文武之士，立功名跨越前后者，不可胜数；岂一人卒卒能纪而传之邪？仆年志已就衰退，不可自敦率⁽⁹⁾。宰相知其无他才能，不足用，哀其老穷，龃龉无所合，不欲令四海内有戚戚者，猥言⁽¹⁰⁾之上，苟加一职荣之耳；非必督责迫蹙令就功役也；贱不敢逆盛指，行自谋引去⁽¹¹⁾。且传闻不同，善恶随人所见，甚者附党憎爱不同，巧造语言，凿空构立⁽¹²⁾善恶事迹，于今何所承受取信，而可草草作传记令传万世乎？若无鬼神，岂可不自惭愧；若有鬼神，将不福人⁽¹³⁾。仆虽呆，亦粗知自爱；实不敢率尔为也。

夫圣唐巨迹，及贤士大夫事，皆磊磊轩天地，决不沈没。今馆中非无人，将必有作者勤而纂之。后生可畏，安知不在足下？亦宜勉之！愈再拜。

【注释】

（1）教勉以所宜务：告诉我致力于所应当做的事。

（2）史氏褒贬大法：书写历史的人对历史人物给予褒扬和贬斥的基本法则。

（3）左丘明纪《春秋》时事以失明：韩愈在此认为，左丘明的失明与他写《左传》有关系。

（4）班固瘐死：班固，《汉书》的作者。汉和帝永元元年，大将军窦宪出征匈奴，班固为中护军。永元四年，和帝与宦官谋杀了窦宪，班固被洛阳令下狱，死于狱中。瘐死，在监狱中死去。

(5) 王隐：晋代人，字处叔，博学多闻。太兴初年召为著作郎，令撰晋史。时著作郎虞预私撰晋书，后嫉王隐之作胜于己，滂讪王隐，王隐被罢官，归乡以卒。

(6) 习凿齿：晋代襄阳人，博学能文。荆州刺史桓温召为从事，累迁别驾。后因违忤桓温意旨，被贬为户曹参军。桓温谋称帝。习凿齿著《汉晋春秋》，推蜀为正统，而贬曹魏为篡逆，以微讽桓温。

(7) 魏收：北齐钜鹿下曲阳人，性机敏，能属文，与温子升、邢邵号称"北朝三才子"。官至尚书右仆射，编修国史，著有《魏书》，时人因其褒贬不公，称其为"秽史"。

(8) 吴兢：唐初汴州浚仪人。少厉志，贯知经史，诏直史馆，修国史。神龙年间为右补阙，累迁卫尉少尉，兼修文馆学士。采撮太宗朝政事要，随事载录，以备劝戒，合四十篇，名曰《贞观政要》。开元中，为太子左庶子，尝撰《则天实录》。

(9) 敦率：谨守，遵循。

(10) 猥言：猥，辱也，谦词，宰相了解我没有别的才能，不堪大用，又哀怜我年老而贫困，并且与周围人的合不来，同时又不让全国有忧愁之人，所以不避辱名，姑且给我一个保持体面的职位罢了，并不是一定督促鞭策我完成一项修史的功业。

(11) 贱不敢逆盛指，行自谋引去：此句意为，我不敢违背宰相的实际用意，主动请求解除这一职务。

(12) 凿空构立：将实存的事情抽出，而又虚构些不存在的故事。

(13) 不福人：不保佑人。

送许郢州序

愈尝以书自通于于公[1]，累数百言。其大要言：先达之士，得人而托之，则道德彰而名闻流；后进之士，得人而托之，则事业显而爵位通。下有矜乎能，上有矜乎位[2]，虽恒相求而不相遇。于公不以其言为不可，复书曰："足下之言是也。"于公身居方伯[3]之尊，蓄不世之材，而能与卑鄙庸陋相应答如影响，是非忠乎君而乐乎善，以国家之务为己任者乎？愈虽不敢私其大恩，抑不可不谓之知己，恒矜而诵之。情已至而事不从，小人之所不为也；故于使君之行，道刺史之事，以为于公赠。

凡天下之事成于自同[4]而败于自异。为刺史者恒私于其民[5]，不以实应乎府；为观察使者恒急于其赋，不以情信乎州！繇是刺史不安其官，观察使不得其政，财已竭而敛不休，人已穷而赋愈急，其不去为盗也亦幸矣。诚使刺史不私于其民，观察使不急于其赋，刺史曰，吾州之民天下之民也，惠不可以独厚；观察使亦曰，某州之民天下之民也，敛不可以独急：如是而政不均、令不行者，未之有也。其前之言者，于公既已信而行之矣；今之言者，其有不信乎？县之于州，犹州之于府也。有以事乎上，有以临乎下[6]，同则成，异则败者皆然也。非使君之贤，其谁能信之？

愈于使君非燕游一朝之好也，故其赠行，不以颂而以规[7]。

【注释】

（1）于公：即于頔。详见韩愈《上襄阳于公书》题解。

（2）下有矜乎能，上有矜乎位：官卑职小的人，以自己的才能而自矜自傲；官高位显的人，以自己的地位而自矜自傲。

（3）方伯：地方行政首长。

（4）自同：无论情势如何变化，要坚持自己的志向和行为准则。

（5）私于其民：心情或行为上偏向属下的百姓。

（6）有以事乎上，有以临乎下：一州之刺史，向上得事于府，朝下可临于县。

（7）不以颂而以规：不为了歌颂你的政绩，而是为了规劝我们该怎样做。

送区册序(1)

阳山，天下之穷处也(2)。陆有丘陵之险，虎豹之虞(3)。江流悍急，横波之石廉利侔剑戟(4)，舟上下失势，破碎沦溺者往往有之(5)。县郭无居民，官无丞、尉(6)。夹江荒茅篁竹之间，小吏十余家，皆鸟言夷面(7)。始至言语不通，画地为字，然后可告以出租赋、奉期约。是以宾客游从之士，无所为而至(8)。

愈待罪于斯且半岁矣⁽⁹⁾。有区生者,誓言相好,自南海挐舟而来,升自宾阶,仪观甚伟⁽¹⁰⁾。坐与之语,文义卓然⁽¹¹⁾。庄周云:"逃空虚者,闻人足音跫然而喜矣。"况如斯人者,岂易得哉⁽¹²⁾!入吾室,闻诗书仁义之说欣然喜,若有志于其间也⁽¹³⁾。与之翳嘉林,坐石矶,投竿而渔,陶然以乐,若能遗外声利,而不厌乎贫贱也⁽¹⁴⁾。岁之初吉,归拜其亲,酒壶既倾,序以识别⁽¹⁵⁾。

【注释】

(1) 韩愈贞元十九年(公元803)因上《天旱人饥状》获罪,贬为阳山县令,冬天赴任,大约到第二年五六月才到达阳山。在阳山遇到区册。

(2) 阳山:县名。在广东省北部,北江支流连江中游,邻接湖南省。 穷处:贫瘠闭塞之地。

(3) 陆有丘陵之险句:陆地上有山陵的险阻,虎豹的忧患。 丘陵:连绵不断的山丘。 虞:忧患。

(4) 江流悍急句:江水湍急,横在江中的石头,锋利得等同剑戟。悍急:湍急。 廉利:锋利。 侔:齐等,相当。

(5) 舟上下失势句:船只上下航行失去控制,常常有破碎沉没的情况发生。 失势:失去常态,指失去控制。 沦溺:沉没,淹没。 往往:常常。

(6) 县郭无居民句:县城中没有居民,官员中没有县丞和县尉。县郭:县城。 丞:县丞,县令的副手,相当于副县长。 尉:县尉,负责一县的治安。

(7) 夹江荒茅篁竹之间句：江两岸荒芜的茅草和竹林之间，居住着职位低级的官吏十余家，全都说难懂的方言，长着夷人的面孔。

(8) 是以宾客游从之士句：因此相随同游的宾客，到这里没有什么做为。

(9) 待罪：古代官吏任职的谦称，意谓不胜其职而将获罪。 于斯：在此。斯：此，指阳山。 且：将近。

(10) 有区生者句：有一位姓区的年青人，以言相约彼此友好，从南海郡划船而来，登上西阶，仪表很出色。

(11) 与之语：跟他谈话。 文义：文辞。 卓然：卓越貌。

(12) 这句的意思是：何况像这样的人，难道是容易得到的吗？

(13) 这句的意思是：进入我的室内，听到诗书仁义的道理欣然而喜，好像有志在那些学问之中。

(14) 翳：蔽，此指乘凉。 嘉林：美好的树林。 石矶：水中突出的岩石。 遗外声利：抛弃外界的名利。

(15) 岁之初吉句：今年年初，回家探望他的父母，送别的酒席已经过后，写这篇序来纪念这次分别。

送齐皥下第序

古之所谓公无私者，其取舍进退无择于亲疏远迩，惟其宜可焉。其下之视上也，亦惟视其举黜之当否[1]，不以亲疏远迩疑乎其上之人也。故上之人行志择谊,坦乎其无忧于下也;下之人克己慎行,确乎其无惑于上也。是故为君不劳,而为臣甚易:见一善焉,可得详而举也;见一不善焉,可得明而去也。及道之衰,上下交疑,于是乎举仇、举子之事[2],载之传中而称美之,而谓之忠。见一善焉,若亲与迩不敢举也;见一不善焉,若疏与远不敢去也。众之所同好焉,矫而黜之乃公也;众之所同恶焉,激而举之乃忠也。于是乎有违心之行,有怫志之言,有内愧之名;若是者,俗所谓良有司也。肤受之诉不行于君,巧言之诬不起于人矣[3]。乌呼!今之君天下者,不亦劳乎!为有司者,不亦难乎!为人向道[4]者,不亦勤乎!是故端居而念焉,非君人者之过也;则曰有司焉,则非有司之过也;则曰今举天下人焉,则非今举天下人之过也。盖其渐[5]有因,其本有根,生于私其亲,成于私其身[6]。以己之不直,而谓人皆然。其植之也固久,其除之也实难,非百年必世不可得而化也,非知命不惑[7]不可得而改也。已矣乎,其终能复古乎!

若高阳齐生者,其起予者乎?齐生之兄为时名相[8],出藩于南[9],朝之硕臣皆其旧交。齐生举进士,有司用是连枉齐生[10],齐生不以云[11],乃曰:"我之未至也,有司其枉我哉?我将利吾器[12]而俟其时耳。"抱负其业,东归于家。吾观于人,有不得志则非其上者众矣;亦莫计其身之短长也。若齐生者既至矣,而曰:"我未至也。"不以闵于有司,其不亦鲜乎哉!吾用是[13]知齐生后日诚良有司也,能复古者也,公无私者也,知命不惑者也。

【注释】

(1) 举黜之当否:对于举还是黜是否得当。

(2)举仇、举子之事:《春秋》书祁黄羊荐贤,外举不避仇,内举不避子。

(3)肤受之……人矣:别人不会在君主面前指责他浅薄,在普通士大夫中间也不会受到巧言善辩的诬枉。肤受:肤浅、浅薄之意。

(4)向道:有志于道德的继承与广大。

(5)渐:逐步发展。

(6)生于私其亲,成于私其身:生成于对自身和离自己最近的人私心袒护。

(7)知命不惑:四五十岁。

(8)齐生之兄为时名相:齐皞之兄齐映,贞元年间累官中书侍郎,与崔造、刘滋共同辅政。此时任江西观察使。

(9)出藩于南:到江西出任观察使。藩,即藩镇。唐朝在边境及重要的州设置节度使,掌管一个地区的军政大权,这些重要的军事设防区叫藩镇,后来节度使的权力逐渐扩大,兼管民政、财政,形成军人割据。

(10)齐生举进士,有司用是连枉齐生:礼部主考人因为这个缘故几次冤屈齐生。

(11)不以云:不这样说;不这样认为。

(12)利吾器:精心研磨,提高我的学识水平。韩愈在《送董邵南序》中有："怀抱利器，郁郁适兹土"之句，皆此意。

(13 用是：因此。

送董邵南序⑴

燕赵古称多感慨悲歌之士⑵。董生举进士，连不得志于有司，怀抱利器，郁郁适兹土⑶。吾知其必有合也。董生勉乎哉⑷。

夫以子之不遇时，苟慕义疆仁者，皆爱惜焉，矧燕、赵之士出乎其性者哉⑸！然吾尝闻风俗与化移易，吾恶知其今不异于古所云邪⑹？聊以吾子之行卜之也⑺。董生勉乎哉！

吾因子有所感矣，为我吊望诸君之墓，而观于其市，复有昔时屠狗者乎⑻？为我谢曰："明天子在上，可以出而仕矣⑼。"

【注释】

（1）董邵南，寿州（治所在寿春，今安徽寿县）安丰（今安徽寿县南、安丰北）人。

（2）燕：古国名，在今河北北部和辽宁西部一带。赵：古国名，在今河北南部和山西、河南部分地区。

（3）举进士：由乡里推荐而赴京城长安参加科举考试。

（4）这句的意思是：董生努力吧。

（5）夫以子之不遇时句：因为你生不逢时，假如是一个仰慕道义而努力实行仁政的人，都会爱惜你这种人的；何况是燕赵一带的人士重信义轻生死，是出于他们的本性呢？

（6）吾恶知句：我哪里知道那里现在的情况不会同古时所说的有所区别呢？ 恶知：那里知道。 异：区别，不同。

（7）聊以吾子句：姑且用你河北之行来占卜吉凶吧。 聊：姑且。卜之：占卜吉凶。之：代去河北的结果。

（8）而观于其市句：并且到街面上看一看，还有从前高渐离一类的屠狗人物吗？

（9）为我谢曰句：替我向他们致意说："英明的天子在上，可以出来作官了。" 谢：问候，告知。

赠崔复州序

有地数百里，趋走之吏，自长史、司马[1]已下数十人。其禄足以仁其三族[2]及其朋友故旧。乐乎心，则一境之人喜，不乐乎心，则一境之人惧[3]。丈夫官至刺史亦荣矣。

虽然，幽远之小民，其足迹未尝至城邑；苟有不得其所[4]，能自直于乡里之吏者鲜矣[5]，况能自辨于县吏乎！能自辨于县吏者鲜矣，况能自辨于刺史之庭乎！由是刺史有所不闻，小民有所不宣。赋有常而

民产无恒[6]，水旱疠疫之不期，民之丰约悬于州[7]，县令不以言，连帅不以信[8]，民就穷而敛愈急，吾见刺史之难为也。

崔君为复州，其连帅则于公[9]。崔君之仁，足以苏复人[10]；于公之贤，足以庸崔君[11]。有刺史之荣，而无其难为者，将在于此乎！愈尝辱于公之知，而旧游于崔君，庆复人之将蒙其休泽[12]也，于是乎言。

【注释】

(1) 长史、司马：长史，官名，意义是诸史之长。司马，官名，管理军政之事。唐制，刺史兼管州内军事，所以属官有司马。

(2) 仁其三族：仁，恩施，作动词用。三族，父族，母族，妻族。

(3) 乐乎心二句：说明刺史能作威作福，权力很大，人民的命运在他掌握中。

(4) 不得其所：不得其处。是说在不适宜、受屈受害的处境中，不能安安稳稳过日子。

(5) 能自直于乡里之吏者鲜矣：直，伸。自直，自己要求伸张正义，辨明是非。乡里之吏，乡长里胥之类。鲜，少。

(6) 赋有常而民产无恒：赋，赋税。赋有常，赋税有额定的数量。恒，常。恒产，能够养活一家大小的生活费用。民产无恒，则是百姓纳税所剩无几，平时已衣食不足，再遇灾荒意外，自然处于冻饿，无法生活。

(7) 民之丰约悬于州：丰，衣食丰足。约，衣食不足。悬，悬系，悬衡。这说人民生活的好坏完全取决于州官之手，即刺史有生杀予夺之权。

(8) 县令不以言，连帅不以信：县令不将民间的真实情况向刺史陈报，节度使又不相信刺史对民情的处理，意指刺史处在县令和节度使之间，上下都有隔膜。

(9) 于公：名頔，字允元。时任山南东道节度使，领襄、郢、复、邓、随、唐、均、房八州。

(10) 苏复人：苏，复活，一作休息解，苏复人，使复州人苏息的意思。

(11) 庸：是用的意思。

(12) 蒙其休泽：蒙，受。休，美，善。泽，恩泽。

赠张童子序⁽¹⁾

天下之以明二经举于礼部者，岁至三千人⁽²⁾。始自县考试，定其可举者，然后升于州若府；其不能中科者，不与是数焉⁽³⁾。州若府总其属之所升，又考试之如县，加察详焉⁽⁴⁾，定其可举者，然后贡于天子，而升之有司⁽⁵⁾。其不能中科者，不与是数焉。谓之乡贡⁽⁶⁾。有司者，总州府之所升而考试之，加察详焉，第其可进者，以名上于天子而藏之，属之吏部⁽⁷⁾。岁不及二百人，谓之出身⁽⁸⁾。能在是选者，厥惟艰哉⁽⁹⁾。

二经章句仅数十万言，其传注在外，皆诵之，又约知其大说⁽¹⁰⁾。繇是举者或远至十余年，然后与乎三千之数，而升于礼部矣⁽¹¹⁾。又或远至十余年，然后与乎二百之数，而进于礼部矣，斑白之半老焉。昏塞不能及者，皆不在是限⁽¹²⁾。有终身不得与者焉⁽¹³⁾。

张童子生九年，自州县达礼部，一举而进立于二百之列。又二年，益通二经，有司复上其事，繇是拜卫兵曹之命⁽¹⁴⁾。人皆谓童子耳目明达，神气以灵⁽¹⁵⁾。余亦伟童子之独出于等夷也⁽¹⁶⁾。童子请于其官之长，随父而宁母⁽¹⁷⁾。岁八月，自京师道陕，南至虢，东及洛师，北过大河之阳。九月始来及郑⁽¹⁸⁾。自朝之闻人，以及五都之伯长群吏，皆厚其饩赂⁽¹⁹⁾；或作歌诗以嘉童子⁽²⁰⁾。童子亦荣矣⁽²¹⁾！

虽然，愈将进童子于道，使人谓童子求益者，非欲速成者⁽²²⁾。夫少之与长也异观⁽²³⁾。少之时，人惟童子之异；及其长也，将责成人之礼焉⁽²⁴⁾。成人之礼，非尽于童子所能而已也。然则，童子宜暂息乎其已学者，而勤乎其未学者可也⁽²⁵⁾。愈与童子，俱陆公之门人也⁽²⁶⁾，慕回路二子之相请赠与处也，故有以赠童子⁽²⁷⁾。

【注释】

（1）韩愈与张童子同于贞元八年升于礼部，又二年，即贞元十年（公元794），张童子拜卫兵曹之职，八月出京师，北过大河之阳，九月到郑州。这一年韩愈曾归河阳。

（2）天下之以明二经句：全国凭借精通二种经术而选拔到礼部的人，每年达到三千人。

（3）中科：科举考试中选。　与：计算。　是数：这个数字。指推荐到州或府的中选数字。

（4）总其属之所升句：汇总它所属的县所推荐的人。

（5）有司：官吏。古代设官分职，各有专司，故称。此指礼部。

（6）乡贡：唐代不经学馆考试而由州县推荐应科举的士子。

（7）第其可进者句：那些可以推荐的考试合格者，把名单上报给天子并且收藏它，把他们归到吏部再考试录用。

（8）岁不及二百人句：每年不到二百人，称他们为"出身"

及：到。

(9) 能在是选者句：能在这一选举中的人，那是十分艰难的。 是：此。 厥：那。 惟：是。

(10) 皆诵之句：全都要背诵它，又要大体上知道它的精神实质。 约：简约，大体上。 大说：主要的意思，基本精神。

(11) 繇是举者句：因此，有些被推荐上来参加考试的人，时间长达十几年，这以后才能计算在三千人的数字内，并且推荐到礼部参加全国考试。 繇是：因此。 繇：由。 或：有的人。

(12) 昏塞不能及者句：头脑昏迷不开窍不能达到标准的，全都不在这个范围之内。 昏塞：昏馈闭塞。 及：达到。 限：指一定范围。

(13) 有终身不得与者焉：还有终生达不到这个标准的。 终身：终生，一辈子。 与：在其中。

(14) 又二年句：又过两年，更加精通二经，礼部又上报他的事迹，因此授给他卫兵曹的官职。

(15) 这句的意思是：人们都说张童子耳聪目明，神思敏捷。

(16) 余亦伟童子句：我也认为张童子独自高出于同等儿童的才智，是很了不起的。 余：我。 伟：意动用法，认为伟大，认为了不起。 等夷：同辈，同等的人。

(17) 其官之长：他的上司。 宁母：探望母亲。宁：归宁，省视。

(18) 九月始来句：九月才来到郑地。 始：才。 及：到。 郑：州名。在荥阳宛陵县西南。

(19) 朝之闻人：朝廷中的知名人物，达官显贵。 五都：雍州、陕州、虢州、蒲州、洛阳。 伯长：地方长官。 厚：多。 饩赆：

食品和财物。饩，xì。

（20）或：有的人。　以：用来。　嘉：赞美。

（21）这句的意思是：童子也是很荣耀的啊！

（22）虽然句：虽然这样，我要对张童子的思想修养进一言，让人们认为童子是一位追求上进的人，并不是一位急功近利想要迅速成功的人。

（23）夫少之与长句：一个人年少到长大成人，人们对他观察的标准是有区别的。　夫：句首语气词。　异：区别。

（24）少之时句：少年时代，人们只是认为张童子了不起；等到他长成大人，人们将用成人的礼法要求他。

（25）童子宜暂息句：童子应该暂时放下他已经学过的知识，而在那些未学过的领域勤奋钻研。　宜：应该。　息：停止，放下。　勤：尽力地做，即勤奋钻研。

（26）俱：一起，皆，全。

（27）慕回路二子句：羡慕颜回、子路两位贤人分别时相互请求对方赠言时的情景，所以才有了送给张童子的这篇赠言。

送浮屠文畅师序

人固有儒名而墨行[1]者，问其名则是，校其行则非，可以与之游[2]乎？如有墨名而儒行者，问其名则非，校其行则是，可以与之游乎？扬子云⁽³⁾称："在门墙则挥之，在夷狄则进之。"吾取以为法焉。

浮屠⁽⁴⁾师文畅喜文章，其周游天下，凡有行，必请于缙绅先生以求咏歌其所志。贞元十九年春，将行东南，柳君宗元为之请⁽⁵⁾。解其装，得所得叙诗⁽⁶⁾累百余篇；非至笃好，其何能致多如是邪？惜其无以圣人之道告之者，而徒举浮屠之说赠焉⁽⁷⁾。夫文畅，浮屠也。如欲闻浮屠之说，当自就其师而问之，何故谒吾徒⁽⁸⁾而来请也？彼见吾君臣父子之懿⁽⁹⁾，文物礼乐之盛，其心必有慕焉；拘其法而未能入，故乐闻其说而请之。如吾徒者，宜当告之以二帝三王之道⁽¹⁰⁾，日月星辰之所以行⁽¹¹⁾，天地之所以著，鬼神之所以幽，人物之所以蕃，河江之所以流而语之，不当又为浮屠之说而告也。

民之初生，固若禽兽夷狄然：圣人者立，然后知宫居而谷食⁽¹²⁾，亲亲而尊尊⁽¹³⁾，生者养而死者藏。是故道莫过于仁义，教莫大乎礼乐刑政。施之于天下，万物得其宜；措之于其躬⁽¹⁴⁾，体安而气平。尧以是传之舜，舜以是传之禹，禹以是传之汤，汤以是传之文、武，文、武以是传之周公、孔子；书之于册，中国之人世守之。今浮屠者，孰为之而孰传之邪⁽¹⁵⁾？夫鸟俯而啄，仰而四顾；夫兽深居而简出；惧物之为己害也，犹且不免焉。弱之肉，强之食；今吾与文畅安居而暇食，优游以生死，与禽兽异者，宁可不知其所自邪⁽¹⁶⁾？

夫不知者，非其人之罪也；知而不为者，惑也；悦乎故不能即乎新⁽¹⁷⁾者，溺也；知而不以告人者，不仁也；告而不以实者，不信也。余既重柳请，又嘉⁽¹⁸⁾浮屠能喜文辞，于是乎言。

【注释】

（1）儒家而墨行：打着儒者的称号，行为举措却奉行墨家的一套。

(2) 与之游：和他交往。

(3) 扬子云：扬雄，字子云。

(4) 浮屠：佛徒、佛教、佛舍之总称。

(5) 为之请：替他向我请求。

(6) 得所得叙诗：发现文畅师周游天下所求得的别人为他"歌其所志"的叙诗。

(7) 可惜这么多的叙诗当中没有一篇以儒家的道统告诉他的，而只是列举佛教的学说相赠。

(8) 谒吾徒：拜访我们这些尊奉儒家道统的人。

(9) 君臣父子之懿：君臣之间、父子之间关系的美好。

(10) 二帝三王：尧、舜、禹、汤、文王。

(11) 所以行：运行的原因。

(12) 宫居而谷食：以宫室为居所，以谷粟为食物。

(13) 亲亲而尊尊：亲近亲人，尊奉尊长。前"亲"、"尊"为名词动用。

(14) 措之于其躬：把儒家伦理道德施行于自身。

(15) 孰为之而孰传之：谁创立它，谁传布它呢？

(16) 宁可不知其所自邪：怎么可以不知道它的来处、渊源呢？

(17) 悦乎故不能即乎新：悦，喜欢；故，传统的，陈旧的；即，接近。

(18) 嘉：赞赏。

送高闲上人序⁽¹⁾

苟可以寓其巧智，使机应于心，不挫于气，则神完而守固⁽²⁾，虽外物至，不胶于心。尧、舜、禹、汤治天下，养叔治射，庖丁治牛，师旷治音声，扁鹊治病，僚之于丸，秋之于弈，伯伦之于酒，乐之终身不厌，奚暇外慕⁽³⁾？夫外慕徙业者，皆不造其堂、不哜其胾者也⁽⁴⁾。

往日张旭善草书，不治他伎。喜怒窘穷，忧悲愉佚，怨恨思慕，酣醉无聊不平，有动于心，必于草书焉发之⁽⁵⁾。观于物，见山水崖谷，鸟兽虫鱼，草木之花实，日月列星，风雨水火，雷霆霹雳，歌舞战斗，天地事物之变，可喜可愕，一寓于书⁽⁶⁾。故旭之书，变动犹鬼神，不可端倪。以此终其身，而名后世⁽⁷⁾。

今闲之于草书有旭之心哉⁽⁸⁾？不得其心而逐其迹，未见其能旭也⁽⁹⁾。为旭有道，利害必明，无遗锱铢；情炎于中，利欲斗进；有得有丧，勃然不释；然后一决于书，而后旭可几也⁽¹⁰⁾。今闲师浮屠氏，一死生，解外胶，是其为心，必泊然无所起；其于世，必淡然无所嗜⁽¹¹⁾。泊与淡相遭，颓堕委靡，溃败不可收拾⁽¹²⁾。则其于书，得无象之然乎⁽¹³⁾？然吾闻浮屠人善幻多伎能，闲如通其术，则吾不能知矣。

【注释】

（1）上人：对僧人的尊称。高闲，擅草书，喜用湖州霅（zhà）川白纻书真草为世人楷模。

（2）苟可以寓其巧智句：假如可以把灵巧机智寄托在身上，使巧智和思想相互感应，不挫饬元气，于是精神得到保全并且固守专一。

（3）养叔治射：养由基，春秋楚人，善射。蹲甲而射，可以射彻七札，去柳叶百步而射，百发百中。

（4）夫外慕徙业者句：那些羡慕自身爱好以外的技艺而改学别的专业的人，全都不能登堂入室学到真本领，尝不到其中真正的滋味。

（5）喜怒窘穷句：喜欢发怒窘迫失意，忧愁悲哀愉悦快乐，幽怨遗憾思念羡慕，酩酊大醉后的无聊及不平，凡是心中有所感动，必定要在草书中表现它。　穷：潦倒失意。　恨：遗憾。　动：感动。焉：语助词，用于句中，表停顿。　发：表现。

（6）花实：花和果实。　列星：罗布天空定时出现的恒星。　雷霆：震雷。霆：响雷。　霹雳：震雷，此指雷的声威。　战斗：竞斗。　愕：惊讶。　一寓于书：全部寄寓在书法之中。一：皆，全。书：书法。

（7）这句的意思是：凭借书法终了他的一生，而名声传播后世。

（8）这句的意思是：现在高闲在草书上有张旭这些思想吗？

（9）不得其心句：不能领会他的思想却要追求他外部形迹，看不出他能有张旭的水平。　心：思想。　得：领会。　逐其迹：追逐他的外部形迹，即模仿形似。

（10）为旭有道句：要成为张旭这样的书法家有一定的道路，利害必须分明，极微小的差别也不放过；感情在心中升腾起来，欲望大量收进；有获得也有丧失，感情突然兴起而不消散；这以后把全部感情倾注到书法上，这样张旭的成就才可以接近了。

（11）其于世句：他对于世事，必定十分淡漠而没有什么嗜好。

于：对于。 嗜：喜好，爱好。

（12）泊与淡相遭句：平静与淡漠相遇，精神颓废衰惫而不振作，破败而不可收拾。

（13）则其于书句：那么他对于书法，岂不要像这样吗？ 得无：岂不，能不。 然：这样。

送廖道士序

五岳于中州⁽¹⁾，衡山最远；南方之山巍然高而大者以百数，独衡山为宗：最远而独为宗，其神必灵。衡之南八九百里，地益高，山益峻，水清而益驶；其最高而横绝南北者岭⁽²⁾。郴之为州，在岭之上，测其高下得三之二焉，中州之清淑之气，于是焉穷。气之所穷，盛而不过，必蜿蟺扶舆⁽³⁾磅礴而郁积。衡山之神既灵，而郴之为州，又当中州清淑之气蜿蟺扶舆磅礴而郁积，其水土之所生，神气之所感，白金水银丹砂石英钟乳橘柚之包，竹箭之美，千寻之名材，不能独当也；意必有魁奇忠信材德之民生其间，而吾又未见也：其无乃迷惑溺没于老佛之学而不出邪⁽⁴⁾？

廖师郴民，而学于衡山，气专而容寂⁽⁵⁾，多艺而善游，岂吾所谓魁奇而迷溺者邪？廖师善知人，若不在其身，必在其所与游⁽⁶⁾；访之而不吾告⁽⁷⁾，何也⁽⁸⁾？于其别，申以问之。

【注释】

(1) 五岳于中州：从中原来看五岳。五岳：东岳泰山，南岳衡山，西岳华山，北岳恒山，中岳嵩山。

(2) 岭：指秦岭，古代以来人们把秦岭做为中原与南部荒蛮的分界线，也是一条气候分割线。

(3) 蜿蟺扶舆：蜿蟺，屈曲盘旋；扶舆，扶摇。盘旋而上的样子。

(4) 无乃：莫非，莫不是。此句言，既然秀杰之气不仅产生白金水银丹砂石英等，且必将蕴育魁奇忠信材德之民，而又见不到这样的人，莫非这些人受佛、老之学的浸渍，而不得显于世？

(5) 气专而容寂：面容气色安定而平静。

(6) 若不在其身，必在其所与游：秀杰特出的人物，如果不是廖道士本人，也一定在他所交往的人中间。

(7) 访之而不吾告：打问这样的人而他不告诉我。

(8) 何也：什么原因呢？

送温处士赴河阳军序(1)

伯乐一过冀北之野，而马群遂空。夫冀北马多天下，伯乐虽善知马，安能空其群邪(2)？解之者曰：吾所谓空，非无马也，无良马也(3)。

伯乐知马，遇其良，辄取之，群无留良焉。苟无良，虽谓无马，不为虚语矣[4]。

东都，固士大夫之冀北也[5]。恃才能深藏而不市者，洛之北涯曰石生[6]，其南涯曰温生[7]。大夫乌公，以铁钺镇河阳之三月，以石生为才，以礼为罗，罗而致之幕下[8]。未数月也，以温生为才，于是以石生为媒，以礼为罗，又罗而致之幕下。东都虽信多才士，朝取一人焉，拔其尤；暮取一人焉，拔其尤[9]。自居守、河南尹以及百司之执事，与吾辈二县之大夫[10]，政有所不通，事有所可疑，奚所咨而处焉[11]？士大夫之去位而巷处者，谁与嬉游[12]？小子后生，于何考德而问业焉？搢绅之东西行过是都者，无所礼于其庐[13]。若是而称曰：大夫乌公一镇河阳，而东都处士之庐无人焉，岂不可也[14]？

夫南面而听天下，其所托重而恃力者，惟相与将耳。相为天子得人于朝廷，将为天子得文武士于幕下[15]，求内外无治，不可得也[16]。愈縻于兹，不能自引去，资二生以待老[17]。今皆为有力者夺之，其何能无介然于怀邪？生既至，拜公于军门，其为吾以前所称，为天下贺[18]；以后所称，为吾致私怨于尽取也[19]。留守相公，首为四韵诗歌其事，愈因推其意而序之。

【注释】

（1）温处士，名造，被乌重胤招致幕府任职，东都留守郑馀庆赋四韵诗为其送行，韩愈发挥他诗中的意思写了这篇赠序。　河阳军：乌重胤节度使幕府。

（2）夫冀北马多天下句：那冀州北部一带的马比天下任何地方都

多，伯乐虽然善于识别良马，哪里能使那里的马群全空了呢？　夫：那。　安：何，哪里。　其：那。

（3）这句的意思是：解释这句话的人说：我所说的空，不是没有马，而是没有好马了。

（4）苟无良句：假若没有留下良马，即使说没有马，也不是虚妄的话了。　苟：假若，如果。　虽：即使。　为：是。

（5）东都句：洛阳，本来就是士大夫的冀北呀。　东都：唐朝以长安为都城，洛阳为东都。　固：本来。　士大夫之冀北：士大夫集中地，就像良马集中在冀北一样。

（6）洛之北涯句：洛水的北岸有石洪先生。

（7）这句的意思是：它的南岸有温造先生。

（8）大夫乌公句：御史大夫乌公，凭借天子赐予的专征专杀之权镇守河阳的第三个月，认为石洪是个人才，用礼仪作为罗网，像网鸟一样招到节度使幕府之中。

（9）东都虽信多才士句：东都洛阳虽然说的确有很多有才能的人，早晨选取一人，选走了那里一个优秀人才；晚上选取一人，又选走了那里一个优秀人才。　信：果真，的确。　尤：优秀的人才。　其：那。指洛阳。

（10）吾辈：我辈，我等。　二县：东都洛阳所辖洛阳、河南二县。　大夫：指县令。韩愈当时任河南令。

（11）政有所不通句：政令有不通畅的时候，事情有可怀疑之处，去何处。咨询并且加以处置呢？

（12）士大夫之去位句：离开职位并且住在里巷中的士大夫，跟谁在一起嬉戏游乐呢？

(13) 搢绅之东西行句：各类官员东西往来路过东都的，也没有拜访的隐者茅舍了。

(14) 若是而称曰句：像这样称赞说：御史大夫乌公一镇守河阳，而东都洛阳的隐士的庐舍已经空无一人，难道不可以吗？ 若是：像这样。 称：称赞。 岂：难道。

(15) 相为天子得人句：丞相替天子招揽人才到朝廷之中，将军为天子招揽文臣、武将到幕府之中。 幕下：幕府中。幕：古代将帅的府署。

(16) 这句的意思是：要求得朝廷内外不太平，是不可能得到的。

(17) 愈縻于兹句：我被县令之职拴系在这里，不能自己引退离开，依靠石、温二位隐者帮助而等待到告老还乡。

(18) 这句的意思是：温造已经到达，在军门前拜谒乌公，这就是我文章前面所称颂的，为天下得到杰出的人才而庆贺。

(19) 以后所称句：我文章后面所说的，是我为了达到私利而怨恨把人才全都选走了。

送王秀才含序

吾少时读《醉乡记》[1]，私怪隐居者无所累于世而犹有是言，岂诚旨于味邪？及读阮籍、陶潜诗，然后知彼虽偃蹇不欲与世接[2]，然犹未能平其心，或为事物是非相感发，于是有托而逃焉[3]者也。若颜氏子操瓢与箪,曾参歌声若出金石[4];彼得圣人而师之,汲汲每若不可及[5],其于外也固不暇[6],尚何曲蘖之托[7],而昏冥之逃邪?吾又以为悲醉乡之徒不遇[8]也!

建中[9]初,天子嗣位,有意贞观、开元[10]之丕[11]绩,在廷之臣争言事。当此时,醉乡之后世又以直废。吾既悲醉乡之文辞,而又嘉良臣之烈,思识其子孙[12]。今子之来见我也,无所挟,吾犹将张之[13];况文与行不失其世守,浑然端且厚。惜乎吾力不能振之,而其言不见信于世[14]也!于其行,姑与之饮酒。

【注释】

(1)《醉乡记》:唐初王绩所作,其中说:"阮嗣宗、陶渊明等十数人,并游于醉乡。"醉乡,指醉酒后神志不清的境界。

(2) 偃蹇不欲与世接:颠簸潦倒不愿与世俗之人交往。

(3) 有托而逃焉:有志向与思想而不得不逃避当世。

(4) 颜氏子:指颜回。颜回、曾参都是孔子弟子。颜回"一箪食一瓢饮",但"不改其乐"(《论语·雍也》);曾参在卫国,"三日不举火,十年不更衣,正冠而缨绝,捉衿而肘见",但仍然歌声"若出金石"。(《庄子·让王》)

(5) 汲汲:栖栖惶惶、心情迫切的样子。

(6) 于外也固不暇:没时间考虑学圣人之道以外的其它事情。

(7) 曲蘖之托:蘖,树木被砍伐后重生的枝条。曲蘖之托,喻阮籍、陶渊明等醉乡之人的思想志向得不到正常的施展,就像树蘖一样,受到压抑而不得不旁逸斜出。

（8）不遇：不被当世所承认。

（9）建中：唐德宗年号，公元780年建号"建中"。

（10）贞观、开元：唐太宗李世民和唐玄宗李隆基的年号，分别建号于公元627年和公元713年。有"贞观之治"和"开元盛世"的说法。

（11）丕：大。

（12）思识其子孙：希望结识他们的子孙。

（13）张之：张而大之，即为王生延誉扬名。

（14）信：意同"伸"。信于世：为天下所晓喻。

送王秀才埙序

吾常以为孔子之道大而能博，门弟子不能遍观而尽识也，故学焉而皆得其性之所近⁽¹⁾；其后离散分处诸侯之国，又各以所能授弟子，原远而末益分⁽²⁾。

盖子夏之学，其后有田子方；子方之后，流而为庄周：故庄周之书，喜称子方之为人。荀卿之书，语圣人必曰孔子、子弓，子弓之事业不传，惟太史公书《弟子传》有姓名耳，曰馯臂子弓⁽³⁾，子弓受《易》于商瞿⁽⁴⁾。孟轲师⁽⁵⁾子思，子思之学盖出曾子，自孔子没，群弟子莫不有书，独孟轲氏之传得其宗，故吾少而乐观焉。

太原王埙示予所为文⁽⁶⁾，好举孟子之所道者；与之言，信悦孟子而屡赞其文辞。夫沿河而下，苟不止，虽有疾迟，必至于海；如不得其道也，虽疾不止，终莫得而至焉。故学者必慎其所道(7)，道于杨、墨、老、庄、佛之学，而欲之圣人之道，犹航断港绝潢以望至于海也(8)；故求观圣人之道，必自孟子始。今坰之所由，既几于知道；如又得其船与楫，知沿而不止，呜呼，其可量也哉。

【注释】

（1）学焉而皆得其性之所近：学孔子之大道，都只能学到与自己个性特长相接近的那一部分。

（2）原远而末益分：自圣人之后，时间越久，原来完整的"道"就越发支分派远而难见全貌了。

（3）太史公书《弟子传》：指《史记·仲尼弟子列传》。驲：马身上的青黑色。

（4）商瞿：字子木，孔子弟子，从孔子学《易》。

（5）师：师从。

（6）示予所为文：把他所做的文章给我看。

（7）慎其所道：慎重选择方向方法。道，同"导"。

（8）如果所遵循的是杨朱、墨翟、老子、庄子、佛家的学说，而想达到圣人的理想，就好像是船航行在封闭的港口和没有出口的水池里，而想让船驶入大海中一样。

送孟东野序(1)

大凡物不得其平则鸣(2)。草木之无声,风挠之鸣;水之无声,风荡之鸣。其跃也,或激之(3);其趋也,或梗之(4);其沸也,或炙之(5)。金石之无声,或击之鸣。人之于言也亦然(6)。有不得已者而后言,其歌也有思,其哭也有怀(7)。凡出乎口而为声者,其皆有弗平者乎!

乐也者,郁于中而泄于外者也,择其善鸣者而假之鸣(8)。金、石、丝、竹、匏、土、革、木八者,物之善鸣者也(9)。维天之于时也亦然,择其善鸣者而假之鸣。是故,以鸟鸣春,以雷鸣夏,以虫鸣秋,以风鸣冬(10)。四时之相推夺,其必有不得其平者乎!其于人也亦然。人声之精者为言,文辞之于言,又其精也,尤择其善鸣者而假之鸣(11)。

其在唐虞,咎陶、禹其善鸣者也,而假以鸣(12)。夔弗能以文辞鸣,又自假于《韶》以鸣(13)。夏之时,五子以其歌鸣(14)。伊尹鸣殷,周公鸣周,凡载于《诗》、《书》六艺,皆鸣之善者也(15)。周之衰,孔子之徒鸣之,其声大而远。传曰:"天将以夫子为木铎(16)。"其弗信矣乎(17)?其末也,庄周以其荒唐之辞鸣(18)。楚,大国也,其亡也,以屈原鸣。臧孙辰、孟轲、荀卿,以道鸣者也(19)。杨朱、墨翟、管夷吾、晏婴、老聃、申不害、韩非、慎到、田骈、邹衍、尸佼、孙武、张仪、苏秦之属,皆以其术鸣。秦之兴,李斯鸣之(20)。汉之时,司马迁、相如、扬雄,最其善鸣者也(21)。其下魏晋氏,鸣者不及于古,然亦未尝绝也。就其善者,其声清以浮,其节数以急,其辞淫以哀,其志弛以肆⁽²²⁾。其为言也，乱杂而无章⁽²³⁾。将天丑其德莫之顾也？何为乎不鸣其善鸣者也⁽²⁴⁾。

唐之有天下，陈子昂、苏源明、元结、李白、杜甫、李观，皆以其所能鸣⁽²⁵⁾。其存而在下者，孟郊东野始以其诗鸣。其高出魏晋，不懈而及于古，其他浸淫乎汉氏矣⁽²⁶⁾。从吾游者，李翱、张籍其尤也。三子者之鸣信善矣⁽²⁷⁾。抑不知天将和其声而使鸣国家之盛邪？抑将穷饿其身，思愁其心肠，而使自鸣其不幸邪⁽²⁸⁾？三子者之命，则悬乎天矣。其在上也，奚以喜？其在下也，奚以悲⁽²⁹⁾？

东野之役于江南也，有若不释然者，故吾道其命于天者以解之⁽³⁰⁾。

【注释】

（1）序：赠序，临别赠言。本文写于贞元十九年（803），孟东野赴任溧阳尉时。

（2）大凡句：一般说来，事物失去了平衡状态，就会发出声音。

（3）其跃也句：它腾跃的时候，是有什么东西阻遏了它。

（4）其趋也句：它疾速流淌的时候，是有什么东西堵塞了它。

（5）其沸也句：它沸腾的时候，是有什么东西烧灼它。　炙之：烧灼它。炙：zhì，烤，烧灼。

（6）人之于言句：人们对于语言的表达也是这样的。　于：对于。然：这样。

（7）有不得已者句：有了不能控制的感情而后把它倾吐出来，他的歌唱有所思念，他的哀恸有所感触。　已：止，控制住。　怀：感触，情意。

(8) 乐也者句：音乐，是感情积郁在心中并且渲泄到外面形成的，选择那些善于发声的东西，并且借助它们来表达感情。

(9) 金、石、丝、竹句：金、石、丝、竹、匏、土、革、木这八种东西，是善于发出声音的器物。

(10) 是故句：因此，用鸟的鸣声来表现春天，用雷声来表现夏天，用虫的鸣声来表现秋天，用风声来表现冬天。　是：此。为"故"的宾语前置。　鸣：表现，表达。

(11) 人声之精者句：人们声音的精华是语言，文辞对语言，又是精中之精，尤其要选择那些善于表达思想感情的文辞，并且凭借它们来表达和抒发感情。

(12) 其在唐虞句：在唐尧虞舜的时代，皋陶，大禹那是擅长文辞的，并且凭借文辞来抒发感情。

(13) 夔能句：夔不能用文辞来抒发感情，又自己借助于《韶》乐来抒发感情。

(14) 夏之时句：夏代的时候，大禹的孙子太康游乐无度，太康的五个弟弟作《五子之歌》表达他们的怨愤之情。

(15) 凡载于《诗》、《书》句：凡是记载在《诗经》、《尚书》等六部经典中的，都是表达思想感情最好的。　六艺：孔子整理的诗、书、礼、易、乐、春秋等六部儒家经典。

(16) 传曰句：论语上说："上天将要把孔老夫子当作木铃。"

(17) 其弗信矣乎：难道不可佰吗？　其：岂，难道。

(18) 其末也句：周的末世，庄周用那广大无边的文辞来表现那个时代。　其：它的，指周。

(19) 臧孙辰句：臧孙辰、孟轲、荀卿，用学说来表达他们的主张。

(20) 秦之兴句：秦代兴起，李斯以他的主张表现它。

(21) 汉之时句：汉代，司马迁、司马相如、扬雄，是最善于表达思想感情的人。

(22) 这句的意思是：就其中表达思想感情较好的说，他们的声音清朗而浮泛，他们的节奏细密而急促，他们的文辞奢华而哀婉，他们的志向松弛而放纵。

(23) 其为言也句：他们创作的文章，混乱庞杂而没有章法。其：他们，指魏晋时作家。 为：作。 言：指文章。

(24) 何为乎句：为什么不使那些善于表达思想感情的人来表达呢？ 何为：为什么。疑问代词"何"作"为"的宾语前置。 不鸣之"鸣"，使动用法，使之鸣。

(25) 唐之有天下句：唐朝统一天下，陈子昂、苏源明、元结、李白、杜甫、李观，全都用他们最擅长的方式来表现那个时代。

(26) 其高出魏晋句：他的作品高出魏晋，不松散而达到了古代的水平，其他作品也接近于汉代水平。 懈：松散。 浸淫：渐近，接近。 汉氏：汉代。汉代刘姓，故称汉氏。

(27) 这句的意思是：这三个人表达思想感情的确是很好的。

(28) 抑不知句：可是不知道是上天将和谐他们声音而使之表现国家的昌盛呢？还是将要穷困饥饿他们的身体，愁苦他们的思想，而使他们来表现自己的不幸呢？　抑：第一个"抑"，可是。第二个"抑"，还是。　心肠：思想，心情。

(29) 这句的意思是：他们处在上位，有什么值得高兴呢？他们处在下位，有什么值得悲伤呢？

(30) 东野之役于江南句：孟郊到江南溧阳供职，有点像是不高兴的样子，所以我说了他的命运决定上天的话来劝解他。役：供职。释：通"怿"，高兴。　解：劝解，解脱。

荆潭唱和诗序

从事(1)有示愈以《荆潭酬唱诗》者，愈既受以卒业，因仰(2)而言曰：

夫和平之音淡薄，而愁思之声要妙(3)；欢愉之辞难工，而穷苦之言易好也。是故文章之作，恒发于羁旅草野；至若王公贵人气满志得，非性(4)能而好之，则不暇以为。今仆射裴公(5)开镇蛮荆，统郡惟九；常侍杨公领湖南之壤地二千里：德刑之政并勤，爵禄之报两崇(6)。乃能存志乎诗书，寓辞乎咏歌，往复循环，有唱斯和，搜奇抉怪，雕镂文字，与韦布里闾憔悴专一之士(7)较其毫厘分寸，铿锵发金石，幽眇感鬼神，信所谓材全而能巨者也。两府(8)之从事与部属之吏属而和之，苟在编者咸可观也，宜乎施之乐章，纪诸册书。

从事曰：子之言是也。告于公，书以为《荆潭唱和诗序》。

【注释】

（1）从事：州刺史的佐吏如别驾、治中、主簿、功曹等都称为从事史。

（2）仰：表示恭敬之意。

（3）要妙：精要微妙之意。《老子》："不贵其师，不爱其资，虽智，大迷。是谓要妙。"

（4）性：指天性。

（5）裴公：即裴均，贞元十九年（803）任荆南节度使，元和三年（808）入朝为右仆射，加同平章事。元和五年（810）晋升为左仆射。永贞元年（805），韩愈曾佐裴均任江陵法曹。

（6）爵禄之报两崇：官爵和俸禄都很高。

（7）韦布里间憔悴专一之士：指平民百姓当中不得志而精心于写诗的读书人。

（8）两府：指裴均和杨凭二人所在的官府。

送幽州李端公[1]序

　　元年，今相国李公[2]，为吏部员外郎，愈尝与偕朝，道语幽州司徒公[3]之贤，曰："某前年被诏告礼幽州[4]，入其地，迓劳[5]之使里至，每进益恭。及郊，司徒公红帓首[6]，靴裤握刀[7]，左右杂佩[8]，弓韔服[9]，矢插房[10]，俯立迎道左。某礼辞[11]曰：'公，天子之宰[12]，礼不可如是。'及府，又以其服即事。某又曰：'公，三公[13]，不可以将服承命。'卒不得辞。上堂，即客阶[14]，坐必东乡[15]。"愈曰："国家失太平，于今六十年矣[16]。夫十日十二子相配，数穷六十，其将复平[17]，平必自幽州始，乱之所出也。今天子大圣，司徒公勤于礼[18]，庶几帅先河南北之将[19]，来觐奉职，如开元时乎！"李公曰："然。"今李公既朝夕左右[20]，必数数焉为上言，元年之言殆合矣。

　　端公岁时来寿其亲东都[21]，东都之大夫士，莫不拜于门。其为人佐甚忠，意欲司徒公功名流千万岁。请以愈言为使归之献。

【注释】

（1）幽州李端公：李端公，名益，字君虞，当时在幽州节度使刘济幕中。唐时称御史为端公，李益当是在州幕中兼任御史职，所以称作端公。

(2) 今相国李公：指李藩，字叔翰。元和四年二月至六年二月为宰相。

(3) 幽州司徒公：指刘济，永贞元年三月以幽州节度使本职加检校司徒衔。

(4) 被诏告礼幽州：被诏，受皇帝的诏命。告礼幽州，指德宗逝世，李藩奉命到幽州去告哀。

(5) 迓劳：迓，迎接。劳，慰劳。

(6) 红帓首：赤色的头巾，是武将卫官朝参时的公服。

(7) 鞾裤握刀：唐时武官着乌皮鞾（靴），大口裤。握刀，手持着刀。

(8) 左右杂佩：杂佩，射玦（戴在手指上用以钩弓的骨具）之类。

(9) 弓韔服：韔和服都是弓袋，这里韔字当动词用，作藏字解。弓藏在弓袋里。

(10) 矢插房：房是插箭的器具。矢插房，箭插在箭袋里。

(11) 礼辞：依礼应当辞让。

(12) 公，天子之宰；指刘济做宰相。贞元十二年，刘济同平章事。

(13) 公，三公：指刘济为检校司徒，司徒是三公之一。

(14) 即客阶：即，就。客阶在西。因为迎接皇帝派来的大臣，他是代表最高统治者的人，因此刘济不敢居主位，只能就客位。

(15) 坐必东乡：就是上文所说的客位。乡，同向。

(16) 国家失太平，于今六十年矣：从唐玄宗天宝十四载安禄山起兵反唐算起，到韩愈作此文时为元和五年，不过五十六年，是约略举成数而言。

(17) 十日十二子相配，数穷六十，其将复平：十日，甲、乙、丙、丁、戊、己、庚、辛、壬、癸。十二子，子、丑、寅、卯、辰、巳、午、未、申、酉、戌、亥。甲和子相配，从甲子、乙丑……等配至癸亥，为数六十，周而复始，古人用以纪年月日。数穷六十，其将复平，就是"物极必反"的意思。

(18) 勤于礼：指上文隆重接待皇帝使臣李藩的情事。

(19) 庶几帅先河南北之将：帅同率。帅先，带头。河南将，彰义吴少诚，淄青李师古；河北将，成德王士真，魏博田季安：都是当时割据自雄的节度使。

(20) 今李公既朝夕左右：指李藩做宰相，天天和皇帝在一起议事。

(21) 端公岁时来寿其亲东都：李益的父亲名虬，官职未详。寿，省视祝福的意思。

汴州东西水门记[1] 并序

贞元十四年正月戊子，陇西公命作东西水门[2]越三月辛巳朔，水门成[3]。三日癸未，大合乐，设水嬉会[4]。监军军司马宾佐僚属将校熊罴之士，肃四方之宾客以落之[5]。士女和会，阗郭溢郛。既卒事，其从事昌黎韩愈请纪成绩[6]，其词曰：

维汴州河,水自中注⁽⁷⁾。厥初距河为城,其不合者,诞寘联锁于河⁽⁸⁾,宵浮昼湛,舟不潜通⁽⁹⁾。然其襟抱亏疏,风气宣泄,邑居弗宁,讹言屡腾⁽¹⁰⁾,历载已来,就究孰思⁽¹¹⁾。皇帝御天下十有八载,此邦之人遭逢疾威。嚚童嗷嘑,劫众阻兵⁽¹²⁾。憪憪栗栗,若坠若覆⁽¹³⁾。时维陇西公受命作藩⁽¹⁴⁾。爰自洛京,单车来临,遂拯其危,遂去其疵⁽¹⁵⁾。弗肃弗厉,薰为大和⁽¹⁶⁾。神应祥福,五谷穰熟⁽¹⁷⁾。既庶而丰,人力有余⁽¹⁸⁾。监军是咨,司马是谋⁽¹⁹⁾。乃作水门,为邦之郭,以固风气,以闲寇偷⁽²⁰⁾。黄流浑浑,飞阁渠渠,因而饰之,匪为观游⁽²¹⁾。天子之武,维陇西公是布⁽²²⁾;天子之文,维陇西公是宣⁽²³⁾。河之汎汎,源于昆仑⁽²⁴⁾。天子万祀,公多受祉⁽²⁵⁾。乃伐山石,刻之日月,尚俾来者,知作之始⁽²⁶⁾。

【注释】

(1) 本文作于贞元十四年(798)三月。

(2) 正月戊子:这一年的正月戊子是正月初七。 陇西公:即董晋。董晋为汉代经学大师董仲舒的后裔,祖籍广川(今河北冀县),后徙陇西(今甘肃东南),故称。

(3) 越:度过、经过。 三月辛巳:这一年的三月辛巳为三月初一。 朔:旧历每月初一。

(4) 三日癸未:贞元十四年三月初三这一天干支纪日为癸未。 大合乐:大规模地演奏诸种乐器。 设水嬉会:安排在水边戏乐聚会。 设:安置,安排。嬉:戏乐,游乐。会:聚会。

(5) 监军军司马句:监督军队的司马官、幕宾佐吏、属官、将校军官等熊罴一样的猛士,恭敬的四方宾客一起庆祝它的落成。　监军:监督军队。　军司马:监督军队的官员。　宾佐;幕宾佐吏。　僚属:属官。　熊罴之士:像熊罴一样的猛士。　肃:恭敬。　落:古时宫室落成举行的祭礼。

(6) 既卒事句:庆典事宜已经完毕,节度使属官昌黎韩愈请求记载成功的业绩。　从事:节度使自辟的属官。记载。　成绩:成功的业绩。

(7) 维:句首语助词,无实义。　汴州河:今已淤塞。故道由河南省的旧郑州、开封、归德北境,流经江苏省旧徐州,合泗水入潍河。

(8) 厥初距河为城句:当初踞伏河边修建城墙,那些不能闭合之处,就放置锁链于河中。厥初:之初,当初。厥:之。　距:伏踞,踞坐。　为:动词,修建。　城:城墙。　诞:句首语助词,无实义。　宾:放置。　联锁:锁链。

(9) 宵浮昼湛句:夜间显现白天沉没,船不能暗中通过。　浮:呈现,显现。　湛:沉默,隐没。　潜通:暗中通过。

(10) 然其襟抱亏疏句:但是那水流交汇毁坏冲开之处,风气泄漏出去,城中居住不得安宁,谣传多次兴起。

(11) 历载已来句:多年来,就此仔细地研究和谨慎地思考。

(12) 嚚童嗷嘑句:愚昧无知之人大声叫呼,仗恃军队的势力抢劫众人。　嚚童:顽劣无知之人。　嚚:顽劣,暴虐。　嗷嘑:大声叫呼。　阻兵:仗恃军队。

(13) 懍懍栗栗句:人们战栗恐惧,就像要毁掉和灭亡。

(14) 时维陇西公句:这时陇西公董晋接受任命设立节度使衙门。

(15) 爰自洛京句:从东京洛阳出发,乘一辆车子前来,于是拯救了那里的危难，于是去掉了那里的祸害。　洛京：唐以洛阳为东京。遂：于是。　疵：cī，祸害，昏乱。

(16) 弗肃弗厉句：政令宽松而不严厉，文教德化的薰陶而达到天下太平。

(17) 神应祥福句：神灵感应祥瑞和福气，五谷丰登。　神应：神灵感应。　穰熟：庄稼丰收。

(18) 既庶而丰句：收成既众多又丰足，从事劳作的人家有剩余。人力：劳动力，从事劳作的人。

(19) 监军是咨句：监军司马谋划此事。

(20) 乃作水门句：于是修建临水之门，做为汴州的外城，用来巩固风气，用来防备匪寇盗贼。

(21) 黄流浑浑句：黄河之水滚滚而来，城上高阁深厂高大，于是为它设置警戒，并不是为了观赏游览。　黄流：黄河之水。　浑浑：水大貌。　飞阁：高阁。　渠渠：深广、高大貌。　饰之：为它设置警戒。饰：戒备。之：代水门。　观游：观赏游览。

(22) 天子之武句：天子的武功，只是由陇西公传播它。

(23) 天子之文句：天子的文德，只是由陇西公来传布它。

(24) 河之沄沄句：黄河之水汹涌奔腾，发源于昆仑山。

(25) 天子万祀句：天子万年，陇西公多多受福。　祀：年。祉：福。

(26) 这句的意思是：于是凿刻山石，刻上日月，还可以使后来的人知道开始修建时的情况。

送杨少尹序

昔疏广、受二子以年老一朝辞位而去，于时公卿设供张，祖道都门外，车数百辆，道路观者多叹息泣下，共言其贤。汉史既传其事，而后世工画者又图其迹，至今照人耳目，赫赫若前日事⁽¹⁾。国子司业杨君巨源⁽²⁾方以能诗训后进，一旦以年满七十，亦白丞相去归其乡。世常说古今人不相及，今杨与二疏其意岂异也？

予忝⁽³⁾在公卿后，遇病不能出，不知杨侯去时，城门外送者几人？车几辆？马几匹？道边观者亦有叹息知其为贤以否？而太史氏又能张大其事为传继二疏踪迹否？不落莫否？见今世无工画者，而画与不画固不论也。然吾闻杨侯之去，丞相有爱而惜之者，白以为其都少尹，不绝其禄，又为歌诗以劝之，京师之长于诗者亦属而和之⁽⁴⁾；又不知当时二疏之去有是事否？古今人同不同，未可知也。

中世士大夫以官为家，罢则无所于归。杨侯始冠举于其乡，歌《鹿鸣》⁽⁵⁾而来也；今之归，指其树曰："某树吾先人之所种也，某水某丘吾童子时所钓游也。"乡人莫不加敬，诫子孙以杨侯不去其乡为法。古之所谓"乡先生没而可祭于社"者，其在斯人欤，其在斯人欤！

【注释】

（1）疏广：汉东海兰陵人。少好学，明《春秋》，宣帝时为太傅，其兄之子疏受同时为少傅。在位五年，二人皆称病告归。祖道：古人出行前祭祀路神的活动。

（2）杨巨源：字景山，河中人，唐贞元年间进士，自秘书郎累迁至国子司业。年七十致仕归乡之际，宰相特叮嘱河中府官员，让杨巨源食禄终身。

（3）忝：谦词，有惭愧之意。

（4）属而和之：跟在后面和诗。属，连接，引伸为"跟随"。和，步韵为诗。

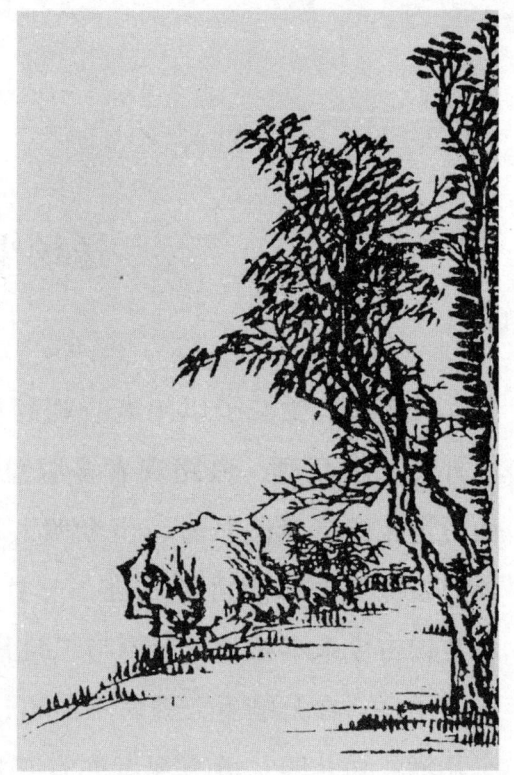

（5）《鹿鸣》，《诗经·小雅》之首篇，《毛诗序》："鹿鸣，宴群臣嘉宾也。"周代国君宴会群臣和宾客，须奏乐以娱，特撰《鹿鸣》诗，以备歌唱。其诗曰："呦呦鹿鸣，食野之萍。我有嘉宾，鼓瑟吹笙。"等等。科举时代，乡举考试后，州县长官宴请主考、执事人员和新举人，宴会上歌《诗经·小雅·鹿鸣》之诗，称"鹿鸣宴"。

送石处士⁽¹⁾序

　　河阳军节度御史大夫乌公为节度之三月，求士于从事之贤者。有荐石先生者，公曰："先生何如？"曰："先生居嵩、邙、瀍、谷之间⁽²⁾，冬一裘，夏一葛⁽³⁾，食：朝夕饭一盂，蔬一盘。人与之钱则辞，请与出游，未尝以事辞，劝之仕不应。坐一室，左右图书，与之语道理，辩古今事当否，论人高下⁽⁴⁾，事后当成败，若河决下流而东注，若驷马驾轻车、就熟路，而王良造父⁽⁵⁾为之先后也，若烛照数计而龟卜也⁽⁶⁾。"大夫曰："先生有以自老⁽⁷⁾，无求于人，其肯为某来耶？"从事曰："大夫文武忠孝，求士为国，不私于家。方今寇聚于恒⁽⁸⁾，师环其疆，农不耕收，财粟殚亡。吾所处地，归输之涂⁽⁹⁾，治法征谋⁽¹⁰⁾，宜有所出。先生仁且勇，若以义请而强委重焉，其何说之辞？"于是馔书词⁽¹¹⁾，具马币⁽¹²⁾，卜日以授使者，求先生之庐而请焉。

　　先生不告于妻子，不谋于朋友，冠带出见客，拜受书礼于门内。宵则沐浴，戒行事⁽¹³⁾，载书册，问道所由，告行于常所来往。晨则毕至，张上东门外⁽¹⁴⁾，酒三行，且起，有执爵而言者曰："大夫真能以义取人，先生真能以道自任，决去就。为先生别。"又酌而祝曰："凡去就出处何常，惟义之归。遂以为先生寿。"又酌而祝曰："使大夫恒无变其初，无务富其家而饥其师⁽¹⁵⁾，无甘受佞人而外敬正士，无味于谄言⁽¹⁶⁾，惟先生是听，以能有成功，保天子之宠命⁽¹⁷⁾。"又祝曰："使先生无图利于大夫,而私便其身图。"先生起拜祝辞曰:"敢不敬蚤夜以求从祝规。"于是东都之人士咸知大夫与先生果能相与以有成也。遂各为歌诗六韵,退,愈为之序云。

【注释】

(1) 石处士:指石洪,字濬川,洛阳人。处士,隐士。

(2) 嵩、邙、瀍、谷之间:嵩:山名,在今河南登封县。邙,山名,在洛阳。瀍、谷,二水名,都在洛阳境内。

(3) 冬一裘,夏一葛:裘,皮衣。葛,蔓草类植物,纤维可以织布作夏衣,冬一裘夏一葛,极言其生活俭朴。

(4) 高下:和优劣意义差不多。

(5) 王良造父:王良,春秋时晋国人。造父,周穆王时人。二人都是驭马的能手。

(6) 若烛照数计而龟卜也:烛照,比喻见事之明。数计,比喻论析精确。龟卜,比喻善于推断因而富有预见。

(7) 自老:以隐居为乐,愿老死山中不出。

(8) 寇聚于恒:恒,恒州,今河北正定,唐时名成德军。寇,指当时承德节度王承宗起兵反唐。

(9) 吾所处地,归输之涂:吾所处地,指河阳。依朱熹说:归读作馈。馈,送给。输,运输。涂同途。说河阳是馈送运输军需品的通途。

(10) 征谋:征伐叛军的计谋。

(11) 馔书词:馔同撰。指撰写聘请的书信。

(12) 具马币：具，备办。马和币帛都是备办的事物。

(13) 戒行事：戒，预备。行事，出门应备办的事物。

(14) 张上东门外：张，供张，张设，指设具酒食为石洪送行。上东门，洛阳城北门。

(15) 使大夫……无务富其家而饥其师：要求乌重胤不要自饱私囊，及时补给军粮，免致士兵饥饿。

(16) 无味于谄言：不要听到谄媚的话而认为很合自己的胃口。

(17) 宠命：光荣的使命。

柳宗元卷

与杨京兆凭书[1]

月日,宗元再拜献书丈人座前[2]:

役人胡要返命,奉教诲,壮厉感发,铺陈广大[3]。上言推延贤隽之道,难于今之世;次及文章;末以愚蒙剥丧顿瘁,无以守宗族、复田亩为念,忧悯备极。不惟其亲密旧故是与,复有公言显赏,许其素尚而激其忠诚者。是用踊跃敬惧,类向时所被简牍,万万有加焉[4]。故敢悉其愚,以献左右[5]。

大凡荐举之道,古人所谓难者,其难非苟一而已也[6]。知之难,言之难,听信之难[7]。夫人有有之而耻言之者,有有之而乐言之者,有无之而工言之者,有无之而不言似有之者。有之而耻言之者,上也[8]。虽舜犹难于知之[9],孔子亦曰"失之子羽"。下斯而言知而不失者妄矣⁽¹⁰⁾。有之而言之者，次也。德如汉光武，冯衍不用；才如王景略，以尹纬为令史⁽¹¹⁾。是皆终日号鸣大吒，而卒莫之省⁽¹²⁾。无之而工言者，贼也⁽¹³⁾。赵括得以代廉颇，马谡得以惑孔明也。今之若此类者不乏于世。将相大臣闻其言，而必能辨之者，亦妄矣⁽¹⁴⁾。无之而不言者，土木类也⁽¹⁵⁾。周仁以重臣为二千石，许靖以人誉而致位三公⁽¹⁶⁾。近世尤好此类，以为长者，最得荐宠⁽¹⁷⁾。夫言朴愚无害者，其于田野乡间

为匹夫，虽称为长者可也；自抱关击柝以往，则必敬其事，愈上则及物者愈大，何事无用之朴哉？今之言曰："某子长者，可以为大官"，类非古之所谓长者也，则必土木而已矣⁽¹⁸⁾。夫捧土揭木而致之岩廊之上，蒙以绂冕，翼以徒隶，而趋走其左右，岂有补于万民之劳苦哉？圣人之道不益于世用，凡以此也，故曰知之难⁽¹⁹⁾。孔子曰："仁者，其言也讱"，孟子病"未同而言"⁽²⁰⁾。然则彼未吾信，而吾告之以士，必有三间⁽²¹⁾：是将曰"彼诚知士欤？知文欤？"疑之而未重⁽²²⁾，一间也；又曰"彼无乃私好欤？交以利欤？"二间也；又曰"彼不足我而恃我哉？兹怫吾事⁽²³⁾。"三间也。畏是而不言，故曰言之难。言而有是患，故曰听信之难⁽²⁴⁾。唯明者为能得其所以荐，得其所以言，得其所以听，一不至则不可冀矣。

然而君子不以言听之难，而不务取士$^{(25)}$。士，理之本也$^{(26)}$。苟有司之不吾信，吾知之而不舍，其必有信吾者矣$^{(27)}$。苟知之，虽无有司，而士可以显，则吾一旦操用人之柄，其必有施矣。故公卿之大任，莫若索士。士不预备而熟讲之$^{(28)}$，卒然君有问焉，宰相有咨焉，有司有求焉，其无所以应之，则大臣之道或缺，故不可惮烦$^{(29)}$。

今之世言士者，先文章$^{(30)}$。文章，士之末也，然立言存乎其中$^{(31)}$。即末而操其本，可十七八，未易忽也$^{(32)}$。自古文士之多，莫如今。今之后生，为文希屈、马者$^{(33)}$，可得数人；希王褒、刘向之徒者$^{(34)}$，又可得十人；至陆机、潘岳之比，累累相望$^{(36)}$。若皆为之不已，则文章之大盛，古未有也。后代乃可知之$^{(36)}$。今之俗耳庸目，无所取信，杰然特异者，乃见此耳。丈人以文律通流当世，叔仲鼎列，天下号为文章家；今又生敬之$^{(37)}$，敬之，希屈、马者之一也。天下方理平，今之文士咸能先理$^{(38)}$；理不一断于古书、老生，直趣尧舜之道、孔氏之志，明而出之，又古之所难有也。然则文章未必为士之末，独采取何如耳$^{(39)}$。

宗元自小学为文章，中间幸联得甲乙科第，至尚书郎$^{(40)}$，专百官章奏，然未能究知为文之道；自贬官来，无事，读百家书，上下驰骋，乃少得知文章利病。去年，吴武陵来，美其齿少，才气壮健，可以兴西汉之文章，日与之言，因为之出十数篇书，庶几铿锵陶冶，时时得见古人情状。然彼古人亦人耳，夫何远哉$^{(41)}$？凡人可以言古，不可以言今$^{(42)}$。桓谭亦云$^{(43)}$：亲见扬子云$^{(44)}$，容貌不能动人，安肯传其书？诚使博如庄周，哀如屈原，奥如孟轲，壮如李斯，峻如马迁，富如相如，明如贾谊，专如扬雄$^{(45)}$，犹为今之人，则世之高者至少矣$^{(46)}$。由此观之，古之人未始不薄于当世，而荣于后世也$^{(47)}$。若吴子之文$^{(48)}$，非丈人无以知之。独恐世人之才高者，不肯久学，无以尽训诂风雅之道，以为一世甚盛。若宗元者，才力缺败，不能远骋高厉，与诸生摩九霄，抚四海，夸耀于后之人矣[49]。何也？凡为文，以神志为主[50]。自遭责逐，继以大故[51]，荒乱耗竭，又常积忧恐，神志少矣，所读书随又遗忘。一二年来，痞气尤甚[52]，加以众疾，动作不常。眊眊然骚扰内生，霾雾填拥惨沮[53]。虽有意穷文章，而病夺其志矣。每闻人大言，则蹶气震怖[54]，抚心按胆，不能自止。又永州多火灾，五年之间，四为大火所迫。徒跣走出，坏墙穴牖，仅免燔灼[55]。书籍散乱毁裂，不知所往。一遇火恐，累日茫洋[56]，不能出言。又安能尽意于笔砚，矻矻自苦[57]，以危伤败之魂哉？

中心之悃愊郁结，具载所献许京兆丈人书[58]，不能重烦于陈列。凡人之黜弃，皆望望思得效用，而宗元独以无有是念。自以罪大不可解，才质无所入，苟焉以舍忧慄为幸，敢有他志[59]！伏以先君禀孝德，秉直道，高于天下，仕再登朝，至六品官；宗元无似，亦尝再登朝至六品矣，何以堪此[60]！且柳氏号为大族，五六从以来无为朝士者，岂愚蒙独出数百人右哉[61]？以是自忖，官已过矣，宠已厚矣[62]！夫知足与知止异，宗元知足矣[63]；若便止，不受禄位，亦所未能，今复得好官，犹不辞让。何也？以人望人，尚足自进[64]。如其不至，则故无憾，进取之志息矣。身世孑然，无可以为家，虽甚崇宠之，孰与为荣？独恨不幸，获托姻好，而早凋落，寡居十余年[65]。尝有一男子，然无一日之命，至今无以托嗣续，恨痛常在心目。孟子称"不孝有三，无后为大"，今之汲汲于世者[66]，唯惧此而已矣。天若不弃先君之德，使有世嗣，或者犹望延寿命，以及大宥[67]，得归乡闾，立家室，则子道毕矣。过是而犹竞于宠利者，天厌之，天厌之[68]！丈人旦夕归朝廷，复为大僚$^{(69)}$，伏惟以此为念。流涕顿颡$^{(70)}$，布之座右，不任感激之至。宗元再拜。

【注释】

(1) 杨京兆凭：姓杨名凭，字嗣仁，元和四年初，入朝为京兆尹。

(2) 丈人：对长辈的通称。

(3) "役人"数句：仆人胡要完成使命回来汇报，带回您的来信，我承接您的教诲，深感词意激昂，内容丰富，使人振奋。

(4) "是用"三句：为此，我欢欣鼓舞，敬仰恐惧，比起以前读您的来信，超过了万万倍。　踊跃：跳跃；形容受到鼓舞的样子。

(5) 悉：尽。　左右：指杨凭的左右下属，实指杨凭。是对杨凭的尊称。

(6) "大凡"三句：荐举人才的原则和方法，古人认为"难"，那个难点并不只是一处。　大凡：大致。

(7) 言：此指向人推荐，即推荐之言。　听信：此指听信别人的推荐。

(8) "有之而耻"二句：有真才实学而耻于向别人说，这是上等。

(9) 舜：传说中的上古帝王。

(10) 下斯：下此，指不如虞舜、孔子的人。

(11) 王景略：即王猛，五胡十六国时期前秦符坚的宰相。　尹纬：前秦时为吏部令史，后事后秦开国君主姚苌，成为后秦开国的重要人物。

(12) "是皆"二句：像冯衍、尹纬这样的人，都是整天大喊大叫，然而终于没有被察觉。

（13）贼：害。

（14）"将相"二句：像赵括、马谡这样的人，将相重臣听了他们的夸夸其谈，一定能够辨识其伪，那也是不可信的。

（15）土木类：土偶木偶之类。

（16）周仁：西汉景帝时为郎中令，为人小心谨慎，不修仪容，深得景帝喜欢。　许靖：三国时蜀国的官吏。

（17）"近世"三句：近世特别喜好周仁、许靖这种"土木"人，认为他们是"长者"，因而最易受到荐举贵宠。

（18）"今之言"数句：现今的人们说"某某是长者，可以做大官"，这个"长者"，大抵不是古人所说的"长者"，那么，就是和土木偶人差不多的罢了。

（19）"圣人"三句：圣人的治国之道，在社会的运用中没有起到多大的作用，归结原因，大都是这个缘故，因此说了解人才是件难事。

（20）病：非议。　未同而言：思想不一致就向人进言。

（21）"然则彼"三句：如此看来，他不相信我，而我向他推荐人才，一定产生三种隔阂。

（22）"疑之"句：怀疑我的话，不予重视。

（23）悫：启发，教导。　咈：抵触，阻碍。

（24）"言而有"二句：向别人推荐人才，听的人有这样多的担忧，所以说听信推荐是件难事。

（25）务：致力。　取士：选拔人才。

（26）理：治，治国。　本：根本。

（27）有司：官吏。　舍：放弃。

（28）熟：周详。 讲：研讨。

（29）惮：怕。 烦：麻烦。

（30）"今之"二句：在现今社会上，评论士人首先从文章着眼。

（31）"然立"句：在文章中有作者提出的观点。 立言：指见解、观点。

（32）"即末"三句：文章虽为末技，但是通过"末"可以把握"本"，即作者的政治思想，了解十之七八，这点不可轻易忽略的。本：此指政治思想。

（33）后生：晚辈青年人。 屈马：指屈原和司马迁。

（34）王褒：西汉辞赋家。 刘向：西汉后期的学者。

（35）陆机、潘岳：都是西晋时的文学家。 比：类。 累累：众多的样子。

（36）"后代"句：文章大盛的局面，古来无有，对这一点，后代人才能了解。

（37）敬之：杨敬之，杨凌的儿子。

（38）"天下"二句：当今正是天下太平无事之时，文士都能首先研讨治国的道理。

（39）"然则文"二句：这样看来，文章不一定就是士人的末技，只看怎样去采择、运用了。

（40）幸：幸运。 联得：接连获中。

（41）"然彼"二句：那些古人也不过是人罢了，同我们怎会相差很远呢？

（42）"凡人"二句：一般地说，同人们可以谈论古人古事，不可以谈论今人今事。

（43）桓谭：字君山，东汉初哲学家。

（44）扬子云：扬雄，西汉末哲学家、辞赋家。

（45）博：涉猎广阔。 哀：哀情浓郁。 奥：文理奥妙。 壮：文势雄壮。 峻：风格峻峭。 富：文辞富丽。 明：明达事理。 专：学问专深。

（46）"犹为"二句：才如上述的文人大家，倘是现在的人，那么世上认为他们高明的人就很少了。

（47）薄：鄙薄，轻视。 荣：光荣，荣耀。

（48）吴子：指吴武陵。

（49）"若宗元"数句：至于我自己，才力已经亏损，不能驰远飞高，同那些年轻人一样冲九霄临四海，向后世之人夸耀自己的才干。高厉：高飞。厉，疾飞。

（50）神志：精神和意志。

（51）大故：父母死亡的事件。柳母于元和元年在永州去世。

（52）痞气：痞病，即胸中懑闷结块之病。

（53）眊眊然：眼睛朦胧，看不清。 霾雾：阴霾尘雾。 填拥：充塞。

（54）蹶气：逆气向上涌。

（55）徒跣：赤脚。 燔灼：焚烧。

（56）累日：多日。 茫洋：犹言茫然，神志不清的样子。

（57）矻矻：劳作已极的样子。

（58）悃幅：至诚。 许京兆：许孟容，柳宗元父友，元和四年为京兆尹。

（59）"自以"数句：我自认为罪过深重、不可赦免，才力资质又没有特出的地方，苟且地活在世上，不再忧伤恐惧，那就是幸运的了，怎么敢有其他的想法呢！

（60）无似：犹言不肖、不贤。 堪：承受。

（61）五六从：指同五六代祖的伯叔、兄弟辈。 朝士：朝中官员。右：上。

（62）"以是自"三句：根据这些，自己思量，六品之官已超过我的才能了，所受恩宠业已很优厚了。

（63）"夫知足"二句：知道满足与知道当止是不同的，我是知足的。

（64）以人望人：将人比人。

（65）"独恨"数句：深感遗憾和不幸的是，托您关怀，把女儿许配于我，她却早已去世，我已独身生活了十多年。

（66）汲汲：急促迫切的样子。

（67）大宥：大赦。

（68）"过是"三句：除此之外，还想争取得到什么恩宠利禄，天都不容的，天都不容的。

（69）大僚：大官，高官。

（70）顿颡：顿首，叩头。

与李翰林建书

杓直足下：州传遽至，得足下书，又于梦得处得足下前次一书，意皆勤厚[1]。庄周言：逃蓬藋者，闻人足音，则跫然喜[2]。仆在蛮夷中，比得足下二书，及致药饵，喜复何言！仆自去年八月来，痞疾稍已，往时间一二日作，今一月乃二三作。用南人槟榔余甘，破决壅隔大过，阴邪虽败，已伤正气，行则膝颤，坐则髀痹。所欲者补气丰血，强筋骨，辅心力，有与此宜者，更致数物，得良方偕至，益善⁽³⁾。

永州于楚为最南，状与越相类⁽⁴⁾。仆闷即出游，游复多恐，涉野有蝮虺大蜂⁽⁵⁾，仰空视地，寸步劳倦。近水即畏射工沙虱，含怒窃发，中人形影，动成疮痏。时到幽树好石，暂得一笑，已复不乐。何者？譬如囚拘圜土，一遇和景，负墙搔摩，伸展肢体，当此之时，亦以为适⁽⁶⁾。然顾地窥天，不过寻丈，终不得出，岂复能久为舒畅哉⁽⁷⁾？明时百姓，皆获欢乐，仆士人，颇识古今理道，独怆怆如此⁽⁸⁾，诚不足为理世下执事，至比愚夫愚妇又不可得，窃自悼也⁽⁹⁾。

仆曩时所犯，足下适在禁中，备观本末，不复一一言之⁽¹⁰⁾。今仆癃残顽鄙，不死幸甚，苟为尧人，不必立事程功，唯欲为量移官，差轻罪累，即便耕田艺麻，取老农女为妻，生男育孙，以供力役⁽¹¹⁾。时时作文，以咏太平。摧伤之余，气力可想。假令病尽已，身复壮，悠悠人世，越不过为三十年客耳⁽¹²⁾。前过三十七年，与瞬息无异。复所得者，其不足把玩，亦已审矣⁽¹³⁾。杓直以为诚然乎？

仆近求得经史诸子数百卷，常候战悸稍定时，即伏读，颇见圣人用心、贤士君子立志之分⁽¹⁴⁾。著书亦数十篇，心病，言少次第，不足远寄，但用自释⁽¹⁵⁾。贫者，士之常，今仆虽羸馁，亦甘如饴矣⁽¹⁶⁾。

足下言已白常州煦仆，仆岂敢众人待常州耶⁽¹⁷⁾？若众人，即不复煦仆矣。然常州未尝有书遗仆，仆安敢先焉⁽¹⁸⁾？裴应叔、萧思谦各有书，足下求取观之，相戒勿示人⁽¹⁹⁾。敦诗在近地，简人事，今不能致书，足下默以此书见之⁽²⁰⁾。勉尽志虑，辅成一王之法，以宥罪戾⁽²¹⁾。

不悉，某白。

【注释】

（1）传递：驿站传送。　勤厚：恳切深厚。

（2）"庄周"二句：庄子说：隐居荒野的人，听见行人脚步声，就非常高兴。　蓬藋：蓬蒿藋草。　跫然：高兴的样子。

（3）"所欲"数句：我需要能养气补血、强健筋骨、增加心力的药物，有适宜的，还请寄来数种，如得好的偏方一同带来，更好。　宜：适宜，适合。　致：寄来。　偕：一起，一同。　益：更。

（4）楚：指湖南地区。　越：指江浙闽粤地区。

（5）蝮虺：蝮蛇。　大蜂：毒蜂。

（6）"譬如"二句：好比拘禁在监狱里，一到温暖的春天，靠着墙摩擦搔痒，伸展肢体，在这时，也觉得舒适。　圜土：监狱。　和景：春天的景色。　搔：搔痒。　适：舒适，舒服。

（7）寻丈：古代指八尺到一丈左右的长度。这里形容活动天地狭窄。

（8）理道：治世之道。　怆怆：忧伤悲痛。　理世：治世。　执事：官府各部门的专职人员。

（9）比：并列，类似。　悼：悲伤。

（10）禁中：指翰林院。时李建为翰林学士。　备观本末：完全看到事情的经过。备，完全。

（11）艺：种植。　取：娶。　以供力役：以此承担劳役。　力役：劳役。

(12) 摧伤：挫伤。　气力：精神和体力。　越不过：至多不过。

(13) 复所得者：又一次得到的东西（指越不过三十年客）。　把玩：赏玩。　审：详知，明悉。

(14) 战悸：颤抖心跳。　伏读：伏案阅读。

(15) 次第：头绪。　自释：自遣，排遣自己的忧思。

(16) 贫者士之常：贫穷是士人的常态。　羸馁：疲弱饥饿。饴：用米麦制成的糖浆。

(17) "足下"二句：你说已告诉李刺史关照我，我怎么能像常人一样看待李刺史呢？　白：说，告诉。　常州：指李建兄李逊。元和四年（809）柳宗元与李建书，时李逊为常州刺史。

(18) "若众人"三句：如果是常人，就不用关照我了。然而，李刺史没有给我写信，我怎么能先给他写信呢？

(19) 裴应叔：裴埙字。柳宗元姊夫裴墐之弟。　思谦：萧俛字。相戒：告诫你。戒，通诫。

(20) 敦诗：崔群字。时崔群为翰林学士，在禁近之地。　默：悄悄地。

(21) 一王之法：一代王朝的法制。　宥：宽免。

与韩愈论史官书

正月二十一日[1]，某顿首十八丈退之侍者前[2]：获书言史事[3]，云具与刘秀才书，及今乃见书稿，私心甚不喜，与退之往年言史事甚大谬。

若书中言，退之不宜一日在馆下[4]。安有探宰相意[5]，以为苟以史荣一韩退之耶？若果尔，退之岂宜虚受宰相荣己而冒居馆下[6]，近密地[7]，食奉养，役使掌固[8]，利纸笔为私书[9]，取以供子弟费？古之志于道者，不若是。

且退之以为纪录者有刑祸[10]，避不肯就，尤非也。史以名为褒贬[11]，犹且恐惧不敢为，设使退之为御史中丞大夫[12]，其褒贬成败人愈益显[13]，其宜恐惧尤大也，则又扬扬入台府[14]，美食安坐，行呼唱于朝廷而已耶[15]？在御史犹尔，设使退之为宰相，生杀、出入、升黜天下士[16]，其敌益众，则又将扬扬入政事堂[17]，美食安坐，行呼唱于内廷外衢而已耶[18]？何以异不为史而荣其号利其禄者也[19]？

又言"不有人祸，则有天刑"，若以罪夫前古之为史者[20]，然亦甚惑。凡居其位，思直其道[21]，道苟直，虽死不可回也[22]；如回之，莫若亟去其位。孔子困于鲁、卫、陈、宋、蔡、齐、楚者，其时暗，诸侯不能行也；其不遇而死[23]，不以作《春秋》故也。当其时，虽不作《春秋》，孔子犹不遇而死也。若周公、史佚，虽纪言书事[24]，犹遇且显也，又不得以《春秋》为孔子累。范晔悖乱[25]，虽不为史，其宗族亦赤。司马迁触天子喜怒[26]，班固不检下[27]，崔浩沽其直以斗暴虏，皆非中道。左丘明以疾盲，出于不幸；子夏不为史亦盲[28]，不可以是为戒。其余皆不出此[29]。是退之宜守中道不忘其直，无以他事自恐。退之之恐，唯在不直、不得中道，刑祸非所恐也。

凡言二百年文武士多有，诚如此者。今退之曰，我一人也何能明？则同职者又所云若是，后来继今者又所云若是，人人皆曰"我一人"，则卒谁能纪传之耶[30]？如退之但以所闻知孜孜不敢怠，同职者，后来继今者亦各以所闻知孜孜不敢怠,则庶几不坠⁽³¹⁾,使卒有明也。不然,徒信人口语,每每异辞⁽³²⁾。日以滋久,则所云"磊磊轩天地"者⁽³³⁾,决必沉没,且乱杂无可考,非有志者所忍恣也⁽³⁴⁾。果有志,岂当待人"督责迫蹙"然后为官守耶?

又凡鬼神事,渺茫荒惑无可准,明者所不道。退之之智而犹惧于此。今学如退之,辞如退之,好议论如退之,慷慨自谓正直行行焉如退之⁽³⁵⁾,犹所云若是,则唐之史述其卒无可托乎?明天子、贤宰相得史才如此,而又不果,甚可痛哉!退之宜更思,可为速为⁽³⁶⁾,果卒以为恐惧不敢,则一日可引去,又何以云"行且谋"也⁽³⁷⁾?今当为而不为,又诱馆中他人及后生者,此大惑已。不勉己而欲勉人,难矣哉!

【注释】

(1)"正月"句:写此"书"的日期,年份是唐宪宗元和九年(814)。

(2)某:作者自谓。 顿首:叩头。古人书信中通用的客套话。十八丈:指韩愈。"丈"是对年长者的通称,韩愈又排行第十八,因称之"十八丈"。 退之:韩愈的字。 侍者:指韩愈的侍从。

(3)获书:收到韩愈的信。

(4)馆:史馆,即编修史书的官署。其时韩愈以比部郎中兼任史馆修撰。

(5)安有:哪有。 探宰相意:揣度宰相的意图。

(6)冒:假充,这里是"充数"的意思。

(7)密地:机密要地,这里指朝廷皇宫。

(8) 掌固：掌故，史馆内的小吏。

(9) 为私书：做私己的文章。

(10) 纪录者：史官，编修史书的人。 有刑祸：指韩愈《答刘秀才》所谓"夫为史者不有人祸，则有天刑"的话。

(11) 名：这里指文字。

(12) 御史中丞：官名，司职对政府官员的监察、弹劾。

(13) 成：成全。 败：毁败。 显：显明。

(14) 扬扬：得意的样子。 台府：指御史中丞的官署。

(15) 行：行使，施行。 呼唱：臣子上朝，一要"呼"皇帝"万岁"，二要自"唱"个人的姓名。

(16) 出入：指京官调出或调入。 升黜：升迁或罢免。

(17) 政事堂：指宰相的官署。

(18) 外衢：宫禁之外，谓宫内宫外不离皇帝左右。

(19) 不为史：不做史官该做的事，即不履行史官的职责。

(20) 罪：归罪，加罪。

(21) 直：正，正确实行。

(22) 回：掉转，这里是"改变志向"的意思。

(23) 不遇：没有得到君主的信任。遇，遇合明主。

(24) 纪言书事：古代有"左史纪言，右史纪事"的说法，后世以"纪言书事"为史官的职责。

(25) 范晔：南朝宋史学家，著有《后汉书》。宋文帝元嘉二十二年（445）因涉谋反案被杀。 悖乱：叛乱。

(26) 触天子喜怒：触犯了皇帝的情感。 喜怒：这里借代情感。

(27) 班固：东汉史学家，著有《汉书》。因牵连窦宪案而被免官。

他的奴仆曾骂过洛阳令种兢，种兢便借机将其收捕入狱，死在牢中。

不检下：不约束手下人。

（28）子夏：姓卜名商，孔子的学生，因死了儿子流泪过多而双目失明。

（29）其余：韩愈列举"不有人祸则有天刑"的其他史官，如陈寿、王隐、魏收、吴兢，等。

（30）纪传：称帝王的传记为"纪"，其他名人的传记叫"传"。

（31）庶几：表示可能或期望，"也许可能"的意思。

（32）每每：往往，常常。 异辞：说法不同。

（33）磊磊轩天地：磊磊：卓越的样子。 轩天地：高大如天地。

（34）忍恣：忍心于放任自流。

（35）行行：刚强的样子。

（36）可为速为：认为能够做就马上去做。

（37）行且谋：将要考虑。行且，行将。

答刘禹锡《天论》书

宗元白：发书得《天论》三篇⁽¹⁾。以仆所为《天说》为未究，欲毕其言⁽²⁾。始得之，大喜，谓有以开吾志虑。及详读五六日，求其所以异吾说，卒不可得⁽³⁾。其归要曰：非天预乎人也⁽⁴⁾。凡子之论，乃吾《天说》传疏耳，无异道焉⁽⁵⁾。谆谆佐吾言，而曰有以异，吾不识何以为异也[6]。

子之所以为异者,岂不以赞天之能生植也欤?夫天之能生植久矣,不待赞而显[7]。且子以天之生植也,为天耶?为人耶?抑自生而植乎[8]?若以为为人,则吾愈不识也[9]。若果以为自生而植,则彼自生而植耳,何以异夫果蓏之自为果蓏,痈痔之自为痈痔,草木之自为草木耶?是非为虫谋明矣,犹天之不谋乎人也[10]。彼不我谋,而我何为务胜之耶[11]?子所谓交胜者,若天恒为恶,人恒为善,人胜天则善者行,是又过德乎人,过罪乎天也[12]。又曰:天之能者生植也,人之能者法制也。是判天与人为四而言之者也[13]。余则曰:生植与灾荒,皆天也;法制与悖乱,皆人也,二之而已[14]。其事各行,不相预,而凶丰理乱出焉,究之矣[15]。凡子之辞,枝叶甚美,而根不直取以遂焉[16]。

又子之喻乎旅者,皆人也。而一曰天胜焉,一曰人胜焉,何哉?莽苍之先者,力胜也;邑郛之先者,智胜也[17];虞芮,力穷也;匡宋,智穷也[18]。是非存亡,皆未见其可以喻乎天者。若子之说,要以乱为天理,理为人理耶?谬矣[19]。若操舟之言人与天者,愚民恒说耳;幽厉之云为上帝者,无所归怨之辞尔,皆不足喻乎道。

子其熟之[20]!无羡言侈论,以益其枝叶。姑务本之为得,不亦裕乎[21]?独所谓无形为无常形者甚善[22]。宗元白。

【注释】

(1) 白:书信的款式,向同辈陈说叫"白"。　发书:打开书信。

(2) 以仆"二句:意思是说,你作《天论》,是认为我写的《天说》没有把道理讲透，来充实我的论述。 以：认为。 仆：柳宗元的自谦之称。 未究：未能透彻。究，终极，到底。 毕：完毕，结束。

（3）"始得"六句：意思是说，刚收到《天论》的时候，我很高兴，觉得能够启发我的思想。等我仔细地阅读五六天，想从中找出不同于《天说》的重要论点，结果没有找到。

（4）"其归"二句：意思是说，《天论》的大要，概括说就是：不是天干预人事。 归要：大要，指最基本的思想、观点。

（5）"凡子"三句：意思是说，你在《天论》中的主要论述，如同给我的《天说》作注释，所讲的道理并没有什么不同。阐述经书经义的文字叫"传"，对经书传注所作的解释叫"疏"。

（6）"谆谆佐"三句：意思是说，你耐心地给我的《天说》作补证，却说与我有不同的看法，我不明白你是根据什么认为有不同的。

（7）"子之所"四句：意思是说，你所认为的不同，难道不是因为你赞颂天能够生长万物吗？天能够生长万物已经很久很久了，这一点，不去赞颂它也是显而易见的。 赞：赞颂，赞叹。 生植：使……生长。植，同"殖"，繁殖、生长。 显：明显。

（8）"且子"四句：意思是

说，再说，你认为天生长万物，为了天本身呢？为了人呢？或者万物为了自生而生呢？　抑：或者。

(9)"若以"二句：意思是说，如果你认为是为了人，那我更加不明白了。

(10)"是非"二句：意思是说，瓜果、痈痔、草木这些东西不是为虫着想的，这是很明显的，如同天的生长万物，并不是为人着想的一样。　是：指代果蓏、痈痔、草木。

(11)"彼不"二句：意思是说，天既然不为我们人着想，我们人为什么一定要胜过它呢？

(12)"子所谓"六句：意思是说，你讲的"天人交相胜"的观点，好像说天经常作恶，人经常行善，人胜过天，好的东西就能通行。这种观点未免过分褒奖人，过分责备天了。

(13)"又曰"四句：意思是说，你又说：天的职能在于生长万物，人的职能在于坚持法制。这样的说法，就是把天和人分成四个方面了。　是：指刘禹锡言天"恒为恶"，又言天"能生植"，言人"恒为善"，又言人"能法制"的说法。　判：分。　四：四个方面，即善、恶、生植、法制。

(14)"余则曰"六句：意思是说，我却认为：生植与灾荒，是属于天即自然界的事，法制与悖乱，是属于人即人类社会的事，只有天、人两个方面罢了。

(15)"其事"四句：意思是说，天之事与人之事，各行各的事，不相互干预，荒年与丰年、安定与混乱，是它们各自产生的，如此说，就把关于天的道理讲透了。

(16)"凡子之"三句：意思是说，一般讲，你的论述，枝叶问题谈得很丰满，可是根本问题却没有正面阐发出来。枝叶：喻指次要的问题。　根：喻指重要的根本的问题。

（17）邑郭之先者：刘禹锡《天论》说：在城市，人们要住华丽的房屋，要吃丰盛的饭菜，一定是贤德之人占先，这是"人胜"。

（18）匡宋：春秋时郑国的匡地和宋国。　智穷：意谓智与力相较，智不敌力，智乃占下风。

（19）"若子"四句：意思是说，照你的说法，归结要点就是认为社会混乱是由于"天理"，社会安定是由于"人理"，这是不对的。

（20）其：表示期望。　熟：详思。

（21）"无美"四句：意思是说，写文章不要讲些多余的话，增加枝枝叶叶，还是在根本上多下功夫，那不是能使文章更充实丰满吗？美言侈论：多余的言论。　益：增加。　裕：丰满，充实。

（22）"独所"句：意思是说，只有你所说的天的"无形为无常形"这个见解很好。　无形为无常形：刘禹锡《天论》说，所谓没有形状的"空"，只是没有固定的形状罢了。

与吕道州温论
《非国语》书⁽¹⁾

四月三日，宗元白，化光足下：近世之言理道者众矣，率由大中而出者咸无焉⁽²⁾。其言本儒术，则迂回茫洋，而不知其适⁽³⁾；其或切于事，则苛峭刻核，不能从容，卒泥乎大道⁽⁴⁾；甚者好怪而妄言，推天引神，以为灵奇，恍惚若化，而终不可逐⁽⁵⁾。故道不明于天下，而学者之至少也⁽⁶⁾。

吾自得友君子，而后知中庸之门户阶室。渐染砥砺，几乎道真。然而常欲立言垂文，则恐而不敢。今动作悖谬，以为僇于世，身编夷人，名列囚籍。以道之穷也，而施乎事者五日，故乃挽引，强为小书，以志乎中之所得焉⁽⁷⁾。

尝读《国语》，病其文胜而言尨，好诡以反伦，其道舛逆⁽⁸⁾。而学者以其文也，咸嗜悦焉。伏膺呻吟者，至比《六经》。则溺其文必信其实，是圣人之道翳也⁽⁹⁾。余勇不自制，以当后世之讪怒，辄乃黜其不臧，救世之谬⁽¹⁰⁾。凡为六十七篇，命之曰《非国语》⁽¹¹⁾。既就，累日怏怏然不喜，以道之难明而习俗之不可变也。如其知我者果谁欤？凡今之及道者，果可知也已。后之来者，则吾未之见，其可忽耶？故思欲尽其瑕颣，以别白中正⁽¹²⁾。度成吾书者，非化光而谁？辄令往一通，惟少留视役虑以卒相之也。

往时致用作《孟子评》，有韦词者告余曰⁽¹³⁾："吾以致用书示路子，路子曰：'善则善矣，然昔人为书者，岂若是摭前人耶？'"韦子贤斯言也。余曰："致用之志以明道也，非以摭《孟子》，盖求诸中而表乎世焉尔⁽¹⁴⁾！"今余为是书，非左氏尤甚⁽¹⁵⁾。若二子者，固世之好言者也，而犹出乎是，况不及是者滋众，则余之望乎世也愈狭矣⁽¹⁶⁾！卒如之何？苟不悖于圣道，而有以启明者之虑，则用是罪余者，虽累百世滋不憾而恧焉⁽¹⁷⁾。于化光何如哉？激乎中必厉乎外，想不思而得也⁽¹⁸⁾。宗元白。

【注释】

（1）吕道州温：道州刺史吕温，字化光，又字和叔。时为道州刺史，故称吕道州。　非国语：柳宗元的著作。非，非难。国语，书名，分国叙述的记言史书，相传为春秋时左丘明所作。

（2）"近世"二句：近代谈论治国之道的人许许多多，遵循大中之道而产生的理论家一个也没有。　近世：近代。　理道：治道，即治国之道。　率由：遵循，经由。　大中：尊大而立中，即指大中之道，无过无不及、恰如其分的道理。

（3）"其言"三句：他们的理论的基础是儒家学说，却曲折回旋，渺茫无边际，而且不知道自己的归向。　本：根本，基础。　迂回：曲折回旋。　茫洋：渺茫。　适：往，归。

（4）"其或"四句：有的理论，剖析事物，繁杂、严厉、刻薄地核实，不能够不慌不忙，游刃有余，终于停滞不前，弄不通根本的道理。　切：切开。　苛：繁杂。　峭：严峻。　刻：刻薄。

（5）"甚者"数句：更为严重的，喜欢怪异，胡说八道，推出天拉来神，自以为玄妙，恍恍惚惚好像入其境，终归什么也不能追求到。　怪：奇怪莫明的东西。　妄言：乱说。　灵奇：神奇莫测的东西。　恍惚：隐隐约约，辨认不清，不可捉摸。　化：化入，融进。　逐：追求。

（6）"故道"二句：所以大中之道未能被天下人明白，那么懂得大中之道的学人就少极了。　道：指大中之道。　学者：有学问的人。

（7）"以道"数句：因为我的政治主张受阻，用它来指导政事没有什么希望了，所以才攀摘前人的著作，费尽力气写完这本小书，用来记述自己多年来学习的心得。　道：主张、思想。　穷：阻塞不通。　挽引：犹言摘引、攀摘。　强：竭力，尽力。　中：心中。

（8）"尝读"数句：以前读《国语》，我觉得它的毛病在于文辞华美却内容庞杂，喜欢怪异却违反常理，思想错乱，相互抵触。　病：毛病，弊病。这里是意动用法。　文：文辞。　胜：优美。　庞：庞杂。　反伦：违反常理。　舛逆：错乱，相抵触。

（9）"则溺"二句：沉迷它的华美文辞就必然相信它的内容，这样的做法，圣人之道就被遮蔽了。　溺：沉溺，沉迷。　翳：遮蔽。

（10）"余勇"四句：我抑制不住自己的勇气，面对后世人的诋毁怒骂，竟然驳斥它的谬说，以救正世人的谬见。　当：对着，面对。　讪：诽谤、诋毁。　辄乃：竟然。　黜：消除，去掉。

（11）凡：计，总共。　命：取名。

（12）"凡今"数句：凡是现今已经懂得大中之道的人，果真可以了解我罢，未来的人，却是我不能见到的人，可以不重视他们吗？因此我想要剔除还存在的毛病，以辨别清楚"中正"的东西。　忽：不注意，不重视。　尽：终止，了结。　瑕颣：犹言缺欠。瑕，玉石上的疵点。颣，丝线上的疙瘩。

（13）往时：过去，以前。　致用：李景俭，字致用，柳宗元的好友。　韦词：人名。

（14）"致用"三句：李致用的心意在阐明大中之道，不在指责《孟子》，是要从内部深处探求大中之道，并向世间表明大中之道。　志：心意。　盖：语气词。　求诸中：是"求之于中"的意思。　诸，相当于"之于"。中，内，里。

（15）"今余"二句：现在我写了《非国语》这本书，对左丘明的非难更加厉害。　左氏：指左丘明。

（16）"若二子"数句：韦词、路随这两个人，本是今世友善言论的人，还说出这样的话来，何况比不上他们俩的人更多，那么，我期望于世人的路就更狭窄了。　若：此，这。　好：友好，亲善。　望：期望。　狭：窄。

（17）"卒如"数句：到底能把它怎么样呢？如果没有违背圣人之道，而且能够有所启发明白人的思想，那么，由于《非国语》而加我罪名的话，就是千秋万代之后，我也不感到遗憾，不感到惭愧。　卒：最终。　苟：如果。　启：启发。　憾：遗憾。

（18）"于化光"三句：我的这些话，在你看来怎么样？内心激动必然要奋扬于外，此情此感，我想你不假思索就可以理解。　激：激动。　厉：振奋。

答吴武陵论

《非国语》书(1)

濮阳吴君足下(2)：仆之为文久矣，然心少之，不务也，以为是特博弈之雄耳(3)。故在长安时，不以是取名誉，意欲施之事实，以辅时及物为道。自为罪人，舍恐惧则闲无事，故聊复为之。然而辅时及物之道，不可陈于今，则宜垂于后。言而不文则泥，然则文者固不可少耶(4)！拘囚以来，无所发明，蒙覆幽独，会足下至，然后有助我之道。一观其文，心朗目舒，炯若深井之下，仰视白日之正中也(5)。足下以超轶如此之才，每以师道命仆，仆滋不敢(6)。每为一书，足下必大光耀以明之，固又非仆之所安处也(7)。

若《非国语》之说,仆病之久,尝难言于世俗[8]。今因其闲也而书之,恒恐后世之知言者,用是诟病,狐疑犹豫,伏而不出,累月方示足下[9]。足下乃以为当,仆然后敢自是也。吕道州善言道,亦若吾子之言,意者斯文殆可取乎[10]?

夫为一书,务富文采,不顾事实,而益之以诳怪,张之以阔诞,以炳然诱后生,而终之以僻,是犹用文锦覆陷阱也。不明而出之,则颠者众矣。仆故为之标表,以告夫游乎中道者焉[11]。

仆无闻而甚陋,又在黜辱,居泥涂若蚓蛭然,虽鸣其音声,谁为之听[12]?独赖世之知言者为准,其不知言而罪我者,吾不有也[13]。仆又安敢期如汉时列官以立学,故为天下笑耶?是足下之爱我厚,始言之也[14]。前一通如来言以污篋椟。此在明圣人之道,微足下,仆又何托焉[15]?不悉[16]。宗元顿首。

【注释】

(1) 吴武陵:唐信州(今江西上饶县)人,宪宗元和初年中进士,元和三年因事流放永州,成为柳宗元的好友。

(2) 濮阳:吴武陵祖籍濮阳县,地属河南省,在濮水之北,故名。

(3) "仆之"四句:意思是说,我写作文章的历史很长了,但是心中不重视它,行动上不追求它,认为这同下棋一样,不过下得好罢了。

少:轻视。 务:追求。 特:只,不过。 博弈:六博和围棋。弈,只行棋;博,先掷采后行棋。

(4) "自为"数句:意思是说,自从成为罪人,除了担惊受怕就闲着没事干,因此姑且又写写文章。然而,文章中种种辅时及物的主张,不能向今世的社会陈述，就应当使它流传后世。文章没有文采就流传不远，既然如此，文采就是文章本来不可缺少的要素。

(5)"一观"四句：意思是说，一见到你的文章，我就心胸开朗，眉目舒展，深深感到光明，就像在深井中抬头望见正午的太阳。　炯：光亮。　白日：太阳。　正中：正午，太阳处在最高点。

(6)"足下"三句：意思是说，你的才能如此超群出众，还常常让我做你的老师，我更为不敢当。　超轶：超群。　每：常常。

(7)"每为"三句：意思是说，我每写一篇文章，你一定张大光耀来赞美它，这当然又不是能够使我心安的。　明：明亮，光明。

(8)"若非"三句：意思是说，这本《非国语》中的见解，我被它忧虑许久，期间，曾经感到难以向世俗之人讲明白。　病：忧虑。世俗：指因循守旧的习惯势力。

(9)"今因"数句：意思是说，现在趁着闲空，就把它写了出来，常怕后代明白此道的人，因为此书而耻笑我，我自疑、犹豫，把书藏起没有拿出来，隔了几个月才送给你看。　诟病：耻辱。　狐疑：多疑，不决断。　伏：藏。

(10)"足下"数句：意思是说，你竟认为得当，这以后我才敢自以为然。道州刺史吕温擅长此道，他的意见也像你说的那样，想来这本书大概是有可取的地方吧？　当：合适，得当。　自是：自以为是。是：正确。

(11)"不明"四句：意思是说，用文锦覆盖陷阱，《国语》即是。这一点，不明显地把它揭示出来，那么，不留心跌落陷阱的人就众多了。我因此写了《非国语》，给《国语》树一个标记，用以告戒尚未真正掌握大中之道的人。　颠者：此指跌落陷阱的人。　标表：标记，标志。　中道：即大中之道。

　　(12)"仆无"数句：意思是说，我是一个孤陋寡闻的人，又正在遭贬受辱之中，处境像生活在泥土里的蚯蚓蚂蟥一样，虽然鸣叫几声，谁来听它的呢？　陋：知识浅薄。　蚓：蚯蚓。　蛭：蚂蟥。

　　(13)"独赖"三句：意思是说，只有依赖于世间明白此道的人，以他们的评判为准，那些不明白此道又定我罪名的人，我不放在心上。　赖：依赖，依靠。　准：标准，准则。

　　(14)"仆又"四句：意思是说，在这种境况下，我又怎么敢期望像汉代那样设官讲学，而因此被天下人耻笑呢？你对我的亲爱深厚，我才说了这些话。　期：期望。

　　(15)"前一通"四句：意思是说，此前送上的一套《非国语》，就照你来信说的，留给你吧，权且玷污你的书箱。这本书是说明圣人之道的，如果没有你，我又怎么托付它呢？　箧牍：犹言书箱。箧，箱子。　微：如果没有，如果不是。

　　(16)不悉：不全面、详尽。书信末尾用语。

与吕恭论墓中石书书(1)

　　宗元白：元生至，得弟书，甚善(2)；诸所称道具之(3)。元生又持部中庐父墓者所得石书，模其文示余，云若将闻于上，余故恐而疑焉(4)。

仆早好观古书，家所蓄晋魏时尺牍甚具；又二十年来，遍观长安贵人好事者所蓄，殆无遗焉。以是善知书，虽未尝见名氏，亦望而识其时也[5]。又文章之形状，古今特异。弟之精敏通达，夫岂不究于此[6]！今视石文，署其年曰"永嘉"，其书则今田野人所作也。虽支离其字犹不能近古，为其"永"字等，颇效王氏变法，皆永嘉所未有。辞尤鄙近，若今所谓律诗者，晋时盖未尝为此声，大谬妄矣！又言植松乌擢之怪，而掘其土得石，尤不经难信[7]。或者得无奸为之乎[8]？

且古之言"葬者，藏也。""壤树之"，而君子以为议；况庐而居者，其足尚之乎[9]？圣人有制度，有法令，过则为辟[10]。故立大中者不尚异，教人者欲其诚，是故恶夫饰且伪也[11]。过制而不除丧，宜庐于庭；而矫于墓者，大中之罪人也[12]。况又出怪物，诡神道，以奸大法，而因以为利乎[13]？夫伪孝以奸利，诚仁者不忍擿过，恐伤于教也。然使伪可为而利可冒，则教益坏[14]。若然者，勿与知焉可也，伏而不出之可也[15]。

以大夫之政良，而吾子赞焉，固无阙遗矣[16]。作东郛，改市廛，去比竹茨草之室[17]，而垍土、大木、陶甄、梓匠之工备，爇火不得作[18]；化堕窳之俗，绝偷浮之源，而条桑、浴种、深耕、易耨之力用[19]，宽徭、啬货、均赋之政起，其道美矣[20]！于斯也，虑善善之过而莫之省，诚悫之道少损，故敢私言之[21]。夫以淮济之清，有玷焉若秋毫，固不为病，然而万一离娄子眇然睨之，不若无者之快也[22]。想默已其事，无出所置书，幸甚[23]。宗元白。

【注释】

（1）吕恭：字敬叔。柳宗元曾为其写《祭吕敬叔文》和《吕侍御恭墓志铭》。

（2）元生：元姓，名字不详。生，对读书年轻人的称呼。

（3）"诸所"句：意思是说，元生向我称道的事，你的信上都写得很详尽了。 具：具备。

（4）"元生又"四句：意思是说，元生又把你所辖地区那个在父亲墓旁筑屋守孝的人得到的石刻文字，临摹出来给我看，还说你将把这件事报告皇帝，我为此而感到不安和疑惑。 持：依据。 部中：所管辖的地域之内。 庐父墓者：在父亲墓旁筑屋守孝的人。庐，简陋的房屋。这里作动词，建屋。 模：模写，临摹。

（5）"以是善"三句：意思是说，因此善于鉴别书法，虽然不曾知晓书法作者的名姓，也一看就能辨识它是哪个时期的作品。 以是：因此。 望：观看。 识：辨识，识别。

（6）"又文章"四句：意思是说，文字的形态样子，古今大不相同，依你的精明、机智和博见多闻，难道对这一点竟没有研究！

文章：这里指文字。 形状：形态、样子。 通达：意指精通多种学问。

（7）"又言"三句：意思是说，在墓旁栽的松树被乌鸦拔起，在那地方挖土出石书这样的怪事，尤其荒诞不经，令人难以置信。

（8）"或者"句：意思是说，

莫非某人邪恶不正做的这事吧？　　或者：有人，某人。　　姦：邪恶不正。

(9)"且古"三句：意思是说，古人说过"葬者即藏"的话。封高坟墓和墓旁栽树，国子高还对此提出批评，何况在墓旁筑屋居住，值得崇尚吗？　　壤树：在墓上封土堆，种植树。　　君子：此指国子高。　　议：异议，批评。　　尚：崇尚，尊重。

(10)"圣人"三句：意思是说，圣人制定了关于丧葬的制度，发布了相关的法令，做过了头，就是邪道。　　制度、法令：这里指古代有关儿子为父母服丧尽孝的制度和法令。　　过：超过。　　辟：邪僻。

(11)"故立"三句：所以坚持大中之道的人不崇尚怪异的事物，搞教化的人是要使人诚实，因此都厌恶虚假诡诈的行为。　　饰：装饰，掩饰。　　伪：诡诈，不诚实。

(12)"过制"四句：意思是说，超过了制度的限期而又不愿解除服丧，应该居住在堂室；那个过制到了居住墓旁的人，是对大中之道犯了罪的。　　除丧：除服，即解除关于守孝期间的具体规定。　　庐：居住。　　庭：堂室。　　矫：纠正。

(13)"况又出"四句：意思是说，何况他还端出怪物，诈称神术，以此来干扰国家的基本法规，反而借这件事来谋取私利呢？　　神道：神术。　　大法：基本规范，重要的法令。

(14)"夫伪"数句：意思是说，用虚伪的孝行求取私利，诚实仁慈的人不忍心揭露，是担心损伤了教化。然而，如果伪行可以去做，私利可以去骗取，那么教化就更加败坏了。　　擿过：揭露责过。擿，揭露。　　冒：假冒。

(15)"若然"三句：意思是说，像这样的事情，可以不去知道它，知道了，可以掩盖下来不使它传出去。　勿与：不要。　伏：藏匿。　出：出现，显露。

(16)"以大夫"三句：意思是说，因为韦大夫的治政措施好，又有你从旁协助，本来是没有什么缺失了。　赞：协助。　阙：同"缺"。

(17)东郭：东面的城郭。郭，外城。　改市廛：改建商业区。市廛，商店集中的处所。　比竹：编织竹篾。　茨草：茅草屋顶。

(18)垺土：坚土。　陶甄：制作砖瓦。　梓匠：木匠。　备：完备。　孽火：指火灾。

(19)化：改变，消除。　堕窳：懒惰。堕，通"惰"。　偷浮：刻薄浮滑。偷，刻薄，不厚道。　条桑：采摘桑叶。　浴种：浸种。　易耨：间苗除草。

(20)宽徭：减轻徭役。　啬货：节省钱财。　均赋：平均赋税。

(21)"于斯"四句：意思是说，对墓中石书这件事，我担忧你过分扬善美事而未对它觉察，使诚悫谨慎的治政原则稍受损害，所以才冒昧地私下里评论它。　斯：代墓中石书事。　善善：扬善美事。　过：过分，过头。　省：觉察。　诚悫：诚实谨慎。

(22)"夫以"数句：意思是说，淮河济水那样的清彻河流，有个污点如同秋毫，当然不算什么毛病。可是万一被离娄子似的敏锐目光发现了，到底不如没有污点来的痛快。　淮济：淮河、济水。　离娄子：古代传说目光特别敏锐的人。　眇然：仔细看的样子。　睨：斜视。　快：愉快，痛快。

(23)"想默"三句：意思是说，我猜测你会暗暗地平息这件事，不把收留的石书供出来，那就是莫大的荣幸了。

与友人论为文书

　　古今号文章为难，足下知其所以难乎[1]？非谓比兴之不足，恢拓之不远，钻砺之不工，颉颃之不除也。得之为难，知之愈难耳[2]。

　　苟或得其高朗，探其深赜，虽有芜败，则为日月之蚀也，大圭之瑕也，曷足伤其明、黜其宝哉？且自孔氏以来，兹道大阐，家修人励，刓精竭虑者，几千年矣[3]。其间耗费简札，役用心神者，其可数乎[4]！登文章之篆，波及后代，越不过数十人耳[5]！其余谁不欲争裂绮绣，互攀日月，高视于万物之中，雄峙于百代之下乎？率皆纵臾而不克，踯躅而不进，力蹙势穷，吞志而没[6]。故曰得之为难。

　　嗟呼！道之显晦，幸不幸系焉；谈之辩讷，升降系焉；鉴之颇正，好恶系焉；交之广狭，屈伸系焉。则彼卓然自得以奋其间者，合乎否乎，是未可知也[7]；而又荣古虐今者，比肩迭迹，大抵生则不遇，死而垂声者众焉[8]。扬雄没而《法言》大兴，马迁生而《史记》未振[9]。彼之二才，且犹若是，况乎未甚闻者哉[10]。固有文不传于后祀，声遂绝于天下者矣[11]。故曰知之愈难。

　　而为文之士亦多渔猎前作，戕贼文史，抉其意，抽其华，置齿牙间，遇事蜂起，金声玉耀，诳聋瞽之人，徼一时之声。虽终沦弃，而其夺朱乱雅，为害已甚。是其所以难也[12]。

　　间闻足下欲观仆文章，退发囊笥，编其芜秽，心悸气动，交于胸中，未知孰胜，故久滞而不往也。今往仆所著赋、颂、碑、碣、文、记、议、论、书、序之文，凡四十八篇，合为一通，想令治书苍头吟讽之也⁽¹³⁾。击辕拊缶，必有所择，顾鉴视其何如耳，还以一字示褒贬焉。

【注释】

(1)"古今"二句：意思是说，从古到今，人们都认为写文章是一件难事，你知道导致难的原因吗？　号：称，认为。　足下：对平辈或晚辈的敬称。

(2)"得之"二句：意思是说，在我看来，作文章要获得成就是困难的，而文章被人所器重就更加困难了。　得：有所得。　知：被知。

(3)"且自"数句：意思是说，况且，从孔子以来，作文章的风气大开，家家研习，人人自勉，全力以赴，绞尽脑汁的势头，将近一千年了。　兹道：指写作文章的风气。　大阐：大开。阐，开，开辟。　修：研究，学习。　励：勉励。　刓：刻削。

(4)"其间"三句：意思是说，在这近千年的时间里，所消耗掉的书写材料，用尽心思致力于写作的人，难道数得清吗？　简札：竹简木札，古代书写材料。这里泛指书写材料。

(5)"登文"三句：意思是说，能够文刊书册、名誉文坛，并对后代有一定影响的人物，只不过几十人罢了。　登：记载，登记。　箓：簿籍。

(6)"率皆"四句：意思是说，然而，一般都是力不从心，却怂恿自己勉强去做，目的达不到，处于徘徊不前、力困势阻的境地，一直到含恨而死。　纵臾：怂恿。　克：战胜，攻破。　踯躅：徘徊。　蹩：窘迫。　穷：阻塞不通。

（7）"则彼"三句：意思是说，那么，那些突出的有独到见解的奋斗在文坛上的人，能不能合于社会，这个问题现在还不能知道。　卓然：高超，超群出众。　自得：自有所得，与众不同。

（8）"而又"四句：意思是说，而且社会上还存在厚古非今的人，络绎不绝，比比皆是。如此看来，"卓然自得"者的多数人，大概就要生前不遇、死后流声了。　荣古虐今：犹言厚古非今。　比肩迭迹：肩膀挨着肩膀，足迹连着足迹。形容人数众多，络绎不绝。

（9）扬雄：西汉末年的哲学家、文学家。《法言》是他的代表作品。　兴：兴起。　马迁：司马迁，西汉中期的史学家、文学家，著《史记》，成一家之言。　振：奋起。

（10）"彼之"三句：意思是说，扬雄、司马迁这样的才学之人尚且如此，更何况在当时没有知名度的人呢！　二才：指扬雄、司马迁。　未甚闻者：不太被社会闻知的人。

（11）"固有"二句：意思是说，在"死而垂声者"之外，当然还有文章未能流传到后代，名声就随之消失于世的人了。　固：当然，固然。　后祀：后代。　遂：于是，就。　绝：断。

（12）"是其"句：意思是这就是导致作文难的原因。

（13）一通：一份。通，量词，用于文书，表示一份。　治书苍头：管理书籍的奴仆。奴仆以深青色头巾包头，故称奴仆为苍头。

答元饶州论政理书⁽¹⁾

奉书辱示以政理之说及刘梦得书,往复甚善,类非今之长人者之说⁽²⁾。不唯充赋税养禄秩足己而已,独以富庶且教为大任,甚盛甚盛!

孔子曰:"吾与回言终日,不违如愚⁽³⁾。"然则蒙者固难晓,必劳申谕,乃得悦服⁽⁴⁾。用是尚有一疑焉。兄所言免贫病者,而不益富者税,此诚当也。乘理政之后,固非若此不可;不幸乘弊政之后,其可尔邪⁽⁵⁾?夫弊政之大,莫若贿赂行而征赋乱⁽⁶⁾。苟然,则贫者无赀以求于吏,所谓有贫之实而不得贫之名;富者操其赢以市于吏,则无富之名而有富之实⁽⁷⁾。贫者愈困饿死亡而莫之省,富者愈恣横侈泰而无所忌⁽⁸⁾。兄若所遇如是,则将信其故乎?是不可惧挠人而终不问也,固必问其实。问其实,则贫者固免,而富者固增赋矣⁽⁹⁾。安得持一定之论哉⁽¹⁰⁾?若曰止免贫者而富者不问,则侥幸者众,皆挟重利以邀,贫者犹若不免焉。若曰检富者惧不得实,而不可增焉,则贫者亦不得实,不可免矣⁽¹¹⁾。若皆得实,而故纵以为不均,何哉?

孔子曰:"不患寡而患不均,不患贫而患不安⁽¹²⁾。"今富者税益少,贫者不免于捃拾以输县官,其为不均大矣。然非惟此而已,必将服役而奴使之,多与之田而取其半,或乃出其一而收其二三⁽¹³⁾。主上思人之劳苦,或减除其税,则富者以户独免,而贫者以受役,卒输其二三与半焉。是泽不下流而人无所告诉,其为不安亦大矣⁽¹⁴⁾。夫如是,不一定经界、核名实而姑重改作，其可理乎⁽¹⁵⁾？

　　夫富室，贫之母也，诚不可破坏。然使其大幸而役于下，则又不可。兄云惧富人流为工商浮窳，盖甚急而不均，则有此尔⁽¹⁶⁾。若富者虽益赋，而其实输当其十一，犹足安其堵，虽驱之不肯易也。检之愈精，则下愈巧，诚如兄之言⁽¹⁷⁾。管子亦不欲以民产为征，故有"杀畜伐木"之说⁽¹⁸⁾。今若非市井之征，则舍其产而唯丁田之问，推以诚质，示以恩惠，严责吏以法，如所陈一社一村之制，递以信相考，安有不得之实？不得其实，则一社一村之制亦不可行矣⁽¹⁹⁾。是故乘弊政必须一定制，而后兄之说乃得行焉。蒙之所见，及此而已。

　　永州以僻隅⁽²⁰⁾，少知人事。兄之所代者谁邪？理欤？弊欤？理，则其说行焉。若其弊也，蒙之说其在可用之数乎？因南人来，重晓之⁽²¹⁾。其他皆善，愚不足以议，愿同梦得之云者。兄通《春秋》，取圣人大中之法以为理；饶之理，小也，不足费其虑⁽²²⁾。无所论刺，故独举均赋之事，以求往复而除其惑焉。不习吏职而强言之，宜为长者所笑弄⁽²³⁾。然不如是，则无以来至当之言⁽²⁴⁾。盖明而教之，君子所以开后学也。

　　又闻兄之莅政三日，举韩宣英以代己⁽²⁵⁾。宣英达识多闻而习于事，宜当贤者类举。今负罪屏弃，凡人不敢称道其善，又况闻于大君以二千石荐之哉⁽²⁶⁾。是乃希世拔俗，果于直道，斯古人之所难，而兄行之。宗元与宣英同罪，皆世所背驰者也。兄一举而德皆及焉。祁大夫不见叔向⁽²⁷⁾，今而预知斯举，下走之大过矣。书虽多，言不足导意，故止于此，不宣⁽²⁸⁾。宗元再拜。

【注释】

　　（1）元饶州：饶州刺史，姓元，名不详。　　政理：施政治民之意。

理，治。

（2）奉书：敬接来信之意。 刘梦得：刘禹锡，字梦得。刘禹锡的信，现存《刘梦得集》中。 往复：指元、刘讨论政理的来往书信。 长人者：做官的人。

（3）"吾与"二句： 回：颜回，字子渊，孔子弟子。

（4）"蒙者"三句：我不是颜回那样的一听就能领悟的聪明人，本来是难以开导的，一定要费力劳神、反复教诲，才能心悦诚服。 蒙者：愚昧的人，这里为作者自谦之词。 劳：烦劳，致劳。 谕：告诉，使人知道。

（5）"乘理政"四句：您主张的免除穷人的赋税而不增加富人的赋税，如碰上前任政治清明，当然非这样做不可，不幸地碰上前任政治腐败，也可以这样做吗？ 乘：凭，趁；这里指续接前任。 尔：这样，如此。

（6）"夫弊政"二句：政治的腐败，没有比贿赂流行而造成征税混乱更为严重的了。

（7）"富者"二句：富人拿他们多余的钱财去买通官吏，就会不被当作富人看待而实际上却很富有。 赢：盈余，余利。

（8）"贫者"二句：这样一来，穷人更加贫困、饥饿以致死丧逃亡，却没有人体察，富人更加横行霸道、挥霍浪费，而无所顾忌。 省：察看。 侈泰：奢侈过甚。

（9）"问其实"三句：查问贫、富名下的实际情况，那么，真穷人当然得到免税，真富人当然增加赋税了。

（10）"安得"句：哪能坚持固定不变的观点呢？

（11）"若曰检"四句：如说核查富人恐怕得不到实际情况，从而不能增加富人的赋税，那么，对穷人也要因为不掌握实际情况而不能免税了。　检：检查，核实。

(12) 患：担忧。　寡：指人口、土地少。

(13) "然非"四句：虽然，还不只如此而已，那些富人定要迫使穷人为他们服役，把穷人当作奴隶来驱使，把大量的田地租给穷人，从中抽取收成的一半，或者放高利贷，获取两倍三倍的利息。

(14) "是泽"二句：这么一来，皇上所施之恩泽达不到下层，人民又无处申诉。如此造成的不安，就是不安里的严重不安了。

(15) 定经界：意为清查田亩，核定数量。经界，地界。　核名实：核对贫富的名与实是否相符。　重改作：重新修改、制定。

(16) "兄云惧"三句：您说担心富人因增税而放弃土地，变成工商一类游手好闲的人，那种情况，是由于增税操之过急而又不均平，才造成的。　浮疠：意为浮游懒散的人。

(17) "检之"三句：核查资产的办法越精细，富人在下面采取逃税的办法也就越巧妙，这确实如您来信中所说的那样。

(18) 管子：管仲。　以民产为征：意思是按照人们的资产定税。

(19) "不得"二句：如上所论，还不能查实贫富的情况，那么，您讲的一社一村的制度也就行不通了。

(20) 僻隅：偏僻的角落。

(21) "因南"二句：如果您那里有人来南面，请托他捎信来，就政理问题再一次开导我。　南：南方。永州在饶州的西南面。　重：再一次。

(22) "兄通"数句：您通晓《春秋》，从中获取了圣人的大中之道，并用来治政；治理饶州，对您来说是小事一桩，不用费去很多心思。

（23）不习吏职：不熟悉地方行政长官的事务。　长者：长辈。笑弄：讥笑轻视。

（24）"然不"二句：然而不这样做，那就无从得到您的正确指教。　至当之言：最为恰当的言论。

（25）莅政：临政，到任。　韩宣英：韩晔，王叔文集团成员之一，时贬饶州司马。　代己：代替自己。唐德宗建中元年规定，五品以上的京官和节度使、观察使、州刺史等，在授官后三天内须向朝廷打报告，推荐一人代替自己。

（26）"今负罪"三句：韩宣英因"犯罪"而遭贬斥，一般人都不敢称道他的善行，何况向皇帝打报告，推荐他做刺史呢！　大君：指皇帝。　二千石：汉代以俸禄多少分官吏等级，刺史属二千石，这里用来代指刺史。

（27）祁大夫：春秋时晋国大夫祁奚。　不见叔向：晋大夫叔向被关押，祁奚向晋君求以赦免，祁奚不见叔向而归，叔向不谢祁奚而朝。

（28）书：这里指文字。　言：指信中所说的话。　导意：表达思想。　不宣：不一一详说。这是古人书信结尾时的常用语。

答周君巢饵药久寿书⁽¹⁾

奉二月九日书，所以抚教甚具，无以加焉⁽²⁾。丈人用文雅从知己，日以惇大府之政，甚适。东西来者，皆曰：海上多君子，周为倡焉⁽³⁾。

敢再拜称赞。

宗元以罪大摈废,居小州,与囚徒为朋。行则若带缧索,处则若关桎梏[4]。彳亍而无所趋,拳拘而不能肆[5]。槁然若蘖,颓然若璞。其形固若是,则其中者可得矣。然犹未尝肯道鬼神等事[6]。今丈人乃盛誉山泽之臞者,以为寿且神。其道若与尧舜孔子似不相类焉,何哉?又曰:饵药可以久寿,将分以见与。固小子之所不欲得也[7]。

尝以君子之道,处焉则外愚而内益智,外讷而内益辩,外柔而内益刚[8];出焉则外内若一,而时动以取其宜当,而生人之性得以安,圣人之道得以光。获是而中,虽不至耇老,其道寿矣[9]。今夫山泽之臞,于我无有焉[10]。视世之乱若理,视人之害若利,视道之悖若义,我寿而生,彼夭而死,固无能动其肺肝焉[11]。昧昧而趋,沌沌而居,浩然若有余。掘草烹石以私其筋骨,而日以益愚[12]。他人莫利,己独以愉。若是者愈千百年,滋所谓夭也,又何以为高明之图哉[13]?

宗元始者讲道不笃,以蒙世显利,动获大僇。用是奔窜禁锢,为世之所诟病[14]。凡所设施,皆以为戾,从而吠者成群[15]。已不能明,而况人乎!然苟守先圣之道,由大中以出,虽万受摈弃,不更乎其内[16]。大都类往时京城西与丈人言者,愚不能改。亦欲丈人固往时所执,推而大之,不为方士所惑[17]。仕虽未达,无忘生人之患,则圣人之道幸甚,其必有陈矣[18]!不宣。宗元再拜。

【注释】

(1) 周君巢:当为周居巢,柳宗元的友人。　饵药:服药。

(2) "奉二月"三句:意思是说,敬收你二月九日的来信,对我抚慰教诲的内容很周到，无以复加了。 抚教：抚慰教诲。

(3) "东西"三句：意思是说，从东、西方来永州的人都说，如今海上贤才众多，带头人是周君巢。 东：东方，指周君巢所在地区。 西：西方，指京城长安。 海上：海边，指周君巢做官的地方，似东部海边某地。

(4) 缧索：绳索。 关：贯。 桎梏：刑具，脚镣指手铐。

(5) 彳亍：小步走，欲行又止的样子。 无所趋：没有可去的地方。 拳拘：蜷曲。 肆：伸展。

(6) "其形"三句：意思是说，形体外表本来成了这个样子，那么内心的感受也就可想而知了。然而我还是不曾情愿地讲鬼怪神仙的事情。 形：外形。 中者：指内心。

(7) "饵药"三句：意思是说，服药可以长寿，将要分一些药给本人，这本来是我不愿得到的东西。 小子：柳宗元自称。

(8) "尝以"四句：意思是说，我曾经认为君子的处世原则，在没有做官的时候，外表虽似愚蠢内心却更聪明，外表虽似木讷内心却更明辨，外表虽似柔弱内心却更刚强。 君子之道：指处世为人的原则。 处：指没有做官的时候。 讷：木讷，言语迟钝。 辩：明辨，明敏善断。

(9) "获是"三句：意思是说，有了这个处世原则而行动又"中正"，就是未成"耇老"而死，他的人生准则却是不朽的。 耇老：寿高老人。

(10) "今夫山"二句：意思是说，当今的采药炼丹的山泽方士，他们的人生观念，同我没有关系。

(11) "视世"数句：意思是说，由于人生观念的自私性，方士们看到了世间的祸乱却如同大治,看到了人受害却如同获利,看到了大政方针的悖谬却如同正义,无论谁寿谁夭,谁生谁死,当然都不能打动他们内心的情感。

(12)"掘草"二句:意思是说,方士们挖药草,煮药石,炼丹自补,以强健筋骨。在强筋壮骨过程中,思想一天比一天更愚昧。

(13)"若是者"三句:意思是说,像方士这种人,寿高年过千百,实际上更像人们所说的"夭",早就在半途中死去了,又怎么能把这当作高明的谋算呢? 愈:同"逾",超过。 滋:更。 夭:夭折,未成年而死。 图:图谋,谋算。

(14)"用是"二句:意思是说,因此而被贬逐禁锢,成为世人侮辱的对象。 奔窜:指贬官受逐,出京城而至边远。 禁锢:禁闭,不得再为官。

(15)"凡所"三句:意思是说,凡是我所想所做的事情,全被认为不正常,紧跟着狂吠的人成群结队。 戾:违背,反常。 从:跟随。

(16)"然苟"四句:意思是说,然而,只要是坚持了先圣的思想原则,言行不离"大中",即使一万次被贬逐,也不改变初衷。 苟:假使。 守:坚持。 更:改变。

(17)"亦欲"三句:意思是

说,也希望你坚守过去所持的观点,并且进一步发挥它,不被方士所迷惑。　固:坚持,坚守。　大:扩大。作动词。

(18)"仕虽"四句:意思是说,虽然在仕途上未能显贵,但是,你不要忘记忧患人民,这样圣人之道也就有幸了,它必将通过你而有所作为了。　仕:做官。　达:得志,显贵。　无忘:勿忘,不要忘记。　患:忧患。　有陈:有所陈。陈,陈列,施布。

答韦中立论师道书[1]

二十一日,宗元白:

辱书云欲相师[2]。仆道不笃,业甚浅近,环顾其中,未见可师者。虽常好言论,为文章,甚不自是也[3]。不意吾子自京师来蛮夷间,乃幸见取[4]。仆自卜固无取;假令有取,亦不敢为人师。为众人师且不敢,况敢为吾子师乎[5]?

孟子称"人之患在好为人师[6]。"由魏晋氏以下,人益不事师[7]。今之世不闻有师;有辄哗笑之,以为狂人。独韩愈奋不顾流俗,犯笑侮,收召后学,作《师说》,因抗颜而为师。世果群怪聚骂,指目牵引,而增与为言辞[8]。愈以是得狂名,居长安,炊不暇熟,又挈挈而东[9],如是者数矣。

屈子赋曰:"邑犬群吠,吠所怪也[10]。"仆往闻庸蜀之南,恒雨少日[11],日出则犬吠,余以为过言。前六七年,仆来南[12],二年冬,幸大雪，逾岭被南越中数州[13]。数州之犬，皆苍黄吠噬狂走者累日[14]，至无雪乃已。然后始信前所闻者。今韩愈既自以为蜀之日，而吾子又欲使吾为越之雪，不以病乎[15]？非独见病，亦以病吾子。然雪与日岂有过哉？顾吠者犬耳。度今天下不吠者几人？而谁敢衒怪于群目[16]，以召闹取怒乎？

仆自谪过以来[17]，益少志虑。居南中九年[18]，增脚气病，渐不喜闹，岂可使呶呶者早暮咈吾耳、骚吾心？则固僵仆烦愦，愈不可过矣。平居望外遭齿舌不少，独欠为人师耳[19]。

抑又闻之，古者重冠礼，将以责成人之道，是圣人所尤用心者也。数百年来，人不复行。近有孙昌胤者，独发愤行之。既成礼，明日造朝，至外庭，荐笏言于卿士曰："某子冠毕。"应之者咸怃然[20]。京兆尹郑叔则怫然曳笏却立，曰："何预我耶？"廷中皆大笑。天下不以非郑尹而快孙子[21]，何哉？独为所不为也。今之命师者，大类此[22]。

吾子行厚而辞深，凡所作，皆恢恢然有古人形貌[23]，虽仆敢为师，亦何所增加也？假而以仆年先吾子，闻道著书之日不后，诚欲往来言所闻，则仆固愿悉陈中所得者[24]。吾子苟自择之，取某事去某事，则可矣。若定是非以教吾子，仆材不足，而又畏前所陈者[25]，其为不敢也决矣。吾子前所欲见吾文，既悉以陈之，非以耀明于子，聊欲以观子气色，诚好恶何如也。今书来，言者皆大过。吾子诚非佞誉诬谀之徒，直见爱甚故然耳[26]。

始吾幼且少，为文章以辞为工[27]。及长，乃知文者以明道，是固不苟为炳炳烺烺，务采色，夸声音，而以为能也[28]。凡吾所陈，皆自谓近道，而不知道之果近乎，远乎？吾子好道而可吾文，或者其于道不远矣。故吾每为文章，未尝敢以轻心掉之，惧其剽而不留也；未尝敢以怠心易之，惧其弛而不严也⁽²⁹⁾；未尝敢以昏气出之，惧其昧没而杂也⁽³⁰⁾；未尝敢以矜气作之，惧其偃蹇而骄之⁽³¹⁾。抑之欲其奥⁽³²⁾，扬之欲其明，疏之欲其通，廉之欲其节。激而发之欲其清⁽³³⁾，固而存之欲其重。此吾所以羽翼夫道也⁽³⁴⁾。本之书以求其质；本之诗以求其恒⁽³⁵⁾；本之礼以求其宜⁽³⁶⁾；本之春秋以求其断⁽³⁷⁾；本之易以求其动。此吾所以取道之原也⁽³⁸⁾。参之谷梁氏以厉其气⁽³⁹⁾；参之孟荀以畅其支；参之庄老以肆其端⁽⁴⁰⁾；参之国语以博其趣；参之离骚以致其幽；参之太史公以著其洁⁽⁴¹⁾，此吾所以旁推交通而以为之文也⁽⁴²⁾。凡若此者，果是耶？非耶？有取乎，抑其无取乎？吾子幸观焉择焉，有余以告焉⁽⁴³⁾。

苟亟来以广是道⁽⁴⁴⁾，子不有得焉，则我得矣。又何以师云尔哉！取其实而去其名，无招越蜀吠怪，而为外廷所笑，则幸矣！宗元复白。

【注释】

（1）韦中立：无传。据《新唐书》卷七十四《宰相世系表》，为韦彪之孙。韦彪曾任唐州刺史，元和（806—820）中为永州刺史。唐宪宗元和八年（813），韦中立曾写信请求拜柳宗元为师，十四年（819）中进士。

（2）辱：屈辱，这里引申为承蒙。　欲相师：想要拜我做老师。

（3）自是：自认为正确。是，正确，与"非"相对。

（4）不意：没料到。　吾子：表示尊重对方，相当"您"。　京师：都城，此指长安。　蛮夷间：指少数民族所居边荒之地，此指永州。　幸：敬词，表示某某做法是使自己感到荣幸的。

（5）众人：普通的人。 且：尚且。 况：何况。

（6）"人之患"句：人的毛病就是爱给别人当老师。

（7）事师：从师学习。事，侍奉。

（8）"世果"数句：意思是：世人果然聚在一起大惊小怪，肆意咒骂，指指点点，挤眉弄眼，拉拉扯扯，越来越多地编造口实进行诽谤。 指：指点，表示手指的动作。 目：目视，表示眼睛的动作。 牵引：拉扯。 增与：增加，越来越多。

（9）炊不暇熟：做饭连做熟的工夫都不到。比喻韩愈在京城为官，不得留，屡屡被贬。 挈挈：急切的样子。

（10）"邑犬"句：城镇的狗聚在一处狂吠，准是吠叫它们奇怪的事情。 邑：人群聚居的地方。

（11）庸蜀：泛指四川一带。庸，古国名。蜀，古郡名。 恒雨：经常下雨。 少日：太阳很少出现。

（12）仆来南：指唐顺宗永贞元年（805），柳宗元被贬邵州，再贬为永州司马。

（13）二年：指元和二年（807）。 逾岭：越过五岭山脉。 被：同"披"，覆盖。 南越：指广东、广西一带。

（14）苍黄：也作"仓皇"，惊慌失措的样子。 累日：数日，几天。

（15）不以病乎：不因此使我受辱吗？病，困辱。

（16）"而谁敢"句：谁敢在众目睽睽之下炫耀奇特，与众不同？衒：同"炫"，显露、显示。 怪：奇异。

（17）谪过：因罪而被贬。谪，降职贬官。

（18）居南中：来蛮荒的南方居住。

(19)"平居"句：在以往的平常生活中，意外地遭人家议论已经不少，现在只差做人老师这一条了。 望外：意外。 齿舌：借代为言论、议论。

(20)造朝：上朝。造，到……去。 荐笏：把笏板插入衣带。荐，同"搢"，插。笏，臣于朝见皇帝时所拿的手板。 某子：孙昌胤的自称。 忾然：莫名其妙的样子。

(21)"天下"句：天下人不因这事而认为郑尹做得不对，也不因孙子冠礼而感到快活。

(22)命师者：指称师、拜师之事。 命：取名，称名。

(23)"凡所作"句：您写的文章，内容都博大深广，有古人的风骨体貌。 恢恢然：宏大宽广的样子。

(24)"诚欲"句：真想要彼此交往，谈谈各自的见识，那么，我当然愿意毫无保留地陈述我所知道的一切。 固：当然。

(25)前所陈者：在前面已经提到的那些事情。

(26)直：仅，只是。 见爱：被爱。

(27)"始吾"句：当初，我年纪轻阅历少，写文章时，认为辞美就算好。 幼：年幼。 少：指阅历短，经验不够。 工：美妙，精致。

(28)是固：同"是故"，因此。 炳炳烺烺：漂亮，有光彩，指文章的辞采声韵。 务：致力。 采色：指辞藻华美。 夸：炫耀。 声音：指行文用字的声韵。

(29)怠心：怠慢的思想。 易：简率，轻慢。 弛：松懈。 严：严谨。

(30)昏气：昏昏然的精神状态。 昧没：模糊不清。 杂：

庞杂。

(31) 矜气：骄傲自大的精神状态。 偃蹇：傲慢狂妄的样子。

(32) 抑：压，与"扬"相对。 奥：深奥，含蓄。

(33) 激而发之：把不好的东西搅动起来并淘汰掉。这里指文章的删削、修改。 清：清秀。

(34) "此吾"句：这些就是我如何用文章来辅助"道"的方法。羽翼：作动词，辅助。

(35) 诗：即《诗经》。 恒：永久。柳宗元认为《诗经》具有永恒的魅力。

(36) 礼：即《三礼》，包括《仪礼》、《周礼》、《礼记》。 宜：适宜。柳宗元认为《三礼》规定人们在某种场合下应当做什么，怎样做，所以它的特点是适宜性。

(37) 春秋：即《春秋》。 断：判断。柳宗元认为《春秋》在记事中当断则断，褒贬分明，所以它的特点是判断准确。

(38) 原：本原，源泉。

(39) 谷梁氏：即《春秋谷梁传》。 厉：磨练。 气：气势。这里指文章行文的整体气势。

(40) 庄老：即《庄子》和《老子》。 肆：铺肆，放开。 端：端绪。这里指文章的思路。

(41) 太史公：指司马迁《史记》。 著：显露。 洁：简洁。这里指文章的用字。

(42) 旁推：广泛索取。推，推求。 交通：融会贯通。交，交叉。

(43) 有余：有空的时候。 告：告诉。

(44) 苟：如果。　亟：多次，经常。　是道：指柳宗元所谈的关于做文章的道理。

报崔黯秀才论为文书⁽¹⁾

崔生足下⁽²⁾：辱书及文章，辞意良高，所向慕不凡近，诚有意乎圣人之言。然圣人之言，期以明道，学者务求诸道而遗其辞⁽³⁾。辞之传于世者，必由于书⁽⁴⁾。道假辞而明，辞假书而传，要之之道而已耳⁽⁵⁾。道之及，及乎物而已耳，斯取道之内者也。今世因贵辞而矜书，粉泽以为工，遒密以为能，不亦外乎？吾子之所言道，匪辞而书，其所望于仆，亦匪辞而书，是不亦去及物之道愈以远乎⁽⁶⁾？

仆尝学圣人之道，身虽穷，志求之不已，庶几可以语于古。恨与吾子不同州部，闭口无所发明⁽⁷⁾。观吾子文章，自秀士，可通圣人之说⁽⁸⁾。今吾子求于道也外，而望于余也愈外，是其可惜欤⁽⁹⁾！吾且不言，是负吾子数千里不弃朽废者之意，故复云尔也⁽¹⁰⁾。

凡人好辞工书，皆病癖也⁽¹¹⁾。吾不幸蚤得二病⁽¹²⁾。学道以来，日思砭针攻熨，卒不能去，缠结心腑牢甚，愿斯须忘之而不克，窃尝自毒。今吾子乃始钦钦思易吾病，不亦惑乎⁽¹³⁾？斯固有潜块积瘕中子之内藏，恬而不悟，可怜哉！其卒与吾何异⁽¹⁴⁾？均之二病，书字益下，而子之意又益下，则子之病又益笃。甚矣，子癖于伎也⁽¹⁵⁾！

吾尝见病心腹人，有思啖土炭、嗜酸咸者，不得则大戚⁽¹⁶⁾。其亲爱之者不忍其戚，因探而与之⁽¹⁷⁾。观吾子之意，亦已戚矣。吾虽未得亲爱吾子，然亦重来意之勤，有不忍矣。诚欲分吾土炭酸咸，吾不敢爱，但远言其证不可也，俟面乃悉陈吾状⁽¹⁸⁾。未相见，且试求良医为方已之。苟能已，大善，则及物之道专而易通。若积结既定，医无所能已，幸期相见时，吾决分子其啗嗜者。不具⁽¹⁹⁾。宗元白。

【注释】

（1）报：回信答复。　崔黯：字直卿，卫州（今河南汲县）人，唐文宗太和二年中进士，官至谏议大夫。

（2）足下：对朋友的敬称。

（3）"然圣"三句：意思是说，然而，圣人的言论，目的是用来阐明道的，学习它就务必研究道而忽略它的文辞。　期：期望。　明道：说明"道"。　遗：遗留，忽略。

（4）传：流传。　世：世间。　书：书写。

（5）"道假"三句：意思是说，道，借助文辞才能阐明；文辞，借助书写才能流传；总而言之，文辞、书写都归于道而已。　假：借助。　要之：概括而言之。　之道：归于道。

（6）"吾子之"数句：意思是说，你所谈的道，不是关于文辞就是关于书法的，你所期望我谈的，也是关于文辞和书法，这不是离开道的内在实质更加远了吗？　匪辞而书：不是关于文辞就是关于书法。

（7）"恨与"二句：意思是说，遗憾的是与你不住在一个地区，不能面对面交谈、阐述这些圣人之道。　恨：遗憾。　州部：行政区划名称。　闭口：即口闭，意为不可面对面交谈。

（8）"观吾子"三句：意思是说，看了你的文章，觉得你是个天资聪明有才干的人，可以通晓圣人的学说。　秀士：聪明有才华的人。　通：通晓，通达。

（9）"今吾子"三句：意思是说，今日你探索道却脱离了它的实质，而拘拗外在的东西，寄望于我的更是外在的东西，对你来说，这不是太可惜了吗！

（10）"吾且"三句：意思是说，如果我不说什么话，那就辜负了你在几千里外还不嫌弃我这"朽废"之人的感情，所以还是谈谈看法、意见。

（11）"凡人"二句：意思是说，一般地讲，嗜好文辞或精工书法的人，都是害了癖病。　病：作动词，害病。　癖：癖病。

（12）蚤：通"早"。　二病：指"好辞工书"。

（13）"今吾子"二句：意思是说，现在你竟开始念念不忘地把我的病移到你身上，这不是糊涂吗？　乃：竟。　钦钦：思念不忘的样子。

（14）"其卒"句：意思是说，现在症状如此，将来的结果与我的病态有什么不同呢？

（15）癖于伎：过分地偏爱技巧的东西。　伎：技巧，技艺。

（16）病心腹：害了心腹病。　啗土炭：吃土吃炭。啗，吃。戚：悲伤。

（17）亲：爱。　因：于是，就。　探：搜寻。

（18）"诚欲"四句：意思是说，你真的想要分得一些我的土炭酸咸，我不敢吝惜，只是相距太远，很难把病症说清楚，等我们见面时再详细诉说我的症状。　爱：吝惜。　俟：等待。

（19）不具：不详尽。书信末尾常用语。

杨评事文集后序[1]

　　赞曰[2]：文之用，辞令褒贬，导扬讽谕而已[3]。虽其言鄙野，足以备于用。然而阙其文采，固不足以竦动时听，夸示后学[4]。立言而朽，君子不由也。故作者抱其根源，而必由是假道焉[5]。

　　作于圣，故曰经；述于才，故曰文。文有二道：辞令褒贬，本乎著述者也；导扬讽谕，本乎比兴者也[6]。著述者流，盖出于《书》之谟、训，《易》之象、系，《春秋》之笔削，其要在于高壮广厚，词正而理备，谓宜藏于简册也[7]。比兴者流，盖出于虞夏之咏歌，殷周之风雅；其要在于丽则清越，言畅而意美，谓宜流于谣诵也[8]。兹二者，考其旨义，乖离不合。故秉笔之士，恒偏胜独得，而罕有兼者焉。厥有能而专美，命之曰艺成[9]。虽古之文雅之盛世，不能并肩而生[10]。

　　唐兴以来，称是选而不怍者，梓潼陈拾遗。其后，燕文贞以著述之余，攻比兴而莫能极；张曲江以比兴之隙，穷著述而不克备[11]。其余各探一隅，相与背驰于道者，其去弥远。文之难兼，斯亦甚矣[12]。

　　若杨君者[13]，少以篇什著声于时，其炳耀尤异之词，讽诵于文人，盈满于江湖，达于京师[14]。晚节遍悟文体，尤邃叙述。学富识远，才涌未已，其雄杰老成之风与时增加。既获是，不数年而夭[15]。其季年所作尤善，其为《鄂州新城颂》、《诸葛武侯传论》、饯送梓潼陈众甫、汝南周愿、河东裴泰、武都何义府、太山羊士谔、陇西李炼凡六

《序》,《庐山禅居记》、《辞李常侍启》、《远游赋》、《七夕赋》,皆人文之选已[16]。用是陪陈君之后,其可谓具体者欤?呜呼!公即悟文而疾,既即功而废,废不逾年,大病及之,卒不得穷其工、竟其才[17]。遗文未克流于世,休声未克充于时[18]。凡我从事于文者,所宜追惜而悼慕也[19]!

宗元以通家修好,幼获省谒,故得奉公元兄命,论次篇简,遂述其制作之所诣以系于后。

【注释】

(1) 杨评事:指杨凌,曾为大理寺评事,掌管刑狱判决。

(2) 赞:评论。

(3) "文之用"三句:意思是说,文章的作用在于交流思想,褒贬善恶,以引导颂扬、委婉劝戒罢了。 辞令:交际所用的言辞,此指文书的往来,意见的交流。 导:引导。 扬:颂扬。

讽谕:委婉地劝戒。

(4) "然而阙"三句:意思是说,但是,这样的文章,由于缺少艺术性,当然不能够惊动世人的听闻,也不能向后来的学人夸耀。 阙:缺少。 竦动:震动。

时听：当时世人的听闻。

（5）"故作"二句：意思是说，因此作文者一定要围绕文章的宗旨，凭借艺术性达到流传的目的。　抱：犹言围绕。　根源：指文章的宗旨。　假道：借路。

（6）"文有"数句：意思是说，文章有两种流别：交流意见和褒贬善恶的，起源于古代的著述作品；引导颂扬和委婉劝戒的，起源于古代的诗歌作品。　二道：二路，意指二路不同的流别。　本：本源，起源。　比兴：本是《诗经》所用的两种方法，这里指诗歌。

（7）"其要"三句：意思是说，著述这类作品，它的要领在于气势磅礴、内容丰富、言词中正、道理充分，因为这样才适合刊刻简册，收藏保存。　要：要领，关键。　高壮：形容文章的气势。　广厚：形容文章的内容。　词正：言词中正。　理备：道理完备。

（8）"其要在"三句：意思是说，诗歌一类作品，要领在于辞藻华丽而正大，韵调清彻高昂，语句流畅，意境优美，因为这样才适合口头吟唱，流传广远。　丽则：辞藻华丽而不失于正。　清越：指诗的韵调，清彻激越。　流：流传。　谣诵：口头吟唱。

（9）"故秉"数句：意思是说，因此执笔作文的人士，常是擅长其中的某一方面，少有两者兼备的。竟然能够两者兼备而且两者都擅长的，就称他为"艺成"。　秉笔：执笔。　偏胜：胜任两项中的一项。　独得：只在一个方面成功。　厥：竟。　专美：独擅其美。美，指两者兼作的本领。　艺成：本领大成。艺，技艺。成，成熟。

（10）"虽古"二句：意思是说，即使在古代的文化极盛时期，称得上"艺成"的人物，也未能同时并存两人。　文雅：艺文礼乐，文化现象。　并肩：并列，同列。　生：生存。

(11)"其后"数句：意思是说，在陈子昂之后，张说在从事著述之余，努力钻研诗歌而未能达到很高的水平；张九龄在创作诗歌的间歇，深入研究著述而未能达到完美的境界。　燕文贞：张说，字道齐，唐洛阳人，封燕国公，谥号文贞。　攻：钻研。　极：尽，顶点。　穷：深入研究。　备：完美。

(12)"文之"二句：意思是说，散文与诗歌两者兼作，这真是难上加难。

(13)杨君：指杨凌。君，尊称。

(14)"少以"数句：意思是说，早年以诗歌著名于当时，那些光彩夺目的优异篇章，被文人吟诵，江湖传唱，一直到达京城。　炳耀：光明闪亮。　尤异：优异，突出。

(15)不数年：没有几年。　夭：夭折。

(16)季年：末年，指杨凌去世前的最后几年。　诸葛武侯：诸葛亮，封武乡侯。　饯送：设宴送别。　禅居：佛教的寺院。　人文：礼教文化，这里主要指文章。

(17)"公即"数句：意思是说，就在杨凌感悟了各种文体之时得病了，笔法已精善却停止了写作，停止写作还不到一年，又大病缠身，终于不得极尽其艺术上的造诣，完全发挥创作才能。　公：指杨凌。既即功：已经达到精善的程度。功，精善。　废：废止写作。

(18)未克：未能。　休声：美好的名声。

(19)凡：凡是。　追惜：追忆惋惜。　悼慕：悼念仰慕。

送邠宁独孤书记赴辟命序⁽¹⁾

仆间岁骤游邠疆⁽²⁾。今戎帅杨大夫时为候奄，尽护群校⁽³⁾。用答法箠令，不吐强御，下莫有逗挠凌暴而犯令者。沉断壮勇，专志武力，出麾下取主公之节钺而代之位，鹖冠者仰而荣之。今又能旁贵文雅，以符召文士之秀者河南独孤宓，署为记室，俾职文翰，翕然致得士之称于谈者之口⁽⁴⁾。盖朝廷以勇爵论将帅，岂滥也哉⁽⁵⁾？独孤生与仲兄寔连举进士，并时管记于汉中、新平二连帅府。俱以笔砚，承荷旧德，位未达而荣如贵仕，其难乎哉⁽⁶⁾！

噫！自犬戎陷河右、逼西鄙，积兵备虞，县道告劳，内匮中府太仓之蓄，仅而获餍⁽⁷⁾。投石而贾勇者，思所以奋力。论者以为天子且复河隍故疆，拓达西戎，而罢诸侯之兵⁽⁸⁾；则曳裾戎幕之下，专弄文墨，为壮夫捧腹，其未可也。吾子历览古今之变而通其得失⁽⁹⁾。是将植密画于借箸之宴，发群谋于章奏之笔，上为明天子论列熟计，而导扬威命⁽¹⁰⁾。然后谈笑鐏俎，赋从军之乐，移书飞文，谕告西土劫胁之伍，俾其箪食壶浆犒迎王师，在吾子而已。往慎辞令，使谕蜀之书，燕然之文，炳列于汉史，真可慕也！不然，是琐琐者恶足置齿牙间而荣吾子哉⁽¹¹⁾？

【注释】

(1) 邠宁：邠州（今陕西省邠县）和宁州（今甘肃省宁县），并归邠宁节度使管辖。　独孤：复姓，指独孤宓。　书记：节度使属官。　赴辟命：地方长官自招属官称为辟召，应聘赴任叫做赴辟命。

(2) 仆：柳宗元自指。　间岁：近几年。　骤：多次。　邠疆：邠州之地。

(3) "今戎"二句：意思是说，现在的邠宁节度使杨大夫当时任都虞侯，地区的将校都受他的监管。　戎帅：军中主帅，这里指节度使。　杨大夫：杨朝晟。德宗贞元四年，因功加封御史大夫衔。贞元十二年，任邠宁节度使。　候奄：节度使下的都虞侯，军中的执法官。　护：统辖。

(4) "今又能"数句：意思是说，如今，杨朝晟作为节度使，在主持大政之外，还能高看文章的作用，以地方官的名义招聘文士中的佼佼者河南人独孤宓，让他供职记室，掌管文书，很快地称赞杨朝晟"得士"的美谈就口口相授传扬开。　旁：侧面。　贵：贵重。这里为意动用法。　文雅：艺文礼乐；这里指文章。　符召：辟召；以地方官的名义

招聘。　署：授职。　文翰：这里指信札、文书。　得士：得意士人。得，得意，满意。　称：称颂，称赞。

(5)"盖朝"二句：意思是说，人们如此交口称赞杨朝晟重用士人，那原因，是否在于朝廷的以军功论列英雄有些过分了呢？　盖：表示原因。　勇爵：关于勇士的爵位，这里指军功的等级。　论将帅：犹言论列英雄。论，选择。　岂：表示疑问，是否的意思。　滥：过度。

(6)"俱以"四句：意思是说，独孤兄弟都因文墨之才，承继先辈的美德，在书记官这个不高的职位上，却像显贵的大官一样荣耀，这是难得的呀！　笔砚：指写作文章。　承荷：承继，承接。　旧德：指独孤家先辈的传统美德。　荣：荣耀，荣宠。

(7)"自犬戎"数句：意思是说，自从吐蕃侵占河西地区，逼迫西部边境，朝廷派大兵驻扎，防备不测以来，那个地区的百姓叫苦不迭，国家竭尽国库粮仓的积蓄也仅能满足军需。　犬戎：这里指吐蕃。河右：河西，这里指河西走廊一带。　西鄙：国家的西部边境。　积兵：屯兵。　备虞：防备不测之患。虞，忧患。　道，有少数民族居住的县。　告劳：反映劳苦。　中府：国库。　太仓：京师的粮仓。

(8)"论者"四句：意思是说，议论国事者认为，皇帝即将收复河西走廊一带的旧日疆土，打开通往西域之路，撤回各节度使的驻防部队。　且：将要。　复：收复。　河壖：河边土地。　故疆：旧有的疆域。　西戎：指西域。吐蕃占领河西走廊，阻断了西域同内地的联系。　诸侯：这里借指节度使。

(9)"吾子"句：意思是说，独孤宓遍读史书，懂得从古至今的历史变迁，通晓各朝代的成败得失。

(10)"是将"四句：意思是说，独孤宓的历史才学，完全可以像张良一样为主帅出谋划策，写奏章时充分反映大家的智谋，以利于皇帝议论评定成熟的计划，并发布威严的命令。　借箸：表示为人出谋划策。箸，zhù，筷子。　论列：议论评定。　熟计：成熟的计划。

(11)"不然"二句：意思是说，不然的话，官小位卑的书记之职，哪里值得谈论称道，哪能使你荣耀呢？　琐琐：琐屑细小，这里是指书记之职官小位卑。　置齿牙间：犹言放在嘴上谈论称道。

送薛存义序

河东薛存义将行(1)，柳子载肉于俎(2)，崇酒于觯(3)，追而送之江之浒，饮食之(4)；且告曰："凡吏于土者(5)，若知其职乎(6)？盖民之役，非以役民而已也(7)。凡民之食于土者，出其什一佣乎吏(8)，使司平于我也(9)。今我受其直怠其事者(10)，天下皆然。岂惟怠之，又从而盗之。向使佣一夫于家(11)，受若直，怠若事，又盗若货器，则必甚怒而黜罚之矣(12)。以今天下多类此，而民莫敢肆其怒与黜罚者，何哉？势不同也(13)。势不同而理同，如吾民何(14)？有达于理者，得不恐而畏乎(15)？"

存义假令零陵二年矣(16)。早作而夜思，勤力而劳心。讼者平，赋者均，老弱无怀诈暴憎(17)，其为不虚取直也的矣(18)！其知恐而畏也审矣(19)！

吾贱且辱,不得与考绩幽明之说[20];于其往也,故赏以酒肉而重之以辞[21]。

【注释】

(1) 薛存义:河东(今山西省永济县)人,时在永州零陵县代理县令。

(2) 俎:指盛肉的器具。

(3) 崇酒:斟满酒。 觞:盛酒的器具。

(4) 饮:饮酒。 食:食肉。

(5) 吏于土者:指地方官。吏,做官。土,土地,表是"某一地方"的意思。

(6) 若:人称代词,你。 职:职责。

(7) 役:前者为名词,仆役、仆人。后者为动词,役使、奴役。

(8) 什一:十分之一。 佣:雇佣。

(9) 司:司职,职权内所做所为。 平:公正,均等;这里有"对等"的意思。

(10) 直:通"值",这里指按官品所付的钱财。

(11) 向使:假使,如果。

(12) 黜:废免;这里是"辞退"的意思。

(13) 势不同:情势不一样;谓主人治仆役,而人民为官吏所治。

(14) 如……何:固定格式,表示"对……怎么样"的意思。

(15) 得不:能不。

(16) 假令:代理县令。

（17）"老弱"句：此句是被动句，"老弱"是受事者。　怀诈：暗藏欺诈。　暴憎：显露厌恶。

（18）的：的确。

（19）审：确实。

（20）与：参与。

（21）重：加上、加重。

送元十八山人南游序⁽¹⁾

太史公尝言⁽²⁾："世之学孔氏者，则黜老子；学老子者，则黜孔氏，道不同不相为谋⁽³⁾。"余观老子亦孔氏之异流也，不得以相抗；又况杨、墨、申、商，刑名、纵横之说⁽⁴⁾，其迭相訾毁抵捂而不合者，可胜言邪？然皆有以佐世。太史公没，其后有释氏，固学者之所怪骇舛逆其尤者也⁽⁵⁾。

今有河南元生者，其人闳旷而质直，物无以挫其志⁽⁶⁾。其为学，恢博而贯统，数无以踬其道。悉取向之所以异者，通而同之，搜择融液，与道大适，咸伸其所长，而黜其奇邪；要之与孔子同道，皆有以会其趣⁽⁷⁾。而其器足以守之，其气足以行之，不以是道求合于世，常有意乎古之守雌者⁽⁸⁾。

及至是邦，以余道穷多忧，而尝好斯文，留三旬有六日，陈其大方，勤以为谕，余始得其为人。今又将去余而南历营道，观九疑，下漓水，穿南越以临大海，则吾未知其还也⁽⁹⁾。黄鹄一去，青冥无极，安得不冯丰隆，恕蜚廉，以寄声于寥廓耶⁽¹⁰⁾？

【注释】

（1）元十八：元姓，排行第十八。　山人：隐居山野不做官的士人。

（2）太史公：指司马迁。　尝：曾经。

（3）"世之学"数句：意思是说，世上学习孔子学说的就排斥老子；学习老子学说的就排斥孔学，各自的主张不同也就不能相互合作。　黜：废弃，排斥。　道：观点、主张。　谋：商量。

（4）况：况且。　杨：杨朱，战国早期的思想家，唯我主义者。　墨：墨翟，春秋末期战国初期的思想家，墨家学派的创始人。　申：申不害，战国中期的法家。　商：商鞅，亦称卫鞅，战国中期的法家代表人物。　刑名：即"形名"，意为名与实的关系。　纵横：战国时期，苏秦主张的"合纵"与张仪主张的"连横"。

（5）"太史公"三句：意思是说，太史公身后，又出现了佛教，当然更是学者感到大惊小怪、大逆不道的东西了。　释氏：指佛教。古印度释迦牟尼创立，因简称释教、释氏。

（6）"今有"三句：意思是说，有一个河南籍的元生，此人胸怀开阔，质朴正直，任何事情都无法挫伤他的意志。　生：对读书人的称呼。　闳旷：胸怀宽广。　质直：质朴正直。

（7）"要之"二句：意思是说，总而言之，凡与孔子学说相一致的意旨，都可以拿来融通。　要之：总而言之。　同道：道一致。　会：

会通。　趣：意向。

（8）"面其器"四句：意思是说，元生具备的才干能够使他坚持自己的学说，具有的魄力能够使他运用自己的学说，但他不用这个学说去求得社会上的认可、赏识，而是常常执意做古代的不与世俗争名夺利的人。　守雌者：指内刚外柔，不与世争名夺利的人。

（9）去余：离开我。　南历：向南经过。　营道：汉代县名，即今湖南省道县。　九疑：九疑山，在今湖南宁远县南。　漓水：即漓江，发源广西兴安县海阳山。　南越：今两广地区。　还：归还。此指元生再至永州之日。

（10）"黄鹄"数句：意思是说，元生南游，就像黄鹄远飞，在无边无际的蓝天翱翔，怎么能不去凌云迎风，把声音寄托在广阔的天空呢？　黄鹄：鸟名，善飞，鸣声宏亮。　青冥：蓝天。　丰隆：云神名。此代云。　愬：通"溯"，逆。　蜚廉：风神名。此代风。　寥廓：广阔高远。

愚溪诗序

灌水之阳，有溪焉，东流入于潇水[1]。或曰："冉氏尝居也，故姓是溪为冉溪[2]。"或曰："可以染也，名之以其能，故谓之染溪。"余以愚触罪，谪潇水上，爱是溪，入二三里，得其尤绝者家焉[3]。古有愚公谷，今予家是溪，而名莫能定，土之居者犹龂龂然[4]，不可以不更也,故更之为愚溪。

愚溪之上,买小丘,为愚丘。自愚丘东北行六十步,得泉焉,又买居之,为愚泉(5)。愚泉凡六穴,皆出山下平地,盖上出也(6)。合流屈曲而南,为愚沟。遂负土累石,塞其隘,为愚池(7)。愚池之东为愚堂。其南为愚亭。池之中为愚岛。嘉木异石错置,皆山水之奇者,以余故,咸以"愚"辱焉。

夫水,智者乐也;今是溪独见辱于愚,何哉(8)?盖其流甚下,不可以溉灌;又峻急,多坻石,大舟不可入也(9);幽邃浅狭,蛟龙不屑,不能兴云雨(10),无以利世,而适类于余(11),然则虽辱而愚之,可也。

宁武子"邦无道则愚",智而为愚者也;颜子"终日不违如愚",睿而为愚者也(12),皆不得为真愚。今余遭有道,而违于理,悖于事,故凡为愚者莫我若也(13)。夫然,则天下莫能争是溪,余得专而名焉。

溪虽莫利于世,而善鉴万类,清莹秀澈,锵鸣金石,能使愚者喜笑眷慕,乐而不能去也(14)。余虽不合于俗,亦颇以文墨自慰,漱涤万物,牢笼百态,而无所避之(15)。以愚辞歌愚溪,则茫然而不违,昏然而同归,超鸿蒙,混希夷,寂寥而莫我知也(16)。于是作《八愚诗》,纪于溪石上。

【注释】

(1)灌水:在今广西境内,源出灌阳县西南,流经全州注入湘江。阳,河流的南面。 潇水:源出今湖南道县的潇山,流经零陵县城,至县西北的蘋岛注入湘江。

(2)尝:曾经。 是:此。

(3)"余以"句：我因为愚而犯了罪，贬谪到潇水边上，我爱这条小溪。沿着小溪走进二三里的时候，找到一个风景特别好的地方住下来。　以：因为。　触罪：犯罪。　尤绝者：风景特别好的地方。

(4)"土之"句：当地的居民还在为该叫冉溪还是染溪争辩不休。　土之居者：当地的居民。龂龂：争辩不休的样子。

(5)为愚泉：称作愚泉。

(6)"愚泉"句：愚泉共有六个泉眼，都是从山下平地上涌出来的，原来泉水是向上冒的啊。　穴：泉眼。　上出：泉水从平地往上冒出来。

(7)"合流"二句：泉水汇合后弯弯曲曲地向南奔流，形成一条水沟，叫愚沟。于是挑来泥土、石块，把那狭窄处堵住，形成一个小池，叫愚池。　负土：挑来泥土。　累石：堆积石块。　隘：狭窄的地方。

(8)"夫水"句：那流水是聪明人所喜欢的。现在这条溪水偏偏被辱称为"愚溪"，这是为什么呢？　乐：喜欢。

(9)峻急：湍急。　坻：水中小洲。

(10)"幽邃"句：地处偏僻，水道狭浅，蛟龙对此未看上眼，不能兴云作雨。　幽邃：幽深，这里指偏僻。　不屑：看不上眼。

(11)适：正好。　类：类似。

(12)"颜子"句：颜回"整天对孔丘的讲学不谈自己的不同意见，好像很愚蠢，这是聪明人貌似愚蠢。 颜子：孔子的弟子。《论语·为政》载孔子曰："吾与回言，终日不违如愚。退而省其私，亦足以发，回也不愚。" 睿：高深的智慧。

(13)"今余"句：我现在遇到清明世道，却违背了道理，做错了事，所以凡是称为愚蠢的人都没有比得上我的。 遭：遇到。 悖：违背。 莫我若：比不上我。

(14)清莹秀澈：洁净、明亮、秀丽、澄澈。 金石：指乐器。 眷慕：眷恋，爱慕。

(15)"余虽"句：我虽然与世俗不合，也常能用写文章的方式来给自己增添生活的乐趣，精心地描绘自然界的各种景物，捕捉它的千变万化的姿态，从不回避。 文墨：指写文章。 漱涤：洗涤，这里指精心选择、描写。 牢笼百态：指捕捉所描写事物的各种姿态。

(16)超：超脱。 鸿蒙：宇宙形成前的浑沌状态。 混：混同。 希夷：虚无空寂。 莫我知：忘记了自我的存在。

序　　棋(1)

房生直温(2)，与予二弟游(3)，皆好学。予病其确也，思所以休息之者。得木局(4)，隆其中而规焉(5)，其下方以直。置棋二十有四，贵者半，贱者半。贵曰上，贱曰下，咸自第一至十二。下者二乃敌一，用朱、墨以别焉。房于是取二毫如其第书之⁽⁶⁾。既而抵戏者二人,则视其贱者而贱之,贵者而贵之。其使之击触者也,必先贱者,不得已而使贵者。则皆僄焉惽焉,亦鲜克以中⁽⁷⁾。其获也,得朱焉,则若有余⁽⁸⁾;得墨者,则若不足⁽⁹⁾。

余谛睨之⁽¹⁰⁾,以思其始,则皆类也,房子一书之而轻重若是。适近其手而先焉⁽¹¹⁾,非能择其善而朱之,否而墨之也。然而上焉而上,下焉而下,贵焉而贵,贱焉而贱,其易彼而敬此⁽¹²⁾,遂以远焉⁽¹³⁾。然则若世之所以贵贱人者,有异房之贵贱兹棋者欤?无亦近而先之耳⁽¹⁴⁾!有果能择其善否者欤?其敬而易者,亦从而动心矣,有敢议其善否者欤?其得于贵者,有不气扬而志荡者欤?其得于贱者,有不貌慢而心肆者欤⁽¹⁵⁾?其所谓贵者,有敢轻而使之者欤⁽¹⁶⁾?所谓贱者,有敢避其使之击触者欤⁽¹⁷⁾?彼朱而墨者,相去千万不啻⁽¹⁸⁾,有敢以二敌其一者欤?余墨者徒也,观其始与末⁽¹⁹⁾,有似棋者,故叙。

【注释】

(1) 序:同"叙"。 棋:弹棋。

(2) 房生:名直温。生,对年轻读书人的称呼。

(3) 二弟:作者的堂弟宗直、宗一。

(4) 木局:木质棋盘。

(5) 隆其中:使中间部位凸起来。隆,凸起。 规:圆形。

(6) 二毫:两支毛笔。 如其第:按照棋子摆放着的次序。第,次序。 书:涂抹。

(7) 鲜:少。 克:能。 中:击中。

（8）有余：心满意足而有余。

（9）不足：不满意。

（10）谛：仔细。 睨：斜视；这里是从旁观看的意思。

（11）适近其手：恰逢距手近的。适，适逢，恰逢。 先：优先，这里指涂上朱色。

（12）易：轻视。

（13）远：差距悬殊。

（14）无亦：无非。

（15）不貌慢：神态不萎靡。 心肆：心情舒畅。

（16）轻而使之：轻视并驱使"贵者"。

（17）避：避而不用，即不驱使"贱者""击触"。

（18）不啻：不止，不只。

（19）始与末：指社会上的"墨者"，人生不幸遭遇的始末。

宋清传

宋清，长安西部药市人也，居善药⁽¹⁾。有自山泽来者，必归宋清氏，清优主之⁽²⁾。长安医工得清药辅其方，辄易雠，咸誉清⁽³⁾。疾病疕疡者，亦皆乐就清求药，冀速已。清皆乐然响应，虽不持钱者，皆与善药，积券如山，未尝诣取直⁽⁴⁾。或不识遥与券，清不为辞⁽⁵⁾。岁终，度不能报，辄焚券，终不复言⁽⁶⁾。市人以其异，皆笑之曰："清，蚩妄人也。"或曰："清其有道者欤⁽⁷⁾？"清闻之曰："清逐利以活妻子耳，非有道也，然谓我蚩妄者亦谬⁽⁸⁾。"

清居药四十年，所焚券者百数十人，或至大官，或连数州，受俸博，其馈遗清者，相属于户。虽不能立报，而以赊死者千百，不害清之为富也⁽⁹⁾。清之取利远，远故大⁽¹⁰⁾。岂若小市人哉？一不得直，则佛然怒，再则骂而仇耳。彼之为利，不亦翦翦乎？吾见蚩之有在也⁽¹¹⁾。清诚以是得大利，又不为妄，执其道不废，卒以富⁽¹²⁾。求者益众，其应益广。或斥弃沉废，亲与交；视之落然者，清不以怠，遇其人，必与善药如故。一旦复柄用，益厚报清。其远取利，皆类此⁽¹³⁾。

吾观今之交乎人者，炎而附，寒而弃，鲜有能类清之为者⁽¹⁴⁾。世之言，徒曰"市道交"⁽¹⁵⁾。呜呼！清，市人也，今之交有能望报如清之远者乎⁽¹⁶⁾？幸而庶几，则天下之穷困废辱得不死亡者众矣，"市道交"岂可少耶⁽¹⁷⁾？或曰："清，非市道人也。"柳先生曰："清居市不为市之道，然而居朝廷、居官府、居庠塾乡党以士大夫自名者，反争为之不已，悲夫！然则清非独异于市人也。"

【注释】

(1)"宋清"二句：宋清是长安西部药市上的药商，经营上等药材的生意。　居：收购。　善药：上等药材。

(2)"有自"三句：从山间湖畔来的药农，必定把采集到的药材送到宋清处，宋清把他们当作好主顾，付给相当优厚的报酬。　优主之：对待他们很优厚，把他们当作好主顾。

(3)"长安"三句：长安的医生用宋清的药材配好药方，就能很容易地卖出去，大家都称赞宋清。　易：容易。　雠：卖出去。　誉：赞誉，称赞。

(4)"清皆"数句：宋清总是愉快地满足他们的要求，即使有人没有带钱来，宋清也卖给好药。欠账的票据堆积如山高，却从未登门索要。　与：付给。　券：欠账凭据。　诣：往。　直：同值，药钱。

(5)"或不"二句：有些不相识的人从远方寄来赊购的票据，宋清从不拒绝。　不识：不认识的人。

(6)"度不"三句：估计赊欠的人无力偿还时，他就把凭据烧掉，最终不再提及此事了。　度：估计，考虑。　报：还钱。　言：谈起，提到。

(7)"或曰"二句：有人说："宋清大概是道德高尚的人吧？"　其：大概。表示测度的语气副词。

(8)清闻"数句：宋清听到这番议论，说："我经营药材获取一定利润是为了养活老婆孩子罢了，并非有高尚道德，然而认为我是傻瓜却是错误的。"　活：养活。　谓：说，认为。

(9)"虽不"三句：虽然有时不能立即交款，成百成千的赊欠者直到死也未给药钱，可是这并不影响宋清致富。　立报：立即付钱。害：妨碍，影响。

(10)"清之"二句：宋清获利的眼光放得很远，放得很远所以获利就多。　大：指获利多。

(11)"彼之"三句：他们这样追求利润，目光不也太短浅了吗？我看愚蠢的人确实是存在的。　翦翦：浅狭，短浅。

(12)"清诚"数句：宋清确实由此赚了大钱，又不弄虚作假，长期坚持自己的经营之道，不半途而废，终于发财致富了。 道：指经营之道。 卒以富：最终因此发财致富。

(13)"一旦"数句：这些人有朝一日重新掌权，就更加优厚地回报宋清。他获利的眼光放得远，大都与此类似。 复柄用：重新掌权。

(14)"吾观"数句：我观察当今与人交往，得势了就投靠你，贫寒了就抛弃你，很少有能类似宋清这样做的人。 炎：权势显赫。寒：寒微，贫寒。

(15)市道交：通过做生意的途径交朋友。

(16)"今之"句：当今交往中有能像宋清那样考虑到长远报答的人吗？ 望：指望，希望。

(17)"幸而"数句：要是幸而有类同宋清这样的人，那么，世界上处于贫困、蒙受凌辱却不至于死亡的人就很多了。为了做生意而进行交往难道少得了吗？ 庶几：近似，类同。

种树郭橐驼传

郭橐驼，不知始何名。病偻⁽¹⁾，隆然伏行，有类橐驼者⁽²⁾，故乡人号之"驼"。驼闻之曰："甚善，名我固当⁽³⁾。"因舍其名，亦自谓

"橐驼"云[4]。

其乡曰丰乐乡，在长安西。驼业种树，凡长安豪富人为观游及卖果者，皆争迎取养[5]。视驼所种树，或移徙[6]，无不活；且硕茂早实以蕃[7]。他植者虽窥伺效慕，莫能如也。

有问之，对曰："橐驼非能使木寿且孳也，能顺木之天以致其性焉尔[8]。凡植木之性[9]，其本欲舒[10]，其培欲平[11]，其土欲故，其筑欲密[12]。既然已，勿动勿虑，去不复顾。其莳也若子，其置也若弃，则其天者全，而其性得矣。故吾不害其长而已，非有能硕茂之也[13]；不抑耗其实而已，非有能早而蕃之也。他植者则不然，根拳而土易[14]。其培之也，若不过焉则不及[15]。苟有能反是者，则又爱之太殷，忧之太勤，旦视而暮抚，已去而复顾。甚者爪其肤以验其生枯，摇其本以观其疏密[16]，而木之性日以离矣。虽曰爱之，其实害之；虽曰忧之，其实仇之。故不我若也。吾又何能为哉？"

问者曰："以子之道，移之官理[17]，可乎？"驼曰："我知种树而已，理，非吾业也。然吾居乡，见长人者好烦其令[18]，若甚怜焉，而卒以祸。旦暮吏来而呼曰：'官命促尔耕[19]，勖尔植[20]，督尔获。早缫而绪[21]，早织而缕，字而幼孩[22]，遂而鸡豚[23]'。鸣鼓而聚之，击木而召之。吾小人辍飧饔以劳吏者，且不得暇[24]，又何以蕃吾生而安吾性耶？故病且怠[25]。若是，则与吾业者其亦有类乎？"

问者嘻曰："不亦善夫！吾问养树，得养人术[26]。"传其事以为官戒也。

【注释】

(1) 病偻：患佝偻病。得此病的人，脊背向前弯曲，脊柱向上突起。

(2)"隆然"句：意思是说，背部高高地突起，低头弯着腰走路，类似骆驼的样子。 橐驼：骆驼。

(3)"甚善"句：意思是说，很不错，给我起这个名字确实恰当。 名：作动词用。 固：的确，确实。

(4)"因舍"句：意思是说，于是就放弃了他的原名，也自称"骆驼"了。 舍：置放，舍弃。

(5)"长安"句：意思是说，长安的大户人家、建造花园以及卖水果的，都争抢着把他迎接到家里来供养。 观游：观赏游乐，这里借代为"观游"的场所。

(6)"视驼"句：意思是说，观察驼所栽种的树，或者所移植的树。

(7)硕茂早实以蕃：高大繁茂，果实多又早熟。早实，结实早，成熟得早。

(8)"能顺"句：意思是说，只能够顺应树木生长的自然规律，充分展现它本身具有的特性罢了。 致：施展，发挥。

(9)凡植木之性：大凡种树的规律。凡，大凡，大致。性，习性，此处指规律。

(10)其本欲舒：树的根要

舒展。

（11）其培欲平：树的培土要均平。

（12）其筑欲密：树的封土要密实。

（13）"吾不"句：意思是说，我只是不妨害树的生长罢了，没有能使它高大繁茂起来。　硕茂：使……硕大，使……繁茂。

（14）根拳而土易：根须屈曲，原有的泥土被更换了。拳，通"蜷"，屈曲。土易，泥土被更换。

（15）若不过焉则不及：要是不过量，就是不够。

（16）摇其本以观其疏密：摇动树根来观看它是松动的还是牢固的。疏，土疏松。土松则根不牢。密，土密实。土实则根扎得牢。

（17）移之官理：转用到当官管政上面。移之，即"移之于"的省略。

（18）见长人者好烦其令：看见当官的喜好频繁地发号施令。好，喜欢。烦，繁多，烦琐。这里，"烦其令"是动宾词组，作"好"的宾语。

（19）促尔耕：催促你们耕田。尔，你，你们。

（20）勖尔植：勉励你们种植。勖，勉励。

（21）早缫而绪：早些抽好你们的丝。缫，抽丝。

（22）字而幼孩：养育好你们的小孩。字，养育。

（23）遂而鸡豚：喂好你们的鸡和猪。遂，生长，成长。这里指繁殖。

（24）"辍飧饔"句：意思是说，停止吃早饭晚饭，去应对做官的，尚且得不到空闲时间。辍，停止，废止。飧，晚饭。饔，早饭。　暇：

空闲。

（25）故病且怠：因此又困苦又疲惫。病，困穷。怠，疲惫，劳累。

（26）"吾问"句：意思是说，我问怎么种好树，却得到了如何养民的办法。 养：养活，使之得以活下去。